92% of Introductory French instructors place primary importance on ease of use when selecting a digital learning platform. Other important considerations include saving time and the ability to spark student interest.

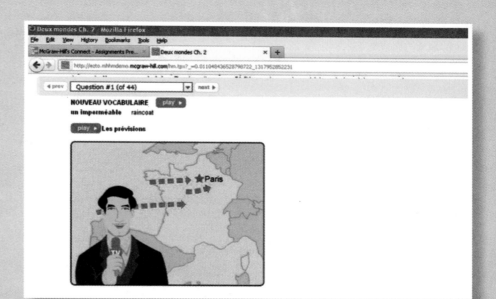

> Get started with **Connect French!** When creating assignments, instructors can easily sort according to a variety of parameters that are important to their course in particular, such as skill, grammar structure, vocabulary theme, time on task, activity type, and learning objective.

> Motivate your students to learn! In **Connect French,** the online *Cahier* with its appealing activity formats, four-color art and integrated audio and video will keep your students engaged.

If you would like to participate in any of the McGraw-Hill research initiatives, please contact your sales representative.

The **Best** of
Both Worlds

SEVENTH EDITION

DEUX MONDES
A Communicative Approach

Tracy D. Terrell
Late, University of California, San Diego

Mary B. Rogers

Betsy J. Kerr
University of Minnesota, Minneapolis

Guy Spielmann
Georgetown University

Consultant: Françoise Santore
University of California, San Diego

Connect
Learn
Succeed™

The McGraw·Hill Companies

Connect
Learn
Succeed™

Published by McGraw-Hill, an imprint of The McGraw-Hill Companies, Inc., 1221 Avenue of the Americas, New York, NY 10020. Copyright © 2013, 2009, 2005, 2002, 1997, 1993, 1988 by the McGraw-Hill Companies, Inc. All rights reserved. Printed in the United States of America. No part of this publication may be reproduced or distributed in any form or by any means, or stored in a database or retrieval system, without the prior written consent of The McGraw-Hill Companies, Inc., including, but not limited to, in any network or other electronic storage or transmission, or broadcast for distance learning.

This book is printed on acid-free paper.

3 4 5 6 7 8 9 0 QVS/QVS 1 0 9 8 7 6 5 4 3

ISBN: 978-0-07-338645-4 (Student's edition)
MHID: 0-07-338645-6
ISBN: 978-0-07-741265-4 (Instructor's edition)
MHID: 0-07-741265-6

Senior Sponsoring Editor: *Katherine K. Crouch*
Executive Marketing Manager: *Craig Gill*
Managing Development Editor: *Susan Blatty*
Development Editor: *Peggy Potter*
Managing Editor: *Anne Fuzellier*
Production Editor: *Margaret Young*
Interior and Cover Designer: *Preston Thomas, Cadence Design*
Senior Buyer: *Tandra Jorgensen*
Production Service: *The Left Coast Group, Inc.*
Composition: *Aptara®, Inc.*
Printing: *45# New Era Matte Plus*

Vice President Editorial: *Michael Ryan*
Publisher: *Katie Stevens*

Cover image: © Hemis / Alamy

Credits: *The credits section for this book is on page C-1 and is considered an extension of the copyright page.*

Library of Congress Cataloging-in-Publication Data

Deux mondes / Tracy Terrell, Mary Rogers, Betsy Kerr.—7th ed.
   p. cm.
  Includes bibliographical references and index.
  ISBN-13: 978-0-07-338645-4 (acid-free paper)
  ISBN-10: 0-07-338645-6 (acid-free paper) 1. French language—Textbooks for foreign speakers—English. I. Terrell, Tracy D. II. Rogers, Mary. III. Kerr, Betsy.
  PC2129.E5D48 2012
  448.2'421—dc23
                                                          2011033859

The Internet addresses listed in the text were accurate at the time of publication. The inclusion of a website does not indicate an endorsement by the authors or McGraw-Hill, and McGraw-Hill does not guarantee the accuracy of the information presented at these sites.

www.mhhe.com

Contents

CHAPITRE 1

Ma famille et moi   45

CHAPITRE 2

La vie quotidienne et les loisirs   73

CHAPITRE 3
En ville   99

CHAPITRE 4
La maison et le quartier   129

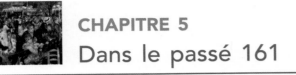

CHAPITRE 5

Dans le passé 161

CHAPITRE 6

L'enfance et la jeunesse 191

CHAPITRE 7
À table!   221

CHAPITRE 8
Parlons de la Terre!   253

CHAPITRE 9
L'enseignement, les carrières et l'avenir 279

CHAPITRE 10
Les voyages 307

CHAPITRE 11
Les moyens de communication 339

CHAPITRE 12
La santé et les urgences 365

CHAPITRE 13

La famille et les valeurs en société   389

CHAPITRE 14

Les enjeux du présent et de l'avenir   415

To the Instructor

Your students are changing. Technology is changing. The idea of the classroom is changing. Now, the way your students learn French is changing as well!

In preparation for this edition of **Deux mondes,** we conducted extensive research, employing a wide array of research tools including surveys, focus groups, and ethnographic studies to identify the key goals and challenges of the introductory French course. Not surprisingly, communication and cultural competence are top goals of the majority of instructors, while they are simultaneously faced with the challenges of fewer contact hours, budget cuts, and new course formats.

Deux mondes, Seventh Edition, continues to offer a truly communicative approach that supports functional proficiency while responding to these changing needs in new and exciting ways. As a direct result of our research, we created **Connect French, www.mhconnectfrench.com,** a powerful online learning platform that includes the ebook, the online *Cahier d'exercices,* an audio/video chat tool, and a brand-new video filmed in Provence, thereby offering a flexible solution for the evolving introductory French landscape.

Enhanced by these powerful new digital tools, **Deux mondes,** Seventh Edition:

- engages students in authentic culture that inspires them to communicate with confidence by providing them with the natural contexts they need to develop their language skills.
- provides tools for flexibility and easy online course administration.
- achieves consistent results across face-to-face, hybrid, and online course formats.

Deux mondes *and the 5 Cs*

Firmly grounded in research on second-language learning, **Deux mondes** also supports the ACTFL National Standards, as outlined in the *Standards for Foreign Language Learning in the 21st Century,* 3rd edition. As presented in the Standards, the five Cs—Communication, Cultures, Connections, Comparisons, and Communities—serve as an outline of what students should know and be able to do as a result of their language study. **Deux mondes,** Seventh Edition, and **Connect French** provide a solid foundation for meeting those standards.

Communication

Deux mondes emphasizes communication in meaningful contexts in the target language. Throughout the program, students listen to and read comprehensible French and have ample opportunities to use French in autograph, interview, information gap, role-play, writing, and other personalized activities that are theme-based, not grammar-driven.

Regardless of course format, in **Connect French** students can also take advantage of the audio and video live chat tool to communicate with their classmates online. Each chapter includes two chat activities: one proficiency-based *À vous de parler... en ligne!* activity that can be used as an end-of-chapter assessment and a second one that primarily utilizes French and Francophone websites as a basis for the students' conversations.

Cultures

The brand new *Les Francophones sur le vif* readings and related video segments, filmed specifically for ***Deux mondes***, feature contextualized interviews with a variety of native speakers of various ages, diverse origins, and occupational backgrounds. The participants are "real" French people, not actors, who allowed us to film them as they went about their business (at home, in the workplace, in the street, in stores, etc.). They talked to us in their own words about who they are and what they do in settings and situations that match our chapter themes. The unscripted, documentary style of the videos allows students to experience what native speakers actually sound and look like, enabling them to become comfortable with authentic language beyond their level of linguistic mastery. This is the key to developing functional proficiency in (rather than "knowledge" of) French. Related activities are found at the **Connect French** site.

Updated cultural readings called *À propos...* develop such themes as French and Francophone geography, history, and society and present various perspectives on the cultures of the French-speaking world. A new short reading feature, called *À la rencontre des arts*, highlights French and Francophone contributions to the arts: theater, poetry, literature, painting, photography, and music.

In addition, the *Dans le monde francophone* activities in the textbook, many of which are based on authentic materials, offer communicative practice.

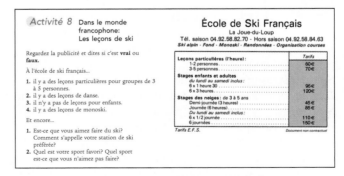

In the *Cahier d'exercices*, the integration of the McGraw-Hill film *Le Chemin du retour*, with its intriguing mystery story, introduces another rich source of authentic language and culture that holds students' interest and draws them into discussion. Students are able to access both the activities and the film in **Connect French.**

Connections

Chapter themes and activities encourage students to link their study of French with their personal lives and other subjects they are studying.

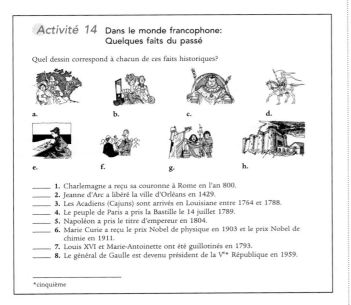

Comparisons

Recurring features such as the updated *La langue en mouvement*, the new *À propos...* readings, as well as the *Dans le monde francophone* activities, lead students to make comparisons between their world and that of French-speaking people.

LA LANGUE EN MOUVEMENT

L'anglais et le français: les mots apparentés

Si vous parlez anglais, vous avez déjà un grand avantage pour apprendre le français. Selon les linguistes, plus que la moitié[1] des mots anglais ont des mots apparentés[2] en français. En voici des exemples: *bureau, théâtre, musée.* L'anglais est une langue germanique, mais le français est une des langues romanes (dérivées du latin). Alors, comment expliquer ce très grand nombre de mots communs? Il y a deux explications principales: (1) les deux langues ont exploité le latin comme source de nouveaux mots, et (2) après la défaite des Anglais par le duc de Normandie Guillaume le conquérant en 1066, le français a été la langue de l'élite britannique pendant trois cents ans. À la fin de cette longue période de bilinguisme, des milliers[3] de mots français sont restés en anglais.

MISE EN PRATIQUE Regardez la liste de phrases de l'Activité 1 à la page 100. Soulignez tous les mots qui ont des mots apparentés en anglais. Combien en comptez-vous? Est-ce que le mot anglais a toujours approximativement le même sens que le mot français, ou est-ce qu'il y a des «faux amis»?

[1] 50 pour cent
[2] qui ont une origine commune
[3] multiples de 1000

Communities

In **Connect French,** many of the *À vous de parler... en ligne!* activities link out to French-speaking communities around the world. For example, students research "real world" topics such as the weather in a Francophone city, tourist sites in Paris, or an online French grocery store in preparation for a live chat with a classmate.

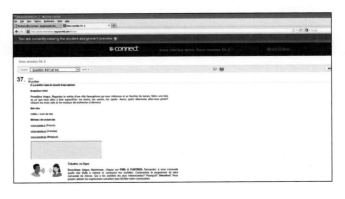

Deux mondes and the Changing French Classroom

How does *Deux mondes* help professors overcome the challenge of course administration and the emerging challenge of standard course outcomes across face-to-face, hybrid, and online sections?

Tools for Easy Course Administration

The *Deux mondes* program now provides online tools to reduce the amount of time and energy that instructors have to invest in administering their course. For instance:

- **Assignment Builder:** When creating assignments in **Connect French,** instructors can easily sort according to a variety of parameters that are important to their course in particular, such as skill, grammar structure, and vocabulary theme to be taught; time on task; activity type; and so on.
- *Connect French* **Reports:** Instructors are able to pull administrative reports about student performance, and coordinators are able to integrate these reports across sections to see the performance of all students in their program.

Standardization Across Course Formats

More departments are looking for ways to offer language instruction via hybrid or online sections. Given these trends, *Deux mondes* is uniquely designed to provide consistent outcomes, no matter which of these formats is used. It achieves this through the following:

- **Activities:** You can be assured that regardless of whether your section is taught online or face to face, all content is directly tied to course learning objectives to ensure consistency across the program.
- **Digital Offerings:** With **Connect French,** students have access in one central location to the ebook, the online *Cahier d'exercices,* the Audio Program, the *Les Francophones sur le vif* video and activities, and the *Le Chemin du retour* film. All this provides them with ample opportunity to engage at any time, in any place, with the rich cultural content of the program, regardless of the course format.
- **Grammar Tutorials:** Now available in **Connect French** are 17 grammar tutorials that feature a digital professor who explains key structures that students typically struggle with in the introductory French course. Each tutorial is followed by a brief assessment.

The Deux mondes Program and New Features

For Instructors and Students

- **Student Edition:** The full-color textbook contains vocabulary presentations and practice activities, grammar explanations and exercises, and helpful appendices. It is available in print and also as a digital ebook in **Connect French.**
- *Cahier d'exercices:* This combined workbook/laboratory manual contains both acquisition activities and practice activities for use outside the classroom. It also contains the activities for the film, *Le Chemin du retour.* The Answer Key at the end of the print *Cahier* allows students to correct many of the activities themselves. The *Cahier* activities and the related audio recordings are also accessible in **Connect French.** In the online version, many of the activities are auto-graded, giving students instant feedback. In addition, each chapter features two audio/video chat activities.

- **Listening Comprehension Program:** This audio program contains the reading selections from the *À propos...* and *À la rencontre des arts* feature boxes and the *À vous de lire* sections. These recordings are also available on the **Connect French** site and as a separate audio CD packaged with the Audio Program.
- **Audio Program:** Available on a set of audio CDs and on the **Connect French** site, this program contains pronunciation practice, listening comprehension texts, recorded dialogues, narratives, and, starting in Chapter 1, the *Rencontres* mini-series. The Audio Program also contains the recordings for the audio-based *Cahier* activities. In addition, this program offers a complete introduction to basic phonetics and pronunciation, with accompanying practice exercises and *dictées.* Packaged with the Audio Program is a separate audio CD containing the Listening Comprehension Program that accompanies the textbook.
- **Video Program:** The new video series *Les Francophones sur le vif* is available on DVD for students and instructors. The McGraw-Hill full-length feature film, *Le Chemin du retour,* new for the Sixth Edition *Cahier d'exercices,* is still available on DVD for use with the Seventh Edition, and can be ordered using the Sixth Edition ISBN: 0-07-332688-7. Both the video programs and their accompanying activities can also be accessed within **Connect French.**
- **Grammar Tutorials:** The 17 Grammar Tutorials are animated online grammar tutorials that allow students to brush up on a wide range of key grammar points on their own. They can be accessed within **Connect French.** The ebook and online *Cahier* both contain links to individual tutorials that relate to specific grammar points.

For Instructors

With the exception of the Instructor's Edition, all of the following instructor resources are available within **Connect French.**

- **Instructor's Edition:** The Instructor's Edition of the main text contains marginal notes with suggestions for using and expanding most of the *Activités* and *Exercices* in the text. These notes also offer additional cultural information; teaching hints for using readings, photos, and realia; and tips on teaching selected grammar points.
- **Instructor's Manual:** This guide offers more detailed teaching suggestions and theoretical background on the Natural Approach, including a fully illustrated guided tour of the *Première étape* and *Chapitre 1* that provides detailed comments on the function and organization of the materials. A new chapter called *Using*

"*Les Francophones sur le vif*" provides suggestions for presenting the new readings and related video segments in class. Also included in the *Instructor's Manual* are two useful handouts (*Tips for Effective Learning* and *Getting Started with the Étapes*) that will introduce students to language learning in general and help orient them to the **Deux mondes** program.

- **Videoscript and Filmscript:** The *Videoscript* gives the instructor a print version of the spoken text in the new *Les Francophones sur le vif* video segments, while the *Filmscript* provides the print version of the dialogue from the movie *Le Chemin du retour.*
- **Instructor's Resource Kit:** This kit provides supplementary communicative activities, games, and other resources that correspond to the themes in the student text.
- **Testing Program with Audio CD:** This program offers a variety of test components emphasizing listening, speaking, reading, writing, vocabulary, and grammar. Available online as a Word document, this program gives instructors the ability to modify or adapt the tests to suit the particular needs of their class. The listening comprehension passages are available on the accompanying audio CD.
- **Audioscript:** This is a transcript of all the material recorded for the Audio Program.
- **PowerPoint Vocabulary Presentations:** This is a set of 50 art displays for vocabulary presentations, review, and class activities.

New to This Edition

- **Connect French** (**www.mhconnectfrench.com**) is McGraw-Hill's powerful online learning platform that includes the ebook, the online *Cahier d'exercices,* an audio/video chat feature, all digital resources, a reporting feature, instructor's resources, and more.
- ***Les Francophones sur le vif*** textbook readings and related documentary-style video segments feature *real* French people, not actors, who are of different ages and backgrounds. In the video interviews, they use authentic language to talk about who they are and what they do, in settings and situations that match our chapter themes.
- **Grammar Tutorials** taught by an animated instructor focus on 17 key structure points that students typically struggle with in the introductory French course. Each tutorial is followed by a brief assessment.
- More ***Activités*** have been added to practice vocabulary and communication skills throughout the book and additonal ***Exercices*** have been provided to practice challenging grammar points such as the **passé composé** and direct and indirect object pronouns.
- ***À la rencontre des arts*** highlights the contributions of French and Francophone artists to the arts—theater, poetry, literature, painting, photography, and music.
- The ***Pour résumer*** activities (***À vous de parler, À vous de lire,*** and ***À vous d'écrire***) allow students to synthesize their knowledge and demonstrate their ability to use the chapter vocabulary and grammar communicatively.
- The ***À vous de lire*** section features six new authentic readings, in Chapters 1, 2, 3, 4, 8, and 13, including song lyrics, a blog page, and cartoon strips. All readings now include pre- and post-reading activities.
- The ***La Francophonie en chansons*** annotation in every chapter lists two or three songs that are related to the chapter themes. Suggestions for how to use songs in the classroom are in the *Instructor's Manual.*
- The ***Langue en mouvement*** feature has been updated and reformatted to include an application activity for every text.

Acknowledgments

The authors would like to express their gratitude to the following members of the language-teaching profession whose valuable suggestions contributed to the preparation of this revised edition. The appearance of these names does not necessarily constitute an endorsement of *Deux mondes* or its methodology:

Ball State University
Donald Gilman

Bronx Community College
Alicia Bralove Ramirez

Butler County Community College
Alphonse A. Rapa

Chapman University
John Boitano
Véronique Olivier
Catherine Reinhardt-Zacair

Cuesta College
Sally F. Girard
Susan Lloyd

Eckerd College
Christina Chabrier

Florida State University
James Tarpley

Indiana University Northwest
Nikki Kaltenbach Hollis
Belinda W. Potoma

Kent State University
Rebecca L. Chism

Liberty Institution
Dr. Sharon B. Hähnlen

Messiah College
Larry G. Wineland

Minneapolis Community and Technical College
Shirley Flittie

Normandale Community College
Catherine Pulling

Post University
Bonnie Odiorne

Santa Clara University
Nina Tanti

Springfield Technical Community College
Diana Henry

SUNY Potsdam
Mylene J. Catel

Tarrant County College
Floreen B. Henry

Texas Woman's University
Ninfa Nik

Trinity College
Karen Humphreys

University of Alabama
Isabelle Drewelow

University of Minnesota–Twin Cities
Jonathan Fulk

University of Scranton
Marzia Caporale

The University of Texas at Austin
Jane N. Lippmann

Waynesburg University
Marc Snyder

Many people contributed their time and talents to the preparation of this edition. In particular, we want to thank our development editor Peggy Potter for thoughtful comments, hard work, and close attention to detail throughout the editing and production process of ***Deux mondes,*** Seventh edition. We also would like to thank Myrna Rochester, our copyeditor, and our proofreader, Marie Deer, for their sharp editorial eyes. We are especially grateful to Susan Blatty, our managing development editor, for her support and encouragement, for her innovative suggestions, and her extraordinary work in keeping a complicated project on track. Katie Crouch, our sponsoring editor, during the development phase of the project, has been generous with her time and contributions. We have benefited greatly from the professionalism of the production and design team at McGraw-Hill—Anne Fuzellier, Margaret Young, Preston Thomas, and Tandra Jorgensen—and the tremendous dedication of our project manager, Chris Schabow at The Left Coast Group. We also wish to acknowledge Veronica Oliva, our permissions editor, who went to great lengths to secure rights under difficult conditions. Many thanks are owed to our publisher, Katie Stevens, our editorial director, William Glass, and our editor in chief, Michael Ryan, for their support and enthusiasm for ***Deux mondes.***

On a more personal note, we want to recognize Françoise Santore of the University of California, San Diego, who has read and commented on every edition of ***Deux mondes,*** as well as being a coauthor of the *Cahier d'exercices.* Her encouragement and her loyalty to the Natural Approach have always been an inspiration. We also want to thank Patricia Mougel, Director of French Instruction at the University of Minnesota. She has been a generous friend and ready consultant throughout the past four editions. She is also the author of *Rencontres,* the *feuilleton* which appears in each chapter of our audio program. We continue to acknowledge our debt to Tracy Terrell. Tracy loved French and ***Deux mondes.*** He was very much involved in its creation and very eager to make the Natural Approach interesting and accessible for French instructors. We believe that he would be delighted to know how many French students enjoy using ***Deux mondes*** today and would be very pleased with our new edition. Of course, we would also like to recognize our former publisher, Thalia Dorwick, for her support in the development of the ***Deux mondes*** program, and Eileen LeVan, editor for our second and fourth editions, for her insights and generous help in developing and, later, improving the materials.

Finally, we want to tell our families how grateful we are for their encouragement and even their sacrifices to our work. To our partners Ben Rogers and Robbie Steele, we say thank you. Your confidence and support have been much appreciated throughout this project.

To the Student

Getting to Know the Characters

You will get to know a number of characters in the **Deux mondes** textbook and *Cahier* and in other components of the program. They include people in North America and in France.

First you'll meet a group of young people from the University of Louisiana at New Orleans. They are students in Professor Anne Martin's 8:00 A.M. beginning French class: Albert Boucher, Barbara Denny, Daniel Moninger, Denise Allman, Jacqueline Roberts, and Louis Thibaudet. Louis is very proud of his Acadian ancestry. (The Acadians were French-speaking colonists who came to Louisiana from *Acadie,* now Nova Scotia.) Professor Martin was born in Montreal and is completely bilingual in French and English.

You will also meet two international students from French-speaking countries who are studying at the University of Louisiana. Raoul Durand, a doctoral student in mechanical engineering, is a Quebecois from Montreal. Caroline Njanga comes from Yaounde in the Cameroon and is working on a master's degree in American Studies. Both Raoul and Caroline were pleased to meet Professor Martin, and they have visited her class and gotten to know her students.

Also in Paris are Sarah Thomas, an American exchange student, Agnès Rouet, and Jean-Yves Lescart, friends at the *Université de Paris.*

Julien Leroux is a native of Brussels who has lived in Paris for several years and who works in news broadcasting at *Télévision Française 1* (TF1). Adrienne Petit lives in Marseille. She works as a secretary in an import-export firm and loves to travel. She is an active person with a lively social life.

The Lasalle-Colin family has three branches. The grandparents, Francis and Marie Lasalle, have always lived in Lyon, where they are now retired.

Claudine Colin is the daughter of Francis and Marie Lasalle. She teaches at a *lycée* (high school). She and her husband, Victor Colin, live in Clermont-Ferrand with their five children. Marise and Clarisse (19) are twins; Marise is studying French literature at the Université Blaise-Pascal in Clermont-Ferrand, and Clarisse is taking courses in hotel management at the École Victor Hugo. Charles (17) and Emmanuel (14) are both *lycée* students, and their brother, Joël (8), is in primary school.

Bernard Lasalle is the son of Francis and Marie. He and his wife, Christine, live near Bernard's parents in Lyon. Bernard is an engineer, and Christine works in a hospital as a nurse. They have three daughters, Camille (11), Marie-Christine (8), and Nathalie (6).

Édouard and Florence Vincent are old friends of Francis and Marie Lasalle's and live nearby in Lyon. They are an interesting couple, though somewhat old-fashioned in some of their views.

You will enjoy meeting these characters and learning more about their personalities, their daily lives, and the French-speaking regions they are from. And now . . . **Au boulot!** *Let's get to work!* Enjoy learning French and working with **Deux mondes**.

DEUX MONDES

A Communicative Approach

Deux amies se font la bise.

Premières rencontres

Objectifs

In the *Première Étape,* you will learn to understand a good deal of spoken French and get to know your classmates. The listening skills you develop will enhance your ability to understand and speak French.

ACTIVITÉS

La communication en classe
Qui est-ce? Les camarades de classe
Comment sont-ils? La description des personnes
Les vêtements et les couleurs
Les nombres (0–34)
Rencontres

GRAMMAIRE

A.1 Giving instructions: Commands with **vous**
A.2 Identifying people: **C'est... , je m'appelle...**
A.3 Gender and articles
A.4 Describing people: **Être,** subject pronouns, and **ne... pas**
A.5 Plural nouns and articles
A.6 Addressing others: **Tu** and **vous**

Activités

La communication en classe

✳ Attention! Étudier Grammaire A.1

Activité 1 Associations: Les ordres

a. Tournez la page!
b. Ouvrez le livre!
c. Fermez le livre!

d. Regardez le tableau!
e. Écrivez votre nom!

f. Levez la main!
g. Prenez un stylo!

Qui est-ce? Les camarades de classe

✱ Attention! Étudier Grammaire A.2

Activité 2 Dialogues: Les amis

—Comment s'appelle l'ami de_____?
—Il s'appelle_____.

—Comment s'appelle l'amie de_____?
—Elle s'appelle_____.

—Qui est-ce?
—C'est_____.

—Qui est-ce?
—C'est_____.

Comment sont-ils? La description des personnes

⭐ Attention! Étudier Grammaire A.3 et A.4

grand
blond
beau

vieux
une moustache
une barbe

petit
brun
jeune

brune
belle
petite

mince
brune
grande

vieille
forte

Charles Colin   Édouard Vincent   Emmanuel Colin   Marise Colin   Claudine Colin   Marie Lasalle
(un homme)   (un garçon)   (une fille)   (une femme)

Activité 3   Discussion: Comment sont les camarades de classe?

1. Dans la classe de français, qui est _____?
  a. grand et blond (grande et blonde)
  b. jeune et brun (jeune et brune)
  c. intelligent et beau (intelligente et belle)

2. Dans la classe de français, qui n'est pas _____?
  a. petit et brun (petite et brune)
  b. vieux (vieille)
  c. riche et célèbre

Activité 4   Associations: Images stéréotypées

Voici des personnages célèbres. Comment sont-ils?

MODÈLE: Halle Berry est belle. Elle n'est pas forte.

  1. Céline Dion
  2. Cléopâtre
  3. Johnny Depp
  4. Vanessa Paradis
  5. Kobe Bryant
  6. Gérard Depardieu
  7. Dakota Fanning
  8. Malia Obama
  9. Eminem
  10. Nicolas Sarkozy

  a. laid/laide ≠ beau/belle
  b. vieux/vieille ≠ jeune
  c. fort/forte ≠ mince
  d. grand/grande ≠ petit/petite
  e. riche ≠ pauvre
  f. ?

Les vêtements et les couleurs

✳ Attention! Étudier Grammaire A.5

une chemise blanche
← un chapeau noir
une cravate verte
une veste grise
un costume gris
des chaussures noires
Victor Colin

un blouson vert
un pantalon bleu
des baskets blanches
Joël Colin

un chemisier jaune
un pull-over orange
une jupe marron
des bottes marron
Clarisse Colin

une robe rose
un manteau violet
une rose rouge
Claudine Colin

Activité 5 Associations: Les couleurs

De quelle couleur est... ?

1. un pingouin		**a.** vert/verte
2. un éléphant		**b.** noir/noire
3. un lion		**c.** gris/grise
4. une plante		**d.** brun/brune
5. une tragédie		**e.** orange
6. un jean		**f.** blanc/blanche
7. une banane		**g.** rouge
8. une tomate		**h.** jaune
9. une carotte		**i.** bleu/bleue
10. le chocolat		

Activité 6 Dans le monde francophone: Couleurs et vêtements

Dites **oui** ou **non.** Sur ce tableau, il y a...

1. un homme qui porte un pantalon bleu.
2. une femme qui porte une jupe rouge.
3. un homme qui porte un chapeau noir.
4. une femme qui porte une robe verte.
5. un homme qui porte une chemise orange.
6. un homme qui porte une veste grise.
7. une femme qui porte une robe rouge.
8. une femme qui porte un chapeau blanc.

Gingerbread Gallery

Galerie d'art haïtien

 **Activité 7**   Discussion: Mes camarades de classe

Regardez vos camarades de classe. Donnez le nom de l'étudiant(e), d'un vêtement et de la couleur du vêtement.

LE NOM		LE VÊTEMENT	LA COULEUR
1. *Caroline*	porte	*une jupe*	*blanche*.
2. _____	porte	_____	_____.
3. _____	porte	_____	_____.
4. _____	porte	_____	_____.
5. _____	porte	_____	_____.

Les nombres (0–34)

0 zéro	**10** dix	**20** vingt
1 un	**11** onze	**21** vingt et un
2 deux	**12** douze	**22** vingt-deux
3 trois	**13** treize	**23** vingt-trois
4 quatre	**14** quatorze	**24** vingt-quatre...
5 cinq	**15** quinze	**30** trente
6 six	**16** seize	**31** trente et un
7 sept	**17** dix-sept	**32** trente-deux
8 huit	**18** dix-huit	**33** trente-trois
9 neuf	**19** dix-neuf	**34** trente-quatre...

Activité 8   Discussion: Il y en a combien?

Comptez le nombre de vos camarades qui...

PORTENT...

un pantalon. _____
une jupe. _____
des chaussures noires. _____
un short. _____
une chemise. _____
?

ONT...

une barbe. _____
un chapeau/une casquette. _____
une moustache. _____
un livre de maths. _____
un stylo. _____
?

Activité 9. Casse-tête: Un peu d'arithmétique

1. Complétez les séries.
   a. deux, _____, quatre, cinq, six
   b. neuf, dix, onze, _____, treize
   c. dix-sept, _____, dix-neuf, _____
   d. six, sept, _____, _____, dix

2. Et à rebours...
   a. trois, _____, un, zéro
   b. sept, _____, cinq, quatre
   c. douze, _____, dix, neuf
   d. vingt et un, vingt, _____, dix-huit

3. Faites les calculs.
   a. deux + deux   **e.** sept – trois
   b. trois + quatre   **f.** huit – trois
   c. huit + deux   **g.** dix – neuf
   d. trois + deux

Rencontres

✳ Attention! Étudier Grammaire A.6

Activité 10   Dialogue: Les salutations

Écoutez votre professeur.

1. Victor Colin parle au directeur du bureau.
   —Bonjour, monsieur. Comment allez-vous?
   —Très bien, merci. Et vous?
   —Bien, merci.

2. Après le match de foot, Charles Colin parle avec sa cousine Camille.
   —Salut, Camille. Ça va?
   —Je suis très fatiguée! Et toi?
   —Moi, ça va.

3. Louis présente Barbara à Raoul Durand, un étudiant canadien.
   —Raoul, je te présente une camarade de classe, Barbara.
   —Enchanté, mademoiselle.
   —Enchantée.

4. Claudine Colin parle au téléphone avec sa mère, Marie Lasalle.
   —Bonsoir, maman. Tu vas bien?
   —Pas mal. Un peu fatiguée.
   —Et papa? Il va bien?
   —Il va très bien.

Activité 11   Dialogue: Échanges

À vous la parole!   Vous parlez avec un/une camarade de classe.

É1*: Bonjour. Je m'appelle _____.
É2: Enchanté(e). Je _____ _____.
É1: Salut, _____. Ça va bien?
É2: _____, et toi?
É1: _____, merci.

---

*É1 et É2 = Étudiant(e) 1 et Étudiant(e) 2

Vocabulaire

See the *Lexique* for a key to the abbreviations used in *Vocabulaire* lists.

Dans la classe de français

In French class

un/une camarade de classe	a classmate
un étudiant/une étudiante	a student
un livre	a book
un stylo	a (ballpoint) pen
un tableau (noir)	a (black)board

Mots apparentés: **une activité, une conversation, la grammaire, une page, un professeur,* une table, le vocabulaire**

Asseyez-vous.	Sit down.
Écoutez!	Listen!
Écrivez votre nom.	Write your name.
Faites attention!	Pay attention!
Fermez le livre.	Close the book.
Levez la main.	Raise your hand.
Levez-vous.	Stand up. (Get up.)
Lisez.	Read.
Ouvrez le livre.	Open the book.
Prenez un stylo.	Get a pen.
Regardez le tableau.	Look at the (black)board.
Tournez la page.	Turn the page.

Les personnes

People

un ami/une amie	a friend
une femme	a woman
une fille	a girl
un garçon	a boy
un homme	a man

Comment s'appelle... ?	What is . . . 's name?
Il/Elle s'appelle...	His/Her name is . . .
Comment t'appelles-tu?	What's your name? (*fam.*)
Comment vous appelez-vous?	What's your name? (*form. or pl.*)
Je m'appelle...	My name is . . .

Où est... ?	Where's . . . ?
Qui est-ce?	Who's that? (Who is it?)
C'est...	It's . . .

La description des personnes

Describing people

Comment est-il/elle?	What's he/she/it like?
Comment sont-ils/elles?	What are they like?
Qui est... ?	Who is . . . ?
Qui n'est pas... ?	Who isn't . . . ?
beau/belle	handsome/beautiful
blond/blonde	blond
brun/brune	dark-haired
fort/forte	heavy, plump
grand/grande	tall
jeune	young
laid/laide	ugly
mince	thin, slender
petit/petite	small, little, short
vieux/vieille	old, elderly
Qui a... ?	Who has . . . ?
une barbe	a beard
une moustache	a moustache
Qui n'a pas... ?	Who doesn't have . . . ?
les cheveux courts/ longs	short/long hair
les yeux bleus	blue eyes

Les couleurs

Colors

blanc/blanche	white
bleu/bleue	blue
gris/grise	gray
jaune	yellow
marron (*inv.*)	brown
noir/noire	black
rose	pink
rouge	red
vert/verte	green

Mots apparentés: **orange** (*inv.*), **violet/violette**

For the purpose of this edition,* **un professeur *is presented as an invariable masculine noun. See p. 22 for more information.*

Les vêtements

Clothing

Qui dans la classe porte... ?	Who in class is wearing . . . ?
Il/Elle porte...	He's/She's wearing . . .
Ils/Elles portent...	They're wearing . . .
des baskets (*f. pl.*)	sneakers, athletic shoes
un blouson	a jacket, windbreaker
des bottes (*f.*)	boots
une casquette	a cap
un chapeau	a hat
des chaussures (*f.*)	shoes
une chemise	a man's shirt
un chemisier	a woman's blouse
un costume	a man's suit
une cravate	a necktie
une jupe	a skirt
un manteau	a coat
un pantalon	a pair of pants
une robe	a dress
une veste	a sportcoat, suitcoat
un vêtement	a piece of clothing

Mots apparentés: **un jean, un pull-over**

Mots et expressions utiles

Useful words and expressions

l'ami/l'amie de Daniel	Daniel's friend
bien	well
dans	in
mais	but
moi aussi	me too
ne... pas	not
non	no
oui	yes
tout le monde	everybody
tu	you (*fam.*)
vous	you (*form. or pl.*)

Les ordres

Commands

Chantez.	Sing.
Courez.	Run.
Dites *bonjour.*	Say *hello.* (Say *good morning.*)
Marchez.	Walk.
Sautez.	Jump.
Tournez à droite.	Turn right.
Tournez à gauche.	Turn left.

Salutations et formules de politesse

Greetings and polite expressions

À bientôt.	See you soon.
aujourd'hui	today
Au revoir.	Good-bye.
Bonjour.	Hello; Good morning/afternoon/day.
Bonsoir.	Good evening; Good-bye (*in the evening*).
Ça va?	How's it going?
Moi, ça va. Et toi?	Fine. How about you?
Comment allez-vous?	How are you? (*form.*)
Très bien, merci. Et vous?	Fine, thanks. And you?
Pas mal, merci.	Not bad, thanks.
Je suis un peu fatigué/fatiguée.	I'm a little tired.
Comment vas-tu?	How are you? (*fam.*)
Bien. Et toi?	Fine. And you? (*fam.*)
Je vous (te) présente...	I want you to meet . . .
Enchanté/Enchantée.	Delighted.
madame	madam, ma'am; Mrs.
mademoiselle	miss; Miss
monsieur	sir; Mr.
Salut!	Hi!; Good-bye. (*fam.*)

Questions

Questions

Combien de... ?	How many . . . ?
Comment va... ?	How is . . . ?
Il/Elle va bien/mal.	He's/She's fine / not well.
De quelle couleur est... ?	What color is . . . ?
Est-ce que c'est un/une... ?	Is this a . . . ?
Oui, c'est un/une...	Yes, it's a . . .
Non, ce n'est pas un/une...	No, it's not a . . .
n'est-ce pas?	isn't it?, right?
Y a-t-il... ?	Is/Are there . . . ?
Il y a...	There is/are . . .

Mots apparentés

Cognates

une banane, une carotte, le chocolat, un éléphant, un général, une image, un pingouin, une plante, un tigre, une tomate, une tragédie

Grammaire et exercices

Introduction

The **Grammaire et exercices** section of each chapter presents grammar points used in the preceding **Activités** section.

The **Attention!** notes that begin each new topic in the **Activités** section tell you which grammar point(s) you should study at that time. Study the grammar point(s) carefully, reading the examples out loud. Then do the exercises, both orally and in writing, and check your answers in the Appendix. Your instructor may choose not to discuss grammar in class because it is explained in nontechnical language in the book and because answers to the exercises are provided.

Keep in mind that successful completion of a grammar exercise indicates that you have understood the explanation. However, you are not immediately expected to use that grammar without error. As you listen to your instructor, your fellow students, and the audio program, and as you talk with others, you will gradually assimilate that grammar point into your own speech and writing.

If you have trouble with an exercise or with a particular point, ask your instructor for assistance. In difficult cases, your instructor may go over the material in class to be sure that everyone understands. However, class time is best used for real experience in communicating in French.

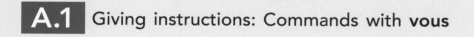

A.1 Giving instructions: Commands with **vous**

A. Commands are verb forms used without a subject pronoun to tell or ask someone to do something.

> Raise your hand. Open your book, please.

B. The commands in the **Première étape** are all verb forms that end in **-ez.** This ending is associated with the pronoun **vous** and can refer to a single person or to a group of people.

> Louis, **ouvrez** la fenêtre, s'il vous plaît. *Louis, open the window, please.*
> Barbara et Denise, **regardez** le tableau. *Barbara and Denise, look at the board.*

C. Notice that some commands have the word **vous** attached to the verb, whereas others do not.

> **Asseyez-vous,** s'il vous plaît! *Sit down, please!*

Verbs of this sort are called *reflexive verbs* and are presented in **Chapitre 2.** At this point, you need only understand the meaning of these commands.

Definition: A verb conveys an action or a state: *sit, raise, be.*

Definitions: A subject performs the action or exists in the state conveyed by the verb. A noun represents a person or thing. A subject pronoun substitutes for a subject noun: *Joël sits. He sits.*

★ *You will learn more about the pronoun **vous** in **Grammaire A.6.***

★ *You will learn more about verb endings in **Grammaire A.4** and in following chapters.*

Pronunciation Hint

Most final consonants are not pronounced in French. For example: **ouvre~~z~~, français~~s~~, asseye~~z~~, vou~~s~~, e~~t~~, écoute~~z~~.** In pronunciation hints, a slash through a letter indicates when a letter is not pronounced.

Exercice 1 Écoutez!

Are these commands given in a logical order? Answer **oui** or **non.**

1. Ouvrez le livre! → Lisez!
2. Asseyez-vous! → Courez!
3. Écrivez! → Prenez un stylo!
4. Tournez la page! → Regardez!
5. Levez-vous! → Marchez!
6. Prenez un stylo! → Écoutez!
7. Levez-vous! → Asseyez-vous!
8. Fermez le livre! → Regardez la page!

A.2 Identifying people: C'est... , je m'appelle...

A. To ask who someone is, use the interrogative (question) expression **Qui est-ce?** The usual reply is **C'est** and the name of a person, or simply the name of a person.

—**Qui est-ce?** *Who's that?*
—**C'est** Denise. *It's Denise.*

B. If you are not sure of someone's identity, you can use the expression **Est-ce que c'est... ?** with the name of a person. The reply is **oui** or **non.**

—**Est-ce que c'est** Jacqueline? *Is that Jacqueline?*
—**Non,** c'est Barbara. *No, it's Barbara.*

> ➤ **tu** = used for family and friends
>
> ➤ **vous** = used for groups and non-intimates
>
> ✷ *You will learn more about* **tu** *and* **vous** *in* **Grammaire A.6.**

C. When you ask someone's name or give your own, use these patterns:

—Comment tu t'appelles? *What's your name?*
—Je m'appelle Barbara. *My name is Barbara.*

—Comment vous appelez-vous? *What's your name?*
—Je m'appelle Raoul Durand. *My name is Raoul Durand.*

—Comment s'appelle-t-il? *What's his name?*
—Il s'appelle Daniel. *His name is Daniel.*

—Comment s'appelle-t-elle? *What's her name?*
—Elle s'appelle Denise. *Her name is Denise.*

Pronunciation Hint

Qui e$t-c¢? C'e$t... Commen$ vous ‿ appele$-vou$? Je m'appell¢...

In this text, the symbol ‿ indicates liaison (pronunciation and linking of a final consonant to a following vowel).

Exercice 2 Identités

Match the answers with the questions.

QUESTIONS

1. Qui est-ce?
2. Est-ce que c'est Denise?
3. Comment vous appelez-vous?
4. Comment s'appelle le professeur?

ANSWERS

a. Non, c'est Jacqueline.
b. Je m'appelle Daniel Moninger.
c. C'est Louis.
d. Elle s'appelle Mme Martin.

A.3 Gender and articles

A. All French nouns are classified as either masculine or feminine. However, the terms "masculine" and "feminine" are grammatical classifications only: French speakers do not perceive things such as shirts or windows as being inherently "male" or "female." On the other hand, nouns that refer to males are usually of the masculine gender, and nouns that refer to females are usually feminine. For example, **ami** refers to a male friend, whereas **amie** is used for a female friend.

> Raoul est l'**ami** de Daniel et
> Barbara est son **amie** aussi.

> *Raoul is Daniel's friend, and*
> *Barbara is also his friend.*

B. French adjectives usually change their endings to agree with the gender of the noun they modify. In many cases, this simply means adding **-e** to the adjective to agree with a feminine noun; in other cases, the adjective has two entirely different forms.

> Joël est **petit** et Marise est **petite** aussi.
> Francis Lasalle est **vieux** et Marie
> Lasalle est **vieille** aussi.

> *Joël is short, and Marise is also short.*
> *Francis Lasalle is old, and Marie*
> *Lasalle is also old.*

Definition: An adjective describes (modifies) a noun or pronoun: *Claudine is **tall**, but Joël is **short**.*

★ *You will learn more about adjective agreement in **Grammaire A.5** and **Deuxième étape, Grammaire B.6** and **B.7**.*

Pronunciation Hint

A consonant at the very end of a word is usually not pronounced. A consonant followed by **-e** *is* pronounced. So, if you hear a final consonant pronounced, it is likely a feminine form:

MASCULINE/FEMININE	MASCULINE/FEMININE
peti$/petite	**for$/forte**
gran$/grande	**blon$/blonde**

Definition: An article is a word such as *a* or *the* that introduces a noun.

C. Articles in French also change form according to the gender of the nouns they accompany. Here are the definite and indefinite articles for singular nouns.

	DEFINITE (*the*)	INDEFINITE (*a, an*)
Masculine	**le** livre	**un** livre
Feminine	**la** page	**une** page

D. The definite articles **le** and **la** become **l'** before a word that starts with a vowel (**a, e, i, o, u**) or a mute **h;** this includes most words that begin with the letter **h.** You will learn more about mute **h** in the **Cahier d'exercices (Prononciation et orthographe).**

l'étudiant(e)   *the student*
l'homme   *the man*
l'autre classe   *the other class*

Exercice 3 Descriptions

Complete these sentences with the correct adjective.

1. Louis est _____ et Jacqueline est _____ aussi. (petit/petite)
2. Barbara est _____ et Albert est _____ aussi. (grand/grande)
3. Mme Martin n'est pas _____. Elle est jeune. (vieux/vieille)
4. Denzel Washington est très _____. (beau/belle)
5. Albert est _____. (noir/noire)
6. Claudine n'est pas blonde. Elle est _____. (brun/brune)

Exercice 4 Les photos de Mme Martin

Today, Mme Martin's class is identifying people and things. Complete the sentences with **un, le,** or **l'.**

1. Regardez la photo. C'est _____ tigre. _____ tigre est beau, non?
2. Et voilà la photo d'_____ autre tigre. _____ autre tigre est très grand!
3. Regardez bien! Est-ce _____ livre ou _____ stylo? Oui, c'est _____ livre. C'est _____ livre de Daniel.

➤ **le livre de Daniel =** *Daniel's book*

✷ *You will learn more about expressing possession in* **Grammaire 1.1** *and* **1.6.**

Complete the following sentences with **une, la,** or **l'.**

4. Est-ce _____ moustache ou _____ barbe? Bravo, c'est _____ barbe!
5. Est-ce que c'est _____ table? Oui, c'est _____ table de Mme Martin.
6. C'est _____ cathédrale. C'est _____ cathédrale Notre-Dame de Paris. Elle est très belle et très vieille, n'est-ce pas?

A.4 Describing people: Être, subject pronouns, and ne... pas

A. To describe yourself and others, use the verb **être**.

être (to be)		
je	**suis**	*I am*
tu	**es**	*you are* (familiar, singular only)
il/elle/on	**est**	*he/she/it/one is*
nous	**sommes**	*we are*
vous	**êtes**	*you are* (formal or plural)
ils/elles	**sont**	*they are* (people or things)

➤ The terms below are sometimes used for forms of verbs and pronouns:

- first person singular **(je)**
- second person singular **(tu)**
- third person singular **(il/elle/on)**
- first person plural **(nous)**
- second person plural **(vous)**
- third person plural **(ils/elles)**

★ *You will learn more about the pronoun **on** in* **Grammaire 2.4.**

Marie Lasalle **est** petite.
Moi, je **suis** grand et brun.

Marie Lasalle is short.
I'm tall and brown-haired.

Être is the *infinitive* form of the English verb *to be*. The infinitive form is used to refer to the whole set of all the possible forms of a verb. Only infinitives appear in the dictionary or in the Lexique at the end of this book.

Pronunciation Hint

Final consonants are not pronounced: **je suis, tu es, il est, nous sommes, vous êtes, ils sont.** At the end of a word, the letter **e** with no accent is also silent: **nous sommes, vous êtes.** In pronunciation hints, the symbol ~ over a vowel indicates a nasalized vowel.

➤ Negation: **ne... pas**

B. Use **ne... pas** to make a sentence negative. **Ne** precedes the verb and **pas** follows it. **Ne** becomes **n'** if the verb begins with a vowel.

—Est-ce que tu es étudiant?
—Non, je **ne** suis **pas** étudiant.

Are you a student?
No, I'm not (a student).

—Est-ce que votre ami est français?
—Non, il **n'**est **pas** français.

Is your friend French?
No, he's not French.

Pronunciation Hint

Il n'est pas français. Je ne suis pas étudiant.

C. There are two French words for expressing the English word *it* and two French words for *they*. This is because French classifies nouns as either masculine or feminine, as you have already seen.

—Comment est la chemise de Raoul?
—**Elle** est verte.
—Et le jean de Daniel?
—**Il** est bleu.
—Comment sont les chaussures de Jacqueline?
—**Elles** sont blanches.

What is Raoul's shirt like?
It's green.
And Daniel's jeans?
They're (It's) blue.
What are Jacqueline's shoes like?

They're white.

➤ **il est** = *he is, it is*
elle est = *she is, it is*

➤ **ils sont** = *they are* (masc.)
elles sont = *they are* (fem.)

To refer to a mixed-gender group, use the pronoun **ils.**

—Comment sont Barbara et Albert?
—**Ils** sont grands.

What do Barbara and Albert look like?
They're tall.

★ *You will learn more about **tu** and **vous** in **Grammaire A.6**.*

D. French has two words to express the English word *you*. **Tu** always refers to only one person, but **vous** can be singular or plural. The choice of **tu** or **vous** for the singular depends on your relationship with the person to whom you are speaking.

Exercice 5 La classe de français

➤ *Use as clues the form of **être** and the form of the following adjective (masc./fem.).*

Daniel is telling you about his French teacher and classmates. Complete his sentences with **je, tu, il, elle, nous, vous, ils,** or **elles.**

1. _____ m'appelle Daniel et _____ suis américain.
2. Et Louis? _____ est américain aussi.
3. Le professeur s'appelle Mme Martin. _____ est canadienne. Beaucoup de*
   Canadiens parlent† anglais et français. _____ sont bilingues.
4. Denise et moi, _____ sommes dans le même‡ cours de maths.
5. Barbara et Jacqueline? _____ sont absentes aujourd'hui.
6. Et toi? _____ es aussi étudiant(e)?

Exercice 6 La famille Colin

Marise Colin is describing her family in a letter to Barbara, her new American correspondent. Choose the correct form of the verb **être: suis, es, est, sommes, êtes,** or **sont** to complete each sentence.

1. Moi, je _____ petite et brune.
2. Clarisse aussi _____ petite et brune.
3. Clarisse et moi, nous _____ étudiantes à l'université.
4. Charles et Emmanuel _____ grands.
5. Et toi? Est-ce que tu _____ grande ou petite, brune ou blonde?
6. Combien _____-vous dans la famille?

Exercice 7 Discussions dans la classe de français

Complete the following statements made by students in Mme Martin's French class while they were practicing descriptions. Use **ne... pas** and the verb **être.**

MODÈLE: Les roses sont rouges. Elles _____ orange! →
           Les roses sont rouges. Elles *ne sont pas* orange!

1. Les amis de Daniel sont jeunes. Ils _____ vieux!
2. Non, Jacqueline! Tu _____ grande. Tu es petite.
3. Ah non, Mme Martin! Vous _____ vieille! Vous êtes jeune!
4. Mme Martin: Non, je _____ américaine. Je suis canadienne.
5. Non, nous _____ une classe d'italien! Nous sommes une classe de français.
6. Albert est très grand! Il _____ petit.

---

*Beaucoup... *Many*
†*speak*
‡*same*

 **Plural nouns and articles**

A. French and English nouns may be singular **(chemise)** or plural **(chemises).** Most plural nouns in French end in **-s.** Articles that accompany French plural nouns must also be plural. Here are the plural articles.

> ➤ Gender: A noun may be masculine or feminine.
>
> ➤ Agreement: Articles and adjectives take different forms according to the gender and number of the noun they accompany.
>
> ✱ You will learn about irregular plurals like **chapeaux** in **Deuxième étape, Grammaire B.7.**

SINGULAR		PLURAL	
un costume vert	*a green suit*	**des** costumes verts	*green suits*
une robe rouge	*a red dress*	**des** robes rouges	*red dresses*
la jupe blanche	*the white skirt*	**les** jupes blanches	*the white skirts*
le chapeau noir	*the black hat*	**les** chapeaux noirs	*the black hats*
l'autre chemise	*the other shirt*	**les** autres chemises	*the other shirts*

B. Notice in the preceding examples that adjectives are also plural when the nouns they modify are plural.

Pronunciation Hint

Note that final **-s** on plural nouns is not pronounced. The **-s** of **des** and **les** is pronounced only if followed by a vowel or mute **h: des robes, les bottes,** but **des étudiants, les amis, des hommes.**

Exercice 8 Comment est votre université?

Fill in the blanks with **le, la, l',** or **les,** and complete each sentence in a way that describes your university and your French class.

MODÈLE: _____ campus est grand/petit. → Le campus est grand. (Le campus est petit.)

1. _____ université est grande/petite.
2. _____ professeurs sont compétents/incompétents.
3. _____ étudiants sont jeunes/vieux.
4. _____ classe de français est grande/petite.
5. _____ professeur de français s'appelle...

Exercice 9 Test de mémoire

Louis has been blindfolded and must try to remember what his classmates are wearing. Fill in the blanks with **un, une,** or **des.**

1. —Est-ce que Barbara porte _____ jupe noire?
   —Non, elle porte _____ robe jaune.
2. —Est-ce qu'Albert porte _____ chemise blanche et _____ pantalon noir?
   —Non, il porte _____ pull-over bleu et _____ pantalon gris.
3. —Est-ce que Denise porte _____ bottes noires?
   —Oui, elle porte _____ bottes noires.
4. —Est-ce que Daniel porte _____ blouson vert et _____ chaussures noires?
   —Non, il porte _____ blouson violet et _____ chaussures blanches.
5. —Est-ce que Mme Martin porte _____ robe rose et _____ manteau violet?
   —Oui, elle porte _____ robe rose et _____ manteau violet.

A.6 Addressing others: Tu and vous

A. In French, there are two pronouns that correspond to English *you:* **tu** and **vous.** In general, **tu** is used among peers, that is, with friends and other students and, in most cases, with family members. **Vous** is used with those older than you and with people you don't know well or with whom you wish to keep a certain distance. In general, **vous** is used in public with clerks, taxi drivers, waiters, and so on.

> ➤ **tu** = always singular; always with intimates, peers, or children

> ➤ **vous** = singular for non-intimates; plural for either intimates or non-intimates

—Albert, **tu** vas bien? *Albert, are you doing well?*
—Oui, très bien, merci. *Yes, great, thanks.*

—Bonjour, madame. Comment allez-**vous**? *Good morning (ma'am). How are you?*
—Très bien. Et vous? *Fine. And you?*

Note that in French, the usual and polite practice is to follow **Bonjour** with one of the terms of address: **madame, monsieur,** or **mademoiselle.**

B. **Vous** is also used for speaking to more than one person regardless of the nature of the relationship between the speakers.

Joël et Emmanuel, êtes-**vous** fatigués? *Joël and Emmanuel, are you tired?*

C. The use of **tu** and **vous** varies somewhat from country to country and even within a country. No matter where you are, it is best to use **vous** with adults you do not know personally or who are older than you. With children, other students, or friends your own age, it is customary to use **tu.**

Exercice 10 Tu ou vous?

Choose the correct form, **tu** or **vous.**

Un étudiant français parle...

1. à une amie.
    a. Tu es fatiguée aujourd'hui?
    b. Vous êtes fatiguée aujourd'hui?
2. à un autre étudiant.
    a. Est-ce que tu es canadien?
    b. Est-ce que vous êtes canadien?
3. au professeur.
    a. Comment vas-tu aujourd'hui?
    b. Comment allez-vous aujourd'hui?
4. à un petit garçon de 9 ans.*
    a. Tu portes un beau chapeau de cow-boy.
    b. Vous portez un beau chapeau de cow-boy.
5. à une dame de 60 ans.
    a. Comment t'appelles-tu?
    b. Comment vous appelez-vous?

---

*years

Le jardin du Luxembourg, sur la rive gauche dans le 6ᵉ arrondissement de Paris

Le monde étudiant

Objectifs

In the *Deuxième Étape,* you will continue to develop your listening and speaking skills in French. You will learn more vocabulary to talk about your classes and friends, the calendar, and the clock. You will also learn more about your classmates.

Activités

Qu'est-ce qu'il y a dans la salle de classe?

✳ Attention! Étudier Grammaire B.1 et B.2

Activité 1   Interro: Description de la classe

Regardez le dessin et répondez aux questions du professeur.

MODÈLES: Est-ce qu'il y a des fenêtres dans la classe?
Il y a combien de pupitres?
Est-ce que Barbara porte un pantalon ou une jupe?
Qui arrive en retard?

---

*Although **le professeur** remains the official standard, most French speakers use **le/la prof** informally. **La professeur** or **la professeure** are officially sanctioned and widely used in Quebec, Switzerland, and Belgium.

Activité 2   Discussion: Les objets

Qu'est-ce qu'il y a sur la table?

> MODÈLE: Il y a une montre.
>   Il n'y a pas de vase.

1. un cahier
2. un portable
3. un livre
4. une plante
5. un chapeau
6. une lampe
7. une brosse
8. une cravate
9. un stylo
10. un crayon

Activité 3   Discussion: Qu'est-ce qu'il y a dans la classe?

Dites **oui** ou **non.** Dans la classe de français, il y a...

1. des pupitres?
2. des chaises confortables?
3. une grande table?
4. une horloge numérique?
5. un grand bureau?
6. des tableaux bleus?
7. une petite fenêtre?
8. des crayons rouges?
9. une porte ouverte?
10. ?

Activité 4   Discussion: Qu'est-ce que c'est?

> MODÈLE: une fenêtre ou une porte →
>   —Est-ce que c'est une fenêtre
>   ou une porte?
>   —C'est une porte.

Est-ce que c'est... ?

1. un stylo ou un crayon
2. une chaise ou un pupitre
3. un pupitre ou un bureau
4. un livre ou un cahier
5. une horloge ou une montre
6. une table ou un tableau

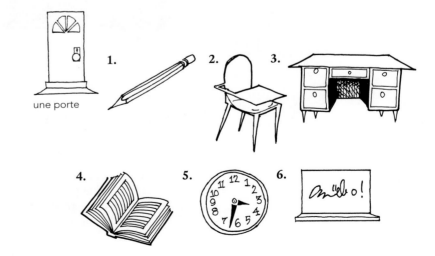

une porte

La date et l'alphabet

★ Attention! Étudier Grammaire B.3

Activité 5   Interro: Les anniversaires

Regardez le dessin qui précède et posez des questions.

MODÈLE: É1: Quelle est la date de l'anniversaire de Joël?
           É2: C'est le premier mai.
           É1: Et cette année, c'est quel jour?
           É2: C'est un mardi.

Activité 6 Associations: Le calendrier

Qu'est-ce que vous associez avec les mois suivants?

1. septembre
2. juillet
3. décembre
4. mai/juin
5. février
6. avril
7. novembre
8. janvier

a. les résolutions du nouvel an
b. les examens finals
c. un manteau et des bottes
d. les vacances
e. les élections américaines
f. des sandales et un short

g. les tulipes
h. l'amour
i. les cours
j. Noël

Activité 7 Dialogue: Sarah Thomas arrive à Paris VII

Au bureau d'inscription à l'université.

L'EMPLOYÉE: Votre nom, s'il vous plaît.
SARAH: Sarah Thomas.
L'EMPLOYÉE: Sarah, c'est s-a-r-a?
SARAH: Ah non, c'est Sarah avec un h. S-a-r-a-h.
L'EMPLOYÉE: Merci, mademoiselle.

Consultez *Grammaire B.3* pour l'alphabet français.

Les nombres de 40 à 100 et l'heure

✳ Attention! Étudier Grammaire B.4

40 quarante	**65** soixante-cinq...	**81** quatre-vingt-un...
41 quarante et un...	**70** soixante-dix	**90** quatre-vingt-dix
50 cinquante	**71** soixante et onze...	**91** quatre-vingt-onze...
51 cinquante et un...	**77** soixante-dix-sept...	**93** quatre-vingt-treize...
60 soixante	**80** quatre-vingts	**100** cent
61 soixante et un...		

Activité 8 Interro: Il y en a combien?

Il y a...

1. combien de minutes dans une heure?
2. combien de secondes dans une minute?
3. combien d'heures dans un jour?
4. combien de mois dans une année?
5. combien de lettres dans l'alphabet?
6. combien de crayons dans une douzaine?
7. combien de roses dans une demi-douzaine?
8. combien de jours dans une semaine?

Quelle heure est-il?

Le matin

Il est neuf heures.

Il est neuf heures et demie.

Il est dix heures vingt-cinq.

L'après-midi

Il est midi.

Il est midi et demi.

Il est une heure.

Il est une heure et quart.

Le soir

Il est huit heures moins le quart.

Il est onze heures moins vingt.

Il est minuit.

Il est minuit et demi.

Activité 9 Dialogue: Après le cours

Quelle heure est-il?

MME MARTIN: Quelle heure est-il, s'il vous plaît?
ALBERT: Il est huit heures moins le quart.
MME MARTIN: Merci bien.
ALBERT: De rien, madame. Au revoir.
MME MARTIN: Au revoir. À demain.

Activité 10 Interro: Quelle heure est-il?

MODÈLE: É1: Quelle heure est-il?
         É2: Il est _____.

1.   2.   3.   4.

5.   6.   7.   8.

Les cours

Quels cours avez-vous ce semestre?

★ Attention! Étudier Grammaire B.5

Activité 11 Dialogue: Mon emploi du temps

1. É1: Tu as quels cours ce semestre?
   É2: J'ai un cours de _____, un cours de _____,... Et toi?
   É1: Moi, j'ai _____.
   É2: Est-ce que tu as cours tous les jours?
   É1: Oui, j'ai cours tous les jours.
       (Non, je n'ai pas cours le _____.)

2. É2: Quel est ton cours préféré? Il est à quelle heure?
   É1: C'est mon cours de _____. Il est à _____. Et toi?
   É2: _____. _____.
   É1: Tu as un cours difficile?
   É2: Mon cours de _____ est très difficile. Et toi?
       (Je n'ai pas de cours difficile ce semestre.)
   É1: _____.

Activité 12   Enquête: Points de vue

Quelle est votre opinion sur les cours suivants?

Est-ce que...

1. le français est difficile ou facile?
2. la chimie est pratique ou abstraite?
3. l'histoire est utile ou inutile?
4. la sociologie est importante ou superflue?
5. les maths sont compliquées ou faciles?
6. la littérature est passionnante ou ennuyeuse?
7. le marketing est intéressant ou ennuyeux?
8. la gymnastique est superflue ou importante?
9. le génie civil est abstrait ou pratique?
10. la géographie est utile ou inutile?

Activité 13   Discussion: La semaine de cours

Certains étudiants de Mme Martin ont cours le même jour et à la même heure.

1. Écoutez le professeur.

PROFESSEUR: Qui a un cours de marketing? (Louis)
À quelle heure est le cours de géologie? Et quel jour? (8 heures, lundi)
Est-ce que Jacqueline a un cours de maths? (non)

2. Dites si c'est vrai ou c'est faux.

PROFESSEUR: Albert a un cours de danse. (Non, c'est faux.)
Le cours de comptabilité est à neuf heures et demie. (Oui, c'est vrai.)

QUAND	LOUIS	JACQUELINE	ALBERT
8 h, lundi	marketing	philosophie orientale	géologie
9 h 30, mardi	comptabilité	informatique	histoire de l'art
13 h, vendredi	économie	chimie	dessin

a. Jacqueline a un cours d'informatique et un cours de philo.
b. Albert a un cours d'histoire africaine à 8 h.
c. Louis n'a pas de cours de marketing.
d. Le cours de chimie de Jacqueline est à 13 h.
e. Albert et Louis ont un cours d'économie.
f. Le cours de géologie d'Albert est à 9 h 30.
g. Jacqueline a un cours de dessin.
h. Louis a un cours de comptabilité le mardi.

La description des autres

★ Attention! Étudier Grammaire B.6 et B.7

de taille moyenne
les cheveux courts
les yeux
marron
des lunettes

grand
mince
une barbe

brun
beau
une moustache
noire

blonde
belle
les yeux bleus

les cheveux
longs
les yeux verts

les cheveux
châtains et frisés

Denise   Jacqueline   Daniel   Albert   Louis

le ventre

l'œil
(les yeux)
l'oreille
le nez
la bouche

les cheveux
la tête
les épaules
le dos
le bras
la main
la jambe
le pied

le visage

le corps

Activité 14   Interro: Les étudiants de Mme Martin

1. Échanges
   É1: Qui a une moustache noire?
   É2: Louis a une moustache noire.
   Alors, qui a les cheveux... ?
   É1: C'est...

2. Et maintenant, vos camarades de classe...
   a. Qui a les cheveux blonds? (roux? châtains? longs? mi-longs?)
   b. Qui a une barbe? (une moustache?)
   c. Qui a les yeux marron? (bleus? verts? noirs? gris?)
   d. Qui porte des lunettes? (des lentilles [de contact]?)

Activité 15 Dans le monde francophone: Qui est-ce?

Regardez les personnages suivants de la bande dessinée *Astérix*. Ce sont des dessins d'Uderzo. Écoutez leur description et donnez leur nom.

Cliquez là!

Consultez un site sur Astérix pour découvrir les autres personnages de la bande dessinée. Choisissez un homme et une femme. Donnez le nom et faites la description de ces deux personnages pour vos camarades de classe.

www.asterix.com © 2011 Les Editions Albert René / Goscinny-Uderzo

Obélix est l'ami inséparable d'Astérix. Le chien, Idéfix, est l'ami inséparable d'Obélix.

www.asterix.com © 2011 Les Editions Albert René / Goscinny-Uderzo

Assurancetourix, c'est le poète.

www.asterix.com © 2011 Les Editions Albert René / Goscinny-Uderzo

Le druide Panoramix prépare la potion magique.

Activité 16   Associations: Stéréotypes

Comment sont les gens suivants?

MODÈLE: les étudiants en Beaux-Arts →
          Les étudiants en Beaux-Arts sont dynamiques.

a. courageux   d. résolus   g. pessimistes   j. sérieux
b. dynamiques   e. idéalistes   h. prudents   k. sociables
c. égoïstes   f. intelligents   i. raisonnables   l. timides

 1. les étudiants en maths
 2. les professeurs de philosophie
 3. les étudiants en arts du spectacle
 4. les cyclistes professionnels
 5. les mécaniciens
 6. les étudiants en physique
 7. les étudiants en informatique
 8. les PDG (Présidents-directeurs généraux)
 9. les explorateurs
10. les vedettes de cinéma

Activité 17   Dialogue: Une actrice ou un acteur

É1: Comment s'appelle ton actrice préférée (acteur préféré)?
É2: Elle/Il s'appelle _____.
É1: Comment est-elle/il physiquement?
É2: Elle/Il a les cheveux _____ et les yeux _____. Elle/Il est _____.
É1: C'est quel type de personne?
É2: Elle/Il est _____, _____ et _____. Elle/Il n'est pas _____.

Vocabulaire

La salle de classe

The classroom

Qu'est-ce qu'il y a dans... ?	What's in . . . ?
Il y a un/une...	There's a/an . . .
Il n'y a pas de...	There isn't a/an/any . . .
Qu'est-ce que c'est?	What's that/this?
C'est un/une...	It's a/an . . .
Ce n'est pas un/une...	It's not a/an . . .
Est-ce que c'est... ?	Is this/that . . . ?
une brosse	a blackboard eraser
un bureau	a (teacher's) desk
un cahier	a notebook
une chaise	a chair
une craie	a piece of chalk
un crayon	a pencil
un étudiant / une étudiante	a student
un examen	an exam
une fenêtre	a window
une horloge	a clock
une interrogation	a quiz
une lumière	a light
une montre	a watch
un mur	a wall
un nom	a name
un nombre	a number
le plafond	the ceiling
le plancher	the floor
une porte	a door
un pupitre	a classroom desk
un tableau (noir)	a (black)board

Le calendrier

The calendar

Quelle est la date aujourd'hui?	What's the date today?
les jours (m.) de la semaine	the days of the week
lundi, mardi, mercredi, jeudi, vendredi, samedi, dimanche	Monday, Tuesday, Wednesday, Thursday, Friday, Saturday, Sunday
aujourd'hui	today
demain	tomorrow
tous les jours	every day
les mois (m.) de l'année	the months of the year
janvier, février, mars, avril, mai, juin, juillet,	January, February, March, April, May, June, July,
août, septembre, octobre, novembre, décembre	August, September, October, November, December
une année	a year

L'heure

Telling time

À quelle heure... ?	At what time . . . ?
Quelle heure est-il?	What time is it?
Il est... heure(s).	It's . . . o'clock.
...et demi(e).	. . . thirty. (half past . . .)
...et quart.	. . . fifteen. (a quarter past . . .)
...moins le quart.	. . . a quarter to. (fifteen to/before/until)
...du matin.	. . . A.M., in the morning.
...de l'après-midi.	. . . P.M., in the afternoon.
...du soir.	. . . P.M., in the evening.
Il est midi/minuit.	It's noon/midnight.
À quelle heure commence... ?	What time does . . . begin?
Il/Elle commence à...	It begins at . . .
une minute	a minute
une seconde	a second

Les cours

Courses/Classes

les arts (m.) du spectacle	performing arts
les beaux-arts (m.)	fine arts
la chimie	chemistry
la comptabilité	accounting
le dessin	graphic arts
le français	French
le génie civil	civil engineering
l'informatique (f.)	computer science
la publicité	advertising

Mots apparentés: la biologie, l'économie (f.), la géographie, la géologie, la gymnastique, l'histoire (f.), la littérature, le marketing, les mathématiques (f.), la musique, la philosophie, la physique, la psychologie, les sciences (f.), le théâtre

Est-ce que tu as un cours de... ?	Do you have a . . . class/course?
Oui, j'ai un cours de...	Yes, I have a . . . class/course.
Non, je n'ai pas de cours de...	No, I don't have a . . . class/course.
Comment est ton cours de... ?	What's your . . . course like?

Il est/Il n'est pas...	It's/It's not . . .
ennuyeux	boring
facile	easy
inutile	useless
passionnant	exciting
utile	useful

Mots apparentés: **abstrait/abstraite, compliqué/ compliquée, difficile, important/importante, intéressant/intéressante, pratique, le semestre, superflu/superflue**

La description des personnes

Describing people

Comment est-il/elle?	What is he/she like?
(...sont-ils/elles?)	(. . . are they like?)
Il/Elle est... .	He/She is . . . .
beau/belle	beautiful
de taille moyenne	of medium height
égoïste	selfish
raisonnable	sensible
sympathique	nice
Il/Elle a les cheveux... .	He/She has . . . hair.
blonds	blond
bruns	brown
châtains	dark brown
courts	short
frisés	curly
mi-longs	medium-length
roux	red
Il/Elle a les yeux marron.	He/She has brown eyes.
Il/Elle porte... .	He/She wears, is wearing . . . .
des lunettes (*f.*)	glasses
des lentilles de contact	contact lenses

Mots apparentés: **amusant/amusante, courageux/ courageuse, dynamique, enthousiaste, idéaliste, intelligent/intelligente, optimiste, pessimiste, prudent(e), résolu(e), sérieux/sérieuse, sociable, timide**

Les parties du corps

Parts of the body

la bouche	mouth
le bras	arm
les cheveux (*m.*)	hair
le corps	body
le dos	back
les épaules (*f.*)	shoulders
la jambe	leg

la main	hand
le nez	nose
l'œil (*m.; pl.* **les yeux**)	eye
l'oreille (*f.*)	ear
le pied	foot
la tête	head
le ventre	stomach
le visage	face

La description

Describing

dernier/dernière	last
fermé/fermée	closed
ouvert/ouverte	open
préféré/préférée	favorite
premier/première	first

Mots apparentés: **confortable, digital/digitale, moderne, nécessaire, oriental/orientale, profond/profonde, superficiel/superficielle**

Substantifs

Nouns

un acteur / une actrice	an actor/actress
l'amour (*m.*)	love
un anniversaire	a birthday
un explorateur / une exploratrice	an explorer
les gens	people
un objet	an object
un(e) PDG	a CEO
une vedette	a star (celebrity)

Mots apparentés: **un(e) cycliste, une description, un dialogue, une lettre de l'alphabet, un(e) mécanicien(ne) une opinion, un/une poète, un semestre**

Mots et expressions utiles

Useful words and expressions

À demain.	See you tomorrow.
Combien de... ?	How many . . . ?
De rien.	You're welcome.
même	same
Merci.	Thank you.
Moi, je...	I . . . (*emphatic*)
Quel cours?	Which (What) course?
Quelle est votre opinion sur... ?	What's your opinion of . . . ?
S'il te plaît.	Please. (*fam.*)
S'il vous plaît.	Please. (*polite, pl.*)
sur	on

Grammaire et exercices

➤ Questions:
Est-ce qu'il y a... ?
Y a-t-il... ?

➤ Answers:
Il y a...
Il n'y a pas de...

 *You will learn more about the pronoun **en** in **Grammaire 7.3**.*

B.1 Expressing existence: Il y a

A. Use the expression **il y a** (*there is/there are*) to talk about the presence or existence of people or things. Use **Est-ce qu'il y a... ?** or **Y a-t-il... ?** to ask a question.

—**Est-ce qu'il y a** une horloge dans la salle de classe?	*Is there a clock in the classroom?*
—Oui, **il y a** une horloge.	*Yes, there's a clock.*
—**Y a-t-il** des garçons dans la classe?	*Are there any boys in the class?*
—Oui, **il y a** trois garçons.	*Yes, there are three boys.*

B. If the answer is negative, use **il n'y a pas de.**

—Est-ce qu'il y a des fenêtres ouvertes?	*Are there any windows open?*
—Non, **il n'y a pas de** fenêtres ouvertes.	*No, there aren't any windows open.*

C. You may substitute the expression **il y en a** or its negation, **il n'y en a pas,** in answers where you wish to avoid repeating the noun.

—Est-ce qu'il y a des étudiants canadiens dans la classe?	*Are there any Canadian students in the class?*
—Oui, il y **en** a.	*Yes, there are (some).*
—Il y a aussi des étudiants suisses?	*Are there some Swiss students, too?*
—Non, il n'y **en** a pas.	*No, there aren't any.*

Exercice 1 La salle de classe

Complete the paragraph with **un, une, des,** or **de.**

Dans la salle de classe, il y a _____¹ étudiants intelligents et _____² professeur brillant. Il y a aussi _____³ chaises, _____⁴ grand bureau et _____⁵ tableaux noirs. Il n'y a pas _____⁶ télévision et il n'y a pas _____⁷ chaises confortables.

Exercice 2 Qu'est-ce qu'il y a dans votre chambre?

Say whether you have these objects in your bedroom.

MODÈLE: Est-ce qu'il y a une télévision? →
    Oui, il y a une télévision. (Non, il n'y a pas de télévision.)

Est-ce qu'il y a...

1. une bicyclette?
2. une grande fenêtre?
3. une horloge?
4. une plante?
5. un bureau?
6. une lampe?
7. un ordinateur*?
8. un projecteur?

---

*computer

B.2 Asking questions

A. There are three simple ways to ask questions in French.

In everyday conversation, the most common way is to use a rising intonation.

—Salut Daniel! Ça va?   *Hi, Daniel! Everything all right?*
—Oui, ça va très bien, merci.   *Yes, everything's going fine, thanks.*

Definition: *Intonation* is the musical pitch of the voice.

Another common question form is the expression **est-ce que** (**est-ce qu'** before a vowel or mute **h**) followed by a statement.

—**Est-ce que** tu es dans la classe de Mme Martin?   *Are you in Madame Martin's class?*
—Oui, je suis dans sa classe.   *Yes, I'm in her class.*
—**Est-ce qu'**il y a des Français dans la classe?   *Are there any French people in the class?*
—Non, il n'y a pas de Français dans la classe.   *No, there aren't any French people in the class.*

You can also add **n'est-ce pas?** to a sentence when you are asking for confirmation of the statement.

—Barbara et Denise sont amies, **n'est-ce pas?**   *Barbara and Denise are friends, aren't they?*
—Oui, elles sont amies.   *Yes, they're friends.*

B. Both English and French use inversion to form questions in which the verb comes before the subject (*Is he at home?*). In French, inversion questions are more commonly used in writing than in speaking. However, some common short questions are often expressed with inversion.

Est-ce un crayon?   *Is that a pencil?*
Comment **allez-vous?**   *How are you?*
Où **est la craie?**   *Where is the chalk?*
Comment **s'appelle ton ami?**   *What's your friend's name?*
Êtes-vous américain(e)?   *Are you American?*

➤ You can ask a question by using:

- **Est-ce que…?**
  Est-ce que c'est Daniel?
- **…n'est-ce pas?**
  C'est Daniel, n'est-ce pas?
- Inversion of the subject and verb:
  Est-ce Daniel?

Notice that when the subject is a pronoun, it is joined to its verb by a hyphen. Also, when inversion of the subject and the verb causes two vowels to come together, the letter **-t-** is added between them.

Y a-**t**-il un autre stylo?   *Is there another pen?*

Except for common short questions such as in the preceding examples, you do not need to use inversion questions at this time because you can always use rising intonation or **est-ce que** instead. However, you should be able to understand inversion questions when you read or hear them.

C. The question **Qui est-ce?** is used to ask about people; the question **Qu'est-ce que c'est?** is used to ask about things.

—**Qui est-ce?**   *Who's that?*
—C'est Jacqueline.   *It's Jacqueline.*
—**Qu'est-ce que c'est?**   *What's that (this)?*
—C'est un stylo.   *It's a pen.*

➤ **Qui est-ce?** = *Who is that?*
➤ **Qu'est-ce que c'est?** = *What is that/this?*

★ You will learn more about **c'est** and **ce sont** in **Grammaire 9.3.**

D. Ce (C') is a subject pronoun used to identify people and things. It refers to nouns, either masculine or feminine, singular or plural.

C'est le tableau. *This is/That's the blackboard.*
Ce sont des crayons. *These/Those are pencils.*

Exercice 3 Personne ou chose?

What's the correct question? Use **Qui est-ce?** or **Qu'est-ce que c'est?**

MODÈLES: _____? C'est Daniel. → Qui est-ce?
          _____? C'est une lampe. → Qu'est-ce que c'est?

1. _____? C'est le professeur.
2. _____? C'est un examen.
3. _____? Ce sont des amis.

4. _____? C'est Mme Martin.
5. _____? C'est un ordinateur.
6. _____? Ce sont des stylos.

Exercice 4 Qui est-ce?

Madame Martin is talking with a colleague in the university cafeteria. Find the logical answer to her colleague's questions.

1. Cette étudiante aux cheveux noirs, est-ce Barbara Denny?
2. Elle est dans votre classe, n'est-ce pas?
3. C'est une bonne étudiante?
4. Et l'autre étudiant, comment s'appelle-t-il?
5. Est-ce qu'il est en cours de français?

a. Oui, elle est intelligente et très dynamique.
b. Il s'appelle Raoul Durand.
c. Non, c'est Jacqueline Roberts.
d. Non, il n'est pas en cours de français. Il est québécois.
e. Oui, elle est dans ma classe de première année.

B.3 Spelling in French: The French alphabet

★ See **La prononciation et l'orthographe, Chapitre 1** in the **Cahier d'exercices,** for more information on the alphabet. You can hear the letters pronounced on the audio program.

A. French uses the same 26-letter alphabet as English. Here, the French pronunciation of the letters is given in French spelling.

a	a	**h**	ache	**o**	o	**v**	vé
b	bé	**i**	i	**p**	pé	**w**	double vé
c	cé	**j**	ji	**q**	ku	**x**	iks
d	dé	**k**	ka	**r**	erre	**y**	i grec
e	e	**l**	elle	**s**	esse	**z**	zède
f	effe	**m**	emme	**t**	té		
g	gé	**n**	enne	**u**	u		

➤ Pronunciation of **c:**
c before **i, e** = /s/
c before **a, o, u** = /k/
except **ç:**
  c in **cahier** = /k/,
  but ç in **français** = /s/

B. French uses several accents or diacritical marks.

accent aigu	´	fatigu**é**, **é**conomie
accent grave	`	tr**è**s, **à**
accent circonflexe	^	**â**ge, **ê**tre, **î**le, d**ô**me, ao**û**t
tréma	¨	No**ë**l
cédille	,/ç	fran**ç**ais

When spelling aloud, the accent is named *after* the letter:

café = c – a – f – e accent aigu.

Pronunciation Hint

The **t** of the word **accent** is a liaison consonant, so it is pronounced only before a vowel, as in the phrase **accent aigu,** but not in **accent grave** or **accent circonflexe.** The word **cédille** is pronounced 'say-dee-yuh.'

C. Here is other useful information for talking about spelling or writing in French.

b **minuscule**	**b**	= *lowercase b*	**les parenthèses ( )**	=	*parentheses*
b **majuscule**	**B**	= *capital b*	**les guillemets « »**	=	*French*
le point	**.**	= *period*			*quotation marks*
la virgule	**,**	= *comma*	**la voyelle**	=	*vowel*
les deux-points	**:**	= *colon*	**la consonne**	=	*consonant*
le point-virgule	**;**	= *semicolon*			

B.4 Telling time: Quelle heure est-il?

A. To ask what time it is, use **Quelle heure est-il?** The answer is **Il est... heure(s).**

—Quelle heure est-il? *What time is it?*
—Il est dix heures. (Il est une heure.) *It's ten o'clock. (It's one o'clock.)*

B. For *twelve o'clock noon,* use **midi**; for *twelve o'clock midnight,* use **minuit.**

—Tu as l'heure? *Do you know what time it is?*
—Il est **midi.** (Il est **minuit.**) *It's twelve (noon). (It's midnight.)*

C. Fractions of the hour are expressed in the following ways:

- Minutes after the hour (up to 30) are simply indicated following the hour.

  Il est dix heures **vingt.** *It's 10:20.*

- The half hour is expressed by **et demi(e).**

  Il est neuf heures **et demie.** *It's 9:30.*
  Il est midi **et demi.** *It's 12:30.*

- Minutes before the hour are expressed with **moins.**

  Il est cinq heures **moins dix.** *It's ten to five (4:50).*

- The quarter hour is expressed with **quart.**

  Il est deux heures **et quart.** *It's (a) quarter after two (2:15).*
  Il est onze heures **moins le quart.** *It's (a) quarter to eleven (10:45).*

> **Demi** (not **demie**) is used with **midi** and **minuit.** The pronunciation is the same.

D. For A.M. and P.M., use **du matin, de l'après-midi,** and **du soir.**

Il est une heure **du matin.** *It's 1:00 A.M. (one in the morning).*
Il est trois heures **de l'après-midi.** *It's 3:00 P.M. (three in the afternoon).*
Il est neuf heures **du soir.** *It's 9:00 P.M. (nine in the evening).*

E. In official announcements, such as TV, radio, train, or plane schedules, and curtain times at the theater, the 24-hour system is used. The numbers one through twelve are used for the morning hours, thirteen through twenty-four for the afternoon and the evening.

Il est **sept heures (du matin).**	= Il est **7 h.**
Il est **midi.**	= Il est **12 h.**
Il est **trois heures et demie (de l'après-midi).**	= Il est **15 h 30.**
Il est **onze heures moins le quart (du soir).**	= Il est **22 h 45.**
Il est **minuit.**	= Il est **24 h.**

Exercice 5 Quelle heure est-il?

MODÈLE: 2 h 20 → Il est deux heures vingt.

1. 4 h 20
2. 3 h 40
3. 8 h 13
4. 5 h 30
5. 12 h
6. 8 h 50
7. 10 h 45
8. 7 h 07
9. 6 h 15
10. 1 h 10

Exercice 6 L'heure officielle

First, read the time as given, then convert it to the usual 12-hour system, indicating the time of day with the appropriate expression **(du matin, de l'après-midi, du soir, midi, minuit).**

MODÈLE: 14 h → Il est quatorze heures.
Il est deux heures de l'après-midi.

12 h 30 → Il est douze heures trente.
Il est midi et demi.

1. 15 h
2. 7 h 15
3. 13 h 30
4. 20 h
5. 22 h 30
6. 10 h 45
7. 18 h 20
8. 19 h
9. 16 h 45
10. 11 h 50

B.5 Expressing possession: The verb **avoir**

A. Use the verb **avoir** to say what someone *has*.

avoir (*to have*)			
j'**ai**	*I have*	nous **avons**	*we have*
tu **as**	*you have* (fam.)	vous **avez**	*you have* (formal or plural)
il/elle/on **a**	*he/she/it/one has*	ils/elles **ont**	*they have*

Hélène **a** des stylos et des crayons. — *Hélène has some pens and pencils.*

—Louis, **as**-tu un cours de français? — *Louis, do you have a French class?*
—Oui, et j'**ai** aussi un cours d'anglais. — *Yes, and I also have an English class.*

Note that **je** contracts to **j'** before a word that begins with a vowel or a mute **h.**

➤ **je** → **j'** before a vowel: **je suis, je m'appelle,** but **j'ai**

Pronunciation Hint

A consonant at the end of the verb form is silent, but at the end of the subject pronoun, it is pronounced because of liaison: **tu as, on a, nous avons, vous avez, ils ont, elles ont.**

B. When a sentence with **avoir** is negative, the preposition **de** replaces **un, une,** or **des.**

—Tu as une bicyclette? — *Do you have a bicycle?*
—Non, je n'ai pas **de** bicyclette. — *No, I don't have a bicycle.*

➤ Reminder: To make a sentence negative, put **ne** (or **n'**) and **pas** around the verb.

J'ai un crayon. → **Je n'ai pas de stylo.**

C. Recall from **B.2** that a -**t**- is inserted in inversion questions with **a.** It is inserted when the inverted pronoun begins with a vowel.

Y a-**t**-il une craie? — *Is there a piece of chalk?*

Exercice 7 Dans mon université

Complete Barbara's letter to her French correspondent, Marise Colin, by using the correct forms of the verb **avoir.**

Dans mon université, nous _____[1] cours cinq jours par semaine, mais nous _____[2] le week-end de libre. Moi, ce semestre, je n'_____[3] pas de cours le lundi, mais ma camarade de chambre _____[4] trois cours et un travail dirigé (un TD) au labo de biologie. Tous les étudiants _____[5] beaucoup d'examens chaque semestre. Tes amis et toi, dans votre université, est-ce que vous _____[6] cours le samedi? Combien de cours _____[7]-vous pendant une journée typique? Et toi, personnellement, tu _____[8] des cours difficiles ce semestre? Est-ce que tu _____[9] des professeurs intéressants?

Exercice 8 Un étudiant désorganisé

Complete these sentences describing a rather disorganized student by using **un, une, des, d',** or **de.**

1. J'ai _____ stylos, mais je n'ai pas _____ papier.
2. J'ai _____ examen (*m.*) demain, mais je n'ai pas _____ livre.
3. J'ai _____ iPod* (*m.*), mais je n'ai pas _____ chansons.†
4. J'ai _____ cours (*m.*) de maths, mais je n'ai pas _____ calculatrice.
5. J'ai _____ cahier (*m.*), mais je n'ai pas _____ crayon.
6. J'ai _____ cours (*m.*) à 8 h, mais je n'ai pas _____ énergie.

Exercice 9 Qu'est-ce que tu as?

Say whether you have the following things by using **Oui, j'ai un/une...** or **Non, je n'ai pas de (d')...**

MODÈLE: Est-ce que tu as une voiture de sport‡? →
Oui, j'ai une voiture de sport. (Non, je n'ai pas de voiture de sport.)

Est-ce que tu as...

1. un dictionnaire français?
2. un appartement?
3. des amis français?
4. une télévision dans ta chambre?

5. une bicyclette?
6. un cours de biologie?
7. des cours ennuyeux?
8. une guitare?

B.6 Describing with adjectives: More on gender

A. As you know, French nouns that refer to a male are usually masculine and those that refer to a female are usually feminine. Nouns referring to things also have grammatical gender and are either masculine or feminine. The endings in the following table generally indicate masculine or feminine nouns.

> ➤ By learning these few general rules, you will almost always know the gender of other nouns with the same endings.

USUALLY MASCULINE		USUALLY FEMININE	
-eau	un bur**eau**	**-ette**	**une** trompe**tte**
-eur	un serv**eur**	**-ie**	la biolog**ie**
-ier	un cah**ier**	**-ion**	**une** composit**ion**
-ment	un apparte**ment**	**-ure**	la littérat**ure**
		-é	la beaut**é**

We recommend that you learn new nouns in combination with the appropriate indefinite article **un** or **une** because **le** and **la** become **l'** before a vowel or mute **h.** Some nouns, as shown in the chart above, are normally used with a definite article. Learn those with the definite article.

---

*iPod is a trademark of Apple, Inc.
†*songs*
‡voiture... *sports car*

B. Adjectives must agree in gender with the nouns they describe. They fall into several categories:

• Adjectives that end in **-e** (with no accent) agree with both masculine and feminine nouns, with no change in their spelling.

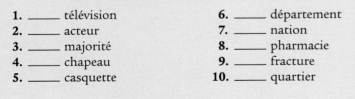

un homme min**c**e   une femme min**c**e
un pantalon roug**e** et jaun**e**   une chemise roug**e** et jaun**e**

• Adjectives that do not end in **-e** in the masculine form usually add an **-e** to agree with a feminine noun.

un chapeau noir   une jupe noir**e**
un étudiant intelligent   une étudiante intelligent**e**

> ➤ A few adjectives that do not end in **-e** also do not change: **un pull-over marron, une jupe marron; un sac chic, une robe chic.**

Pronunciation Hint

If the masculine form ends in a pronounced consonant or **-é,** the masculine and feminine forms are pronounced the same: **noir, noir̸e; fatigué, fatiguée.** If the masculine form ends in a silent consonant, this consonant is pronounced in the feminine form: **peti̸t, petit̸e; grãn̸d, grãn̸d̸e.**

• Some adjective types follow slightly irregular patterns. Adjectives ending in **-eux** change to **-euse,** and those ending in **-if** change to **-ive** in the feminine.

un homme **sérieux**   une femme **sérieuse**
un garçon **sportif**   une fille **sportive**

• Some adjectives have very different masculine and feminine forms. Here are the most common of this type.

un **bon** livre	une **bonne** classe	(*good*)
un sac **blanc**	une robe **blanche**	(*white*)
un **vieux** monsieur	une **vieille** dame	(*old, elderly*)
un **beau** garçon	une **belle** fille	(*handsome, beautiful*)
un **nouveau** chapeau	une **nouvelle** chemise	(*new*)

Vieux, beau, and **nouveau** have a third form that is used before a masculine noun beginning with a vowel or mute **h: un** *vieil* **homme, un** *nouvel* **appartement, un** *bel* **enfant.** (These forms are pronounced like the feminine forms.)

> ✳ *You will learn more about these special forms and the placement of adjectives in* **Grammaire 4.1.**

C. You may have noticed that some adjectives come before the noun and others after it. In general, French adjectives come after nouns, but there are several exceptions. This is discussed further in **Chapitre 4.**

Exercice 10 Masculin ou féminin?

Give the correct indefinite article (**un** or **une**) for each noun.

1. ____ télévision
2. ____ acteur
3. ____ majorité
4. ____ chapeau
5. ____ casquette
6. ____ département
7. ____ nation
8. ____ pharmacie
9. ____ fracture
10. ____ quartier

Exercice 11 Les camarades de classe

Which adjectives can be used to describe the following people?

MODÈLE: Barbara: enthousiaste, blond, optimiste, petit →
Barbara est enthousiaste et optimiste.

1. Daniel: nerveuse, sympathique, intelligent, vieille
2. Barbara: sportive, beau, généreuse, grand
3. Louis: beau, raisonnable, sérieuse, sportive
4. Albert: grand, petite, mince, brune
5. Denise: blonde, petit, intelligent, belle
6. Jacqueline: brun, petite, intelligente, studieux

Exercice 12 Quelle est votre opinion?

Make a sentence for each noun, using the correct form of the adjective.

MODÈLE: intéressant/intéressante: le livre de français, la vie →
Le livre de français est (n'est pas) intéressant.
La vie est (n'est pas) intéressante.

1. beau/belle: Juliette Binoche, un tigre, une vieille Ford, une peinture de Matisse
2. bon/bonne: le chocolat, la programmation à la radio publique, la télévision, le fast-food
3. dangereux/dangereuse: une motocyclette, une bombe, le tennis, la politique
4. amusant/amusante: un livre de science-fiction, la politique, un examen de physique, une comédie
5. vieux/vieille: l'astronomie, le Louvre, le président américain, l'université où je suis

B.7 Irregular plurals

A. As you know, the plural of the written form of most nouns and adjectives is formed by adding **-s:**

un examen facile → des examen**s** facile**s**
le professeur américain → les professeur**s** américain**s**

B. There are several exceptions, however. Nouns and adjectives ending in **-s, -x,** or **-z** do not change in the plural. Some other nouns and adjectives also have irregular plural endings. Here are some examples.

ENDINGS	SINGULAR	PLURAL
-s, -x, -z (no change)	un mauvai**s** cour**s** l'enfant curieu**x** le nez rouge	des mauvai**s** cour**s** les enfant**s** curieu**x** les nez rouge**s**
-eau, -eu (add **-x**)	un b**eau** chap**eau** un j**eu** amusant	des b**eaux** chap**eaux** des j**eux** amusant**s**
-al, -ail (→**-aux**)	un journ**al** radic**al** un trav**ail** municip**al**	des journ**aux** radic**aux** des trav**aux** municip**aux**

➤ An adjective agrees in gender *and* number with the noun it modifies.

> *Caroline* est très *sérieuse.*
>
> *Les enfants* sont *énergiques.*

✱ Review *Première étape, Grammaire A.5* and *Deuxième étape, Grammaire B.6* on singular and plural forms of articles and adjectives.

Pronunciation Hint

Remember that the final plural **-s** or **-x** is usually not pronounced: **le~~s~~ bon~~s~~ restaurant~~s~~, de~~s~~ beau~~x~~ chapeau~~x~~.** The **-s** of **des** or **les** is pronounced in liaison, that is, when the next word begins with a vowel or a mute **h: de~~s~~‿étudiant~~s~~ américain~~s~~.**

C. Remember that adjectives must agree in both gender and number with the nouns they modify. For this reason, an adjective may have as many as four different forms.

MASCULINE SINGULAR	MASCULINE PLURAL	FEMININE SINGULAR	FEMININE PLURAL
un pantalon noir un petit chapeau	des pantalons noir**s** des petit**s** chapeaux	une robe noir**e** une petit**e** moustache	des robes noir**es** des petit**es** moustaches

Exercice 13 Descriptions

Choose the appropriate adjective and the correct form.

1. Comment sont les étudiants de votre université?
   - sérieux/sérieuses
   - nerveux/nerveuses
   - intelligents/intelligentes
   - amusants/amusantes
2. Comment est le professeur idéal?
   - patient/patiente
   - intéressant/intéressante
   - raisonnable
   - amusant/amusante
3. Comment est un examen difficile?
   - long/longue
   - compliqué/compliquée
   - amusant/amusante
   - intéressant/intéressante
4. Comment sont les hommes qui portent la barbe?
   - beaux/belles
   - amusants/amusantes
   - sportifs/sportives
   - individualistes
5. Comment est la langue française?
   - beau/belle
   - compliqué/compliquée
   - facile
   - mystérieux/mystérieuse

Les familles françaises aiment faire des promenades ensemble.

Ma famille et moi

Objectifs

In *Chapitre 1*, you will discuss your family and favorite activities. You will learn how to give your **address** and phone number, and more ways to describe people.

La famille

★ Attention! Étudier Grammaire 1.1

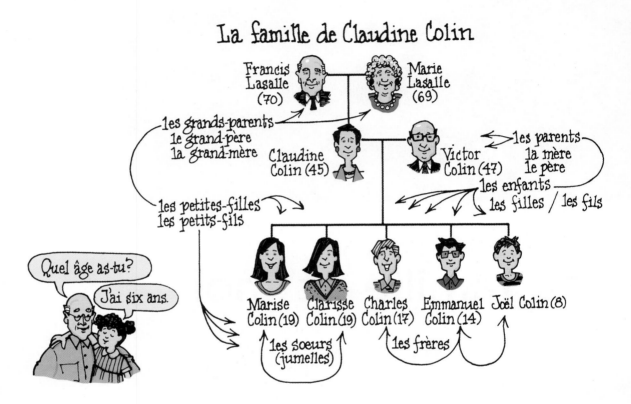

La famille de Claudine Colin

Francis Lasalle (70)   Marie Lasalle (69)

les grands-parents
le grand-père
la grand-mère

Claudine Colin (45)   Victor Colin (47)

les parents
la mère
le père

les enfants
les filles / les fils

les petites-filles
les petits-fils

Quel âge as-tu?
J'ai six ans.

Marise Colin (19) Clarisse Colin (19) Charles Colin (17) Emmanuel Colin (14) Joël Colin (8)

les sœurs (jumelles)   les frères

Activité 1 Interro: La famille de Claudine Colin

MODÈLE: É1: Comment s'appelle la mère de Claudine?
         É2: Elle s'appelle Marie Lasalle.

         É2: Quel âge a Charles?
         É1: Il a dix-sept ans.

         É1: Qui est Joël?
         É2: C'est le fils de Victor et Claudine et...

         É2: ?

Activité 2 Dialogue: Ma famille

É1: Combien de personnes y a-t-il dans ta famille?
É2: Il y a _____ personnes dans ma famille.
É1: Comment s'appellent les membres de ta famille?
É2: Mes _____ s'appellent _____ et _____, mon/ma _____ s'appelle _____ et...
É1: Quel âge ont-ils?
É2: Mon/Ma _____ a _____, mes _____ ont _____ et _____.
É1: Comment est ta famille?
É2: Nous sommes _____ et _____. Nous ne sommes pas _____.
É1: Est-ce que ta famille a une maison ou un appartement?
É2: Nous avons _____. Il/Elle est _____.

Vocabulaire utile

mon beau-père (beau-frère)	mon demi-frère
ma belle-mère (belle-sœur)	ma demi-sœur

Activité 3 Échanges: Ma famille et mes amis

Quelles sont les qualités importantes des personnes sur la liste?

MODELE: le petit frère
   É1: Pour toi, comment est le petit frère idéal?
   É2: Pour moi, le petit frère idéal est affectueux et amusant. En général, il est calme et pas trop difficile. (Je ne sais pas. Je n'ai pas de petit frère.)

1. la sœur	affectueux/affectueuse
2. le frère aîné	amusant(e)
3. la mere	calme
4. l'ami(e)	compréhensif/compréhensive
5. le fiancé / la fiancée	difficile
6. le professeur	énergique
7. le père	flexible
8. ?	généreux/généreuse
	intéressant(e)
	patient(e)
	poli(e)
	raisonnable
	réaliste
	réservé(e)
	résolu(e)
	sérieux/sérieuse
	sportif/sportive
	strict(e)
	sympathique
	?

À propos...

Familles en évolution

La famille française moyenne[1] a seulement entre un et deux enfants. C'est une situation normale en Europe, mais dans les pays francophones d'Afrique et au Québec, les familles nombreuses (trois enfants et plus) sont fréquentes.

De plus, un tiers (1/3) des Français reste célibataire[2] (surtout dans les grandes villes), et, dans les années 2010, presque la moitié (1/2) des couples

• Grands-parents et leurs petits-enfants dans un jardin public

stables vit en «union libre»,[3] ou liée par un PACS,[4] équivalent légal du mariage. La cérémonie de mariage religieuse n'a pas de valeur officielle en France: il est nécessaire d'être marié par un maire[5] ou son adjoint.[6]

À l'extérieur de l'Europe, la vie de famille reste plus traditionnelle: on se marie religieusement et on divorce moins (en France, il y a un divorce pour deux mariages). Pourtant, les Français continuent d'apprécier certains aspects positifs de la famille: les enfants, la joie d'être ensemble,[7] la solidarité et, bien sûr, les fêtes.[8]

[1]typique
[2]≠ marié
[3]habite à deux, mais n'est pas marié
[4]Pacte civil de solidarité
[5]principal personnage officiel d'une ville; son bureau s'appelle la mairie
[6]assistant
[7]en groupe
[8]célébrations

Goûts personnels

✳ Attention! Étudier Grammaire 1.2

Moi, j'aime beaucoup jouer au tennis! Et toi?

Clarisse   Marise

Je n'aime pas étudier le vendredi soir.

Albert

Raoul

Marie Lasalle

Claudine aime faire les courses.

Joël et ses amis aiment jouer au football.

Charles adore lire un bon livre.

Emmanuel aime nager à la piscine municipale.

Caroline aime courir et écouter de la musique.

Julien préfère envoyer des textos. Il n'aime pas les tweets.

Activité 4 Discussion: Portrait familial

Choisissez une réponse pour chaque liste ou donnez une réponse personnelle.

1. Dans ma famille, nous sommes...
- petits, de taille moyenne, grands.
- blonds, bruns, roux.
- ambitieux, sportifs, très organisés.

2. Nous avons...
- une maison moderne, un appartement.
- un chat, un chien, un poisson rouge.
- une voiture par personne, une voiture pour la famille.

3. Moi, j'ai...
- un frère (un demi-frère), une sœur (une demi-sœur).
- un appartement, une chambre chez mes parents.
- une bicyclette, une motocyclette, une voiture.

4. Nous adorons...
- parler ensemble, inviter nos amis.
- aller au cinéma, jouer à des jeux vidéo.
- regarder un match de foot, faire du camping.

Activité 5 Discussion: Les activités préférées

Dites **oui** ou **non.**

1. Pendant les vacances, j'aime...
- **a.** voyager.
- **b.** dormir tard.
- **c.** aller à la plage.
- **d.** lire un bon livre.

2. Je n'aime pas...
- **a.** nager à la piscine.
- **b.** faire du ski à la montagne.
- **c.** jouer aux cartes.
- **d.** faire les courses.

3. Le week-end, mes parents (mes amis) aiment...
- **a.** regarder la télé.
- **b.** dîner au restaurant.
- **c.** sortir avec leurs amis.
- **d.** jouer au golf.

4. Le vendredi, mes amis et moi, nous aimons...
- **a.** rester à la maison.
- **b.** faire la fête.
- **c.** regarder un DVD.
- **d.** écouter la radio.

Exprime-toi!

Moi aussi!
Moi non!
Moi non plus!
Moi si!
C'est vrai?
Pas possible!
Tiens! C'est intéressant!

MODÈLE: É1: Pendant les vacances, j'aime voyager. Oui, c'est vrai.
   É2: Moi aussi! J'aime beaucoup voyager. (Moi non! Je n'aime pas voyager.)

Activité 6 Interro: Le week-end

MODÈLE: É1: Qu'est-ce que Julien Leroux aime faire le samedi?
   É2: Il aime aller au cinéma.
   É1: Et toi, tu aimes aussi aller au cinéma?
   É2: Oui, j'adore aller au cinéma.

NOM	LE SAMEDI	LE DIMANCHE
Julien Leroux, 32 ans journaliste belge	aller au cinéma	lire le journal
Adrienne Petit, 28 ans secrétaire	cuisiner	nager dans la mer
Raoul Durand, 21 ans étudiant québécois	faire la fête	étudier
Charles Colin, 17 ans lycéen français	sortir avec ses copains	dormir tard
Agnès Rouet, 25 ans étudiante à Paris	faire les courses	inviter des amis

ÉDITIONS MILAN
LA PASSION DES ENFANTS

Activité 7 Échanges: Qu'est-ce que tu aimes faire?

MODÈLE: É1: Est-ce que tu aimes étudier avec quelqu'un d'autre?
É2: Non, je n'aime pas étudier avec quelqu'un d'autre. J'aime mieux étudier seul(e). Et toi?

1. jouer au billard
2. bloguer sur Internet
3. faire la fête
4. cuisiner
5. faire du camping
7. danser
6. dormir tard
8. voyager

Exprime-toi!

Je déteste…
J'adore…
J'ai horreur de…
Je préfère…
J'aime mieux…
Je ne sais pas…

Activité 8 Dans le monde francophone: Les leçons de ski

Regardez la publicité et dites si c'est **vrai** ou **faux.**

À l'école de ski français…

1. il y a des leçons particulières pour groupes de 3 à 5 personnes.
2. il y a des leçons de danse.
3. il n'y a pas de leçons pour enfants.
4. il y a des leçons de monoski.

Et encore…

1. Est-ce que vous aimez faire du ski? Comment s'appelle votre station de ski préférée?
2. Quel est votre sport favori? Quel sport est-ce que vous n'aimez pas faire?

École de Ski Français
La Joue-du-Loup
Tél. saison 04.92.58.82.70 - Hors saison 04.92.58.84.63
Ski alpin - Fond - Monoski - Randonnées - Organisation courses

Leçons particulières (l'heure) :	Tarifs
1-2 personnes	60€
3-5 personnes	70€
Stages enfants et adultes *du lundi au samedi inclus :*	
6 x 1 heure 30	95€
6 x 3 heures	120€
Stages des neiges : de 3 à 5 ans	
Demi-journée (3 heures)	45€
Journée (6 heures)	85€
Du lundi au samedi inclus :	
6 x 1/2 journée	110€
6 journées	150€

Tarifs E.F.S.   *Document non contractuel*

Origines et renseignements personnels

★ Attention! Étudier Grammaire 1.3 et 1.4

101	cent un	10.000	dix mille
102	cent deux	100.000	cent mille
200	deux cents	150.000	cent cinquante mille
201	deux cent un	1.000.000	un million
300	trois cents	2.000.000	deux millions
1.000	mille	1.000.000.000	un milliard
		2.000.000.000	deux milliards

Je m'appelle Caroline Njanga. Je viens du Cameroun. Je suis née en mille neuf cent quatre-vingt-sept.

D'où viens-tu?

Je suis belge. Je viens de Bruxelles mais j'habite à Paris maintenant.

Julien

Je m'appelle Sarah. J'habite 86, rue de la Convention, appartement 5A. Mon numéro de téléphone est le 01 48 74 94 23.

Jean-Yves   Sarah

Activité 9 Interro: Les coordonnées

É1: Quel est le numéro de téléphone de Sarah?
É2: C'est le 01 48 74 94 23.
É1: Où habite Adrienne?
É2: À Marseille.
É1: Quelle est l'adresse de Raoul?
É2: 280 boulevard de Maisonneuve Est

Contacts (tous)

Raoul Durand (514) 281-5024
280 boulevard de Maisonneuve Est
Montréal, QC, Canada H2X-1J7

Laurent Njanga 237.222.94.87
Quartiér Bastos- Rue 1983
B. P. 1605 Yaoundé, Cameroun

Sarah Thomas 01 48 74 94 23
86, rue de la Convention
75006 Paris, France
sarah.thomas@wanadoo.fr

André Leroux 32 6 44 67 64
432, avenue des Cerisiers
1200 Bruxelles, Belgique
drDré@orange.fr

Adrienne Petit 04 91 78 94 61
22, rue de Provence
13001 Marseille, France
Adne@aol.com

Activité 10 Dialogue: Renseignements personnels

É1: De quelle ville viens-tu?
É2: Je viens de _____. Et toi?
É1: Moi, je viens de _____.
É2: Quelle est ton adresse?
É1: J'habite au _____ rue/avenue _____. Et toi?
É2: Moi, je _____.
É1: Quel est ton numéro de téléphone?
É2: C'est le _____.
É1: Quand et où est-ce que tu es né(e)?
É2: Je suis né(e) le _____, 19 _____, à _____.

Activité 11 Interro: Les origines et les nationalités

PAYS	NATIONALITÉ	LANGUE(S) PRINCIPALES
l'Algérie (f.)	algérien, algérienne	l'arabe, le français, le berbère
l'Allemagne (f.)	allemand, allemande	l'allemand
la Belgique	belge	le français, le flamand
le Canada	canadien, canadienne	le français, l'anglais
la Chine	chinois, chinoise	le chinois
l'Espagne (f.)	espagnol, espagnole	l'espagnol, le catalan, le basque
les États-Unis (m.)	américain, américaine	l'anglais, l'espagnol
la France	français, française	le français
le Japon	japonais, japonaise	le japonais
le Sénégal	sénégalais, sénégalaise	le français, le wolof

MODÈLE: É1: De quelle nationalité est Yasmina Diouf?
É2: Elle est sénégalaise.
É1: Quelle(s) langue(s) est-ce qu'elle parle?
É2: Elle parle wolof et/ou français.

1. Mario Desjardins, Chicoutimi, Québec (Canada)
2. Willy Maertens, Anvers (Belgique)
3. Francis Lasalle, Lyon (France)
4. Abdelkader El Akari, Blida (Algérie)
5. Coumba Gwalo, Dakar (Sénégal)
6. Wang Yu, Shanghai (Chine)
7. Ulrike Schneider, Francfort (Allemagne)
8. Sarah Thomas, Eau Claire, Wisconsin (États-Unis)
9. Yuko Watanabe, Osaka (Japon)
10. Marianna Vasco, Bilbao (Espagne)

la France

les États-Unis

la Chine

l'Allemagne   le Japon   le Canada

l'Algérie   l'Espagne   le Sénégal   la Belgique

À propos...

Qui sont les Français?

• Des enfants de la banlieue parisienne

Jason Wang est un étudiant américain d'origine chinoise. Il passe une année en France, à l'université Louis Lumière de Lyon. Il pose des questions à son professeur d'histoire, M. Gondrand, sur la question de l'identité des Français.

Jason: On dit que le «Français typique» est un descendant des Gaulois.[1] C'est vrai?

M. Gondrand: Pas exactement… En réalité, la population de la France est très diverse: les Bretons sont celtiques, les Alsaciens, germaniques, les gens du Midi,[2] méditerranéens comme les Italiens et les Grecs. Et, naturellement, les Français des DOM-TOM[3] représentent une grande variété de races et de cultures.

Jason: Et les immigrés?

M. Gondrand: Sur une population totale de 65 millions, il y a en France plus de 5 millions d'immigrés, en majorité des anciennes[4] colonies françaises du Maghreb (Algérie, Maroc, Tunisie) et d'Afrique sub-saharienne (Sénégal, Mali, Côte d'Ivoire, etc.).

Jason: Et tous ces gens-là sont des «Français typiques»!

[1]groupe de nombreux peuples celtiques installés sur le territoire actuel de la France
[2]sud de la France
[3]Départments et Territoires d'Outre-mer: régions administrativement français, mais situés à l'extérieur de l'Europe
[4]du passé

La vie de famille

★ Attention! Étudier Grammaire 1.5 et 1.6

La famille de Bernard Lasalle

Voilà Bernard Lasalle avec sa femme Christine. Elle est infirmière dans un hôpital à Lyon.

Les enfants de Bernard et Christine s'appellent Camille (11 ans), Marie-Christine (8 ans) et Nathalie (6 ans).

Voilà la sœur de Bernard, Claudine Colin, avec sa famille. Son mari Victor travaille dans un bureau.

Toute la famille passe le mois d'août ensemble dans une maison au bord de la mer.

Christine parle beaucoup avec sa belle-sœur Claudine et sa belle-mère Marie Lasalle.

Les petites Lasalle adorent faire une promenade avec leur oncle Victor et leur tante Claudine.

Quelquefois, Victor Colin joue à la pétanque avec son beau-frère, son beau-père et ses fils.

Activité 12 Définitions: La famille

Donnez la bonne définition.

> MODÈLE: É1: Cette personne est la mère de la mère ou du père.
> É2: C'est la grand-mère.

1. la mère du mari ou de la femme
2. le père du père ou de la mère
3. le fils du frère ou de la sœur
4. l'époux de la femme
5. le mari de la sœur
6. la femme du frère
7. le fils de l'oncle ou de la tante
8. l'épouse du mari
9. la sœur de la mère ou du père
10. ?

a. le mari
b. la femme
c. le beau-frère
d. la belle-sœur
e. le neveu
f. le grand-père
g. le cousin
h. la belle-mère
i. la tante
j. ?

• Une famille joue aux cartes dans le jardin.

Activité 13   Enquête: Les activités de ma famille

Dans votre famille, qui fait les activités suivantes?

MODÈLE: _____ aime/aiment faire des achats sur Internet. →
Ma mère aime faire ses achats sur Internet. Elle déteste aller au centre commercial.

1. _____ travaille/travaillent dans un bureau.
2. _____ achète/achètent beaucoup de vêtements neufs.
3. _____ aime/aiment conduire vite.
4. _____ écoute/écoutent de la musique classique.
5. _____ reste/restent à la maison le samedi soir.
6. _____ rentre/rentrent tard très souvent.
7. _____ chante/chantent sous la douche.
8. _____ parle/parlent beaucoup sur son/leur portable dans la rue.

Allons plus loin!   Posez les mêmes questions à un(e) partenaire.

MODÈLE: É1: Est-ce que tu travailles dans un bureau?
É2: Non, mais je travaille dans un restaurant. Et toi?

Activité 14   Enquête: La famille et les amis

Dites **oui** ou **non.** Si vous dites **non,** corrigez la phrase.

Vocabulaire utile

mon copain / ma copine
mon/ma camarade de chambre
mon petit ami / ma petite amie
Je ne... avec/à/de personne
seul(e)

1. Je parle avec ma cousine quand j'ai des problèmes.
2. Je téléphone souvent à mes grands-parents.
3. Je passe le samedi soir avec mes copains.
4. Je regarde la télé avec mes camarades de chambre.
5. Je rigole avec mes frères.
6. J'étudie avec mes camarades de classe.
7. J'achète des vêtements avec ma mère.
8. J'écoute toujours les conseils de mon père.

Allons plus loin!   Maintenant, comparez vos réponses avec les réponses de votre partenaire et expliquez quand vous dites **non.**

MODÈLE: Quand j'ai des problèmes, je parle avec ma tante. Elle est très discrète et elle écoute attentivement.

Cliquez là!

Visitez le site d'une famille française ou francophone. Qui sont les membres de la famille? Quel âge ont-ils? Comment sont-ils et qu'est-ce qu'ils aiment faire? Présentez «votre» famille à la classe.

Activité 15 Entretien: Ma famille

Répondez aux questions. Ensuite, posez les questions à votre partenaire.

1. Est-ce que tu viens d'une famille nombreuse? Combien de personnes (approximativement) y a-t-il dans ta famille?
2. Est-ce que tes grands-parents sont vivants ou morts? Où habitent-ils? Quel âge ont-ils?
3. Dans ta famille, qui préfères-tu? Comment est cette personne? Pourquoi est-ce que tu préfères cette personne?
4. Est-ce que tu discutes de tes problèmes importants avec tes parents? Pourquoi ou pourquoi pas? Autrement, avec qui préfères-tu parler?
5. À qui est-ce que tu ressembles physiquement? Et du point de vue personnalité?

**AGENCE MATRIMONIALE
«ESPOIR FAMILIAL»**
20, rue Paul Gourdon

RENCONTRES

31 ans, célibataire, tendre, raisonnable, jolie et intelligente en plus! Milieu médical, elle désire faire des projets d'avenir avec jeune homme affectueux et protecteur.

58 ans, veuve, douce, un peu timide, elle aime la campagne, cuisiner; désire rencontrer compagnon simple mais gentil et affectueux.

36 ans, célibataire, dynamique, charmant, brun, 1,78m, sportif (squash, tennis, randonnée, planche à voile…); désire fonder un foyer, avoir des enfants.

Grand-père, veuf, 75 ans, aisé, dynamique, aimant nature, voyages et sorties; désire rencontrer une dame 65/70 ans, mêmes intérêts.

Activité 16 Dans le monde francophone: L'agence matrimoniale «Espoir familial»

1. Est-ce que la personne de 31 ans est un homme ou une femme?
2. Est-ce que la personne qui aime cuisiner est veuve ou célibataire?
3. Quel âge a le «grand-père» dynamique?
4. Qui joue au tennis?
5. Qui vient d'un milieu médical?

À vous la parole! Vous désirez rencontrer une personne intéressante. Préparez une petite annonce pour l'agence matrimoniale «Espoir familial». Pour commencer, quel âge avez-vous? Et comment êtes-vous? Qu'est-ce que vous aimez faire? Qu'est-ce que vous désirez?

POUR RÉSUMER

À vous de parler

A. Associations

Avec un(e) partenaire, utilisez les préférences sur la liste pour créer deux profils, (1) *une personne branchée* et (2) *une personne vieux jeu* (old-fashioned).

MODÈLE: É1: Qui déteste lire des tweets?
         É2: C'est probablement la personne vieux jeu.

- a 501 amis sur Facebook
- achète des vêtements en ligne
- adore conduire vite
- adore la télé-réalité
- adore rigoler avec ses copains
- aime aller au zoo
- aime écrire de longues lettres

- aime lire le journal
- arrive toujours à l'heure
- déteste bloguer sur Internet
- joue au bridge
- parle constamment sur son portable
- passe des heures à l'ordinateur

Maintenant… Comparez vos profils avec ceux de vos camarades de classe.
Et enfin… Votre profil ressemble-t-il à un de ces profils? Expliquez.

B. Profil d'un proche

  1. Comment s'appelle la personne? Est-ce un membre de votre famille?
  2. Quel âge a-t-il/elle?
  3. Où est-ce qu'il/elle habite?
  4. Décrivez la personne.
  5. Quelles sont les qualités de la personne? (sympathique, poli(e)...)
  6. Quelles activités aimez-vous faire ensemble?
  7. ?

À vous de lire

Les chansons pour les enfants

La vie en famille est l'occasion de faire des jeux, de réciter des comptines, de raconter des histoires (les contes) et de chanter ensemble des chansons traditionnelles. Tous les petits Français connaissent «La Mère Michel», «Au clair de la lune», «Fais dodo» et «Ah! Vous dirais-je, maman». Quand ils deviennent parents eux-mêmes, ils chantent ces chansons à leurs enfants.

«Ah! Vous dirais-je, maman»

Ah! Vous dirais-je, maman,
Ce qui cause mon tourment?
Papa veut que je raisonne
Comme une grande personne;
Moi, je dis que les bonbons
Valent mieux que la raison.

«Fais dodo»

Fais dodo, Colas, mon p'tit frère,
Fais dodo, t'auras du lolo.

Maman est en haut,
Qui fait des gâteaux;
Papa est en bas,
Qui fait du chocolat.

Fais dodo, Colas, mon p'tit frère,
Fais dodo, t'auras du lolo.

On fait la bouillie
Pour l'enfant qui crie,
Et tant qu'il criera
Il n'en aura pas.

Fais dodo, Colas, mon p'tit frère,
Fais dodo, t'auras du lolo.

«Au clair de la lune»

Au clair de la lune
Mon ami Pierrot,
Prête-moi ta plume
Pour écrire un mot.
Ma chandelle est morte,
Je n'ai plus de feu;
Ouvre-moi ta porte
Pour l'amour de Dieu.

À vous d'écrire

Vous écrivez une lettre à l'agence Accueil France Famille parce que vous désirez passer deux mois dans une famille française. Dans votre lettre, décrivez comment vous êtes, les choses que vous aimez faire et le type de famille que vous préférez trouver.

MODÈLE:

Accueil France Famille
5, rue François Coppée
75015 Paris

Madame, Monsieur,

Je désire passer deux mois dans une famille française. Je m'appelle... , j'ai... ans et je suis étudiant(e) en... à l'université de... Je suis une personne plutôt... J'aime beaucoup... Si possible, je préfère loger dans une famille...

En attendant votre réponse, je vous prie d'agréer l'expression de mes sentiments distingués.

(signature)

Vocabulaire

La famille
Family

le beau-frère	brother-in-law
le beau-père	father-in-law; stepfather
la belle-mère	mother-in-law; stepmother
la belle-sœur	sister-in-law
le cousin / la cousine	cousin
le demi-frère	half brother
la demi-sœur	half sister
l'enfant (*m., f.*)	child
l'époux / l'épouse	spouse
la femme	wife
la fille	daughter
le fils	son
le frère	brother
la grand-mère	grandmother
le grand-père	grandfather
les grands-parents (*m.*)	grandparents
le mari	husband
la mère	mother
le neveu	nephew
la nièce	niece
l'oncle (*m.*)	uncle
le père	father
la petite-fille	granddaughter
le petit-fils	grandson
les petits-enfants (*m.*)	grandchildren
la sœur	sister
la tante	aunt

Mots descriptifs
Descriptive words

bon/bonne	good
branché	hip, cool
célibataire	single, unmarried
compréhensif/ compréhensive	understanding
de taille moyenne	of medium height
difficile	difficult
mort(e)	deceased, dead
nombreux/nombreuse	numerous
poli(e)	polite
roux/rousse	red-haired
seul(e)	alone
tout(e)	all
trop	too
vieux jeu	old-fashioned
vite	quickly
vivant(e)	living, alive

Mots apparentés: **affectueux/affectueuse, ambitieux/ ambitieuse, attentivement, calme, discret/discrète, favori/favorite, flexible, généreux/généreuse, moderne, organisé(e), patient(e), physiquement, réaliste, réservé(e), sportif/sportive, strict(e)**

Activités favorites et distractions
Favorite activities and entertainment

Qu'est-ce que tu aimes faire?	What do you like to do?
J'adore...	I love . . .
J'ai horreur de...	I hate . . .
J'aime...	I like . . .
J'aime mieux...	I prefer . . .
aller au cinéma	to go to the movies
à la plage	to go to the beach
à la montagne	to go to mountains
bloguer sur Internet	to blog on the Internet
chanter sous la douche	to sing in the shower
conduire une voiture	to drive a car
cuisiner	to cook
danser	to dance
dîner au restaurant	to eat at a restaurant
dormir tard	to sleep late
écouter la radio	to listen to the radio
faire les courses	to go grocery shopping
faire du camping	to go camping
faire la fête	to party
faire une promenade	to take a walk
faire du ski	to go skiing
inviter des amis	to invite friends over
jouer aux cartes	to play cards
au billard	to play pool
au football	to play soccer
au tennis	to play tennis
aux jeux vidéo	to play video games
lire (le journal)	to read (the newspaper)
nager à la piscine	to swim in the pool
parler au téléphone	to talk on the phone
passer la soirée ensemble	to spend the evening together
regarder la télévision	to watch television
rester à la maison	to stay home
rigoler	to laugh, have fun
sortir avec des ami(e)s	to go out with friends
travailler dans le jardin	to work in the yard
voyager	to travel

Les endroits

Places

au bord de la mer	at the seashore
un bureau	office
une maison	house

Mots apparentés: **un appartement, un centre commercial, une discothèque, un hôpital**

Quand

Saying when

maintenant	now
quelquefois	sometimes
souvent	often

Substantifs

Nouns

un/une camarade de chambre	a roommate
un chat / une chatte	a cat
un chien / une chienne	a dog
un copain / une copine	a close friend, pal
un infirmier / une infirmière	a nurse
un petit ami / une petite amie	a boyfriend / a girlfriend
un poisson rouge	a goldfish
un renseignement	a piece of information
une réponse	an answer
une ville	a city
les vacances (*f.*)	vacation

Mots apparentés: **une adresse, une aventure, un DVD, un film, un match, la musique, la nationalité, un numéro de téléphone, la radio, un sport**

Verbes

Verbs

acheter	to buy
déjeuner	to eat lunch
discuter (de)	to discuss
étudier	to study
faire des achats	to make purchases
habiter	to live (inhabit)
passer (un mois)	to spend (a month)
rentrer	to return home
ressembler (à)	to resemble, to look like
travailler	to work
venir (de)	to come (from)

Mots apparentés: **adorer, détester, préférer, téléphoner**

Mots et expressions utiles

Useful words and expressions

à	to, at
après	after
avec	with
beaucoup	a lot, many
C'est vrai?	Is that right (correct)?
chez moi (chez mes parents)	at my home (at my parents' house)
D'où venez-vous? (...viens-tu?)	Where are you from?
Je viens de...	I come from . . .
ensemble	together
Je ne sais pas	I don't know.
Je suis né(e)...	I was born . . .
Moi aussi!	Me too!
Moi non!	Not me!
Moi non plus!	Me neither!
Moi si!	Yes (*I* do)!
mon/ma meilleur(e) ami(e)	my best friend
où	where
Pas possible!	No way!; You're kidding!
pour	for
pourquoi	why
Quel âge avez-vous? (...as-tu?)	How old are you?
J'ai 19 ans.	I'm 19 (years old).
Tiens!	Well!
voilà	there is/are

Les pays et les nationalités

Countries and nationalities

l'Allemagne (*f.*)/**allemand(e)**	Germany/German
la Belgique/belge	Belgium/Belgian
la Chine/chinois(e)	China/Chinese
l'Espagne (*f.*)/**espagnol(e)**	Spain/Spanish
les États-Unis (*m.*)/**américain(e)**	the United States/ American
la France/français(e)	France/French
le Québec/québécois(e)	Quebec/Quebecois
la Suisse/suisse	Switzerland/Swiss

Mots apparentés: **l'Algérie** (*f.*), **algérien(ne); le Canada, canadien(ne); le Japon, japonais(e); le Sénégal, sénégalais(e)**

Grammaire et exercices

 1.1   Expressing relationships: Possessive adjectives

Definition: Possessive adjectives modify nouns by indicating ownership or relationship: *my book, your sister.*

A. Here are the forms of the possessive adjectives in French.

ENGLISH	BEFORE MASCULINE SINGULAR NOUNS	BEFORE FEMININE SINGULAR NOUNS	BEFORE PLURAL NOUNS
my	mon	ma	mes
your **(tu)**	ton	ta	tes
his, her, its	son	sa	ses

	BEFORE SINGULAR NOUNS		BEFORE PLURAL NOUNS
our	notre		nos
your **(vous)**	votre		vos
their	leur		leurs

> Voici une photo de **mon** frère
>   avec **sa** femme et **leurs** enfants.
> Et voilà **ma** sœur avec **son** mari
>   et **leur** bébé.

> *Here's a photo of my brother*
>   *with his wife and their children.*
> *And there's my sister with her*
>   *husband and their baby.*

Pronunciation Hint

Final **-s** and **-n** are pronounced when the following word begins with a vowel: **mes⁀enfants** but **mes filles; mon⁀ami** but **mon fils.**

★ *Review* **Première étape, Grammaire A.3** *and* **A.5** *on gender and number agreement.*

B. French possessive adjectives agree in gender and number with the nouns they modify. *Exception:* the possessive form ending in **-n (mon, ton, son)** is always used before a singular noun or adjective starting with a vowel or mute **h**, even if the noun is feminine.

> **mon** cousin Charles   *but*   **mon** autre cousine Marise
> **ma** cousine Clarisse   **mon** étudiante
>   **son** amie Agnès
>   **ton** horloge

C. Keep in mind that the number and gender of the possessive adjective are determined *by what is possessed,* not by the possessor. This is why **son, sa,** and **ses** can all mean *his, her,* or *its,* depending on the context.

➤ "Number" refers to whether a word is singular or plural.

> Voilà Victor Lasalle avec **sa** femme
>   Claudine et **son** fils Charles.
> Mme Martin regarde **son** livre.

> *There's Victor Lasalle with his wife*
>   *Claudine and his son Charles.*
> *Madame Martin is looking at her*
>   *book.*

Exercice 1 En famille

Denise et Jacqueline parlent de leur famille. Remplacez les tirets par un des adjectifs possessifs: **mon, ma, mes; ton, ta, tes; son, sa, ses.**

1. —Jacqueline, comment est _____ famille? Est-ce que _____ frères et sœurs sont jeunes?
   —Non, pas trop. _____ frère a 19 ans et _____ sœurs ont 12 et 14 ans.
2. —Est-ce que _____ grands-parents habitent dans la même ville que toi?
   —_____ grand-mère habite chez nous, mais _____ grand-père est mort.
3. —Est-ce que _____ mère est une personne active?
   —Oui. Avec _____ job (*m.*) et _____ enfants, elle est très occupée.
4. —_____ frère habite encore chez toi?
   —Non, il a _____ propre* appartement (*m.*).

Exercice 2 Votre classe de français

Répondez aux questions avec **notre** ou **nos.**

MODÈLE: Combien d'étudiants y a-t-il dans votre classe? →
        Il y a vingt étudiants dans notre classe.

1. Combien de garçons y a-t-il dans votre classe?
2. Est-ce que vos camarades de classe sont timides ou extravertis?
3. Comment s'appelle votre professeur?
4. À quelle heure est votre cours?
5. Est-ce que vos devoirs sont difficiles ou faciles?

Exercice 3 Une nouvelle amie

Vous avez une nouvelle correspondante, Evelyne Casteret. Dans un message électronique, elle décrit sa famille. Qu'est-ce qu'elle dit? Changez les adjectifs possessifs.

MODÈLE: *Ma* grand-mère s'appelle Marie. →
        Sa grand-mère s'appelle Marie.

1. *Mes* parents sont jeunes et énergiques.
2. *Ma* sœur Madeleine est très amusante.
3. *Mon* père travaille avec *mon* oncle.
4. *Notre* maison est très vieille et très grande.
5. En général, *mes* amis sont très sympathiques. *Mon* amie Sabrine est aussi très intelligente.

---

*own

1.2 Expressing likes and dislikes: Aimer + infinitive

A. The verb **aimer** is used to say that you like or love something or someone.

J'**aime** mon cours de français.	*I like my French class.*
Nous **aimons** beaucoup le professeur.	*We really like the teacher.*
Est-ce que tu **aimes** ton cours d'informatique?	*Do you like your computer science class?*

B. Like **être** and **avoir**, **aimer** has different forms depending on the subject (noun or pronoun) used with the verb. The word **aimer** itself is the infinitive form. Most French infinitives end in **-er**, like **aimer**; they are called regular **-er** verbs. Their present-tense forms are created by dropping **-er** and adding the endings shown in the following chart.

Definition: The infinitive form corresponds to the English "to" form: *to do, to sing,* etc. In French dictionaries, verbs are listed in the infinitive form.

aimer *(to like; to love)*	
j'aim**e**	nous aim**ons**
tu aim**es**	vous aim**ez**
il/elle/on aim**e**	ils/elles aim**ent**

Notice that all the forms in the yellow L-shaped area are pronounced the same.

Pronunciation Hint

aime~~r~~: j'aim~~e~~, tu aim~~es~~, il aim~~e~~, nous͜aimõ~~ns~~, vous͜aime~~z~~, ils/elles͜aim~~ent~~

C. Use **aimer** + infinitive to say what someone likes to do. Use **aimer** with **ne... pas** to indicate what someone doesn't like to do.

J'**aime dîner** au restaurant.	*I like to eat dinner in a restaurant.*
Joël **n'aime pas danser.**	*Joël doesn't like to dance.*
Mes amis **aiment jouer** au football.	*My friends like to play soccer.*

D. Other groups of regular French verbs have infinitives that end in **-ir** (**finir**, *to finish*) and **-re** (**répondre**, *to answer*). Still others have irregular infinitives, such as **être** and **avoir.** You will learn more about these verbs in later chapters.

E. **Détester** and **adorer** are conjugated like **aimer** and may also be used with a following infinitive to express feelings.

★ *You will learn more about regular -er verbs in* **Grammaire 1.5.**

Je **déteste étudier** le samedi soir.	*I hate to study on Saturday nights.*
J'**adore dormir** tard le dimanche matin.	*I love to sleep late on Sunday mornings.*

Exercice 4 Le dimanche d'Albert

Remplacez les tirets par une forme du verbe **aimer.**

1. Ma sœur _____ dormir jusqu'à* midi.
2. Mes parents _____ jouer aux cartes.
3. Daniel et moi, nous _____ jouer au tennis.
4. Moi, j' _____ lire le journal.
5. Tes amis et toi, qu'est-ce que vous _____ faire?
6. Et toi, tu _____ faire les mêmes choses?

Exercice 5 Passe-temps préférés

Répondez et puis indiquez un autre passe-temps préféré.

Vocabulaire utile

aller au cinéma	jouer aux cartes
danser	lire des livres / le journal
dormir tard	regarder la télé
écouter de la musique classique	surfer sur Internet

MODÈLE: Est-ce que vos amis aiment cuisiner? →
Mes amis aiment cuisiner, mais ils aiment aussi dîner au restaurant.
(Mes amis n'aiment pas cuisiner, mais ils aiment dîner au restaurant.)

1. Est-ce que vos amis aiment surfer sur Internet?
2. Est-ce que votre mère aime jouer du piano?
3. Est-ce que votre père aime écouter du rock?
4. Est-ce que votre petit ami / petite amie aime faire une promenade?
5. Est-ce que votre professeur de français aime aller au cinéma?
6. Est-ce que vous aimez jouer au tennis le week-end?

1.3 Talking about dates and personal data: Numbers beyond 100

➤ The day is always given before the month: 25.12.04 = **le 25 décembre 2004.**

➤ Use **le premier** to express the first of the month.

A. To talk about the date, use one of these expressions.

Quelle est la date aujourd'hui?	*What's today's date?*
Aujourd'hui **c'est le vingt (le huit, etc.) avril.**	*Today is April 20th (8th, etc.).*
Aujourd'hui **nous sommes le premier** janvier.	*Today is January 1st (first).*

➤ **Quel âge as-tu? J'ai (vingt) ans.**

➤ avoir

j'ai	nous avons
tu as	vous avez
il/elle a	ils/elles ont

B. To express age, use **avoir** (*to have*) + number + **ans.**

—Joël, quel âge **as**-tu?	*Joël, how old are you?*
—J'**ai** huit **ans.**	*I'm eight.*
—Et ton frère Emmanuel?	*How about your brother Emmanuel?*
—Il **a** quatorze **ans.**	*He's fourteen.*

---

*until

C. Here is how to tell your birthday and birthdate.

> **Mon anniversaire est** le vingt et un septembre.   *My birthday is September 21st.*
>
> **Je suis né(e)** en 1993.   *I was born in 1993.*

D. Years before 2000 can be expressed in two ways in French. For 2000 and after, there is just one way.

> 1998 = dix-neuf cent quatre-vingt-dix-huit
>   mille neuf cent quatre-vingt-dix-huit
> 2000 = deux mille
> 2010 = deux mille dix

E. Here are the numbers from 101 to two billion.

101 cent un	400 quatre cents	1.000	mille
102 cent deux	500 cinq cents	10.000	dix mille
200 deux cents	600 six cents	100.000	cent mille
201 deux cent un	700 sept cents	1.000.000	un million (de)
202 deux cent deux	800 huit cents	2.000.000	deux millions (de)
300 trois cents	900 neuf cents	1.000.000.000	un milliard (de)
		2.000.000.000	deux milliards (de)

➤ The **-s** of **cents** is dropped if it is followed by another number: **deux cents, deux cent un. Mille** never takes an **-s: deux mille.**

➤ In French, a period (not a comma) is used in higher numbers.

Exercice 6   La famille Colin

Dites l'âge de chaque membre de la famille.

> MODÈLE: Joël / 8 →
>   Quel âge a Joël? Il a huit ans.

1. Francis Lasalle / 70
2. Claudine Colin / 45
3. Victor Colin / 47
4. Marise et Clarisse / 19
5. Charles / 17
6. Emmanuel / 14

Exercice 7   Au téléphone

Lisez à haute voix ces numéros de téléphone français.

> MODÈLE: 01 42 68 13 03 →
>   zéro un, quarante-deux, soixante-huit, treize, zéro trois

1. 02 65 10 80 30	**4.** 01 98 75 21 60	**7.** 04 45 62 86 43
2. 03 87 53 40 16	**5.** 02 77 38 82 97	**8.** 03 83 76 64 90
3. 01 20 55 70 81	**6.** 04 91 18 39 78	**9.** 02 53 67 07 11

Exercice 8 Codes postaux

Lisez les codes postaux de certaines villes françaises à haute voix.

MODÈLE: 29200 Brest → vingt-neuf mille deux cents

1. 44000 Nantes
2. 67000 Strasbourg
3. 69009 Lyon
4. 13002 Marseille
5. 59000 Lille
6. 64200 Biarritz
7. 75015 Paris
8. 33000 Bordeaux

Exercice 9 Anniversaires

Posez la question et répondez avec les renseignements donnés entre parenthèses.

MODÈLE: Francis Cabrel (23.11.1953) → Quelle est la date de naissance de Francis Cabrel?
C'est le 23 novembre 1953 (le vingt-trois novembre mille neuf cent cinquante-trois).

1. Elvis Presley (8.1.1935)
2. Serena Williams (26.9.1981)
3. Frédéric Chopin (1.3.1810)
4. Paul McCartney (18.6.1942)
5. Sigmund Freud (6.5.1856)
6. Mickey Mouse (18.11.1928)
7. Magic Johnson (14.8.1959)
8. Yves Saint-Laurent (1.8.1936)
9. MC Solaar (5.3.1969)
10. Édith Piaf (19.12.1915)

1.4 Stating origin: The verb venir

A. Here are the forms of **venir**.

> Note that most French verbs have the same plural endings: **-ons, -ez, -ent**.
> With a few exceptions, verbs other than **-er** verbs have the same singular endings: **-s, -s, -t**.

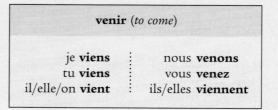

venir (to come)	
je **viens**	nous **venons**
tu **viens**	vous **venez**
il/elle/on **vient**	ils/elles **viennent**

Use the verb **venir** and the preposition **de** to ask or say where someone is from.

—**D'**où **vient** Mme Martin? — *Where's Madame Martin from?*
—Elle **vient de** Montréal. — *She's from Montreal.*
—Et **d'**où **viens**-tu? — *And where are you from?*
—Moi, je **viens de** Kansas City. — *I'm from Kansas City.*

Other verbs conjugated like **venir: devenir** (*to become*), **revenir** (*to come back, return*).

Pronunciation Hint

All singular forms of **venir** are pronounced alike: **viẽns**. The pronunciations of the plural forms are **venõns, venez, viennent**.

B. To ask for a specific country or city of origin, use **De quel pays... ?** or **De quelle ville... ?**

—**De quel pays** vient Julien Leroux?	*What country does Julien Leroux come from?*
—Il vient de Belgique.	*He comes from Belgium.*
—**De quelle ville** viennent les Lasalle?	*What city do the Lasalles come from?*
—Ils viennent de Lyon.	*They come from Lyon.*

C. In some cases, **de** is replaced by **du** or **des** when speaking of countries.

- Use **du** when the name of a country is masculine.

—De quel pays viennent ces étudiants?	*What country are these students from?*
—Ils viennent **du** Japon (**du** Brésil, **du** Portugal).	*They're from Japan (Brazil, Portugal).*

- Use **des** if the name of a country is plural.

—D'où venez-vous?	*Where are you from?*
—Je viens **des** États-Unis.	*I'm from the United States.*

> ➤ —Tu viens *de* France?
> —Oui, je viens *de* Paris.
>
> —Raoul vient *des* États-Unis?
> —Non, il vient *du* Canada.

✳ *You will learn more about country names in* **Grammaire 8.1.**

Exercice 10 À la maison internationale

Utilisez les formes du verbe **venir.**

1. Voici mon ami Jean-Michel. Il _____ du Canada et il parle français.
2. Voilà Julie et Mark. Ils _____ des États-Unis.
3. Voilà Mohammed. Il _____ d'Algérie et sa femme Natacha _____ de Russie.
4. Voilà Carmen et José. Ils _____ de Madrid, en Espagne.
5. Et vous, d'où _____-vous? —Nous _____ de Côte d'Ivoire. Moi, je m'appelle Madi et mon amie s'appelle Ramatou.
6. Christiane, tu _____ de Suisse, n'est-ce pas? —Oui, je _____ de Genève.

1.5 Talking about actions: Present tense of -er verbs

A. Infinitives ending in **-er** are conjugated like **aimer.** (The only exception is **aller,** *to go.*) To conjugate these verbs, drop **-er** from the infinitive and add the endings **-e, -es, -e, -ons, -ez, -ent.**

✳ *You will learn about* **aller** *in* **Grammaire 2.3.**

travailler (*to work*)	
je travaill**e**	nous travaill**ons**
tu travaill**es**	vous travaill**ez**
il/elle/on travaill**e**	ils/elles travaill**ent**

habiter (*to live*)	
j' habite	nous habit**ons**
tu habit**es**	vous habit**ez**
il/elle/on habite	ils/elles habit**ent**

Remember that the forms of **-er** verbs in the yellow L-shaped area are pronounced the same because their endings are silent.

Pronunciation Hint

In **travailler,** the letters **aill** sound like English "eye." Also note that because the initial **h** in **habiter** is silent, **je** contracts to **j',** and you must make the liaison with all the plural forms: **j'habite, nous habitons, vous habitez, ils habitent, elles habitent.** This applies to all verbs beginning with vowels: **étudier** (*to study*): **j'étudie, nous étudions,** etc.

➤ **j'étudie** = *I study, I am studying, or I do study*

B. Notice that the French present tense is equivalent to three meanings in English.

Denise travaille à la bibliothèque ce soir.	Denise *is working* at the library tonight.
Denise travaille à la bibliothèque tous les samedis.	Denise *works* at the library every Saturday.
Oui, Denise travaille quelquefois le dimanche après-midi.	Yes, Denise *does work* on Sunday afternoons sometimes.

C. Here are some **-er** verbs you can use to talk about activities and actions.

chanter *to sing*	**dîner** *to eat dinner*	**parler** *to talk; to speak*
chercher *to look for; to go get*	**donner** *to give*	**regarder** *to look at*
cuisiner *to cook*	**écouter** *to listen to*	**rencontrer** *to meet*
danser *to dance*	**inviter** *to invite*	**rentrer** *to return, come back (home)*
déjeuner *to eat lunch*	**jouer** *to play*	**rester** *to stay*
dessiner *to draw*	**manger** *to eat*	**voyager** *to travel*
	nager *to swim*	

D. Some **-er** verbs like **préférer, acheter,** and **appeler** have a spelling change in their present-tense forms before the silent endings **(-e, -es, -ent).** Verbs like **manger** and **commencer** have a spelling change in the **nous** form. See the charts in **Appendices A** and **C.3** for more information about spelling changes in **-er** verbs.

Exercice 11 La vie de Joël

Joël décrit les activités de sa famille et de ses amis. Complétez ses phrases avec la forme appropriée du verbe.

1. Moi, je _____ à la piscine le samedi. (nager)
2. Ma sœur Clarisse _____ beaucoup au téléphone. (parler)
3. Et toi aussi, Marise, tu _____ souvent au téléphone, non? (parler)
4. Nous _____ à huit heures, d'habitude. (dîner)
5. Ma tante Christine _____ dans un hôpital. (travailler)
6. Mes grands-parents _____ dans la même ville que nous. (habiter)
7. Mes amis et moi, nous _____ souvent. (chanter)
8. Mon copain Malik _____ beaucoup avec sa famille. (voyager)
9. Mes copines Sophie et Lourdes _____ au football. (jouer)
10. Et mes parents _____ beaucoup d'amis pendant le week-end. (inviter)

Exercice 12 Ma vie

Complétez par la forme correcte et dites si la phrase correspond à votre situation.

MODÈLE: Tu *travailles* beaucoup. →
         Oui, je travaille beaucoup. (Non, je ne travaille pas beaucoup.)

1. C'est l'opinion de mes parents:
   a. «Tu _____ excessivement!» (travailler)
   b. «Tu _____ trop au téléphone.» (parler)
2. Dans ma famille,
   a. nous _____ beaucoup la télé. (regarder)
   b. nous _____ ensemble. (dîner)
3. Mes amis sont intéressants.
   a. Ils _____ toutes sortes de musique. (écouter)
   b. Ils _____ aux jeux vidéo. (jouer)
4. C'est l'opinion de notre professeur:
   a. «Vous _____ beaucoup!» (étudier)
   b. «Vous _____ vos devoirs tous les jours.» (préparer)
5. Moi,
   a. j' _____ dans une résidence universitaire. (habiter)
   b. je _____ normalement à l'université. (déjeuner)
6. C'est mon opinion:
   a. Mes professeurs _____ trop de devoirs. (donner)
   b. Mon professeur de français _____ vite! (parler)

1.6 Expressing relationships and possession: Contractions of de

A. You have already learned how to express relationships using possessive adjectives such as **mon** and **votre**. To express a relationship to someone using that person's name, use **de** + name. This is the equivalent of *-'s* in English.

—Est-ce que c'est la sœur **de Denise**?   *Is that Denise's sister?*
—Oui, c'est sa sœur.   *Yes, that's her sister.*

★ Review **Grammaire 1.1** on possessive adjectives.

*Review the use of **l'** in **Première étape, Grammaire A.3.D.***

➤ Contractions of **de:**
   de + le = du
   de + les = des

➤ **Des** has two meanings:
1. indefinite article (*some*)
   un ami algérien →
   des amis algériens
2. contraction of **de + les** (*of the*)
   Voilà le père *des* enfants.

B. To express a relationship to a person who is not named directly, use **de** + definite article + noun.

C'est le chat de la sœur de Paul.   *It's Paul's sister's cat.*
La femme de l'oncle Victor a 43 ans.   *Uncle Victor's wife is 43 years old.*

If **de** is followed by **le** or **les,** the two words combine: **de + le** is replaced by **du,** and **de + les** becomes **des.** Note that **de + l'** does not contract.

Voici les livres **du** professeur.   *Here are the instructor's books.*
C'est la voiture **des** amis de Patrick. *It's Patrick's friends' car.*
Voici la sœur **de l'**amie de Sarah.   *Here is Sarah's friend's sister.*

Exercice 13 L'album de Raoul

Raoul Durand montre son album de photos à Barbara. Terminez les phrases par **de, du, des,** etc., et les informations entre parenthèses.

MODÈLE: (les enfants) Voici la nouvelle bicyclette _____. →
         Voici la nouvelle bicyclette *des enfants.*

1. (Paul) Voici la voiture _____. Elle est rapide.
2. (les petites filles) La femme blonde est notre amie Marie. C'est la mère _____.
3. (la femme blonde) Ça, c'est le mari _____. Il s'appelle Albert.
4. (Mme Haddad) Voilà la belle maison _____. Quel beau jardin!
5. (le cousin de mon père) Voici la fille _____. Elle s'appelle Claire.
6. (Claire) Voici l'ami _____. Il est beau, n'est-ce pas?

Exercice 14 Relations familiales

Répondez à ces questions sur les relations familiales.

MODÈLE: Le grand-père, c'est le mari de qui? →
         Le grand-père, c'est le mari de la grand-mère.

1. La grand-mère, c'est la femme de qui?
2. La tante, c'est la femme de qui?
3. Le cousin, c'est le fils de qui?
4. La belle-sœur, c'est la femme de qui?
5. Le grand-père, c'est le père de qui?
6. L'oncle, c'est le père de qui?

Aller au travail à vélo, c'est plus écologique.

La vie quotidienne et les loisirs

Objectifs

In *Chapitre 2*, you will talk about the weather, your recreational activities, and your routine. You will also learn to describe your abilities and to express plans and wishes.

Le temps, les saisons et les loisirs

✳ Attention! Étudier Grammaire 2.1

Quel temps fait-il?

En hiver, il fait froid. Jean-Yves fait du ski dans les Alpes, à Chamonix.

Au printemps, il fait du vent et il fait frais.

Le ciel est couvert.

Francis Lasalle pêche dans un lac.

le soleil

En été, il fait chaud.

un nuage

Quand il fait beau, Adrienne fait de la planche à voile.

la boue

En automne, Emmanuel et ses amis font des promenades à la campagne.

Activité 1 Interro: L'hiver en France

Regardez la carte et répondez.

MODÈLE: É1: Quel temps fait-il à Lille?
         É2: Il pleut et il fait frais.

Activité 2 Discussion: Les quatre saisons

Quels sont vos passe-temps préférés? Écoutez votre professeur et dites **oui** ou **non**.

1. En été, quand il fait très chaud, je/j'...
   a. fais du camping avec des copains.
   b. aime nager à la piscine.
   c. fais de la planche à voile.
   d. reste à la maison.
2. Au printemps, s'il fait beau, mes amis et moi, nous...
   a. pique-niquons à la campagne.
   b. étudions sous les arbres.
   c. jouons souvent au frisbee.
   d. faisons des promenades.
3. En automne, très souvent, je...
   a. regarde des matchs à la télé.
   b. fais du vélo.
   c. fais des longues promenades en voiture.
   d. joue au basket au gymnase.
4. Quand il neige, en hiver, ma famille et moi, nous...
   a. faisons du ski.
   b. passons nos vacances à la plage.
   c. allumons un grand feu dans la cheminée.
   d. invitons des amis chez nous.

   MODÈLE: É1: Moi, je fais du camping avec ma famille.
            É2: Pas moi! J'ai horreur de ça.

Exprime-toi!

C'est vrai?
Moi aussi!
Moi, jamais!
J'aime ça.
Je n'aime pas ça.
C'est barbant!
C'est génial!
C'est super!
C'est nul!

À propos...
Sport: La France au sommet

● Karabatic en action dans un match de la Coupe du monde de handball

Aujourd'hui, le football est de toute évidence le sport préféré au niveau international. L'équipe[1] de France («les bleus») est devenue championne du monde en 1998, mais récemment elle n'a plus autant de succès. Cependant, les Français excellent dans un autre sport très populaire en Europe, en Afrique et en Asie: le handball. Ce sport rapide et physique se joue à sept, généralement à l'intérieur, avec un petit ballon[2] rond lancé à la main. L'équipe nationale, surnommée[3] «les experts», possède un palmarès[4] impressionnant: médaille d'or aux Jeux olympiques (2008), quatre championnats mondiaux (1995, 2001, 2009 et 2011) et deux championnats européens (2006 et 2010). La star des experts, Nikola Karabatic, est d'origine croate; c'est un joueur puissant[5] (1,96 m pour 104 kg), mais aussi un excellent tacticien et buteur.[6]

[1]groupe de joueurs
[2]balle
[3]appelée familièrement
[4]liste de distinctions
[5]fort physiquement
[6]qui marque souvent un but

Cliquez là!

Cherchez un site sur la Fédération de tennis ou sur le Tour de France. Qui sont les derniers champions et de quelle(s) nationalité(s) sont-ils? Est-ce qu'il y a des participants qui viennent de votre pays? Quels sont leurs noms?

Activité 3 Échanges: Mes activités préférées

MODÈLE: É1: Tu aimes mieux danser ou faire une promenade?
É2: Moi, j'aime mieux... Et toi?

1. aller à la plage ou aller à la montagne?
2. surfer sur Internet ou faire du sport?
3. lire un bon livre ou regarder la télé?
4. pêcher ou pique-niquer?
5. faire du vélo ou faire une promenade?
6. dîner au restaurant ou dîner à la maison?
7. danser ou bavarder avec des amis?
8. écouter ton iPod ou aller au cinéma?
9. faire des courses ou sortir avec tes amis?

Activité 4 Associations: Les endroits et les activités

Cherchez les endroits logiques.

MODÈLE: Nous y voyons des films. →
Nous voyons des films au cinéma.

LES ACTIVITÉS

1. On y fait du ski en hiver.
2. Nous y faisons les courses.
3. On y fait des longues promenades.
4. On y pêche très souvent.
5. Nous y pique-niquons parfois.
6. Beaucoup d'étudiants y font la fête.
7. On y allume un feu quand il fait froid.
8. Nous y étudions et regardons la télé.
9. On aime y aller pour voir des films.
10. Beaucoup de gens y font de la gym.

LES ENDROITS

a. à la maison
b. dans la cheminée
c. au gymnase
d. au cinéma
e. au centre commercial
f. à la campagne
g. dans une rivière
h. à la discothèque
i. sous un arbre
j. à la montagne

Les activités quotidiennes

✷ Attention! Étudier Grammaire 2.2

Une journée typique chez la famille Lasalle (à Lyon)

Christine se lève tous les jours de bonne heure. Elle se réveille très lentement.

Bernard se douche toujours le matin. Ensuite, il se rase devant le miroir.

Camille se dépêche le matin. Elle s'habille toujours très vite parce qu'elle n'aime pas être en retard pour l'école.

Bernard s'entraîne au gymnase trois fois par semaine.

Marie-Christine se brosse les dents avant d'aller au lit.

Marie-Christine et Nathalie se couchent tôt les jours de classe.

Activité 5   Ordre logique: La toilette et les habitudes

Mettez ces activités dans le bon ordre.

Vocabulaire utile   d'abord, ensuite, puis

> MODÈLE: je m'habille / je me douche / je me lève →
> D'abord je me lève, ensuite je me douche et puis je m'habille.

1. je m'habille / je me sèche / je me douche
2. je me couche / je me douche / je me déshabille
3. je me rase / je me réveille / je me lave le visage
4. je me douche / je me brosse les cheveux / je me lave les cheveux
5. je me brosse les dents / je me maquille / je me lève
6. je me dépêche / je me lève / je m'habille
7. je dîne / je me couche / j'étudie
8. je me douche / je fais de la gym / je me lave les cheveux

Activité 6   Échanges: La vie chez moi

Vocabulaire utile

mes parents   mon/ma coloc (camarade de chambre)
mon frère / ma sœur   tout le monde

> MODÈLE: É1: Chez toi, qui se dépêche le matin?
> É2: Tout le monde se dépêche le matin.

Chez toi, qui...

1. se couche tard? tôt? (À quelle heure?)
2. chante sous la douche? (Il/Elle chante bien?)
3. s'entraîne au gymnase? (Combien de fois par semaine?)
4. se lave les cheveux tous les jours?
5. cuisine, d'habitude? (Tous les jours? C'est bon?)
6. se lève le premier / la première? (À quelle heure?)
7. s'habille vite et laisse ses affaires par terre?
8. se couche de bonne heure? (À quelle heure? Pourquoi?)
9. ?

Activité 7   Enquête: Une semaine typique

Est-ce que les déclarations suivantes s'appliquent à vos habitudes?

Vocabulaire utile   toujours (T), souvent (S), quelquefois (Q), rarement (R), jamais (J)

_____ 1. Les jours de classe, je me lève de bonne heure.
_____ 2. Je prends un solide petit déjeuner.

_____ **3.** Je m'habille avant de prendre le petit déjeuner.
_____ **4.** Le matin, je suis en retard et je me dépêche.
_____ **5.** Je fais mon lit et je laisse ma chambre en ordre le matin.
_____ **6.** Je préfère me doucher et me laver les cheveux le soir.
_____ **7.** Le soir, je prépare mes vêtements pour le lendemain.
_____ **8.** Avant de m'endormir, j'aime lire un peu.
_____ **9.** J'aime aller à l'université en voiture.
_____ **10.** J'ai un emploi et je travaille après les cours.

Activité 8 Entretien: Questions personnelles

1. À quelle heure est-ce que tu te couches d'habitude? Tu aimes lire avant de te coucher?

2. À quelle heure est-ce que tu te lèves? (les jours de semaine? le week-end?) Tu aimes dormir avec la fenêtre ouverte?

3. Est-ce que tu préfères prendre un bain ou te doucher? Avec du savon ou du gel douche?

4. Tu te laves les cheveux tous les jours? Quel est ton shampooing préféré?

5. Est-ce que tu te rases tous les jours? Avec un rasoir mécanique ou électrique?

6. Est-ce que tu te maquilles tous les jours ou seulement pour les grandes occasions?

7. Combien de fois par jour est-ce que tu te brosses les dents? Tu achètes souvent une nouvelle brosse à dents?

LES FRANCOPHONES SUR LE VIF

Salem Haji, marin à Marseille

Je vis à Marseille depuis douze… treize ans, et je suis marin depuis une dizaine d'années sur les cargos, les gros navires.[1] Pour devenir marin, j'ai passé la formation[2] des officiers de la marine marchande. Je travaille trois mois sur le bateau, et ensuite j'ai trois mois de vacances. Alors, les horaires de travail, ça dépend du poste qu'on a. Moi, je suis «second capitaine»: je conduis le navire, en quelque sorte, de quatre heures du matin à neuf heures du matin. Ensuite, de neuf heures à midi, je supervise la maintenance sur le pont.[3] Ensuite je mange, je fais une petite sieste. Dans l'après-midi, j'organise des exercices de sécurité, et je reprends le quart[4] de seize heures à dix-neuf heures. Ensuite, ma journée se termine. Quand j'ai du temps libre, à bord, souvent je bouquine,[5] ou alors, je regarde des films avec les collègues. Des fois on fait des jeux de société.[6]

[1]bateaux
[2]cours, diplôme
[3]*bridge*
[4]période de travail
[5]*read (familier)*
[6]jeux… le Monopoly, Cluedo, Risk, etc.

Les habitudes et les projets

✳ Attention! Étudier Grammaire 2.3

Qu'est-ce qu'ils vont faire?

Christine va au parc après le dîner. Elle aime se promener.

M. et Mme Martin vont à leur restaurant favori le vendredi soir.

La semaine prochaine, Jean-Yves va faire de la voile.

Ce week-end, Camille va lire un bon roman.

Demain, Bernard et Christine vont dîner chez des amis.

Ce soir, Nathalie va prendre un bain avant d'aller au lit.

Activité 9　Discussion: Les projets

Dites **oui** ou **non.**

1. Ce soir, je vais...
   a. faire les courses.
   b. travailler.
   c. faire mes devoirs.
   d. ?
2. À la fin du semestre, mes amis et moi, nous allons...
   a. partir en voyage.
   b. chercher un travail.
   c. faire la fête.
   d. ?

3. Ce week-end, je vais...
   a. faire la sieste.
   b. inviter des amis chez moi.
   c. aller au cinéma.
   d. ?
4. Le semestre prochain, je ne vais pas...
   a. étudier le week-end.
   b. sortir pendant la semaine.
   c. regarder la télé.
   d. ?

Exprime-toi!

Quelle chance!
Bonne idée!
Quel dommage!
Ah! Le/La pauvre!
Moi non plus!
Quelle coïncidence!
Tu parles!
Tiens! C'est rigolo!

MODÈLE:　É1:　Ce soir, je vais travailler et faire mes devoirs.
　　　　　　É2:　Quelle coïncidence! Moi aussi!

Activité 10 · Dialogue: Le Salon de l'auto

Julien Leroux parle avec un ami.

JULIEN: On va au Salon de l'auto ce soir?
L'AMI: Je ne sais pas. Je suis fauché.
JULIEN: Pas de problème, j'ai deux billets gratuits.
L'AMI: Tu as des billets gratuits? Ah, ça, c'est formidable!
JULIEN: Alors, je passe chez toi vers 7 h 30. Ça te va?
L'AMI: Parfait. Ciao! À ce soir!

Activité 11 · Récit: Les projets de Clarisse

Regardez les dessins et racontez la journée de Clarisse.

Vocabulaire utile   prendre l'autobus, à la librairie, au théâtre, payer

Activité 12 · Entretien: Les habitudes

1. Où vas-tu d'habitude pour fêter ton anniversaire? Pourquoi est-ce que tu aimes y aller?
2. Où est-ce que tu vas pour acheter des vêtements? Tu préfères y aller seul(e) ou avec quelqu'un d'autre? Pourquoi?
3. Tu vas souvent au cinéma? Avec qui? À quel cinéma? Tu achètes toujours du pop-corn et un coca?
4. Est-ce que tu aimes explorer ta ville? Où vas-tu pour changer de la routine?
5. Où vas-tu le week-end pour te détendre? Qu'est-ce que tu fais d'habitude? Avec qui?

Aptitudes et rêves

★ Attention! Étudier Grammaire 2.4 et 2.5

La réalité

Barbara et Denise savent faire du canoë.

Jacqueline sait faire de l'escalade.

Daniel ne peut pas courir parce qu'il a la jambe cassée.

Les Martin ne peuvent pas dîner dans leur restaurant favori.

Le rêve

Charles veut apprendre à conduire cette année.

Agnès et Sarah veulent partir dans un pays tropical.

Joël rêve de devenir champion d'escrime.

Activité 13 Échanges: Qu'est-ce que tu sais faire?

Vocabulaire utile

très bien	plus ou moins	mal
un peu	très peu	pas du tout

MODÈLE: É1: Est-ce que tu sais faire de la planche à voile?
           É2: Non, pas du tout, mais je sais nager. Et toi?

1. faire du canoë
2. faire de l'escalade
3. cuisiner
4. créer une page Web
5. conduire une voiture de sport
6. réparer ton ordinateur
7. jouer au bridge

8. jouer d'un instrument
9. faire de l'escrime
10. chanter
11. danser le tango
12. faire du patin à glace
13. monter à cheval
14. piloter un avion

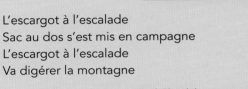

«*L'Escargot alpiniste*»

L'escargot à l'escalade
Sac au dos s'est mis en campagne
L'escargot à l'escalade
Va digérer la montagne

Paul Claudel

Paul Claudel, "L'Escargot alpiniste" from *Poèmes retrouvés* in *Oeuvre poètique*, Bibliothèque de la Pléiade. © Éditions GALLIMARD.

À la rencontre des arts
Le coq sportif, symbole de la France

La République française a plusieurs[1] symboles nationaux: le plus important est Marianne, une femme qui représente la liberté. Pour le sport, on utilise un emblème particulier: le coq. Pourquoi cet animal? Le mot latin *gallus* a une double signification: *coq* et *Gaulois*. Sous la Révolution (1789–1803), le coq symbolise l'identité nationale, puis, au XIXe siècle, il représente le courage et la fierté[2] face à l'aigle[3] ennemi des Allemands. En 1911, on décide de le transformer en «coq sportif»; il figure alors sur le maillot[4] bleu des équipes sportives nationales. En 1998, quand la France organise la Coupe du monde de football, le coq prend l'apparence d'un personnage amusant et sympathique, Footix, aux couleurs bleu-blanc-rouge, naturellement!

[1] de multiples
[2] sentiment de valeur personnelle ou communautaire
[3] oiseau rapace
[4] chemise portée par les sportifs

• Footix, mascotte de la Coupe du monde de football 1998

Cliquez là!

Visitez le site du Parc National des Pyrénées. Quels animaux habitent dans ce parc? Quelles sont les activités possibles? Quels moyens de transport peut-on utiliser pour y aller?

Activité 14   Échanges: Qu'est-ce qu'on peut faire?

Avec votre partenaire, suggérez des choses qu'on peut faire dans ces situations.

MODÈLE: La télé est cassée jusqu'à la semaine prochaine. →
On peut jouer aux cartes, on peut lire, on peut...

1. C'est le week-end et on est fauché.
2. Il fait beau, mais on est très fatigué.
3. Pas de cours aujourd'hui! Il y a trop de neige.
4. On veut pique-niquer, mais il pleut.
5. Aujourd'hui, des amis arrivent en visite et veulent voir la ville.
6. On fait du camping dans des conditions très primitives.
7. On est obligé de rester au lit pendant deux jours.

Activité 15   Récit: Les vacances de rêve de Julien

Julien va aller à la Martinique cette année. Qu'est-ce qu'il veut faire pendant sa visite?

MODÈLE: Julien veut dormir tard tous les matins.

Vocabulaire utile
des fruits
un marché
des poissons
faire de la plongée sous-marine

Activité 16   Dans le monde francophone:
Les Français en vacances

Voici quelques activités préférées des Français, classées en trois catégories.

VACANCES SPORTIVES	VACANCES CULTURELLES	VACANCES DÉTENTE
faire du VTT (vélo tout-terrain) apprendre à jouer au golf faire un stage intensif de tennis faire des randonnées pratiquer des sports «extrêmes» (le deltaplane, le parachutisme)	visiter un musée visiter un monument historique s'initier à la poterie lire des romans assister à un festival de théâtre visiter des caves à vins	bronzer à la plage faire des mots croisés partir en croisière faire la sieste tous les jours dîner dans des restaurants

Qu'est-ce que vous recommandez à ces vacanciers?

MODÈLE: Jean-Paul Dubrac est sédentaire et n'a pas beaucoup d'argent. →
            Il peut bronzer à la plage, faire des mots croisés et lire des romans.

1. Karine Halimi est une jeune femme plutôt intellectuelle.
2. M. et Mme Delaunay sont extrêmement actifs et ont la passion de l'aventure.
3. Anne-Marie Bonno n'a pas beaucoup d'argent, mais elle est très cultivée.
4. Frédéric Lopez adore le risque.

Allons plus loin!   Vous allez partir en vacances avec votre camarade de classe.
Choisissez des activités amusantes que vous allez faire ensemble. (*Nous pouvons...*)

POUR RÉSUMER

À vous de parler

A. Le poste
Une colonie de vacances pour pré-ados cherche un(e) moniteur/monitrice pour ses
activités sportives. Lisez l'annonce et les descriptions des candidats. Ensuite, avec un(e)
camarade de classe, décidez qui est la bonne personne pour le poste et dites pourquoi.

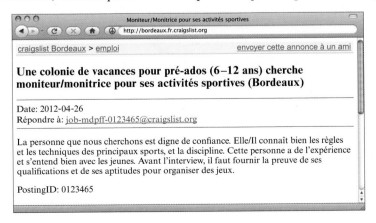

Les candidats

Agnès Joly (23 ans): Le sport, c'est ma passion! Je joue au tennis, au basket, au hockey et au disc-golf (Frisbee-golf). J'aime nager, faire de la voile, du canoë, de la planche à voile. Je fais du ski, du patin à glace, et j'adore l'escalade. Voici mon C.V. en bref: monitrice dans une colonie de vacances d'ados (2 ans; canoë, voile et planche à voile); assistante en ski pendant des classes de neige pour enfants (4 ans). J'aime bien les enfants et je travaille bien avec eux. Je voudrais devenir directrice d'une colonie de vacances à la fin de mes études.

André Njanga (24 ans) Ma spécialité, c'est l'escalade mais j'aime tous les sports, le parapente, la pêche, la voile, le foot, le hockey. J'adore regarder des matchs à la télé. Je n'ai pas d'expérience professionnelle avec les jeunes mais je suis un bon étudiant. Je voudrais travailler avec des adolescents. J'ai beaucoup de nièces et de neveux et j'aime jouer avec eux.

Jean-Christophe Arnaud (18 ans): Je suis d'une famille nombreuse; j'ai cinq sœurs et trois frères et je suis le plus jeune. J'aime lire, surfer sur le Web et j'adore parler avec mes amis sur Facebook. Le vélo est ma passion et j'adore regarder des courses à la télé. Je suis champion de tennis et j'aime nager. J'aime les enfants; je joue avec mes nièces et mes neveux. Je n'ai pas d'expérience professionnelle mais je voudrais apprendre.

B. Qu'est-ce que vous allez (voulez, pouvez) faire?

je veux…   je vais…   je peux…   je voudrais…

1. Ce soir, avant de me coucher,…
2. Demain, avant de partir en cours,…
3. À Noël,…
4. Vendredi, s'il ne pleut pas,…
5. Dimanche matin,…
6. Aujourd'hui, après la classe de français,…
7. Au mois de juillet,…
8. ?

À vous de lire

«Mots croisés» par René Goscinny

Nicolas est un garçon français d'une dizaine d'années. Il n'aime pas beaucoup l'école. Il adore jouer avec ses amis; mais le dimanche, tout le monde reste chez soi.

● Le Petit Nicolas fait des mots croisés.

J'aime bien rester à la maison avec papa et maman, le dimanche, quand il pleut, sauf si[1] je n'ai rien à faire d'amusant: alors je m'ennuie,[2] je suis insupportable[3] et ça fait des tas[4] d'histoires.[5]

Nous étions[6] dans le salon; [...] je regardais un illustré[7] avec des histoires formidables, avec plein de bandits, de cow-boys, d'aviateurs, de pirates, très chouette.[8] Et puis j'ai fini mon illustré et j'ai demandé:

—Et maintenant, qu'est-ce que je fais? [...]
—Tu n'as qu'à en lire un autre, m'a dit papa. [...] Mais, [...] il y a des mots croisés dans ton journal! C'est très bien, ça! Tu n'as qu'à faire les mots croisés, c'est amusant et instructif. [...] C'est très simple: tu lis la définition, tu comptes le nombre de cases blanches et tu mets le mot correspondant. [...]

Je me suis couché sur le tapis, [...] et j'ai commencé à faire les mots croisés.

—Empereur des Français, j'ai lu, vaincu[9] à Waterloo, en huit cases.
—Napoléon, m'a dit papa, avec un gros sourire.
—Capitale de la France, j'ai dit, en cinq cases.
—Paris, m'a dit papa.

Et il a rigolé.[10] Ça doit être chouette de tout savoir comme ça! [...]

—Famille de plantes dicotylédones gamopétales, en quinze cases, j'ai lu.

Papa a repris son livre, et il m'a dit:

—Bon, Nicolas, joue un peu tout seul, maintenant. Laisse-moi lire mon livre tranquille. [...]

Alors j'ai continué à faire les mots croisés tout seul. [...] Antilope d'Afrique du Sud en quatre cases, c'était[11] «Veau», bien sûr. Pour «Embarcation,[12] c'était «Bateau», mais je savais que ils se sont trompés en faisant les mots croisés, et ils avaient mis [...] un tas de cases en plus. Alors j'ai écrit très grand. [...]

C'est vrai que c'est très instructif, les mots croisés! Par exemple, vous savez, vous, qu'un «Xmplf» c'est un mammifère commun [...], qui rumine et qui nous donne son lait?

«Mots croisés»—extrait de *Histoires inédites du Petit Nicolas* de Goscinny et Sempé / IMAV éditions, 2004

---

[1]sauf si: indique une exception [2]≠ je m'amuse [3]incontrôlable, irrépressible [4]des... beaucoup (*familier*) [5]de problèmes [6]*passé de «être»* [7]livre d'images, bande dessinée [8]excellent (*familier*) [9]défait [10]*passé de «rigoler»* = rire [11]*passé de «c'est»* [12]veau: jeune bœuf

Avez-vous compris?

1. Le héros, Nicolas, est _____.
  a. une petite fille
  b. un petit garçon
  c. un jeune homme
  d. un adolescent

2. Les livres préférés de Nicolas sont _____.
  a. des histoires d'animaux
  b. des jeux
  c. des histoires d'aventure
  d. des histoires d'amour

3. Le père de Nicolas rigole parce que _____.
  a. son fils est amusant
  b. son journal est amusant
  c. les mots croisés sont amusants
  d. il connaît toutes les réponses

4. Le père de Nicolas ne joue plus parce que/qu'_____.
  a. il ne sait pas la réponse
  b. il préfère lire
  c. il est fatigué
  d. Nicolas est insupportable

5. Quand il continue de jouer tout seul, Nicolas trouve des mots correspondant _____ aux définitions.
  a. exactement
  b. approximativement
  c. systématiquement
  d. précisément

À vous d'écrire

Écrivez une lettre à un étudiant français / une étudiante française qui se prépare à passer un an dans votre université. Il/Elle demande des renseignements avant de choisir ses vêtements pour le séjour. Parlez-lui du climat, des saisons et de quelques activités typiques des étudiants.

MODÈLE:

Cher/Chère... ,

  Tu te prépares déjà pour ton année ici à... ? Bon, je vais répondre à tes questions. Ici à..., nous avons un climat... En été, il fait... En général, les étudiants (font du sport)... Ils portent...
  Bonne chance avec tes préparatifs. À bientôt et amitiés,

Vocabulaire

Le temps et les saisons

Weather expressions and seasons

Quel temps fait-il?	What's the weather like?
Il fait beau.	It's nice.
Il fait chaud.	It's warm.
Il fait du soleil.	It's sunny.
Il fait du vent.	It's windy.
Il fait frais.	It's cool.
Il fait froid.	It's cold.
Il neige.	It's snowing.
Il pleut.	It's raining.
Il y a du brouillard.	It's foggy.
Le ciel est couvert.	It's cloudy.

la boue	mud
le ciel	the sky
le climat	the climate
la neige	snow
un nuage	a cloud
le soleil	the sun
en été (*m.*)	in summer
en automne (*m.*)	in autumn
en hiver (*m.*)	in winter
au printemps (*m.*)	in spring

Les endroits

Places

à la maison	at home
la campagne	the country
dans la cheminée	in the fireplace
une école	a school
une librairie	a bookstore
un marché	market
sous un arbre	under a tree

Mots apparentés: **un café, un gymnase, un lac, un parc, une rivière, une université**

Sports et loisirs

Sports and leisure

apprendre à (nager)	to learn to (swim)
bavarder avec des amis	to chat with friends
courir	to run
créer une page Web	to create a web page
se détendre	to relax
s'entraîner	to work out, train
faire du canoë	to go canoeing
des courses	to do errands
de l'escalade	to go rock climbing
de l'escrime	to fence (to do fencing)
de la gymnastique	to do exercises
du patin à glace	to ice-skate
de la planche à voile	to windsurf
de la plongée sous-marine	to scuba-dive
une promenade en voiture	to go for a (car) ride
la sieste	to take a nap
du ski	to ski
du sport	to do sports
du vélo	to bicycle
de la voile	to sail
fêter un anniversaire	to celebrate a birthday
jouer du piano	to play the piano
jouer au frisbee	to play frisbee
monter à cheval	to ride a horse, go horseback riding
pêcher	to fish
prendre l'autobus	to take the city bus
se promener	to take a walk
rêver de (voyager)	to dream of (traveling)

Mots apparentés: **changer de routine, danser, explorer, piloter, pique-niquer, surfer sur Internet**

La routine et les soins corporels

Routine activities and personal care

une brosse à dents	a toothbrush
un miroir	a mirror
un rasoir (mécanique)	a razor
le shampooing	shampoo
se brosser les dents	to brush one's teeth
se coucher	to go to bed; to lie down
se dépêcher	to hurry
se déshabiller	to undress
se doucher	to take a shower
s'endormir	to fall asleep
s'habiller	to dress
se laver le visage	to wash one's face
se lever	to get up
se maquiller	to put on makeup
prendre un bain	to take a bath
se raser	to shave
se réveiller	to wake up
se sécher	to dry oneself

La description

Describing people, things, actions

cassé(e)	broken
cher/chère	expensive; dear
fauché(e)	broke, out of money
gratuit(e)	free (*no cost*)
lentement	slowly
mal	badly
nourrissant	nourishing
parfait(e)	perfect
pas du tout	not at all
très peu	very little
un peu	a little

Mots apparentés: **électrique, obligé(e), primitif/ primitive, tropical(e), typique**

Substantifs

Nouns

l'argent (*m.*)	money
un avion	an airplane
un billet	a ticket
une chambre	a bedroom
un emploi	a job
une habitude	a habit
un iPod	an iPod
un lit	a bed

un ordinateur	a computer
le petit déjeuner	breakfast
un rêve	a dream
un roman	a novel
le savon	soap
un travail	a job

Mots apparentés: **un aquarium, un(e) champion(ne), un fruit, une occasion, un projet**

Verbes
Verbs

allumer un feu	to light a fire
chercher	to search, look for
coûter	to cost
laisser (par terre)	to leave (on the floor)
partir	to leave (*a place*)
passer un an	to spend a year
passer chez toi	to come by your place
pouvoir	to be able (to)
prendre	to take; to have (*s.th. to eat or drink*)
savoir	to know
voir	to see
vouloir	to want, wish

Mots apparentés: **arriver, changer, commencer à, préférer, préparer, réparer, signifier, visiter**

Quand et à quelle fréquence
Saying when and how often

à la fin (de)	at the end (of)
avant (de)	before
ce matin (soir)	this morning (evening)
d'abord	first

de bonne heure	early
d'habitude	usually
en retard	late
ensuite	next
une fois (par jour)	once (a day)
jusqu'à	until
le lendemain	the next day
le vendredi	on Fridays
le vendredi soir	Friday evenings
parfois	sometimes
pendant la semaine	during the week
puis	then, next
la semaine prochaine	next week
tard/tôt	late/early
toujours/jamais	always/never

Mots et expressions utiles
Useful words and expressions

Bonne idée!	Good idea!
Ça te va?	Does that suit you?
—Parfaitement.	—Perfectly.
C'est barbant!	It's really boring!
C'est génial! Super!	Cool! Awesome!
C'est nul!	It's awful!
C'est rigolo!	That's funny! (*amusing*)
chez des amis	at the home of friends
Ciao! À ce soir.	So long! See you tonight.
Je ne sais pas.	I don't know.
Le/La pauvre!	Poor guy/woman!
personne... ne	nobody
le premier / la première	the first one
Quel dommage!	What a shame!
Quelle chance!	What (good) luck!
seulement	only
Tu aimes mieux...	You prefer ...
Tu parles!	You don't say!

Grammaire et exercices

 2.1 Talking about activities and weather:
The verb **faire**

A. **Faire** is one of the most frequently used verbs in French. In addition to its basic meanings, it is used in many idiomatic expressions. Here are the present-tense forms.

faire (*to do; to make*)	
je **fais**	nous **faisons**
tu **fais**	vous **faites**
il/elle/on **fait**	ils/elles **font**

Pronunciation Hint

fais̸, fait̸, faisõn̸s̸, faites̸, fõn̸t̸

B. Use the verb **faire** to ask what someone is doing or what work people do.

—Qu'est-ce que tu **fais** ce soir?　　*What are you doing tonight?*
—J'écoute un nouveau CD.　　*I'm listening to a new CD.*

—Que **fait** ton frère?　　*What does your brother do?*
—Il travaille dans un restaurant.　　*He works in a restaurant.*

C. Another important use of **faire** is to talk about the weather.

—Quel temps **fait**-il?　　*What's the weather like?*
—Il **fait** mauvais.　　*The weather is bad.*

D. **Faire** is used in many expressions that name specific activities (**faire une promenade, faire du camping**).

Au lac, nous **faisons de la voile.**　　*At the lake, we go sailing.*
Je **fais de l'anglais** pour être　　*I'm studying English in order to*
　professeur d'anglais.　　*be an English teacher.*

★ *Review vocabulary for weather in the* **Vocabulaire, Chapitre 2.**

★ *Review expressions with* **faire** *in the* **Vocabulaire, Chapitres 1** *and* **2.**

Exercice 1 Les activités

Complétez les questions par la forme correcte de **faire** et puis répondez.

1. Est-ce que tes copains aussi _____ du français? Ou est-ce qu'ils _____ de l'espagnol?
2. Qu'est-ce que tu _____ comme études? Tu _____ de la chimie, de l'économie, de la littérature?
3. Que _____ ta mère? Elle travaille dans un bureau?
4. Que _____ ton père? Où est-ce qu'il travaille?
5. Tes copains et toi, qu'est-ce que vous _____ ensemble le week-end? Vous _____ du camping? Vous jouez aux cartes?
6. Ta famille et toi, est-ce que vous _____ des voyages ensemble?

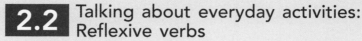

2.2 Talking about everyday activities: Reflexive verbs

Definition: The object of a verb is the person or thing affected by the action expressed by the verb: *He cut **his finger**.*

A. Reflexive pronouns are used whenever the object of the verb is the same as the subject.

> *He cut **himself** while shaving.*   *She taught **herself** to play the violin.*

B. Many verbs that require reflexive pronouns in French do not require them in English.

> —Comment **s'appelle** cet étudiant?   *What is that student's name?*
> —Il **s'appelle** Daniel.   *His name is Daniel.*
>
> Je **me lève** toujours à sept heures   *I always get up at seven o'clock*
> du matin.   *in the morning.*

➤ je *m'*appelle
tu *t'*appelles
il/elle *s'*appelle

Here are the reflexive pronouns and examples of their use with two reflexive verbs. Note that the **e** of **me, te,** and **se** is dropped before a verb beginning with a vowel or a mute **h.**

★ See **Appendices A** and **C** for spelling changes in **s'appeler, se lever,** and **se promener.**

	se promener *(to take a walk)*		**s'amuser** *(to have fun)*	
me/m'	je **me**	promène	je **m'**	amuse
te/t'	tu **te**	promènes	tu **t'**	amuses
se/s'	il/elle/on **se**	promène	il/elle/on **s'**	amuse
nous	nous **nous**	promenons	nous **nous**	amusons
vous	vous **vous**	promenez	vous **vous**	amusez
se/s'	ils/elles **se**	promènent	ils/elles **s'**	amusent

> Raoul et moi, **nous nous amusons**   *Raoul and I have a good time with*
> avec nos amis français.   *our French friends.*

Pronunciation Hint

nou$ nou$ prom¢nõ$$, vou$ vou$ prom¢ne$, but nou$ nous ᶻamusõ$$, vous vous ᶻamuse$

C. Here are some common reflexive verbs:

★ See **Appendices A** and **C** for spelling changes in **sécher** (like **préférer**).

s'amuser *to have a good time, enjoy oneself*	**se laver** *to wash oneself, bathe*
	se lever *to get up*
se baigner *to take a bath; to bathe; to swim*	**se promener** *to take a walk*
se coucher *to go to bed; to lie down*	**se reposer** *to rest*
s'habiller *to get dressed*	**se réveiller** *to wake up*
	se sécher *to dry oneself*

D. In negative sentences, **ne** always precedes the reflexive pronoun.

M. Vincent **se réveille** de bonne heure, mais il **ne se lève pas** tout de suite.

Mr. Vincent wakes up early, but he doesn't get up immediately.

E. If an infinitive with a reflexive pronoun follows another verb (such as **aimer, préférer**), the reflexive pronoun comes before the infinitive. The reflexive pronoun must agree with the subject.

—Est-ce que vous aimez **vous** promener en ville?

—Non, je préfère **me** promener à la campagne. Adrienne aime rester chez elle et **se** reposer.

Do you like to take walks in the city?

No, I prefer to take walks in the country. Adrienne likes to stay at home and rest.

➤ Albert *ne se couche pas* avant minuit.

Il aime *se coucher* tard.

Exercice 2 Les habitudes et les préférences

Posez des questions et répondez en suivant l'exemple.

MODÈLE: se lever à 8 h →
—Est-ce que tu te lèves à 8 h?
—Oui, je me lève à 8 h. (Non, je me lève à 7 h.)

1. se lever tôt
2. se maquiller tous les jours
3. se laver les cheveux tous les jours
4. se brosser les dents trois fois par jour

MODÈLE: aimer se coucher tôt →
—Tu aimes te coucher tôt?
—Oui, j'aime me coucher tôt. (Non, je n'aime pas me coucher tôt.)

5. aimer se coucher tard
6. préférer se doucher le soir
7. aimer se détendre après les cours
8. préférer se lever tard le week-end

Exercice 3 Êtes-vous des étudiants typiques?

D'abord, dites si vous êtes d'accord, puis indiquez si c'est vrai pour vous et vos copains.

MODÈLE: Les étudiants se couchent tard. →
Oui, en général, les étudiants se couchent tard.
Mes copains et moi, nous nous couchons tard (nous ne nous couchons pas tard).

1. Les étudiants s'amusent bien le vendredi soir.
2. Les étudiants s'habillent toujours en jean.
3. Les étudiants ne se reposent pas assez.*
4. Les étudiants se couchent après minuit.
5. Les étudiants se lèvent tard le week-end.

---

*enough

2.3　Going places and future actions: The verb aller, contractions of à

A. To talk about going places, use the irregular verb **aller.**

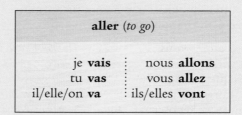

aller (to go)	
je **vais**	nous **allons**
tu **vas**	vous **allez**
il/elle/on **va**	ils/elles **vont**

—Qu'est-ce que vous faites ce soir?   *What are you doing tonight?*
—Nous **allons** chez Raoul.   *We're going to Raoul's.*

Mes parents **vont** à l'église tous   *My parents go to church every*
les dimanches.   *Sunday.*

Pronunciation Hint

je vai$, tu va$, nous ^zallõñ$, vous ^zalle$, il$ võñ$

➤ **à + le = au**
➤ **à + les = aux**

B. When talking about going *to* a place, the most frequently used preposition is **à** (*to*). Like **de**, **à** contracts with some of the definite articles: **à + le = au; à + les = aux.**

—Où va Clarisse après le cours?   *Where is Clarisse going after class?*
—Elle va **au** café avec ses amis.   *She's going to the café with her*
     friends.

Sarah aime aller **aux** Halles.   *Sarah likes to go to Les Halles (the*
     underground mall in Paris).

➤ **Vas-y! Allez-y!** = *Go ahead!*
Allons-y! = *Let's go!*

C. The pronoun **y** can replace the preposition **à** + a noun referring to a place and phrases with **dans** or **chez. Y** is placed just before the verb.

—Est-ce que Fatima va **à la bibliothèque** aujourd'hui?   *Is Fatima going to the library today?*
—Oui, elle **y** va après ses cours.   *Yes, she's going (there) after her*
     classes.

—Tu vas **chez Denise** ce soir?   *Are you going to Denise's this*
     evening?
—Oui, j'**y** vais.   *Yes, I'm going (there).*

D. Use **aller** followed directly by an infinitive to express future actions. This construction is called the **futur proche.**

—Où est-ce que vous **allez dîner** ce soir?   *Where are you going to have dinner tonight?*
—Je **vais dîner** chez Michèle.   *I'm going to have dinner at Michèle's.*

E. Here are some expressions for talking about the future:

demain	*tomorrow*
demain matin/après-midi/soir	*tomorrow morning/afternoon/evening*
samedi prochain	*next Saturday*
la semaine prochaine / l'année prochaine	*next week / next year*
dans un mois / dans un an	*in a month / in a year*

Exercice 4 Dans la classe de Mme Martin

Complétez chaque phrase avec la forme correcte du verbe **aller.**

1. Moi, je _____ à la plage avec mes copains ce week-end.
2. Ce soir, nous _____ tous chez Daniel écouter de la musique.
3. Mme Martin, vous _____ au nouveau restaurant italien ce soir, n'est-ce pas?
4. Louis et Albert _____ au café maintenant, comme d'habitude.
5. Daniel, tu _____ au cinéma demain avec une nouvelle amie, n'est-ce pas?
6. Et Raoul _____ à Montréal ce week-end. Il a de la chance!

Exercice 5 Où vas-tu?

Faites des questions et répondez avec **y.**

MODÈLE: le restaurant →
—Tu vas au restaurant?
—Oui, j'y vais souvent/quelquefois. (Non, je n'y vais pas.)

1. la piscine
2. le théâtre
3. le bar
4. l'hôpital
5. le gymnase
6. la banque
7. le café
8. l'église

Exercice 6 Les projets

Répondez en employant le futur proche.

MODÈLE: Ce soir, est-ce que vous allez faire la cuisine ou dîner au restaurant?
Ce soir, je vais dîner au restaurant. (Ce soir, je ne vais pas manger.
Je n'ai pas faim.)

1. Ce soir, est-ce que vous allez faire vos devoirs ou sortir avec des amis?
2. Demain matin, allez-vous vous lever à 7 h ou dormir jusqu'à 9 h?
3. Demain soir, est-ce que vous allez regarder votre émission* préférée à la télé ou vous coucher de bonne heure?
4. Ce week-end, est-ce que vos amis vont faire du ski ou regarder un DVD ensemble?
5. Samedi soir, est-ce que votre camarade de chambre (mari, femme) va rester à la maison et jouer aux cartes ou aller à un concert?

---

*program

Making general statements: The subject pronoun on

A. The subject pronoun **on** is similar in meaning to the nonspecific uses of *you, people, they.* Because the form **on** is grammatically singular, it is always used with the same verb form as **il** and **elle.**

> ➤ Nonspecific **on:**
>
> **Est-ce qu'on parle anglais ici?** = *Does anyone speak English here?*
> **Comment dit-on water?** = *How do you say water?*

En France, **on fait** les courses tous les jours.

In France, people (they) do their shopping every day.

En France, **on ne trouve pas** de médicaments au supermarché.

In France, you don't find medicine at the supermarket.

B. In everyday conversation, French speakers often use **on** in place of the subject pronoun **nous.**

> ➤ **On** used in place of **nous:**
>
> **On y va?** = *Shall we go?*
> **On y va!** = *Let's go!*

—Vous rentrez à quelle heure, Monique et toi?

What time are you and Monique coming home?

—**On** rentre tard, après le film.

We'll be home late, after the movie.

Albert et moi, **on** aime le cinéma.

Albert and I like the movies.

Pronunciation Hint

The **-n** of õ~n~ is a liaison consonant: õ~n~ fai~t~, but **on_achèt~e~.**

Exercice 7 Aux États-Unis

Un Français curieux vous pose des questions sur les habitudes des Américains. Répondez par **oui** ou **non.**

MODÈLE: Aux États-Unis, est-ce qu'on va à l'école le samedi? →
Non, on ne va pas à l'école le samedi.

1. Aux États-Unis, est-ce qu'on regarde beaucoup la télévision?
2. Est-ce qu'on mange toujours des hamburgers?
3. Est-ce qu'on va au restaurant tous les jours?
4. Est-ce qu'on dîne à huit heures du soir?
5. Est-ce qu'on aime les films français?
6. Est-ce qu'on fait des promenades en famille le dimanche après-midi?
7. Est-ce qu'on aime parler de la politique?
8. Est-ce qu'on étudie beaucoup la géographie?

2.5 Abilities and desires: The verbs **pouvoir, vouloir,** and **savoir**

A. To talk about what you can do or have permission to do, use **pouvoir. Vouloir** is used to indicate wishes or desires. These two irregular verbs are very similar in their conjugation patterns. Like **aimer,** they are often followed by an infinitive.

> ➤ **vouloir** + infinitive = *to want to*
> **Je veux manger.**
>
> ➤ **pouvoir** + infinitive = *can, to be able to*
> **Tu peux sortir ce soir?**

pouvoir (*to be able to, can*)		**vouloir** (*to want to*)	
je **p**e**ux**	nous **p**o**uvons**	je **v**e**ux**	nous **v**o**ulons**
tu **p**e**ux**	vous **p**o**uvez**	tu **v**e**ux**	vous **v**o**ulez**
il/elle/on **p**e**ut**	ils/elles **p**e**uvent**	il/elle/on **v**e**ut**	ils/elles **v**e**ulent**

—Tu **veux** aller au cinéma ce soir?

Do you want to go to the movies tonight?

—Je ne **peux** pas. Je suis fauché(e).

I can't. I'm broke.

➤ Negation:
Je ne veux pas sortir.
Je ne peux pas dormir.

Pronunciation Hint

peu~~x~~, peu~~t~~, pouvõ~~ns~~, pouve~~z~~, peuv~~ent~~; veu~~x~~, veu~~t~~, voulõ~~ns~~, voule~~z~~, veul~~ent~~

B. **Savoir** is used to talk about knowing facts.

➤ **savoir** = *to know* (a fact)
Je sais la réponse.

savoir *(to know)*	
je **sais**	nous **savons**
tu **sais**	vous **savez**
il/elle/on **sait**	ils/elles **savent**

Tu **sais** la date d'aujourd'hui?

Do you know the date today?

Je ne **sais** pas son adresse email.

I don't know his/her e-mail address.

Pronunciation Hint

sai~~s~~, sai~~t~~, savõ~~ns~~, save~~z~~, sav~~ent~~

C. When **savoir** is used with an infinitive, it conveys the notion of knowing how to do something.

➤ **savoir** + infinitive = *to know how to (do something)*
Je sais nager. Je ne sais pas danser.

Je ne **sais** pas nager.

I don't know how to swim.

Tu **sais** cuisiner, n'est-ce pas?

You know how to cook, don't you?

D. Use **je voudrais** or **j'aimerais** instead of **je veux** to express a wish more politely. Other useful forms: **tu voudrais; il/elle/on voudrait.** (These are forms of the present conditional. For now, you need only recognize and use these forms in conversation.)

➤ **je voudrais, j'aimerais** = *I would like (to)* **Je voudrais dormir maintenant!**

—Où est-ce que tu **aimerais voyager**?

Where would you like to travel?

—Je **voudrais aller** en France.

I'd like to go to France.

⭐ You will learn more about the conditional in **Grammaire 11.1.**

Pronunciation Hint

voudrai~~s~~, voudrai~~t~~

Exercice 8 Désirs et possibilités

Dites d'abord si la personne *veut* faire l'activité, puis dites si elle *peut* la faire.

MODÈLE: moi / sortir tous les soirs →
Oui, je veux sortir tous les soirs. (Non, je ne veux pas...)
Oui, je peux sortir tous les soirs. (Non, je ne peux pas...)

1. moi / aller en Europe l'été prochain
2. mes parents / passer l'hiver en Floride
3. le professeur / se lever tard en semaine
4. nous / comprendre un film en français
5. mon ami(e) _____ / m'aider avec mes devoirs de français

Exercice 9 Qu'est-ce que tu aimerais vraiment faire?

Voudrais-tu faire ces activités?

MODÈLE: faire du ski →
Oui, je voudrais faire du ski. (Non, je ne voudrais pas...)

1. dîner dans un bon restaurant français
2. manger des escargots
3. habiter à Paris
4. faire de la plongée sous-marine
5. visiter une autre planète
6. être président(e) des États-Unis

Exercice 10 Savoir-faire

Complétez la question par une forme du verbe **savoir** et répondez à la question.

MODÈLE: Est-ce que votre professeur de français _____ danser le tango? →
Est-ce que votre professeur de français *sait* danser le tango?
Oui, il/elle sait danser le tango. (Non, il/elle ne sait pas danser le tango.)

1. Est-ce que vous _____ faire de l'escalade?
2. Est-ce que votre père _____ faire la cuisine?
3. Est-ce que votre sœur _____ réparer une voiture?
4. Est-ce que vos amis et vous, vous _____ jouer au billard?
5. Est-ce que vos grands-parents _____ utiliser un ordinateur?
6. _____-vous allumer un feu?

Des visiteurs et des Parisiens convergent sur les Champs-Élysées.

En ville

Objectifs

In *Chapitre 3*, you will talk about things to do in the city. You will learn names of places, how to ask for and give directions, and expressions useful for shopping. You will also learn how to say what you have to do.

S'orienter en ville

✳ Attention! Étudier Grammaire 3.1 et 3.2

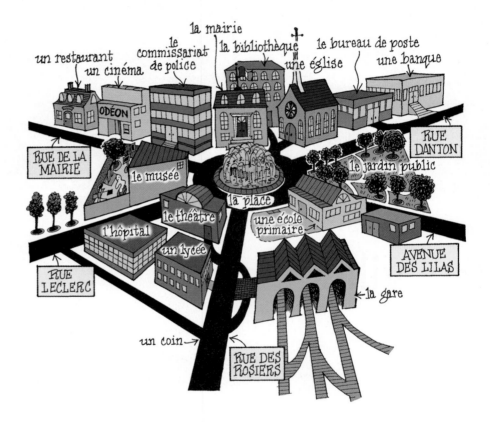

Activité 1 Discussion: Où se trouvent ces endroits?

Regardez le plan de la ville et dites si ces descriptions sont vraies ou fausses.

1. Le bureau de poste est dans la rue Danton.
2. La mairie est à côté d'un lycée.
3. Il y a une église en face du jardin public.
4. Le théâtre est loin de la banque.
5. La bibliothèque est devant la mairie.
6. Il y a une sculpture sous un arbre, sur la terrasse du musée.
7. L'hôpital est derrière le théâtre.
8. L'école primaire est près du jardin public.
9. Il y a une cheminée sur le toit de l'église.
10. Il y a un café entre le lycée et la gare.

Activité 2 Entretien: Mon logement

Vocabulaire utile un appartement (appart), une chambre, un(e) colocataire (coloc), la faculté (fac), une maison, une maison d'étudiants

1. Où est-ce que tu habites? Tu aimes l'endroit?
2. Quel type de logement as-tu?
3. Tu as des colocs? Comment sont-ils/elles?
4. Est-ce que ta rue est tranquille?
5. Tu vas à la fac à pied, d'habitude?
6. Il (Elle) est loin du centre-ville, ton appart? (ta chambre? / ta maison?)
7. Y a-t-il un parc tout près? Un café agréable? Une librairie?

Allons plus loin!

Comment est votre maison idéale? Est-ce qu'elle est située à la campagne ou en ville? Quelles sont les activités que vous pouvez faire quand vous y allez?

Suggestions

Endroits: loin de la ville, à la campagne, à la montagne, dans une forêt, près d'un lac, au centre-ville

Activités: aller au cinéma (à la plage, etc.), courir, cuisiner, dîner au restaurant, faire la fête (des achats, du camping, du canoë, de l'escalade, etc.), jouer au football (au tennis, aux jeux vidéo, etc.), nager, pêcher, regarder la télévision, travailler dans le jardin

À propos...
La Casbah d'Alger

• Un marchand dans le *souk* de la Casbah d'Alger

Abdel Slimani habite aujourd'hui à Paris, mais sa ville d'origine est El Djazair (Alger), capitale de l'Algérie, au bord de la Méditerranée.

Le cœur d'Alger, c'est la Casbah. C'est un site historique habité depuis le IVe siècle av. J.-C., un type unique de *médina*, la ville islamique traditionnelle, mais aussi une citadelle de l'époque ottomane (XVIe siècle). Elle est inscrite sur la liste du patrimoine universel de l'UNESCO. Pourtant, ce n'est pas un musée ou une zone touristique: 50.000 personnes y vivent et y travaillent. En plus des habitations traditionnelles, il y a des palais, des *hammams* (le sauna arabe), des mosquées et des *souks* (le marché arabe). Les rues sont très étroites: les voitures ne circulent pas dans la Casbah! On marche à pied, on s'arrête pour discuter, on boit du thé; c'est un mode de vie musulman ancestral, caractérisé par un grand sens de la communauté. J'apprécie le confort de la ville moderne, certainement, mais le rythme de vie de la Casbah est incomparable.

Activité 3   Associations: Qu'est-ce qu'on peut y faire?

Qu'est-ce qu'on peut faire dans les endroits suivants?

MODÈLE: É1: Qu'est-ce qu'on peut faire au musée?
            É2: On peut y voir des tableaux et des sculptures.

1. à la banque
2. à la bibliothèque
3. au bureau de poste
4. au théâtre
5. au restaurant
6. à la gare
7. à la piscine
8. à la mairie (en France)
9. au centre commercial
10. à l'église, au temple ou à la mosquée

acheter des timbres
nager
voir une pièce
chanter et prier
déposer de l'argent
emprunter des livres
faire des achats
lire un journal
manger avec des amis
prendre le train
se marier
?

Activité 4   Interro: Le plan de Paris

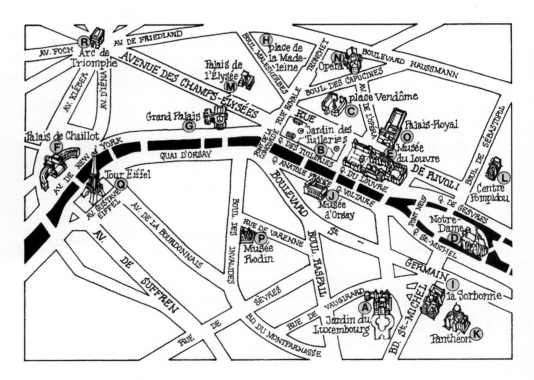

Utilisez le plan de Paris pour indiquer le chemin à votre partenaire.

Vocabulaire utile

Tu vas tout droit.
Tu prends (la rue Royale).
Le musée est (sur ta droite).

MODÈLE: É1: Qu'est-ce que je fais pour aller de la cathédrale Notre-Dame jusqu'à mon hôtel derrière la Sorbonne (D → I)?
   É2: Tu traverses la Seine et tu tournes à gauche au quai St-Michel. Puis, tu tournes à droite au boulevard St-Michel et tu tournes à gauche au boulevard St-Germain.

1. de l'Opéra jusqu'au Musée national d'art moderne au Centre Pompidou (N → L)
2. du jardin des Tuileries jusqu'à l'Arc de triomphe (B → R)
3. du musée Rodin jusqu'au jardin du Luxembourg (P → A)
4. du Palais-Royal jusqu'au musée du Louvre (O → E)
5. de la cathédrale de Notre-Dame jusqu'à la tour Eiffel (D → Q)
6. ?

La ville et les transports

✳ Attention! Étudier Grammaire 3.3 et 3.4

Les transports en commun

Adrienne prend l'autobus au coin de la rue. Pour elle, c'est commode.

Sarah et Agnès prennent le métro pour aller à la fac. C'est très rapide.

La sécurité et les precautions

Il ne faut pas prendre le train aux heures de pointe.

Pour rouler en scooter, il faut porter un casque.

On doit avoir de la patience dans un embouteillage.

Parfois, certains gens oublient d'obéir aux règles!

Activité 5 Sondage: Comment se débrouiller en ville

Dites **oui** ou **non** à ces propositions. Ensuite, comparez vos réponses aux réponses de votre partenaire.

> MODÈLE: En ville, est-ce une bonne idée de... prendre l'autobus? →
> Oui, parce qu'il y a trop de voitures dans les villes.

En ville, est-ce une bonne idée de/d'...
_____ lire quand on est dans un embouteillage?
_____ prendre le métro aux heures de pointe?
_____ se promener seul(e) dans un jardin public à minuit?
_____ porter un casque si on roule en scooter?
_____ utiliser les transports en commun?
_____ rouler en voiture tout le temps?
_____ ne pas respecter les feux de signalisation?
_____ regarder dans les deux sens avant de traverser la rue?
_____ stationner dans une zone interdite?
_____ conduire et envoyer des textos en même temps?

Exprime-toi!

Je suis d'accord. C'est (dangereux).
Pourquoi pas? Tout le monde le fait.
Pas du tout! C'est trop (risqué).
C'est fou! On risque d'avoir (un accident).

Activité 6 Définitions: Qu'est-ce que c'est?

> MODÈLE: É1: Qu'est-ce que c'est qu'un autobus?
> É2: C'est un grand véhicule automobile de transport en commun.

1. un scooter
2. une foule de gens
3. le métro
4. une voiture
5. les heures de pointe
6. un feu de signalisation
7. un arrêt d'autobus
8. un coin
9. un embouteillage
10. un casque

a. l'endroit à l'intersection de deux rues
b. un véhicule routier à moteur
c. l'endroit où on prend l'autobus
d. un blocage de la circulation
e. une protection pour la tête
f. un grand nombre de personnes
g. une bicyclette motorisée
h. un train souterrain
i. un signal lumineux
j. la partie du jour où la circulation est très intense

LA LANGUE EN MOUVEMENT

L'anglais et le français: les mots apparentés

Si vous parlez anglais, vous avez déjà un grand avantage pour apprendre le français. Selon les linguistes, plus que la moitié[1] des mots anglais ont des mots apparentés[2] en français. En voici des exemples: *bureau, théâtre, musée.* L'anglais est une langue germanique, mais le français est une des langues romanes (dérivées du latin). Alors, comment expliquer ce très grand nombre de mots communs? Il y a deux explications principales: (1) les deux langues ont exploité le latin comme source de nouveaux mots, et (2) après la défaite des Anglais par le duc de Normandie Guillaume le conquérant en 1066, le français a été la langue de l'élite britannique pendant trois cents ans. À la fin de cette longue période de bilinguisme, des milliers[3] de mots français sont restés en anglais.

MISE EN PRATIQUE Regardez la liste de phrases de l'Activité 1 à la page 100. Soulignez tous les mots qui ont des mots apparentés en anglais. Combien en comptez-vous? Est-ce que le mot anglais a toujours approximativement le même sens que le mot français, ou est-ce qu'il y a des «faux amis»?

[1]50 pour cent
[2]qui ont une origine commune
[3]multiples de 1000

Activité 7 Discussion: Situations et choix

En visite à Paris, on peut se trouver devant les situations suivantes. À votre avis, qu'est-ce qu'il faut faire? Choisissez une des suggestions ou proposez-en une autre.

1. Le feu de signalisation passe au rouge juste au moment où vous désirez traverser la rue.
   a. Il faut courir très vite pour traverser la rue.
   b. Vous devez vous arrêter et attendre.
2. Votre taxi est coincé dans un embouteillage.
   a. Vous devez rester calme.
   b. Il faut descendre du taxi et prendre le métro.
3. Vous êtes horrifié(e)! Votre chauffeur de taxi conduit comme un fou.
   a. Il faut penser: «Bon! Voilà une expérience typiquement parisienne!»
   b. Il faut descendre du taxi.

"Équipage à navette: télétransportez-moi ailleurs, il n'y a pas de trace de vie intelligente ici."

Cliquez là!

Découvrez des idées d'activités à faire quand on visite Paris. Ensuite, indiquez celles qui vous intéressent. En classe, comparez vos préférences avec celles de vos camarades de classe.

4. Vous bousculez une autre personne au moment où vous montez dans un autobus.
   a. Vous devez demander pardon à l'autre personne.
   b. Vous ne vous excusez pas parce que c'est normal dans une grande ville.
5. Le chauffeur de la voiture à côté de vous vous insulte parce qu'il n'aime pas votre façon de conduire.
   a. Il faut ignorer ses remarques.
   b. Vous devez aussi l'insulter.

Activité 8 Entretien: Ma ville préférée

1. Quelle est ta ville préférée? Tu y vas souvent? Quand?
2. Pourquoi aimes-tu cette ville? (L'ambiance? Le shopping? Les distractions? La vie culturelle?)
3. Comment t'y déplaces-tu d'habitude? (En bus? En métro? En taxi? À pied?)
4. Tu aimes te balader dans les rues? À quel moment de la journée? Tu fais souvent les vitrines?
5. Qu'est-ce que tu aimes faire quand tu sors le soir? Tu aimes dîner dans un certain restaurant? Tu aimes aller au théâtre ou à un spectacle?

Les achats

✳ Attention! Étudier Grammaire 3.5 et 3.6

Les commerces

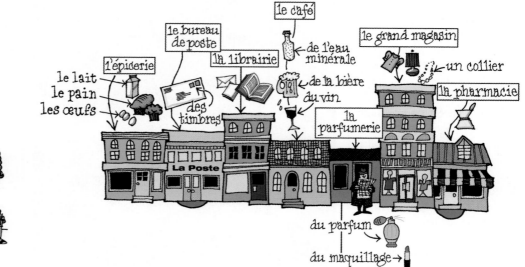

Dans une boutique

—Vous désirez, mademoiselle?
—Je voudrais voir cette robe que vous avez en vitrine.
—Laquelle, mademoiselle?
—La bleue, s'il vous plaît.

—Nous avons ces deux modèles.
—Ils sont dans ma taille, madame?
—Oui, madame.
—Bon, je prends les deux: le bleu et le jaune.

Activité 9   Associations: Les magasins et les produits

Dans quel magasin ou établissement est-ce qu'on peut trouver ces articles?

MODÈLE: du shampooing →
   É1: Où est-ce qu'on peut trouver du shampooing?
   É2: On peut trouver du shampooing dans une pharmacie.

1. du jus d'orange
2. un roman policier
3. le journal *Le Monde*
4. un café ou une bière
5. une brosse à dents
6. des timbres
7. du rouge à lèvres
8. un médicament
9. des cartes postales
10. un cahier et des crayons
11. un collier de perles
12. un DVD
13. du dentifrice
14. un jean et une chemise

une épicerie
un bureau de poste
une pharmacie
une parfumerie
une librairie
un café
un grand magasin
un kiosque à journaux

Allons plus loin!

Est-ce que tu aimes faire des courses en ville? Tu fais parfois les courses en ligne?
Tu fais des achats en ligne? Quels sont les avantages et les inconvénients de chaque
méthode?

Activité 10 Échanges: Pour faire des économies

Vous allez en ville pour faire des achats. Dans chaque magasin, on voudrait vous vendre des produits chers. Vous avez très peu d'argent et vous inventez des excuses pour acheter les produits les moins chers.

MODÈLE: VENDEUR: Vous désirez, monsieur (madame/mademoiselle)?
VOUS: Du papier à lettres, s'il vous plaît.
VENDEUR: J'ai ce papier à 2,50€ et j'ai cet autre papier à 15€. Le papier à 15€ est de très bonne qualité.
VOUS: C'est vrai, mais je préfère le papier à 2,50€. J'adore le papier orange!

Exprime-toi!

La bouteille (boîte) est si chic!
L'odeur est (exquise).
Le modèle est trop (compliqué).
Les produits importés sont si (exotiques).

1. du shampooing (un shampooing à 2,61€ ou un gel-shampooing démêlant à 5,25€)
2. du parfum (un parfum à 17€ ou un parfum de bonne marque à 60€)
3. des fleurs (des marguerites en solde à 1,05€ ou des roses à 20€)
4. une chemise pour un copain (un modèle à 25€ ou un autre en coton égyptien à 82€)
5. un dictionnaire espagnol (un mini à 7,50€ ou un grand format à 32€)
6. un portable (un modèle à 109€ ou un autre avec toutes les options à 169€)

Activité 11 Échanges: Opinions diverses

Vous allez sortir avec un(e) camarade de classe ce week-end. Décidez de vos projets entre vous. Si vous n'êtes pas d'accord, proposez autre chose.

Suggestions regarder un match, faire des courses, regarder un documentaire à la télé, faire de l'escalade en salle, faire les vitrines, aller à une exposition au musée, rencontrer des amis, dîner au restaurant...

É1: J'ai une bonne idée. Allons à l'opéra!
É2: Euh..., tu sais, je n'aime pas beaucoup l'opéra.
É1: Quoi? Tu n'aimes pas l'opéra? Qu'est-ce que tu voudrais faire alors?
É2: Moi, j'adore la boxe! Tu voudrais regarder un match?
É1: La boxe! Euh...
É2: Tu n'aimes pas la boxe? Alors...

Activité 12 Dans le monde francophone: Cadeaux sur Internet

Sur Internet, on peut trouver des cadeaux intéressants. Décidez à qui vous pouvez offrir chaque objet à la page 109 et pourquoi.

1. une copine qui adore parler au téléphone avec ses amies
2. votre grand-mère, qui aime regarder des photos de tous ses petits-enfants
3. votre cousin, qui adore lire
4. votre oncle, qui invite ses amis à des dîners gastronomiques
5. votre ami, qui écoute toujours de la musique sur son iPod
6. votre neveu, un garçon qui est amateur de photographie
7. ?

Les cadeaux

Oreillette Bluetooth: Pour une connexion sans fil à votre téléphone portable. 110,00€

Ideal'cav: Pour la conservation et le vieillissement de vos vins. 544,90€

Appareil photo numérique Samsung: Compact; rouge. Capteur 12,4 mégapixels; écran LCD 6,1 cm; zoom optique 5x. Petit prix. −5 %. (0,01€ éco-participation inclus). 79,90€

Smartphone 4G. Appareil photo, compatible Bluetooth, écran tactile, enregistrement vidéo, GPS, lecteur Mp3. Accessoires inclus: adaptateur secteur, carte mémoire. 249,00€

Cadre photo numérique Kodak: Écran 4/3; mémoire interne de 2 Go; économiseur d'énergie avec détecteur de mouvements. (0,15€ éco-part. inclus). 89,90€

Caméscope numérique: Ultra-compact, peut s'emporter partout pour enregistrer de la vidéo en haute définition. 381,00€

Carte cadeau iTunes: Laissez vos amis et proches choisir, entre autres, leur musique, leurs émissions de TV et leurs jeux préférés. 15€

Le premier homme: Le dernier roman d'Albert Camus, écrivain français, né en Algérie, qui a reçu le prix Nobel. 21,00€

Les distractions

* Attention! Étudier Grammaire 3.7

Qu'est-ce que vous aimez faire?

Le samedi matin, Marise et Clarisse courent dans le parc.

Elles font souvent les vitrines au centre-ville.

Les Colin vont au théâtre quand ils partent en week-end.

Parfois Julien danse toute la nuit et s'endort au petit matin.

Francis sait faire de l'exercice et s'amuser en même temps.

De temps en temps, Sarah part à la montagne avec ses copains.

Activité 13   Associations: Clichés du monde étudiant

En groupes, organisez les phrases pour créer des profils stéréotypés: (1) la bonne vivante et (2) l'intellectuelle.

- Elle sort tous les soirs.
- Elle part souvent en week-end.
- Le soir, elle reste à la maison.
- Elle déteste faire les magasins.
- Elle préfère les films sérieux.
- Elle étudie souvent en écoutant du rock.

- Elle n'a pas de portable.
- Elle s'habille à la mode.
- Elle surfe sur Internet.
- Elle va très souvent au musée.
- Elle dort à la bibliothèque.
- Elle étudie les maths avancées.

Allons plus loin!   Créez d'autres clichés. **Idées:** les non-conformistes, les sportifs, les casse-pieds

Activité 14   Récit: Un week-end à Paris

Bernard et Christine Lasalle vont passer un week-end à Paris. Maintenant, ils font leurs projets. Racontez ce qu'ils vont faire.

Vocabulaire utile

un appareil photo
prendre des photos
chercher un cadeau

Cliquez là!

Qu'est-ce qui se passe à Paris cette semaine? Qu'est-ce qu'on peut voir au cinéma? au théâtre? Qu'est-ce qu'il y a comme manifestations sportives? Y a-t-il une exposition intéressante? Où voudriez-vous dîner?

Activité 15 Dans le monde francophone: Les Français et le week-end

À la question «Pour vous, qu'est-ce qui symbolise le plus le week-end?», les Français répondent:

- le déjeuner en famille
- les moments passés avec les enfants et les petits-enfants
- la promenade à la campagne
- les travaux ménagers, le bricolage et le jardinage
- la grasse matinée
- la sortie du samedi soir
- les câlins à deux
- les courses du samedi
- la messe
- le jogging du matin

Trouvez l'équivalent de ces activités parmi les activités préférées des Français.

1. dormir tard
2. assister à un service religieux
3. aller au cinéma, au théâtre, au restau, etc.
4. faire du shopping
5. travailler à la maison
6. manger tous ensemble
7. faire l'amour
8. être simplement en famille
9. courir
10. marcher dans la nature

Allons plus loin! Qu'est-ce que vous aimez faire le week-end? Est-ce que vous avez les mêmes priorités que les Français?

POUR RÉSUMER

À vous de parler

A. Entretien: distractions et préférences!

Posez des questions à votre partenaire. Ensuite, répondez aux mêmes questions.

a. Est-ce que tu aimes la ville où tu habites? Pourquoi? Pourquoi pas?
b. Le samedi soir, si tu n'as pas d'argent, qu'est-ce que tu fais?
c. Qu'est-ce que tu fais pour fêter ton anniversaire?
d. Tu as des gadgets électroniques? Lesquels? Quel est ton préféré?
e. Tu as un iPod? Qu'est-ce qu'il y a dans ta playlist?
f. As-tu une voiture? Aimes-tu conduire? Tu conduis souvent?
g. Tu parles sur ton portable quand tu conduis? Tu envoies des textos?
h. Tu aimes le sport et les matchs? Quel sport fais-tu?
i. As-tu une voiture? Tu conduis bien? Tu conduis souvent? Où vas-tu?
j. Est-ce que tu utilises les transports en commun? Pourquoi? Pourquoi pas?
k. Tu aimerais faire un voyage en train? Pour aller où? Avec qui?
l. Tu habites près de la fac? Explique-moi comment aller chez toi.

B. En groupes, créez une description des vacances imaginaires mais spectaculaires de votre professeur de français pendant un séjour en France. Où va-t-il/elle? Qu'est-ce qu'il/elle fait? Ensuite, présentez votre création à la classe.

Idées

Destination: aller à la campagne, à la montagne, à la plage, à Orléans...
Logement(s): rester dans un hôtel, un gîte rural,* un terrain de camping...
Activités: parler français, faire les vitrines, monter en haut de la Tour Eiffel...
Le soir: aller au concert, voir un spectacle, dormir sous une tente et regarder les étoiles...
Dépenses importantes: dîner chez Maxim's, louer une voiture, acheter des vêtements chic...
Économies: dîner dans sa chambre, marcher et prendre les transports en commun...

À vous de lire

Montréal, c'est toi ma ville! par Patrick Dion

Patrick Dion est romancier (Fol Allié, Montréal: La Grenouille Bleue, 2010), *chroniqueur et blogueur. Dans son blog, il prend la défense de sa ville, Montréal. Pour certaines personnes, la métropole a mauvaise réputation, mais Patrick Dion propose une discussion avec d'autres internautes québécois sur les mérites et les problèmes de sa ville.*

● On fait du patin à glace près du marché Bonsecours, Montréal.

---

*gîte... bed and breakfast cottage

Patrick Dion: On voit souvent des gens de l'extérieur de la ville affecter un air de dédain[1] face à la métropole. On entend même quelques préjugés énormes:

—Montréal c'est sale, ça pue,[2] c'est laid.
—Je ne veux pas élever mes enfants dans cette ville-là. Y'a pas d'espaces verts.
—C'est plein de drogués, pis d'itinérants.
—C'est tellement violent. Y a des meurtres, des vols, des agressions. C'est bien trop dangereux.

Je suis content d'habiter la ville, heureux d'y élever mon fils, enchanté d'avoir accès à une vie culturelle très riche et de pouvoir côtoyer[3] une panoplie de gens de différentes origines et cultures. J'y vis en sécurité, dans la tranquillité.

Je trouve dommage que l'image de Montréal soit telle. Le vol, les agressions, le vandalisme, la violence et les meurtres existent partout.[4] À Laval, à Longueuil, au Saguenay, en Abitibi, partout!

Commentaires

Julie A-B a dit... Ah bon? Autour de moi, j'entends plutôt le contraire. On n'arrête pas de louanger[5] Montréal et de dire que c'est la ville occidentale où il fait le moins cher vivre, qu'on s'y sent en sécurité presque partout, qu'il y a une multitude de parcs, qu'y circuler à vélo n'est pas (trop) dangereux... Même mes amis français ont une vision plutôt idyllique de la ville.

Joanie a dit... J'pourrais pas dire mieux, pour avoir déjà habité à Laval aussi. Laval c'est gris, laid, t'es obligé d'avoir un char[6] pour avoir une vie sociale (y'a rien qui se passe, surtout pas au coin de ta rue). C'est vide, trop espacé, frigide.

L'Ange Vagabond a dit... Oui, Montréal est grande, violente et il y est un peu plus difficile de s'y faire un cercle d'amis, mais tabarnouche[7] qu'elle est belle.

On a pas besoin d'y perdre sa chemise pour assister à de magnifiques spectacles, de grandes expositions d'art ou profiter de l'art de la rue. Il faut seulement choisir le bon quartier, si on veut se promener tout seul après la tombée de la nuit.

tchendoh a dit... Personnellement, Laval me fait plus peur que Montréal. Quand les gens parlent de Montréal, ils n'ont pas l'air de réaliser que Montréal est une grosse ville avec des arrondissements[8] très différents les uns des autres.

Panthère rousse a dit... J'ai l'impression d'habiter un gros village (le Mile-End) et pourtant je suis en plein cœur de Montréal. J'aime ma ville!

garamond335 a dit... Qu'on le veuille ou non,[9] Montréal est plus dangereux que Chibougamau... Même à Outremont, même dans le Mile-End. Allez passer une semaine dans une ville de moins de 25.000 personnes et vous allez voir c'est quoi, la paix et la tranquillité...

perplexeetsigne a dit... J'aime Montréal, elle est hétéroclite,[10] vivante et colorée.

---

[1]supériorité   [2]ça... il y a de mauvaises odeurs   [3]vivre à côté de   [4]dans toutes les villes   [5]dire du bien de   [6]voiture (*mot québécois*)   [7]expression d'enthousiasme (*mot québécois*)   [8]quartiers   [9]Qu'on... objectivement   [10]diverse

Avez-vous compris?

1. Les gens qui adorent Montréal...
   a. n'y habitent pas
   b. habitent en ville
   c. habitent en banlieue
   d. sont des touristes

2. Que signifie «itinérants» ici?
   a. touristes
   b. habitants de la banlieue qui viennent travailler en ville
   c. gens instables, sans domicile
   d. étrangers

3. Laval et Longueuil sont...
   a. des quartiers de Montréal
   b. des banlieues de Montréal
   c. d'autres villes près de Montréal

4. Chibougamau, le Saguenay, et l'Abitibi sont...
   a. des quartiers de Montréal
   b. des banlieues de Montréal
   c. à l'extérieur de Montréal

5. Mile-End et Outremont sont...
   a. des quartiers de Montréal
   b. des banlieues de Montréal
   c. à l'extérieur de Montréal

À vous d'écrire

Écrivez une réclame pour la firme *Alpha Taxis* à Paris. Utilisez votre imagination, mais n'oubliez pas de donner certains renseignements: les avantages de prendre le taxi, la compétence des chauffeurs, les tarifs, les heures et, bien sûr, pourquoi les taxis *Alpha* sont supérieurs aux autres taxis.

Suggestions

Vous allez trouver (admirer, arriver, rencontrer)...
Vous n'allez pas payer...
Nos taxis sont propres (très confortables)
Les chauffeurs sont/savent...

Vocabulaire

Les endroits dans une ville

Places in a city

une **bibliothèque**	a library
un **bureau de poste**	a post office
un **commerce**	a shop, business
le **commissariat de police**	the police station
une **école primaire**	a primary school
une **église**	a church
une **épicerie**	a grocery store
la **faculté (la fac)**	the university
une **gare**	a station (*train, bus*)
un **grand magasin**	a department store
un **jardin public**	a park
un **kiosque**	a newsstand
une **librairie**	a bookstore
un **lycée**	a high school
un **magasin**	a store
la **mairie**	city hall
une **mosquée**	a mosque
une **parfumerie**	a perfume store
une **place**	a public square

Mots apparentés: **une avenue, une banque, un boulevard, une cathédrale, le centre-ville, un hôtel, un musée, une pharmacie, un temple, une terrasse**

Les courses et les distractions

Errands and entertainment

s'amuser	to have fun
assister à un spectacle	to attend a show
conduire	to drive
déposer de l'argent	to deposit money
emprunter un livre	to borrow a book
envoyer une lettre	to send a letter
envoyer un texto	to text, send a text message
faire les magasins	to shop
faire les vitrines	to window-shop
manger avec des amis	to eat with friends
marcher	to walk
oublier	to forget
prendre des photos	to take pictures
sortir	to go out
voir une pièce de théâtre	to see a play
voir un tableau	to see a painting

Pour indiquer le chemin

Giving directions

à côté de	beside
le coin de la rue	the street corner
coincé(e)	stuck, squeezed (into)
dans	in, inside
derrière	behind
devant	in front of
en face de	opposite, across from
entre	between
loin (de)	far (from)
près de	near (to)
sous	under
sur	on, upon
aller tout droit	to go straight ahead
tourner à droite (à gauche)	to turn right (left)
traverser (un pont)	to cross (a bridge)

Pour se déplacer en ville: Les transports

Getting around in a city: Transportation

un **arrêt d'autobus**	a bus stop
la **circulation intense**	heavy traffic
un **embouteillage**	a traffic jam
un **feu de signalisation**	a traffic signal
une **foule (de gens)**	a crowd (of people)
les **heures** (*f.*) **de pointe**	rush hour
le **métro**	the subway
un **quai**	a (station) platform
les **transports** (*m.*) **en commun**	public transportation
un **wagon**	a (train) car

Mots apparentés: **un chauffeur de taxi, un moteur, motorisé(e), un scooter, un véhicule routier**

descendre d'un taxi	to get out of a taxi
monter dans un autobus	to get on a bus
obéir aux règles	to obey the rules
porter un casque	to wear a helmet
prendre un train	to take a train
rouler en voiture	to travel by car
stationner dans une zone interdite	to park in a no-parking zone
utiliser un plan	to use a (city) map

Se promener en ville

Walking in the city

aller à pied	to walk, go on foot
s'arrêter	to stop (oneself)
avoir de la patience	to be patient
se balader	to stroll
courir	to run
se débrouiller	to manage, get along
se déplacer	to go someplace
obéir au signal lumineux	to obey a flashing sign
s'orienter	to get oriented
penser à	to think about
regarder dans les deux sens	to look both ways
risquer	to risk

Pour faire des achats

Shopping

J'en prends (deux).	I'll take (two).
Lequel? Laquelle?	Which one?
plein(e) d'options	(with) lots of options
acheter (un cadeau)	to buy (a gift)
coûter	to cost
demander	to ask (for)
faire des courses	to do errands
faire les courses	to go grocery shopping
faire des économies	to save money
louer une voiture	to rent a car
vendre	to sell
une boîte	a box
une bouteille	a bottle
une carte postale	a postcard
un choix	a choice
un collier	a necklace
le dentifrice	toothpaste
l'eau (f.) minérale	mineral water
l'euro (m.)	the euro (European currency unit)
une fleur	a flower
le lait	milk
le maquillage	make-up
une marguerite	a daisy
une marque	a brand
un médicament	a medication
un modèle	a style
les œufs	eggs
le pain	bread
un portable	a cell phone
le prix	the price

un produit étranger	an imported product
un roman policier	a detective novel
le rouge à lèvres	lipstick
une serviette	a briefcase
un timbre	a postage stamp
un vendeur / une vendeuse	a salesman/woman
le vin	wine

Mots apparentés: **une bière, un biscuit, chic** (*inv.*), **une cigarette, compliqué(e), le coton, désirer, exotique, importé(e), le jus d'orange, le papier à lettres, le parfum, la qualité**

La description des personnes

Describing people

bon(ne) vivant(e)	pleasure-loving
un casse-pieds	a bore
fou/folle	crazy, nuts

Mots apparentés: **intellectuel(le), non-conformiste, normal(e)**

Quand

Saying when

à chaque fois	each time
au moment de	at the time of
au petit matin	in the early morning
de temps en temps	from time to time
en même temps	at the same time, simultaneously
parfois	sometimes
pendant que	while
tout le temps	all the time

Mots et expressions utiles

Useful words and expressions

à la mode	in style
C'est commode.	It's convenient.
D'accord.	Okay. Agreed.
devoir	must
dormir	to sleep
un dîner gastronomique	a gourmet dinner
il faut (obéir)	it is necessary (to obey)
sans	without
Stationnement interdit	No parking
tous ensemble	all/everyone together

Grammaire et exercices

3.1 Saying where things are: Prepositions of location

A. Here are the most common prepositions of location in French.

dans	*in, inside*	entre	*between*
sur	*on, on top of*	sous	*under*
devant	*in front of*	derrière	*behind*
près de	*near (to)*	loin de	*far from*
à côté de	*beside, next to*	en face de	*opposite, across from*
à gauche de	*to the left of*	à droite de	*to the right of*

—Où est le gymnase?   *Where's the gym?*
—**Entre** le restaurant universitaire et le stade.   *Between the student restaurant and the stadium.*

⭐ *Review Grammaire 1.6 on contraction of de + articles.*

➤ **près de + le = près du**

➤ **en face de + les = en face des**

B. Notice that some prepositions end with **de**. When they are followed by **le** or **les,** you need to use the appropriate contraction (**du** or **des**).

—Où est la bibliothèque?   *Where's the library?*
—**À côté du** bureau de poste.   *Next to the post office.*
—Est-ce que la faculté des sciences naturelles est **en face des** laboratoires?   *Is the Natural Sciences Department across from the labs?*
—Non, elle est **à côté des** laboratoires.   *No, it's next to the labs.*

Exercice 1 Dans la salle de classe

Denise décrit sa salle de classe. Choisissez la préposition correcte et employez des contractions si nécessaire.

> MODÈLE: Le pupitre de Barbara est (dans / à côté de) la fenêtre. →
> Le pupitre de Barbara est à côté de la fenêtre.

1. Le bureau de Mme Martin est (devant / derrière) le tableau noir.
2. Les livres de Mme Martin sont (sous / sur) son bureau.
3. Mme Martin écrit* au tableau, puis elle regarde les étudiants. Elle est (devant / sous) la classe.
4. Jacqueline écrit au tableau. Elle est (près de / loin de) le tableau.
5. Albert travaille avec Daniel. Les papiers de Daniel sont (sur / à côté de) les papiers d'Albert.
6. Louis regarde par la fenêtre. Il regarde un match de football dans le parc (en face de / loin de) la salle de classe.
7. Barbara est trop (loin de / près de) le tableau; elle ne peut pas lire les mots au tableau.
8. La salle 300A se trouve (devant / entre) les salles 300 et 301.

---

*writes

3.2 Asking questions: Interrogative words

A. The following words can be used to ask questions.

combien (de)?	*how many?*
comment?	*how?*
où?	*where?*
pourquoi?	*why?*
quand?	*when?*

—Tu veux aller à Paris? **Quand?**   *You want to go to Paris? When?*
—L'année prochaine.   *Next year.*

—Tu ne viens pas demain. **Pourquoi?**   *You aren't coming tomorrow. Why?*
—Parce que j'ai rendez-vous chez   *Because I have a doctor's*
le médecin.   *appointment.*

B. Often, an interrogative word is combined with **est-ce que** to ask a question.

Quand est-ce que tu vas à la fac?   *When are you going to campus?*
Combien d'argent est-ce que   *How much money do we have?*
nous avons?

★ Review **Deuxième étape, Grammaire B.2** on asking questions.

C. In short, simple questions, reversing the order of the subject and verb can be used instead of **est-ce que.** This is called an inversion question.

Comment va Claudine?   *How is Claudine?*
Où habite ton ami?   *Where does your friend live?*
Que fait Adrienne ce soir?   *What's Adrienne doing tonight?*
Comment est Sylvie?   *What is Sylvie like? (What does Sylvie look like?)*

D. You have already seen the interrogative forms **qui** (*who, whom*) and **que (qu')** (*what*). These can be combined with **est-ce que** to ask *what* (**Qu'est-ce que**) or *who/whom* (**Qui est-ce que**). Note that **qui** is never contracted. **Qui** may also be followed directly by the verb.

Qu'est-ce que tu veux?   *What do you want?*
Qui est-ce que tu retrouves en ville?   *Who (Whom) are you meeting in town?*

Qui sait la date?   *Who knows the date?*

➤ **Qui... ?**
= *Who . . . ? (subject)*

➤ **Qui est-ce que... ?**
= *Who/Whom . . . ?*
(object)

➤ **Qu'est-ce que... ?**
= *What . . . ? (object)*

E. To ask *which* or *what,* use the appropriate form of **quel (quelle, quels, quelles)** in front of the noun. Use **quel(le) + être** to ask for a name, a date, etc.

Le bureau de poste se trouve dans   *What street is the post office on?*
    quelle rue?
Quelles lignes d'autobus est-ce   *Which bus lines do we (you) have*
    qu'il faut prendre?   *to take?*
Quelle est la bonne **réponse?**   *What's the right answer?*

★ You will learn more about asking questions in **Grammaire 7.5.**

➤ **Quel est... ?** and **Quelle est... ?** = *What is . . . ?*

Pronunciation Hint

All forms of **quel** are pronounced the same except when there is a liaison: **quel, quelle, quels, quelles,** but **quels ᶻétudiants, quelles ᶻétudiantes.**

Exercice 2　Au bureau de tourisme

Agnès Rouet fait du tourisme. Trouvez la bonne question pour chaque réponse du réceptionniste.

1. Comment est-ce que je peux aller d'ici au musée?
2. Combien coûte un ticket de bus?
3. Où est le musée municipal?
4. Quand ferme le musée?
5. Qu'est-ce qu'il y a à voir au musée?
6. Quel est le numéro du bus pour y aller?
7. Où est-ce qu'on achète des tickets de bus?
8. Pourquoi ne pas y aller à pied?

a. _____ Il est dans la rue du 11 novembre.
b. _____ Il y a des tableaux et des sculptures modernes.
c. _____ Vous pouvez prendre le bus.
d. _____ Parce que c'est loin d'ici.
e. _____ Ça coûte 1€.
f. _____ On peut acheter un ticket dans le bus.
g. _____ C'est le numéro 19.
h. _____ Il ferme à 17 heures.

Exercice 3　Les dernières nouvelles

Agnès téléphone à sa sœur Mireille. Regardez bien ses questions et les réponses de sa sœur, puis complétez ses questions avec le mot interrogatif approprié.

Utilisez **comment, où, pourquoi, quand, que,** ou **qui.**

1. _____ va maman? —Elle va *bien.*
2. _____ fait Charles? —Il *ne* fait *rien,** comme d'habitude.
3. _____ est papa? —Il est *à Genève.*
4. _____ fait Jean-Claude? —Jean-Claude? Il *joue au foot avec Michel.*
5. _____ est Michel? —Michel, c'est *mon nouveau petit ami.*
6. _____ est-il? —Il est *très sympa et très beau!*
7. _____ s'appelle le nouveau bébé des voisins? —Il s'appelle *Olivier.*
8. _____ va la mère d'Olivier? —Elle va *très bien.*
9. _____ commencent tes vacances? —*Dans quinze jours.*
10. _____ est-ce que tu ne viens pas à Paris? —*Parce que* je dois rester ici pour aider maman.

Exercice 4　Visite à Paris

Des amis de Sarah Thomas viennent visiter Paris. Posez la question qui correspond à chaque réponse.

MODÈLE: Ils restent *huit jours* à Paris. →
Combien de temps est-ce qu'ils restent à Paris? (Combien de temps restent-ils à Paris?)

Utilisez **comment, où, pourquoi**, **quand, que** ou **qu'est-ce que.**

1. Ils logent *dans un hôtel du Quartier latin.*
2. Ils se déplacent *en autobus.*
3. Ils sont contents *parce qu'il fait beau.*
4. Ils quittent Paris *lundi prochain.*
5. Ils veulent visiter *tous les monuments.*
6. Ils achètent *des souvenirs* pour leurs amis.

*nothing

Utilisez une forme de **quel (quelle, quels, quelles).**

7. Ils visitent le musée *d'Orsay.*
8. Ils préfèrent les restaurants *grecs et tunisiens.*
9. Le numéro de l'hôtel est *le 01 43 83 51 07.*

3.3 Verbs like **prendre**

A. The irregular verb **prendre** is very useful for talking about transportation.

prendre (*to take*)	
je **prends**	nous **prenons**
tu **prends**	vous **prenez**
il/elle/on **prend**	ils/elles **prennent**

—Comment viens-tu à la faculté?   *How do you come to campus?*
—Je **prends** toujours le bus.   *I always take the bus.*

Pronunciation Hint

All the singular forms are pronounced with a nasal vowel (nasal ɑ̃) and sound the same: **prɇn̸d̸s̸, prɇn̸d̸.** In the plural forms, the stem vowel is not nasal: **prenõn̸s̸, prenez̸, prenn̸ɇn̸t̸.**

B. Use **prendre** to express *to have (something) to eat or drink.*

—Que **prenez**-vous quand il fait froid?   *What do you drink when it's cold?*
—J'aime **prendre** un chocolat chaud.   *I like to have a hot chocolate.*

Raoul ne **prend** jamais de déjeuner.   *Raoul never has lunch.*

C. **Apprendre** (*to learn*) and **comprendre** (*to understand*) are conjugated like **prendre.**

Nous **apprenons** tous le français,   *We're all learning French, but*
   mais Albert **apprend** aussi le japonais.   *Albert is also learning Japanese.*
Les étudiants ne **comprennent**   *The students don't always*
   pas toujours le professeur.   *understand the instructor.*

Exercice 5 En faveur des transports en commun

Daniel parle du choix de moyens de transport. Utilisez le verbe logique à l'infinitif ou à la forme correcte.

Verbes à utiliser: prendre, apprendre, comprendre

Moi, je _____[1] toujours l'autobus pour aller à la fac. En général, mes camarades _____[2] toujours leur voiture parce qu'ils n'aiment pas prendre le bus. Moi, je ne sais pas conduire. J' _____[3] à conduire maintenant. Mais j'aime prendre le bus. Je ne _____[4] pas pourquoi mes amis ne veulent pas _____[5] le bus. Quand on vient à la fac en voiture, il faut payer le parking, si on arrive à trouver une place! Et puis, les gens ne _____[6] pas que trop utiliser son automobile risque d'avoir des conséquences très graves pour la planète. Nous _____[7] maintenant toutes les conséquences de cette dépendance. Et vous? _____[8]-vous toujours la voiture pour aller à la fac, ou bien, comme moi, pensez-vous à l'environnement?

Exercice 6 Questions et réponses

Répondez aux questions et dites si vous faites les mêmes actions et quand.

MODÈLE: Qui prend l'autobus? →
Barbara prend l'autobus. Moi, je prends l'autobus tous les jours.
(Moi, je ne prends jamais l'autobus.)

Barbara

Julien et son amie

Joël

Denise

Barbara

Nathalie

Jean-Yves et ses camarades

1. Qui prend du vin?
2. Qui voudrait apprendre à faire du ski?
3. Qui prend trop de risques?

4. Qui ne comprend pas la leçon?
5. Qui prend un café?
6. Qui prend un bain?

3.4 Expressing necessity: **Il faut** and the verb **devoir**

A. One way to express necessity is with the impersonal expression **il faut** (*it is necessary*) + infinitive. In this case, the obligation applies to people in general, or the context indicates the particular people concerned.

Definition: In an impersonal expression, the subject pronoun (*it* or **il**) does not refer to a specific person or thing: *To learn a language, **it** is necessary to practice.*

Quand on prend le métro, **il faut acheter** un ticket à l'entrée.
Charles, tu vas au cinéma ce soir? **Il ne faut pas rentrer** tard.

When you take the metro, you must buy a ticket at the entrance.
Charles, are you going to the movies tonight? You mustn't come home late.

B. To express an obligation with respect to a particular person, you can also use the verb **devoir** + infinitive.

devoir (to have to)	
je **dois**	nous **devons**
tu **dois**	vous **devez**
il/elle/on **doit**	ils/elles **doivent**

Nous **devons prendre** le train à 10 h.	*We have to take the train at 10:00.*
Tu **ne dois pas être** en retard.	*You must not be late.*

Pronunciation Hint

The letters **oi** are pronounced [wa]: **dois** ([dwa]), **doit** ([dwa]), **doivent** ([dwav]).

C. Note that **devoir** can also express probability or supposition.

Charlotte n'est pas au travail; elle **doit** être malade!	*Charlotte isn't at work; she must be sick!*

D. Other impersonal expressions can also be used to express necessity: **il est nécessaire (essentiel, important, obligatoire) de** + infinitive.

Avant de prendre le métro, **il est nécessaire d'**étudier le plan du métro.	*Before taking the metro, it is necessary to study the metro map.*
Il **n'est pas nécessaire d'**appeler le taxi avant 8 h.	*You don't have to call the taxi before 8:00.*

➤ To say *must not:*

Tu *ne dois pas* rouler trop vite.
(*You must not drive too fast.*)

or

Il *ne faut pas* avoir un accident.
(*You must not have an accident.*)

Exercice 7 Problèmes de transport

Quelle est la solution à chacun de ces problèmes? Qu'est-ce qu'on doit faire? Utilisez la forme correcte du verbe **devoir**.

Vocabulaire utile

aller au travail à pied	se déplacer à bicyclette
appeler un taxi	arriver plus tôt*
prendre le bus	étudier le plan du métro de la ville

MODÈLE: Je ne peux pas aller au travail à pied. C'est trop loin. →
Tu dois prendre le bus.

1. Je n'ai pas de voiture.
   Alors, tu...
2. Nous devons être à l'aéroport dans une demi-heure et nous avons beaucoup de bagages.
   Vous...
3. Je ne sais pas prendre le métro.
   Bon, vous...
4. À la fac, il n'y a jamais assez de place aux parkings et les étudiants arrivent souvent en retard.
   On...
5. Mes parents encouragent mon frère à faire plus d'exercice.
   Il...

---

*plus... *earlier*

Pointing things out: Demonstrative adjectives

Demonstrative adjectives agree in number and gender with the noun modified. These forms can mean either *this* or *that*, *these* or *those*; this difference is usually clear from the context. Note the special form **cet** for masculine nouns beginning with a vowel or mute **h**.

Definition: Demonstrative adjectives point out a certain object or person: *this bus, that girl.*

➤ **ce garçon** but **cet homme, cet étudiant**

	SINGULIER	PLURIEL
MASCULIN	**ce** livre (*this/that*) **cet** ami (*this/that*)	**ces** livres (*these/those*) **ces** amis (*these/those*)
FÉMININ	**cette** table (*this/that*) **cette** amie (*this/that*)	**ces** tables (*these/those*) **ces** amies (*these/those*)

—Combien coûtent **ces** biscuits?   *How much do these cookies cost?*
—Un euro dix le paquet.   *One euro ten a package.*

—Tu aimes **cette** carte postale?   *Do you like this postcard?*
—Oui, beaucoup.   *Yes, very much.*

Pronunciation Hint

cet_ami (*m.*), **cett̸ę_amię** (*f.*), **ces ᶻamiş, ceş livręş**

Exercice 8 Sarah fait les vitrines

Remplacez les tirets par **ce, cet, cette** ou **ces**.

1. _____ magasin est très beau. Oh, _____ chaussures sont superbes!
2. _____ livres sont très intéressants, mais _____ prix sont ridicules!
3. _____ montre est jolie, n'est-ce pas?
4. _____ vêtements sont trop chers! _____ jolie robe coûte 97€ et _____ blouson bleu coûte 115€!
5. _____ chemises sont si belles et _____ cravate aussi est très belle!
6. _____ autre chemise verte est très pratique.
7. _____ chapeau est joli mais _____ autre chapeau est vraiment bizarre!

3.6 Expressing quantities: Partitive articles

✱ *Review Première étape, Grammaire A.3 and A.5 on articles, and Grammaire 1.6B on de + definite article.*

➤ Partitive articles:

du papier (m.)
de la bière (f.)
de l' eau (f.)
de l' argent (m.)

A. You are already familiar with the definite articles (**le, la, l', les**) and indefinite articles (**un, une, des**) in French. There is a third type of article, called the partitive article. Its forms are identical to the combination of **de** + the singular definite article: **du, de la, de l'**.

On peut acheter **du** dentifrice au supermarché.   *You can buy toothpaste at the supermarket.*
Nous préparons **de la** soupe.   *We are making soup.*
Je prends **de l'**eau minérale.   *I'm having mineral water.*

B. The partitive article indicates an unspecified quantity of a *mass noun*. It is roughly equivalent to *some* in English.

du café	*(some) coffee*
de la confiture	*(some) jelly*
de l'huile	*(some) oil*

Definitions: A mass noun cannot be counted: *sand, sugar.* A count noun can be counted: *tables, lamps, children.*

C. Note that the partitive article is always required in French, though *some* is often omitted in English.

—Qu'est-ce que tu dois acheter à la pharmacie?
What do you have to buy at the pharmacy?
—**Du** dentifrice et **de l'**aspirine.
(Some) toothpaste and (some) aspirin.

D. In negative sentences, partitive articles and indefinite articles (**un, une, des**) become **de** or **d'.**

J'ai des cartes postales, mais je **n'**ai **pas de** papier à lettres ou **d'**enveloppes.
I have some postcards, but I don't have any stationery or (any) envelopes.

E. Expressions of quantity are also followed by **de.**

un peu **de**	*a little*	combien **de**	*how much, how many*
assez **de**	*enough*	une tasse **de**	*a cup of*
beaucoup **de**	*a lot, many*	un verre **de**	*a glass of*
trop **de**	*too much, too many*		

➤ J'ai *des* biscuits.
J'ai *beaucoup de* biscuits.
Je *n'*ai *pas de* biscuits.

Combien de coca faut-il acheter?
How much cola do we need to buy?
Veux-tu **un peu de lait** avec ton thé?
Do you want a little milk with your tea?

Exercice 9 Petits achats

Vous faites des courses en ville. Utilisez l'article partitif (**du, de la, de l'**), l'article indéfini (**un, une, des**) ou **de.**

1. Je vais d'abord à la librairie pour chercher _____ livre, _____ stylos et _____ cartes postales.
2. Ensuite, je vais à la poste pour acheter _____ timbres.
3. À l'épicerie, j'achète _____ eau minérale, _____ café (*m.*), _____ sucre (*m.*) et _____ confiture (*f.*).
4. Je n'achète pas _____ viande, parce que je suis végétarien(ne).
5. À la pharmacie, je prends _____ shampooing (*m.*) et _____ aspirine (*f.*).
6. Il faut aussi chercher _____ argent; je passe donc à la banque.

Exercice 10 Qu'est-ce que vous prenez comme boisson?

Répondez en employant l'article partitif approprié **(du, de la, de l')** ou **de (d').**

> MODÈLE: Qu'est-ce que vous prenez d'habitude avec le déjeuner?
> —D'habitude je prends...
> **a.** eau   **b.** lait   **c.** café *(m.)*   **d.** coca *(m.)*   **e.** ? →
> D'habitude je prends *de l'eau.*

1. Que prenez-vous quand vous ne pouvez pas dormir? —Je prends...
   a. lait   **b.** café   **c.** vin *(m.)*   **d.** eau minérale   **e.** ?
2. Que prenez-vous le matin d'habitude? —Je prends une tasse...
   a. thé *(m.)*   **b.** chocolat chaud   **c.** café   **d.** eau chaude   **e.** ?
3. Qu'est-ce que vous ne prenez jamais? —Je ne prends jamais...
   a. whisky *(m.)*   **b.** champagne *(m.)*   **c.** coca   **d.** café   **e.** ?
4. Qu'est-ce que vous aimez commander quand vous sortez avec des amis?
   —J'aime commander...
   a. bière *(f.)*   **b.** jus *(m.)* de fruits   **c.** coca   **d.** vin   **e.** ?
5. Qu'est-ce que vous aimez prendre en été quand il fait chaud? —J'aime prendre un verre...
   a. thé glacé   **b.** coca   **c.** eau froide   **d.** jus de fruits   **e.** ?
6. Qu'est-ce que vous prenez quand vous êtes malade? —Je prends...
   a. eau   **b.** jus de fruits   **c.** thé   **d.** coca   **e.** ?

3.7 The verbs **courir, sortir,** and **dormir**

A. The irregular verb **courir** has a single stem for all forms. The singular endings are those you have seen for most verbs other than **-er** verbs: **-s, -s, -t.** Remember that these endings are not pronounced.

courir *(to run)*	
je cour**s**	nous cour**ons**
tu cour**s**	vous cour**ez**
il/elle/on cour**t**	ils/elles cour**ent**

B. Though verbs like **sortir** and **dormir** are not considered regular verbs, there is a common pattern to their forms. Note that the singular forms have the **-s, -s, -t** pattern of endings. Note also that the stem derived from the infinitive (**sort-** and **dorm-**) loses its final consonant in the singular forms (**sor-** and **dor-**).

sortir *(to go out)*		dormir *(to sleep)*	
je sor**s**	nous sor**tons**	je dor**s**	nous dor**mons**
tu sor**s**	vous sor**tez**	tu dor**s**	vous dor**mez**
il/elle/on sor**t**	ils/elles sor**tent**	il/elle/on dor**t**	ils/elles dor**ment**

Je **sors** avec ma camarade de chambre ce soir.

I'm going out with my roommate tonight.

Est-ce que vous **dormez** plus de huit heures?

Do you sleep more than eight hours?

Pronunciation Hint

sors̸, sor̸t, sortõns̸, sortez̸, sortent̸. Note that only the singular forms are pronounced the same. The third-person plural form (**ils/elles**) differs from the singular in that the final consonant of the stem is pronounced.

C. Other verbs like **sortir** and **dormir**:

s'endormir	*to fall asleep*
mentir	*to lie, tell falsehoods*
partir	*to leave, go away*
sentir	*to smell; to feel*
servir	*to serve*

Moi, je **m'endors** toujours très vite.

I always go to sleep very quickly.

Ici, on **sert** des plats tunisiens.

They serve Tunisian dishes here.

Notice the differences in meaning:

sortir

Sortez de la maison. — *Leave the house.*

Nous sortons au cinéma ce soir. — *We're going out to the movies tonight.*

partir

Je dois partir à 9 h. — *I have to leave at 9:00.*

Nous partons en vacances demain. — *We're leaving on vacation tomorrow.*

Exercice 11 Sondage sur la course

Répondez par des phrases complètes, avec autant de détails que possible.

1. Courez-vous régulièrement?
   a. Si oui, quand courez-vous? Courez-vous en toute saison? À quel moment de la journée? Combien de fois par semaine? Où?
   b. Sinon, expliquez pourquoi vous ne courez pas.
2. Est-ce qu'il y a des membres de votre famille qui courent régulièrement? Lesquels? (Répondez aux questions 1a et 1b dans vos descriptions des habitudes de votre famille.)
3. Vos amis courent-ils? Courez-vous ensemble quelquefois?
4. Selon vous, pour quelles raisons court-on? Pour rester en forme? Pour vivre plus longtemps? Pour réduire son stress? Pour quelles autres raisons?

Exercice 12 Qu'est-ce que tu fais?

Posez des questions et donnez les réponses.

MODÈLE: sortir souvent avec des amis →
Tu sors souvent avec des amis?
Oui, je sors souvent avec des amis. (Non, je ne sors pas souvent avec des amis.)

1. partir en vacances en été
2. sortir du cinéma si un film est mauvais
3. courir dans des marathons
4. servir du vin chez toi
5. mentir quand tu ne veux pas révéler un secret
6. sentir les fruits au supermarché
7. sortir souvent le samedi soir
8. dormir pendant la journée quelquefois

Maintenant, imaginez que vous interviewez le président et sa femme (ou la présidente et son mari). Posez les questions et donnez leurs réponses probables.

MODÈLE: VOUS: Vous sortez souvent?
EUX: Non, nous ne sortons pas souvent... Nous sommes très occupés.

Exercice 13 Généralisations

Une Française vous pose des questions sur les habitudes des Américains. Répondez d'abord avec une généralisation sur les Américains, puis expliquez vos propres habitudes (ou les habitudes de vos amis, de votre famille, etc.).

MODÈLE: Les jeunes Américains ne sortent jamais en groupe, n'est-ce pas? →
Si, ils sortent souvent en groupe.
Moi, je sors tout le temps avec mes amis.

➤ **si** = réponse affirmative à une question négative

—Tu **ne** parles **pas** anglais?
—**Si,** je parle anglais.

1. Les habitants des grandes villes américaines ne sortent pas seuls la nuit parce que c'est dangereux, n'est-ce pas?
2. Au printemps, la grande majorité des étudiants américains partent en vacances en Floride, n'est-ce pas?
3. La plupart des Américains partent en Europe en été, n'est-ce pas?
4. Les étudiants américains sortent tous les soirs, n'est-ce pas?
5. C'est vrai que tous les petits Américains s'endorment vers minuit?
6. C'est vrai que les Américains ne servent jamais de vin au dîner?
7. Beaucoup d'Américains courent pour être en forme, n'est-ce pas?

La salle de séjour d'une maison française

La maison et le quartier

Objectifs

In *Chapitre 4*, you will learn to describe your home and neighborhood and to talk about what you do there.

Activités et lectures

Les pièces et les meubles

✳ Attention! Étudier Grammaire 4.1 et 4.2

la chambre à coucher — la table de nuit — la salle de bains

le miroir — la lampe — le lit — le lavabo — les W.C. — la douche — la baignoire

les rideaux — la commode

la salle à manger — le lave-vaisselle — la cuisine

les chaises — la table — la cuisinière — les placards — l'évier

le buffet — le réfrigérateur

le tableau — la table basse — le canapé

la salle de séjour — un chat

le fauteuil — le tapis

un chien

Cliquez là!

Allez sur le site d'un magasin français ou francophone qui vend des meubles en ligne. Choisissez quelque chose d'intéressant et de beau pour votre chambre ou appartement.

Activité 1 Discussion: Qu'est-ce qu'il y a chez vous?

Écoutez le professeur et dites **oui** ou **non**.

1. Chez moi, il y a...
   - **a.** trois chambres.
   - **b.** une terrasse.
   - **c.** un garage pour deux voitures.
   - **d.** une baignoire balnéo.
   - **e.** une cheminée.
   - **f.** ?
2. Dans la chambre où je dors, il y a...
   - **a.** un grand lit.
   - **b.** une commode.
   - **c.** un lavabo.
   - **d.** une télé.
   - **e.** une table de nuit.
   - **f.** ?
3. Dans la cuisine, il y a...
   - **a.** une cuisinière à gaz.
   - **b.** une table et des chaises.
   - **c.** deux éviers.
   - **d.** un four à micro-ondes.
   - **e.** un frigo-congélateur.
   - **f.** ?
4. Dans la salle de séjour, il y a...
   - **a.** un grand canapé.
   - **b.** un tapis persan.
   - **c.** des fauteuils confortables.
   - **d.** des beaux rideaux.
   - **e.** une affiche de Chagall.
   - **f.** ?

À vous la parole!

Tu as de la chance!   Ça, c'est (pratique)!
Tiens! C'est original!   J'aime ça. / Je n'aime pas ça.
Ça, c'est super!

MODÈLE: É1: Je n'ai pas de lavabo dans ma chambre, mais j'ai une salle de bains
         pour moi.
         É2: Tu as de la chance! Moi, je dois partager avec mes sœurs.

Activité 2 Associations: À quoi ça sert?

Dites à quoi servent les meubles et les appareils suivants.

MODÈLE: (une lampe) On se sert d'une lampe pour lire.

LES OBJETS	LES USAGES
une bouilloire électrique	nettoyer un tapis
un aspirateur	conserver la nourriture
un réfrigérateur	se reposer ou dormir
une baignoire	repasser les vêtements
un fer à repasser	ranger les vêtements
un grille-pain	cuisiner
un lit	faire la vaisselle
un lave-vaisselle	faire bouillir de l'eau
un four à micro-ondes	faire des toasts
une commode	prendre un bain

Activité 3 Échanges: Décisions

un four à micro-ondes
265€

un grille-pain
85€

un coussin
39€

un ventilateur
45€

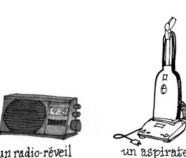

un balai
17€

une bouilloire électrique
62€

un fer à repasser
49€

une cafetière
57€

un radio-réveil
35€

un aspirateur
227€

Cliquez là!

Allez sur le site d'un magasin comme Carrefour et choisissez un appareil électronique pour votre cuisine idéale. Téléchargez la photo et les détails sur votre choix pour les discuter avec vos camarades de classe.

Vous allez partager un deux-pièces meublé avec votre camarade de classe. Ensemble, vous avez un budget de 500€. Vous devez décider ce que vous allez acheter et expliquer pourquoi.

MODÈLE: É1: Je voudrais une cafetière espresso parce que j'adore le café fort.
É2: Moi, je préfère le thé. Achetons une bouilloire.
É1: Mais la bouilloire est plus chère que la cafetière espresso.
É2: Si nous achetons un four à micro-ondes...

Activité 4 Entretien: Chez toi

1. Est-ce que tu aimes l'endroit où tu habites? Pourquoi?
2. Dans quelle pièce est-ce que tu étudies d'habitude? Où regardes-tu la télé?
3. Comment est ta chambre? Est-ce qu'elle est grande? propre? Y a-t-il un placard, des étagères pour tes livres, des plantes vertes? Ton lit est confortable?
4. Est-ce que ta cuisine est bien équipée? Qu'est-ce qu'il y a comme équipement?
5. As-tu ta propre salle de bains? Sinon, avec qui la partages-tu? Y a-t-il parfois des conflits? Quand et pourquoi?
6. À ton avis, quelle est la pièce la plus importante d'une maison? Pourquoi?
7. Comment est la maison que tu voudrais avoir plus tard?

Le logement

★ Attention! Étudier Grammaire 4.3

Ces architectes finissent les plans d'un immeuble dans un nouveau parc résidentiel.

On démolit une vieille maison.

Les constructeurs bâtissent des nouveaux édifices.

Les futurs locataires choisissent leurs appartements.

Activité 5 Échanges: Deux villas

D'abord, regardez les maisons et répondez aux questions de votre professeur.

LES ORMES
5 chambres à coucher
1 salle de séjour
1 salle à manger
1 bureau
2 salles de bains
sous-sol

LES MYRTILLES
4 chambres à coucher
1 salon-salle à manger
3 salles de bains
1 bureau
1 salle de jeux
grande cuisine
sous-sol

Cliquez là!

Cherchez un trois-pièces, pas très cher, dans un quartier près de l'Université Stendhal Grenoble 3. Notez l'adresse, les détails importants et le prix du loyer. Ensuite, avec votre coloc (partenaire), comparez vos résultats et faites votre sélection.

Ensuite, avec un(e) camarade, comparez *Les Myrtilles* et *Les Ormes*. (plus de... que, moins de... , toutes les deux)

É1: Les Myrtilles a plus de fenêtres que Les Ormes.
É2: C'est vrai. Mais elle a moins de chambres.
É1: Elles ont toutes les deux un bureau.

Enfin, décidez, avec votre camarade, quelle est la meilleure maison pour la famille Colin: les deux parents, Marise et Clarisse (19 ans), Charles (17 ans), Emmanuel (14 ans) et Joël (8 ans).

Activité 6 Associations: Qui est-ce?

Les Duclos louent un studio au 10e étage d'un grand immeuble. Les Martin vivent dans leur maison. Quelle famille associez-vous avec chacune des phrases suivantes?

- Ils dînent dans la salle à manger.
- Ils finissent vite le ménage.
- Leurs enfants jouent dans le jardin.
- Ils ont seulement une salle de bains.
- Ils prennent l'ascenseur tous les jours.
- Leurs invités dorment dans la chambre d'amis.
- Ils mangent et dorment dans la même pièce.
- Ils adorent la belle vue sur la ville.
- Ils paient le loyer tous les mois.
- Ils allument un feu dans la cheminée en hiver.

Allons plus loin! Comment est le logement de votre professeur? Posez-lui des questions pour découvrir tous les détails.

MODÈLE: Vous avez une cheminée chez vous, madame/monsieur?

TRANSACTIONS IMMOBILIÈRES

Locations vides (demandes)	Locations vides (offres)
Cherche grand studio, 40 m2, ou 2 pièces, ascenseur, calme. Tél. 04.93.62.11.10.	Mini. studio kitchen, WC. Douche 400 € mensuel. Tél. 04.93.58.72.23 (répondeur)
Personne sérieuse cherche 2 pièces avec jardin, Nice/ouest, loyer, maxi 450 €. Tél. 04.45.65.20.71.	Exceptionnel, Nice centre: vaste studio, terrasse, Sud, cuisine indépendante, 525 €, NISSIMO PAGANINI 04.93.08.85.23.
Couple italien recherche 3-4 pièces pour se loger Nice Est. CERUTI, 04.63.09.77.20.	Centre Nice: 2 pièces, balcon, ascenseur, calme, urgent, 475 € CABINE-TORY. 04.93.80.19.00.
	Nice Est, superbe 3 pièces, duplex, petite résidence, frais réduits, 980 € charges comprises. SUD CONTACT 04.93.20.25.10.
	Nice Ouest: magnifique, cuisine équipée, terrasse, parking, piscine, 1150 € + charges. MAISON DE L'IMMOBILIER 04.93.96.34.15.

Activité 7 Dans le monde francophone: Les petites annonces

En groupes, choisissez un appartement pour les personnes qui cherchent à louer. Ensuite, expliquez vos choix à la classe.

À vous la parole! Imaginez que vous allez partager un appartement avec des camarades de classe l'année prochaine. Ensemble, écrivez l'annonce que vous allez envoyer au journal. Ensuite, lisez-la à la classe.

Activité 8 Ordre logique: Pour louer un appartement

Quelles sont les démarches à faire pour louer un appartement? Mettez les étapes en ordre.

_____ On prend une décision.
_____ On demande le prix du loyer.
_____ On signe un contrat.
_____ On prend rendez-vous pour voir des appartements.
_____ On visite les appartements intéressants.
_____ On cherche des appartements à louer.
_____ On réfléchit aux avantages et aux inconvénients de chaque appartement.
___1__ On décide dans quel quartier on voudrait vivre.
_____ On paie le loyer.
_____ On reçoit la clé de l'appartement de l'agent immobilier.
_____ ?

> **«L'Escargot»**
>
> Tout au fond de
>   l'escargot vide,
> se trouve un palais
>   splendide,
> orné d'un miroir si petit
> que, pour voir comme
>   on est mis,
> il faut être une fourmi.
>
> *Paul Claudel*

À la rencontre des arts
Une coïncidence bizarre

From *La Cantatrice chauve* by Eugène Ionesco © Éditions GALLIMARD

M. Martin est invité chez M. et Mme Smith. Il y rencontre une de leurs amies, Mme Martin. M. Martin et Mme Martin ne se connaissent pas, mais, quand ils commencent à discuter ensemble, ils découvrent de nombreux points communs...

M. Martin: Depuis que je suis arrivé à Londres, j'habite rue Bromfield, chère Madame.

Mme Martin: Comme c'est curieux, comme c'est bizarre! Moi aussi, depuis mon arrivée à Londres j'habite rue Bromfield, cher Monsieur.

M. Martin: Comme c'est curieux, mais alors, mais alors, nous nous sommes peut-être rencontrés rue Bromfield, chère Madame.

Mme Martin: Comme c'est curieux, comme c'est bizarre! C'est bien possible après tout! Mais je ne m'en souviens pas, cher Monsieur.

M. Martin: Je demeure au numéro dix-neuf, chère Madame.

Mme Martin: Comme c'est curieux, moi aussi j'habite au numéro dix-neuf, cher Monsieur.

M. Martin: Mais alors, mais alors, mais alors, mais alors, mais alors, nous nous sommes peut-être vus dans cette maison, chère Madame?

Mme Martin: C'est bien possible, mais je ne m'en souviens pas, cher Monsieur.

M. Martin: Mon appartement est au cinquième étage, c'est le numéro huit, chère Madame.

Mme Martin: Comme c'est curieux, mon Dieu, comme c'est bizarre! et quelle coïncidence! moi aussi j'habite au cinquième étage, dans l'appartement numéro huit, cher Monsieur.

M. Martin: Comme c'est curieux, comme c'est curieux, comme c'est curieux et quelle coïncidence! vous savez, dans ma chambre à coucher j'ai un lit. Mon lit est couvert d'un édredon[1] vert. Cette chambre, avec ce lit et son édredon vert, se trouve au fond du corridor, entre les water et la bibliothèque, chère Madame!

Mme Martin: Quelle coïncidence, ah mon Dieu, quelle coïncidence! Ma chambre à coucher a elle aussi un lit avec un édredon vert et se trouve au fond du corridor, entre les water, cher Monsieur, et la bibliothèque!

M. Martin: Comme c'est bizarre, curieux, étrange! alors, Madame, nous habitons dans la même chambre et nous dormons dans le même lit, chère Madame. C'est peut-être là que nous nous sommes rencontrés!

Mme Martin: Comme c'est curieux et quelle coïncidence! C'est bien possible que nous nous y soyons rencontrés, et peut-être même la nuit dernière. Mais je ne m'en souviens pas, cher Monsieur.

[1]couvre-lit

Activité 9 Dans le monde francophone: Demeures de rêve

GEMENOS 439M57
Splendide villa luxe, 180m² + salle de jeux 30m², déco et prest. soignées, très gd séjour, cuis. éq., 5 chbres, 3 bains, sur très beau jardin paysager 1200m², piscine, à voir absolument. **897.000 €**

CASSIS 307M54
Rare emplacement et demeure d'exception, maison de maître, charme et caractère, 300m², grande réception, séj. et SàM, 5 chbres, 3 SdB, maison de gardien, terrain plat 3000m². **635.000 €**

EOURES/CAMOINS 440M57
Cadre de camp. superbe villa provençale, proche comm., 180m² + 30m² studio indép., gd séj. chem., SàM, cuis. éq., 5 chbres, 3 bains, sur terrain plat, vue dégagée, piscine et nbrses dép. **385.000 €**

Regardez ces propriétés à vendre près d'Aubagne, pas loin de Marseille. Dites si les phrases sont vraies ou fausses.

1. La villa à Cassis a trois salles de bains.
2. La maison à Eoures/Camoins a un studio indépendant.
3. La villa à Gémenos a une piscine impressionnante.
4. La maison à Cassis a deux réceptions.
5. Les trois maisons ont une piscine.
6. La villa à Eoures/Camoins a un terrain plat.
7. La villa à Gémenos a un jardin.
8. La maison à Cassis a une maison de gardien.
9. Deux de ces maisons ont une salle à manger.
10. La villa à Gémenos coûte le plus cher.

Les tâches et les loisirs

★ Attention! Étudier Grammaire 4.4 et 4.5

Le week-end chez les Lasalle

Samedi matin, avant le déjeuner

Bernard tond le gazon.

Camille passe l'aspirateur.

Après le déjeuner

Camille fait la vaisselle.

Marie-Christine essuie les assiettes, puis elle les met dans le placard.

Nathalie sort les ordures.

Bernard aime bricoler.

Christine répond à la lettre d'une amie.

Activité 10 Échanges: Les tâches domestiques

Qui fait ces activités le plus souvent chez vous? Et vous, aimez-vous les faire? Pourquoi ou pourquoi pas?

MODÈLE: nettoyer la salle de bains →
Ma sœur nettoie la salle de bains. Moi, je déteste faire ça.

1. faire le ménage
2. aller au supermarché
3. bricoler
4. tondre le gazon
5. cuisiner
6. faire la lessive
7. s'occuper des animaux
8. faire réparer la voiture
9. passer l'aspirateur
10. sortir les ordures
11. repasser les vêtements
12. ?

Exprime-toi!

Personne ne fait ça.
C'est dégoûtant!
Je n'aime pas faire ça.
Je refuse de faire ça.
J'adore faire ça.
Je déteste faire ça.

Activité 11 Récit: Un samedi chargé

Racontez la journée d'Adrienne.

Vocabulaire utile arroser les plantes, entendre, faire les courses (la lessive, la vaisselle), repasser, répondre au téléphone

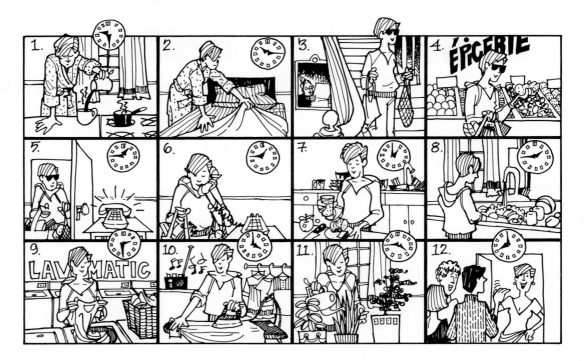

Activité 12 Casse-tête: Qu'est-ce que c'est?

Vocabulaire utile l'aspirateur, la bouilloire, le four à micro-ondes, le gazon, le grille-pain, la lessive, le lit, le ménage, les ordures, la vaisselle

1. On la fait après les repas si on n'a pas de lave-vaisselle.
2. On le tond et quelquefois, on l'arrose. Généralement, on ne le tond pas en hiver.
3. On la fait quand on a trop de vêtements sales.
4. On le passe pour nettoyer les tapis et la moquette.
5. On peut le faire toutes les semaines ou très rarement. Normalement, on le fait avant d'inviter des amis à la maison.
6. On les sort après les repas. Ce n'est pas une tâche très agréable.
7. On le fait chaque matin si on n'est pas trop pressé(e).
8. On l'utilise pour faire bouillir de l'eau pour le thé.
9. On le trouve indispensable pour faire du pain grillé le matin.
10. On l'utilise pour préparer un dîner rapidement.

LES FRANCOPHONES SUR LE VIF

Éloïse Roux, étudiante à Aix-en-Provence

Je m'appelle Éloïse, j'ai 22 ans. Je suis étudiante à l'université d'Aix-en-Provence depuis 4 ans. Je prépare un master en Langues Étrangères[1] Appliquées, Anglais-Espagnol, avec des cours d'économie, de gestion[2] et de droit[3] pour travailler dans une entreprise comme commerciale[4] export. Je travaille le soir après mes cours. Quelquefois je fais du babysitting, souvent je donne des cours particuliers[5] en anglais et espagnol.

Le campus d'Aix est vraiment très agréable. Moi, j'habite à côté d'Aix-en-Provence, à 20 minutes en voiture de l'université. La majorité des étudiants habite à Aix, pas loin de l'université ou en cité universitaire. En Cité-U, les chambres sont assez petites mais confortables avec un bureau, des rangements,[6] des placards et une salle de bains individuelle. Les étudiants disposent d'une cuisine et d'une salle de travail communes.

[1]*Foreign*   [2]*management*   [3]études juridiques   [4]personne qui travaille dans le secteur commercial
[5]cours... leçons privées   [6]meubles pour ranger une chambre

Activité 13   Dans le monde francophone: Perceptions

Voici les résultats (en %) d'une enquête sur le niveau de participation de l'époux au travail ménager. Lisez le tableau et les conclusions suivantes, puis dites si vous êtes d'accord ou pas et pourquoi.

EST-CE QUE L'ÉPOUX «FAIT QUELQUE CHOSE»?		
tâches	réponse de l'époux	réponse de l'épouse
Marché/achats	54	48
Vaisselle	48	44
Véhiculer les enfants	49	49
Habiller les enfants	38	31
Cuisine	37	27
Ménage	35	24
	(*Francoscopie 1999*)	

Conclusions. Êtes-vous d'accord?

1. Presque 50 % des hommes aident à conduire les enfants.
2. Les hommes aiment mieux faire les achats que cuisiner.
3. Les hommes refusent de faire le ménage.
4. On ne précise pas si l'épouse ou l'époux travaille hors de la maison.
5. Les femmes pensent que leurs époux ne font pas beaucoup le ménage.
6. Les femmes sont injustes envers leurs époux.
7. Dans cette enquête, les hommes exagèrent dans tous les domaines.

La vie de quartier

✳ Attention! Étudier Grammaire 4.6 et 4.7

Dans le quartier de Jean-Yves Lescart

Jean-Yves va au lavomatic parce qu'il a besoin de faire la lessive.

Il va au café parce qu'il a soif et qu'il a envie de voir ses copains.

Quand il a faim et qu'il est pressé, il mange au self-service.

Il connaît beaucoup de gens dans le quartier.

Tous les voisins le connaissent aussi.

Activité 14   Associations: Les courses dans le quartier

Où est-ce qu'on peut faire les courses ou les activités suivantes?

LES COURSES

1. acheter un éclair au chocolat
2. boire un cappuccino
3. trouver un détergent
4. faire la lessive
5. se faire couper les cheveux
6. faire réparer une montre
7. trouver une clé USB
8. acheter des timbres
9. prendre un pot (une bière)
10. trouver un roman policier

LES ENDROITS

a. à la poste
b. au lavomatic
c. chez le coiffeur / la coiffeuse
d. dans une brasserie
e. au café
f. dans une pâtisserie
g. à la bijouterie
h. dans un magasin d'électronique
i. dans une librairie
j. à l'épicerie

Allons plus loin!

En petits groupes, faites la liste d'autres activités possibles dans les commerces mentionnés. Ensuite, comparez vos idées avec celles de vos camarades de classe.

Activité 15 Enquête: Mon quartier et moi

Dites **oui** ou **non.** Ensuite, comparez vos réponses avec celles de votre partenaire.

1. Je connais mes voisins.
2. Je fais mes achats dans mon quartier.
3. Beaucoup de mes voisins me connaissent et me saluent.
4. Je sais le nom des agents de police qui travaillent dans le quartier.
5. Je reconnais les gens qui passent devant chez moi.
6. Je me promène dans le quartier de temps en temps.
7. Je peux laisser la clé de mon appartement chez des voisins.
8. Je sais où prendre l'autobus dans mon quartier.
9. Je connais certains des enfants du quartier.
10. Je sais où se trouve le bureau de poste le plus proche.

MODÈLE: É1: Moi, je sais le nom du facteur. Et toi?
   É2: Aucune idée! Je suis en cours quand le facteur arrive chez nous.

Exprime-toi!

Bien sûr!
Aucune idée!
Pas du tout!
Sans blague?

À propos...
Vous habitez où?

À cette question, on peut répondre par le nom d'une ville (Paris, Abidjan, Marseille, Montréal), ou par une adresse précise («42, rue Victor Hugo», «2050 boulevard de Maisonneuve Ouest», «12, place des Tamarins»). En fait, du point de vue social, culturel et sentimental, on habite d'abord[1] un quartier. Le quartier est comme un village dans la ville: il a une identité propre. Il y a des bars et des restaurants «du quartier», essentiellement fréquentés[2] par les habitants des environs; des associations sportives et des clubs «de quartier». Les arrondissements sont de simples numéros (1er, 2ème...), mais le quartier a un nom qui évoque l'histoire ancienne (la Bastille), la topographie (le Marais à Paris, la Plaine à Marseille, le Plateau à Montréal), un personnage local célèbre (Belsunce à Marseille, Pigalle à Paris) ou la religion (Saint-Just, Sainte-Marthe). Un quartier se distingue des autres par son ambiance, sa réputation (plus ou moins bonne) et son caractère: chic, bobo,[3] populaire, ethnique...

• Petits commerces dans le Marais, quartier parisien

[1]principalement
[2]*patronized*
[3]**bo**urgeois **bo**hème

Activité 16 Entretiens: Le logement et la vie

1. Comment est le quartier où tu habites? C'est où?
2. Est-ce que tu aimes là où tu habites? Pourquoi? Pourquoi pas?
3. Y a-t-il des commerces dans ton quartier? Lesquels?
4. Tu habites près de ta famille? Pourquoi? Pourquoi pas?
5. Où habitent tes parents? C'est le quartier de ton enfance?
6. Tu penses parfois à déménager? Pourquoi? Pourquoi pas?

Où vas-tu quand...

1. tu as faim? (Et quand tu as soif?)
2. tu es de mauvaise humeur?
3. tu as envie de bavarder avec des amis?
4. tu as besoin d'être seul(e)?

Et enfin... À l'avenir, où voudrais-tu vivre? (Dans une petite ville? à la campagne? au centre d'une grande ville? à la montagne?...) Pourquoi?

POUR RÉSUMER

À vous de parler

A. Vos études sont enfin finies! Vous avez un bon emploi et vous allez choisir une maison ou un appartement dans un endroit qui vous plaît. Écoutez votre professeur et notez l'importance que les considérations suivantes vont avoir pour vous.

1. C'est très important.
2. C'est important.
3. C'est sans importance.
4. C'est un point négatif.

___ le calme
___ des jardins et des arbres
___ des parcs à proximité
___ des voisins de différentes cultures
___ des transports en commun
___ l'absence de crime
___ des musées assez proches

___ des distractions à proximité
___ des gens de mon âge
___ des commerces à proximité
___ le caractère historique du quartier
___ la réputation du quartier
___ la proximité de mon travail
___ le nombre de bistrots

B. Comparez vos préférences avec celles d'un(e) camarade, en donnant vos raisons.

É1: Pour moi, des commerces à proximité, c'est très important. J'adore le centre-ville.
É2: Pas moi! Il y a trop de bruit. Je préfère le calme et un beau jardin!

C. Écrivez une description de l'endroit où vous voudriez vivre. Est-ce en ville, à la campagne, à la montagne, au centre-ville, en banlieue... ? Expliquez pourquoi vous préférez cette situation et décrivez votre maison ou appartement idéal.

À vous de lire

«Venez chez nous... on a fait la place» par Farid Boudjellal

Les neuf membres de la famille Slimani habitent dans un tout petit appartement parisien. Leurs demandes répétées de relogement en HLM[1] sont restées sans réponse. Un jour, leurs parents viennent d'Algérie pour leur rendre visite, et ils sont bien obligés de les accueillir chez eux... !

---

[1]Habitations à Loyer Modéré; leur prix est contrôlé par l'État   [2]Si... *If you had stretched like that a little earlier, uncle, you would have punched somebody in the face!*   [3]Pas... = Il n'est pas nécessaire   [4]à l'extérieur

Avez-vous compris?

1. Combien de temps les parents d'Algérie vont-ils rester chez les Slimani?
   - **a.** une nuit
   - **b.** une semaine
   - **c.** un mois
   - **d.** on ne sait pas

2. Pourquoi Mahmoud voudrait-il être orphelin?
3. En fait, combien de pièces y a-t-il dans l'appartement des Slimani?
4. Où Mahmoud dort-il?

LA LANGUE EN MOUVEMENT

Les sigles

Les sigles, ou abréviations par les initiales d'un groupe de mots, sont très utilisés par les Français. On parle de plus de 19.000 pour la France! Tous les Français comprennent «le TGV» (Train à grande vitesse), «les BD» (bandes dessinées) et «les JO» (Jeux olympiques). Les SDF sont des gens «sans[1] domicile fixe», c'est-à-dire, sans logement, et les HLM sont des «habitations à loyer modéré», ou des immeubles d'appartements subventionnés[2] par le gouvernement. Si c'est possible de lire le groupe de lettres comme un mot, on le fait, comme c'est le cas du PACS. Depuis 1999, ce Pacte Civil de Solidarité permet aux couples qui ne veulent ou ne peuvent pas se marier de «se pacser», ce qui leur donne certains avantages devant la loi.[3]

MISE EN PRATIQUE: Lisez à haute voix les sigles suivants et dites ce qu'ils représentent. Les sigles anglais correspondants contiennent les mêmes lettres dans un ordre différent: *une ONG, l'UE, l'ADN*. À lire comme des mots: *l'OTAN, le Sida, l'ONU* (=une lettre de plus qu'en anglais).

---

[1]*without*
[2]*subsidized*
[3]*devant... in the eyes of the law*

À vous d'écrire

Vous allez passer quelques mois à l'université de Toulouse et vous désirez partager un appartement avec des étudiants français. Écrivez une petite annonce qui décrit ce que vous recherchez: le type de logement, le nombre et le type de colocataires (camarades de chambre) que vous cherchez, le loyer maximum que vous pouvez payer et d'autres renseignements qui vous semblent importants. N'oubliez pas de dire comment on peut vous contacter.

MODÈLE:

Étudiant(e) américain(e) cherche... pour... mois.

Vocabulaire

Les pièces et les autres parties de la maison

Rooms and other places in the house

la chambre à coucher	the bedroom
la cheminée	the fireplace
la cuisine	the kitchen
l'escalier (*m.*)	the stairs, staircase
le jardin	the yard, garden
la salle à manger	the dining room
la salle de bains	the bathroom
la salle de jeux	the game room
la salle de séjour	the living room, family room
le salon	the (formal) living room
le sous-sol	the basement
le toit	the roof
un volet	a shutter

Les meubles et l'équipement ménager

Household furnishings

une affiche	a poster
un appareil	an appliance
une baignoire (balnéo)	a (jacuzzi) bathtub
un balai	a broom
une bouilloire	a teakettle
une cafetière	a coffeepot
un canapé	a sofa
une commode	a dresser
un coussin	a cushion
une cuisinière (à gaz)	a kitchen range, (gas) stove
une douche	a shower
une échelle	a ladder
une étagère	a bookcase
un évier	a kitchen sink
un fauteuil	an armchair
un fer à repasser	an iron
un four à micro-ondes	a microwave oven
un frigo	a fridge
un frigo-congélateur	a refrigerator-freezer combo
un grille-pain	a toaster
un lavabo	a bathroom sink
un lave-vaisselle	a dishwasher
un lit	a bed
une machine à laver	a washing machine

un placard	a closet, cupboard
un radio-réveil	a clock radio
des rideaux (*m.*)	curtains
un tableau	a painting, picture
une table basse	a coffee table
une table de nuit	a bedside table
un tapis persan	a Persian rug
les W.C. (*m.*)	the toilet

Mots apparentés: un buffet, un détergent, une lampe, un miroir, une radio, un réfrigérateur, une table, un ventilateur

Chercher un logement

Looking for housing

un agent immobilier	a real estate agent
un ascenseur	an elevator
un avantage	an advantage
la banlieue	the suburbs
en banlieue	in the suburbs
une clé	a key
un deux-pièces meublé	a furnished one-bedroom apartment
le (douzième) étage	the (thirteenth) floor
un immeuble	an apartment building, highrise
un inconvénient	a disadvantage
un(e) locataire	a tenant
les petites annonces	the classifieds, classified ads
le premier étage	the second floor
le rez-de-chaussée	the ground floor
choisir	to choose
louer an appartement	to rent an apartment
partager un «appart»	to share an apartment
payer le loyer	to pay the rent
prendre une décision	to make a decision
prendre rendez-vous	to make an appointment
prendre (recevoir) les clés (*f.*)	to get (receive) the keys
réfléchir à	to think about
signer un contrat	to sign a contract
vivre	to live

Mots apparentés: un balcon, un court de tennis, un édifice, un parc résidentiel, une résidence, un studio, une villa, une vue

Le quartier

The neighborhood

un agent de police	a police officer
une bijouterie	a jewelry store
une brasserie	a tavern, pub
un client / une cliente	a customer
un coiffeur / une coiffeuse	a hairdresser
un(e) commerçant(e)	a shopkeeper
un commerce	a business
un cordonnier / une cordonnière	a shoemaker, repairer
un endroit	a place
un facteur / une factrice	a mail carrier
une grande surface	a large supermarket
un lavomatic	a laundromat
un marchand de vins	a wine seller
un ouvrier / une ouvrière	a worker
une pâtisserie	a pastry shop
un pressing	a dry cleaner (*store*)
un(e) voisin(e)	a neighbor
connaître (les voisins)	to know (the neighbors)
prendre un pot	to have a drink
saluer (le facteur)	to greet (the mail carrier)

Mots apparentés: **un(e) employé(e), un garage, un self-service**

Les tâches ménagères

Household tasks

arroser	to water (*plants*)
bouillir	to boil
bricoler	to putter, tinker
essuyer les assiettes	to dry the dishes
faire des achats	to go shopping
faire la lessive	to do laundry
faire le ménage	to do housework
faire la vaisselle	to wash dishes
faire réparer (la voiture)	to have (the car) fixed
jardiner	to garden
nettoyer	to clean
s'occuper de	to take care of
passer l'aspirateur	to vacuum
ranger (une chambre)	to put (a room) in order
repasser (des vêtements)	to iron (clothes)
sortir les ordures	to take out the garbage
tondre le gazon	to mow the lawn

Les conditions mentales et physiques

Physical and mental states

avoir besoin (de)	to need
chaud	to feel warm, hot
envie (de)	to want
faim	to be hungry
avoir froid	to be cold
honte (de)	to be ashamed (of)
peur (de)	to be afraid (of)
raison (de)	to be right
soif	to be thirsty
sommeil	to be sleepy
tort (de)	to be wrong
être content(e)	to be happy
de mauvaise humeur	to be in a bad mood
fâché(e)	to be angry
triste	to be sad

La description

Description

cassé(e)	broken
chaque	each
dur(e)	hard, difficult
original(e)	unusual, special
pressé(e)	in a hurry
proche	near, nearby
propre	own (my own . . .); clean
sale	soiled, dirty

Mots apparentés: **confortable, criminel(le), délicat(e), électronique, équipé(e), pratique, rarement, varié(e)**

Verbes

Verbs

acheter une carte	to buy a map (a card)
apporter	to bring
bâtir	to build
bavarder	to chat
choisir	to choose
couper (les cheveux)	to cut (hair)
entendre	to hear
répondre	to answer
se reposer	to rest
vendre	to sell

Mots apparentés: **aider, comparer, conserver, considérer, démolir, finir, payer, refuser**

Mots et expressions utiles

Useful words and expressions

à proximité	close by
À quoi ça sert?	What's that/it for?
Aucune idée!	I've no idea!
celles	those, the ones
C'est dégoûtant!	That's disgusting!
en plus	also, furthermore
pas du tout	not at all
Sans blague!	No kidding!
toutes les semaines	every week
Tu as de la chance!	You're lucky!

Grammaire et exercices

4.1 Describing: Placement of adjectives

A. Most French adjectives follow the noun they modify.

Nos voisins ont une maison **énorme**.   *Our neighbors have a huge house.*

B. A few adjectives, however, generally precede the noun they modify. Here are the most common of these.

PRE-NOUN ADJECTIVES			
autre	*other*	**mauvais(e)**	*bad*
beau/belle	*beautiful*	**même**	*same*
bon(ne)	*good*	**nouveau/nouvelle**	*new*
grand(e)	*big; tall*	**petit(e)**	*small, short*
jeune	*young*	**vieux/vieille**	*old*
joli(e)	*pretty*		

Il y a un **beau** tapis dans la salle de séjour.   *There's a beautiful rug in the living room.*

Mes grands-parents habitent dans une **jolie** maison blanche.   *My grandparents live in a pretty white house.*

C. **Beau, nouveau,** and **vieux** have irregular forms used with masculine nouns beginning with a vowel or a mute **h.** They are pronounced the same as the corresponding feminine form.

MASCULINE *(s./pl.)*	FEMININE *(s./pl.)*	*before a masculine singular noun beginning with a vowel or a mute h*
beau/beaux	belle/belles	bel
nouveau/nouveaux	nouvelle/nouvelles	nouvel
vieux/vieux	vieille/vieilles	vieil

Leur **nouvel** appartement est dans un **bel** immeuble.   *Their new apartment is in a lovely building.*

Édouard Vincent est un **vieil** homme sympathique.   *Édouard Vincent is a nice old man.*

Pronunciation Hint

The plural endings **-s** and **-x** are always pronounced before a vowel or a mute **h:** vieux͜ ami$, belles͜ étagère$$, nouveaux͜ hôtel$.

★ Review *Deuxième étape,* **Grammaire B.6** and **B.7** on agreement of adjectives for gender and number.

➤ Most of these adjectives can be arranged in pairs of opposites: **bon ≠ mauvais.** Look for the other pairs.

147

Exercice 1 La nouvelle maison de Julien Leroux

Julien Leroux parle avec un ami. Terminez ses réponses avec le nom suggéré et le même adjectif. Faites attention à l'accord de l'adjectif.

MODÈLE: Tu as une *grande* chambre, n'est-ce pas? (lit, *m.*) →
Oui, et j'ai aussi un grand lit.

1. C'est un *vieux* quartier, n'est-ce pas? (maison, *f.*)
   Oui, mais ce n'est pas _____.
2. Tu as un *beau* buffet, n'est-ce pas? (cheminée, *f.*)
   Oui, et j'ai aussi _____.
3. Tu as une *petite* cuisine, n'est-ce pas? (réfrigérateur, *m.*)
   Oui, et c'est pourquoi j'ai _____.
4. Il y a un *bon* four, n'est-ce pas? (cuisinière, *f.*)
   Oui, et il y a aussi _____.
5. Tu as une *grande* baignoire, n'est-ce pas? (sauna, *m.*)
   Oui, et j'ai aussi _____.
6. Tu as une *nouvelle* adresse, n'est-ce pas? (numéro de téléphone, *m.*)
   Oui, bien sûr. Et j'ai aussi _____.

Exercice 2 Au contraire!

Faites des questions et répondez en utilisant l'adjectif contraire. Attention à la forme de l'adjectif.

MODÈLE: une petite cuisine →
Tu as une petite cuisine, n'est-ce pas?
Mais non, j'ai une grande cuisine.

1. une petite chambre
2. un nouvel appartement
3. un vieux jean
4. des nouvelles chaussures
5. une grande étagère
6. un bon dictionnaire de français
7. un jeune professeur de français
8. des nouveaux amis

 Making comparisons

A. To make comparisons of qualities with adjectives or adverbs, use the following phrases.

COMPARING QUALITIES	
aussi... que	*as . . . as*
plus... que	*more . . . than*
moins... que	*less . . . than*

➤ In comparisons, as always, the adjective agrees with the noun it modifies: *Barbara* **est plus** *grande* **que Louis.**

Un réfrigérateur est **aussi utile qu'**un lave-vaisselle.

Une baignoire est **plus pratique qu'**un sauna.

Bernard dort **moins bien que** Christine.

A refrigerator is as useful as a dishwasher.

A bathtub is more practical than a sauna.

Bernard sleeps less soundly than Christine.

B. To compare quantities (of nouns), use these phrases.

> ➤ Comparative expressions are one type of quantity expressions. These usually take **de** before the noun: **beaucoup de livres.**

COMPARING QUANTITIES	
autant de... que	*as much, as many as*
plus de... que	*more than*
moins de... que	*less, fewer than*

Il y a **plus de chaises** dans la salle à manger **que** dans la salle de séjour.
Ton appartement a **autant de pièces que** notre maison.
J'ai **moins d'argent que** toi.

There are more chairs in the dining room than in the living room.
Your apartment has as many rooms as our house.
I have less money than you (do).

> ✦ See **Grammaire 3.6.E** and **7.1.D** on expressions of quantity + **de.**

Pronunciation Hint

In general, the **s** in **plus** is not pronounced before a consonant: **J'ai plus̸ de livres que vous.** It is pronounced **z** before a vowel: **Il est plus͛ organisé que moi.** The **s** *is* pronounced (as an **s**) at the end of a phrase or sentence: **Mangez plus!**

C. **Bon** and **mauvais** are adjectives (they modify nouns and pronouns): **un** *bon* **livre, un** *mauvais* **exemple. Bien** and **mal** are adverbs (they modify verbs): **elle parle** *bien* **l'anglais, il chante** *mal.* Here are their comparative forms. Notice that some of their comparative forms are irregular.

> Definition: An adjective describes (modifies) a noun or pronoun: *Claudine is* **tall** *but Joël is* **short.**

ADJECTIVES			
bon(ne) (*good*)	moins bon(ne)	aussi bon(ne)	**meilleur(e)**
mauvais(e) (*bad*)	moins mauvais(e)	aussi mauvais(e)	plus mauvais(e) / **pire**

Cette table est de **meilleure** qualité que l'autre.

This table is of better quality than the other one.

(**Meilleure** modifies the noun **qualité.**)

> Definition: An adverb modifies a verb, i.e., it tells *how* something is done: *Barbara talks* **fast,** *and I write* **slowly.**

ADVERBS			
bien (*well*)	moins bien	aussi bien	**mieux**
mal (*badly, poorly*)	moins mal	aussi mal	plus mal

Ces rideaux vont **mieux** avec les couleurs de ma chambre.

These curtains go better with the colors in my room.

(**Mieux** modifies the verb **vont.**)

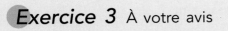 Exercice 3 À votre avis

Comparez les objets, selon le modèle.

Vocabulaire utile

agréable	charmant(e)	économique	pratique
amusant(e)	cher/chère	important(e)	utile
beau/belle	confortable	intéressant(e)	?

MODÈLE: une voiture et une bicyclette →
Une voiture est plus confortable qu'une bicyclette, mais une bicyclette est moins chère.

1. un lave-vaisselle et un réfrigérateur
2. un appartement et une maison
3. un aspirateur et un four à micro-ondes
4. un immeuble moderne et un vieil immeuble
5. un téléphone portable et un téléphone fixe
6. un répondeur téléphonique et un lecteur DVD*

Exercice 4 Multimédia

Comparez le matériel multimédia de Daniel, Barbara et Jacqueline. Employez **plus de, moins de** ou **autant de.**

	DVD	CHANSONS SUR SON BALADEUR	JEUX VIDÉO	ORDINATEURS
Daniel	20	400	20	2
Barbara	30	250	12	1
Jacqueline	30	700	15	1

MODÈLE: Daniel a _____ DVD que Jacqueline. →
Daniel a moins de DVD que Jacqueline.

1. Daniel a _____ chansons que Barbara.
2. Jacqueline a _____ chansons que Daniel et Barbara.
3. Jacqueline a _____ ordinateurs que Daniel.
4. Barbara a _____ DVD que Jacqueline.
5. Daniel a _____ DVD que Barbara et Jacqueline.
6. Daniel a _____ jeux vidéo que de DVD.
7. Barbara a _____ DVD que de jeux vidéo.
8. Daniel a _____ DVD que de jeux vidéo.

Exercice 5 Ambiance universitaire

Complétez les phrases suivantes avec un adjectif (**bon** ou **mauvais**) ou un adverbe (**bien** ou **mal**), selon votre propre expérience.

1. Le quartier de l'université est un _____ quartier pour trouver un logement.
2. En général, les logements loués aux étudiants sont en _____ condition.
3. Les résidences universitaires offrent une _____ ambiance pour un nouvel étudiant.
4. Dans les restaurants universitaires, on mange très _____.
5. Les étudiants sont souvent en _____ santé parce qu'ils ne dorment pas assez.
6. Je dors _____ la nuit, si je bois du café le soir.
7. Je travaille _____, allongé(e) sur le canapé.

---

*lecteur... *DVD player*

Exercice 6 Opinions

Êtes-vous d'accord? Sinon, changez la phrase.

> MODÈLE: Je me sens mieux quand je bois du café. →
> Oui, je me sens mieux quand je bois du café. (Non, je me sens moins
> bien quand je bois du café.)

1. Les étudiants d'aujourd'hui sont moins bons que les étudiants d'il y a vingt ans.*
2. Les diplômés d'aujourd'hui sont moins bien préparés pour le monde du travail que leurs parents.
3. Mes notes en maths sont meilleures que mes notes en français.
4. En général, les petites universités sont moins bonnes que les grandes.
5. Je travaille mieux à la bibliothèque que chez moi.
6. Les jeunes professeurs sont meilleurs que les professeurs plus âgés.

4.3 Regular -ir verbs

A. The second group of regular verbs in French has infinitives ending in **-ir.** These verbs add **-iss-** between the stem and the endings in the plural forms.

finir *(to finish)*	
je finis	nous fin**iss**ons
tu finis	vous fin**iss**ez
il/elle/on finit	ils/elles fin**iss**ent

Albert **finit** toujours ses devoirs.   *Albert always finishes his homework.*

Pronunciation Hint

fini**s**, fini**t**, finiss**ent**

B. Other verbs conjugated like **finir: bâtir** *(to build)*, **choisir** *(to choose)*, **démolir** *(to demolish)*, **obéir (à)** *(to obey)*, **punir** *(to punish)*, **réfléchir (à)** *(to think [about])*, **réussir (à)** *(to succeed [at])*.

> Raoul? Il **choisit** un vin.   *Raoul? He's choosing a wine.*
> Les jeunes ne **réfléchissent** pas   *Young people don't always think*
> toujours avant d'agir.   *before acting.*

C. **Obéir, réfléchir,** and **réussir** generally require **à** before their objects.

> Elle **réfléchit à** la question.   *She's thinking about the question.*
> Je **réussis** toujours **aux** examens.   *I always pass exams.*

D. Finir and **choisir** require **de** only when followed by an infinitive.

> Nous **finissons** souvent **de**   *We often finish working at 8:00.*
> **travailler** à 8 h.
> On peut **choisir de rester** à la   *One can choose to stay at home.*
> maison.

★ See **Appendix B** for more on verbs and prepositions before infinitives.

---

*il... *20 years ago*

✱ *Review **Grammaire 1.5** on the present tense of **-er** verbs.*

E. Though their infinitives end in **-ir**, **offrir** and **ouvrir** are conjugated like **parler**.

offrir *(to offer, give)*	
j'offr**e**	nous offr**ons**
tu offr**es**	vous offr**ez**
il/elle/on offr**e**	ils/elles offr**ent**

Other verbs like **offrir** and **ouvrir** *(to open)*: **couvrir** *(to cover)*, **découvrir** *(to discover)*, **souffrir** *(to suffer)*.

Pronunciation Hint

offr~~es~~, on_offr~~e~~, nous ͛offrõ~~ns~~, vous ͛offre~~z~~, ils ͛offr~~ent~~

Exercice 7 La classe de Mme Martin

Complétez les phrases suivantes et dites si vous faites la même chose.

> MODÈLE: Albert _____ ses cours à 14 h. (finir) →
> Albert finit ses cours à 14 h. Moi, je finis à midi.

1. Daniel est sérieux. Il _____ avant de parler. (réfléchir)
2. Louis ne _____ pas toujours ses devoirs. (finir)
3. Barbara _____ toujours à sa conscience. (obéir)

Complétez les phrases suivantes et dites si votre classe de français fait comme la classe de Mme Martin.

> MODÈLE: Dans les activités TPR, les étudiants _____ aux ordres. (obéir) →
> Les étudiants obéissent aux ordres. Dans notre classe aussi, nous obéissons aux ordres.

4. Les étudiants _____ leurs partenaires pour travailler en groupes. (choisir)
5. En général, les étudiants _____ à leurs examens. (réussir)
6. Ils vont au café quand ils _____ leurs cours. (finir)

4.4 Regular **-re** verbs and **mettre**

A. The third and final group of regular verbs in French has infinitives ending in **-re**. Note that the **-d** at the end of the stem **(attend-)** is pronounced only in the plural forms. Thus, the three singular forms sound the same.

attendre *(to wait [for], expect)*	
j'attend**s**	nous attend**ons**
tu attend**s**	vous attend**ez**
il/elle/on attend	ils/elles attend**ent**

—Qui **attendez**-vous?   *Who are you waiting for?*
—J'**attends** Salam.   *I'm waiting for Salam.*

Pronunciation Hint

att~~ends~~, att~~end~~; att~~endons~~, att~~endez~~, att~~endent~~

B. Other verbs like **attendre**: **descendre** (*to go down, to get out of a vehicle*), **entendre** (*to hear*), **perdre** (*to lose; to waste*), **rendre** (*to give back*), **répondre (à)** (*to answer*), **tondre** (*to mow*), **vendre** (*to sell*).

J'**entends** un chien.   *I hear a dog.*
Rendez-moi mes livres!   *Give me back my books!*

C. Notice the difference between the regular **-re** verbs like **attendre** and the irregular **-re** verbs like **prendre**: the singular forms are the same, but the plural forms are different.

> ✳ *Review* **Grammaire 3.3** *on the irregular verb* **prendre**.

REGULAR	IRREGULAR
nous entend**o**ns	nous prenons
vous entend**e**z	vous prenez
ils entend**e**nt	ils prennent

D. **Mettre** is an irregular **-re** verb that is similar in conjugation to **attendre**. Notice, however, that there is only one **t** in the stem of the singular forms.

mettre (*to put [on]*)	
je me**t**s	nous me**tt**ons
tu me**t**s	vous me**tt**ez
il/elle/on me**t**	ils/elles me**tt**ent

En classe, nous **mettons** nos   *In class, we put our things on the*
   affaires par terre.   *floor.*
Je **mets** un jean pour aller en cours.   *I put jeans on to go to class.*

Other verbs conjugated like **mettre**: **permettre** (*to permit*), **promettre** (*to promise*), **remettre** (*to put back, hand in*).

Pronunciation Hint

The final **t** in the stem is pronounced in the plural forms only: me~~ts~~, me~~t~~, mettõ~~ns~~, mette~~z~~, mett~~ent~~.

Exercice 8 Chez toi

MODÈLE: entendre les voisins →
            Chez toi, est-ce que tu entends les voisins?
            Oui, j'entends les voisins. (Non, je n'entends pas les voisins.)

1. mettre la table pour dîner
2. prendre le petit déjeuner dans la cuisine
3. tondre le gazon en été
4. permettre au chien de dormir sur ton lit
5. apprendre à faire la cuisine

6. ranger ta chambre tous les jours
7. répondre toujours au téléphone
8. perdre souvent tes clés

Maintenant, posez les mêmes questions au professeur.

MODÈLE: Chez vous, est-ce que vous entendez les voisins?

Exercice 9 Comparaisons: Ici et ailleurs

Complétez les descriptions d'une université nord-américaine typique. Ensuite, dites si c'est vrai pour votre université et pour votre classe de français.

1. Les étudiants _____ leurs livres à la fin du semestre. (vendre)
   a. Dans cette université, on... (ses livres)
   b. Dans notre cours de français, nous... (nos livres)
2. Les étudiants _____ si le professeur arrive en retard. (attendre)
   a. Dans cette université, on...
   b. Dans notre cours de français, nous...
3. Les étudiants ne _____ pas toujours les devoirs. (remettre)
   a. Dans cette université, on...
   b. Dans notre cours de français, nous...
4. Certains étudiants _____ beaucoup de temps avec les jeux vidéo. (perdre)
   a. Dans cette université, on...
   b. Mes copains et moi, nous...
5. Les professeurs ne _____ pas aux étudiants de dormir en classe. (permettre)
   a. Dans cette université, on...
   b. Mon professeur de français...
6. Les professeurs ne _____ pas toujours les examens corrigés le lendemain. (rendre)
   a. Dans cette université, on...
   b. Mon professeur de français...

4.5 Direct object pronouns

Definition: A direct object follows the verb without a preposition before it: **Je fais mon lit.**

A. Direct object pronouns are used in place of direct object nouns. The following forms can refer to people or things. Like reflexive pronouns, they are placed before the verb.

le (*him, it*)	replaces masculine singular nouns
la (*her, it*)	replaces feminine singular nouns
l' (*him, her, it*)	replaces masculine or feminine singular nouns before verbs beginning with a vowel or a mute **h**
les (*them*)	replaces masculine and feminine plural nouns

—Tu arroses souvent les plantes?   *Do you water the plants often?*
—Oui, je **les** arrose souvent.   *Yes, I water them often.*

—Tu entends ton père qui t'appelle?   *Do you hear your father calling you?*
—Oui, je **l'**entends.   *Yes, I hear him.*

Pronunciation Hint

je les ᶻarrosé, nous les ᶻarrosõͿ, etc.

B. Here are the other direct object pronouns. Note that **me** and **te** become **m'** and **t'** before a vowel or a mute **h.**

me (m') (*me*)	**nous** (*us*)
te (t') (*you*, informal sing.)	**vous** (*you*, formal/pl.)

Bernard, tes parents **nous** invitent au concert.

Bernard, your parents are inviting us to the concert.

—Allô, maman. Tu **m'**entends bien?
—Oui, je **t'**entends parfaitement.

Hello, Mom. Can you hear me okay?
Yes, I can hear you perfectly.

C. In negative sentences, **ne** precedes object pronouns.

J'aime lire le journal, mais je **ne l'**achète pas souvent.

I like to read the paper, but I don't buy it often.

D. If a verb is followed by an infinitive, the direct object pronoun usually precedes the infinitive of which it is the object.

—Est-ce que tu voudrais **m'accompagner** à la banque?
—Oui, je passe **te chercher** à 3 h.

Would you like to go with me to the bank?
Yes, I'll come by to get you at 3:00.

E. Direct object pronouns are often used with **voici** and **voilà.**

—Bernard? Bernard? Où es-tu?
—**Me voici!** J'arrive tout de suite.

Bernard? Bernard? Where are you?
Here I am! I'm coming right away.

J'attends mes parents. Ah, **les voilà!**

I'm waiting for my parents. Oh, there they are!

F. Some common verbs take direct objects in French whereas the equivalent English verb takes a preposition: **chercher** (*to look for*), **demander** (*to ask for*), **écouter** (*to listen to*), **payer** (*to pay for*), **regarder** (*to look at, watch*), **attendre** (*to wait for*).

—**Regardez**-vous **les informations** à la télé?
—Non, je **les écoute** à la radio.

Do you watch the news on TV?

No, I listen to it on the radio.

Tu **m'attends** un instant? Je **cherche mon sac.**

Would you wait for me a moment? I'm looking for my purse.

> ➤ Placement of D.O. pronouns:
>
> —**Tu *me* comprends?**
> —**Je ne *te* comprends pas.**
>
> —**Tu veux *nous* attendre?**
> —**Je ne peux pas *vous* attendre.**

⬤ *Exercice 10* Un matin difficile

C'est lundi matin et Bernard Lasalle est distrait, comme tous les matins. Christine doit l'aider à trouver toutes ses affaires.

MODÈLE: BERNARD: Où est ma chemise jaune? →
CHRISTINE: La voilà!

1. Où est ma cravate verte?
2. Où sont mes lunettes?
3. Où est ma montre?

4. Où est le journal?
5. Où sont mes tickets d'autobus?
6. Où est ma brosse à dents?

Exercice 11 Le travail ménager

Un(e) camarade vous demande si vous faites les tâches suivantes chez vous.
Répondez selon le modèle.

MODÈLE: Tu tonds le gazon? →
           Oui, je le tonds quelquefois (souvent, une fois par semaine).
           (Non, moi, je ne le tonds jamais, mais ma sœur le tond.)

1. Tu arroses les plantes?
2. Tu fais la cuisine?
3. Tu fais ton lit?
4. Tu repasses tes vêtements?
5. Tu fais le ménage?
6. Tu nettoies la salle de bains?
7. Tu fais les courses?
8. Tu passes l'aspirateur?

Exercice 12 Une mère très curieuse

Votre mère vous téléphone un samedi matin et vous pose beaucoup de questions.
Répondez en employant un pronom objet direct.

MODÈLE: Tu vas nettoyer ta chambre aujourd'hui? →
           Oui, je vais la nettoyer cet après-midi. (Non, je ne vais pas la nettoyer.
           Ce n'est pas nécessaire.)

1. Tu vas ranger ta chambre ce matin?
2. Tu vas faire la lessive aujourd'hui?
3. Tu vas repasser tes vêtements?
4. Tu vas faire tes devoirs ce soir?
5. Tu aimes bien ton/ta camarade de chambre?
6. Tu prends tes vitamines tous les jours?
7. Tu viens nous voir le week-end prochain?
8. Quand vas-tu inviter ton nouveau petit ami / ta nouvelle petite amie
   à la maison?

Exercice 13 Nathalie pose des questions

Complétez ses questions et donnez les réponses de ses parents, Bernard et Christine.

MODÈLE: Tu _____ aimes beaucoup, papa? →
           Tu m'aimes beaucoup, papa?
           Oui, je t'aime beaucoup!

1. Tu _____ trouves belle, maman?
2. Tu _____ écoutes quand je parle, papa?
3. Tu _____ trouves intelligente, papa?
4. Tu veux _____ aider à faire mes devoirs, maman?
5. Tu _____ préfères à toutes les autres petites filles du monde, papa?
6. Tu ne _____ trouves pas difficile, maman?
7. Tu vas toujours _____ aimer, maman?

4.6 Talking about knowing: The verb connaître

A. You already know how to use **savoir** (*to know*) to say you know a piece of information or how to do something.

✷ Review **Grammaire 2.5B** and **C** on the uses of **savoir**.

Je **sais** son adresse.
Je **sais** qu'il est tard, mais je ne veux pas rentrer.
Ma camarade de chambre ne **sait** pas **faire** la cuisine.

I know his/her address.
I know it's late, but I don't want to go home.
My roommate doesn't know how to cook.

B. **Connaître** means *to know* in the sense of being acquainted with someone or something.

connaître (*to know, be familiar with*)	
je **connais**	nous **connaissons**
tu **connais**	vous **connaissez**
il/elle/on **connaît**	ils/elles **connaissent**

Je ne **connais** pas encore mes voisins.
Connaissez-vous le restaurant «Chez Alfred» dans la vieille ville?

I don't know (haven't met) my neighbors yet.
Do you know (Are you familiar with) the restaurant "Chez Alfred" in the old part of town?

➤ **savoir:** knowing a fact or how to do something

Je sais son nom.
Je sais qu'il est marié.
Il ne sait pas nager.

➤ **connaître:** being familiar with a person or place

Je ne connais pas son frère.
Tu connais Lyon?

Pronunciation Hint

connai$, connaî$, connaissent

Exercice 14 Une soirée chez Julien

Julien Leroux parle avec ses invités. Utilisez la forme correcte du verbe **connaître.**

1. Charles et Martine, _____-vous Mme Michaud? —Oui, nous la _____ très bien.
2. Jacques, _____-tu Sylvie? —Bien sûr, je la _____. C'est ma cousine!
3. Est-ce que Bintou _____ Jacques et Odette Dupont? —Oui, elle les _____ bien.
4. Mme Cartier, _____-vous le fiancé de Fatima? —Non, je ne le _____ pas encore.
5. Est-ce que les Michaud _____ les Haddad? —Oui, ils les _____ très bien. Ils sont voisins.

Exercice 15 La classe de Mme Martin

Complétez chaque phrase avec la forme correcte de **savoir** ou de **connaître.**
Ensuite, formulez une réponse d'après le modèle.

MODÈLE: Mme Martin _____ tous ses voisins. Et toi? →
Mme Martin *connaît* tous ses voisins.
Moi, je ne connais pas tous mes voisins. (Moi aussi, je connais...)

1. Barbara _____ faire du canoë. Et toi?
2. Albert _____ la date de l'anniversaire de sa mère. Et toi?

3. Jacqueline _____ faire de l'escalade. Et toi?
4. Mme Martin _____ bien La Nouvelle-Orléans. Et toi?
5. Louis _____ l'histoire de sa famille. Et toi?
6. Denise _____ bien les poèmes de Jacques Prévert. Et toi?

4.7 Describing states of being: Expressions with avoir

★ Review Deuxième étape, Grammaire B.5 on avoir.

A. As in English, most descriptions are expressed in French with an adjective and the verb **être.**

Karim **est** très **content** de son nouvel ordinateur.

Karim is very happy with his new computer.

B. In French, however, many states are expressed with the verb **avoir** followed by a *noun*.

J'ai froid. Le chauffage ne marche pas dans ma chambre.

I'm cold. The heat isn't working in my room.

Here are some other useful combinations of **avoir** + noun.

avoir chaud	*to be hot, warm*	**avoir froid**	*to be cold*
avoir faim	*to be hungry*	**avoir soif**	*to be thirsty*
avoir raison	*to be right*	**avoir tort**	*to be wrong*
avoir sommeil	*to be sleepy*	**avoir honte**	*to be ashamed*

En été, quand j'**ai chaud,** je vais à la piscine.
Jean-Paul pense qu'il **a raison.**

In summer, when I'm hot, I go to the pool.
Jean-Paul thinks he's right.

C. Several expressions with **avoir** require **de** before an object or an infinitive.

avoir besoin de (papier/dormir)	*to need (paper / to sleep)*
avoir envie de (chocolat/sortir)	*to want (chocolate) / to feel like (going out)*
avoir honte de (sa note / perdre)	*to be ashamed of (one's grade / losing)*
avoir peur de (l'eau/nager)	*to be afraid of (water/swimming)*
avoir raison de (refuser)	*to be right to (refuse)*
avoir tort de (fumer)	*to be wrong to (smoke)*

Nous **avons besoin d'**une nouvelle voiture.
Raoul, tu **as envie de** faire du jogging demain matin?
Est-ce que tu **as peur du** chien?
Il **a tort de** se mettre en colère.

We need a new car.
Raoul, do you feel like jogging tomorrow morning?
Are you afraid of the dog?
He's wrong to get angry.

D. The expression **avoir l'air** (*to seem*) is followed by an adjective.

Albert, tu **as l'air fatigué** ce matin.
Ce pauvre chien **a l'air triste.**

Albert, you look tired this morning.
That poor dog looks sad.

Exercice 16 Un étudiant québécois

Complétez le portrait de Raoul Durand avec **peur, tort, besoin, l'air, envie**
ou **honte.**

1. Raoul n'est pas brillant. Il a _____ d'étudier.
2. Quelquefois, il pense au Québec et il a _____ de revoir sa famille.
3. Il est toujours très calme. Il n'a jamais _____ nerveux.
4. Il est très ponctuel. Il a _____ s'il arrive en retard.
5. En général, il est courageux, mais quelquefois il a _____.
6. Il est réaliste. Il admet quelquefois qu'il a _____.

Exercice 17 Interruptions

Jean-Yves essaie de travailler chez lui, mais il a beaucoup de distractions. Utilisez
une expression avec **avoir.**

1.

Quand… , Jean-Yves se
fait un sandwich.

2.

Quand… , il prend un
verre d'eau.

3.

Quand… , il fait la sieste.

4.

Quand… , il ouvre la fenêtre.

5.

Quand… , il prend une
tasse de thé
très chaud.

6.

Quand… de parler
avec quelqu'un, il
appelle un copain.

7.

Quand… de
vêtements propres, il
va au lavomatic.

8.

Il travaille plus dur
quand… d'avoir une
mauvaise note.

Auguste Renoir (1841–1919), *Le Bal du moulin de la galette*, 1876.

Dans le passé

Objectifs

In *Chapitre 5*, you will hear and talk about things that happened in the past, both your own experiences and those of other people.

La vie quotidienne

✳ Attention! Étudier Grammaire 5.1

Hier soir, chez les Colin

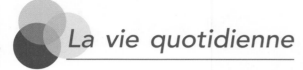

La famille Colin a dîné ensemble.

Charles a rendu son
devoir de physique.

Marise a assisté à une
conférence à la fac.

Claudine a déjeuné à
la cantine de son lycée.

Clarisse a attendu
l'autobus pendant une
demi-heure.

Joël a fini ses devoirs
vers 9 heures.

Emmanuel a choisi
des nouvelles baskets.

Claudine et Charles ont
joué aux échecs.

Activité 1 Enquête: La vie d'étudiant

Dites si vous avez fait les actions suivantes la semaine dernière.

La semaine dernière,...

1. j'ai déjeuné avec des copains. (Où? Qu'est-ce que vous avez mangé?)
2. j'ai fini un projet important. (Quel projet? Quand?)
3. j'ai passé un examen difficile. (Avez-vous réussi à l'examen?)
4. j'ai perdu les clés de ma voiture. (Vous les avez retrouvées? Où?)
5. j'ai rendu un devoir. (Pour quel cours? Quand?)
6. j'ai travaillé. (Où? Combien d'heures?)
7. j'ai discuté de politique. (Où? Avec qui?)
8. j'ai attendu quelqu'un. (Qui? Où?)
9. j'ai oublié d'envoyer un texto à quelqu'un. (À qui?)
10. j'ai réfléchi à mes finances. (C'est sérieux?)
11. je me suis réveillé(e) tard ce matin. (Pourquoi? Votre réveil n'a pas sonné?)

À vous la parole!

Comparez vos réponses à celles de votre partenaire.

MODÈLE: J'ai séché un cours. (Quel cours?) →
    É1: Moi, j'ai séché mon cours de maths mardi dernier. Et toi?
    É2: Moi, je n'ai pas séché de cours mais...

Activité 2 Interro: L'été dernier

Décrivez les activités des quatre personnes suivantes.

MODÈLE: É1: Qu'est-ce que Sarah et Agnès ont fait en juillet?
    É2: Elles sont allées à Bordeaux.
    É1: Qu'est-ce qu'elles ont fait pendant leur visite?
    É2: Elles ont visité des caves à vins.

	AU MOIS DE JUIN	AU MOIS DE JUILLET	AU MOIS D'AOÛT
JULIEN	a acheté un appart au 14ème étage d'un nouvel immeuble	a beaucoup voyagé pour monter une émission spéciale	a passé ses vacances à La Réunion
ADRIENNE	a rendu visite à ses parents en Auvergne	a suivi un stage intensif de tennis à Marseille	a assisté au mariage d'une amie d'enfance
SARAH ET AGNÈS	ont fait un voyage organisé en Égypte	ont visité des caves à vins dans la région de Bordeaux	ont dormi tard aussi souvent que possible

Activité 3 Entretien: Ma journée d'hier

Hier matin,...
1. à quelle heure as-tu quitté la maison?
2. quels vêtements as-tu portés?
3. as-tu assisté à des cours à la fac? À quels cours?

Hier après-midi,...
4. où as-tu déjeuné? Avec qui?
5. est-ce que tu as étudié? Qu'est-ce que tu as étudié?
6. tu as travaillé? Où? À quelle heure? Pendant combien d'heures?

Hier soir,...
7. tu as rencontré tes amis? Combien de temps avez-vous passé ensemble?
8. est-ce que tu as téléphoné à quelqu'un? De quoi avez-vous parlé?
9. à quelle heure as-tu fini ta journée? Est-ce que tu as regardé la télé avant de te coucher?

Activité 4 Casse-tête: Le cadeau d'Adrienne Petit

Ce matin, quelqu'un a envoyé des roses à Adrienne pour son anniversaire. Mais... quel mystère! L'ami généreux a oublié de signer la carte! Il y a trois personnes possibles. Qui est-ce?

1. Benoît travaille chez un fleuriste et il a été payé.
2. Hier, Robert a parlé de l'anniversaire d'Adrienne.
3. Jean-François a noté la date de l'anniversaire dans son carnet d'adresses, mais il a perdu le carnet.
4. Robert est allergique aux fleurs. Il ne va jamais chez le fleuriste.
5. Benoît ne sait pas la date de l'anniversaire d'Adrienne.
6. Jean-François n'est pas en France. Il est en Italie cette semaine.

> MODÈLE: É1: C'est peut-être Benoît. Il travaille chez un fleuriste.
> É2: D'accord, mais Robert a parlé de son anniversaire hier.

Exprime-toi!

Tu ne penses pas que... ?
Tu as raison.
D'accord, mais...
Un instant, s'il te plaît!
Je ne suis pas d'accord!
Ça ne prouve rien!

Cliquez là!

Dix millions de gens parlent une des langues créoles. Visitez un site sur les langues créoles pour apprendre davantage sur ces langues et sur les gens qui les parlent. Dans quels pays est-ce qu'on parle créole?

À propos...

Toussaint-Louverture

Au XVIIe[1] siècle, les Français ont établi une colonie sur l'île d'Hispaniola dans les Antilles: Saint-Domingue. Ils y ont établi des plantations de canne à sucre très profitables, grâce au[2] travail forcé des esclaves.[3] En 1791, les esclaves, commandés par Toussaint-Louverture, se sont révoltés[4] avec succès contre les Français. Quand, à Paris, le gouvernement révolutionnaire[5] a décidé d'abolir l'esclavage en 1794, Toussaint-Louverture a arrêté le combat. Pourtant,[6] en 1802, Napoléon Bonaparte a rétabli[7] l'esclavage et a envoyé une armée à Saint-Domingue. Les Français ont capturé Toussaint-Louverture et l'ont emprisonné; il est mort en captivité l'année suivante. Son lieutenant, Dessalines, a continué la lutte[8] et, en 1804, a proclamé l'indépendance du pays, sous le nom d'Haïti. Toussaint-Louverture est considéré comme un symbole universel de libération pour tous les esclaves.

● Toussaint-Louverture (1743–1803), héros de l'indépendance haïtienne

[1]dix-septième [2]grâce... avec le [3]personnes captives forcées à travailler [4]rebellés [5]La France a eu trois révolutions: en 1789, en 1830 et en 1848 [6]Mais [7]réinstitué [8]combat

Les expériences

★ Attention! Étudier Grammaire 5.2

On a volé la voiture de Julien pendant ses vacances en Corse. Il a dû passer au commissariat.

Pendant son séjour à Tahiti, Louis a appris à faire de la plongée sous-marine.

À 80 ans, Édouard Vincent et son frère ont découvert la maison où ils sont nés.

Nathalie a eu un accident. Elle va bien, mais elle a cassé sa poupée.

Quand Raoul a ouvert sa porte, quelle surprise! Ses amis ont crié «Bon anniversaire!»

Les parents de Joël lui ont offert un chien comme cadeau de Noël cette année.

Activité 5 Associations: Carrières et préparations

Nous citons ici des réponses enregistrées par Julien Leroux pendant des interviews qu'il a faites pour TF1. Pour chaque nom célèbre, identifiez les décisions et les actions qui ont contribué à sa réussite.

Ségolène Royal, ancienne candidate à la présidence
Philippe Perrin, astronaute français
Patricia Kaas, chanteuse française
François Delachaux, directeur d'entreprise

1. J'ai étudié le commerce et les affaires internationales.
2. Je n'ai pas eu de succès au début mais j'ai persisté à chanter.
3. J'ai appris à piloter toutes sortes d'avions.
4. J'ai suivi la politique et les élections avec passion.
5. J'ai reçu un diplôme de MBA aux États-Unis.
6. J'ai rêvé de devenir la première femme présidente de France.
7. J'ai voulu suivre une carrière militaire.
8. J'ai participé aux concours de chant pour amateurs dans ma région.
9. J'ai été élue députée à l'Assemblée nationale, puis présidente de ma région.
10. J'ai fait des études pour devenir ingénieur.
11. J'ai lu énormément sur l'histoire sociale.
12. J'ai suivi un entraînement physique rigoureux.

Activité 6 Échanges: La dernière fois

Avec votre camarade de classe, répondez aux questions suivantes en expliquant un peu votre réponse.

Vocabulaire utile

hier (soir)
la semaine dernière
(lundi) dernier
il y a (deux jours)

MODÈLE: É1: Quelle est la dernière fois que tu as passé un examen difficile?
É2: J'ai passé un examen difficile vendredi dernier dans mon cours de grammaire russe. Et toi?

Quelle est la dernière fois que...

1. tu as mangé dans ta voiture?
2. tu as voulu manger de la pizza à minuit?
3. tu as téléchargé des chansons?
4. tu as perdu un objet de valeur?
5. tu as reçu un cadeau?
6. tu as rendu un service à quelqu'un?
7. tu as dormi pendant un cours ennuyeux?
8. tu as rangé ta chambre?
9. tu as conduit trop vite?
10. tu as dû faire la vaisselle?
11. tu as offert un cadeau à quelqu'un?
12. tu as lu un journal?

LA LANGUE EN MOUVEMENT

Mots américains d'origine française

Les explorateurs et colonisateurs français qui sont venus en Amérique du Nord ont laissé des traces non seulement au Canada, mais aussi aux États-Unis, où les noms de lieu d'origine française sont encore nombreux, des noms comme Boise, Detroit, Des Moines, Lake Champlain, Baton Rouge, Joliet et Montpelier. L'influence française est évidente aussi dans certains mots de l'anglais américain qui sont venus du français, quelquefois par l'intermédiaire du français canadien, tels que *cache*, *chute* (apparemment à l'origine de l'expression «to shoot the rapids»), *coulee*, *depot*, *lacrosse*, *levee* et *portage*.

MISE EN PRATIQUE Y a-t-il des noms de lieux d'origine française dans votre région? Quel est leur sens? À qui ou à quoi réfèrent-ils? Faites des recherches sur Internet si nécessaire.

Activité 7 Dans le monde francophone: Aventures extraordinaires

Ces images nous montrent nos héros gaulois Astérix et Obélix. Identifiez le livre où l'on peut probablement trouver les aventures suivantes.

Astérix légionnaire

La grande traversée

1. Astérix et Obélix ont séjourné dans une tribu de Peaux-Rouges.
2. Pour sauver un jeune Gaulois enlevé de force par les Romains, ils ont combattu parmi les légionnaires de Jules César.
3. En traversant l'Atlantique, ils ont dû affronter des pirates.
4. Ils ont provoqué une bataille entre les troupes de César et celles du traître Scipion.
5. Ils ont participé à la chasse au bison.
6. En retraversant l'océan, ils ont été attaqués par des Vikings féroces.
7. Obélix a beaucoup plu à la fille du chef de la tribu indienne.
8. Après sa victoire, Jules César leur a offert la liberté de Tragicomix.
9. Obélix n'a pas voulu se marier. Ils sont donc rentrés en Gaule.

Activité 8 Discussion: Vous avez déjà vu ça?

Vous aimez les excentricités? Alors, écoutez, puis dites si ces personnes et ces animaux se sont conduits d'une manière normale ou extraordinaire.

MODÈLE: un chien qui a chanté à la télé →
C'est extraordinaire! Les chiens ne peuvent pas chanter.

1. un bébé qui a téléchargé une chanson
2. un chat qui a bu de la crème
3. un chien qui a appris à parler
4. un adolescent qui a voulu faire la vaisselle
5. des étudiants qui ont vu les films de Monty Python
6. un professeur qui a conduit trop vite et qui a reçu une contravention
7. un enfant qui a voulu ranger ses affaires
8. une grand-mère qui a fait un saut en parachute
9. un poisson rouge qui a mangé un serpent
10. une souris qui a poursuivi un chat
11. ?

Le week-end et les loisirs

✳ Attention! Étudier Grammaire 5.3 et 5.4

Le samedi d'Agnès

Samedi matin, je me suis réveillée tard.

Je me suis douchée et je me suis lavé les cheveux.

Ensuite, je suis partie faire les courses.

À 13 heures, je suis allée au café pour déjeuner avec des amis.

Samedi soir, je suis sortie avec Jean-Yves et Sarah.

Nous sommes allés voir le dernier film de Luc Besson.

Après, Jean-Yves est rentré avec nous.

Jean-Yves est resté deux heures chez nous et on a discuté.

Je me suis couchée vers deux heures et demie du matin.

Activité 9 Discussion: Le week-end dernier

Dites si vous avez fait ces activités ou non.

1. Samedi matin,...
    a. je me suis levé(e) de bonne heure.
    b. j'ai pris mon petit déjeuner.
    c. j'ai rangé ma chambre.
    d. j'ai fait ma lessive.
2. Samedi après-midi,...
    a. j'ai étudié au café avec des copains.
    b. j'ai regardé un match à la télé.
    c. j'ai fait de l'exercice au gymnase.
    d. j'ai fait les vitrines au centre-ville.
3. Samedi soir,...
    a. j'ai téléchargé un film.
    b. on m'a invité(e) à dîner dans un restaurant chic.
    c. j'ai invité des gens chez moi.
    d. je suis sorti(e) avec mon copain (ma copine).
4. Dimanche,...
    a. je suis allé(e) chez mes parents.
    b. j'ai préparé mes devoirs pour lundi.
    c. j'ai couru un marathon.
    d. je me suis couché(e) de bonne heure.

Activité 10 Entretien: Une grande occasion

Qu'est-ce que vous avez fait la dernière fois que vous êtes allé(e) à une fête (un mariage, une réception...)? Répondez aux questions suivantes.

MODÈLE: É1: Est-ce que tu t'es douché(e) avant d'y aller?
          É2: Oui, je me suis douché(e). (Non, je ne me suis pas douché[e].)

1. Est-ce que tu t'es lavé les cheveux?
2. Est-ce que tu t'es maquillée (rasé)?
3. Comment y es-tu allé(e), en voiture ou à pied?
4. Es-tu arrivé(e) à l'heure ou en retard?
5. Est-ce que tu t'es bien amusé(e) ou est-ce que tu t'es ennuyé(e)?
6. À quelle heure est-ce que tu es parti(e)?
7. Qu'est-ce que tu as fait après la fête (le mariage...)?
8. À quelle heure es-tu rentré(e) chez toi?
9. Est-ce que tu t'es endormi(e) tout de suite?
10. À quelle heure tu t'es réveillé(e) le lendemain matin?

Activité 11 Dans le monde francophone:
Les distractions de Paris

Julien Leroux a monté une émission spéciale pour TF1 sur certaines brasseries de
Paris. Lisez ses commentaires et identifiez la brasserie ou le café qu'il décrit.

les brasseries

BRASSERIE FLO

7, cour des Petites-Écuries, 75010. Dans un
décor 1925, la clientèle du quartier croise celle
de l'après-spectacle. Carte classique et plats
copieux (environ 35€).

CHEZ BOFINGER

3, rue de la Bastille, 75004. Jusqu'à 1 h du
matin. Créée en 1864, cette brasserie au décor
art nouveau (l'un des plus beaux de Paris) a vu
arriver les premières bières d'Alsace. Une
institution au-dessus des modes.

les jeunes

VIRGIN CAFÉ

56, avenue des Champs-Élysées, 75008, au-
dessus du Mégastore. Jusqu'à 23 h. Un fast-
food de luxe qui sait proposer des plats frais.
Musique et vidéo (environ 25€).

CACTUS CHARLY

68, rue de Ponthieu, 75008. Jusqu'à 2 h. Ranch
et pub, cuisine tex-mex, ambiance estudiantine.
Très bruyant, malheureusement.

1. Je me suis bien amusé à regarder la clientèle «de l'après-spectacle».
2. Je suis vite parti de cet établissement à cause du bruit!
3. On m'a servi des plats tex-mex délicieux.
4. Les premières bières d'Alsace y sont arrivées il y a plus d'un siècle.
5. J'y suis allé pour essayer un fast-food de luxe et quel plaisir! Des plats frais,
   mes amis!
6. Les premiers clients y sont entrés en 1864.

Activité 12 Récit: L'invitation à dîner

Francis et Marie Lasalle ont invité des amis samedi dernier. Racontez leur journée
du matin au soir.

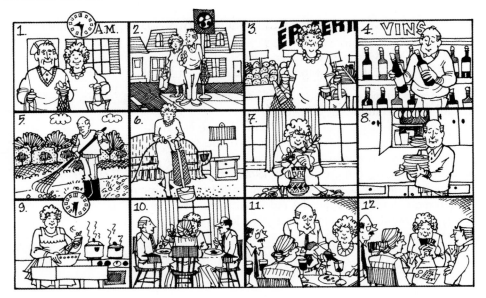

Vocabulaire utile   d'abord, ensuite, puis, finalement

Faits personnels et historiques

✳ Attention! Étudier Grammaire 5.5

Francis Lasalle et sa femme Marie se sont rencontrés au théâtre.

Ils sont tombés amoureux, mais Francis a dû faire son service militaire.

De retour à la vie civile, Francis a épousé Marie à Lyon.

Les Lasalle n'ont eu que deux enfants, un fils et une fille.

Claudine est née en 1967. Elle est devenue professeur de lycée.

Personne n'a fait fortune chez les Lasalle, mais c'est une famille très unie.

Francis n'a jamais fait d'études universitaires, mais son fils Bernard est devenu ingénieur.

Aujourd'hui, Francis ne travaille plus. Il a pris sa retraite.

Exprime-toi!

Ça, c'est rigolo!
C'est vrai?
Génial!
Pas encore!
Pas possible!
Personne!
Rien!
Tu es sûr(e)?

Activité 13 Entretien: Que savez-vous sur votre famille?

MODÈLE: É1: Mon père est né en 1960.
　　　　　É2: C'est vrai? Mon père aussi est né en 1960!

1. En quelle année est-ce que tes parents se sont mariés?
2. Qui dans ta famille est devenu militaire?
3. Est-ce qu'un membre de ta famille est devenu célèbre?
4. Tes grands-parents ont eu combien d'enfants?
5. Où est-ce que tes parents se sont rencontrés?
6. Dans ta famille, qui est né avant 1940? Et qui est né au XXIe siècle?
7. Qui dans ta famille est retraité? Que fait cette personne maintenant?
8. Qui dans ta famille a fait des études universitaires?
9. Dans ta famille, vous êtes doués pour les arts? La finance?... ?
10. ?

À la rencontre des arts

«Déjeuner du matin»

Il a mis le café
Dans la tasse
Il a mis le lait
Dans la tasse de café
Il a mis le sucre
Dans le café au lait
Avec la petite cuiller[1]
Il a tourné
Il a bu le café au lait
Et il a reposé la tasse
Sans[2] me parler

Il a allumé
Une cigarette
Il a fait des ronds
Avec la fumée
Il a mis les cendres[3]
Dans le cendrier
Sans me parler
Sans me regarder
Il s'est levé
Il a mis
Son chapeau sur sa tête

Il a mis son manteau de pluie
Parce qu'il pleuvait[4]
Et il est parti
Sous la pluie
Sans une parole
Sans me regarder
Et moi j'ai pris
Ma tête dans ma main
Et j'ai pleuré.[5]

Jacques Prévert, *Paroles*

[1]petite... *teaspoon* [2]*Without* [3]*ashes* [4]il... *it was raining* [5]*cried*

"Déjeuner du matin" by Jacques Prévert in *Paroles*. © Éditions GALLIMARD. Used in print format by permission of Éditions GALLIMARD

Activité 14 Dans le monde francophone: Quelques faits du passé

Quel dessin correspond à chacun de ces faits historiques?

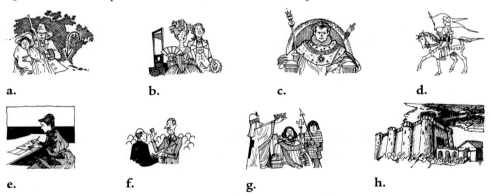

a. b. c. d.

e. f. g. h.

_____ **1.** Charlemagne a reçu sa couronne à Rome en l'an 800.

_____ **2.** Jeanne d'Arc a libéré la ville d'Orléans en 1429.

_____ **3.** Les Acadiens (Cajuns) sont arrivés en Louisiane entre 1764 et 1788.

_____ **4.** Le peuple de Paris a pris la Bastille le 14 juillet 1789.

_____ **5.** Napoléon a pris le titre d'empereur en 1804.

_____ **6.** Marie Curie a reçu le prix Nobel de physique en 1903 et le prix Nobel de chimie en 1911.

_____ **7.** Louis XVI et Marie-Antoinette ont été guillotinés en 1793.

_____ **8.** Le général de Gaulle est devenu président de la Ve* République en 1959.

*cinquième

Activité 15 Enquête: L'histoire de ma vie

Complétez les phrases. Ensuite, comparez vos réponses à celles de votre camarade.

1. Je suis allé(e) à l'école à l'âge de...
2. J'ai reçu ma première montre...
3. J'ai conduit une voiture pour la première fois...
4. J'ai mis une robe du soir (ou un smoking) pour la première fois...
5. Je suis entré(e) à la fac...
6. Je suis tombé(e) amoureux/amoureuse...
7. Je suis devenu(e) une personne raisonnable...

Exprime-toi!

à (vers) l'âge de (5) ans...
avant l'âge de (5) ans
Je ne me souviens plus.
Je n'ai pas encore...
Je ne suis (n'ai) jamais...

MODÈLE: É1: J'ai bu du champagne pour la première fois au mariage de mon cousin, vers l'âge de 15 ans. Et toi?
É2: Moi, je n'ai jamais goûté au champagne. Pas encore!

Activité 16 Discussion: À votre avis... ?

Savez-vous séparer le mythe de la réalité? Choisissez la phrase qui exprime votre opinion ou inventez-en une autre.

1. On entend parler de l'île d'Atlantide.
   a. Quelle bêtise! Elle n'a jamais existé.
   b. Elle a existé, mais elle n'existe plus.
   c. On n'a rien trouvé jusqu'à présent.
2. Il y a des gens qui croient aux licornes. Qu'en pensez-vous?
   a. Elles n'existent que dans des zoos.
   b. Elles n'existent plus; c'est une espèce disparue.
   c. Elles n'ont jamais existé.
3. Et puis certains disent que la Terre n'est pas ronde, mais plate.
   a. Personne ne croit plus à cette idée.
   b. Personne n'a jamais cru ça.
   c. Certaines personnes y croient encore aujourd'hui.
4. On dit que la vie existe sur d'autres planètes ou dans d'autres systèmes solaires.
   a. La vie n'existe que sur la Terre.
   b. Elle y a existé, mais elle n'y existe plus.
   c. Personne n'en sait rien.

POUR RÉSUMER

À vous de parler

A. Écoutez la description et ensuite, dites le nom de la personne en question. Quels individus est-ce que nous n'avons pas décrits?

a. le Général de Gaulle
b. Audrey Tautou
c. Marie Curie
d. Jacques Prévert
e. Pablo Picasso
f. Coco Chanel
g. Nicolas Sarkozy
h. Édith Piaf
i. Youssou N'Dour

_____ 1. Il est né en 1900 à Neuilly-sur-Seine. Très connu pour ses poèmes, il a écrit aussi des scénarios pour le cinéma et des pièces de théâtre. Certains de ses poèmes ont été mis en musique, notamment *Les feuilles mortes* (*Autumn Leaves*).

_____ **2.** Née dans un milieu modeste, elle a appris à coudre à l'âge de 18 ans pour gagner sa vie. Elle a créé des styles inoubliables dans le monde de la haute couture. Elle est morte en 1977, mais son nom continue de symboliser l'élégance et on connaît bien le parfum qui porte son nom.

_____ **3.** En 1940, il est allé à Londres, où il a servi de chef de la France libre pour résister à l'Occupation nazie pendant la Seconde Guerre mondiale. En 1959, il est devenu le premier président de la Cinquième République française.

_____ **4.** Elle est considérée comme l'archétype de la chanteuse française. Sa voix a inspiré des compositeurs, et elle a lancé la carrière de plusieurs chanteurs. Parmi ses nombreuses chansons, on compte _La vie en rose, Milord_ et _Non, je ne regrette rien._

_____ **5.** Ce Sénégalais est musulman et musicien populaire à la fois. Il n'y voit pas de contradiction, puisque sa musique interprète sa vision de poète pour son peuple. Il joue pour eux le rôle de griot moderne.

_____ **6.** Cette vedette de cinéma, née en 1978, a été nommée en hommage à Audrey Hepburn. C'est elle qui a joué l'héroïne dans _Le fabuleux destin d'Amélie Poulain._ Elle a interprété aussi Sophie dans _Da Vinci Code_ et, plus récemment, on a pu la voir dans le film _Coco avant Chanel._

_____ **7.** Cet artiste est né en Espagne mais il a passé la plupart de sa vie en France. Son œuvre de peintre, de graveur, de sculpteur et de dessinateur a profondément marqué l'art moderne.

B. Ensuite, en groupes, faites la description d'autres personnes célèbres et présentez-les à la classe.

À vous de lire
Les mémoires de Jacques Cartier

Les peuples indigènes du Canada actuel ont eu des contacts avec des Européens (des marins vikings) avant l'an 1000. Pendant la Renaissance, les Italiens Giovanni Cabot (1497) et Giovanni Verrazzano (1524) et le Français Jacques Cartier (1534–1536) ont été parmi les premiers explorateurs célèbres de ce territoire. C'est Cartier qui est surnommé «découvreur du Canada». Voici ses «Mémoires», comme on peut les imaginer, écrites l'année de sa mort (vers 1557).

Aujourd'hui, peu de gens connaissent encore mon nom, mais j'ai été très célèbre. C'est moi qui, le premier, ai exploré la Nouvelle France. En 1534, notre roi François I[er][1] a financé une expédition pour trouver un passage vers la Chine et des territoires riches en métaux[2] précieux. Avec deux bateaux, nous sommes partis de Saint-Malo, ma ville natale en Bretagne, et nous avons traversé l'Atlantique en vingt jours. À notre arrivée en Amérique, nous avons trouvé une île immense, une très vaste baie et une péninsule. Là, j'ai pris possession du pays au nom du roi. Nous avons aussi rencontré les habitants de cette région, nommés «Iroquois»; ils forment une sorte de république parfaitement organisée avec d'autres nations indiennes.

Je suis rentré en France, où tout le monde a été enthousiasmé par ces premières découvertes, surtout le roi: il a immédiatement ordonné un deuxième voyage, en 1535. Nous avons continué vers le sud-ouest, sur un fleuve large et majestueux que j'ai baptisé «Saint-Laurent». Finalement, nous avons atteint[3] une

---

[1]premier   [2]pluriel de _métal (m.)_   [3]avons... sommes arrivés sur

grande île et des rapides impressionnants. Nous avons alors exploré l'île et visité une ville indienne nommée «Hochelaga». Nous sommes montés sur une colline,[4] pour observer les environs. En l'honneur de François Ier, j'ai nommé cette colline le «Mont-Royal».

● Jacques Cartier (1491–1557)

Je suis retourné en France avec le chef Iroquois Donnacona. Il a raconté des histoires extraordinaires et le roi a pensé que le «Canada», comme l'Eldorado, était un pays de trésors[5] fabuleux. À mon troisième et dernier voyage, en 1541, j'ai emmené[6] des colons[7] pour établir des postes permanents au Canada. Enfin, j'ai trouvé des diamants et de l'or[8]! Je suis rentré en France pour les montrer au roi. Malheureusement, j'ai fait erreur: ces «trésors» étaient en réalité des pierres et des métaux sans valeur. L'entourage du roi est cruel et on m'a ridiculisé... Ma consolation, c'est que mon nom reste associé à la découverte d'un pays nouveau, beaucoup plus grand que la France!

---

[4]petite montagne   [5]choses précieuses   [6]pris avec moi   [7]personnes qui colonisent un territoire   [8]métal jaune précieux

Avez-vous compris?

Vrai ou faux? Si c'est faux, corrigez la phrase.

1. À l'origine, Cartier est allé au Canada pour établir une colonie.
2. Il a remonté le Saint-Laurent pendant son premier voyage.
3. Son impression initiale des Iroquois a été très favorable.
4. Pendant sa deuxième expédition, il a découvert le site actuel de Montréal.
5. Jacques Cartier a fondé Montréal.
6. Finalement, il a trouvé de l'or et des diamants.

Allons plus loin!   Changement de perspective. Vous êtes un Iroquois qui raconte à ses enfants l'arrivée des Français en 1534. Les enfants, très curieux, vous posent beaucoup de questions.

MODÈLE: ENFANTS: Comment est-ce que les Français sont arrivés?
VOUS: Sur des grands canoës en bois, appelés «bateaux»...

Vocabulaire utile

parler dans une langue incompréhensible
admirer nos villages fortifiés
chercher des pierres précieuses
s'émerveiller de nos coiffures
poser des questions bizarres sur un endroit appelé «Lachine»
utiliser des armes cruelles et bruyantes
(ne pas) comprendre nos coutumes

À vous d'écrire

C'est Noël et vous êtes très occupé(e). Vous voulez rester en contact avec vos amis, mais vous ne pouvez pas écrire une lettre personnelle à tout le monde. Composez une lettre que vous pouvez envoyer à toutes les personnes de votre liste. Vous voulez raconter les événements les plus importants de l'année.

MODÈLE: *Mes chers amis,*

Cette année a été très... pour moi. D'abord,...

Je vous embrasse très affectueusement en vous souhaitant une bonne et prospère année 20___.

Vocabulaire

La vie quotidienne

Daily life

assister à une conférence	to attend a lecture
assister à un mariage	to attend a wedding
déjeuner à la cantine	to eat lunch in the cafeteria
discuter de politique	to discuss politics
s'ennuyer	to get bored
entendre parler de	to hear about
essayer (de)	to try (to)
faire des études	to take a course of study
oublier (de)	to forget (to)
ouvrir la porte	to open the door
passer un examen	to take a test
perdre ses clés	to lose (one's) keys
poser des questions	to ask questions
quitter la maison	to leave the house
ranger sa chambre	to clean up one's bedroom
rendre un devoir	to turn in homework
rendre un service (à)	to do a favor (for)
rendre visite (à)	to pay a visit (to)
réussir à un examen	to pass a test
sécher un cours	to cut a class
télécharger	to download
trouver	to find

Mots apparentés: **citer, commencer, se conduire, découvrir, discuter (de), exister, offrir, participer (à), persister (à), prouver, signer**

Expériences et distractions

Special experiences

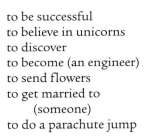

avoir du succès	to be successful
croire aux licornes (*f.*)	to believe in unicorns
découvrir	to discover
devenir (ingénieur)	to become (an engineer)
envoyer des fleurs (*f.*)	to send flowers
épouser (quelqu'un)	to get married to (someone)
faire un saut en parachute	to do a parachute jump
faire fortune (*f.*)	to make a fortune
goûter (à)	to taste, try
jouer aux échecs	to play chess
monter une émission	to produce a show
passer ses vacances	to spend one's vacation
piloter un avion	to fly a plane
prendre sa retraite	to retire
recevoir	to get, receive
recevoir une contravention	to get a traffic ticket
recevoir un diplôme	to get a degree
(se) rencontrer	to meet
suivre la politique	to follow politics
tomber amoureux/ amoureuse de	to fall in love with
visiter une cave à vins	to visit a winery
voler	to steal

Quand
Saying when

aussi souvent que possible	as often as possible
cette semaine	this week
déjà	already
enfin	finally
hier	yesterday
hier soir	last night
il y a (deux jours)	(two days) ago
le week-end dernier	last weekend

La description
Descriptive words

célèbre	famous
élu(e)	elected
ennuyeux/ennuyeuse	boring
énormément	enormously; a lot
enregistré(e)	recorded
inoubliable	unforgettable
rond(e)	round
plat(e)	flat
russe	Russian
uni(e)	united

Mots apparentés: **allergique, charmant(e), délicieux/ délicieuse, excessif/excessive, intensif/intensive, personnel(le), raisonnable, rigoureux/rigoureuse, social(e), terminé(e), universitaire**

Substantifs
Nouns

un avion	a plane
une brasserie	a pub, bar
un cadeau de Noël	a Christmas present
un carnet d'adresses	an address book
un casse-tête (*inv.*)	puzzle, brainteaser
un(e) chien(ne)	a dog
un concours	a contest

une couronne	a crown
un(e) député(e)	a representative
un événement	an event
un(e) fleuriste	a florist
une journée	a day, duration of a day
un lycée	a high school
un mot	a word
un objet de valeur	a valuable object
la physique	physics
une poupée	a doll
un prix	a prize
la réussite	success
un siècle	a century
un smoking	a tuxedo
une souris	a mouse
la Terre	the (planet) Earth

Mots apparentés: **un(e) adolescent(e), une ambiance, l'armée (*f.*), un(e) candidat(e), une carrière, le décor, une interview, un mystère, une planète, une réception, le service militaire, le système solaire, un zoo**

Mots et expressions utiles
Useful words and expressions

à cause de	because of
un(e) ami(e) d'enfance	a childhood friend
autant que possible	as much as possible
avoir de la chance	to be lucky
Ça ne prouve rien.	That doesn't prove anything.
C'est rigolo!	That's funny!
d'accord	okay, agreed
de plus en plus	more and more
De quoi as-tu parlé?	What did you talk about?
donc	therefore
Génial!	Great!
Je ne me souviens plus.	I don't remember.
pas encore	not yet
peut-être	perhaps
Quelle bêtise!	How silly!
Quel plaisir!	What a pleasure!
vers (l'âge de)	about (the age of)

Grammaire et exercices

 5.1 Saying what you did: **Passé composé** with **avoir**

A. The **passé composé** is a compound past tense: it has two parts, an auxiliary (helping) verb and a past participle. Most verbs use **avoir** as the auxiliary verb. Here is the complete conjugation of **travailler** in the **passé composé.**

> ➤ **passé composé = avoir +** past participle (most verbs)

PASSÉ COMPOSÉ: **travailler** (*to work*)	
j'ai travaillé	nous avons travaillé
tu as travaillé	vous avez travaillé
il/elle/on a travaillé	ils/elles ont travaillé

Mme Martin **a travaillé** à la bibliothèque hier soir.	*Madame Martin worked at the library last night.*
Barbara et Jacqueline sont très fatiguées; elles **ont travaillé** dur hier soir.	*Barbara and Jacqueline are very tired; they worked hard last night.*

B. Here are the past participles for the three types of regular verbs. To form the past participle, drop the infinitive ending (**-er, -ir, -re**) and add the past participle ending: **-é, -i, -u.**

PAST PARTICIPLES OF REGULAR VERBS		
-er *verbs* → -é	**-ir *verbs* → -i**	**-re *verbs* → -u**
parler → parlé	choisir → choisi	attendre → attendu
étudier → étudié	finir → fini	perdre → perdu
habiter → habité	réussir → réussi	répondre → répondu

Sarah **a téléphoné** à sa famille aux États-Unis.	*Sarah called her family in the United States.*
Agnès **a fini** ses devoirs à minuit.	*Agnès finished her homework at midnight.*
Jean-Yves **a perdu** ses clés hier.	*Jean-Yves lost his keys yesterday.*

C. To make verbs in the **passé composé** negative, put **ne... pas** around the auxiliary verb.

> ➤ Negation: **ne + avoir + pas** + past participle
> **Il n'a pas travaillé.**

Je **n'**ai **pas** retrouvé mes amis au café.	*I didn't meet my friends at the café.*
Cette année, mon équipe de basket-ball préférée **n'**a **pas** gagné une seule fois!	*This year, my favorite basketball team hasn't won (didn't win) once!*

D. The **passé composé** is used to tell about an event completed in the past. It has several possible English equivalents: **j'ai étudié** can mean *I studied, I did study, I have studied.*

J'ai étudié l'espagnol au lycée.	*I studied Spanish in high school.*
Tu as nettoyé ta chambre samedi?	*Did you clean your room on Saturday?*
Nous **avons** déjà fini ce livre.	*We've already finished this book.*

E. Use **pendant** + time expression to say how long someone did something in the past.

<table>
<tr><td>Hier soir, j'ai étudié le français **pendant deux heures.**</td><td>*Last night, I studied French for two hours.*</td></tr>
<tr><td>Louis a étudié l'italien **pendant trois ans** au lycée.</td><td>*Louis studied Italian for three years in high school.*</td></tr>
</table>

F. In conversation, past-tense questions are usually formed with **est-ce que** or intonation. You can also ask past-tense questions by inverting the helping verb and its subject pronoun.

<table>
<tr><td>**Est-ce que** Louis a déjà fini?</td><td>*Has Louis already finished?*</td></tr>
<tr><td>Tu n'as pas téléphoné ce matin?</td><td>*You didn't (Didn't you) call this morning?*</td></tr>
<tr><td>**Avez-vous** oublié de faire le devoir?</td><td>*Did you forget to do the assignment?*</td></tr>
</table>

★ *You will learn more about the **passé composé** throughout this chapter and in **Grammaire 6.8, 8.5, 12.2,** and **12.5.***

Exercice 1 Qu'avez-vous fait hier?

Posez des questions et donnez les réponses.

MODÈLE: étudier → Est-ce que tu as étudié hier?
Oui, j'ai étudié hier. (Non, je n'ai pas étudié hier.)

1. acheter un journal
2. écouter la radio
3. envoyer beaucoup de textos
4. manger un hamburger
5. préparer ton dîner
6. promener ton chien
7. sécher un cours
8. regarder la télé
9. travailler à ton job
10. nettoyer ta chambre

Exercice 2 Événements d'hier

Voici ce qu'Agnès Rouet a fait hier. Avez-vous fait les mêmes activités?

MODÈLE: Agnès a perdu son livre de grammaire. →
Moi, je n'ai pas perdu de livre. (Moi aussi, j'ai perdu un livre. J'ai perdu mon livre de maths...)

Agnès...

1. a oublié de prendre ses vitamines.
2. a fini un devoir pour son cours d'anglais.
3. a choisi un nouveau CD.
4. a répondu à tous ses courriels.
5. a perdu ses clés.
6. a dormi pendant un cours ennuyeux.
7. a attendu le bus pendant une demi-heure.
8. a très bien réussi à un examen.
9. a utilisé un tchat vidéo.

Exercice 3 Dans notre cours de français

Avez-vous fait ces activités cette semaine (la semaine dernière) dans votre cours de français?

> MODÈLE: regarder une vidéo →
> Oui, nous avons regardé une vidéo. (Non, nous n'avons pas regardé de vidéo.)

1. écouter une chanson française
2. étudier des nouveaux points de grammaire
3. parler seulement en français
4. envoyer des textos
5. travailler au laboratoire informatique
6. finir le chapitre 4
7. répondre au courriel d'un correspondant français
8. passer un examen

Exercice 4 Soirée d'adieux

Les étudiants de Mme Martin ont organisé une fête pour Pierre, l'assistant de français, qui va rentrer en France. Albert raconte ce que tout le monde a fait. Qu'est-ce qu'il dit?

> MODÈLE: la soirée / commencer à 7 h 30 →
> La soirée a commencé à 7 h 30.

1. Daniel et Louis / acheter des boissons*
2. nous / manger des crêpes
3. Barbara et Jacqueline / apporter des CD français
4. tout le monde / parler français
5. même Mme Martin / danser
6. nous / regarder des photos de cette année
7. Denise / donner un album de photos à Pierre
8. quelques étudiants / pleurer†

Irregular past participles

A. Most irregular verbs have past participles that fall into four groups (past participles ending in **-u, -it, -is,** and **-ert**). Use the following charts as reference lists when you do the exercises in this chapter and in the **Cahier d'exercices.**

PAST PARTICIPLES ENDING IN **-u**			
boire (*to drink*)	**bu**	plaire (à) (*to please*)	**plu**
connaître (*to know*)‡	**connu**	pleuvoir (*to rain*)	**plu**
courir (*to run*)	**couru**	pouvoir (*to be able*)	**pu**
devoir (*must, to have to*)	**dû**	recevoir (*to receive*)	**reçu**
lire (*to read*)	**lu**	voir (*to see*)	**vu**
obtenir (*to obtain*)	**obtenu**	vouloir (*to want*)	**voulu**

➤ Note the difference in meaning:

Ce poème m'a *plu*.
(*I liked that poem.*)

Il a *plu* hier soir.
(*It rained last night.*)

---

*choses qu'on boit, du vin, du coca, etc.

†*to cry*

‡Au passé composé, *to meet for the first time:* J'ai connu Guy à l'université. *I met Guy at university.*

—Agnès, est-ce que tu **as vu** Sarah hier?   *Agnès, did you see Sarah yesterday?*
—Non, il **a plu** et elle n'**a** pas **pu** sortir.   *No, it rained and she couldn't go out.*

—Est-ce que le film vous **a plu**?   *Did you like the movie? (Did the movie please you?)*

—Oui, je l'ai trouvé fascinant.   *Yes, I found it fascinating.*

PAST PARTICIPLES ENDING IN **-it, -is**

conduire (*to drive*)	**conduit**	prendre (*to take*)	**pris**
dire (*to say*)	**dit**	apprendre (*to learn*)	**appris**
écrire (*to write*)	**écrit**	comprendre (*to understand*)	**compris**
faire (*to do; to make*)	**fait**	mettre (*to put, put on*)	**mis**

—Qu'est-ce que tu **as fait** ce matin?   *What did you do this morning?*
— J'**ai écrit** une lettre à mes amis canadiens.   *I wrote a letter to my Canadian friends.*

Marise et Clarisse **ont mis** une robe pour sortir hier soir.   *Marise and Clarisse put on dresses to go out last night.*

PAST PARTICIPLES ENDING IN **-ert**

découvrir (*to discover*)	**découvert**
offrir (*to offer, give*)	**offert**
ouvrir (*to open*)	**ouvert**
souffrir (*to suffer*)	**souffert**

Mme Martin **a ouvert** son livre.   *Madame Martin opened her book.*
Sarah **a offert** des fleurs à Mme Rouet.   *Sarah gave some flowers to Madame Rouet.*

Pronunciation Hint

Liaison is always made between a plural subject pronoun and the helping verb **avoir;** the final consonant of the past participle is never pronounced: **nous‿avons̸ fai̸t, vous‿ave̸z di̸t, elles‿on̸t com̸pri̸s.**

B. The past participles of **avoir** and **être** are irregular. Both of these verbs use **avoir** as their helping verb.

➤ avoir: j'*ai* eu
   être: j'*ai* été

avoir (*to have*)	**eu**
être (*to be*)	**été**

J'**ai eu** un problème avec ma voiture hier soir.   *I had a problem with my car last night.*
J'**ai été** très content de vous revoir à cette fête.   *I was very happy to see you again at that party.*

Exercice 5 Qu'est-ce que tu as fait ce matin?

Répondez aux questions d'un(e) camarade.

MODÈLE: Est-ce que tu as bu un café ce matin? →
Oui, j'ai bu un café. (Non, je n'ai pas bu de café.)

1. Est-ce que tu as dû te lever de bonne heure?
2. Est-ce que tu as fait ton lit?
3. Est-ce que tu as pris le petit déjeuner?
4. Est-ce que tu as lu le journal?
5. Est-ce que tu as bu un coca?
6. Est-ce que tu as reçu un texto?
7. Est-ce que tu as conduit ta voiture?
8. Est-ce que tu as eu un accident?
9. Est-ce que tu as été en retard pour un cours?
10. Est-ce que tu as mis un manteau pour sortir?

Maintenant, posez les mêmes questions à votre professeur.

MODÈLE: Est-ce que vous avez bu un café ce matin?

Exercice 6 Qu'est-ce qu'ils ont fait aujourd'hui?

Choisissez les activités logiques des personnes suivantes.

MODÈLE: les chauffeurs de taxi →
Les chauffeurs de taxi ont conduit leur taxi.

1. les clients dans un bar
2. les spectateurs qui sortent du cinéma
3. l'explorateur célèbre
4. les bons étudiants
5. le fils affectueux
6. les acteurs au théâtre
7. l'auteur connu
8. la femme élégante

a. lire leurs leçons
b. découvrir une ville perdue
c. offrir un cadeau à sa mère
d. mettre une nouvelle robe
e. écrire un nouveau livre
f. voir un film
g. prendre un cocktail
h. apprendre leur rôle

Exercice 7 Le samedi de Jean-Yves

Mettez le récit de Jean-Yves Lescart au passé composé.

MODÈLE: J'ai de la difficulté à me lever. →
Samedi dernier, j'ai eu de la difficulté à me lever.

1. À 9 h, je reçois un coup de téléphone d'Agnès.
2. À 10 h, je rencontre Agnès et Sarah dans un petit café près du Louvre.
3. Sarah nous offre un café.
4. Nous avons une discussion animée au sujet du cinéma des années 50.
5. Enfin, nous prenons le métro pour aller voir le dernier film de Martin Scorsese.
6. Je leur dis au revoir et je dois courir pour prendre le métro.
7. J'ouvre ma porte et je vois tous mes livres de classe. À la vue de tout ce travail, je suis découragé.
8. Je mets mon pyjama et je fais la sieste.

Saying what you did: **Passé composé** with **être**

A. Most French verbs use **avoir** as the auxiliary in the **passé composé.** However, a few use **être** instead. The past participles of these verbs agree with the subject in gender and number.

> **passé composé =**
> **avoir** or **être** + past participle

> **je suis allé(e) =**
> *I went / I have gone / I did go*

> **Raoul est allé...**
> **Agnès est allée...**
> **Ils sont allés...**

PASSÉ COMPOSÉ: **aller** (*to go*)	
je **suis** allé(e)	nous **sommes** allé(e)s
tu **es** allé(e)	vous **êtes** allé(e)(s)
il/on **est** allé	ils **sont** allés
elle **est** allée	elles **sont** allées

Sylvie Legrand **est allée** en Louisiane la semaine dernière.
Son frère et sa belle-sœur **sont allés** en France.

Sylvie Legrand went to Louisiana last week.
Her brother and sister-in-law went to France.

Pronunciation Hint

Because final **-e** and **-s** are silent, the feminine and plural agreement endings on past participles are not pronounced, and for most past participles, all forms sound the same: **allé** = **allé, restés** = **resté.**

B. Many verbs conjugated with **être** in the **passé composé** denote a change in location.

PAST PARTICIPLE ENDING IN . . .			
-é		**-u**	
aller (*to go*) → **allé**		descendre (*to go down*) → **descendu**	
arriver (*to arrive*) → **arrivé**		venir (*to come*) → **venu**	
entrer (*to enter*) → **entré**		revenir (*to come back*) → **revenu**	
monter (*to go up*) → **monté**			
passer (*to pass, go by*) → **passé**			
rentrer (*to go home*) → **rentré**		**-i**	
retourner (*to return*) → **retourné**		partir (*to leave*) → **parti**	
tomber (*to fall*) → **tombé**		sortir (*to go out*) → **sorti**	

Les parents de Raoul **sont venus** lui rendre visite le week-end dernier. Ils **sont arrivés** vendredi soir.

Raoul's parents came to visit him last weekend. They arrived Friday night.

C. Here are a few verbs conjugated with **être** that do not denote a change in location. Note that they do denote a change in state (except **rester,** *to stay*).

rester (*to stay*)	→ **resté**
devenir (*to become*)	→ **devenu**
naître (*to be born*)	→ **né**
mourir (*to die*)	→ **mort**

Je **suis né** en 1992 et ma grand-mère **est morte** l'année suivante.

I was born in 1992, and my grandmother died the following year.

Exercice 8 La dernière fois

Parlez de la dernière fois que vous avez fait les choses suivantes.

MODÈLE: Quelle est la dernière fois que vous êtes monté(e) à cheval? →
Je suis monté(e) à cheval à l'âge de 7 ans. (Je ne suis jamais monté[e] à cheval.) (Je ne me souviens pas de la dernière fois que je suis...)

Quelle est la dernière fois que...

1. vous êtes sorti(e) sans prendre le petit déjeuner?
2. vous êtes allé(e) faire des courses au supermarché?
3. vous êtes monté(e) à la tour Eiffel?
4. vous êtes tombé(e)? (où?)
5. vous êtes parti(e) pour le week-end? (où?)
6. vous êtes arrivé(e) en cours en retard?
7. vous êtes passé(e) à la bibliothèque?
8. vous êtes entré(e) dans un bar?
9. vous êtes resté(e) au lit jusqu'à midi?
10. vous êtes rentré(e) après minuit?

Exercice 9 Un week-end de ski

Les Colin sont allés faire du ski dans les Alpes. Claudine raconte leur week-end. Mettez les verbes au passé composé.

MODÈLE: nous / aller passer le week-end à Megève →
Nous sommes allés passer le week-end à Megève.

1. nous / partir à 5 h vendredi soir
2. nous / arriver à Megève vers 10 h
3. samedi matin, les enfants / aller sur les pistes* de bonne heure
4. Victor et moi, nous / rester au lit un peu plus longtemps
5. Marise et Clarisse / monter et descendre plusieurs fois
6. elles / ne pas tomber, heureusement
7. samedi soir, nous / revenir au chalet pour dîner
8. dimanche matin, les enfants / retourner sur les pistes à 9 h
9. nous / rentrer à Clermont-Ferrand dimanche soir, fatigués mais très contents de notre week-end

*slopes

Exercice 10 Expériences

Caroline Njanga et Raoul Durand, étudiants étrangers à l'Université de Louisiane, comparent leurs expériences. Mettez les verbes au passé composé.

RAOUL: Moi, je (naître[1]) à Montréal. Et toi?

CAROLINE: Moi, je (naître[2]) à Yaoundé, au Cameroun. J'y (habiter[3]) pendant toute mon enfance.

RAOUL: Moi aussi, j'(habiter[4]) à Montréal toute ma vie. Je (quitter[5]) mon pays pour la première fois à l'âge de quinze ans. Je (aller[6]) à New-York pendant cinq jours avec ma classe d'anglais.

CAROLINE: Moi, je (ne jamais quitter[7]) mon pays avant de venir ici.

RAOUL: Quand est-ce que tu (arriver[8]) aux États-Unis?

CAROLINE: Je (arriver[9]) en août dernier. Et toi?

RAOUL: Moi aussi, je (arriver[10]) en août. Est-ce que tu (rentrer[11]) chez toi pour les vacances de Noël?

CAROLINE: Non, c'est trop loin et beaucoup trop cher! Alors je (rester[12]) ici pour les fêtes.

RAOUL: Moi, j'ai de la chance. Comme le Canada n'est pas très loin, je (pouvoir[13]) rentrer chez moi à Noël.

5.4 Passé composé of reflexive verbs

➤ Reflexive pronouns *precede* the helping verb: **Je *me* suis couché(e).**

A. The **passé composé** of reflexive verbs is always formed with **être.** The reflexive pronoun precedes the helping verb.

—Bernard, tu as l'air fatigué. À quelle heure est-ce que tu **t'es levé** ce matin?

Bernard, you look tired. What time did you get up this morning?

—Je **me suis couché** après minuit et **je me suis levé** à 7 h.

I went to bed after midnight, and I got up at 7:00.

B. Because their past tense is formed with **être,** participles used in past reflexive constructions usually agree in gender and number with the subject.

Marie **s'est levée** à 8 h.
Nathalie et Camille **se sont levées** à 10 h.

Marie got up at 8:00.
Nathalie and Camille got up at 10:00.

Exercice 11 Préparatifs

Bernard et Christine Lasalle sont allés à une grande soirée le mois dernier. Lisez ce qu'ils ont fait avant d'y aller. Est-ce que vous avez fait les mêmes choses la dernière fois que vous êtes sorti(e)?

MODÈLE: Bernard s'est lavé les cheveux. →
Moi aussi, je me suis lavé les cheveux. (Je ne me suis pas lavé les cheveux.)

1. Christine est allée chez le coiffeur.
2. En fin d'après-midi, Bernard et Christine se sont reposés.
3. Bernard s'est douché.
4. Ils se sont brossé les dents.
5. Christine s'est maquillée et Bernard s'est rasé avec son rasoir électrique.
6. Ils se sont habillés en vitesse.
7. Ils se sont bien amusés et ils sont rentrés après minuit.
8. Ils se sont couchés et ils se sont tout de suite endormis.

Exercice 12 La fête

Caroline est sortie avec Albert. Écrivez des phrases au passé composé.

MODÈLE: (Numéro sept) Caroline et Albert sont partis à 2 h du matin.

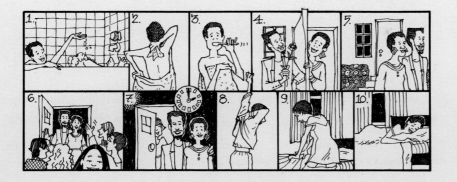

Vocabulaire utile

arriver à la fête	se déshabiller
arriver chez elle	s'endormir
se baigner	partir à 2 h du matin
se brosser les dents	se sécher
se coucher	sortir ensemble

5.5   Negative expressions

A. So far, you have most often used the expression **ne... pas** to negate sentences. Here are several other negative expressions, grouped with the corresponding affirmative expressions.

AFFIRMATIVE	NEGATIVE
quelque chose (*something*)	**ne... rien** (*nothing*)
	or
tout (*everything*)	**rien... ne** (*nothing*)
quelqu'un (*somebody*)	**ne... personne** (*nobody*)
	or
tout le monde (*everybody*)	**personne... ne** (*nobody*)
quelquefois (*sometimes*)	**ne... jamais** (*never*)
toujours (*always*)	
un jour (*someday*)	
déjà (*already*)	**ne... pas encore** (*not yet*)
encore (*still*)	**ne... plus** (*no longer*)
toujours (*still*)	

Note that these expressions occur in the same position as **ne... pas.** They are placed around the first verb (i.e., the helping verb in **passé composé**).

—Est-ce que ta sœur fume toujours?   *Does your sister still smoke?*
—Non, elle **ne** fume **plus.**   *No, she doesn't smoke anymore.*

Moi, je **n'**ai **jamais** fumé.   *I have never smoked (I never smoked).*

Nous **ne** sommes **pas encore** allés en Tunisie.   *We haven't been to Tunisia yet.*

Je **n'**ai **rien** dit à Mme Martin.   *I didn't say anything to Madame Martin.*

Exception: The word **personne** is placed *after* the past participle in the **passé composé.**

Je **n'**ai rencontré **personne** au café.   *I didn't meet anyone at the cafe.*

➤ *Rien ne marche.*
(Nothing works.)
Personne n'est parfait.
(Nobody's perfect.)
Ça ne fait rien.
(It doesn't matter.)
Il n'aime personne.
(He doesn't like anybody.)

B. The words **rien** and **personne** can be used as subjects as well as objects of the verb. In both cases, **ne** is used before the verb.

Nous ne sommes pas prêts.   *We aren't ready. Nothing is finished.*
Rien n'est terminé.
Personne n'est venu me voir.   *No one came to see me.*

➤ Review **Grammaire 3.6** on the use of partitive articles.

C. As with **ne... pas,** the indefinite and partitive articles (**un, une, des; du, de la, de l'**) usually become **de (d')** after any negative expression.

Je **n'**ai **jamais** mangé **d'**escargots.   *I have never eaten (any) snails.*
Nous **n'**avons **plus d'**amis à Strasbourg.   *We no longer have (any) friends in Strasbourg.*

D. The expression **ne... que** is not negative, but rather is used to express the notion of restriction. It is usually synonymous with **seulement** (*only*).

> EXPRESSING RESTRICTION (*ONLY*)
>
> **ne... que = seulement**

Unlike the negative expressions, the position of **que** varies: it is always placed before the item that is the focus of the restriction.

Je **n'**ai **que** cinq euros.   *I have only five euros. (I only have five euros.)*
Nous **n'**avons visité **que** la tour Eiffel.   *We visited only the Eiffel Tower. (We only visited the Eiffel Tower.)*

E. Unlike English, French allows more than one negative in a sentence.

Personne ne fait **jamais rien!**   *Nobody ever does anything!*

➤ Informal French:
J'ai qu'un bouquin.
(I only have one book.)

F. In informal spoken French, **ne** is omitted in many negative and restrictive sentences. As a learner of French, however, you should always use both parts of these expressions, because they are required in formal and written French.

Exercice 13 Deux villes imaginaires

Lisez la description d'une ville où *tout va bien* et écrivez la description d'une ville où *tout va mal*.

> MODÈLE: Dans la ville où tout va bien, *tout le monde* est content. →
> Dans la ville où tout va mal, *personne n'*est content.

Dans la ville où tout va bien,...

1. les enfants obéissent *toujours* à leurs parents.
2. *tout* est simple et calme.
3. *tout le monde* est dynamique.
4. on fait *souvent* la fête.
5. on a *déjà* éliminé la pollution de l'air.
6. les habitants aiment *tout le monde*.
7. on a *quelque chose* d'intéressant à faire.
8. la ville est *toujours* prospère.

Exercice 14 Fausses impressions

Un ami français vous pose des questions sur votre vie. Répondez avec **ne... que** et l'expression indiquée.

> MODÈLE: Tu as beaucoup de frères et sœurs? (un frère) →
> Non, je n'ai qu'un frère.

1. Tu as un appartement? (une chambre)
2. Tu as une voiture? (un vélo)
3. Tes parents ont une maison? (un appartement)
4. Il y a un métro dans ta ville? (des autobus)
5. Tes parents ont un mois de vacances? (quinze jours de vacances)
6. Tu as étudié d'autres langues étrangères? (le français)
7. Tu as visité la Californie? (la côte est)

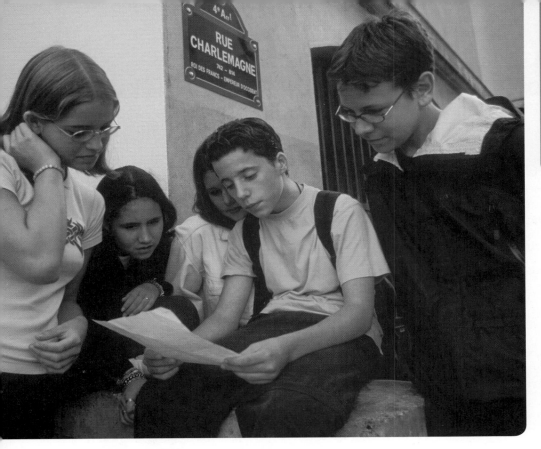

Après les cours, ces élèves du Lycée Charlemagne dans le Marais (4e arrondissement de Paris) lisent un devoir que le professeur leur a rendu.

L'enfance et la jeunesse

Objectifs

In *Chapitre 6*, you will learn to talk about what you used to do and how you felt in the past.

ACTIVITÉS

Les activités de l'enfance
La jeunesse
Les rapports avec les autres
Souvenirs et événements du passé

LECTURES

À la rencontre des arts
Le griot de la *World Music:* Youssou N'Dour
La langue en mouvement
Le français québécois
À propos... Carnavals d'Amérique
À vous de lire «Le jour où je suis devenu grand»

GRAMMAIRE

Les activités de l'enfance

⭐ Attention! Étudier Grammaire 6.1 et 6.2

Au Québec, Raoul Durand faisait du ski en hiver.

Florence Vincent jouait à cache-cache dans le jardin avec ses amis.

Christine Lasalle lisait des bandes dessinées.

Mme Martin adorait courir avec son chien.

Barbara bâtissait des châteaux de sable sur la plage.

Quelquefois, Albert et ses amis montaient des spectacles.

Pendant leurs vacances en Provence, Charles et Nathalie montaient à cheval.

Dans les années 50, Marie Lasalle adorait la télévision, même en noir et blanc.

Caroline nageait dans l'océan au Cameroun.

Activité 1 Interro: Qu'est-cè qu'ils faisaient?

É1: Qui aimait courir avec son chien?
É2: C'était Mme Martin. Elle courait avec son chien.
É1: Oui... /Non...

Activité 2 Associations: L'enfance de quelques
personnes célèbres

Associez chacune des actions à l'enfance d'une de ces personnes célèbres.

Jean-Michel Cousteau, navigateur et océanographe
Laure Manaudou, nageuse
Daniel Auteuil, acteur
Claudie Haigneré, astronaute et médecin

Qui...

1. s'entraînait à la piscine municipale?
2. faisait souvent de la voile?
3. savait beaucoup sur le cinéma?
4. voulait étudier la médecine?
5. connaissait des vedettes de cinéma?
6. étudiait l'éducation physique et sportive?
7. s'intéressait à la physique?
8. apprenait tout sur le système solaire?
9. rêvait d'aller aux Jeux Olympiques?
10. jouait dans des opéras-comiques?
11. voulait protéger les océans?
12. étudiait l'élocution?
13. rêvait de voyager dans l'espace?
14. était passionné par la vie sous-marine?
15. avait des cours de théâtre?
16. faisait de la musculation au gymnase?

Activité 3 Récit: Le monde des enfants

Regardez le tableau et écoutez les descriptions de votre professeur. Dites si les
phrases sont vraies ou fausses.

Cliquez là!

Visitez le site d'un collège en France ou dans un pays francophone pour obtenir des renseignements sur la vie scolaire des jeunes adolescents dans ce pays. Qu'est-ce que les élèves étudient dans cette école? Quelles activités est-ce qu'ils peuvent faire? Est-ce que la vie dans ce collège ressemble à votre vie scolaire à l'âge de 10–11 ans?

Activité 4 Entretien: Quand j'étais petit(e)

1. Quelles étaient tes émissions de télé préférées? Pourquoi?
2. À quelle école allais-tu? Elle te plaisait? Pourquoi? Pourquoi pas?
3. Tu jouais avec tes petits copains? À quels jeux?
4. Quels gadgets électroniques avais-tu? Lesquels as-tu perdus?
5. Tu avais un chien ou un chat? Il s'appelait comment? Comment était-il/elle?
6. Tu recevais de l'argent de poche? Combien? Tu l'économisais ou tu le dépensais? À quoi?
7. Tu faisais des tâches ménagères à la maison? Lesquelles?
8. Est-ce que tu regardais les dessins animés le samedi? Lesquels?
9. Est-ce que quelqu'un te lisait les bandes dessinées? Lesquelles?

Allons plus loin!

Pensez à des activités que vous aimiez faire et qui n'existaient pas quand vos grands-parents étaient enfants. Pourquoi est-ce que ces activités n'existaient pas?

La jeunesse

* Attention! Étudier Grammaire 6.3 et 6.4

L'album de photos de Marie Lasalle

J'avais 15 ans et j'allais à l'école de filles. Moi, j'avais de la chance. J'aimais l'école et j'avais beaucoup d'amies.

Mme Kaffès était une personne stricte qui savait discipliner ses élèves.

Madeleine et Emma étaient les camarades que je préférais. C'étaient les pitres de la classe.

Florence riait tout le temps. Odile apprenait très vite et Reine avait peur de parler en classe.

Activité 5   Échanges: Les camarades de classe

Est-ce que vous connaissiez ces genres de personnes au lycée? Comment s'appelaient-elles? Expliquez vos réponses.

MODÈLE: É1: Au lycée, tu connaissais quelqu'un qui séchait les cours?
          É2: Oui, Benny Roberts! Il séchait des cours pour aller jouer au billard avec ses copains. Et toi, tu connaissais quelqu'un comme ça?

1. quelqu'un qui était doué en musique
2. quelqu'un qui n'était jamais content
3. quelqu'un que tes parents n'aimaient pas
4. quelqu'un que tout le monde admirait
5. quelqu'un qui pouvait sortir quand il/elle voulait
6. quelqu'un qui se passionnait pour les ordinateurs
7. quelqu'un qui bavardait sans arrêt sur son portable
8. quelqu'un qui dépensait beaucoup d'argent
9. quelqu'un qui adorait les sports d'équipe

Activité 6   Récit: L'adolescence de Barbara

Voici certaines activités de Barbara vers l'âge de 15 ans. Posez à votre partenaire des questions basées sur le tableau et demandez-lui s'il (si elle) faisait la même chose à cet âge-là.

MODÈLE: É1: Que faisait Barbara le week-end?
          É2: Elle montait à cheval.
          É1: Toi, tu montais à cheval à cet âge-là?
          É2: Ah non, je ne montais pas à cheval. J'avais peur des chevaux!

Vocabulaire utile   une colonie de vacances, la messe de minuit, monter à cheval, ranger sa chambre, la veille de Noël

Activité 7 Entretien: La vie au lycée

1. Au lycée, est-ce que tu arrivais normalement à l'heure ou en retard le matin? Pourquoi?
2. Tu lisais beaucoup? Qu'est-ce que tu aimais lire?
3. Tu passais beaucoup de temps sur Internet? Est-ce que tu rouspétais si tes parents voulaient contrôler les sites où tu surfais?
4. Qu'est-ce que tu faisais le week-end? (Tu allais au cinéma? Tu faisais du sport?)
5. Tu étais membre d'une organisation? (l'orchestre? un club? une équipe?) Pourquoi?
6. Tu travaillais après les cours? (Où? Combien d'heures par semaine?)
7. Quels sont tes meilleurs souvenirs de tes années au lycée?

À la rencontre des arts

Le griot de la *World Music:* Youssou N'Dour

● Youssou N'Dour en concert

À l'origine, les griots étaient des musiciens de cour de l'empire africain du Mali (XIIIe-XVe siècles) qui racontaient l'histoire de leur peuple, les Malinké (ou Mandingues). Les griots chantaient en s'accompagnant de la kora, une sorte de luth à douze cordes, ou du balafon (xylophone africain). Au XXe siècle, cette tradition a fusionné avec diverses formes de musique populaire africaine pour créer un style original représenté par un artiste comme le Sénégalais Youssou N'Dour. Né dans une famille de griots, N'Dour pratique le *m'balax*, une forme de pop proprement[1] sénégalaise. En 1988, sa participation à la tournée *Human Rights Now* d'Amnesty International—aux côtés de Bruce Springsteen, Sting et Peter Gabriel—a fait de lui une star planétaire qui chante en anglais, en français et en wolof.[2] «Cela m'a donné confiance en moi. Aujourd'hui, mon travail, c'est d'être le miroir du Sénégal, d'interpréter la vision d'un poète et de l'amener près du peuple. Je suis convaincu[3] que l'Afrique est le futur.» Il possède un club où on vient danser, mais aussi un journal et une station de radio. Engagé pour la défense des droits de l'homme, il est musulman pratiquant et, pour lui, il n'y a pas de contradiction entre ces diverses traditions. «Je comprends parfaitement la personne qui est le vendredi à la mosquée puis le samedi en boîte de nuit.[4] Ici, au Sénégal, la religion musulmane ne correspond pas du tout à ce que l'on peut parfois voir ailleurs.[5] On vit dans un pays laïque[6] où 95 % des gens sont musulmans, et cela se passe bien.»

[1] spécifiquement
[2] langue africaine, majoritaire au Sénégal
[3] participe passé de «convaincre»
[4] boîte... club de danse
[5] dans un autre pays
[6] qui n'a pas de religion officielle

LA LANGUE EN MOUVEMENT

Le français québécois

Le français parlé dans d'autres pays du monde diffère du français de France, surtout par son vocabulaire et sa prononciation. Au Québec, par exemple, on peut entendre un accent très différent de l'accent parisien. Le trait le plus remarquable, c'est la prononciation de «t» comme «ts» et de «d» comme «dz» devant les voyelles «i» et «u»: «petsit» pour «petit», et «dzur» pour «dur».

Voici quelques expressions québécoises avec leur équivalent en français de France:

bienvenue = de rien	*le déjeuner* = le petit déjeuner
bonjour = bonjour ou au revoir	*le dîner* = le déjeuner
un breuvage = une boisson	*le souper* = le dîner

<u>MISE EN PRATIQUE</u> Imaginez que vous êtes Québécois(e)! Vous rencontrez un(e) ami(e) et vous discutez de votre dernier repas et de votre prochain repas avec lui (elle). Remerciez votre ami(e) de quelque chose, et puis saluez-le/la à la fin.

Les rapports avec les autres

✱ Attention! Étudier Grammaire 6.5 et 6.6

Julien Leroux parle de sa famille.

Dans ma famille, c'était ma mère qui s'occupait des finances.

Mon père s'énervait quand nous ne voulions pas participer aux tâches ménagères.

Mon petit frère s'en allait quand il se fâchait.

Ma grand-mère m'offrait souvent un morceau de gâteau.

Je m'entendais très bien avec ma sœur. Parfois, je lui donnais de l'argent pour faire la vaisselle à ma place.

Nous avions trois chats. Celui que je préférais, c'était Tibert. Il se battait avec les autres chats du quartier.

Activité 8 Discussion: Les autres et moi

Qu'est-ce que vous faisiez dans ces situations quand vous étiez au lycée?

1. Quand quelqu'un voulait m'emprunter un vêtement,...
   a. j'hésitais et je cherchais des excuses.
   b. je m'énervais et je refusais.
   c. je lui prêtais le vêtement.
2. Si mes parents me demandaient d'aider à la maison,...
   a. je me fâchais et je leur disais que c'était injuste.
   b. je leur disais que j'avais trop de devoirs.
   c. je leur obéissais tout de suite.
3. Les jours où je ne voulais pas aller en cours,...
   a. je disais que je ne me sentais pas bien.
   b. je faisais l'école buissonnière.
   c. je faisais des courses pour ma mère.
4. Si (mon père) ne me permettait pas de sortir,...
   a. je sortais sans rien lui dire.
   b. je me disputais avec lui.
   c. je pleurais.
5. Si un(e) de mes ami(e)s se moquait de moi,...
   a. je faisais la tête et je refusais de lui parler.
   b. je me battais avec lui/elle.
   c. je ne le/la prenais pas au sérieux. Ça me faisait rire.

À vous la parole!

Moi aussi!   Ça, c'est une bonne idée!
Moi non, je...   Qu'est-ce qui se passait ensuite?
Ça, c'est rigolo!   Et tu n'avais jamais d'ennuis?

MODÈLE: É1: Quand mon père ne me permettait pas de sortir, je me disputais avec lui.
         É2: Et qu'est-ce qui se passait ensuite?

Activité 9 Dans le monde francophone: Qu'est-ce que c'est qu'un méchant?

Lisez la question d'Ève-Marie et la réponse de la revue *Astrapi* à la page 200. Ensuite, dites si ces phrases font partie de la réponse.

1. On devient méchant parce qu'on est mal nourri.
2. Parfois, on devient méchant parce qu'on cherche à se défendre.
3. Dans certains cas, on ne sait pas pourquoi les gens sont méchants.
4. Le monde est divisé en deux groupes: les bons et les méchants.
5. L'amour joue peut-être un rôle dans la formation de notre caractère.
6. On est influencé par les cycles de la lune.

Allons plus loin!

Avec un(e) partenaire, faites une liste de situations qui peuvent influencer l'humeur et la conduite des gens. Par exemple: *On dit que les gens sont de mauvaise humeur et qu'ils conduisent mal quand il pleut.*

Pourquoi y a-t-il des méchants ?

J'ai horreur d'être gentil !

Cette question est posée par Eve-Marie (8 ans). Voici la réponse d'Astrapi.

Dans certains films à la télé, il y a les gentils,
qui sont toujours très gentils,
et les méchants, qui sont vraiment très méchants.

Mais dans la vie, est-ce qu'on peut aussi facilement
partager le monde en bons et en méchants ?

Souvent, on devient méchant
parce qu'on se sent attaqué
et qu'on cherche à se défendre.
Souvent, on devient méchant
parce qu'on n'est pas assez aimé
ou on croit qu'on n'est pas aimé.
Mais il y a aussi des cas où on ne sait pas
du tout pourquoi certains
deviennent aussi méchants que ça !

Au fond, chacun de nous a tout à la fois
du bon et du méchant en soi.

*As-tu une autre réponse ? Si tu veux, tu peux aussi nous envoyer
d'autres questions sur d'autres sujets.*

Activité 10   Sondage: La famille

À votre avis, est-ce qu'on observe les situations suivantes *souvent*, *quelquefois* ou *rarement* dans une famille moderne? Pourquoi?

> MODÈLE: un père qui s'occupe du ménage →
> On ne voit pas ça très souvent, mais je connais des pères qui font le ménage.

1. des parents qui s'intéressent aux amis de leurs enfants
2. des enfants qui se disputent parce qu'ils veulent tous faire la vaisselle
3. des parents qui s'inquiètent quand les enfants rentrent en retard
4. des enfants qui se fâchent parce que leurs parents leur donnent trop d'argent
5. des enfants qui se battent quelquefois
6. une mère qui s'occupe de la voiture
7. un mari qui s'énerve parce que sa femme veut travailler en dehors de la maison
8. une famille où tout le monde s'entend bien et où il n'y a jamais de disputes

Activité 11   Sondage: La politesse

Que pensez-vous des suggestions suivantes? Décidez avec votre partenaire si vous êtes d'accord ou non, ou si ça dépend des circonstances.

1. On doit s'excuser quand on bouscule une autre personne.
2. Il est acceptable de crier très fort quand on s'énerve.
3. Si quelqu'un dit «merci», il est poli de lui répondre «de rien».
4. Il est normal de s'occuper des affaires de ses voisins.
5. En voiture, on peut klaxonner quand on est pressé.
6. On ne doit pas parler et mâcher du chewing-gum en même temps.
7. Il vaut mieux éviter de se disputer avec un étranger.
8. Les hommes doivent ouvrir la porte pour les femmes.
9. On peut mettre la télé si la conversation n'est pas intéressante.
10. Il est impoli d'utiliser son portable au restaurant quand on dîne seul.
11. Il est normal de partager tous ses secrets avec ses amis de Facebook.
12. En cours, on doit éteindre son portable.

Souvenirs et événements du passé

✳ Attention! Étudier Grammaire 6.7 et 6.8

Les fêtes et les jours fériés

le jour de l'An

le nouvel an chinois

un cœur

la Saint-Valentin

Pâques — un lis

la Bastille

la fête nationale

le Ramadan

la Toussaint

la fête des Morts

Hanoukka

DÉC 24

le réveillon de Noël

Noël

un sapin

Les traditions

Le 6 janvier (la fête des Rois), Emmanuel a trouvé la fève dans son morceau de galette.

Le 2 février, Nathalie a réussi à faire sauter sa crêpe pour la Chandeleur.

L'année dernière, Bernard et Christine Lasalle ont vu le défilé pendant la fête du Mardi gras à Nice.

Le premier avril, ses camarades de classe ont attaché un poisson d'avril au dos de Joël.

Le premier mai, Francis Lasalle a offert du muguet à Marie.

Tous les ans, la famille Lasalle va voir le feu d'artifice le 14 juillet.

Activité 12 Associations: Les fêtes et les coutumes

Associez les fêtes aux traditions de la liste. À quelles autres traditions pensez-vous quand vous pensez à ces fêtes?

1. un bon dîner et des crêpes
2. un feu d'artifice et un défilé
3. un sapin et des cadeaux
4. les Rois mages et une galette
5. des œufs décorés et des lapins
6. des costumes extravagants et des bals
7. des bougies allumées dans la menora
8. des Cupidons et des cœurs
9. des cartes de vœux et des cadeaux
10. des résolutions et du champagne
11. des orchestres et des fêtes dans la rue
12. le début de l'année lunaire et un dragon

la Saint-Valentin
la fête nationale
la Chandeleur
Noël
la fête des Rois
le mardi gras
Pâques
Hanoukka
le nouvel an

Activité 13 Définitions: Descriptions des fêtes

Regardez les dessins à la page 201 et écoutez la description. Ensuite, identifiez la fête ou la tradition.

1. Cette fête sacrée musulmane dure 30 jours. Pendant cette période, les gens ne mangent pas entre le lever et le coucher du soleil. Chaque soir, il y a un grand dîner familial.
2. Cette fête juive dure huit jours. Le soir, la famille se regroupe autour d'un chandelier où on allume des bougies. Ensuite, il y a un bon dîner familial et des cadeaux pour les enfants.
3. Cette fête chrétienne est célébrée le 25 décembre. Le matin, les enfants se précipitent pour voir si le Père Noël leur a laissé des cadeaux. Tout le monde offre des cadeaux et on fait un bon dîner en famille.
4. C'est la fête de Cupidon et des amoureux. Ce jour-là, on échange des cartes et des cadeaux, surtout des fleurs ou des bonbons.
5. Cette fête dure trois semaines et marque le début de l'année lunaire. Il y a des dîners de famille somptueux, des vœux de printemps et des cadeaux. La danse du dragon et du lion est un des moments magiques de la fête.
6. C'est le jour avant les privations du Carême. Dans certaines villes, il y a même des carnavals, des bals et des défilés. Beaucoup de gens font la fête dans les rues.
7. Ce n'est pas une fête religieuse mais patriotique. Sa date dépend du pays où on la célèbre, mais on l'associe très souvent à un feu d'artifice et, souvent, à un défilé militaire.

Allons plus loin!

Quelle est votre fête préférée? Qu'est-ce que vous aimez faire pour fêter votre anniversaire? Que faites-vous pour la fête des Mères et pour la fête des Pères?

Activité 14 Entretien: Les traditions américaines

Répondez aux questions en disant quelles autres coutumes et traditions existaient dans votre famille quand vous étiez petit(e).

MODÈLE: É1: Est-ce que tu cherchais des œufs le jour de Pâques?
É2: Oui, toujours. Et avant, nous allions à la messe dans nos beaux vêtements neufs. Moi, j'avais toujours très froid.

Quand tu étais petit(e), est-ce que...

1. tu croyais au Père Noël? Tu lui laissais des petits gâteaux et du lait la veille de Noël?
2. tu te déguisais pour aller chez les voisins pour Halloween?
3. tu pique-niquais et tu allais voir un feu d'artifice le jour de la fête nationale?
4. tu mangeais trop de bonbons avant le petit déjeuner le jour de Pâques?
5. tu avais un gâteau avec des bougies pour ton anniversaire?
6. tu aidais à préparer le petit déjeuner pour ta mère le jour de la fête des Mères?
7. tu aidais à allumer les bougies de la menora pendant Hanoukka?
8. ta famille mangeait de la dinde et regardait des matchs de football américain pour Thanksgiving?
9. tu offrais une cravate à ton père pour la fête des Pères?
10. tu échangeais des cartes et des bonbons avec tes camarades de classe à la Saint-Valentin?
11. tu aidais à recevoir les invités qui venaient dîner après la journée de jeûne de Ramadan?
12. tu assistais au défilé pour entendre les pétards et pour voir le dragon le jour du nouvel an chinois?

À propos...
Carnavals d'Amérique

● Le Bonhomme Carnaval à Québec

Le carnaval est une des traditions européennes les plus anciennes (elle date de l'antiquité romaine!). À partir du XVIe siècle, elle a été exportée dans les colonies françaises, avec beaucoup de succès: aujourd'hui, les célébrations de Québec et de La Nouvelle-Orléans sont mondialement connues. Le «Carnaval d'hiver» se tient chaque année pendant deux semaines en janvier-février dans la ville historique de Québec. Elle attire des milliers de gens du Canada, des États-Unis et du monde entier, en dépit du froid intense. Bain de neige, jeu de football géant, pêche sur la glace, promenades en carrioles,[1] sculptures de glace, traversée du Saint-Laurent gelé[2]... les activités sont nombreuses. L'attraction principale, c'est le défilé[3] nocturne, mené par le célèbre Bonhomme Carnaval, réplique vivante d'un bonhomme de neige. À La Nouvelle-Orléans, les célébrations publiques se concentrent sur le Mardi gras, dernier jour de la période du carnaval. Il y a plusieurs siècles, c'était d'abord une fête religieuse: on mangeait «gras» (de la viande) et on s'amusait pendant le carnaval, puis on faisait pénitence et on mangeait «maigre» pendant les quarante jours suivants, le Carême. À l'heure actuelle, c'est surtout une occasion de faire la fête et de se déguiser avec des costumes extravagants.

[1] véhicules à cheval
[2] solidifié par le froid
[3] parade

POUR RÉSUMER

À vous de parler

A. Écoutez le professeur et mettez les phrases dans l'ordre logique. Ensuite, devinez de quelle fête il s'agit.

_____ Les enfants ont préféré les glaces aux discours politiques. La vendeuse en a vendu beaucoup!

_____ Après le défilé, la foule s'est dispersée. Il faisait chaud et les gens étaient fatigués. C'était le moment du déjeuner.

_____ Une foule de gens s'est rassemblée pour regarder passer le défilé militaire. Beaucoup de spectateurs ont applaudi.

_____ Après le feu d'artifice, la plupart des gens sont rentrés chez eux. Ils étaient fatigués, mais heureux après cette journée de fête.

_____ Pendant l'après-midi, il y a eu des discours politiques. Beaucoup de gens sont venus les écouter.

_____ À la fin de la journée, une foule énorme s'est rassemblée pour voir le feu d'artifice. Tout le monde a été ébloui!

_____ À la fin du défilé, l'Armée de l'air a montré la puissance de ses avions de chasse. Les gens ont été impressionnés.

B. Avez-vous déjà assisté à une grande fête publique? À quelle fête? Où êtes-vous allé(e)? Avec qui? Comment était la fête? Y avait-il beaucoup de gens? Quelles étaient les activités qu'on pouvait y faire?

À vous de lire

«Le Jour où je suis devenu grand par Azouz Begag»

Le narrateur est le fils de parents algériens émigrés en France. Il est l'aîné des enfants, et, comme il aime beaucoup lire, on le considère comme «l'intellectuel» de la famille.

Elle[1] avait fait écrire un mot magique par un homme-sorcier[2] pour faire de moi un savant docteur. Et elle était persuadée que la magie fonctionnait à merveille quand elle me regardait étudier. Quand j'étais son petit, sitôt rentré de classe, mes devoirs et mes leçons absorbaient tout, mon temps, mon énergie et ma santé. Alors, pendant que je travaillais sur la table de la cuisine, elle tenait mes frères et sœurs à distance pour laisser l'air nécessaire à mon esprit. [...] Elle m'apportait des gâteaux au miel qu'elle avait cuisinés pour moi.

Mais un jour je suis devenu grand. Brutalement. [...]

Je me souviens très bien de ce jour. [...] J'étais avec ma mère à la maison. Quelqu'un a sonné à la porte et elle m'a dit : «Va ouvrir, ton père a sonné. Il a dû oublier[3] ses clefs.» Et j'ai couru à la porte. J'ai ouvert, mais ce n'était pas mon père du tout. C'était un autre homme. Un travailleur comme lui [...]. C'était son chef. Celui qui donnait les ordres et la paye. [...]

— Bonjour p'tit! ta maman est là? [...]

— Mon père n'est pas encore arrivé, j'ai répondu, parce que ma mère ne pouvait pas bien comprendre ce qu'il allait dire.

---

[1]Ma mère [2]magicien [3]Il... Il a probablement oublié

● —Votre mari est DCD.

Elle ne pouvait pas non plus bien lui parler. Mais il a insisté. Son regard était bizarre. Alors je suis allé chercher ma mère. Il lui a jeté à la figure[4] le mot DCD.[5] Elle m'a regardé et m'a demandé qu'est-ce qu'il avait «dicidi» le chef, et moi je ne pouvait pas encore comprendre ce que voulait dire «votre mari est DCD». [...] Ensuite il a dit: «Monsieur Slimane est mort cet après-midi... un accident du travail.» Et ma mère qui ne comprenait du francais que le minimum vital est tombée sur le carrelage[6] [...]. Moi je suis devenu grand et vieux en même temps. [...]

Depuis ce jour, j'ai balancé[7] à la poubelle mon rêve de devenir docteur savant. Volatilisée[8] l'envie d'apprendre le calcul, les affluents de la Seine, l'histoire des rois Louis, les récitations de Paul Verlaine.[9] Quand mon père est devenu DCD, j'ai vu ces choses, toutes petites dans la vie et complètement inutiles. [...]

Devenir riche! C'est ça que je voulais. Tout de suite. Je n'avais plus le temps de préparer mon avenir. Les savants ne sont jamais riches. Ils sont tellement passionnés par leur travail qu'ils oublient de gagner de l'argent pour le ramener à leur famille.

From *Les Voleurs d'écritures,* Azouz Begag, Catherine Louis, © Editions du Seuil, 1990, nouvelle *édition* 2006, sous le titre *Les Voleurs d'écritures; (suivi de) Les Tireurs d'étoiles.*

---

[4]visage [5]DCD = décédé: mort [6]plancher, sol [7]jeté [8]Disparue [9]Paul... poète français (1844–1896)

Avez-vous compris?

Vrai ou faux? Si c'est faux, corrigez la phrase.

1. L'ambition du narrateur a toujours été de devenir riche.
2. Il travaillait dans la cuisine pour avoir des gâteaux.
3. Il aimait beaucoup faire ses devoirs.
4. La mère a imaginé que le père était rentré sans ses clés.
5. Quand le chef a parlé à la mère, elle n'a rien compris.
6. Après la mort de son père, le narrateur a changé d'opinion sur l'importance des études.
7. Le narrateur a changé physiquement ce jour-là.

Allons plus loin!

Imaginez des suites possibles à l'histoire du narrateur. Pour gagner beaucoup d'argent...

- Il abandonne l'école et va chercher du travail...
- Il décide de faire des études de marketing...
- Il préfère exercer des activités illégales...
- ...

 ## À vous d'écrire

Il y a un siècle, la vie était bien différente de la vie d'aujourd'hui. Comparez la vie dans votre ville il y a 100 ans et la vie aujourd'hui. Avant de commencer, faites une liste des choses qui étaient différentes en 19–.

MODÈLE: *Il y a 100 ans, les gens n'avaient pas de télévision. Aujourd'hui, tout le monde a au moins une télé et regarde les émissions même sur Internet!*

Vocabulaire

L'enfance

avoir peur (de)	to be afraid (of)
bâtir un château de sable	to build a sand castle
dessiner	to draw
grimper aux arbres	to climb trees
jouer à cache-cache	to play hide-and-seek
jouer au base-ball	to play baseball
monter à cheval	to ride a horse
monter un spectacle	to put on a play
obéir à ses parents	to obey one's parents
pleurer	to weep, cry
recevoir de l'argent de poche	to get an allowance
regarder les dessins animés	to watch cartoons
regarder une émission de télé	to watch a television show
une bande dessinée	a comic strip
une colonie de vacances	a summer camp
un jeu (des jeux)	a game (games)

Mots apparentés: **un album de photos, un tricycle**

L'adolescence

chercher des excuses	to make excuses
dépenser de l'argent	to spend money
économiser de l'argent	to save money

emprunter (un CD)	to borrow (a CD)
s'en aller	to go away
faire un devoir	to do homework
faire l'école buissonnière	to play hookey
faire partie d'une équipe	to be on a team
faire le pitre	to act silly
faire la tête	to sulk, pout
mâcher du chewing-gum	to chew gum
prêter (un livre)	to lend (a book)

Les sentiments, les émotions et la conduite

avoir des ennuis	to have problems
se battre (avec qqn)	to fight (with someone)
crier fort	to scream loudly
se disputer (avec)	to argue (with)
s'énerver	to get irritated
s'entendre (avec)	to get along (with)
être impoli(e)	to be impolite
s'excuser	to apologize
se fâcher	to get angry
s'inquiéter (de)	to worry (about)
s'intéresser à	to be interested in
se moquer de	to make fun of
s'occuper de	to take care of

se passionner (pour)	to be excited (about)
plaire (à)	to be pleasing, attractive (to)
prendre au sérieux	to take seriously
rire	to laugh
se sentir bien (mal)	to feel good (bad)

Les fêtes et les traditions

Holidays and traditions

la Chandeleur	Candlemas
la fête des Mères (Pères)	Mother's (Father's) Day
la fête des Rois	Epiphany (January 6)
la fête nationale	the national holiday
Hanoukka (f.)	Hanukkah
le jour de l'An	New Year's Day
un jour férié	a public holiday
le Mardi gras	Mardi Gras
Noël (m.)	Christmas
le nouvel an (chinois)	(Chinese) New Year's
Pâques (m.)	Easter
le Ramadan	Ramadan, Muslim holy period
la Saint-Valentin	Valentine's Day
la Toussaint	All Saints' Day
se déguiser	to wear a costume
faire sauter des crêpes	to flip crepes
manger de la dinde	to eat turkey
offrir un cadeau	to give a gift
les amoureux	lovers
des bonbons (m.)	candy
des bougies (f.)	candles
le Carême	Lent
une carte de vœux	a greeting card
un cœur	a heart
une coutume	a custom
un défilé	a parade
un feu d'artifice	a fireworks display
une fève	a bean; charm hidden in a *galette des Rois*
la galette des Rois	a special cake for Epiphany
le lait	milk
un lapin	a rabbit
un lis	a lily
une menora	a menorah
la messe de minuit	midnight mass
un morceau (de gâteau)	a piece (of cake)
le muguet	lily of the valley
un œuf de Pâques	an Easter egg
le Père Noël	Santa Claus
un poisson d'avril	an April Fools' joke
le réveillon de Noël	Christmas Eve dinner
les Rois mages	the Wise Men
un sapin	a fir tree

des souvenirs (m.)	memories
la veille (de)	the eve/day before

Mots apparentés: un bal, célébrer, commémorer, un costume, Cupidon, une résolution

Adjectifs

doué(e)	gifted
juif/juive	Jewish
musulman(e)	muslim
sacré(e)	sacred

Mots apparentés: acceptable, décoré(e), extravagant(e), injuste, passionné(e), strict(e)

Substantifs

un(e) chat(te)	a cat
une église	a church
un(e) élève	a pupil
l'espace (m.)	space
un étranger / une étrangère	a stranger; a foreigner
la glace	ice
un jardin	a garden, yard
un médecin	a doctor
la musculation	body building
un nageur / une nageuse	a swimmer
la politesse	politeness
une vedette	a movie star
la vie sous-marine	marine life

Mots apparentés: un club, l'élocution (f.), les finances (f.), un navigateur / une navigatrice, un orchestre

Verbes

échanger	to exchange
éviter	to avoid
faire le ménage	to do housework
klaxonner	to blow a (car) horn
protéger	to protect

Mots apparentés: discipliner, interpréter, permettre

Mots et expressions utiles

Ça me faisait rire.	That used to make me laugh.
en dehors de la maison	outside the house
il vaut mieux	it's better (+ *inf.*)
normalement	usually, generally
Qu'est-ce qui se passe?	What's going on?
sans arrêt	incessantly, nonstop
surtout	above all, especially

Grammaire et exercices

6.1 Saying what you used to do: The imperfect

> ➤ The imperfect often denotes "used to."

A. The imperfect (**l'imparfait**) is a past tense used to describe actions or conditions that occurred repeatedly or habitually in the past. It is often used where English speakers use the phrases *used to* and *would*, or just a simple past-tense form.

★ You will learn more about the imperfect in **Grammaire 6.3, 6.8, 8.5, 11.5, 12.2,** and **12.5.**

Chaque fois que j'**allais** à Paris, j'**envoyais** beaucoup de cartes postales à mes amis aux États-Unis.	*Each time I went to Paris, I used to (would) send a lot of postcards to my friends in the United States.*
—Que **faisait** Adrienne le dimanche quand elle **était** petite?	*What did Adrienne do on Sundays when she was little?*
—Elle **allait** toujours à la messe avec ses parents.	*She always went to Mass with her parents.*

> ➤ Imperfect stem = present-tense **nous** stem.

B. The endings used to form the imperfect are the same for all verbs. The stem is the same as that of the **nous** form of the present tense.

> ➤ Spelling changes in the imperfect: **c → ç** and **g → ge** before **-a: je commençais, je mangeais**

L'IMPARFAIT		
parler **parl**ons → parl-	**fin**ir **finiss**ons → finiss-	**vend**re **vend**ons → vend-
je parl**ais**	je finiss**ais**	je vend**ais**
tu parl**ais**	tu finiss**ais**	tu vend**ais**
il/elle/on parl**ait**	il/elle/on finiss**ait**	il/elle/on vend**ait**
nous parl**ions**	nous finiss**ions**	nous vend**ions**
vous parl**iez**	vous finiss**iez**	vous vend**iez**
ils/elles parl**aient**	ils/elles finiss**aient**	ils/elles vend**aient**

Pronunciation Hint

The endings **-ais, -ait,** and **-aient** are all pronounced the same: -ai$, -ai$, -ai$$.

C. The verb **être** has an irregular stem in the imperfect: **ét-.**

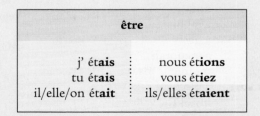

être	
j' ét**ais**	nous ét**ions**
tu ét**ais**	vous ét**iez**
il/elle/on ét**ait**	ils/elles ét**aient**

Quand j'**étais** petit, je prenais toujours un chocolat chaud au petit déjeuner.	*When I was little, I always used to drink hot chocolate at breakfast.*

D. All other verbs with irregular present-tense forms follow the regular conjugation pattern for the imperfect. Here are some examples.*

aller: nous allons → **all-**	j'all**ais**	nous all**ions**
avoir: nous avons → **av-**	j'av**ais**	nous av**ions**
devoir: nous devons → **dev-**	je dev**ais**	nous dev**ions**
dire: nous disons → **dis-**	je dis**ais**	nous dis**ions**
écrire: nous écrivons → **écriv-**	j'écriv**ais**	nous écriv**ions**
faire: nous faisons → **fais-**	je fais**ais**	nous fais**ions**
lire: nous lisons → **lis-**	je lis**ais**	nous lis**ions**
prendre: nous prenons → **pren-**	je pren**ais**	nous pren**ions**
venir: nous venons → **ven-**	je ven**ais**	nous ven**ions**
vouloir: nous voulons → **voul-**	je voul**ais**	nous voul**ions**

À cette époque, mes deux grand-mères **venaient** toujours chez nous le dimanche.

At that time, my two grandmothers always came to our house on Sundays.

Exercice 1 Au lycée

Regardez les dessins et complétez les phrases pour dire ce que faisait chaque personne pendant ses années au lycée.

MODÈLE: *Julien et ses copains* jouaient au volley-ball.

Sarah

Jean-Yves

Julien

1. _____ lisait le journal tous les jours.
2. _____ et ses amis dansaient très souvent.
3. _____ écoutait de la musique dans la nature.

---

*Present-tense forms for **écrire, lire,** and **dire** are introduced in **Grammaire 6.2.**

4. Chaque soir, _____ regardait les actualités à la télévision.

5. En été, _____ participait à des courses de vélo.

6. _____ et ses amis allaient souvent à la plage.

7. Le week-end, _____ et ses copains sortaient ensemble pour aller au cinéma.

8. _____ bavardait avec ses amis au café.

9. _____ étudiait beaucoup et préparait tous ses examens.

Exercice 2　Souvenirs d'enfance

Que faisait Barbara quand elle était petite? Mettez-vous à sa place et terminez ses phrases en utilisant l'imparfait.

Quand j'étais petite,...

MODÈLE:　faire mes devoirs le soir → je faisais mes devoirs le soir.

1. aller à l'école à pied

2. adorer mes institutrices

3. aimer beaucoup les activités en classe

4. m'amuser avec mes camarades pendant la récréation

5. rentrer chez moi à midi pour déjeuner

6. mettre la table pour le dîner

7. attendre l'été avec impatience

Tous les dimanches, mes frères, mes sœurs et moi,...

MODÈLE:　nous lever de bonne heure → nous nous levions de bonne heure.

8. aller à l'église à 9 h

9. faire un grand repas à midi

10. nous promener dans la forêt l'après-midi

11. faire la sieste après la promenade

12. finir nos devoirs pour le lendemain

Exercice 3　Les inconvénients d'une grande ville

Quand Agnès Rouet avait 10 ans, ses parents ont décidé de quitter la grande ville. Vous allez savoir pourquoi. Utilisez l'imparfait.

MODÈLE:　Autrefois, les Rouet / louer un appartement en banlieue →
　　　　　Autrefois, les Rouet louaient un appartement en banlieue.

1. tous les matins, M. et Mme Rouet / se lever à 5 h

2. Mme Rouet / prendre le bus pour aller au travail

3. quelquefois, elle / devoir attendre l'autobus une demi-heure

4. M. Rouet / aller au travail en voiture, dans sa vieille Deux Chevaux

5. il / y avoir toujours beaucoup de circulation

6. M. Rouet / arriver au bureau furieux

7. il / être obligé de déjeuner en ville et ça / coûter cher

8. leurs enfants / aller à l'école en bus

9. ils / finir les cours à 16 h 30

10. ils / rentrer à la maison et / rester seuls jusqu'à 19 h

6.2 The verbs **dire, lire,** and **écrire**

These verbs have similar forms in the present tense. Note the irregular form **vous dites.**

	dire (*to say*)	**lire** (*to read*)	**écrire** (*to write*)
je/j'	dis	lis	écris
tu	dis	lis	écris
il/elle/on	dit	lit	écrit
nous	disons	lisons	écrivons
vous	**dites**	lisez	écrivez
ils/elles	disent	lisent	écrivent
PASSÉ COMPOSÉ	j'ai **dit**	j'ai **lu**	j'ai **écrit**
IMPARFAIT	je **disais**	je **lisais**	j'**écrivais**

Les jeunes Français **disent** souvent «Ciao».

Est-ce que vous **lisez** régulièrement le journal?

Mes parents m'**écrivent** souvent des courriels.

Young French people often say "Ciao."

Do you read the newspaper regularly?

My parents often write me e-mails.

➤ **Comment dit-on... ?** = *How do you say . . . ?*

Pronunciation Hint

Note that final **-s** and **-t** in the singular forms are silent: **je diş, elle écriɫ,** etc. As always, final **-ent** in the plural forms is silent, but the preceding consonant (**s** or **v**) is pronounced: **ils liseɳɫ.** (This **s** is pronounced **z**.) Also: **vous ditɇş.**

Exercice 4 À l'université

Complétez les phrases et dites si vous faites ces activités dans votre classe de français.

1. Nous _____ les explications grammaticales du livre. (lire)
2. Nous _____ des rédactions. (écrire)
3. Le professeur nous _____ des poèmes en français. (lire)
4. Moi, je _____ un journal ou un magazine français. (lire)
5. Je _____ bonjour au professeur quand j'entre dans la classe. (dire)
6. Tous les étudiants _____ des choses intéressantes. (dire)
7. J' _____ quelquefois des phrases au tableau. (écrire)
8. Le professeur _____ les nouveaux mots de vocabulaire au tableau. (écrire)

Describing past states: More on the imperfect

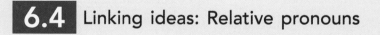 Review **Grammaire 4.7** on expressions with **avoir**.

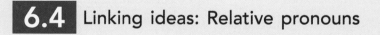 You will learn more about the imperfect in **Grammaire 6.8, 8.5, 11.5, 12.2**, and **12.5**.

Some verbs describe actions (*run, jump, put, eat*) and others describe states of being (*want, know, have, be, can*). You already know how to express a variety of states with **être** plus an adjective (**être fatigué**), or with **avoir** plus a noun (**avoir sommeil**). You also know the following verbs that describe states of being: **aimer, vouloir, pouvoir, connaître, savoir,** and **devoir.**

To describe a state of being *in the past*, French normally uses the imperfect tense. This is because the imperfect presents a situation as existing at some time in the past, without suggesting a definite beginning or end.

Je ne me **sentais** pas bien hier. Je **savais** que j'**étais** malade parce que je n'**avais** pas envie de manger.	*I didn't feel well yesterday. I knew that I was sick because I didn't feel like eating.*
Quand ma sœur **avait** 15 ans, elle **voulait** devenir championne de patinage.	*When my sister was 15, she wanted to become an ice-skating champion.*

Exercice 5 Une semaine difficile

Raoul décrit sa semaine. Utilisez un des verbes indiqués à l'imparfait.

avoir, devoir, être
Le semaine dernière _____¹ une semaine très difficile. J' _____² un peu malade et je n' _____³ pas le temps de dormir suffisamment. Donc, j' _____⁴ très sommeil pendant tous mes cours. J' _____⁵ beaucoup de devoirs et en plus je _____⁶ travailler tous les jours.

avoir, être, savoir, vouloir
Un ami canadien était de passage à Bâton Rouge. Je _____⁷ sortir avec lui, mais ce n' _____⁸ pas possible. Je _____⁹ que j' _____¹⁰ besoin de me reposer, mais je ne _____¹¹ pas manquer mes cours, puisque c' _____¹² la dernière semaine du semestre. Vive les vacances!

Linking ideas: Relative pronouns

A. Relative pronouns are used to make one sentence out of two. There are four relative pronouns in English: *that, who(m), which,* and *where.*

This is a high school. I attended this high school. →
    This is *the high school that* I attended.
Mr. Langdon is a teacher. He taught me the most. →
    Mr. Langdon is *the teacher who* taught me the most.

➤ **Qui** is usually directly followed by a verb.

B. In French, the relative pronoun **qui** is used for both people and inanimate objects. **Qui** is used when the preceding noun is the *subject* of the following verb.

J'avais **un ami** *qui* jouait dans l'orchestre. (**Mon ami** jouait...)	*I had a friend who played in the orchestra.*
Je cherchais **le livre** *qui* était sur mon lit. (**Le livre** était...)	*I was looking for the book that was on my bed.*

C. The relative pronoun **que (qu')** is also used for both people and things. **Que** is used when the preceding noun is the *direct object* of the following verb.

> Comment s'appelait **le garçon** *que*
> nous rencontrions tous les jours
> à la bibliothèque? (Nous
> rencontrions **le garçon**...)

> What was the name of the boy
> *(whom) we used to meet every
> day in the library?*

> *Vogue* était **le magazine** *que* je lisais
> quand j'étais au lycée. (Je lisais
> **le magazine**...)

> Vogue *was the magazine (that)
> I used to read when I was in
> high school.*

> ➤ **Que** is usually followed by a subject + verb.

> ➤ A direct object is a noun that follows a verb directly, with no preposition separating them.
>
> **J'aime *cette couleur*.**
> **J'ai rencontré *mon cousin*.**

D. Use the relative pronoun **où** to refer to a place where something happens or to a point in time when something happens.

> Maman, comment s'appelle **le
> magasin** *où* tu achetais tous
> nos vêtements?

> *Mom, what's the name of the
> shop where you used to buy all
> our clothes?*

> J'étais malade **le jour** *où* Daniel
> m'a téléphoné.

> *I was sick the day (that) Daniel
> called me.*

> ➤ **Où** can refer to a place or a time.

E. Note that the relative pronoun may sometimes be omitted in English, but it is always present in French.

> Denise, tu portes la robe **que** je
> voulais acheter.

> *Denise, you're wearing the dress
> (that) I wanted to buy.*

Exercice 6 Définitions

Complétez les définitions avec un mot de la liste à droite, puis avec le pronom **qui** ou **que (qu')**.

> MODÈLE: *Un ordinateur* est une machine *qui* obéit à des programmes.

1. _____ est un animal _____ on ne trouve que dans les mythes.
2. _____ est l'ensemble des gens _____ vivent dans un pays.
3. _____ est un âge _____ les parents trouvent difficile.
4. _____ est un véhicule _____ navigue sur l'eau.
5. _____ est une personne _____ fait le clown.
6. _____ est une tâche ménagère _____ les enfants détestent.
7. _____ est un petit cahier _____ on utilise pour écrire des adresses.
8. _____ est le terrain _____ entoure une maison.

a. Un pitre
b. Un carnet
c. La vaisselle
d. Un jardin
e. Une licorne
f. Un peuple
g. L'adolescence
h. Un bateau

Exercice 7 Journées d'hiver

Raoul raconte des souvenirs de son enfance à Montréal. Complétez les phrases par le pronom relatif **qui, que** ou **où**.

Quand j'étais petit, nous habitions une ville _____ [1] était très belle en hiver. C'étaient le silence du matin et le mystère du paysage blanc _____ [2] j'aimais surtout. Je n'aimais pas sortir les jours _____ [3] il faisait très froid. Je restais à la maison _____ [4] je lisais des livres _____ [5] j'empruntais à la bibliothèque. Mon frère, _____ [6] n'aimait pas non plus sortir, restait lui aussi à la maison. En général, il chantait et jouait de la guitare. Mon père, _____ [7] travaillait, nous téléphonait toujours vers quatre heures. En fin d'après-midi, je passais de très bons moments dans la cuisine, _____ [8] ma mère préparait le dîner. Les gâteaux _____ [9] elle nous faisait sentaient si bon!

Voilà les bons souvenirs _____ [10] je garde de ces journées d'hiver.

Exercice 8 Souvenirs d'enfance

Sarah et Agnès racontent leurs souvenirs. Combinez les deux phrases en employant un pronom relatif **(qui, que, où)**.

MODÈLE: Je ne vais jamais oublier les gâteaux. Ma grand-mère faisait ces gâteaux. →
Je ne vais jamais oublier les gâteaux que ma grand-mère faisait.

1. J'avais deux cousines. Elles nous racontaient des histoires fascinantes.
2. Près de chez nous, il y avait un parc. Nous jouions souvent dans ce parc.
3. Je faisais aussi des promenades à bicyclette. J'aimais beaucoup ces promenades.
4. Il y avait une maîtresse. Elle nous apprenait les noms de toutes les plantes.
5. Je jouais avec une petite fille. Elle avait un gros chien.
6. J'adorais la colonie de vacances. J'allais dans cette colonie de vacances en été.
7. À l'école, j'avais une copine. J'aimais beaucoup cette copine.
8. Il y avait une piscine près de chez nous. Je nageais souvent dans cette piscine.

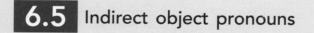

6.5 Indirect object pronouns

Definition: An indirect object is a noun indicating to whom or for whom an action is performed.

A. In French, an indirect object noun is always preceded by the preposition **à**.

Je posais beaucoup de questions **à Mᵐᵉ Kaffès**.

Mᵐᵉ Kaffès expliquait les problèmes de maths **aux élèves**.

I asked Madame Kaffès a lot of questions.

Madame Kaffès explained the math problems to the pupils.

★ **Review Grammaire 4.5** *on direct object pronouns.*

B. Indirect object pronouns are used to avoid repeating an indirect object noun. You already know most of these pronouns because they are the same as the direct object pronouns. The only forms that are different are **lui** and **leur**.

INDIRECT OBJECT PRONOUNS	
me/m' (to) me	**nous** (to) us
te/t' (to) you (familiar)	**vous** (to) you (formal or plural)
lui (to) him, (to) her	**leur** (to) them

J'étais à côté de Madeleine et je **lui** donnais toujours la réponse. Emma et Florence étaient de l'autre côté de la salle. Je **leur** écrivais souvent des petits mots.

I was next to Madeleine, and I always gave her the answer. Emma and Florence were on the other side of the room. I often wrote them little notes.

➤ **lui** = (to) him or her, depending on context

C. Indirect object pronouns, just like reflexive and direct object pronouns, are placed before conjugated verbs or between a conjugated verb and an infinitive.

Georges **m'a expliqué** la leçon de français.

Je ne peux pas **te donner** le livre maintenant.

Georges explained the French lesson to me.

I can't give you the book now.

D. In negative sentences, indirect objects precede their verb and are placed between **ne** and the verb.

Je ne **lui** parle pas souvent.

Elle ne **leur** a pas dit ça.

I don't talk to him/her often.

She didn't tell them that (say that to them).

⭐ *Review* **Grammaire 2.2** (**D** and **E**) and **4.5** (**C** and **D**) *on placement of reflexive and direct object pronouns with negation and infinitives.*

E. Some verbs require an indirect object in French although the equivalent English verb takes a direct object:

obéir à... , répondre à... , téléphoner à...

—Tu as été poli quand tu as répondu **au professeur**?

—Mais oui, je **lui** ai répondu très poliment!

Were you polite when you answered the instructor?

Oh yes, I answered him (her) very politely!

Exercice 9 Mon adolescence

Un camarade vous pose des questions. Répondez en employant **lui** ou **leur.**

MODÈLE: Tu obéissais *à tes parents,* même si tu ne voulais pas? →
Oui, je leur obéissais toujours (en général). (Non, je ne leur obéissais pas toujours.)

1. Est-ce que tu écrivais *à ton acteur favori (ton actrice favorite)*?
2. Au lycée, est-ce que tu écrivais des textos *à tes camarades* pendant les cours?
3. Est-ce que tu posais beaucoup de questions *à tes professeurs*?
4. Est-ce que tu offrais des cadeaux *à ton professeur préféré*?
5. Est-ce que tu empruntais souvent des CD *à tes camarades*?
6. Est-ce que tu demandais de l'argent *à tes copains*?
7. Est-ce que tu rendais souvent visite *à tes grands-parents*?
8. Si tu voulais sortir, est-ce que tu devais demander la permission *à tes parents*?
9. Est-ce que tu pouvais téléphoner *à ton meilleur ami (ta meilleure amie)* tous les soirs?

Exercice 10 La vie d'un enfant d'autrefois

Joël Colin pose des questions à son grand-père Francis Lasalle sur son enfance. Complétez les phrases avec **nous, vous** ou **leur.**

JOËL: Papi, est-ce que tu obéissais toujours à tes parents?

FRANCIS: Euh... oui, d'habitude je _____ [1] obéissais, mais pas toujours, tu sais.

JOËL: Est-ce que tes frères et toi, vous receviez de l'argent de poche?

FRANCIS: Non, nos parents ne _____ [2] donnaient pas d'argent régulièrement, mais ils _____ [3] donnaient de l'argent de poche de temps en temps.

JOËL: Et à Noël, ils _____ [4] offraient beaucoup de cadeaux, non?

FRANCIS: Oui, ils _____ [5] offraient des cadeaux, mais pas autant qu'à vous aujourd'hui.

Exercice 11 L'interrogatoire

Claudine Colin pose des questions à son fils. Mettez-vous à la place de Joël et répondez de la façon indiquée.

MODÈLE: Est-ce que tu as téléphoné à ton père? →
Oui, je lui ai téléphoné. (Non, je ne lui ai pas téléphoné.)

Répondez affirmativement:

1. Est-ce que tu as écrit à ton grand-père?
2. As-tu rendu les CD à Clarisse et Marise?
3. Est-ce que tu as donné de l'eau au chien?
4. Est-ce que tu nous as laissé un morceau de gâteau?
5. Tu as rendu visite à Mme Avôké, n'est-ce pas?
6. Est-ce que tu as obéi à ton père et moi?

Répondez négativement:

7. Tu m'as promis de rester à la maison cet après-midi, n'est-ce pas?
8. Tu nous as dit, à ton père et à moi, que tu avais des devoirs à faire, hein?
9. Je t'ai prêté mon stylo, non?
10. Est-ce que Marise t'a demandé un service?

6.6 Idiomatic reflexive verbs

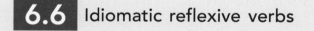 Review **Grammaire 2.2** on reflexive verbs.

For most of the reflexive verbs you have seen so far, the subject and the object refer to the same person: the subject is acting on himself or herself. **(Il se rase. Elle s'habille.)** However, some verbs are used with reflexive pronouns even though they have no obvious reflexive meaning; that is, the subject is not acting on himself or herself. Here are some examples.

s'en aller	*to leave, go away*
se battre avec quelqu'un	*to fight with someone*
se disputer avec quelqu'un	*to quarrel with someone*
s'énerver	*to get irritated*
s'ennuyer	*to be bored*
s'entendre avec quelqu'un	*to get along with someone*
se fâcher avec quelqu'un	*to get angry with someone*
s'inquiéter de quelque chose	*to worry about something*
s'intéresser à quelque chose	*to be interested in something*
s'occuper de quelque chose	*to take care of something*
se rappeler quelque chose	*to remember something*
se sentir (**bien/mal**)	*to feel (good/bad)*
se souvenir de quelque chose	*to remember something*

Je **m'entendais** assez bien avec ma sœur, mais nous **nous disputions** quelquefois.

I got along pretty well with my sister, but we used to quarrel sometimes.

—Est-ce que tu **te rappelles** le prof de maths?

Do you remember the math teacher?

—Tu veux dire M. Morin, le professeur qui **se fâchait** tout le temps?

You mean Mr. Morin, the teacher who was always getting angry?

Exercice 12 Souvenirs d'adolescence

Comparez votre adolescence avec celle de Raoul Durand. Posez des questions et ensuite, répondez d'après votre expérience.

MODÈLE: Raoul ne se battait pas avec ses frères et sœurs.
—Et toi, tu te battais avec tes frères et sœurs?
—Oui, je me battais avec mes frères et sœurs. (Non, je ne me battais pas avec mes frères et sœurs.)

Les souvenirs de Raoul:

1. Il s'entendait très bien avec ses professeurs et ses camarades de classe.
2. Il s'inquiétait de ses résultats aux examens.
3. Il ne se fâchait jamais avec ses copains.
4. Il se disputait de temps en temps avec ses parents.
5. Son père s'énervait assez souvent.
6. Il s'occupait de la voiture de ses parents.
7. Il s'intéressait beaucoup aux sports d'hiver.
8. Il s'ennuyait parfois en été.

Maintenant, posez les mêmes questions à votre professeur.

MODÈLE: Est-ce que vous vous battiez avec vos frères et sœurs, madame (monsieur)?

The verbs **voir** and **croire**

A. The verbs **voir** and **croire** have the same conjugation pattern. Notice that the **i** changes to **y** in the **nous** and **vous** forms.

voir (*to see*)		croire (*to believe*)	
je vois	nous voyons	je crois	nous croyons
tu vois	vous voyez	tu crois	vous croyez
il/elle/on voit	ils/elles voient	il/elle/on croit	ils/elles croient

PASSÉ COMPOSÉ: j'ai **vu**, j'ai **cru**
IMPARFAIT: je **voyais**, je **croyais**

B. When **croire** is used with **à**, it has the meaning *to believe in.*

> Les petits enfants **croient au** père Noël.   *Little children believe in Santa Claus.*
>
> Elle **ne croyait pas aux** licornes.   *She didn't believe in unicorns.*

➤ Exceptions: **croire en Dieu** = to *believe in God;* **croire en quelqu'un** = *avoir confiance en quelqu'un.*

C. If **croire** or **voir** is followed by a statement, the statement must be introduced by **que.**

> Je **crois qu'**elle a eu une enfance très heureuse.   *I think (that) she had a very happy childhood.*
>
> Je **vois que** j'avais bien tort.   *I see (that) I was really wrong.*

D. Here are a few useful expressions with **croire** and **voir:**

> Je crois que oui (non).   *I think so. (I don't think so.)*
> Tu crois? Moi, je ne crois pas.   *Do you think so? I don't.*
> Tu vois? Je te l'avais dit!   *You see? I told you so!*

Exercice 13 Principes

Faites des phrases en employant le présent de **croire à.**

> MODÈLE: Je suis toujours très poli(e). (les bonnes manières) →
> Je crois aux bonnes manières.
>
> Mes parents sont mariés depuis trente-deux ans. (le divorce) →
> Ils ne croient pas au divorce.

1. Agnès Rouet est féministe. (l'égalité des sexes)
2. Les Lasalle ne donnent jamais de fessées à Nathalie. (la punition corporelle)
3. Toi et moi, nous votons à toutes les élections. (la démocratie)
4. Tu as beaucoup d'amis. (l'amitié)
5. J'adore toutes les fêtes de l'année. (les traditions)
6. Vous êtes fiancé(e). (le mariage)

Exercice 14 Les fêtes et les traditions

Complétez par **voir** ou **croire** au présent.

1. À Noël, on _____ des arbres de Noël et des cadeaux enveloppés de papier coloré.
2. Aux États-Unis, nous _____ des enfants en déguisements* de toutes sortes à Halloween.
3. Dans votre famille, est-ce que vous _____ que la dinde est indispensable au dîner de Thanksgiving?
4. Moi, je ne _____ pas pourquoi on associe des lapins et des œufs colorés à la fête de Pâques.
5. Les musulmans _____ qu'il faut s'abstenir de manger entre le lever et le coucher du soleil pendant le Ramadan.
6. Dans les familles juives, on _____ à la tradition de l'hospitalité à la Pâque.†

6.8 Different perspectives on the past: Summary of passé composé and imperfect

A. The imperfect is used to say what one *used to do* or *did regularly* in the past. In English, this is sometimes expressed with *would*.

➤ **imparfait** = *used to do, did, would do regularly*

> À Noël, **nous allions** chez mes grands-parents.
>
> *Every Christmas, we went (would go) to my grandparents' house.*

B. The imperfect is often used to describe states of being and feelings in the past.

➤ **imparfait** = description of past state

> Quand **j'avais** 10 ans, **je détestais** encore les garçons.
>
> *When I was 10, I still hated boys.*

C. The **passé composé**, in contrast to the imperfect, presents an action as a single event, completed at one time in the past. It is used to say *what happened*.

➤ **passé composé** = completed past event

> À l'âge de 6 ans, **j'ai découvert** que le Père Noël n'existait pas.
> Quand j'avais 15 ans, nous **sommes allés** à Dakar.
>
> *At age 6, I discovered that Santa Claus did not exist.*
> *When I was 15, we went to Dakar.*

---

*costumes
†*Passover* (≠ Pâques *Easter*)

Exercice 15 Mes activités du passé

Dites quelles activités de cette liste vous avez faites hier. Ensuite, dites si vous les faisiez quand vous étiez petit(e) et avec quelle fréquence.

Vocabulaire utile souvent, tous les jours, de temps en temps, une fois par semaine, ne... jamais

MODÈLE: Hier, j'ai mangé des spaghettis. →
Quand j'étais petit(e), je mangeais souvent des spaghettis.
Quand j'étais petit(e), je ne mangeais jamais de spaghettis.

1. Hier, je me suis levé(e) avant 8 h.
2. Hier, j'ai porté un jean et un tee-shirt.
3. Hier, je suis allé(e) à l'université.
4. Hier, j'ai parlé au téléphone avec des amis.
5. Hier, j'ai conduit une voiture.
6. Hier, j'ai joué à des jeux vidéo.
7. Hier, je me suis couché(e) à minuit et demi.
8. Hier, j'ai lu les bandes dessinées dans le journal.

Le fromage français: on a l'embarras du choix!

À table!

Objectifs

In *Chapitre 7*, you will learn to talk about food, purchasing ingredients, preparing meals, and eating in restaurants.

Activités et lectures

Les aliments et les boissons

✳ Attention! Étudier Grammaire 7.1 et 7.2

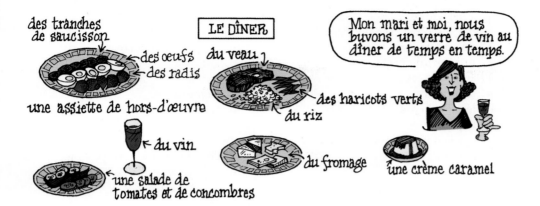

Activité 1 Discussion: Les aliments et les repas

Dites si vous mangez les aliments et les plats suivants au petit déjeuner, au déjeuner, au goûter ou au dîner.

MODÈLE: les crêpes avec du sirop d'érable →
Je les mange au petit déjeuner.

des tartines à la confiture
la blanquette de veau aux haricots verts
la soupe
le steak
le fromage
des [pommes de terre] frites
la glace à la vanille
le gâteau au chocolat

les concombres
un sandwich au jambon
des yaourts
le poisson grillé
la tarte aux pommes
des œufs
une côte de bœuf
les spaghettis à la bolognaise

À vous la parole!

Avec un(e) partenaire, dites si vous aimez ces aliments ou ces plats et avec quelle fréquence vous les mangez **(souvent, tous les [jours], de temps en temps, ne... jamais, ...).**

MODÈLE: É1: Le steak grillé? J'adore ça! J'en mange très souvent.
É2: Moi aussi! Mais je préfère le poulet frit.

Activité 2 Enquête: Les aliments et les plats

Faites ce petit test pour déterminer si vous êtes bien, passablement ou mal informé(e) sur la nutrition. En suite, mettez-vous en groupe de deux ou trois pour comparer vos réponses.

1. Lesquelles de ces boissons ne sont pas sucrées?
   a. l'eau minérale
   b. le café noir
   c. le jus d'orange
   d. le chocolat
   e. la limonade
2. Lequel de ces desserts a le moins de calories?
   a. une part de tarte aux pommes
   b. une coupe de fruits en compote
   c. un morceau de gâteau au chocolat
   d. une boule de sorbet à l'orange
   e. une boule de glace à la vanille

3. Lesquels de ces casse-croûte donnent le plus d'énergie?
   a. des biscottes avec du fromage
   b. du yaourt sans sucre
   c. une part de pizza
   d. des bonbons et un coca
   e. un pain au chocolat

4. Lesquels de ces aliments sont riches en protéines?
   a. le bifteck
   b. les spaghettis
   c. le poisson
   d. l'agneau
   e. la soupe aux légumes

5. Lesquels de ces plats ont peu de matières grasses?
   a. le poulet rôti
   b. le steak-frites
   c. le gâteau à la crème
   d. l'omelette aux champignons
   e. le poisson grillé

Activité 3 Échanges: Qu'est-ce qu'on va manger aujourd'hui?

D'abord, regardez la liste d'aliments et de plats. Ensuite, préparez deux menus pour la journée (petit déjeuner, déjeuner et dîner): (1) un menu sain et équilibré et (2) un menu composé de vos plats et boissons préférés. Enfin, comparez vos menus avec ceux d'un(e) partenaire.

PETIT DÉJEUNER	DÉJEUNER	DÎNER
• un smoothie: mangue, orange, banane, abricot • des céréales avec du lait froid • des crêpes au sirop d'érable • des œufs • des toasts • du bacon • du jambon • du fromage • du café • du thé • du lait • des pains au chocolat • des croissants • des yaourts • du pain complet	• de la soupe: au poulet, à la tomate, aux légumes • une salade verte • une salade de tomates et de concombres • une salade de fruits • un sandwich: au jambon, au rosbif, au poulet • une omelette • un hamburger-frites • du jus de fruit • un coca • des spaghettis à la bolognaise • du thé glacé • une glace ou un sorbet • des fruits • du gâteau au chocolat	• une côte de bœuf et du riz • du veau aux haricots verts • des lasagnes • une salade • du poisson poché • des pommes de terre • des hors-d'œuvre: radis, saucisson, tomates • du poulet rôti avec des carottes et des oignons • des brocolis • du vin • du jus de fruit • de l'eau minérale • une bière • une crème caramel • des fruits frais • une part de tarte aux pommes

Activité 4 Entretien: Mes habitudes

Posez les questions à votre camarade de classe, en lui demandant de vous expliquer ses réponses.

MODÈLE: É1: Qu'est-ce que tu bois quand tu vas au restaurant?
É2: Normalement, je bois de l'eau. Dans les grandes occasions, je prends parfois du vin.

Qu'est-ce que tu bois quand...

1. tu ne peux pas dormir?
2. tu retrouves tes amis au café?
3. ta famille fête une occasion importante?
4. tu as froid?
5. tu as sommeil le matin de bonne heure?

Qu'est-ce que tu manges...

6. au petit déjeuner quand tu es pressé(e)?
7. quand tu comptes les calories ou quand tu fais un régime?
8. dans ton restaurant préféré?
9. le soir, avant de te coucher?
10. maintenant mais que tu détestais quand tu étais petit(e)?

Activité 5 Dans le monde francophone:
La tartine de Normandie

Écoutez votre professeur et cherchez la bonne description du produit.

1. Ce produit coûte très cher. On le sert comme hors-d'œuvre.
2. Ce sont des produits faits principalement de lait.
3. Il est produit par des insectes. On le mange sur du pain beurré.
4. C'est un jus de pomme distillé et transformé en alcool.
5. C'est une espèce de saucisse faite avec des tripes.
6. Ce sont des fruits de mer qui produisent parfois des perles.
7. C'est un produit laitier. En France, il y en a approximativement 300 sortes.
8. Ce produit laitier est un des plus célèbres de la Normandie.

la tartine de Normandie
Une tranche de terroir au creux de la main

Allons plus loin!

Préparez «la tartine» de votre état ou pays et expliquez-la à vos camarades de classe.

On fait les provisions

✳ Attention! Étudier Grammaire 7.3 et 7.4

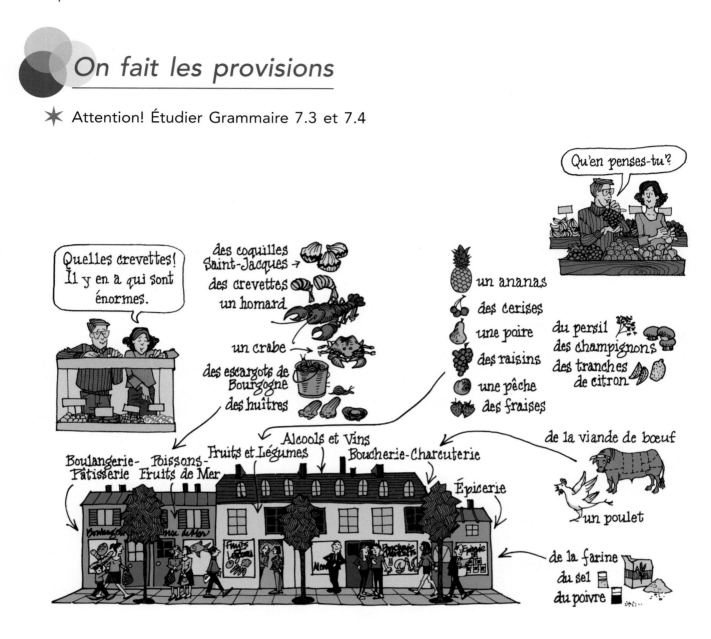

Activité 6 Échanges: Les magasins d'alimentation

Regardez les dessins et posez des questions à votre camarade de classe.

MODÈLE: É1: Où est-ce qu'on peut trouver des pommes?
É2: Chez le marchand de fruits et légumes.
É1: Tu aimes les pommes?
É2: Oui, j'aime ça. J'en mange beaucoup.
(Non, pas tellement. Je préfère les bananes.)

É2: Où est-ce qu'on vend des homards?
É1: Tu vas à la poissonnerie.
É2: Tu aimes ça, toi?
É1: Oui, j'adore le homard. Mais ça coûte très cher!
(Ah non, pas du tout! Je n'aime pas le goût.)

Activité 7 Casse-tête: Les aliments

De quel aliment s'agit-il dans chacune de ces définitions?

Réponses possibles   le jus d'orange, le sel, le yaourt, une carotte, la salade,
le homard, les fraises, la farine, un croissant, les œufs, les cerises, les champignons

1. C'est un légume long et orange. Nous en mangeons la racine.
2. C'est un fruit de mer.
3. C'est une poudre à base de céréales. On l'utilise pour faire du pain.
4. On sert ce fruit rouge à la fin du printemps avec du gâteau et de la crème.
5. Nous utilisons ce condiment blanc pour assaisonner presque tous nos plats.
6. Il faut casser cet ingrédient avant de faire une omelette.
7. Pâtisserie croustillante, elle est délicieuse avec un café au lait.
8. Cette boisson, riche en vitamine C, vient d'un fruit.
9. En France, on la mange après le plat principal, souvent avec une sauce vinaigrette.
10. Ce produit laitier est riche en protéines et contient peu de calories.
11. Cet aliment ne contient pas de chlorophylle et se propage par des spores.
12. Ces petits fruits rouges poussent sur des arbres. On les aime dans une tarte.

Ça fait réfléchir

Quelques proverbes
«alimentaires»

- On reconnaît l'arbre à ses fruits.
- Il vaut mieux aller au boulanger qu'au médecin.
- On ne fait pas d'omelette sans casser des œufs.
- Il faut garder une poire pour la soif.

Activité 8 Entretien: Le supermarché Casino

Vous allez faire des courses à Casino. Pour chaque liste, calculez combien vous allez
dépenser. Attention aux quantités! (Un kilo = 1000 grammes.)

MODÈLE: Le jambon coûte 8€ le kilo. 250g. Alors, ça fait 2€.

LISTE 1
250 grammes de jambon
  3 boîtes de petits pois
  2 avocats
500 grammes de viande hachée
  2 kilos de mandarines

LISTE 2
  1 bouteille de beaujolais
  3 kilos d'oignons
250 grammes de gruyère
  2 kilos de pommes
  6 boîtes de jus de tomate

LISTE 3
  1 pot de moutarde
500 grammes de beurre
  4 yaourts aux fruits
  1 kilo de tomates
500 grammes de citrons

Activité 9 Entretien: Les provisions et la nourriture

1. C'est toi qui fais les provisions chez toi? Pourquoi?
2. Qui cuisine chez toi? Toi, tu aimes cuisiner? Quels plats aimes-tu préparer?
3. Tu achètes tout au supermarché? Sinon, où vas-tu? Tu achètes des repas congelés ou prêts à chauffer? Quand? Pourquoi?
4. Tu aimes les fruits et légumes? En achètes-tu souvent? Frais ou congelés?
5. Tu lis les étiquettes avant d'acheter un produit? Pourquoi?
6. Tu aimes grignoter entre les repas? Quelles sont tes faiblesses?
7. Est-ce que tu manges des aliments plutôt sains d'habitude? Lesquels?
8. Manges-tu trop de malbouffe (comme les chips, les frites, etc.)? Tu en achètes souvent? Quand? Quoi? Pourquoi?
9. Est-ce que tu connais des végétarien(ne)s? des végétalien(ne)s? Quelle est la différence entre ces deux façons de se nourrir?

LES FRANCOPHONES SUR LE VIF

Xavier Roy, en famille à Auriol

Le week-end, en été, on ne se presse pas et on prend un apéritif avant de commencer à manger. On boit du pastis[1]—léger, avec beaucoup d'eau. Pour les enfants, du sirop[2] à l'eau. Ou du vin d'ici, du vin rosé, de Provence. Avec l'apéro, on grignote plein de petites choses, comme des olives de toutes sortes, de la tapenade—c'est de la purée d'olives, préparée avec des épices, du saucisson et du jambon.

Comme plat principal, on mange souvent un poulet fermier[3] rôti; c'est un plat classique en France, le dimanche surtout. Un poulet avec des frites et de la ratatouille faite à la maison: des courgettes, des aubergines, des tomates, des oignons, des poivrons. La ratatouille, c'est vraiment un plat typique du sud de la France. Les olives aussi, c'est très méditerranéen... ; le fait de manger beaucoup d'olives, et de l'huile d'olive.

Dans le sud de la France, près d'Aix, il fait en général beau, plutôt chaud, et on mange dehors de mai à octobre. Même pendant l'hiver, ça arrive qu'on mange en plein air quand même, un jour ou deux par mois.

[1]boisson alcoolisée parfumée à l'anis
[2]liquide sucré aromatisé aux fruits ou aux plantes
[3]qui vient d'une ferme, pas industriel

L'art de la cuisine

★ Attention! Étudier Grammaire 7.5

Des invités à dîner

Bernard et Christine cherchent des recettes intéressantes.

Bernard achète du pain à la boulangerie.

De retour chez eux, Christine commence à préparer les plats.

C'est Bernard qui met le couvert.

Ils vérifient que tout est prêt avant l'arrivée des invités.

Tout le monde se met à table et ils servent le dîner.

Activité 10 Définitions: Se débrouiller dans la cuisine

_____ 1. Nous y mélangeons les ingrédients.
_____ 2. Nous nous en servons pour prendre de la soupe.
_____ 3. C'est l'ensemble des ustensiles utilisés lors d'un repas.
_____ 4. C'est le récipient où nous cuisinons des plats.
_____ 5. C'est les instructions pour préparer un plat.
_____ 6. Normalement, nous buvons notre café dans cet objet.
_____ 7. Nous l'utilisons pour couper de la viande.
_____ 8. On s'en sert pour s'essuyer la bouche pendant un repas.
_____ 9. Nous y mettons les aliments pour les manger.
_____10. On l'utilise pour manger de la salade.

a. un couteau
b. une assiette
c. un bol
d. un couvert
e. une serviette
f. une fourchette
g. une recette
h. une tasse
i. une cuillère
j. une poêle

Cliquez là!

Qu'est-ce que vous aimez manger—du chocolat, de l'agneau, des plats végétariens… ? Trouvez une bonne recette d'une culture francophone et apportez-la en cours. Quels en sont les ingrédients?

Activité 11 Échanges: Savez-vous cuisiner?

Nommez autant d'ingrédients que possible pour chaque plat.

> MODÈLE: Dans une purée de pommes de terre, il y a des pommes de terre, du lait, du beurre, du sel et un peu de poivre.

Vocabulaire utile

du beurre	du sucre	de la farine	des épices
des œufs	du vin	de l'huile	du sel
de l'ail	des oignons	du lait	du poivre

1. Avec quoi est-ce qu'on fait une omelette aux champignons?
2. Qu'est-ce qui est indispensable pour faire les crêpes?
3. Que met-on dans la sauce tomate à la bolognaise?
4. Avec quoi est-ce qu'on fait un gâteau au chocolat?
5. Qu'est-ce qu'on met sur le steak au poivre?
6. Quels sont les ingrédients d'une tarte aux cerises?
7. De quoi est-ce qu'on a besoin pour préparer une sauce vinaigrette?

Ça fait réfléchir

- En français, une casserole est l'ustensile de cuisine dans lequel on prépare un plat.
- La «French dressing» rouge et sucrée n'existe pas en France.
- Les Français mangent leur salade à la sauce vinaigrette.

Activité 12 Dans le monde francophone: Les œufs miroir aux tomates provençales

Mettez dans le bon ordre toutes les étapes pour préparer les œufs miroir.

_____ Faites glisser les œufs sur les tomates.
_____ Parsemez les tomates de persil et d'ail.
_____ Versez l'huile d'olive dans la poêle.
_____ Salez et poivrez les œufs.
__1__ Coupez l'ail en quatre.
_____ Laissez les tomates, le persil et l'ail mijoter dix minutes.
_____ Attendez que le blanc de l'œuf recouvre le jaune.
_____ Faites cuire les œufs cinq minutes à feu vif.
_____ Mettez du sel et du poivre sur les tomates.
_____ Mettez les rondelles de tomates dans la poêle.

Œufs miroir aux tomates provençales

Pour 4 personnes, 4 tomates, 8 œufs extra-frais, 1/2 bouquet de persil, 2 gousses d'ail, 2 c. à soupe d'huile d'olive, sel, poivre.
Épluchez les gousses d'ail. Lavez le persil. Mixez les gousses d'ail coupées en 4 avec les feuilles de persil.
Faites chauffer l'huile dans une large poêle. Mettez-y les tomates découpées en rondelles. Poivrez, salez, parsemez de persillade. Couvrez la poêle et laissez mijoter 10 mn. Cassez les œufs dans 2 bols. Faites-les glisser sur les tomates. Couvrez de nouveau la poêle et faites cuire à feu vif environ 5 mn. Le jaune de l'œuf doit être recouvert de blanc. Salez et poivrez.

Activité 13 Discussion: Quelques plats français

Que savez-vous de la cuisine française? Essayez d'identifier la description de chacun de ces plats traditionnels.

a. le coq au vin
b. la crème caramel
c. la sauce hollandaise
d. la salade niçoise

e. les coquilles Saint-Jacques
f. la bouillabaisse
g. le steak au poivre
h. la quiche lorraine

• La bouillabaisse, spécialité de la Provence

_____ **1.** Ce steak est bien poivré et grillé. On le sert avec une sauce au vin.

_____ **2.** Ce dessert léger est composé d'œufs, de sucre et de lait. Il est recouvert d'une sauce au sucre caramélisé.

_____ **3.** Cette tarte n'est pas sucrée, mais salée! Elle est faite d'œufs battus et de crème.

_____ **4.** C'est une soupe composée de poissons, de fruits de mer et d'épices.

_____ **5.** Le nom de ce plat vient de la ville de Nice. On le sert comme hors-d'œuvre ou comme déjeuner en été.

_____ **6.** On sert cette sauce très riche avec des œufs, du poisson ou des légumes.

_____ **7.** On sert ce plat avec des pommes de terre ou du riz; le poulet en est un des ingrédients principaux.

_____ **8.** Ce plat contient un fruit de mer délicieux. On le prépare dans des coquilles.

Activité 14 Échanges: Que servir?

Lisez les menus et les descriptions des invités. Choisissez le menu pour chaque jour en fonction de vos invités. Vous pouvez modifier les menus selon vos goûts.

Les menus

MENU 1
une soupe de poissons, une salade de tomates et de concombres, des spaghettis à la bolognaise avec du fromage et un gâteau au chocolat

MENU 3
une soupe aux tomates et au basilic, des escargots de Bourgogne, des blancs de poulet à la crème et aux champignons et une crème caramel

MENU 2
une soupe iranienne à base de yaourt, une assiette de crudités, des filets de sole pochés, des haricots verts et une tarte aux pêches

MENU 4
une soupe aux légumes, des coquilles Saint-Jacques, un rôti de porc avec des pommes de terre vapeur, des fraises avec de la crème Chantilly

Les invités

vendredi 6: Mme Dubois, doit maigrir / adore le sucre
samedi 14: Pierre et Jean, cyclistes / doivent participer à une course le 15
mercredi 18: les Delachaux, riches / aiment bien manger!
samedi 28: les Grognon, le patron! / Madame ne mange pas de viande rouge

À propos...

Une spécialité culinaire du Maghreb: le tajine d'agneau

● Un repas traditionnel au Maroc: le tajine

Le tajine est un plat traditionnel du Maghreb, et aussi le nom du récipient utilisé pour le préparer. Le tajine combine les épices orientales, le salé et le sucré: on peut y ajouter des abricots secs, des raisins, du miel, des amandes grillées...

Pour préparer un tajine d'agneau selon la recette marocaine, il vous faut 1,2 kg d'épaule d'agneau, 1 kg d'oignons, 4 cuillères à soupe d'huile d'olive, 1 cuillère à soupe de cumin, 1 cuillère à café de gingembre, 1 cuillère à café de coriandre, 1/2 cuillère à café de piment doux, 2 gousses d'ail, 2 citrons confits, le jus d'un citron et 100 g d'olives noires.

D'abord, pilez ensemble l'ail et les épices. Dans un tajine, disposez les morceaux de viande, les citrons confits coupés en quatre, 2 cuillères d'huile d'olive et le jus de citron. Ajoutez l'ail et les épices, puis couvrez et laissez mijoter pendant 3 heures. Dans un autre récipient, versez 2 cuillères d'huile et faites cuire les oignons à feu doux. Lorsque les oignons sont bien cuits, versez-les sur la viande avec les olives noires. Servez avec du riz ou du couscous.

LA LANGUE EN MOUVEMENT

Emprunts de la gastronomie

Au cours des siècles, beaucoup de mots sont passés du français en anglais et vice versa, à cause des nombreux contacts entre ces deux cultures avoisinantes.[1] Les mots voyagent toujours avec les objets et les pratiques culturelles associées, et la cuisine française est un élément culturel très apprécié par les Anglais et les Américains. Il est assez facile de reconnaître l'origine française de mots comme *menu*, *cuisine*, *café* et *gourmet*. Quelquefois la prononciation du mot emprunté est très différente en anglais, comme dans le cas de *crêpe* et *bouillon*. D'ailleurs, le mot français a parfois aussi un autre sens, en plus de son sens alimentaire: par exemple, le sens littéral de l'expression *petit four* est "little oven."

MISE EN PRATIQUE

1. Pouvez-vous trouver les mots français qui sont à l'origine des mots anglais *purée*, *sauté* et *blanch*?
2. Cherchez dans un dictionnaire français le sens original des expressions suivantes: *mousse*, *fondu(e)*, *à la mode*.

[1]qui sont voisins (très proches)

Au restaurant

✳ Attention! Étudier Grammaire 7.6 et 7.7

Claudine et Victor vont au restaurant.

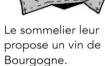

> Des crudités, des escalopes de veau à la crème et aux champignons et des pommes vapeur, s'il vous plaît.

> Moi, je voudrais la terrine de saumon et le gigot aux flageolets.

Le maître d'hôtel les conduit à leur table.

Maintenant, ils sont en train de passer leur commande.

Le sommelier leur propose un vin de Bourgogne.

Le serveur leur apporte le dîner.

Avant le dessert, Victor prend du fromage.

Maintenant, le serveur est en train de donner l'addition à Victor.

Avant de partir, ils laissent un pourboire généreux.

Cliquez là!

Les revenus de l'industrie du vin en France s'élèvent à plus de neuf milliards d'euros par an. Quelles régions produisent du vin? Choisissez une région à présenter en classe. Où se situe cette région? Quelle est sa ville principale et pourquoi est-ce un bon endroit pour cultiver la vigne? Quels types de vin y produit-on?

Ça fait réfléchir

• En 600 avant J.-C., les Grecs se sont installés à Marseille. Ils ont planté les premiers pieds de vigne.

Activité 15 Définitions: Au restaurant

_____ 1. la personne qui conduit les clients à leur table
_____ 2. la personne responsable des vins dans un bon restaurant
_____ 3. les plats et les boissons commandés par le client
_____ 4. l'argent laissé par le client pour remercier le serveur
_____ 5. offrir des suggestions
_____ 6. la personne qui apporte et sert les plats
_____ 7. le plat servi au début d'un repas
_____ 8. le plat servi entre les hors-d'œuvre et le plat principal
_____ 9. la note qu'on paie à la fin du repas
_____ 10. des légumes crus servis comme hors-d'œuvre
_____ 11. le plat uniquement servi un certain jour
_____ 12. le plat le plus important d'un repas

a. les hors-d'œuvre
b. des crudités
c. l'entrée
d. le maître d'hôtel
e. la commande
f. le pourboire
g. le serveur / la serveuse
h. le plat principal
i. le plat du jour
j. l'addition
k. proposer
l. le sommelier

Activité 16 Discussion: **Un repas français**

En France, dans un restaurant, quand est-ce qu'on...

1. prend la salade?
   a. après avoir terminé le plat principal.
   b. avant de prendre le plat principal.
2. mange du fromage?
   a. après avoir fini la soupe.
   b. avant de prendre le dessert.
3. prend des hors-d'œuvre?
   a. après avoir pris le dessert.
   b. avant de manger le plat principal.
4. boit du café?
   a. après avoir pris le dessert.
   b. avant de prendre le fromage.
5. goûte le vin présenté par le sommelier?
   a. après avoir vu le sommelier.
   b. avant de voir le sommelier.
6. mange le plat principal?
   a. après l'entrée.
   b. avant l'entrée.

Cliquez là!

Allez en Belgique! Choisissez un restaurant à Bruxelles où vous voudriez dîner, puis faites une description de ce restaurant et de ses plats pour vos camarades de classe.

Activité 17 Entretien: Se débrouiller au restaurant

Vous êtes dans un restaurant français pour la première fois avec votre ami(e) et vous vous sentez un peu mal à l'aise. Vous posez des questions à votre ami(e). Ensuite votre ami(e), à son tour, va vous poser des questions.

Suggestions (1) le pourboire est compris dans le prix du repas; (2) la note qu'on paie après le repas; (3) le sommelier; (4) le plat spécial offert aujourd'hui; (5) le plat qui précède le plat principal; (6) l'argent qu'on laisse au serveur; (7) des légumes crus (pas cuits); (8) la serveuse

Étudiant(e) 1

1. Comment s'appelle la personne qui sert le vin?
2. Qu'est-ce que c'est que l'addition?
3. «Des crudités», qu'est-ce que ça veut dire?
4. C'est qui, cette femme qui sert à la table à côté de nous?
5. ?

Étudiant(e) 2

1. C'est quoi, le plat du jour?
2. Qu'est-ce que c'est qu'un pourboire?
3. Ça veut dire quoi, «service compris»?
4. L'entrée, c'est quoi?
5. ?

Activité 18   Entretien: Formules de politesse

Vous avez dîné chez un ami (une amie) et vous avez trop mangé et trop bu. Qu'est-ce que vous lui répondez pour ne pas le/la vexer?

MODÈLE: Tu veux encore du vin? →
          Merci, il est excellent, mais j'ai assez bu.

1. Un peu de cognac?
2. Tu as goûté ces chocolats?
3. Encore un peu de rôti à l'ail?
4. Tu veux du café?
5. Essaie ces escargots! Ils sont délicieux.
6. Encore de la salade?

Exprime-toi!

C'est bon pour le café, merci.
Sinon, je ne peux pas dormir.
Merci. Il est délicieux, mais je n'ai plus faim.
Je ne veux rien d'autre, merci. J'ai très bien mangé!
Plus rien, merci. J'ai (bu) un peu trop de (vin).
Merci. Je ne bois pas d'(alcool).

À propos...

Le repas gastronomique français immortalisé

• La haute cuisine française: des plats élégants et raffinés

Depuis 2010, le repas gastronomique des Français est inscrit à la liste du patrimoine culturel immatériel de l'humanité. Dans ce repas festif, on pratique l'art du «bien manger» et du «bien boire», basé sur le choix attentif des mets à base de bons produits (de préférence locaux), le mariage harmonieux entre mets et vins et la décoration de la table. Le repas gastronomique commence par un apéritif et se termine par un digestif, avec entre les deux au moins quatre plats—une entrée, du poisson et/ou de la viande avec des légumes, du fromage et un dessert. Le ministre de la culture, Frédéric Mitterrand, commente cette distinction pour le journal *Le Figaro*.

Le Figaro: Le repas français a-t-il besoin d'être protégé? Inscrire le repas français au patrimoine mondial, ce n'est pas le protéger ni le muséifier,[1] c'est le valoriser. Nous en sommes fiers comme de quelque chose qui nous appartient, comme lorsque Marion Cotillard reçoit un Oscar.

Le Figaro: On a parlé d'arrogance française… Il n'y a aucune arrogance, et si les étrangers consolident la cuisine française, tant mieux.[2] Je me félicite[3] que le couscous soit l'un des plats préférés des Français. Cela correspond à notre tradition d'accueil et d'intégration. L'un des plus jolis mots de la langue française, c'est «avec»… toutes ces influences, toutes ces rencontres, c'est formidable.[4]

Le Figaro: Comment maintenir une ligne claire entre un président qui ne boit pas d'alcool, les recommandations diététiques du ministre de la santé et le repas de fête célébré par l'UNESCO? La vie française est souvent rythmée par ses repas soignés; pourtant, le repas s'est adapté à la vie sociale. Certes, il y a le repas de cérémonie, mais on n'en fait pas tous les jours.

[1] enfermer dans un musée
[2] c'est parfait
[3] Je… je suis très heureux
[4] extraordinaire

Activité 19 Entretien: Au restaurant «Chez Michel»

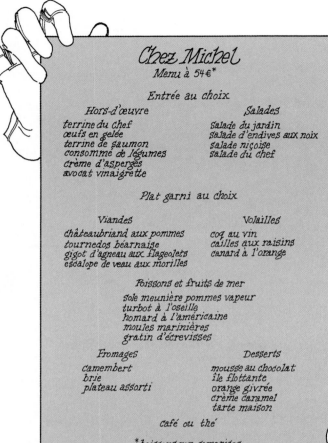

Chez Michel
Menu à 54€*

Entrée au choix

Hors-d'œuvre
terrine du chef
œufs en gelée
terrine de saumon
consommé de légumes
crème d'asperges
avocat vinaigrette

Salades
Salade du jardin
salade d'endives aux noix
salade niçoise
salade du chef

Plat garni au choix

Viandes
châteaubriand aux pommes
tournedos béarnaise
gigot d'agneau aux flageolets
escalope de veau aux morilles

Volailles
coq au vin
cailles aux raisins
canard à l'orange

Poissons et fruits de mer
sole meunière pommes vapeur
turbot à l'oseille
homard à l'américaine
moules marinières
gratin d'écrevisses

Fromages
camembert
brie
plateau assorti

Desserts
mousse au chocolat
île flottante
orange givrée
crème caramel
tarte maison

Café ou thé

*boissons non comprises
service compris

Lisez le menu et choisissez des plats pour...

1. quelqu'un qui évite les matières grasses.
2. une personne robuste qui mange de tout.
3. une personne qui ne prend jamais de viande rouge.
4. des végétariens ou des végétaliens.

À vous la parole!
Vous dînez avec des amis au restaurant «Chez Michel», un très bon restaurant parisien. Avec votre partenaire, jouez les rôles du client (de la cliente) et du serveur (de la serveuse).

LE SERVEUR: Vous désirez, (mademoiselle)?
CLIENT: Comme hors-d'œuvre, je voudrais...
LE SERVEUR: Et comme salade?
CLIENT: ...
LE SERVEUR: ...

LE SERVEUR: Et avec ça, c'est tout?
CLIENT: ...

Vocabulaire utile

Quelle est la spécialité de la maison?
Il est comment, le (canard à l'orange)?
Monsieur (Madame, Mademoiselle), l'addition, s'il vous plaît!
Est-ce que le service est compris?

un bifteck cru   saignant   à point   bien cuit

POUR RÉSUMER

À vous de parler

Cherchez l'intrus

Dans chaque groupe, il y a un mot qui ne correspond pas à la liste. Avec un(e) camarade de classe, identifiez l'intrus et donnez les raisons pour votre choix.

MODÈLE: la poire, la banane, l'artichaut, la fraise, la cerise, la pêche →
C'est l'artichaut qui est l'intrus. Ce n'est pas un fruit.

1. le bœuf, l'agneau, le porc, le saucisson, le fromage, le jambon
2. les pommes de terre, la laitue, les framboises, les oignons, les radis, les haricots verts
3. le coq au vin, le rôti de bœuf, le poulet rôti, la mousse au chocolat, le gigot d'agneau
4. la tarte aux pommes, la compote de fruits, la tarte aux cerises, le bœuf en croûte, le gâteau au citron
5. le persil, l'ail, le sel, le basilic, le pain, la vanille, le poivre
6. le saumon, les sardines, la sole, le lapin, la carpe, le poisson-chat
7. le vin, le cognac, le lait, la bière, le champagne, le cidre
8. un éclair, un croissant, un gâteau, une tarte, un sandwich, un petit gâteau
9. le jambon, le rôti de porc, la saucisse, le pâté de campagne (porc), le bœuf haché
10. une pêche, une banane, une pomme, une cerise, une laitue, une fraise

À vous de lire

«Le Corbeau et le Renard» par Jean de La Fontaine

Maître Corbeau, sur un arbre perché,
    Tenait en son bec un fromage.
Maître Renard, par l'odeur alléché,[1]
    Lui tint à peu près ce langage[2]:
    «Hé! Bonjour, Monsieur du Corbeau,
Que vous êtes joli! que vous me semblez beau!
    Sans mentir, si votre ramage[3]
    se rapporte[4] à votre plumage,[5]
Vous êtes le phénix[6] des hôtes[7] de ces bois.[8]»
À ces mots, le Corbeau ne se sent pas de joie[9];
    Et pour montrer sa belle voix,
Il ouvre un large bec, laisse tomber sa proie.[10]
Le Renard s'en saisit[11] et dit: «Mon bon Monsieur,
    Apprenez que tout flatteur
    Vit aux dépens de celui qui l'écoute.[12]
Cette leçon vaut bien un fromage, sans doute.»
    Le Corbeau, honteux[13] et confus,
Jura,[14] mais un peu tard, qu'on ne l'y prendrait plus.[15]

Extrait des *Fables* (Livre I) de Jean de La Fontaine (1621–1695)

Le Corbeau et le Renard

---

[1]attiré [2]tint... a parlé à peu près comme ça [3]voix, chant [4]se... est proportionnel [5]les oiseaux ont des plumes, qui forment un plumage [6]oiseau mythique [7]habitants [8]ces... cette forêt [9]ne... est très content [10]victime (le fromage) [11]s'en... l'a pris rapidement [12]Vit... Dépend de sa victime [13]qui a honte [14]A affirmé [15]on... il avait appris sa leçon

Avez-vous compris?

1. Que veut le renard?
   a. manger le corbeau
   b. prendre le fromage du corbeau
   c. se moquer du corbeau
   d. entendre chanter le corbeau
2. Quelle est la stratégie du renard?
   a. amuser le corbeau
   b. distraire le corbeau
   c. flatter le corbeau
   d. intimider le corbeau
3. Pourquoi est-ce que le corbeau accepte de chanter?
   a. Il est très sympathique.
   b. Il est très heureux.
   c. Il est vaniteux.
   d. Il a peur.
4. Comment est le corbeau à la fin de l'histoire? Il est...
   a. furieux.
   b. honteux.
   c. triste.
   d. surpris.
5. Quelle est la morale de cette fable?
   a. Les corbeaux sont idiots.
   b. Les flatteurs ont souvent des intérêts personnels.
   c. Les renards sont manipulateurs.
   d. Les corbeaux n'aiment pas la flatterie.

À vous la parole!

La suite de l'histoire: Maître Corbeau rentre chez lui sans son fromage et raconte ses mésaventures à sa femme. Imaginez leur dialogue.

MME CORBEAU: Qu'est-ce qui est arrivé? Où est ton fromage?
MAÎTRE CORBEAU: Quelle histoire! J'étais perché sur un arbre, avec mon fromage dans le bec,...

À vous d'écrire

Préparez un petit article publicitaire pour votre restaurant préféré. Dans votre article, donnez des renseignements importants aux clients potentiels, tels que les heures, le décor, le service, les spécialités et les prix. Inventez les détails si vous n'en êtes pas certain(e).

Vocabulaire

Les légumes

Vegetables

l'ail (m.)	garlic
les avocats (m.)	avocados
le basilic	basil
les champignons (m.)	mushrooms
les haricots (m.) verts	green beans
la laitue	lettuce
les oignons (m.)	onions
le persil	parsley
les petits pois (m.)	peas
les pommes (f.) de terre	potatoes
les radis (m.)	radishes

Mots apparentés: **les asperges** (f.), **les brocolis** (m.), **les carottes** (f.), **un concombre, les tomates** (f.)

Les fruits et les desserts

Fruit and desserts

les cerises (f.)	cherries
les citrons (m.)	lemons
les fraises (f.)	strawberries
les framboises (f.)	raspberries
les pêches (f.)	peaches
les poires (f.)	pears
les pommes (f.)	apples
les raisins (m.)	grapes
la crème caramel	flan, custard with a caramel sauce
la crème Chantilly	whipped cream
un gâteau	a cake
une pâtisserie	a pastry
une tarte aux pommes	an apple pie

Mots apparentés: **les abricots** (m.), **les bananes** (f.), **les crêpes** (f.), **les mandarines** (f.), **les mangues** (f.), **les oranges** (f.), **le sorbet**

Le pain, l'épicerie et les produits laitiers

Bread, grocery, and dairy products

une baguette	*a long, thin loaf of bread*
le beurre	butter
la confiture	jam, jelly
les épices (f.)	spices
la farine	flour
le fromage	cheese
la glace (à la vanille)	(vanilla) ice cream
le gruyère	gruyere (*Swiss cheese*)
l'huile d'olive (f.)	olive oil
le lait	milk
la moutarde	mustard
les noix (f.)	walnuts
les œufs (m.)	eggs
un pain au chocolat	a chocolate croissant
le pain complet	whole-grain bread
le poivre	pepper
le riz	rice
le sel	salt
le sirop d'érable	maple syrup
le sucre	sugar
le yaourt	yogurt

Mots apparentés: **le brie, le camembert, des céréales** (f.), **les chips** (m.), **le chocolat, la crème, un croissant, un sandwich**

La viande, le poisson et les fruits de mer

Meat, fish, and seafood

l'agneau (m.)	lamb
le bifteck	steak
le bœuf (haché)	(ground) beef
les coquilles (f.) Saint-Jacques	scallops
une côte de bœuf	a rib roast
les côtes (f.) de porc	pork chops
les crevettes (f.)	shrimp
les escargots (m.)	snails
le gigot	leg of lamb
le homard	lobster
les huîtres (f.)	oysters
le jambon	ham
les moules (f.)	mussels
le poisson-chat	catfish
le poulet	chicken
un rôti de porc	a pork roast
le saucisson	salami (hard sausage)
le saumon	salmon
le veau	veal
la volaille	poultry

Mots apparentés: **le bacon, le crabe, un hamburger, le rosbif, la sole, le steak**

Pour parler de la nourriture

Talking about food

à point	medium (*medium well-done*)
battu(e)	beaten, whisked
beurré(e)	buttered
congelé(e)	frozen
croustillant(e)	crusty, crunchy
cru(e)	raw
cuit(e); bien cuit(e)	cooked; well-done
épicé(e)	spicy
équilibré(e)	balanced, even
frais/fraîche	fresh
frit(e)	fried
fumé(e)	smoked
garni(e)	garnished
haché(e)	chopped, ground
léger/légère	light, fluffy, delicate
nappé(e) de	covered with
poché(e)	poached
recouvert(e) de	covered (in)
saignant(e)	rare (*meat*)
sain(e)	healthy; healthful
salé(e)	salty, salted
sucré(e)	sweet
végétalien(ne)	vegan

les aliments (*m.*)	foods
une boîte (de)	a can (of)
une boule de sorbet	a scoop of sorbet
une étiquette	a label
un goût	a taste, flavor
la malbouffe	junk food; eating junk food
les matières (*f.*) grasses	fats (*in food*)
un morceau (de)	a piece (of)
une part (de)	a portion, a piece (of)
une poêle	a frying pan
une poudre	a powder
un produit laitier	a dairy product
une recette	a recipe
un récipient	a container
une tranche (de porc, de jambon)	a slice (of pork, of ham)

compter les calories	to count calories
contenir	to hold, contain
faire un régime	to go on a diet
grignoter	to eat a snack
J'aime ça.	I like that/them.
maigrir	to lose weight
mélanger	to mix

Mots apparentés: des calories (*f.*), caramélisé(e), composé(e) (de), en compote, la fibre, fin(e), un gramme, grillé(e), un ingrédient, un kilo, les protéines (*f.*), riche (en), un ustensile, végétarien(ne), les vitamines (*f.*)

Magasins d'alimentation

Food stores

une boucherie	a butcher shop
une boulangerie	a bakery
une charcuterie	a delicatessen (pork)
une épicerie	a grocery store
un(e) marchand(e)	a merchant
une pâtisserie	a pastry shop
une poissonnerie	a fish market
un marché	a produce store

Les repas, les boissons et la table

Meals and the table

une assiette	a plate
une boisson	a drink
le casse-croûte	snack
un coca	a soft drink
un couteau	a knife
une cuillère	a spoon
le déjeuner	lunch
le dîner	dinner
l'eau (*f.*)	water
une fourchette	a fork
le goûter	(*afternoon*) snack
une limonade	soft drink (*like 7-up*)
le jus (de pommes, d'orange)	(apple, orange) juice
le petit déjeuner	breakfast
une serviette	a napkin
une tasse	a cup
le thé	tea
un verre	a glass
le vin	wine

couper	to cut
faire les provisions	to buy groceries
goûter	to taste
se mettre à table	to sit down at the table
mettre le couvert	to set the table
poivrer	to pepper
saler	to salt
verser	to pour

Mots apparentés: l'alcool (*m.*), le café au lait, le champagne, le cidre, le cognac, une sauce vinaigrette

Au restaurant

In a restaurant

l'addition (*f.*)	tab, bill
l'entrée (*f.*)	first course
le maître d'hôtel	host (maître d')
le plat du jour	today's special
le plat principal	main course
le pourboire	tip

un serveur / une serveuse	a waiter, waitress
le sommelier / la sommelière	the wine steward
boire	to drink
commander	to order
conseiller	to recommend
coûter	to cost
laisser un pourboire	to leave a tip
se mettre à (+ *inf.*)	to start
passer la commande	to place an order
retrouver des amis	to meet up with friends
vexer	to offend
C'est bon pour (le café), merci.	No more (coffee), thanks.
Encore du / de la / de l'... ?	Would you like more...?
Est-ce que le service est compris?	Is the tip included in the tab?
J'ai très bien mangé!	That was really good!
Je n'ai plus faim.	I'm no longer hungry.
Merci, j'ai assez mangé/bu.	I've had enough, thanks.
Rien de plus, merci.	Nothing else, thanks.

Mots apparentés: **payer, recommander, suggérer**

Les plats

Menu items

une blanquette de veau	a veal stew
la bouillabaisse	Mediterranean fish stew
le canard à l'orange	duck in orange sauce
la choucroute	sauerkraut
le coq au vin	chicken cooked in wine
une coupe de (fruits)	a (fruit) cup
les crudités (*f.*)	raw vegetables served as an appetizer
une escalope de veau	a veal cutlet
des frites (*f.*)	French fries
un gigot aux flageolets	a leg of lamb with beans
le pâté de foie gras	goose-liver pâté
les pommes (*f.*) **vapeur**	steamed potatoes
le rosbif	roast beef
la salade niçoise	salad of tomatoes, tuna, anchovies, potatoes, etc.
la soupe (aux légumes)	(vegetable) soup
les spaghettis (*m.*) **à la bolognaise**	spaghetti with meat sauce
le steak au poivre	pepper steak
un steak-frites	a steak with French fries
une tartine	*a slice of bread and butter*
une terrine de saumon	a cold salmon pâté

Mots apparentés: **les endives** (*f.*)**, les hors-d'œuvre** (*m.*)**, une île flottante, la lasagne, la mousse au chocolat, la purée**

Quand

Saying when

les grandes occasions	special occasions
d'habitude	usually
lors de	during, at the time of
sinon	or else, otherwise

Grammaire et exercices

 7.1 Review of articles

⭐ *Review Première étape,*
Grammaire A.3 and A.5 on
articles.

➤ Definite articles: **le, la,**
l', les

A. Definite articles (**le, la, l', les**) are used as the equivalent of *the* in English.

> **Le** lait que j'ai acheté est dans
> **le** réfrigérateur.

The milk I bought is in the
refrigerator.

Definite articles are also used to talk about people or things in general. In such cases, English generally uses no article at all.

> **La** mousse au chocolat est mon
> dessert préféré.
> **Les** femmes boivent plus d'eau minérale
> que **les** hommes.

Chocolate mousse is my favorite
dessert.
Women drink more mineral water
than men (do).

⭐ *Review Grammaire 3.6*
on partitive articles.

➤ Countable nouns take
indefinite articles: **un, une,**
des. Mass nouns take
partitive articles: **du, de la,**
de l'.

B. Remember that indefinite articles (**un, une, des**) are used for countable nouns (*des* croissants), whereas partitive articles (**du, de la, de l'**) are used for mass nouns (*de la* confiture).

> J'ai acheté **des** provisions pour
> le petit déjeuner. J'ai pris **des**
> croissants, **du** beurre et **de**
> **la** confiture.

I bought groceries for breakfast. I
got (some) croissants, butter,
and jam.

C. To choose the appropriate article, look at the kind of verb used in the sentence. With verbs describing likes or dislikes, such as **aimer, adorer, détester,** and **préférer,** use the definite article because you are talking about things in a general sense.

> Nathalie **aime** beaucoup **les**
> carottes et **les** petits pois, mais
> elle **déteste les** épinards.
> Je n'**aime** pas **le** café fort.

Nathalie likes carrots and peas a
lot, but she detests spinach.

I don't like strong coffee.

➤ Verbs of preference:
definite article

➤ Verbs of "consumption":
indefinite or partitive article

On the other hand, if the verb deals with having, obtaining, or consuming, use **du, de la, de l',** or **des,** because you are talking about some amount of a thing. Such verbs include **avoir, acheter, manger, boire, prendre,** and many others.

> Les Français **boivent du** café
> après le dîner.
> Nous **mangeons de la** pizza tous
> les vendredis soir.

The French drink coffee after
dinner.
We eat pizza every Friday night.

➤ **Je mange** *du* **chocolat.**

➤ **Tu** *ne* **manges** *pas de*
chocolat.

➤ **Je mange** *trop de*
chocolat!

➤ **Tu** *n'***aimes** *pas le*
chocolat.

D. In negative sentences, the indefinite or partitive article becomes **de.** Definite articles do not change.

> Je **n'**achète **jamais de** crème et je
> **n'**ai **plus de** lait. Est-ce que vous
> pouvez boire votre café noir?

I never buy cream, and I don't
have any milk left. Can you
drink your coffee black?

De is also used after expressions of quantity.

➤ **un peu** vs. **peu:**
j'ai **un peu** de lait = *I have a little milk*
j'ai **peu** de lait = *I have little (not much) milk*

QUELQUES EXPRESSIONS DE QUANTITÉ

beaucoup de *a lot of*	**un peu de** *a little*
assez de *enough*	**trop de** *too much, too many*
une livre de *a pound of*	**un kilo(gramme) de** *a kilogram of*
un litre de *a liter of*	**une douzaine de** *a dozen*
un verre de *a glass of*	**une tasse de** *a cup of*

Agnès a acheté **un litre de** lait et **un kilo de** gruyère.

Agnès bought a liter of milk and a kilo of gruyère cheese.

Exercice 1 Vos goûts

Répondez par **oui** ou **non,** et puis indiquez un autre aliment de la même catégorie que vous préférez.

MODÈLE: Tu aimes le jus d'orange? →
Oui, j'aime le jus d'orange, mais j'aime mieux le jus de raisin. (Non, je n'aime pas le jus d'orange. J'aime mieux le jus de pomme.)

1. Tu aimes les petits pois?
2. Tu aimes les cerises?
3. Tu aimes le jambon?
4. Tu aimes la bière?
5. Tu aimes les huîtres?
6. Tu aimes le lait?
7. Tu aimes la tarte aux pommes?
8. Tu aimes le porc?
9. ?

Exercice 2 Les courses

Avec votre ami(e), vous allez préparer un dîner pour des amis français. Votre ami(e) ne sait pas faire la cuisine mais il/elle va faire les courses. Répondez à ses questions.
Le menu: des spaghettis à la bolognaise, de la salade, une crème caramel

MODÈLES: J'achète des pâtes? →
Oui, achète des pâtes (pour les spaghettis).

J'achète du poisson? →
Non, n'achète pas de poisson. (Ce n'est pas nécessaire.)

1. J'achète de la sauce tomate?
2. ... du riz?
3. ... du bifteck?
4. ... du bœuf haché?
5. ... de la laitue?
6. ... des pommes de terre?
7. ... de l'huile et du vinaigre?
8. ... des oignons?
9. ... de la glace?
10. ... du lait?
11. ... des œufs?
12. ... du sucre?

Exercice 3 Combien en consommez-vous?

Utilisez l'expression de quantité appropriée.

Vocabulaire utile   assez de, trop de, beaucoup de, (un) peu de, une (demi-)livre de, un kilo de, un (deux, trois,...) litre(s) de, une (demi-)douzaine de, une tasse de, un verre de, une bouteille de, une (deux, trois) portion(s) de

1. Je bois _____ café(s) par jour.
2. Je bois _____ eau chaque jour.
3. Je consomme _____ œufs par semaine.
4. Je consomme _____ beurre chaque mois.
5. Je mange _____ viande chaque semaine.
6. Je mange _____ fruits par jour.
7. Je mange _____ légumes par jour.

Exercice 4 Les préférences et les habitudes

Faites des questions et des réponses, en employant la forme appropriée de l'article.

MODÈLE: manger souvent / frites (*f.*) →
　　　　　É1: Est-ce que tu manges souvent des frites?
　　　　　É2: Oui, je... (Non, je...)

1. acheter quelquefois / bonbons au chocolat
2. aimer / escargots
3. manger souvent / dinde (*f.*)
4. consommer beaucoup / fromage (*m.*)
5. détester / poisson (*m.*)
6. adorer / glace (*f.*)
7. boire trop / bière
8. manger souvent / pain

7.2 The verb boire

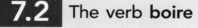 *Review Grammaire 6.7 on voir and croire.*

The verb **boire** is similar to **croire** and **voir.** Note, however, its irregular plural forms.

boire (*to drink*)	
je bois	nous b**u**vons
tu bois	vous b**u**vez
il/elle/on boit	ils/elles boivent
PASSÉ COMPOSÉ: j'ai **bu**	
IMPARFAIT: je **buvais**	

—Monsieur, que voulez-vous **boire**?　　　*Sir, what would you like to drink?*
—Du thé, s'il vous plaît.　　　　　　　*Tea, please.*

Les Français **boivent** souvent de l'eau minérale.

The French often drink mineral water.

Exercice 5 Boissons favorites

Répondez aux questions par des phrases avec **boire.**

MODÈLE: Que boivent vos parents avec les repas? →
Ils boivent du thé glacé (du café).

1. Que buvez-vous le matin?
2. Que boivent vos amis quand ils se retrouvent au resto-U?
3. Quand vous sortez avec des amis, que buvez-vous? (Nous...)
4. Qui boit plus de thé, à votre avis, les Anglais ou les Français?
5. Qu'est-ce que vous avez bu ce matin avant d'aller en cours?
6. Que buviez-vous avec vos repas quand vous étiez petit(e)?
7. Qui buvait du café chez vous quand vous étiez petit(e)?
8. Qu'est-ce qu'on a bu à la dernière fête où vous êtes allé(e)?

7.3 Expressing quantities: The pronoun **en**

A. You are already familiar with the use of the pronoun **en** to replace a noun preceded by a number.

—Avez-vous trois enfants? *Do you have three children?*
—Non, j'**en** ai **quatre.** *No, I have four (of them).*

> ★ Review **Deuxième étape, Grammaire B.1.C** on the use of **en** with **il y a.**

B. En also replaces a noun with a partitive article **(du, de la, de l')** or an indefinite article **(un, une, des).** The English equivalent is *some* or *any.*

—Est-ce que Raoul prend toujours du café après le dîner? *Does Raoul always have coffee after dinner?*
—Oui, il **en** prend toujours. *Yes, he always has some.*

—As-tu des fruits pour le dessert? *Do you have some fruit for dessert?*
—Non, je n'**en** ai pas, mais Daniel va **en** apporter. *No, I don't have any, but Daniel is going to bring some.*

In this use, **en** can refer to people or things.

> ★ Review **Grammaire 4.5.D** on placement of pronouns with infinitives.

> ➤ Placement before infinitive: **Je veux *en* manger.**

C. Use **en** to replace nouns preceded by other expressions of quantity such as **un peu, beaucoup, assez, trop.**

—Est-ce qu'il y a encore de la glace au chocolat? *Is there still some chocolate ice cream?*
—Oui, il y **en** a encore **beaucoup.** *Yes, there's still a lot (of it).*

—Je dois acheter du lait à l'épicerie? *Should I buy some milk at the grocery store?*
—Non, j'**en** ai **assez.** *No, I already have enough.*

> ➤ Uses of en: **Tu as des œufs?**
> —**J'en ai trois.**
> (*I have three of them.*)
> —**J'en ai.**
> (*I have some.*)
> —**Je n'en ai pas.**
> (*I don't have any.*)
> —**J'en ai beaucoup.**
> (*I have a lot.*)

D. En is also used to replace the preposition **de** + the name of a thing. This often happens with expressions that require **de,** such as **avoir besoin (envie, peur) de.**

—Tu as besoin **de poivre** pour cette recette? *Do you need pepper for this recipe?*
—Oui, j'**en** ai besoin. *Yes, I need it (some).*

> ➤ **En** also replaces the preposition **de** + a thing: **j'en ai peur** = *I'm afraid of it/them*

Exercice 6 Habitudes alimentaires

Vous passez quelques jours chez une nouvelle amie. Elle vous pose beaucoup de questions pour connaître vos goûts. Répondez-lui en utilisant le pronom **en.**

MODÈLE: Tu mets du lait dans ton café le matin? →
Oui, j'en mets. (Non, je n'en mets pas.)

1. Est-ce que tu voudrais des croissants pour ton petit déjeuner?
2. Tu bois du café le matin?
3. Tu aimes prendre de la viande à tous les repas?
4. Tu prends du vin à tous les repas?
5. Tu manges du poisson de temps en temps?
6. Tu manges beaucoup de desserts?

Exercice 7 Quiz sur l'alimentation

Répondez aux questions en utilisant **en.**

MODÈLE: Il y a combien d'œufs dans une douzaine? → Il y en a douze.

1. Combien de grammes y a-t-il dans un kilo?
2. Est-ce qu'on a besoin de beurre pour faire une omelette?
3. Est-ce que les enfants ont souvent envie de bonbons?
4. Est-ce qu'il y a beaucoup de caféine dans le café?
5. Y a-t-il de la caféine dans le thé?
6. Combien d'œufs est-ce qu'il y a dans une demi-douzaine?
7. Est-ce qu'il y a du fromage dans la glace?
8. Combien de livres y a-t-il dans un kilo?
9. Combien de calories y a-t-il dans un verre de coca?
10. Est-ce qu'il y a beaucoup de vitamine C dans les œufs?

7.4 Expressing *all* and *everything*: Using **tout**

Tout can be used as an adjective or a pronoun.

A. As an adjective, **tout** corresponds to *all* or *the whole* in English. It agrees in gender and number with the word it modifies: **tout, toute, tous, toutes.**

Tout le repas a été délicieux! — *The whole meal was delicious.*
Tous les œufs sont cassés. — *All the eggs are broken.*
Nous avons mangé **toute** la pizza. — *We ate the whole pizza.*

B. As a pronoun, **tout** corresponds to *everything* in English. It is invariable in form.

Tout est prêt pour le dîner. — *Everything is ready for dinner.*
Les enfants ont **tout** mangé. — *The children ate everything.*

Exercice 8 Généralisations: Que pensez-vous?

Complétez la phrase avec **tout, tous, toute** ou **toutes**. Ensuite, dites si c'est vrai, et justifiez votre réponse.

MODÈLE: Les Américains mangent des hamburgers *tous* les jours. →
Non, ce n'est pas vrai. Ils mangent des hamburgers de temps en temps, pas *tous* les jours.

1. Les Français boivent du vin à _____ les repas.
2. _____ les Françaises savent bien cuisiner.
3. En France, on boit du café pendant _____ le repas.
4. _____ les cuisines américaines sont équipées d'un four à micro-ondes.
5. _____ la viande rouge est mauvaise pour la santé.
6. Il est impoli de manger _____ un gâteau sans le partager avec ses amis.

7.5 More on asking questions: Qui, que, quoi

A. You are already familiar with various kinds of questions. Here is a summary of how to form questions with **qui, que,** and **quoi.** Notice that the question form depends not only on whether you are asking about people or things but also on the function of the person or thing in the sentence: subject, direct object, or object of a preposition.

★ Review **Deuxième étape, Grammaire B.2** and **Chapitre 3, Grammaire 3.2.**

ASKING ABOUT PEOPLE	
Subject: **Qui... ?**	
Qui fait la vaisselle?	*Who's doing the dishes?*
Qui fait les meilleures crêpes?	*Who makes the best crepes?*
Direct object: **Qui + est-ce que... ?, Qui + inversion . . . ?**	
Qui est-ce que tu as rencontré au restaurant? Qui as-tu rencontré au restaurant?	*Who(m) did you meet at the restaurant?*
Object of a preposition: Preposition + **qui + est-ce que... ?** Preposition + **qui + inversion . . . ?**	
Avec qui est-ce qu'il déjeune? Avec qui déjeune-t-il?	*With whom is he having lunch?* *(Who is he having lunch with?)*

➤ French has two question forms:

- Informal: **est-ce que... ?** **Qu'est-ce que tu fais?**
- Formal: subject-verb inversion: **Que** *fais-tu?*

➤ In French questions, the preposition must come first:

De quoi/qui... ?
À quoi/qui... ?
Avec quoi/qui... ?
Pour quoi/qui... ?

ASKING ABOUT THINGS

Subject: **Qu'est-ce qui... ?**
Qu'est-ce qui brûle? — *What's burning?*
Qu'est-ce qui se passe? — *What's going on?*

Direct object: **Qu'est-ce que... ?, Que** + inversion . . . ?
Qu'est-ce que tu bois au petit déjeuner?
Que bois-tu au petit déjeuner? } — *What do you drink at breakfast?*

Object of preposition: Preposition + **quoi** + **est-ce que... ?**
Preposition + **quoi** + inversion . . . ?
Avec quoi est-ce qu'on boit du vin blanc?
Avec quoi boit-on du vin blanc? } — *What do you drink white wine with?*

B. English questions of the form "What is (something)?" are expressed two ways in French, depending on the meaning:

1. If you are asking for a definition or explanation of an unfamiliar term, use **Qu'est-ce que c'est que... ?**

—**Qu'est-ce que c'est qu'**une aubergine? — *What's an eggplant?*
—C'est un gros légume à la peau violet foncé. — *It's a large vegetable with a dark purple skin.*

2. If you are asking someone to identify a particular item from a set of possible items, use **Quel(le) est... ?**

—**Quel est** ton dessert préféré? — *What's your favorite dessert?*
—C'est la tarte aux pêches. — *Peach pie.*

Exercice 9 «Jeopardy»

Complétez chaque question, et puis trouvez la réponse correcte.

MODÈLE: *Qu'est-ce qu'*on met dans une sauce mayonnaise? des œufs

1. _____ on prend quand on a très chaud?
2. Avec _____ est-ce qu'on fait une omelette?
3. _____ donne plus de goût aux aliments?
4. _____ on met dans une bouillabaisse?
5. Avec _____ est-ce qu'on sert du vin rouge?
6. _____ mange le plus de bonbons?
7. _____ on prend à la fin d'un bon dîner?
8. Sur _____ est-ce qu'on met de la confiture?
9. _____ prépare les repas dans un restaurant?
10. _____ est au four, le Thanksgiving?

a. le sel
b. les enfants
c. un dessert
d. des œufs
e. la dinde
f. de la viande rouge
g. de la limonade
h. du pain
i. des fruits de mer
j. le chef de cuisine

Exercice 10 Une soirée

Les étudiants de Mme Martin arrivent chez Jacqueline pour une soirée. Voici les réponses de Jacqueline. Formulez les questions.

MODÈLE: *Denise* n'est pas encore là. → Qui n'est pas encore là?

1. Louis doit venir *avec Daniel*.
2. J'ai fait *une mousse au chocolat*.
3. J'ai demandé *à Denise* d'apporter des chips.
4. Nous avons besoin *de glace et de verres*.
5. *Louis* a apporté des CD de musique acadienne.
6. Je voudrais parler *du film que nous avons vu hier*.
7. *Le café* sent si bon.
8. Raoul a invité *son camarade de chambre*.

Exercice 11 Questions gastronomiques

Vous êtes au restaurant avec des amis français et vous parlez de la nourriture. Trouvez la question appropriée pour chaque réponse.

MODÈLES: La spécialité d'Alsace, c'est la choucroute. →
Quelle est la spécialité d'Alsace?

Le calvados, c'est une liqueur faite de cidre. →
Qu'est-ce que c'est que le calvados?

1. Les carottes sont mon légume favori.
2. Le plat du jour, c'est les coquilles Saint-Jacques.
3. Une boulangerie, c'est un magasin où on ne vend que du pain.
4. La boisson que je préfère, c'est le lait.
5. Le meilleur type de café, c'est l'arabica.
6. Une mandarine, c'est une sorte de petite orange douce et parfumée.
7. Le nom de ce plat, c'est «la bouillabaisse».
8. Une salade niçoise, c'est une salade composée de légumes, d'œufs durs, de thon et d'olives.

7.6 Ongoing actions: Être en train de

A. As you know, the present tense in French **(je parle)** has several English equivalents, including the simple present (*I speak*) and the progressive present (*I am speaking*). Notice that where English uses the progressive present to indicate that an action is going on at the time of speaking, French generally uses just the simple present tense.

—Mme Martin est dans son bureau?
—Oui. Elle **parle** avec Albert.

Is Madame Martin in her office?
Yes. She's speaking with Albert.

> **je mange** = *I eat* or *I am eating*

B. If you wish to emphasize that the action is going on as you are speaking, you can use the expression **être en train de** + infinitive.

—Tu vas payer l'addition, Charles?
—Oui, je **suis en train de** le **faire** maintenant.

Are you going to pay the bill, Charles?
Yes, I'm doing it (right) now.

> **je suis en train de manger** = *I am in the process of eating*
> **j'étais en train de manger** = *I was in the process of eating*

Exercice 12 Qu'est-ce qu'ils sont en train de faire?

Pour chaque dessin, dites ce que Bernard et Christine sont en train de faire.

MODÈLE: (Numéro 1.) Christine est en train de réserver une table.

Vocabulaire utile

se baigner
bavarder avec leurs amis
commander leur dîner
demander l'addition
entrer dans le restaurant
s'habiller
goûter le vin
régler l'addition
rentrer chez eux après avoir laissé le pourboire
retrouver leurs amis

7.7 Ordering events: Avant, après

A. The prepositions **avant** (*before*) and **après** (*after*) are often used with nouns to indicate the order of events.

Avant le dessert, nous avons pris du fromage.

We had cheese before dessert.

Nous avons pris la salade **après le plat principal.**

We had the salad after the main course.

B. To express *before doing something*, use **avant de** followed by an infinitive.

> On casse les œufs **avant de faire** une omelette.
> *One breaks the eggs before making an omelet.*

C. To express *after doing something*, use **après** followed by a past infinitive. A past infinitive = **avoir** or **être** + past participle. With **être**, the past participle agrees with the understood subject.

> **Après avoir dîné** au restaurant chinois, nous sommes rentrés.
> *After eating at the Chinese restaurant, we went home.*
> **Après être allés** à l'épicerie, nous avons dû passer à la boulangerie.
> *After going to the grocery store, we had to go to the bakery.*

> ➤ **avant de** + infinitive

> ➤ **après** + past infinitive
> Past infinitive:
> **avoir parlé**
> **être sorti(e)(s)**

Exercice 13 Du monde à dîner

Vous invitez des amis à dîner chez vous. Dans quel ordre faites-vous les actions suivantes? Répondez avec **avant de** + infinitif.

> MODÈLE: téléphoner aux amis / faire une liste des invités →
> Je fais une liste des invités avant de téléphoner aux amis.

1. inviter des amis / choisir un menu
2. faire les provisions / lire la recette
3. faire une liste / aller au supermarché
4. m'habiller pour la soirée / faire la cuisine
5. mettre la table / préparer le repas
6. servir le dessert / débarrasser la table (≠ mettre la table)

Exercice 14 Priorités

Dans quel ordre l'étudiant sérieux fait-il les actions suivantes? Employez **après avoir/être** + un participe passé.

> MODÈLE: passer des examens / étudier →
> Un étudiant sérieux passe des examens après avoir étudié.

1. finir ses devoirs / regarder la télé
2. aller en cours / étudier
3. lire des articles / écrire une thèse
4. regarder son manuel de laboratoire / faire les activités
5. écrire une rédaction / réfléchir au sujet
6. répondre / écouter les questions du prof
7. aller à la bibliothèque / aller prendre un café
8. se coucher / rentrer de la bibliothèque

L'énergie nucléaire joue un rôle très important en France.

Parlons de la Terre!

Objectifs

In *Chapitre 8,* you will learn to describe the geographical features of the Earth, weather, and climates, and will talk about ecological and environmental issues. You will learn more about the Francophone world and more about how to describe past time. You will also discuss how people can affect their environment and how to say what someone ought to do.

Activités et lectures

En France et ailleurs

★ Attention! Étudier Grammaire 8.1

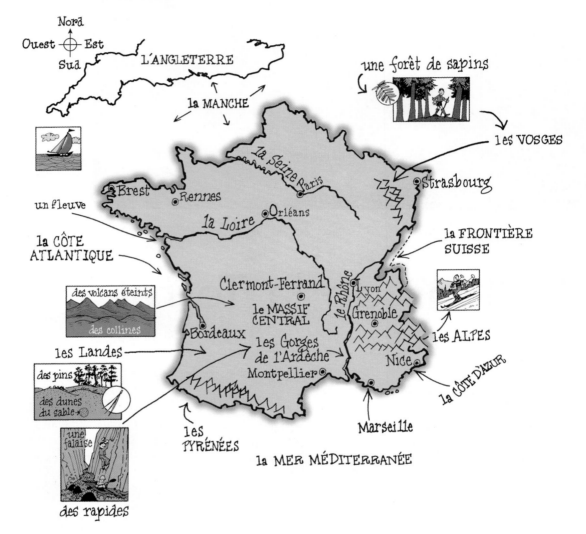

Ça fait réfléchir

- La France est le pays le plus étendu de l'Europe occidentale. Elle a 2.075 km de frontières maritimes, 1.000 km de frontières montagneuses et 195 km de frontières fluviales.
- La France possède le sommet le plus élevé d'Europe occidentale et la principale forêt de l'Union européenne.

Activité 1 Interro: La carte de France

Regardez la carte et les dessins et répondez aux questions.

Comment s'appelle...

1. la capitale qui se situe sur les bords de la Seine?
2. la ville dans les Alpes connue pour les Jeux Olympiques d'hiver?
3. la région des dunes et des forêts de pins dans le Sud-Ouest?
4. le grand fleuve qui se jette dans la Manche?
5. la ville au Nord-Est, siège du Parlement européen?
6. la côte méditerranéenne près de Nice?
7. l'endroit où on peut trouver des rapides et des falaises?
8. le fleuve qui commence dans les Alpes et descend vers la Méditerranée?
9. le large bras de mer formé par l'Atlantique entre la France et l'Angleterre?
10. les montagnes à la frontière de la France et de l'Espagne?
11. la région où on peut trouver des volcans éteints?
12. la ville située sur les bords de la Loire?

À propos...
La France dans sa diversité

Quand on parle de la France, on pense souvent à l'«Hexagone». En réalité, le territoire francais est morcelé sur l'ensemble de la planète, avec ses départements et territoires d'Outre-mer (DOM-TOM) et une île en Méditerranée, la Corse. La France est donc présente

- dans les Antilles (Martinique et Guadeloupe),
- dans l'océan Indien (Réunion et Mayotte),
- en Amérique du Nord (Saint-Pierre-et-Miquelon, Terre-Neuve),
- en Amérique du Sud (Guyane),
- dans le Pacifique (Wallis-et-Futuna, Polynésie française, Nouvelle-Calédonie).

Naturellement, le français y est langue officielle, mais on y parle aussi de nombreuses langues locales, comme le créole, le kanak et le swahili. Dans l'Hexagone, on ne parle pas uniquement français non plus, mais aussi breton, alsacien, basque, arabe et occitan; de même, beaucoup de Corses s'expriment dans leur langue. L'unité française cache donc une grande diversité géographique, linguistique et culturelle.

• Paul Gauguin (1848–1903), *Mahana Maa*, 1892. L'île de Tahiti, en Polynésie française (Pacifique sud), est l'un des plus célèbres territoires d'outre-mer.

Activité 2   Dans le monde francophone: Les départements d'Outre-mer français

A. La France Métropolitaine a 96 *départements* (divisions administratives). Elle a d'autre part cinq *départements d'Outre-mer* (DOM): Guadeloupe, Martinique, Guyane, Mayotte et Réunion. Il y a aussi des *collectivités d'Outre-mer* (COM), qui ont un statut divers: la Polynésie française, Saint-Pierre-et-Miquelon, Wallis-et-Futuna, Saint-Martin et Saint-Barthélemy.

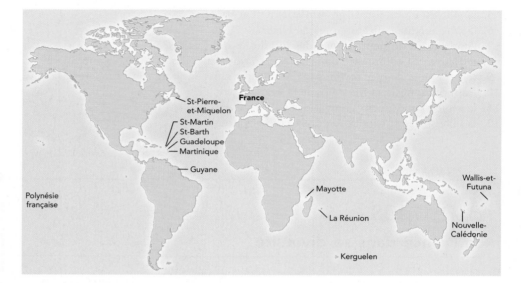

B. Écoutez la description, puis cherchez le nom du DOM ou du COM sur la carte.

1. C'est le département d'Outre-mer où la France partage une frontière avec le Brésil.
2. Cette collectivité d'Outre-mer, à 2000 km de l'Australie, garde son autonomie politique.
3. Ce groupe d'îles dans le Pacifique forme une collectivité d'Outre-mer.
4. Ce département d'Outre-mer est majoritairement musulman et de culture africaine. Il se trouve dans l'océan Indien près de la côte sud-est de l'Afrique.
5. Cette collectivité d'Outre-mer a une histoire qui remonte jusqu'à l'arrivée des Français au Canada. Sur son site web officiel, on voit sa devise «*où la France rencontre l'Amérique*».
6. Les îles Kerguelen, jadis surnommées îles de la Désolation, forment un archipel au sud de l'océan Indien et constituent l'un des cinq districts du territoire des Terres australes et antarctiques françaises (TAAF).

Activité 3   Échanges: Voyages dans le monde

Dans quel pays et dans quelle ville est-ce qu'on peut faire les activités suivantes?

MODÈLE: visiter le Kremlin →
   É1: Où est-ce qu'on peut visiter le Kremlin?
   É2: On peut le voir à Moscou, en Russie.

ACTIVITÉS	VILLES	PAYS
1. voir les pyramides et le Sphinx	à Athènes	en Belgique
2. faire une ballade en gondole sur le Grand Canal	à Bruges	au Canada
3. aller au Mardi gras et goûter à la cuisine acadienne	au Caire	en Égypte
4. voir les cerisiers en fleurs au printemps	à Casablanca	aux États-Unis
5. photographier le Parthénon	à La Nouvelle-Orléans	en Grèce
6. visiter la «Venise du Nord» et ses musées d'art flamand	à Montréal	en Italie
7. parler français au bord du Saint-Laurent	à Tokyo	au Japon
8. faire des achats dans un souk et visiter une médina	à Venise	au Maroc

Activité 4 Dans le monde francophone: Une publicité

LES SEYCHELLES

« Je ne veux pas que vous alliez aux Seychelles. Ces 92 îles de rêve, éparpillées sur plus de 400 000 km² sont vraiment trop belles. Pas question de découvrir ces splendides plages, douces et chaudes, blotties sous les cocotiers. Jamais je ne vous laisserai vous prélasser dans les eaux turquoises de cet océan, à quelques degrés de l'équateur et ne comptez pas sur moi pour vous offrir un de ces savoureux punch coco dans la lumière dorée au coucher du soleil. Je vous interdis d'assister à la ponte des grandes tortues de mer à l'Île Curieuse ou de surprendre les oiseaux rares de Frégate. Je ne vous permets pas non plus d'explorer les fonds sous-marins d'une rare richesse de Desroches. Et que je ne vous surprenne pas sur une de ces vedettes puissantes qui vous emmènent à la pêche à l'espadon ou au marlin. Le grand Catamaran luxueux qui permet le mouillage dans les baies désertes n'est pas non plus pour vous. Et si j'apprends que les spécialistes VPS ont obtenu une petite île privée uniquement pour vous je ne le supporterai pas».

Certains peuvent croire que le paradis leur est réservé: Bienvenue aux Seychelles.

En conseillant de ne pas aller aux Seychelles, cette publicité donne justement envie d'y aller. Pourquoi? Décidez si les phrases sont vraies ou fausses.

1. Le climat de la région est doux et tropical.
2. On peut voir les grandes tortues de mer en train de pondre des œufs.
3. Il n'y a pas de plages, mais des forêts de cocotiers.
4. On peut observer des oiseaux rares.
5. Il est dangereux de faire des explorations sous-marines près des îles.
6. Le coucher de soleil est vraiment très beau.
7. Malgré la proximité de l'équateur, les eaux de l'océan sont froides.
8. On peut se baigner dans des baies désertes.

Cliquez là!

Visitez un site Web consacré aux Seychelles. Qui habitait là avant l'arrivée des Européens? Quels pays ont colonisé ces îles? Quelle(s) langue(s) est-ce qu'on y parle aujourd'hui?

Allons plus loin! Avec d'autres étudiant(e)s, essayez la même formule. Créez une publicité «négative» pour un lieu qui vous plaît beaucoup dans votre ville, votre état ou ailleurs.

La géographie et le climat

✶ Attention! Étudier Grammaire 8.2 et 8.3

Activité 5   Définitions: Termes géographiques

_____ **1.** étendue de sable au bord de la mer

_____ **2.** cours d'eau important qui se jette dans la mer

_____ **3.** pays aride où il y a peu de végétation

_____ **4.** petit golfe

_____ **5.** étendue de terre entourée d'eau

_____ **6.** étendue de terrain couverte d'arbres

_____ **7.** grande masse verticale de pierre dure

_____ **8.** accumulation de neige transformée en glace qui
se déplace lentement

_____ **9.** presqu'île; bras de terre entouré d'eau de trois côtés

a. une péninsule
b. un glacier
c. une plage
d. une île
e. un fleuve
f. un désert
g. une forêt
h. une baie
i. une falaise

Activité 6   Associations: Endroits et activités

Que voit-on dans les endroits suivants et qu'est-ce qu'on peut y faire?

Vocabulaire utile   des baies, des cascades, des collines, des dunes, des falaises, des fleuves, des forêts, des glaciers, des gorges, des îles, des plages, des plaines, des rochers, du sable, des vallées

> MODÈLE: dans les Gorges du Tarn →
> On y voit des falaises, des rochers et des rivières. On peut faire du canoë, du kayak, du rafting, de l'escalade, ...

1. dans des montagnes comme les Alpes et les Rocheuses
2. dans un désert comme le Sahara ou le Gobi
3. sur la côte nord-ouest de l'Amérique du Nord
4. dans la jungle de l'Amazone
5. sur une île tropicale comme Tahiti
6. dans l'état où se trouve votre université
7. ?

Allons plus loin!   Si vous pouviez quitter votre région, où voudriez-vous passer des vacances? Qu'est-ce que vous aimeriez faire?

Activité 7   Définitions: La pluie et le beau temps

Complétez les phrases en choisissant des mots de cette liste: **nuageux, la pluie, rosée** (*f.*), **un ouragan, la grêle, les éclairs, il pleuviote, le tonnerre, une tornade, givre** (*m.*). frost

1. Pendant un orage, les enfants se couvrent les yeux pour ne pas voir _____ de la foudre et les chiens hurlent quand ils entendent _____.
2. Les petites boules de glace qui tombent pendant un orage d'été s'appellent _____.
3. Un _____ est une tempête de vents très violents qui se forme sur la mer avant de toucher terre.
4. Dorothée et Toto ont été victimes d' _____. Ce type d'orage est très capricieux et ne dure que quelques minutes.
5. L'eau qui tombe du ciel s'appelle _____. S'il pleut légèrement, on dit parfois qu' _____.
6. En été, on trouve des gouttes de _____ sur les pétales des fleurs le matin.
7. Les jours où il n'y a pas de soleil, il fait _____.
8. On trouve des cristaux de _____ sur les fenêtres ou l'herbe en automne.

Activité 8 Entretien: La nature et moi

1. Tu vas parfois à la mer? Où aimes-tu aller? Qu'est-ce que tu fais là-bas?
2. Tu aimes aller à la montagne? À quel endroit? En quelle saison? On peut faire quoi, là où tu vas?
3. As-tu déjà visité un désert? Lequel? Tu y es resté(e) longtemps? Comment l'as-tu trouvé?
4. Tu es déjà allé(e) sur une île tropicale? Laquelle? Le climat t'a plu? Qu'est-ce qu'on peut faire là-bas?
5. C'est comment, le climat d'où tu viens? Ça te plaît? Pourquoi?
6. Tu as peur des orages? Qu'est-ce que tu fais si la météo annonce un orage dangereux?
7. Quelle est ta saison préférée? Pourquoi? Qu'est-ce que tu aimes faire en cette saison?

Activité 9 Sondage: Ô marâtre nature

Écoutez et marquez votre décision dans chaque cas. Ensuite, comparez vos réponses avec celles de vos camarades de classe.

1. Vous êtes dehors. Soudainement, il y a un coup de foudre et un coup de tonnerre.
   a. Il vaut mieux s'étendre par terre et se couvrir la tête avec les mains.
   b. Il faut se cacher sous un arbre et se boucher les oreilles.
2. Pendant votre randonnée en montagne, une grosse tempête de neige arrive.
   a. On doit s'abriter sous un rocher et attendre la fin de la tempête.
   b. Il vaut mieux continuer la randonnée, mais très prudemment.
3. La météo vient d'annoncer qu'une tornade s'approche de votre quartier.
   a. Il faut ouvrir les portes et les fenêtres pour réduire la pression de l'orage.
   b. Il faut descendre au sous-sol en emportant sa radio et une torche électrique.
4. Dans le désert, on contemple le lit d'une rivière sèche pour dresser sa tente.
   a. Si le ciel est clair, il n'y a aucun danger. On peut y camper.
   b. C'est trop dangereux! Il y a risque d'inondation soudaine.

Activité 10 Dans le monde francophone: Les climats variés

Voici des descriptions extraites d'une brochure. Posez des questions à votre partenaire.

MODÈLE: É1: C'est quand, l'été indien au Québec?
         É2: C'est en automne, vers la fin septembre.

LE MAROC	LE QUÉBEC	LA NOUVELLE-CALÉDONIE
pays maghrébin désertique et montagneux en Afrique du Nord	**province boisée et montagneuse d'un grand pays en Amérique du Nord**	**longue île montagneuse entourée d'un récif-barrière dans le Pacifique près de l'Australie**
Froid et très froid (–10°C) la nuit en hiver dans le Sahara; pas de demi-saison; été très sec et chaud à très chaud.	Hiver rigoureux. Été tempéré dans le nord, chaud dans le sud, superbe «été indien» fin septembre.	Saisons inversées par rapport à l'hémisphère nord, hiver (juin à septembre) frais et humide, intersaisons agréables et été (décembre à mars) chaud.

Allons plus loin! Persuadez la classe de visiter votre état (ou pays). **Idées:** Parlez de sa géographie (lacs, montagnes, etc.), de son climat, des activités possibles, des villes et des sites à visiter, en montrant des photos ou des dessins.

Questions écologiques

✳ Attention! Étudier Grammaire 8.4 et 8.5

On ne devrait pas cultiver son jardin dans le désert.

Il est interdit de jeter les déchets par terre.

En ville, le bruit peut déranger les autres.

Jean-Yves a vu un film sur les fleuves.

Il s'est rendu compte qu'il contribuait à la pollution des eaux.

Il a arrêté d'acheter des détergents avec phosphates.

Activité 11 Interro: Transformations écologiques

Qu'est-ce qui a influencé ces personnes? Que faisaient-elles jusque-là? Qu'est-ce qu'elles ont fait après?

MODÈLE: É1: Qui a lu un article sur le jardinage naturel?
　　　　　É2: Francis Lasalle.
　　　　　É1: Que faisait Francis jusque-là?
　　　　　É2: Il se servait d'insecticides.

	LE MOMENT CLÉ	AVANT	LE RÉSULTAT
Francis Lasalle...	a lu un article sur le jardinage naturel	se servait d'insecticides	a acheté des coccinelles pour son jardin
Marie Lasalle...	a assisté à une conférence sur le recyclage	jetait tous ses déchets à la poubelle	a commencé à recycler les objets en verre et en plastique
Julien Leroux...	a vu un film sur le réchauffement de la planète	allait partout dans son 4 × 4	a décidé d'acheter une voiture hybride
Emmanuel Colin...	a appris que le bruit excessif est une forme de pollution	écoutait sa radio avec le volume au maximum	a baissé le volume de sa radio

Activité 12 Sondage: La vie en société

Dites pourquoi ces habitudes qui affectent notre environnement sont mal vues.

MODÈLE: boire son café et se raser pendant qu'on conduit le matin →
　　　　　Ça peut mettre quelqu'un en danger! Il faut être attentif au volant.

Vocabulaire utile

C'est impoli.　　　　　　　　　　　　　　　　C'est illégal.
Ça peut mettre quelqu'un en danger.　　　　　C'est embêtant mais pas grave.
C'est mauvais pour l'environnement.　　　　　Ce n'est pas hygiénique.

1. envoyer des textos pendant qu'on conduit
2. laisser son chien faire des saletés sur le trottoir
3. refuser de recycler, malgré les règlements

4. fumer dans un endroit public
5. stationner dans un espace interdit ou privé
6. faire des graffiti sur les murs des endroits publics
7. faire du bruit qui dérange ses voisins
8. jeter des déchets par terre
9. conduire son 4 × 4 hors piste
10. ignorer les émissions excessives de carbone de sa voiture

Activité 13 Récit: Faux-pas écologiques

Identifiez les erreurs que Raoul est en train de commettre et dites ce qu'il devrait faire pour ne pas contribuer à la dégradation de l'environnement.

MODÈLE: Il est en train de jeter une boîte en aluminium par terre. →
Il devrait recycler les objets en aluminium recyclable.

MAUVAISES HABITUDES

• gaspiller de l'énergie
• laisser couler l'eau
• laisser les lampes allumées
• jeter les bouteilles en verre
• jeter ses déchets par terre
• contribuer à la pollution de l'air
• utiliser trop de détergents
• ?

HABITUDES ÉCOLOGIQUES

• déposer les ordures dans une poubelle
• utiliser moins de détergents
• utiliser les transports en commun
• faire du covoiturage
• se déplacer en vélo
• trier les déchets
• recycler les récipients en verre
• arrêter l'eau quand on ne s'en sert pas
• éteindre les lumières avant de sortir
• garder son moteur en bon état
• conserver les ressources
• ?

Ça fait réfléchir

En France...

• chaque habitant produit en moyenne 352 kg d'ordures ménagères par an.
• le bruit qui touche le plus les gens provient de la circulation.
• chaque habitant consomme en moyenne 282 litres d'eau potable chaque année.

Au monde...

• On ne recycle qu'à peu près 20% des sacs en plastique commerciaux.

Allons plus loin!   On parle de trier, de recycler, et de composter. Pensez aux déchets de la poubelle ordinaire, aux pelures de fruits et légumes, aux objets et aux appareils qui sont jetés par la famille moyenne. Ensuite, nommez toutes les choses que nous pouvons réutiliser. Enfin, mettez-vous en équipes pour voir qui peut en nommer le plus et dire ce qu'on peut en faire.

• L'atoll de Bora-Bora, en Polynésie

À la rencontre des arts
La Terre vue du Ciel

Le photographe Yann Arthus-Bertrand est un amoureux de la nature. Bien avant de devenir un photographe mondialement connu, il a dirigé une réserve naturelle dans le centre de la France, puis étudié le comportement des animaux sauvages au Kenya. Là, il a découvert la beauté des paysages vus d'un avion ou d'une montgolfière (ballon). Il imagine alors le projet «La Terre vue du Ciel», une collection de centaines de photos de l'ensemble de la planète. Son but est à la fois artistique et écologique: «Nous sommes aujourd'hui dans une période critique, où l'homme est en train de transformer son environnement et se met en danger dans le même temps. Les vrais problèmes des siècles à venir seront davantage des problèmes d'environnement et de transformation du climat, que des problèmes sociaux.» Son livre *La Terre vue du Ciel* regroupe les 200 plus fortes photos du projet accompagnées de commentaires sur l'état du monde; il a connu un immense succès international.

Activité 14   Échanges: Au milieu du XXe siècle

Voici comment vivaient les Américains pendant les années 50. Est-ce que la vie a changé depuis? Si oui, dites ce qui a provoqué le changement. Sinon, expliquez votre avis.

MODÈLE: Pendant les années 50, on pensait très peu à conserver l'énergie. →
    É1:   Aujourd'hui, tout le monde en parle mais la situation n'a pas changé. Regarde ces grosses voitures, par exemple!
    É2:   Euh, peut-être. Pourtant, nous avons fait des progrès dans certains domaines. Par exemple...

Pendant les années 50...

1. les voitures étaient grandes et consommaient beaucoup d'essence.
2. l'équipement ménager consommait beaucoup d'électricité ou de gaz.
3. le covoiturage n'était pas une priorité.
4. on rêvait de créer une source perpétuelle d'énergie à partir de l'atome.
5. les rues n'étaient pas bien éclairées, sauf au centre-ville.
6. on utilisait très peu le vélo comme moyen de transport.
7. beaucoup de gens voyageaient en train et en autocar.
8. la plupart des familles possédaient seulement une voiture.

Exprime-toi!

J'en ai marre!
C'est dégoûtant!
On délire ou quoi?
Tout le monde fait pareil!
Ce n'est pas une raison!
On devrait l'interdire!
On a tort! (tort de...)
C'est pas juste!
Ça suffit!

Activité 15 Associations: Écolo ou pas?

Décidez s'il s'agit dans chaque cas de (1) «l'écolo» ou (2) d'une personne «sans-souci».

Qui...

- prend l'autobus pour aller au travail?
- n'a jamais le temps de recycler ses déchets?
- conduit très vite une grosse voiture?
- a persuadé son père de planter un jardin naturel?
- adore faire de l'équitation sur la plage?
- laisse ses ordures après avoir campé en montagne?
- organise des courses en buggy dans les dunes avec ses copains?

- se porte volontaire pour nettoyer le parc?
- a acheté une voiture hybride l'année dernière?
- visite les parcs nationaux en motoneige chaque hiver?
- emporte ses ordures quand il fait du camping?
- a remplacé ses ampoules incandescentes par des ampoules fluorescentes?

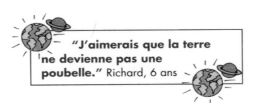

"J'aimerais que la terre ne devienne pas une poubelle." Richard, 6 ans

LA LANGUE EN MOUVEMENT

Mots raccourcis

Le mot *écolo*, forme abrégée d'*écologiste*, illustre un phénomène très fréquent en français courant: l'emploi de mots qui ont perdu leur dernière syllabe (ou leurs deux ou trois dernières syllabes). Par exemple, on entend souvent *foot*, *télé*, *aprèm*, *météo*, *fac* et *appart*. Pour certains mots, la forme courte est devenue plus courante que la forme longue, comme dans *métro* (< *métropolitain*), *vélo* (< *vélocipède*) et *cinéma* (< *cinématographe*), qui devient en français courant *ciné*.

MISE EN PRATIQUE Lisez cette histoire drôle en déchiffrant les mots raccourcis: En amenant son chien chez *le véto*, *l'ado* a rencontré *un intello* très *sympa* qui était en train de lire *un dico*. *L'intello* et *l'ado* ont discuté de *philo*, et puis *l'intello* est parti au *resto* prendre *un apéro*. *L'ado* a complètement oublié son *RDV* chez *le véto*: *la cata!*

Ça fait réfléchir

En France…

- 38 000 hectares de champs cultivables disparaissent sous la construction chaque année.
- Entre 2000 et 2005, les espaces agricoles ont diminué d'environ 300 000 hectares.
- Entre 2000 et 2005, les forêts ont progressé de 136 000 hectares.
- 7 % des prairies disparaissent tous les cinq ans.

Activité 16 Discussion: Questions écologiques

Vous vous inquiétez des problèmes écologiques? En groupes, proposez ce qu'on peut faire pour les résoudre.

MODÈLE: À mon avis, nous devrions sauver *les espèces en danger d'extinction.* Nous devrions *restaurer leur habitat.*

PROBLÈMES ÉCOLOGIQUES

1. la forêt tropicale humide en danger
2. la pollution des rivières et des fleuves
3. les antibiotiques dans la viande et la volaille
4. la croissance des centrales nucléaires
5. la quantité énorme des ordures
6. la pollution de l'air
7. la dépendance aux combustibles fossiles et au pétrole
8. les effets du changement climatique
9. l'emploi excessif du polystyrène (du plastique)
10. ?

SOLUTIONS

a. arrêter d'employer des pesticides toxiques
b. demander des verres et des assiettes en papier plutôt qu'en plastique
c. développer d'autres sources d'énergie
d. participer aux programmes de recyclage
e. limiter les émissions de carbone industrielles
f. arrêter de déboiser les forêts
g. acheter des produits bio
h. consommer moins d'énergie
i. acheter plus de produits verts
j. développer les transports en commun
k. encourager la production de voitures hybrides
l. nettoyer les eaux polluées
m. ?

LES FRANCOPHONES SUR LE VIF

Annabelle Brujes, étudiante et militante pour le développement durable; organisatrice du festival «Étangs d'art» à Marseille

Le festival «Étangs d'art» est un festival étudiant, en pleine nature, gratuit, ouvert à tous, lié[1] au développement durable. On tourne autour de mille personnes sur deux jours. Il y a des gens qui restent toute la journée, qui pique-niquent, qui sont là en famille, d'autres qui se promènent et s'informent. Donc on a essayé de varier les activités pour les petits et pour les grands avec de la danse, du cirque, du cinéma, et de la musique. Pour animer le festival, tout un village avec des artisans en poterie, en chapeaux, un système de distribution de paniers[2] bio de légumes, etc. On a mis en place des toilettes sèches, qui fonctionnent avec des copeaux[3] de bois, pour à terme faire du compost. On offre aussi des «éco-cup» réutilisables et des cendriers de poche, de la nourriture bio et des boissons équitables. On essaye d'être cohérent du début à la fin.

On a fait des animations dans les écoles avant le festival. Les élèves savaient déjà trier leurs déchets,[4] où vont les déchets, ce qu'on peut faire avec des déchets recyclés, par exemple les bouteilles en plastique. Je pense que c'est important, c'est même souvent les enfants toujours très réceptifs qui sensibilisent leurs parents, ensuite!

[1]connecté [2]récipients pour le transport [3]petits fragments [4]trier… séparer ce qu'on jette

POUR RÉSUMER

À vous de parler

Dans son Agenda 21, la ville de Bordeaux s'est engagée à «favoriser les modes de déplacements doux ou alternatifs». Regardez les photos et parlez-en avec des camarades.

A. Voici une rue résidentielle au centre de Bordeaux. Qu'est-ce que vous y voyez? Pour quelles raisons est-ce que la ville a décidé d'offrir plus de transports alternatifs aux Bordelais, à votre avis?

● Une rue à Bordeaux

B. Depuis 2001, la mairie de Bordeaux propose un service de prêt gratuit, *les Vélos Ville de Bordeaux (VVB)*. Voici leur publicité: ***Emprunter votre vélo, c'est simple et gratuit avec la Maison du vélo!*** *2 000, 3 000, 4 500... le nombre de vélos prêtés gratuitement aux Bordelais par la Mairie ne cesse d'augmenter pour satisfaire une demande enthousiaste. Il n'y a pas d'âge pour pédaler. Les VVB sont disponibles avec ou sans réservation dans les différents quartiers de la ville.*

Quels sont les avantages du vélo pour l'environnement? Est-ce une bonne idée pour votre ville? Est-ce que vous voudriez emprunter une bicyclette de temps en temps?

C. Situations: En groupes de quatre, créez des équipes de deux personnes pour discuter des avantages et des inconvénients du vélo comme moyen de transport. Si vous êtes contre, proposez d'autres moyens de transports qui consomment peu d'énergie non-renouvelable.

● Des vélos attendent les cyclistes

À vous de lire
«Rondeau» par Charles d'Orléans

Charles 1er d'Orléans était le frère du roi de France Charles VI. À la suite d'une bataille contre les Anglais (pendant la «guerre de cent ans») en 1415, il est fait prisonnier. Il est resté en Angleterre pendant vingt-cinq ans et a profité de cette période de captivité pour écrire. Il est l'auteur de plusieurs centaines de poèmes, dont de nombreux «rondeaux» (qui ressemblent à des chansons). Celui-ci est le plus connu.

Texte en français moderne

Le temps a laissé son manteau
De vent, de froidure et de pluie,
Et s'est vêtu de broderie,[1]
De soleil luisant,[2] clair et beau.

Il n'y a bête ni oiseau
Qu'en son jargon ne chante ou crie:
«Le temps a laissé son manteau
De vent, de froidure et de pluie.»

Rivière, fontaine et ruisseau[3]
Portent, en livrée[4] jolie,
Gouttes d'argent, d'orfèvrerie[5];
Chacun s'habille de nouveau.
Le temps a laissé son manteau.

Texte original en français médiéval

Le temps a laissié son manteau
De vent, de froidure et de pluye,
Et s'est vestu de brouderie,
De soleil luyant, cler et beau.

Il n'y a beste ne oyseau,
Qu'en son jargon ne chante ou crie;
Le temps a laissié son manteau
De vent, de froidure et de pluye.

Rivière, fontaine et ruisseau
Portent, en livrée jolie,
Gouttes d'argent d'orfaverie,
Chascun s'abille de nouveau:
Le temps a laissié son manteau.

---

[1]décoration sur un vêtement   [2]brillant   [3]petite rivière   [4]costume   [5]bijoux d'or

Avez-vous compris?

1. Pouvez-vous deviner le sens de «s'est vêtu»? Regardez ce verbe dans la version originale (*vestu*). À quel mot anglais ce verbe correspond-il?
2. Quel est le sens de «bête» ici? (Utilisez la même stratégie que pour la question précédente.)
3. Faites une paraphrase des deux vers «Il n'y a bête... / chante ou crie». (Notez que dans la langue poétique, on peut exprimer la négation avec «ne» seul). Normalement, quand est-ce qu'on emploie le terme «jargon» (en français et en anglais)?

À vous d'écrire

Vous venez d'arriver à Dakar au Sénégal. Vous vous êtes promené(e) un peu et maintenant, vous écrivez à votre ami(e). Vous voudriez lui dépeindre une image très vive de ce que vous avez vu: des touristes avec leurs appareils photo, des vendeurs de fruits, des hommes d'affaires en costume traditionnel, des clients élégants dans les boutiques, une circulation intense dans les rues... Dans votre lettre, employez l'imparfait pour dire ce qui se passait autour de vous.

MODÈLE: *Cher (Chère)...*

Me voilà enfin, confortablement installé(e) dans ma chambre. Il me semble que je vais aimer Dakar. Je me suis promené(e) un peu cet après-midi. Il faisait un temps splendide. Il y avait des gens qui... Beaucoup de personnes...

Avec toutes mes amitiés,

● Un baobab chacal en fleur au Sénégal.

Vocabulaire

La géographie et la Terre
Geography and the Earth

au bord de	at the edge of
sur les bords de	on the banks of
couvert(e) (de)	covered (with)
entouré(e) (de)	surrounded (by)
se jeter dans	to flow into
large	wide
marécageux/ marécageuse	swampy
montagneux/ montagneuse	mountainous
situé(e)	located
se situer	to be located
des collines (f.)	hills
la côte	the coast
un cours d'eau	a stream, river
l'est (m.)	east
un état	a state
une étendue (de)	a stretch, expanse (of)
une falaise	a cliff
un fleuve	a river
la forêt humide	the rainforest
la frontière	the border
un golfe	a gulf
une île	an island
la Manche	the English Channel
le nord	north
l'ouest (m.)	west
la pierre	stone
un pin	a pine tree
une presqu'île	a peninsula
les réserves pétrolières	oil reserves
une rivière	a stream
un rocher	a rock
le sable	sand
un sapin	a fir tree
le sud	south
la superficie	surface area
un volcan éteint	an extinct volcano

Mots apparentés: **un archipel, aride, une baie, une cascade, continental(e), un désert, désertique, une dune, un glacier, une gorge, une jungle, un océan, une péninsule, une plaine, des rapides (m.), un terrain, tropical(e), une vallée, la végétation**

Le temps et le climat
Weather and climate

le ciel	the sky
un éclair	a flash of lightning
la foudre	lightning
le givre	frost
la glace	ice
une goutte	a drop
la grêle	hail
une inondation	a flood
un nuage	a cloud
nuageux/nuageuse	cloudy
un orage	a storm
un ouragan	a hurricane
il pleuviote	it's sprinkling (*rain*)
la pluie	rain
la rosée	dew
une tempête	a storm, tempest
le tonnerre	thunder
une tornade	a tornado

Préoccupations écologiques
Environmental concerns

une centrale nucléaire	a nuclear power plant
la croissance (de)	the increase (in)
les déchets (m.)	trash
les eaux (f.) (de)	the waters (of)
l'essence (f.)	gasoline
une motoneige	a snowmobile
la quantité des ordures (f.)	the quantity of garbage
le pétrole	oil
un 4 × 4 ("quatre-quatre")	a four-wheel-drive vehicle
le réchauffement de la planète	global warming
contribuer (à)	to contribute (to)
déboiser (les forêts)	to deforest, clear away trees
déranger	to disturb, bother
gaspiller l'énergie	to waste energy
jeter (une boîte)	to throw away (a can)
laisser couler l'eau	to leave water running
se servir de pesticides	to use pesticides

Mots apparentés: **les antibiotiques (m.), un buggy, la dégradation, un détergent, l'électricité, les émissions (f.) industrielles, l'extinction, le gaz, les graffiti (m.), pollué(e), la pollution, toxique**

Solutions environnementales

Environmental solutions

des aliments bio	organic produce
une ampoule	a lightbulb
l'autocar (*m.*)	cross-country bus
une centrale solaire	a solar power station
une coccinelle	a ladybug
une poubelle	a trash can
un produit vert	a natural product
baisser (le volume)	to lower (the volume)
consommer moins (de)	to consume less (of)
déposer dans une poubelle	to put, place in a garbage can
emporter ses ordures	to carry away one's garbage
éteindre les lumières	to turn off the lights
faire du covoiturage	to carpool
faire des progrès	to make progress
nettoyer	to clean
se porter volontaire	to volunteer
recycler le verre	to recycle glass
remplacer	to replace
se rendre compte	to realize, recognize
résoudre	to resolve
sauver	to save
trier les déchets	to sort trash

Mots apparentés: **excessif/excessive, fluorescent(e), incandescent(e), les phosphates** (*f.*)**, planter, le recyclage**

La description

allumé(e)	lighted, lit
attentif/attentive	attentive
dur(e)	hard (≠ soft)
éclairé(e)	lit, lighted
fier/fière	proud
flamand(e)	Flemish
interdit(e)	forbidden
prudemment	carefully
sec/sèche	dry

Mots apparentés: **capricieux/capricieuse, dangereux/dangereuse, recyclable**

Substantifs

le bruit	noise
l'équitation (*f.*)	horseback riding
un lieu	a place, spot
la médina	*the old part of an Arab city*
la moitié (de)	half (of)
une publicité	an ad
un quart (de)	a quarter (of)
un souk	*an Arab market*
un texto	a text message
une torche électrique	a flashlight
le volant	the steering wheel

Mots apparentés: **l'aluminium** (*m.*)**, un atome, une gondole, le jazz, la neutralité, une pyramide, les ressources** (*f.*) **naturelles**

Verbes

s'abriter	to take shelter
se boucher les oreilles	to cover one's ears
se cacher	to hide
se déplacer	to move from one place to another
dresser une tente	to set up a tent
emporter	to carry with you
s'étendre	to extend, stretch (*a desert, etc.*)
faire une randonnée	to go on a hike
hurler	to howl
réduire la pression	to reduce the pressure (*of air*)
se trouver	to be located
vivre (à/en/dans)	to live (in)

Mots et expressions utiles

actuellement	currently, now
les années 50	the 1950s
là-bas	(over) there
malgré	in spite of, despite
pourtant	however
la santé	health
sauf	except, save
Ça suffit!	That's enough!
J'en ai marre!	I'm fed up!
On a tort (de)... !	They're wrong (to) . . . !
On délire ou quoi?	Are they nuts or what?
On devrait l'interdire!	They should forbid it!
Tout le monde fait pareil.	Everybody does the same thing.

Grammaire et exercises

8.1 Expressing location, destination, and origin: Prepositions + place names

A. Cities. Use **à** (*to, at, in*) and **de** (*from*) with names of cities.

> Agnès Rouet habite **à Paris.**
> Julien Leroux vient **de Bruxelles.**

Agnès Rouet lives in Paris.
Julien Leroux comes from Brussels.

B. Continents, countries, and provinces. The preposition used depends on whether the name is masculine, feminine, or plural. In general, names of continents, countries, and provinces that end in **-e** are feminine, and all others are masculine: **la Tunisie, l'Égypte, la Côte d'Ivoire; le Maroc, le Danemark, le Québec.** (Exception: **le Mexique.**) A few place names are plural: **les États-Unis, les Pays-Bas.**

<table>
<tr><td colspan="4" align="center">PREPOSITIONS WITH COUNTRIES, CONTINENTS, AND PROVINCES</td></tr>
<tr><td></td><td>all feminines, masculines starting with a vowel</td><td>other masculines</td><td>plural</td></tr>
<tr><td>in, to</td><td>en Suède, en Iran</td><td>au Canada</td><td>aux États-Unis</td></tr>
<tr><td>from</td><td>de France, d'Israël</td><td>du Sénégal</td><td>des États-Unis</td></tr>
</table>

> Nous allons **en Allemagne** et **au Luxembourg.**
> Leila vient **de Tunisie** et son mari vient **du Maroc.**
> Julien est rentré **des États-Unis** hier.

We're going to Germany and Luxemburg.
Leila comes from Tunisia, and her husband comes from Morocco.
Julien came back from the United States yesterday.

> ➤ Cities: Use **à** and **de.**
> Countries:
> **en/de** + *fem.*
> **au/du** + *masc.*
>
> Most country names ending in **-e** are feminine. To check gender, see the maps in the back of this book. *Shortcut:* If a country name starts with a vowel or ends in **-e,** use **en/de.** Otherwise, use **au/du.** *Exception:* **le Mexique**

C. U.S. States. Most states are masculine because their names do not end in **-e: le Connecticut, le Kentucky, le Maryland,** etc. (Exception: **le Maine.**) Nine states change their spelling in French and thus become feminine: **la Californie, la Caroline du Nord et du Sud, la Floride, la Géorgie, la Louisiane, la Pennsylvanie, la Virginie, la Virginie-Occidentale.**

With feminine names, use **en** and **de** as previously explained: **en Californie; de Louisiane.** Likewise, masculine names take **du (de l'),** but **dans le** is usually preferred to **au: dans le Michigan, dans l'Ohio; du Texas, de l'Iowa.**

> ➤ U.S. states:
> **en/de** + *fem.*
> **dans le/du** + *masc.*

Exercice 1 Tour de France

Vous allez visiter la France et vous décrivez votre itinéraire. Nommez la ville, puis la région.

MODÈLE: Paris (Île-de-France) → Je vais d'abord à Paris, en Île-de-France.
Reims (Champagne) → De Paris, je vais à Reims, en Champagne.

1. Strasbourg (Alsace)
2. Dijon (Bourgogne)
3. Grenoble (Savoie)
4. Arles (Provence)
5. Clermont-Ferrand (Auvergne)
6. La Rochelle (Poitou)
7. Tours (Touraine)

Exercice 2   Le tour du monde

Posez des questions à un jeune globe-trotter. Donnez aussi ses réponses.

MODÈLE: l'Amérique du Sud / le Pérou et l'Argentine →
—Est-ce que tu vas en Amérique du Sud?
—Oui, je vais au Pérou et en Argentine.

1. l'Europe / le Portugal et l'Espagne
2. l'Asie / la Chine et l'Inde
3. l'Afrique / la Côte d'Ivoire et le Sénégal
4. l'Afrique du Nord / la Tunisie et le Maroc
5. la Louisiane / Baton Rouge et La Nouvelle-Orléans
6. le Canada / Montréal et Toronto
7. l'Amérique du Sud / le Brésil et l'Argentine
8. l'Amérique du Nord / les États-Unis: la Californie et le Texas

Exercice 3   Le marché international

Savez-vous de quels pays viennent les produits et les aliments suivants?

MODÈLES: les stylos Waterman →
D'où viennent les stylos Waterman?
Les stylos Waterman viennent de France.

le sushi →
D'où vient le sushi?
Le sushi vient du Japon.

1. les Volkswagen
2. les appareils Sony
3. le jambalaya
4. les vins de Bourgogne
5. les enchiladas et les tacos
6. le cappuccino
7. les Cadillac
8. le sucre d'érable

8.2   The verb vivre

Review **Grammaire 6.2** on **dire, lire,** and **écrire.**

The verb **vivre** is irregular but is similar to **écrire** in the present and the imperfect. Like **vivre: survivre (à)** (*to survive*).

vivre (*to live*)	
je vis	nous vivons
tu vis	vous vivez
il/elle/on vit	ils/elles vivent
PASSÉ COMPOSÉ: j'ai **vécu**	
IMPARFAIT: je **vivais**	

➤ **Vivre** has two present stems:

- plural stem = **viv-**
  singular stem = **vi-**
- Singular endings in present: **-s, -s, -t**
- Irregular past participle: contrast: **j'ai écrit,** but **j'ai vécu.**

Pronunciation Hint

The letter **c** is pronounced "**k**" before the letters **a, o,** and **u.** (It is pronounced "**s**" before **i, e,** and **y.**) Thus, **vécu** is pronounced **"véku".**

Je **vis** à La Nouvelle-Orléans
depuis dix ans.
Mes parents **vivaient** à Toronto
quand je suis né.
L'accident était horrible, mais
miraculeusement, tout le
monde **a survécu.**

*I've been living in New Orleans
for ten years.*
*My parents were living in Toronto
when I was born.*
*The accident was horrible, but
miraculously, everyone
survived.*

➤ **Vive** le printemps!
= *Hurray for springtime!*
Vive les vacances!

➤ **facile à vivre**
= *easy to get along with*

Exercice 4 Les oiseaux et l'environnement

Employez une des formes de **vivre** ou **survivre.**

Il y a près de 9.000 espèces d'oiseaux qui _____¹ dans le monde. Chaque espèce
_____² dans un milieu particulier. Par exemple, les pics,* oiseaux à becs longs,
pointus et solides, _____³ dans les forêts. L'aigle royal _____⁴ en haute montagne,
dans les Alpes et les Pyrénées. Le flamant rose, grand oiseau au long cou, ne peut
_____⁵ qu'au bord de lacs salés peu profonds.

Toutes ces espèces _____⁶ (*passé composé*) dans une paix relative jusqu'à
récemment. Mais aujourd'hui, celles qui _____⁷ (*p.c.*) sont souvent menacées par la
destruction de leur habitat ou la pollution des eaux. Pourtant, certaines espèces
se sont bien adaptées au milieu humain. Par exemple, la cigogne† blanche, qui
autrefois _____⁸ (*imparfait*) exclusivement dans les rochers ou les arbres, aujourd'hui
construit souvent ses nids énormes sur des toits de maisons, surtout en Alsace.

Puisque nous _____⁹ tous sur la même planète, nous devrions tous aider à
protéger ces belles créatures à plumes.

8.3 Review of direct and indirect objects: More on object pronouns

A. Me, te, nous, and **vous** are used as both direct and indirect objects. The
remaining forms, however, are different for direct and indirect objects.

★ *Review **Grammaire 4.5**
on direct object pronouns
and **6.5** on indirect object
pronouns.*

DIRECT OBJECTS	INDIRECT OBJECTS
le (l')	lui
la (l')	leur
les	

*woodpeckers
†stork

> A direct object has *no* preposition: verb + noun. **J'adore *les oiseaux*.**

> An indirect object is preceded by **à**: verb + **à** + noun. **Je parle *à mon chat*.**

B. Remember that in French, a direct object has no preposition before it, whereas an indirect object is preceded by **à.**

DIRECT OBJECT

J'ai beaucoup aimé **ce film.** →   *I really liked that film.*
Je **l'**ai beaucoup aimé.   *I really liked **it**.*

INDIRECT OBJECT

Christine écrit souvent **à ses parents.** →   *Christine often writes to her parents.*
Elle **leur** écrit souvent.   *She often writes to **them**.*

> D.O.: J'écoute *les oiseaux*.

> I.O.: **Je ressemble *à ma mère*.**

C. The kind of object a French verb takes is not necessarily the same as that for the corresponding English verb: some French verbs require prepositions where their English counterparts do not, and vice versa.

DIRECT OBJECTS IN FRENCH

attendre *to wait for*
chercher *to look for*
demander *to ask for*
écouter *to listen to*
payer *to pay for*
regarder *to look at*

INDIRECT OBJECTS IN FRENCH

obéir à *to obey*
plaire à *to please*
répondre à *to answer*
ressembler à *to resemble*
téléphoner à *to telephone*

> **Le/la/les** come before **lui/ leur.**

✳ *You will learn more about the order of object pronouns in* **Grammaire 10.4.**

D. Many verbs can be used with both a direct and an indirect object: **montrer quelque chose à quelqu'un.**

—Camille, montre **ton dessin à papa.**   *Camille, show your drawing to Daddy.*
—Je ne veux pas **le lui** montrer.   *I don't want to show it to him.*

apporter qqch. à qqn. *to bring*	**expliquer** qqch. à qqn. *to explain*
demander qqch. à qqn. *to ask (for)*	**offrir** qqch. à qqn. *to offer, give*
dire qqch. à qqn. *to say, tell*	**prêter** qqch. à qqn. *to lend*
donner qqch. à qqn. *to give*	**promettre** qqch. à qqn. *to promise*
emprunter qqch. à qqn. *to borrow (from)*	**rendre** qqch. à qqn. *to give back*

Exercice 5 Questions pour un(e) militant(e)

Vous interviewez un(e) militant(e) de l'environnement. D'abord, complétez la question avec la préposition **à**, *si nécessaire*, sans oublier de faire les contractions nécessaires. Puis jouez le rôle de l'activiste et répondez avec le pronom correct.

MODÈLE: Expliquez-vous ⎯**à**⎯ vos amis les causes des problèmes écologiques?
Oui, je leur explique les causes des problèmes.

1. Allez-vous écrire ⎯⎯ cette compagnie qui construit un cinéma à quatorze salles en pleine campagne?
2. Écoutez-vous ⎯⎯ les gens qui disent que le réchauffement de la planète est un mythe?
3. Téléphonez-vous toutes les semaines ⎯⎯ vos représentants dans le gouvernement?
4. Regardez-vous ⎯⎯ les documentaires sur la nature à la télévision?

5. Que voudriez-vous dire _____ une personne qui ne fait rien pour protéger l'environnement?

6. Donnez-vous de l'argent _____ les associations qui travaillent pour la protection des espèces en danger?

Exercice 6 Décisions environnementales

Vous êtes président (présidente) et aujourd'hui, vous considérez des demandes qui vont avoir un effet sur l'environnement. Quelle décision prenez-vous dans chaque cas?

> MODÈLE: Une industrie d'exploitation agricole voudrait la permission de drainer des zones humides importantes. (donner) →
> Je la lui donne. (Je ne la lui donne pas.)

1. Un entrepreneur demande la permission exceptionnelle de construire dans une zone protégée. (donner)

2. Les membres d'un club écologiste cherchent les noms de compagnies qui construisent avec des produits naturels. (envoyer)

3. Une femme voudrait votre signature sur sa pétition pour sauver les oiseaux en danger. (promettre)

4. Les élèves d'une école primaire demandent un centre de recyclage dans leur quartier. (accorder)

5. Une industrie demande un brevet* d'invention pour un plastique qui se décompose en matière organique. (donner)

8.4 Expressing *should*: More on **devoir**

A. You already know that the present tense of **devoir** is used with an infinitive to express obligation or probability.

> Est-ce que nous **devons** finir le chapitre pour demain?
> Albert est absent. Il **doit** être malade aujourd'hui.

> *Do we have to finish the chapter for tomorrow?*
> *Albert is absent. He must be sick today.*

★ Review **Grammaire 3.4** (**B** and **C**) on **devoir**.

B. One of the most frequent uses of **devoir** is to convey the notion of *should* or *ought to*. To express *should*, use **devoir** in the conditional + an infinitive.

➤ je dois + inf. = *I must*
je devrais + inf. = *I should*

CONDITIONAL OF **devoir** (*should, ought to*)	
je devrais	nous devrions
tu devrais	vous devriez
il/elle/on devrait	ils/elles devraient

➤ Notice that conditional endings are the same as for **imparfait**.

➤ Conditional stem of **devoir** = devr-

> On **devrait** recycler les boîtes en aluminium.
> Nous **ne devrions pas** gaspiller l'électricité.

> *People should recycle aluminum cans.*
> *We shouldn't waste electricity.*

★ You will learn more about the conditional in **Grammaire 11.1.**

---

*patent

Exercice 7 Qu'est-ce que nous devrions faire?

Complétez par des formes de **devoir** au conditionnel. Ensuite, dites **oui** ou **non** et expliquez votre opinion.

> MODÈLE: Pour conserver les ressources naturelles...
> nous *devrions* recycler les journaux et les magazines.
> Oui, je suis d'accord, parce que c'est vraiment facile. (Non, je ne
> suis pas d'accord: il faut surtout en consommer moins.)

1. Pour aider à diminuer la pollution de l'air...
   a. nous _____ limiter les émissions toxiques.
   b. je _____ marcher ou prendre les transports en commun.
2. Pour éviter de gaspiller de l'eau...
   a. je ne _____ pas laisser couler l'eau quand je me brosse les dents.
   b. les gens ne _____ pas arroser leur jardin tous les jours.
3. Pour diminuer la contamination de la terre et des eaux...
   a. les agriculteurs ne _____ pas se servir d'insecticides.
   b. nous _____ acheter des détergents sans phosphates.
4. Pour résoudre le problème des déchets...
   a. tout le monde _____ trier les déchets et recycler.
   b. le gouvernement _____ limiter l'usage du plastique.

8.5   What was going on: More on the imperfect

*✳ Review the formation of the imperfect in **Grammaire 6.1**.*

*✳ Review **Grammaire 6.1** on the use of the imperfect to describe habitual past actions.*

*✳ Review **Grammaire 6.3** on the use of the imperfect to describe a past state.*

✳ The imperfect is used to describe a past action in progress.

The **passé composé** and the imperfect are both past tenses. The tense you use depends on how you regard the past action: for instance, as a single completed action or as an ongoing situation in the past.

A. *Habitual* or *repeated past actions* are expressed with the imperfect. Adverbs that often occur with the **imparfait: souvent, d'habitude, tous les jours, tous les ans.**

Autrefois, les gens **jetaient** tous leurs déchets. On ne **recyclait** rien.	*In the past, people used to throw away all their trash. They didn't recycle anything.*

B. A *past state* or *ongoing condition* is also described with the imperfect.

Autrefois, nous ne **savions** pas que beaucoup de produits ordinaires **étaient** toxiques.	*In the past, we didn't know that many everyday products were toxic.*

C. Another use of the imperfect is to describe an action that was *in progress* at a particular time in the past.

Quand j'ai visité la classe de mon frère, le professeur **parlait** de l'écologie et les élèves **faisaient** des projets sur l'environnement.	*When I visited my brother's class, the teacher was talking about ecology, and the pupils were doing projects on the environment.*

Pendant que (*While*) can be used to emphasize that several actions were happening simultaneously.

Pendant qu'on **utilisait** des produits pleins de phosphates, les algues **se multipliaient** dans les mers.	*While people were using products full of phosphates, algae were multiplying in the seas.*

D. The **passé composé** presents an action as *a single event,* completed at one time in the past. Adverbs that often occur with the **passé composé: puis, ensuite, soudain, tout à coup** (*all at once*).

Les scientifiques **ont commencé** à observer des changements dans le climat au dix-neuvième siècle.	*Scientists began to observe climate changes in the nineteenth century.*
Puis, un siècle plus tard, la majorité des scientifiques **est arrivée** à la conclusion que la terre est en train de se réchauffer.	*Then, a century later, the majority of scientists reached the conclusion that the earth is warming.*

E. The imperfect and the **passé composé** are often used together to describe what was going on (imperfect) when something else happened (**passé composé**).

Je **lisais** un article sur l'écologie quand les lumières **se sont éteintes.**	*I was reading an article on ecology when the lights went out.*
Je **cherchais** des bougies quand les enfants **ont commencé** à pleurer.	*I was looking for some candles when the kids started crying.*

SUMMARY OF PAST-TENSE USES	IMPERFECT	PASSÉ COMPOSÉ
Habitual past action	Autrefois, on **jetait** tout à la poubelle.	
Single past action		Finalement, on **a compris** la nécessité de conserver les ressources naturelles.
Description of past state	Il y a 30 ans, il n'y **avait** pas de centres de recyclage.	
Past action in progress	Il y a 30 ans, on **commençait** tout juste* à trier les déchets pour les recycler.	
Ongoing past action + interrupting action	Je **vivais** en France...	...au moment où la centrale nucléaire de Tchernobyl **a explosé.**

---

*on... *people were only just beginning*

Exercice 8 Science-fiction ou possibilité?

C'est l'an 3050 et un grand-père et sa petite-fille discutent la question suivante: *Qu'est-ce que c'est qu'un arbre?* Changez les verbes à l'imparfait.

MODÈLE: Les arbres (couvrir) la terre. →
Les arbres couvraient la terre.

1. Les arbres (être) grands et ils (porter) de belles feuilles vertes.
2. Beaucoup d'animaux (vivre) dans les arbres.
3. Les arbres (empêcher) l'érosion et (émettre) de l'oxygène.
4. Les enfants (grimper) aux arbres.
5. Les gens (pique-niquer) sous leurs branches.
6. Tout le monde les (trouver) très beaux.
7. Mais les arbres n'(être) pas assez appréciés.
8. Les gens ne (comprendre) pas leur importance.

Exercice 9 Panne d'électricité

Chez les Colin, chacun s'occupait à sa façon un dimanche soir, quand il y a eu une panne d'électricité. Conjuguez les verbes au temps approprié (imparfait ou passé composé).

MODÈLE: Joël *lisait* (lire) des bandes dessinées quand la lumière *s'est éteinte* (s'éteindre).

1. Marise _____ (faire) la vaisselle quand le lave-vaisselle _____ (s'arrêter).
2. Victor _____ (envoyer) un courriel à un ami canadien quand son ordinateur _____ (s'éteindre).
3. Claudine _____ (écouter) les informations quand tout à coup elle n'_____ plus rien _____ (entendre).
4. Emmanuel _____ (parler) au téléphone quand la communication _____ (être) coupée.
5. Clarisse _____ (écouter) une symphonie de Beethoven quand le CD _____ (s'arrêter).

Un cours en amphi dans une fac en France

L'enseignement, les carrières et l'avenir

Objectifs

In *Chapitre 9*, you will talk about university life, jobs, and career plans. You will also learn more about how to express future time.

ACTIVITÉS

L'enseignement et la formation professionnelle
Le travail et les métiers
L'avenir

LECTURES

À propos... Passe ton bac d'abord!
La langue en mouvement La féminisation des noms de métier
Les Francophones sur le vif Flavien Puig
À propos... Le foulard islamique à l'école
À vous de lire Premier boulot

GRAMMAIRE

9.1 Other uses of **y: J'y pense**
9.2 Emphatic pronouns
9.3 Identifying and describing: **C'est** vs. **il/elle est**
9.4 Saying what you've been doing: Present tense + **depuis**
9.5 Saying what you will do: The future tense

L'enseignement et la formation professionnelle

✳ Attention! Étudier Grammaire 9.1 et 9.2

La formation d'Agnès Rouet

Agnès a réussi au bac à l'âge de 18 ans. Elle a dû bûcher dur avant de le passer.

La cousine d'Agnès n'a pas été reçue. Elle a échoué à certains examens.

Agnès s'est inscrite à la faculté des Sciences Humaines et Sociales de l'université Paris VII.

Elle a assisté à des cours d'amphi. Parfois, elle a séché ses cours.

Cliquez là!

Visitez le site d'une université dans un pays de langue française et essayez d'obtenir des détails. Que faut-il faire pour s'inscrire à cette université? Y a-t-il des services d'orientation pour les nouveaux étudiants? Lesquels? Quelle faculté propose la formation que vous suivez dans votre université?

Au bout de trois ans, Agnès a reçu sa licence.

Maintenant, elle fait sa quatrième année d'études. Elle est en train de préparer un diplôme de Master Recherche en sociologie.

Activité 1 Casse-tête: L'université française

1. On les paie quand on s'inscrit aux cours.
2. On y réfléchit, et puis on y répond.
3. Pour y réussir, il faut étudier.
4. On s'y inscrit au début de l'année scolaire.
5. C'est le domaine dans lequel on se spécialise.
6. En France, chaque étudiant à l'université y a réussi.
7. On le reçoit à la fin de trois ans d'études.
8. C'est l'état d'avoir réussi à un examen.
9. C'est le contraire d'être reçu(e). On doit repasser l'examen.

a. les examens
b. les cours
c. être reçu(e)
d. la spécialité
e. les frais d'inscription
f. le bac
g. échouer à une épreuve
h. la licence
i. les questions d'un examen

Activité 2 Discussion: Conseils aux futurs étudiants

Lisez les soucis exprimés par des étudiants qui vont entrer en fac et les réponses proposées. Choisissez la meilleure réponse ou proposez-en une autre.

1. On se sent perdu. L'université paraît énorme.
   a. Trouvez un étudiant de deuxième année et suivez-le.
   b. Ne ratez pas les séances d'orientation.
2. On n'est pas certain d'avoir choisi les bons cours.
   a. Parlez-en avec les conseillers d'orientation.
   b. Téléphonez à vos parents.
3. On a peur de rater les examens.
   a. Travaillez régulièrement.
   b. Amusez-vous pendant l'année et bûchez avant les examens.
4. Au lycée, on est encadré. À la fac, on ne sait pas s'organiser.
   a. Observez vos copains, puis faites comme eux.
   b. Trouvez la manière d'étudier qui vous convient.
5. On va avoir trop de travail pour sortir avec les copains.
   a. C'est vrai. Restez à la maison. Au boulot!
   b. Il faut parfois se détendre! Sortez, mais n'exagérez pas.

Activité 3 Sondage: Que pensez-vous de l'université?

Donnez des mentions à votre université. Regardez les catégories et ensuite, comparez vos réponses avec celles des autres étudiants. Enfin, expliquez vos raisons.

Vocabulaire utile Très Bien, Bien, Assez Bien, Passable, Insuffisant, Nul

1. le système d'inscription
2. l'accès aux professeurs
3. la qualité des cours
4. les résidences universitaires
5. le service de stages et d'emplois
6. les salles informatiques
7. le service de santé pour étudiants
8. le service information et orientation
9. le parking
10. le resto-U

Allons plus loin! Avec des camarades de classe, préparez le texte d'une brochure promotionnelle sur votre université.

Activité 4 Dans le monde francophone:
Paroles de jeunes

Voici des étudiants choisis pour représenter la voix de la jeunesse à la Foire de Marseille. Écoutez votre professeur et dites le nom de la personne en question.

Muriel LAMY (ALPES-MARITIMES) :

« *J'aime la rencontre, celle avec le public, celle avec les personnages* ».

22 ans - Master en arts du spectacle à Nice.
Signe particulier : dingue de théâtre.
S'intéresse de près à la mise en scène.

Hugo ZINK (ALPES-MARITIMES) :

« *Me nourrir du quotidien pour vivre au gré de ma plume* ».

21 ans - Master en arts du spectacle à Nice.
Signe particulier : jeune homme de plume.
Aime raconter des histoires.

Jean-Matthieu RICŒUR (BOUCHES-DU-RHÔNE) :

« *L'amour de la mer m'a donné le goût de la compétition et du voyage* ».

17 ans - en terminale sport-études au lycée Marseilleveyre de Marseille.
Signe particulier : amoureux de la mer.
Champion de France de voile, série 420, 5ᵉ mondial - 6ᵉ européen.

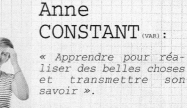

Anne CONSTANT (VAR) :

« *Apprendre pour réaliser des belles choses et transmettre son savoir* ».

20 ans - En 1ᵉʳᵉ année de CAP-BEP menuiserie au CFA des Compagnons du devoir à Marseille.
Signe particulier : aime le bois sous toutes ses formes.
Entend assurer la relève de sa famille de menuisiers de père en fille.

1. Quel jeune homme prépare un Master en arts du spectacle?
2. Qui aime la rencontre avec le public?
3. Qui voudrait devenir écrivain?
4. Lesquelles de ces quatre personnes s'intéressent au théâtre?
5. Qui fait un bac en sport-études dans un lycée à Marseille?
6. Qui aime raconter des histoires?
7. Qui veut poursuivre le métier de son père et travailler le bois?
8. Qui s'intéresse à la production de pièces de théâtre?
9. Qui apprend pour pouvoir créer de belles choses?
10. Lequel de ces jeunes a le goût de la compétition et du voyage?

Allons plus loin!   En groupes de cinq, préparez des questions d'interview pour chacun des étudiants présentés dans ce texte. Ensuite, créez un sketch dans lequel un animateur (ou une animatrice) pose des questions et ces jeunes Français y répondent. Enfin, jouez votre sketch pour la classe.

Ça fait réfléchir

> Aujourd'hui, beaucoup d'étudiants choisissent de préparer un diplôme tout en recevant un salaire. Cela leur permet d'alterner des périodes de travail et de formation sous un contrat d'alternance proposé par une entreprise. On peut préparer une licence ou un Master professionnel tout en travaillant.

À propos...

Passe ton bac d'abord!

S'il existe un symbole du système éducatif français, c'est bien le diplôme du baccalauréat. Chaque année en juin, pendant plusieurs jours, les candidats dans toute la France passent simultanément des examens écrits et oraux[1] dans diverses matières: littérature et langue françaises, philosophie, histoire, géographie, langues vivantes, mathématiques, sciences et autres matières plus spécialisées.

Pour réussir, il faut obtenir au moins 10/20 de moyenne[2] sur l'ensemble des épreuves.[3]

Seuls ceux qui réussissent (environ 70 % d'une classe d'âge) ont le droit[4] de s'inscrire à l'université. Si «le bac» reste important, il a perdu une grande partie de son prestige parce qu'il ne représente plus une garantie d'emploi: près de la moitié[5] des bacheliers[6] n'ont toujours pas trouvé de travail au bout de[7] six mois.

[1]pluriel d'**oral** [2]de... *average* [3]parties d'un examen [4]le... la possibilité [5]50 % [6]personnes qui ont le bac [7]au... après une période de

---

Activité 5 Dans le monde francophone:
Comment préparer le bac

Le magazine *Phosphore* propose une méthode pour préparer le bac. Groupez les détails qui font partie de chaque stratégie.

Stratégies

_____ Faites un planning efficace.

4, 8, 10 Boostez votre mémoire.

_____ Trouvez le bon tempo pour vous.

_____ Musclez votre écriture.

_____ Révisez à plusieurs.

_____ Attention aux procédés mnémotechniques.

Détails

1. Soyez réaliste; faites une liste de vos priorités.
2. Reposez-vous souvent pour recharger vos batteries.
3. Profitez des moments de la journée où vous travaillez le mieux.
4. Développez des méthodes pour réactiver votre mémoire.
5. Évitez le stress; ne faites rien à la dernière minute.
6. Exprimez-vous d'une manière simple et claire.
7. Gardez dix minutes à la fin d'une épreuve pour vous relire.
8. Réexpliquez la matière à d'autres étudiants pour mieux la comprendre.
9. Préparez-vous avant de participer aux séances en groupe.
10. Inventez des exercices mentaux afin de mieux retenir la matière.

Cliquez là!

Visitez un réseau pour étudiants francophones. Pour quelles raisons est-ce que ces réseaux existent? Est-ce que les sujets de discussion ressemblent aux sujets dont on discute sur votre campus?

Le travail et les métiers

★ Attention! Étudier Grammaire 9.3 et 9.4

Une avocate défend les accusés.

Un fonctionnaire travaille pour l'État.

Une conseillère conjugale aide les mariages en difficulté.

Un instituteur enseigne aux enfants.

Cette ouvrière travaille dans le bâtiment.

Un photographe prend des photos.

Un pompier éteint des incendies.

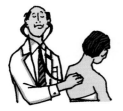

Un médecin s'occupe des malades.

Un cuisinier prépare des repas.

Un coiffeur coupe les cheveux.

• Des agents de police à Paris

Activité 6   Interro: Qui est-ce?

Regardez les dessins à la page précédente et écoutez le professeur. Ensuite, identifiez la personne dans la description. (C'est un/une... Ce sont des...)

MODÈLE: Il travaille dans un salon de beauté et il coiffe les gens. →
C'est un coiffeur.

1. Elle présente des arguments pour défendre ses clients.
2. Cette personne risque parfois sa vie pour éteindre des incendies.
3. Nous consultons cette personne si nous ne nous sentons pas bien.
4. Elle donne des conseils aux époux qui s'entendent mal.
5. Cette personne est le chef de cuisine dans un bon restaurant.
6. Elle fait un métier exigeant et peut-être dangereux.
7. Cette personne travaille avec des enfants pendant l'année scolaire.
8. Les membres de cette profession sont parfois des artistes qui exposent leurs œuvres.
9. Il travaille à la poste ou bien à la mairie.

Allons plus loin!   Préparez une description de votre future carrière. En groupes, lisez-la pour que les autres essaient de deviner ce que vous voudriez devenir.

Activité 7   Associations: Les métiers

Dites ce que font ces personnes et les qualités importantes pour leur travail.

MODÈLE: Les instituteurs et les institutrices enseignent aux enfants. Ils ont besoin d'être patients et bien informés.

Suggestions   bien informé, calme, courageux, en bonne forme, patient...

1. les professeurs
2. les facteurs/factrices
3. les chauffeurs de taxi
4. les vétérinaires
5. les mécanicien(ne)s
6. les pompiers
7. les comptables
8. les chirurgien(ne)s
9. les ingénieurs informaticien(ne)s
10. les serveurs/serveuses

a. servent à table
b. éteignent les incendies
c. s'occupent des finances
d. opèrent les malades
e. s'occupent des animaux malades
f. distribuent le courrier
g. conduisent un taxi
h. enseignent à l'université ou au lycée
i. réparent les voitures
j. s'occupent des systèmes d'exploitation de l'ordinateur

Activité 8 Discussion: Les études et la formation

Avec un(e) partenaire, décidez de ce que ces personnes ont dû faire pour atteindre leur niveau d'expertise.

MODÈLE: Jean-Michel Cousteau, océanographe
    É1: Jean-Michel Cousteau a dû faire des études universitaires en sciences et mathématiques.
    É2: C'est vrai. En plus, il a dû faire des stages avec son père.

1. Paul Bocuse, chef cuisinier
2. Laure Manaudou, nageuse olympique
3. Léopold Senghor, écrivain sénégalais et premier président du Sénégal
4. Yves Duteil, chanteur
5. Émilie Ndogo, journaliste radio camerounaise
6. Denis Hallier, pisteur-secouriste suisse
7. Pierre Chaline, éducateur de rue (pour adolescents SDF)

- faire des études universitaires (dans quelles matières?)
- faire un stage (une période d'apprentissage) (en quoi? où?)
- suivre un programme d'entraînement physique (lequel?)
- faire des recherches (sur quel sujet?)
- prendre des leçons particulières (de quoi?)
- s'entraîner (à faire quoi?)
- ?

À vous la parole! En groupes de quatre, comparez les programmes d'études que vous devez suivre pour préparer la carrière de votre choix. Décidez quel programme est le plus compliqué et le plus long et...

LA LANGUE EN MOUVEMENT

La féminisation des noms de métier

Que faire quand les femmes exercent des professions traditionnellement masculines? Pour certaines professions, une désignation féminine a été trouvée et acceptée, comme *une avocate*, *une chirurgienne*, *une architecte*. Tout le monde dit en conversation *la prof*, et l'emploi de *madame la ministre* pour désigner une femme à la tête d'un ministère gouvernemental ne choque plus beaucoup de gens. Pourtant, l'Académie française et une grande partie de la société française ont résisté à certaines de ces innovations; par conséquent, un grand nombre de Français continuent à dire *un professeur*, *un écrivain* et *un juge*, même pour des femmes. Par contre, d'autres pays francophones, notamment la Belgique, la Suisse et le Québec, ont procédé assez rapidement à l'adoption de nouvelles formes telles qu'*une professeure* et *une écrivaine*, formes qui sont employées par certains Français, mais qui mettent du temps à entrer dans les dictionnaires en France.

MISE EN PRATIQUE Devinez la forme féminine recommandée en France pour les noms de métiers suivants:

un chimiste	un chauffeur	un technicien	un astronome	un banquier
un correcteur	un golfeur	un soldat	un policier	un fabricant

Activité 9 Casse-tête: Devinez leur métier

LES PERSONNES	LES MÉTIERS	
les Hubert (Jacques et Anne)	avocat(e)	instituteur/institutrice
les Potin (René et Cécile)	dentiste	médecin
les Bodard (Serge et Michèle)	ingénieur(e)	secrétaire

1. Anne travaille dans un hôpital, mais elle n'est pas médecin.
2. Serge enseigne à des enfants.
3. Jacques travaille avec des infirmiers et des infirmières.
4. La secrétaire est mariée au médecin.
5. Le mari de l'avocate est ingénieur.
6. Le mari de la dentiste travaille dans une école.

Activité 10 Enquête: Le poste idéal

Déterminez l'ordre de priorité que ces critères vont avoir pour vous quand vous chercherez un poste à la fin de vos études. Indiquez ici leur ordre d'importance.

_____ un salaire élevé
_____ des chances d'avancement
_____ la possibilité de voyager
_____ les vacances et les congés
_____ la possibilité de travailler à la maison
_____ un niveau de tension modéré
_____ l'autonomie
_____ le prestige de l'entreprise
_____ la proximité de ma famille
_____ les avantages sociaux (l'assurance maladie...)
_____ un patron sympathique et raisonnable

À vous la parole! Maintenant, comparez vos réponses à celles de votre partenaire.

MODÈLE: É1: J'ai mis le niveau de tension en premier parce que je ne veux pas travailler dans un endroit où les gens sont inquiets et stressés.

É2: Moi non plus, mais un peu de tension est normal, à mon avis. Si le salaire est bon, je peux supporter un peu de stress.

Activité 11 Discussion: Les métiers et le passage du temps

Depuis combien de temps (approximativement) existent ces métiers? Que font les gens qui les exercent?

MODÈLE: commerçant → Ce métier existe depuis le début de la civilisation. Les commerçants achètent et revendent des marchandises.

Vocabulaire utile depuis (cinquante) ans, depuis le début (du XXᵉ siècle), depuis l'époque de (Jules César)

1. créateur/créatrice de jeux vidéo
2. agriculteur
3. photographe
4. psychiatre
5. chef de cuisine
6. animateur/animatrice à la télé
7. couturier/couturière
8. professeur de lycée
9. chef d'orchestre
10. facteur/factrice

Allons plus loin! Faites une liste de métiers qui n'existent plus et expliquez pourquoi ils ont disparu.

LES FRANCOPHONES SUR LE VIF

Flavien Puig, artiste urbain à Marseille

Je m'appelle Flavien Puig, j'ai 29 ans et je suis artiste peintre, de profession et de passion. Mon atelier¹ se situe au Panier, le quartier le plus vieux de Marseille… et de France!

J'ai commencé tout petit à être attiré par le dessin. Mes parents ont fait les Beaux-Arts; ma mère est prof de dessin. Donc, dès² l'âge de six ans, je dessinais: je faisais ma maison, je faisais des plans. À neuf ans, je commençais déjà à peindre les vitrines³ pour Noël dans les boulangeries. En tout, j'ai fait cinq années de Beaux-Arts, deux années à Marseille et trois années à Nîmes, histoire de partir un peu de la ville, de voir ce qui se passe ailleurs.

Je fais beaucoup de collages, beaucoup de photos. J'essaie de mélanger un peu tout, je détourne les pubs⁴ et les slogans que je trouve dans la rue, et je leur donne une nouvelle identité. Mon travail est sur l'écriture urbaine, et même je pourrais dire la saleté des murs, finalement. Moi, j'adore le graffiti.

Je suis obligé d'avoir un autre travail, pour pouvoir payer le loyer de l'atelier. Je m'occupe de jeunes collégiens,⁵ je suis intervenant⁶ en arts plastiques. Ce qui me plaît dans mon travail, c'est avant tout la liberté d'action. Comme tout le monde, il faut travailler pour payer son loyer, se nourrir. Si par chance on a une passion à côté, et qu'on arrive à persister là-dedans, c'est que du bonus!

¹lieu de travail ²depuis ³grandes fenêtres d'un magasin ⁴publicités (annonces commerciales) ⁵elèves de collège (10–14 ans) ⁶professeur assistant

Activité 12 Échanges: Les secrets d'un CV réussi

Un curriculum vitæ peut vous ouvrir la porte à l'emploi que vous désirez. Avec un(e) partenaire, décidez si vous êtes d'accord ou non avec ces conseils. Sinon, expliquez pourquoi pas et corrigez la phrase.

1. Le CV doit paraître impeccable, imprimé au laser si possible.
2. Ne suivez pas l'ordre classique pour présenter les informations. Mélangez les détails.
3. La clarté est essentielle. Soyez précis au lieu de généraliser.
4. Précisez où vous avez étudié et les secteurs dans lesquels vous avez travaillé.
5. Utilisez le maximum de termes techniques.
6. L'honnêteté est essentielle. Vous devez être responsable du contenu de votre CV si l'on vous interroge.
7. Il faut que le CV soit très long pour augmenter vos chances d'être lu(e).
8. Montrez que votre formation a suivi un cours logique et que vous êtes une personne organisée.

L'avenir

★ Attention! Étudier Grammaire 9.5

> Je deviendrai professeur de génie mécanique.
> J'aurai une bourse.
> Je ferai de la recherche.

L'année dernière, Raoul a pris la décision de préparer un doctorat.

> Nous irons dans les pays scandinaves.
> Nous partirons fin juin, juste après les examens.
> Nous aurons besoin de combien d'argent?

Au mois de janvier, Sarah et Agnès ont décidé de voyager ensemble cet été.

> Les heures seront plus longues, mais le salaire sera bien meilleur.
> Je ne pourrai pas continuer dans ma capacité d'animateur.

Julien vient de recevoir une offre de poste. Acceptera-t-il de devenir vice-président chargé des relations publiques à TF1?

Activité 13   Récit: L'avenir de Jean-Yves

Jean-Yves, Sarah et Agnès ont consulté une voyante. D'abord, écoutez votre professeur et ensuite, mettez les prédictions dans le bon ordre d'après les dessins.

Les prédictions

_____ Vous aimerez votre travail et vous serez très content d'y aller tous les jours.

_____ Vous ferez un mariage de rêve et vous aurez cinq enfants. Ils seront tous très intelligents et _très_ actifs.

_____ Vous déciderez de chercher un travail qui vous permettra d'utiliser votre formation professionnelle.

_____ Vous aurez un très beau mariage. Sarah et Agnès seront parmi vos invités.

_____ Après vos études, vous chercherez l'aventure. Vous partirez pour découvrir le monde.

_____ Votre femme vous adorera et vous aurez une vie idéale ensemble. Pourtant, vous ne serez pas satisfait.

_____ Vous finirez vos études et vous recevrez un Master en sciences politiques.

_____ Vous rencontrerez une belle femme et ce sera le coup de foudre! Plus tard, vous découvrirez qu'elle est milliardaire!

_____ Vous serez riche et vous n'aurez pas besoin de travailler. Vous achèterez une maison énorme et vous aurez une vie de loisirs et de luxe.

À vous la parole!   Avec un(e) camarade de classe, racontez l'avenir prédit pour Jean-Yves. Ajoutez des détails intéressants pour embellir votre version. Ensuite, changez de partenaire et comparez votre version de l'histoire à la sienne. Utilisez le futur: **Vous aurez (serez, ferez,...).**

Activité 14 Discussion: Que faire pour s'améliorer?

Vous avez promis à vos parents et à vos amis de changer certaines de vos mauvaises habitudes. Maintenant, vous faites une liste de ce que vous changerez. Écoutez le professeur et dites **oui** ou **non.**

1. Pour améliorer ma santé...
   a. je mangerai moins de chocolat.
   b. je ferai plus de gymnastique.
   c. je mangerai moins d'aliments sucrés.
   d. je boirai plus d'eau et moins de coca.
2. Dans mes rapports avec les autres...
   a. je passerai plus de temps avec mes parents.
   b. je ne me disputerai avec personne.
   c. je serai plus généreux/généreuse.
   d. je chercherai à connaître plus de gens.
3. Pour améliorer ma situation financière...
   a. je ferai des économies.
   b. je chercherai un travail.
   c. j'achèterai moins de vêtements.
   d. je mangerai moins souvent au restaurant.
4. À l'université, pour améliorer mes notes...
   a. j'arriverai en cours avec mes bouquins et mes devoirs.
   b. j'étudierai chez moi, et pas devant la télé.
   c. je n'aurai pas peur de poser des questions en cours.
   d. je ne sécherai pas mes cours.

Activité 15 Sondage: Prédictions

Est-ce que nous verrons les changements suivants dans les 25 ans à venir? Écoutez le professeur et dites **oui** ou **non.** Si vous dites **non,** expliquez pourquoi.

1. Nous trouverons le moyen d'éliminer les virus informatiques.
2. Tous les pays d'Amérique du Nord auront le même gouvernement.
3. Les médecins traiteront beaucoup de maladies par la thérapie génétique.
4. Les transports en commun auront plus d'importance que la voiture.
5. Avant de louer une chambre d'hôtel, on l'inspectera sur Internet.
6. Grâce à la vogue du recyclage, il n'y aura plus de déchets.
7. Il y aura moins de divorces et plus de mariages.
8. Tous les cours se feront sur ordinateur. Il n'y aura plus de profs ni de salles de classe.
9. Le tabac sera important dans la production des médicaments.
10. On ne pourra plus rouler en voiture dans le centre des grandes villes.

Allons plus loin! En groupes, préparez une liste de prédictions pour vos camarades de classe et pour votre professeur. Présentez-les à la classe.

Activité 16 Entretien: Le travail et l'avenir

1. Tu travailles maintenant? Où et depuis combien de temps? Qu'est-ce que tu fais? Est-ce que ton travail te plaît?
2. Tu vas chercher quel type de poste quand tu auras fini tes études? Quels facteurs seront les plus importants dans ta décision?
3. Est-ce que tu aimerais travailler à la maison? Pourquoi ou pourquoi pas?
4. Comment est-ce que ta vie va changer quand tu auras trouvé un travail stable et que tu commenceras à gagner un bon salaire?
5. Tu penses faire le même travail toute ta vie? Pourquoi ou pourquoi pas?
6. Que veut dire «réussir dans la vie» pour toi?

À propos...
Le foulard islamique à l'école

En octobre 1989, trois jeunes filles d'origine maghrébine,[1] élèves au lycée de Creil dans la banlieue parisienne, sont venues à l'école coiffées[2] d'un foulard, nommé «hidjab», porté par les femmes de religion musulmane. Les lycéennes, qui ont refusé d'enlever leur foulard à la demande du proviseur,[3] ont été expulsées. Cet incident a provoqué «l'affaire du voile[4]»: dans un système éducatif laïque[5] depuis 1905, les élèves ont-ils le droit de porter des «signes ostentatoires d'appartenance religieuse»? Un décret officiel autorisant le port[6] du voile n'a pas arrêté la polémique: que faire des autres signes religieux comme la kippa juive ou la croix des chrétiens? Certains ont argumenté que le foulard était sexiste; d'autres ont affirmé qu'il fallait accepter la culture des Maghrébins, la plus grande minorité ethnique et religieuse de France. En 2004, le gouvernement français a interdit le voile dans les écoles. Ce débat qui continue aujourd'hui n'est pas seulement religieux, mais aussi politique et social. Plus récemment, la loi du 11 octobre 2010 a interdit la dissimulation du visage dans l'espace public, avec le slogan «La République se vit à visage découvert».

[1]originaire d'Afrique du Nord
[2]la tête couverte
[3]directeur d'un lycée
[4]foulard
[5]≠ religieux
[6]<porter

● Deux jeunes filles portent leur foulard à l'entrée d'un lycée français.

POUR RÉSUMER

À vous de parler

A. On bosse dans ma famille!

1. Tu travailles après les cours? Pendant les vacances? Tu fais quoi?
2. Que font tes parents comme travail? Depuis combien de temps? Ils aiment ce qu'ils font?
3. Tes grands-parents travaillent toujours? Que font-ils? Et tes arrière-grands-parents?
4. Qui dans ta famille a eu le travail le plus intéressant? C'était quoi?
5. Toi, tu poursuis une formation professionnelle? Laquelle?
6. Tu as l'intention de faire le même travail que ton père ou ta mère? Pourquoi ou pourquoi pas?
7. Tu comptes finir tes cours quand? Tu devras faire un stage? Tu le feras où?
8. Tu auras quelles compétences?
9. Lesquelles de ces compétences n'avaient pas d'importance pour tes parents?

B. Un poste imaginaire

D'abord, avec deux camarades de classe, créez la description d'une profession ou d'un métier intéressant mais totalement imaginaire. Il faut savoir expliquer tout sur ce travail: les heures, où et quand on fait ce travail, le salaire, les avantages sociaux (l'assurance maladie...), etc. N'oubliez pas de mentionner ses petits inconvénients. Ensuite, présentez votre création à la classe, et répondez aux questions.

À vous de lire
Premier boulot

Élodie Montaygnac, 23 ans, raconte comment elle a obtenu son premier emploi.

En juillet, j'ai enfin terminé mes études avec un Master de Gestion de l'université Montesquieu (Bordeaux IV). J'étais très fière, et prête à me lancer sur le marché de l'emploi. J'ai commencé à regarder les petites annonces dans les journaux et sur Internet, et j'ai pris rendez-vous au service commun universitaire d'information et d'orientation (SCUIO) de l'université, qui est chargé de l'insertion professionnelle des étudiants. Le service a un espace documentaire sur les formations[1] et les métiers où on peut s'informer soi-même, et propose des sessions sur les techniques de recherche d'emploi. J'ai également parlé à un conseiller pour avoir une orientation personnalisée, et je me suis inscrite à Pôle Emploi. J'ai préparé mon CV. Bref, je m'étais bien organisée.

Seul problème: je me suis rendu compte que, dans le monde de l'entreprise, il ne se passe presque rien au mois d'août: la plupart des Français sont en vacances! En septembre, l'activité a repris[2] et j'ai répondu à plusieurs annonces en envoyant mon CV et des lettres de motivation manuscrites avec une photo. J'ai obtenu trois entretiens, assez rapidement: j'étais très optimiste, car j'ai entendu dire qu'il fallait candidater à des dizaines de postes pour avoir une chance de recevoir une réponse.

---

[1]préparations professionnelles   [2]recommencé

Premier entretien: une chaîne de grande distribution alimentaire.[3] Ce n'est pas mon secteur préféré, mais les hypermarchés sont en pleine expansion et recrutent beaucoup... Le bureau se trouvait dans une tour impressionnante à la Défense. Mon interlocuteur m'a posé de nombreuses questions sur mes qualifications et mes diplômes, et mon expérience:

—Vous aurez une cinquantaine de personnes sous votre responsabilité. Vous devrez prendre des décisions importantes tous les jours. Vous verrez, c'est un travail stimulant! Nous vous donnerons une voiture de fonction, et vos frais de repas seront remboursés. Bien sûr, il y aura des possibilités d'avancement rapide, si vous êtes performante.

Ça ne m'intéressait pas particulièrement, car il était nécessaire de quitter la région bordelaise pour commencer. Dommage! C'était un boulot[4] bien payé...

Deuxième entretien: un constructeur automobile. Ça tombait bien, mon père était garagiste et je connais bien les voitures; c'est un avantage car on ne trouve pas beaucoup de femmes dans cette branche d'activité. Le DRH[5] était un monsieur assez nerveux:

• Au boulot! L'arche de la Défense à Paris

—Vous le savez, notre secteur est en crise. Alors, nous cherchons quelqu'un qui pourra dynamiser la vente de nos modèles auprès d'une clientèle jeune, qui travaillera *beaucoup*. Il faudra s'investir! Vous avez des questions?
—Euh... Est-ce que j'aurai des vacances? Est-ce que je pourrai rester tranquillement chez moi le week-end?
—Éventuellement,[6] mais autant vous dire qu'on ne pratique pas les 35 heures chez nous!

Il m'a remerciée un peu froidement d'être venue. Je n'ai pas été engagée et je ne sais pas s'il trouvera quelqu'un d'assez «motivé» pour travailler autant!

Troisième entretien: la FNAC, où l'ambiance est apparemment beaucoup plus relaxe. J'ai été reçue par une dame souriante; elle m'a demandé quel était mon projet professionnel, et ce que je faisais pendant mon temps libre—c'était plutôt bon signe! Je lui ai parlé de ma passion pour le cinéma.

—Très bien. Vous n'aurez probablement pas l'occasion d'utiliser votre connaissance du cinéma, mais nous aimons que nos cadres s'intéressent vraiment aux produits culturels que nous vendons, littérature, musique ou film.

Finalement, j'ai été engagée, et j'étais ravie parce que c'était de loin ma compagnie préférée. Je suis consciente d'avoir pas mal de chance: plusieurs de mes camarades d'université qui ont le même diplôme que moi sont encore au chômage.

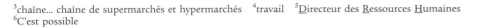

[3]chaîne... chaîne de supermarchés et hypermarchés [4]travail [5]Directeur des Ressources Humaines
[6]C'est possible

Avez-vous compris?

Dans quel ordre est-ce qu'Élodie a fait les étapes de la préparation à la recherche d'un emploi?

_____ **a.** se présenter aux entretiens

_____ **b.** rédiger des lettres de motivation manuscrite

_____ **c.** regarder les petites annonces dans les journaux et sur Internet

_____ **d.** finir ses études pour obtenir un diplôme

_____ **e.** visiter le service d'information et d'orientation de son université

_____ **f.** s'inscrire à Pôle Emploi

_____ **g.** préparer un CV à jour

_____ **h.** envoyer des dossiers de candidature

Allons plus loin!

Poursuivre ses études ou chercher du travail? C'est parfois une décision difficile à prendre... Avec un(e) partenaire, déterminez les avantages et les inconvénients de chaque possibilité.

MODÈLE: Si on poursuit ses études, on n'est pas assuré de...
Si on cherche un travail, on est plus...

À vous d'écrire

Imaginez votre situation professionnelle dans dix ans, lorsque vous aurez trouvé votre emploi idéal. En employant des verbes au futur, décrivez vos activités, vos conditions de travail, votre lieu de travail, vos collègues, etc.

MODÈLE: *Dans dix ans, je travaillerai dans un grand cabinet d'avocats à New York. J'aurai un immense bureau avec vue sur Central Park. J'arriverai chaque matin vers 10 heures...*

Vocabulaire

L'université et le lycée

University and high school

l'année (f.) scolaire	the school year
les arts (m.) du spectacle	theater arts
le bac (le baccalauréat)	*national exam in France at the end of* **lycée**
une bourse	a scholarship
un conseil	a piece of advice
un cours d'amphi (d'amphithéâtre)	*a course held in a large lecture hall*
un domaine	an area (of study)
une épreuve	a test; part of an exam
la formation	training
les frais (m.) d'inscription	tuition
une leçon particulière	a private lesson
la licence	*diploma awarded in France upon completion of third-year university exams*
le Master	*diploma awarded in France for two years of study beyond the* **licence**
une matière	a school subject
une mention	a grade (distinction)
un resto-U	a university restaurant
une séance (d'orientation)	an (orientation) meeting
une spécialité	a major (*subject*)
améliorer	to improve
assister à une réunion	to attend a meeting
bûcher (*fam.*)	to cram, study hard
découvrir	to discover
échouer à	to flunk, fail (*an exam*)
être reçu(e) (à)	to pass (*a course, exam*)
être encadré(e)	to be supervised
faire des recherches	to do research
faire un apprentissage	to do an apprenticeship
un stage	to do an internship
s'inscrire à (la fac)	to enroll in (college)
poursuivre un métier	to pursue a career
préparer un doctorat	to work towards a Ph.D.
rater (une conférence)	to miss (a lecture)
recevoir un diplôme	to get a degree
se spécialiser (en)	to major (in)

Mots apparentés: **un amphi(théâtre) s'organiser, payer, poser une question**

Les métiers

Professions

un animateur / une animatrice	a talk-show host
un(e) avocat(e)	a lawyer
un(e) chef d'orchestre	a conductor
un(e) chef de cuisine	a head chef (*restaurant*)
un(e) chirurgien(ne)	a surgeon
un coiffeur / une coiffeuse	a hairdresser
un(e) comptable	an accountant
un conseiller / une conseillère	a counselor
un couturier / une couturière	a fashion designer
un cuisinier / une cuisinière	a cook
un écrivain / une écrivaine	a writer
un(e) fonctionnaire	a government employee
un(e) ingénieur informaticien(ne)	a computer engineer
un instituteur / une institutrice	a primary school teacher
un médecin / une femme médecin	a doctor
un ouvrier / une ouvrière	a worker
un(e) patron(ne)	a boss, employer
un(e) photographe	a photographer
un(e) pisteur secouriste	a ski-patrol member
un pompier	a firefighter

Mots apparentés: **un agriculteur / une agricultrice, un(e) dentiste, un(e) journaliste, un(e) mécanicien(ne), un(e) océanographe, un(e) psychiatre, un(e) secrétaire, un(e) vétérinaire**

Le travail

Work

l'assurance (f.) maladie	health insurance
les avantages (m.) sociaux	benefits (*work*)
un boulot	a job (*fam.*)
un congé	a leave, time off
un emploi	a job
les loisirs (m.)	leisure
le luxe	luxury
un métier exigeant	a demanding job

le niveau de tension	stress level
la réussite	success
le système d'exploitation	the operating system
bosser	to work (*fam.*)
couper les cheveux	to cut hair
distribuer le courrier	to deliver the mail
enseigner (aux enfants)	to teach (children)
établir	to establish
éteindre un incendie	to extinguish a fire
être chargé(e) de	to be in charge of
exposer une œuvre	to exhibit a piece of (art)work
s'exprimer	to express oneself
gagner un salaire (élevé)	to earn a (high) salary
marchander	to bargain
prendre une décision	to make a decision
réfléchir (à)	to think (about)
supporter (le stress)	to bear, withstand (the stress)

Mots apparentés: **l'autonomie** (*f.*), **l'avancement** (*m.*), **un CV, défendre les accusés, une entreprise, inspecter, une offre, opérer, un poste, la production, les relations** (*f.*) **publiques, réparer**

La description

insuffisant(e)	insufficient
malade	sick
nul(le) (en chimie)	weak (in chemistry)
prédit(e)	predicted
satisfait(e)	satisfied

Mots apparentés: **conjugal(e), courageux/courageuse, énorme, financier/financière, généreux/généreuse, modéré(e), passable, précis(e), scandinave, stressé(e)**

Substantifs

l'avenir (*m.*)	the future
un bouquin (*fam.*)	a book
les époux (*m.*)	married couple
l'État (*m.*)	the state
le génie mécanique	mechanical engineering
l'honnêteté (*f.*)	honesty
un mariage	a marriage; a wedding
un(e) milliardaire	a billionaire
une sortie	an outing
le tabac	tobacco
un virus informatique	a computer virus
une voyante	a fortune teller

Mots apparentés: **un argument, une capacité, une carrière, le gouvernement, une maladie, la marchandise, l'océanographie** (*f.*), **une prédiction, le prestige, la priorité, la proximité, un risque, la thérapie**

Verbes

arrêter de fumer	to stop smoking
avoir lieu	to take place
se détendre	to relax
paraître	to seem
raconter des histoires	to tell stories

Mots apparentés: **accepter (de), augmenter, diminuer, éliminer, traiter**

Mots et expressions utiles

Au boulot!	Get to work! Let's get to work!
au bout de	at the end of
au début	in the beginning
Ça me convient.	That suits me.
Ça te plaît?	Do you like that?
le coup de foudre	love at first sight
Depuis combien de temps?	For how long? (How long?)
grâce à	thanks to
N'exagérez pas!	Don't overdo it!
On se sent perdu(e).	You feel lost. (One feels lost).
parfois	sometimes
parmi	among

Grammaire et exercices

9.1 Other uses of y: J'y pense

A. The pronoun **y** is used to replace a prepositional phrase referring to a place. In this case, **y** is equivalent to English *there*. **Y** must be used in French, although *there* is sometimes omitted in English.

—As-tu fait des études **en France**?   *Did you study in France?*
—Oui, j'**y** ai fait deux ans d'études.   *Yes, I studied there for two years.*

> ✳ *Review* **Grammaire 2.3.C** *on the pronoun* **y.**

B. **Y** can also replace any phrase made up of **à** + a noun indicating an idea or thing.

—Est-ce qu'Albert réussit **à tous ses examens**?   *Does Albert pass all his exams?*
—Oui, il **y** réussit toujours.   *Yes, he always passes them.*

—Pensez-vous déjà **à votre future carrière**?   *Are you already thinking about your future profession?*
—Oui, j'**y** pense beaucoup.   *Yes, I think about it a lot.*

> ➤ **Rappel: y** comes just before the conjugated verb. **je + y = j'y**

C. Here are some of the verbs with which you are likely to use **y.**

assister à *to attend*	**penser à** *to think about*
échouer à un examen *to fail a test*	**réfléchir à** *to think about*
jouer à (un jeu) *to play (a game)*	**répondre à** *to answer*
participer à *to participate in*	**réussir à un examen** *to pass a test*

> ➤ **Y** has two uses:
> **y** = *there* (**à Lyon, dans ma chambre**)
> **y** = **à** + a thing (**j'y pense**)

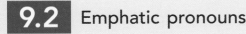

Exercice 1   Votre vie à l'université

Répondez en employant le pronom **y.**

> MODÈLE: En général, réussissez-vous à vos examens? →
> Oui, j'y réussis. (Non, je n'y réussis pas.)

1. Habitez-vous à la cité universitaire?
2. Est-ce que vous êtes déjà allé(e) à la bibliothèque cette semaine?
3. Est-ce que vous participez beaucoup aux discussions en classe?
4. Répondez-vous souvent aux questions?
5. Assistez-vous parfois aux matchs de basket?
6. Jouez-vous souvent à des jeux vidéo?
7. Pensez-vous souvent à votre future carrière?

9.2 Emphatic pronouns

A. The emphatic pronouns (**pronoms accentués**) are **moi, toi, lui** (*him*), **elle, nous, vous, eux** (*them, m.*), **elles.** They are often used to emphasize the subject, and after **c'est.**

Moi, je m'appelle Denise.   *My name is Denise.*
C'est Étienne? Oui, c'est **lui.**   *Is that Étienne? Yes, that's him.*

> ➤ Emphatic pronouns:
> | | |
> |---|---|
> | **moi** | **nous** |
> | **toi** | **vous** |
> | **lui/elle** | **eux/elles** |

➤ Use emphatic pronouns after all prepositions except **à: avec eux, pour elles, sans moi.**

➤ Indirect object pronoun: verb + **à** + person (*m.* or *f.*) = **lui** (placed before the verb)
J'ai parlé *à Marise*. → **Je *lui* ai parlé.**

★ *Review **Grammaire 4.2*** *on how to make comparisons.*

B. Emphatic pronouns also replace nouns after prepositions other than **à.**

—Tu sors avec tes copains ce soir? | *Are you going out with your friends tonight?*

—Oui, je sors **avec eux.** | *Yes, I'm going out with them.*

Tu peux faire des courses **pour moi**? | *Can you do some errands for me?*

C. Emphatic pronouns are used in comparisons, after **que.**

Mes amis sont plus sérieux **que moi.** | *My friends are more serious than I am.*

D. Emphatic pronouns are used to form short questions and answers and can be combined with **aussi** and **non plus.**

—J'ai reçu une bonne note. Et **toi**? | *I got a good grade. Did you?*
—**Moi aussi!** | *Me too!*

—Je n'aime pas bûcher avant un examen. | *I don't like to cram for a test.*
—**Moi non plus!** | *Me neither!*

E. They also replace subject pronouns if there is more than one subject.

Charles et **moi**, nous sommes copains. | *Charles and I are good friends.*
Sophie et **lui** se sont rencontrés l'année dernière. | *He and Sophie met last year.*

Exercice 2 Comparaisons

Écrivez les réponses en utilisant des pronoms accentués. En classe, posez les questions à des camarades et comparez vos réponses.

MODÈLE: Tu es aussi conservateur/conservatrice que tes parents? →
Oui, je suis aussi conservateur/conservatrice qu'*eux*. (Non, je suis moins...)

1. Tu es plus intelligent(e) que ton père?
2. Tu es moins sportif (sportive) que tes frères et sœurs?
3. Tu es aussi dynamique que ton meilleur ami (ta meilleure amie)?
4. Est-ce que tes camarades de classe sont aussi intelligents que toi?
5. Est-ce que tes professeurs sont aussi sympathiques que tes parents?
6. Tu es aussi équilibré(e) que ton meilleur ami (ta meilleure amie)?
7. Est-ce que tes frères et sœurs sont plus courageux que toi?
8. Ton (ta) camarade de chambre est aussi facile à vivre que toi?

Exercice 3 À l'université: Tes rapports avec les autres

Répondez aux questions avec des pronoms accentués. Ensuite, posez les questions à votre partenaire.

MODÈLE: Est-ce que tu sors souvent avec tes ami(e)s?
Oui, je sors souvent avec eux (elles). (Non, je ne sors pas souvent avec eux [elles].)

1. Est-ce que tu t'entends bien avec tes professeurs?
2. Tu te fâches souvent avec ton (ta) camarade de chambre?
3. Tu parles toujours français avec ton (ta) prof de français?
4. Tu dialogues avec tes camarades de lycée sur Facebook?

5. Tu te souviens de la première personne que tu as rencontrée sur le campus?

6. Tu as déjà dîné avec le président (la présidente) de l'université?

7. Tu ne t'es jamais disputé(e) avec les conseillers d'orientation?

Exercice 4 Opinions

Résumez en une seule phrase avec des pronoms accentués.

MODÈLE: Mylène Farmer chante bien. Yves Duteil aussi chante bien. →
Elle et lui, ils chantent bien.

1. Mon copain va au cinéma ce soir. Sa petite amie va au cinéma avec lui.

2. La prof lit le journal tous les jours. Son mari le lit aussi.

3. Les enfants aiment *Astérix*. Nous aussi, nous aimons *Astérix*.

4. Emmanuelle Béart est vedette.* Gérard Depardieu est aussi vedette.

5. Tu paniques avant les examens. Moi aussi, je panique avant les examens.

6. L'écrivain Marc Lévy a du talent. Amélie Nothomb en a aussi.

7. Marion Bartoli est dynamique. Karim Benzema aussi est dynamique.

9.3 Identifying and describing: C'est vs. il/elle est

A. **C'est** and **ce sont** are used with *nouns* to identify people and things.

—Qu'est-ce que c'est?	*What is that?*
—**C'est un ordinateur.**	*It's a computer.*

> **C'est/Ce sont +** article + noun

B. **Il/elle est** and **ils/elles sont** are used with *adjectives* to describe people and things.

—Cet ordinateur est cher?	*Is this computer expensive?*
—Oui, **il est cher.**	*Yes, it's expensive.*

> **Il/Elle est, Ils/Elles sont +** adjective

C. Either of these constructions can be used to identify someone's profession. Note that with **c'est** and **ce sont,** an article is always used; with a proper name or **il/elle,** no article is used.

Adrienne **est secrétaire.**	*Adrienne is a secretary.*
Jean-Yves? **Il est étudiant.**	*Jean-Yves? He's a student.*
Julien Leroux? **C'est un journaliste.**	*Julien Leroux? He's a reporter.*
Ces gens-là? **Ce sont des ouvriers.**	*Those people? They are workers.*

> **C'est/Ce sont +** article + profession
> **Il/Elle est +** profession
> Note: No article is used here.

D. If an adjective is included to describe the person or profession, **c'est/ce sont** is used instead of **il/elle est, ils/elles sont.**

Raoul Durand? **C'est** un étudiant **très sérieux.**	*Raoul Durand? He's a very serious student.*
Ces femmes-là? **Ce sont des journalistes canadiennes.**	*Those women? They are Canadian journalists.*

> **C'est/Ce sont +** article + profession + adjective

---

*a star

Exercice 5 Personnages célèbres

Identifiez le métier de ces gens. Utilisez **il/elle est** ou **il/elle était**.

MODÈLE: Jean-Paul Sartre → Il était philosophe.

1. Christian Dior	**a.** empereur
2. Marie Curie	**b.** écrivain/écrivaine
3. Charlemagne	**c.** couturier/couturière
4. Simone de Beauvoir	**d.** chanteur/chanteuse
5. Francis Cabrel	**e.** physicien(ne)
6. Charles de Gaulle	**f.** homme/femme d'État

Exercice 6 Qui est-ce?

Identifiez les personnages dans la liste de gauche et puis ajoutez quelques détails. (Si vous en avez besoin, consultez la liste des personnages dans «To the Student» au début du livre.)

MODÈLE: Sarah Thomas →
C'est une étudiante américaine. C'est la camarade de chambre d'Agnès Rouet.

1. Claudine Colin	**a.** petit garçon
2. Christine Lasalle	**b.** étudiant à l'université Paris VII
3. Bernard Lasalle	**c.** professeur dans un lycée
4. Clarisse Colin	**d.** infirmière
5. Joël Colin	**e.** étudiante en hôtellerie
6. Jean-Yves Lescart	**f.** ingénieur

9.4 Saying what you've been doing: Present tense + **depuis**

A. To talk about an action or state that began in the past and is still going on, use the *present* tense + **depuis** + a length of time or a date.

> ➤ Use *present tense* + **depuis** + *time expression* for an action that continues into the present.

Agnès **étudie** l'anglais **depuis six ans.**	*Agnès has been studying English for six years.*
Le bac **existe depuis 1808.**	*The "bac" has existed since 1808.*

B. To ask a question about an action or situation continuing into the present, use **depuis quand... ?** or **depuis combien de temps... ?** + the *present* tense.

—**Depuis quand étudies**-tu le génie civil?	*Since when have you been studying civil engineering?*
—**Depuis** l'année dernière.	*Since last year.*
—**Depuis combien de temps** est-ce que tu **habites** à La Nouvelle-Orléans?	*How long have you lived in New Orleans?*
—**Depuis** trois **ans.**	*For three years.*

C. Note the contrast with the **passé composé + pendant,** which is used for an action or situation that *ended* at some time in the past.

> J'**habite** ici **depuis** dix ans.
> Avant, j'**ai habité pendant** deux
> ans dans l'Ohio.

> *I have lived here for ten years.*
> *Before that, I lived for two years*
> *in Ohio.*

➤ Use **passé composé +
pendant** + *time expression*
for an action that ended in
the past.

Exercice 7 L'histoire de Julien Leroux

Reformulez chaque phrase pour changer le point de vue du passé au présent. *À noter:* Julien a maintenant 32 ans.

> MODÈLE: Julien est venu habiter à Paris à l'âge de 22 ans.
>   (Julien / habiter à Paris...) →
>   Julien habite à Paris *depuis dix ans.*

1. Julien a acheté un appartement à la Défense à l'âge de 28 ans.
   (Julien / habiter à la Défense...)
2. Sa mère est venue habiter à Paris il y a cinq ans. (Sa mère / être à Paris...)
3. Julien a pris un poste à TF1 à l'âge de 25 ans. (Julien / travailler pour TF1...)
4. Il a rencontré Bernard il y a huit ans. (Il / connaître Bernard...)
5. Julien a appris à faire de la voile à l'âge de 20 ans. (Julien / faire de la voile...)

Exercice 8 À ton tour!

Répondez en employant le présent + **depuis.**

1. Depuis quand fais-tu des études dans cette université?
2. Où habites-tu? Depuis combien de temps y habites-tu?
3. Où habitent tes parents? Depuis combien de temps?
4. Depuis combien de temps est-ce que tu étudies le français?
5. Depuis quand as-tu ton permis de conduire? ta propre voiture?

9.5 Saying what you will do: The future tense

A. You have already learned to talk about plans and future actions with **aller +** infinitive.

> Je **vais sécher** mes cours demain.

> *I'm going to cut class tomorrow.*

✳ Review *Grammaire 2.3.D*
on **aller** + *infinitive for a
future action.*

➤ Future stems:
parler-
finir-
attendr-

⭐ See **Appendix A** *for spelling changes in* **acheter, appeler,** *etc.*

➤ Future endings: **nous, vous** = same as present-tense endings (**-ons, -ez**); others = same as present-tense forms of **avoir** (**-ai, -as, -a, -ont**)

➤ All future stems, both regular and irregular, end in **-r.**

B. Both French and English also have a future tense (*will go, will read,* etc.). To form the French future tense, add the following endings to the future stem. For most verbs, the future stem is the infinitive. Infinitives ending in **-re** drop the final **-e** before adding the future endings.

FUTURE TENSE		
parler	**finir**	**attendre**
je parler**ai**	je finir**ai**	j'attendr**ai**
tu parler**as**	tu finir**as**	tu attendr**as**
il/elle/on parler**a**	il/elle/on finir**a**	il/elle/on attendr**a**
nous parler**ons**	nous finir**ons**	nous attendr**ons**
vous parler**ez**	vous finir**ez**	vous attendr**ez**
ils/elles parler**ont**	ils/elles finir**ont**	ils/elles attendr**ont**

J'en **parlerai** à mon patron demain matin. — *I'll speak to my boss about it tomorrow morning.*

Nous **finirons** ce projet cette semaine. — *We'll finish this project this week.*

Tu **comprendras** mieux dans quelques jours. — *You will understand better in a few days.*

C. Some verbs form the future tense with an irregular stem.

IRREGULAR FUTURE STEMS					
aller	**ir-**	j'**ir**ai	devoir	**devr-**	je **devr**ai
être	**ser-**	je **ser**ai	recevoir	**recevr-**	je **recevr**ai
faire	**fer-**	je **fer**ai	venir	**viendr-**	je **viendr**ai
avoir	**aur-**	j'**aur**ai	vouloir	**voudr-**	je **voudr**ai
savoir	**saur-**	je **saur**ai	voir	**verr-**	je **verr**ai
pouvoir	**pourr-**	je **pourr**ai	envoyer	**enverr-**	j'**enverr**ai

Après mes études, je **ferai** un voyage en Europe. — *After college, I will take a trip to Europe.*

Est-ce que ton ami **pourra** t'accompagner? — *Will your friend be able to go with you?*

➤ **quand, lorsque** = *when*
➤ **aussitôt que, dès que** = *as soon as*
➤ If the action introduced by **quand,** etc., takes place in future time, French requires use of the future tense.

D. The future tense is generally used in the same way as the English future with *will.* However, in some cases French requires the future tense where English uses the present: in particular, after **quand** and **lorsque** (*when*) and after **aussitôt que** and **dès que** (*as soon as*).

Quand j'**aurai** plus de temps, je t'**écrirai.** — *When I have more time, I'll write you.*

Nous **pourrons** partir **aussitôt que** Sarah **arrivera.** — *We can (will be able to) leave as soon as Sarah arrives.*

➤ **C'est aujourd'hui le 1er juin. Je partirai en France le 1er juillet. Je partirai** *dans* **un mois.**

E. Use **dans** with a length of time to say when something will happen in the future.

Albert **finira** ses études **dans deux ans.** — *Albert will finish his studies in two years.*

Sarah **rentrera** aux États-Unis **dans trois mois.** — *Sarah will go back home to the United States in three months.*

Exercice 9 Intentions et impossibilités

Faites des questions et répondez-y vous-même en employant le futur. Ensuite, interrogez votre partenaire.

> MODÈLE: aller au restaurant ce soir →
> Est-ce que tu iras au restaurant ce soir?
> Oui, j'irai au restaurant ce soir. (Non, je n'irai pas...) Et toi?

1. te coucher tôt ce soir
2. dormir jusqu'à 10 h demain
3. finir tous tes devoirs avant le week-end
4. réussir à tous tes examens ce semestre
5. sortir ce week-end
6. gagner beaucoup d'argent cet été
7. acheter une voiture cette année
8. prendre des vacances la semaine prochaine

Exercice 10 Études à Montpellier

Vous assistez à une réunion pour les étudiants de votre université qui vont aller faire des études à Montpellier, dans le sud de la France, le semestre prochain. Vous posez beaucoup de questions. Employez le futur des verbes indiqués.

> MODÈLE: Est-ce que nous (aller) visiter Paris? →
> Est-ce que nous irons visiter Paris?

1. Est-ce que nous (être) tous ensemble dans les cours?
2. Est-ce que nous (faire) des activités avec des étudiants français?
3. Est-ce que nous (recevoir) d'autres renseignements avant le départ?
4. Est-ce que nous (voir) souvent la directrice du programme?
5. Est-ce que nous (avoir) le temps de voyager dans le reste de l'Europe?
6. Est-ce que nous (savoir) bientôt quels cours nous (pouvoir) suivre?
7. Est-ce que nous (devoir) déjeuner au resto-U?

Exercice 11 Quel avenir!

Les étudiants de Mme Martin imaginent l'avenir de leurs camarades. Employez le futur des verbes logiques pour compléter les phrases ci-dessous et à la page suivante.

DENISE ALLMAN

Denise _____[1] de la chance. Elle _____[2] la première femme candidate à être élue à la présidence américaine. Elle _____[3] facilement les élections, et son mari et elle _____[4] vivre à la Maison Blanche.

Denise _____[5] travailler de longues heures, mais son mari et elle _____[6] visiter beaucoup de pays dans le monde. En France, elle _____[7] un discours* en français qui _____[8] tous les Français.

aller
avoir
être
gagner
devoir
faire
épater†
pouvoir

---

*speech
†to impress

LOUIS THIBAUDET

Un jour, en faisant un dîner pour des amis, Louis _____[9] ses talents culinaires. Il _____[10] en France pour travailler avec un chef, et puis il _____[11] en Louisiane. Il _____[12] un restaurant, où nous _____[13] tous dîner.

aller (twice)
découvrir
ouvrir
revenir

Au bout de quelques années, Louis _____[14] un des chefs les plus connus des États-Unis, du monde même! Il _____[15] beaucoup de livres et il _____[16] sa propre émission à la télé qui _____[17] «Thibaudet's Kitchen».

s'appeler
avoir
devenir
écrire

Exercice 12 Soyez plus optimiste!

Le pessimiste parle de son avenir, mais sans beaucoup de confiance. L'optimiste essaie de l'encourager. Donnez les réponses de l'optimiste en employant le futur.

MODÈLE: Je serai surpris si mes copains se souviennent de mon anniversaire. →
Tu seras surpris *quand* tes copains se *souviendront* de ton anniversaire.

1. Je serai heureux si je réussis à l'examen demain.
2. Je serai très surpris si je reçois un A en cours de français.
3. Je serai surpris si mes amis m'invitent à sortir ce week-end.
4. Je serai étonné si j'ai assez d'argent pour payer mes études.
5. Je serai surpris si je finis mon devoir d'histoire ce soir.

La cérémonie du thé au Maroc

Les voyages

Objectifs

In *Chapitre 10,* you will talk about travel experiences, needs, and situations that arise during trips. You will also learn a new way to express necessity.

Voyages à l'étranger

★ Attention! Étudier Grammaire 10.1 et 10.2

le billet d'avion   le passeport

Au départ, il faut enregistrer ses bagages en soute.

L'agent de sûreté vérifie que les passagers n'aient rien de défendu.

Il faut que les passagers attendent le départ d'un vol.

Pendant un vol international, il faut que les passagers remplissent la déclaration de douane.

À l'arrivée, il faut que les passagers fassent la queue au contrôle des passeports.

Même si on n'a rien à déclarer, le douanier fouille parfois les bagages.

Il est essentiel que le voyageur apprenne à se débrouiller.

Activité 1 Ordre logique: Voyage international

En groupes, décidez l'ordre des actions suivantes. Ensuite, comparez vos décisions avec celles de vos camarades de classe.

Avant le départ
_____ s'assurer de ne pas oublier les billets
_____ faire les valises
_____ faire les réservations sur Internet et choisir un siège dans l'avion
_____ vérifier que le vol va partir à l'heure
_____ économiser de l'argent pour le voyage
_____ s'assurer d'avoir un passeport valide
_____ vérifier qu'il n'y a rien d'interdit dans ses bagages à main

À l'aéroport
_____ chercher la salle d'attente dans la zone sécurisée
_____ enregistrer ses bagages
_____ s'assurer d'avoir ses pièces d'identité
_____ embarquer dans l'avion
_____ passer au contrôle de sûreté
_____ enlever ses chaussures

À l'arrivée
_____ sortir de la zone sécurisée
_____ débarquer de l'avion
_____ présenter ses bagages à la douane
_____ mettre ses bagages sur un chariot
_____ passer par le contrôle des passeports
_____ chercher ses valises à la livraison de bagages

Allons plus loin!   Avec deux partenaires, imaginez une scène entre un agent de voyages et deux personnes qui vont voyager ensemble. Les deux voyageurs ne sont pas toujours d'accord sur les détails. Présentez votre sketch à la classe.

Activité 2 Échanges: Le voyage organisé

Imaginez que vous allez partir en France en voyage organisé et que vous répondez aux conseils de votre professeur de français. Jouez les deux rôles avec un(e) camarade de classe.

> MODÈLE: PROF: Il faut que vous vous inscriviez bientôt dans le programme.
> VOUS: Pas de problème, monsieur (madame). Je m'inscrirai demain.

1. Il est essentiel que vous emportiez assez d'argent.
2. Il vaut mieux que vous ne preniez pas trop de bagages.
3. Il faut que vous demandiez tout de suite un passeport.
4. Il faut que vous emportiez des chaussures confortables pour faire des excursions.
5. Il est essentiel que vous suiviez les instructions du guide.
6. Il faut que vous ne parliez que français entre vous.
7. Il est important que vous ne sortiez pas seul(e) le soir.
8. Il vaut mieux que vous gardiez l'esprit ouvert.
9. Il faut que vous soyez à l'heure pour les activités organisées.
10. Il faut que vous vous amusiez bien pendant le voyage.

Activité 3 Récit: Vacances au Maroc

Voici les activités de Bernard et Christine Lasalle pendant leurs vacances au Maroc l'année dernière. Les phrases suivantes décrivent chaque dessin. Mettez-les dans le bon ordre d'après les dessins.

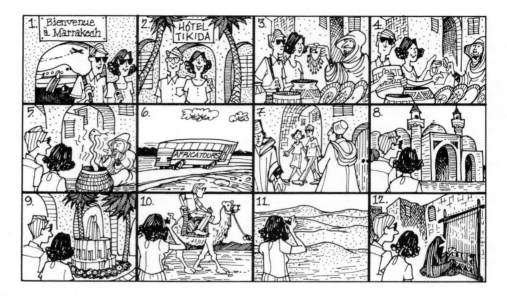

_____1_____ À Marrakech, il a fallu que Bernard et Christine aillent d'abord à l'hôtel.

_____ Ils ont trouvé un charmeur de serpents fascinant mais ils ont gardé leur distance!

_____ Dans un village berbère, ils ont vu une femme qui tissait un beau tapis.

_____ Christine a bien aimé la bijouterie vendue dans les souks (marchés).

_____ Il a fallu que Bernard ramène une énorme poterie à leur hôtel.

_____ Ils sont sortis de leur hôtel pour explorer la ville de Marrakech.

_____ Ils ont fait une excursion pour voir une oasis.

_____ Ils ont découvert des belles mosquées.

_____ Ils ont visité un ryad ancien* où ils ont admiré la cour et ses fontaines.

_____ Ils sont montés à dos de dromadaire. Bernard était un peu nerveux.

_____ Ils se sont promenés dans la médina (la vieille ville) pittoresque de Marrakech.

_____ Au départ, Christine a photographié les dunes sans fin du Sahara.

Activité 4 Entretien: Les voyages

1. Tu aimes voyager? Tu voyages quelquefois en voiture? en train? en avion? en bateau? Où vas-tu?
2. Tu as de la famille qui habite loin de chez toi? Qui? Tu leur rends visite? Quand? Qui t'accompagne? Tu y es allé(e) cette année?
3. Tu as déjà visité un autre pays? Lequel? Quand? Sinon, quel pays est-ce que tu voudrais visiter? Pourquoi?
4. Si tu étais riche et libre, où aimerais-tu aller? Avec qui? Comment aimerais-tu voyager? (en avion privé, en yacht, en faisant une croisière, en navette spatiale...)

---

*ryad... grande maison traditionnelle

À la rencontre des arts

Le train et les artistes

Le train est une des grandes inventions du XIXe siècle. Il a changé radicalement la manière de voyager, et il a inspiré de nombreux créateurs: peintres, poètes, romanciers, musiciens... L'écrivain naturaliste Émile Zola a consacré[1] un roman entier au train, *La Bête humaine* (1890), et le peintre impressionniste Claude Monet a réalisé sept versions différentes d'une scène représentant une des gares de Paris. Dans son *Voyage en Belgique* (1837), Victor Hugo sèst émerveillé des sensations nouvelles que provoque le train: «C'est un mouvement magnifique et qu'il faut avoir senti pour s'en rendre compte. La rapidité est inouïe.[2] Les fleurs ne sont plus des fleurs, ce sont des taches ou plutôt des raies[3] rouges ou blanches [...]; les blés[4] sont de grandes chevelures jaunes, les luzernes[5] sont de longues tresses[6] vertes [...].»

● Claude Monet, *La Gare St-Lazare* (1877), Paris, Musée d'Orsay

[1] *devoted*
[2] *extraordinaire*
[3] *lignes*
[4] *céréales jaunes*
[5] *herbes sauvages*
[6] *braids*

Ça fait réfléchir

- Les salariés français ont droit à cinq semaines de vacances.
- En avril 2007, le TGV a battu le record mondial de vitesse en train avec 574 km/h (kilomètres à l'heure).

Activité 5   Situations: Un voyage inoubliable

Avec un(e) partenaire, créez un sketch d'après les faits suivants. Votre professeur va peut-être vous demander de présenter votre petite scène à la classe.

Voyageur/Voyageuse: Au contrôle de sûreté à l'aéroport de Montréal, le contrôleur découvre le petit couteau de votre grand-père dans vos bagages à main! Vous aviez oublié que vous l'aviez. Expliquez au contrôleur pourquoi vous êtes innocent(e) et pourquoi il ne devrait pas confisquer un objet qui a une valeur sentimentale pour vous.

Contrôleur/Contrôleuse: À l'aéroport de Montréal, vous découvrez un petit couteau dans les bagages à main de quelqu'un! La personne essaie de vous persuader de son innocence. Expliquez-lui pourquoi vous êtes obligé(e) de garder cet objet.

En voiture!

✳ Attention! Étudier Grammaire 10.3

Je vais faire le plein et vérifier le niveau d'huile.

Donnez-moi une voiture qui ne consomme pas trop d'essence.

Oui, dites-lui de mettre des nouveaux pneus. Les vieux sont en très mauvais état.

Tu vois ce feu rouge? Ne le brûle pas!

Activité 6 Associations: L'art de la conduite

Identifiez la suggestion pour chaque objet, personne ou règle.

1. les freins
2. les limitations de vitesse
3. un mécanicien
4. le feu rouge
5. le klaxon
6. l'essence
7. les clignotants
8. la ceinture de sécurité
9. le permis de conduire

a. Ne l'oubliez pas quand vous conduisez. Il vous permet de conduire légalement.
b. Expliquez-lui les problèmes de votre voiture.
c. Si quelqu'un vous suit de trop près, ne les employez pas.
d. Utilisez-le en cas d'urgence, mais n'en abusez pas.
e. Arrêtez-vous quand vous le voyez. Ne le brûlez jamais.
f. Mettez-en dans le réservoir, sinon votre voiture ne marchera pas.
g. C'est la règle numéro un: attachez-la chaque fois que vous vous mettez au volant.
h. Ne les dépassez pas, sinon vous risquez de recevoir une contravention.
i. Mettez-les pour indiquer que vous changez de direction.

Cliquez là!

Votre voiture ne fonctionne pas bien? Consultez un mécanicien sur Internet. Lors du prochain cours, racontez votre problème et la solution proposée.

Activité 7 Échanges: L'entretien d'une voiture

Avec quelle fréquence devrait-on faire ces opérations?

MODÈLE: É1: On devrait laver sa voiture chaque jour.
É2: Je ne suis pas d'accord. On devrait la laver seulement quand elle est sale.

1. changer l'huile dans le moteur
2. vérifier la pression des pneus
3. mettre de l'eau dans le radiateur
4. vérifier la batterie
5. faire le plein d'essence
6. changer les essuie-glaces
7. acheter des pneus
8. faire l'équilibrage des pneus
9. changer le liquide de frein
10. passer l'aspirateur à l'intérieur

Vocabulaire utile chaque semaine, toutes les (deux) semaines, trois fois par an, tous les mois, quand il le faut, jamais, chaque année

Activité 8 Entretien: La voiture et moi

1. Quel type de voiture conduis-tu? Elle te plaît ou pas? Elle est grande? belle? pratique? économique? Elle consomme peu d'essence?
2. Tu aimes conduire? Tu conduis combien de miles chaque jour, à peu près?
3. Si tu n'as pas de voiture, comment est-ce que tu te déplaces? En vélo? En bus? À pied?
4. Est-ce que tu voudrais avoir une voiture hybride ou une voiture électrique? Pourquoi? Pourquoi pas?
5. Quels types de voiture préfères-tu? Pourquoi? Lesquels n'aimes-tu pas?
6. Tu as déjà eu ou vu un accident? Ta voiture est tombée en panne? Qu'est-ce qui s'est passé?
7. Combien de contraventions as-tu reçues? Pourquoi?

Activité 9 Échanges: Pour mieux conduire

Imaginez que vous et votre partenaire devez passer un examen de conduite. Posez-vous des questions et puis, discutez ensemble de chaque réponse.

MODÈLE: É1: Qu'est-ce qu'on doit faire s'il commence à neiger très fort?
É2: Eh bien, on doit conduire lentement. C'est tout?
É1: Non, il faut aussi mettre les essuie-glaces...

SITUATIONS

1. Il y a du verglas et la voiture commence à glisser.
2. Il pleut et il y a du brouillard.
3. On décide de tourner à gauche.
4. Un enfant se précipite dans la rue pour aller chercher son ballon.
5. On roule vite et, tout d'un coup, le feu passe à l'orange.
6. Une voiture te suit de trop près.
7. ?

IDÉES

- mettre la ceinture de sécurité
- freiner aussi vite que possible
- ralentir ≠ accélérer
- brûler le feu rouge
- rouler (plus lentement)
- mettre (les essuie-glaces)
- mettre le clignotant
- arrêter la voiture
- klaxonner
- changer de vitesse
- ?

Activité 10 Récit: Julien n'a pas de chance!

Julien Leroux a reçu une invitation pour passer le week-end chez des amis à la campagne. Il a décidé d'y aller en voiture. Est-ce qu'il s'est bien amusé pendant sa visite? Pourquoi?

Vocabulaire utile avoir du mal à, entendre un bruit, tomber malade

Comment se débrouiller

★ Attention! Étudier Grammaire 10.4

La poste

En France, Raoul a reçu son courrier à la poste restante. L'employé le lui a donné.

Pendant qu'il était au bureau de poste, un employé lui a expliqué comment aller à un distributeur automatique.

Sarah Thomas a acheté une carte téléphonique prépayée et un portable GPS dès son arrivée à Paris. Elle s'en est souvent servie.

Jean-Yves s'est trouvé sans argent à Dakar. Ses parents lui en ont envoyé.

Cliquez là!

Allez sur le site de l'Office du tourisme de la ville de votre choix. Cherchez un hôtel ou une auberge de jeunesse. Préparez-vous à faire la description et dire le prix de votre chambre en cours.

À l'hôtel

Activité 11 Échanges: Le savoir-faire

Discutez de ces situations avec un(e) camarade de classe. Donnez vos réactions et expliquez-les.

MODÈLE: É1: Un clochard s'approche de toi et te demande de l'argent. Est-ce que tu lui en donnes? →

É2: Oui, je lui en donne. Il a l'air d'avoir faim. (Non, je ne le connais pas. Je ne lui en donne pas.)

1. À la banque, la caissière demande à voir ton passeport. Tu le lui montres?
2. Des gens que tu ne connais pas bien te demandent le numéro de ta chambre d'hôtel. Est-ce que tu le leur donnes?
3. Tu remercies le chauffeur de taxi. Lui donnes-tu aussi un pourboire?
4. Un étranger te demande le chemin pour aller au musée d'Orsay. Est-ce que tu le lui dis?
5. L'employé à la réception de ton hôtel demande à garder ton passeport. Tu le lui laisses?
6. Le serveur dans un restaurant est très désagréable. Est-ce que tu lui laisses un bon pourboire?
7. Un ami excentrique demande à se servir de ton nouvel appareil photo numérique. Tu le lui prêtes?
8. Une copine qui a perdu son portefeuille demande à se servir de ta carte de crédit. Est-ce que tu la lui prêtes?

Activité 12 Récit: Adrienne n'a pas de chance!

Adrienne vient d'arriver à son hôtel en Corse. Pour chaque dessin, expliquez ce qu'elle vient de faire, ses sentiments et d'autres détails que vous voyez ou pouvez imaginer.

Vocabulaire utile agité(e), découvrir les vêtements d'un autre client, un employé, exploser, fonctionner mal, un placard

À propos...
Se loger en voyage

Partir avec tout le monde, comme tout le monde, pour voir la même chose que tout le monde, est-ce bien raisonnable?

Lorsqu'on voyage dans un pays inconnu, l'une des principales difficultés consiste à trouver un logement adapté à ses goûts[1] et surtout à son budget. Dans presque tous les pays européens, vous trouverez au centre-ville—généralement tout près de la gare—un bureau appelé «syndicat d'initiative» ou «office du tourisme». Là, on vous aidera à trouver un hôtel selon vos désirs et, généralement, on téléphonera pour vous réserver une chambre.

Pour ceux qui aiment préparer leurs vacances en détail, il existe de nombreux guides qui vous informent sur la qualité des hôtels et—très important en France!—des restaurants. Les plus connus sont les guides *Michelin* et *Gault-Millau*, dont les évaluations gastronomiques[2] («étoiles» ou «toques»[3]) font autorité. Le *Guide du Routard* donne d'excellents trucs[4] pour se loger et manger à bon marché. Pour les plus fortunés,[5] le *Guide des Relais et Châteaux* propose ses hôtels de grand luxe dans des sites prestigieux. Même si vous n'avez pas de guide, vous pouvez toujours juger un hôtel grâce au système de catégorisation officiel, qui attribue entre une et cinq étoiles selon le niveau de confort. À partir de deux étoiles, vous disposerez d'une salle de bains/W.C. dans la chambre et, le plus souvent, d'un téléphone et d'une télévision.

[1] préférences
[2] qui ont rapport avec la grande cuisine
[3] chapeaux portés par les cuisiniers
[4] conseils pratiques
[5] riches

Activité 13 Échanges: Débrouillez-vous!

Imaginez que vous voyagez avec votre partenaire. Décidez comment vous allez vous débrouiller dans les situations suivantes.

MODÈLE: Il n'y a plus de chambres dans une petite ville.

É1: Nous pouvons aller au café pour demander si quelqu'un loue des chambres.

É2: Oui, mais si tout est fermé...

Vocabulaire utile l'ambassade de votre pays, l'annuaire, le bureau des objets trouvés, le numéro d'urgence, la pharmacie de garde

Situations

1. Vous perdez votre passeport.
2. Vous désirez aller dans un magasin qui vend du matériel électronique.
3. Vous avez besoin d'un médicament à deux heures du matin.
4. Vous désirez recevoir des lettres mais vous n'avez pas d'adresse.
5. Vous avez oublié votre carte d'identité dans un grand magasin la veille.
6. Votre voiture tombe en panne en pleine nuit.
7. ?

Cliquez là!

Visitez le site pour les Guides du Routard. Quels types de renseignements pour voyageurs peut-on y trouver? À quel type de voyageur sont-ils destinés?

Ça fait réfléchir

- En 2010, la France a gardé sa place de première destination mondiale, en recevant plus de 90 millions de touristes.
- L'industrie touristique joue un rôle important dans l'économie française et représente plus de 660.000 emplois salariés.
- En 2004, Disneyland Paris est l'un des sites les plus fréquemment visités de France avec 10,2 millions de visiteurs. Le Louvre n'est pas loin derrière, avec 7,3 millions de personnes. Le Parc Astérix n'a accueilli que 1,8 millions de personnes.

Les achats, les produits et les matières

✳ Attention! Étudier Grammaire 10.5 et 10.6

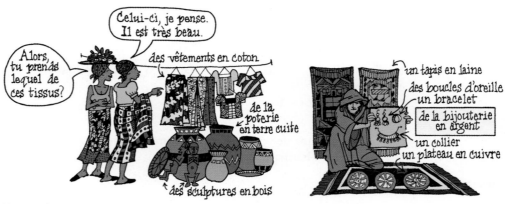

Un marché à Lomé, au Togo

Un souk à Fès, au Maroc

Une boutique à Paris, en France

Un marché aux puces, à Bruxelles, en Belgique

Activité 14 Associations: Les matières et les objets

Dites en quoi sont faits les objets suivants.

Vocabulaire utile en bois, en cuir, en terre cuite, en cristal, en soie, en laine, en acier, en argent, en plastique, en verre...

1. une fourchette
2. des ciseaux
3. un manteau
4. de la poterie
5. un chandelier
6. un parachute
7. une poubelle
8. des lunettes
9. une tasse
10. des chaussures
11. un verre à vin
12. des sous-vêtements
13. les pare-brise
14. des boucles d'oreille
15. un parquet
16. un ordinateur

Activité 15 Échanges: Décisions à prendre

Imaginez que vous allez acheter des cadeaux pour votre famille et vos amis. Faites votre choix et comparez-le avec celui de votre partenaire. Expliquez vos raisons.

MODÈLE: un portefeuille →
É1: Moi, je prends le portefeuille en cuir pour mon père. Mon père a beaucoup de goût!
É2: Et moi, je prends celui en plastique pour mon petit frère. C'est le moins cher.

Vocabulaire utile

C'est le/la plus durable (pratique, insolite...)
C'est le/la moins cher/chère (facile à nettoyer...)
C'est le meilleur (la meilleure).
Ça ne se casse pas (se lave bien).

1. le foulard en coton, celui en soie ou celui en polyester?
2. les assiettes en terre cuite, celles en porcelaine ou celles en acier?
3. la bague* en or avec un diamant, celle en argent avec des turquoises ou celle faite à la main en cuivre?
4. les boucles d'oreille avec des perles, celles avec des pierres polies ou celles avec des rubis?
5. le pantalon en cuir, celui en coton ou celui en laine?
6. la montre en or, celle en argent ou celle en acier?

*cercle de bijouterie en métal qu'on met au doigt

Activité 16 Échanges: Les achats

Quand et pourquoi est-ce que vous achetez les objets suivants? Est-ce qu'il y a d'autres achats que vous faites? Lesquels? Où est-ce que vous les faites?

MODÈLE: É1: Moi, j'achète des bottes vers la fin de l'hiver quand elles sont en solde.

É2: Tu as de la chance. Ma pointure est très difficile à trouver. Alors, je suis obligé(e) d'acheter des bottes quand je peux trouver ma pointure.

LES OBJETS

1. des vêtements
2. des chocolats
3. des sous-vêtements
4. des chaussettes
5. des CD
6. du parfum
7. des livres
8. des gants

LES RAISONS POSSIBLES

Il/Elle est (Ils/Elles sont) en solde.
Quand j'ai assez d'argent.
Quand on m'a offert de l'argent en cadeau.
Quand j'en ai besoin.
Quand je trouve (ma taille, ma pointure).
Si je dois acheter un cadeau.
?

LA LANGUE EN MOUVEMENT

Le français dans le monde

Bien que plusieurs autres langues comptent plus de locuteurs,[1] le français peut réclamer le titre de deuxième langue internationale après l'anglais, grâce au grand nombre de sociétés culturellement diverses, sur tous les continents, où on parle français. Le français a le statut de langue officielle (seul ou avec une autre langue) dans plus de cinquante régions et pays, sans compter ceux où le français a un statut important, comme l'Algérie, l'Israël et la Roumanie. Un certain nombre de Francophones sont de langue maternelle française, mais pour beaucoup, c'est une deuxième ou troisième langue. C'est le cas dans les nombreuses anciennes colonies françaises et belges d'Afrique, comme le Mali, les deux Congo et Madagascar. Tout en servant de langue de communication entre tous ces peuples, le français adapte son vocabulaire au caractère particulier de chaque région.

MISE EN PRATIQUE Voici quelques expressions de différentes régions francophones. Pouvez-vous en deviner le sens?

Suisse: un automate, huitante
Québec: un cinéparc, magasiner
Algérie: un cahoua, jumeler

a. faire du shopping
b. prendre à bord d'un taxi plusieurs clients se rendant à des destinations différentes
c. quatre-vingts
d. cinéma de plein air
e. un café
f. un distributeur automatique (ATM)

[1]personnes qui parlent

POUR RÉSUMER

À vous de parler

A. Enquête: L'éco-conduite

D'abord, écoutez ces conseils et dites si vous le faites ou pas.

_____ **1.** Évitez les arrêts et les démarrages soudains.

_____ **2.** En hiver, ne laissez pas chauffer le moteur si le véhicule est arrêté.

_____ **3.** Roulez à vitesse constante si possible.

_____ **4.** Anticipez les ralentissements; lâchez l'accélérateur au lieu de freiner.

_____ **5.** N'abusez pas de la climatisation.

_____ **6.** Vérifiez régulièrement la pression des pneus.

_____ **7.** Ne surchargez pas la voiture.

_____ **8.** Arrêtez le moteur lors d'un arrêt de plus de 20 secondes.

B. Maintenant, en groupes, comparez vos réponses. Utilisez la liste suivante pour expliquer vos raisons.

- Ça peut économiser de l'essence.
- 100 kg de plus, c'est 5 % de plus de consommation d'essence.
- Ça peut être dangereux.
- C'est mieux pour le moteur (les pneus...).
- C'est poli.
- Une conduite agressive en ville peut faire augmenter votre consommation d'essence de 40 %!
- ?

À vous de lire

L'arrivée en ville par Mary Lee Martin-Koné

Amoin, une jeune fille de 14 ans, habite dans un petit village de Côte d'Ivoire. À l'invitation de son oncle, professeur dans une école d'Abidjan, elle a l'occasion d'aller séjourner dans la grande ville. Mais son taxi-brousse[1] arrive à la gare routière très en retard.

[...] Seulement, c'est déjà le crépuscule[2] quand le taxi-brousse atteint la ville. Déjà les lampes sont allumées dans les rues encombrées de voitures.

Amoin est éblouie[3] par ces innombrables voitures aux phares allumés, ces panneaux électriques aux couleurs vives[4] qui signalent les vitrines des magasins. Tout cela dépasse ce qu'Amoin a pu imaginer. Cette entrée dans la ville est très agréable car, avec les embouteillages, le taxi roule très lentement et Amoin écarquille[5] les yeux pour mieux prendre contact avec cet univers merveilleux. Enfin, le taxi-brousse s'arrête à la gare. Amoin descend du véhicule, récupère sa valise et se met à chercher son oncle.

Très vite, Amoin se rend compte que cela risque de ne pas être facile de le trouver. En effet, la gare de la ville est très animée. Les gens se bousculent pour descendre des taxis ou pour y monter, pour charger ou décharger les voitures. C'est un continuel mouvement de va-et-vient de voitures, de cris, etc. Et entre tout ceci d'innombrables commerçants ambulants qui vendent de tout: jouets, assiettes, lampes de poche, pommades,[6] chaussettes, biscuits, etc.

---

[1]en Afrique, taxi qui va d'une ville à une autre [2]coucher du soleil [3]elle ne peut plus voir à cause de la lumière [4]brillantes [5]ouvre très grand [6]médicaments sous forme de crème

• Une gare routière animée en Côte d'Ivoire

Tout ce mouvement étourdit[7] un peu Amoin qui, pour éviter la bousculade, se met à l'écart[8] avec l'espoir que son oncle la verra plus facilement. Elle remarque que les autres passagers qui sont venus du village dans la même voiture qu'elle s'en vont déjà. Certains sont accueillis par leurs parents, d'autres prennent l'autobus ou un taxi de la ville, les fameux taxi-compteurs dont Amoin a tant entendu parler. Amoin attend et commence à se sentir seule. «Je pourrais bien partir comme eux, se dit-elle. Mais je ne connais pas chez Tonton.»

[...] Les heures passent. La nuit est complètement tombée. La gare est un peu moins animée maintenant. Et Amoin ne voit toujours pas son oncle. [...]

Alors, Amoin s'approche de la dernière vendeuse de pain sucré qui est en train de plier ses affaires pour rentrer chez elle. Amoin s'achète un petit pain et se met à le manger goulûment. Comme la vendeuse est petite comme elle, cela encourage Amoin à lui parler.

—Dis-moi, est-ce que tu n'aurais pas vu vers deux heures un homme grand et mince, portant des lunettes?

—Oui, j'ai bien vu un homme comme ça ici vers deux heures. Il a attendu longtemps, [...] il est parti.

—C'était lui, soupire Amoin. Maintenant, comment vais-je faire? se lamente-t-elle.

From "Angoisse dans la ville" in *Pain sucré* by Mary Lee Martin-Koné, Coll. Monde Noir Poche Jeunesse; Hatier, 1983—Éditions Hatier International, 2002. Remerciements aux Éditions HACHETTE LIVRE INTERNATIONAL.

[7]trouble   [8]à... dans un endroit plus tranquille

Avez-vous compris?

Répondez aux questions sur le texte.

1. Quelle impression Amoin a-t-elle quand elle voit la ville pour la première fois?
2. Comment est l'ambiance à la gare routière? Quelle est la réaction d'Amoin?
3. Que font les passagers du taxi-brousse après leur arrivée?
4. En principe, qui doit accueillir Amoin? Pourquoi n'est-il pas là?
5. Imaginez les pensées et les sentiments de la jeune fille à la fin de ce passage.

Allons plus loin!
Aidez Amoin! Elle est seule à Abidjan; elle ne connaît pas la ville, ni l'adresse de son oncle. Elle a juste un peu d'argent. Qu'est-ce qu'elle peut faire? Proposez diverses solutions pour aider cette jeune fille.

À vous d'écrire

Vous travaillez au bureau de tourisme à la Mairie. L'été dernier, les Maegt, un couple belge aux moyens modestes, vous ont demandé de leur préparer un itinéraire de vacances. Ils comptaient passer trois jours et trois nuits dans votre ville et vous avez essayé de leur laisser une impression positive mais réaliste de la région.

Maintenant, faites la description de leur visite. Dites où ils ont logé, où ils ont mangé, les plats et les produits régionaux qu'ils ont découverts, les magasins et les endroits qu'ils ont visités,... . Est-ce qu'ils ont eu du mal à changer leur argent ou à conduire la voiture qu'ils avaient louée? Quelles impressions est-ce que la ville leur a laissées?

MODÈLE: *Les Maegt sont arrivés jeudi matin le 23 juin, et ils ont loué une voiture. Ils ont logé à l'hôtel Carson (au motel Super Rest) parce que... Le premier jour de leur visite, ils sont allés...*

Vocabulaire

Partir en voyage
Going on a trip

un agent de voyages	a travel agent
une arrivée ≠ un départ	an arrival ≠ a departure
un avion	a plane
les bagages (*m.*) à main	carry-on luggage
les bagages en soute	checked luggage
un bateau	a boat
un billet aller-retour	a round-trip ticket
un billet d'avion	a plane ticket
une carte d'embarquement	a boarding pass
un chariot	a pushcart (*for luggage*)
le contrôle des passeports	passport check
le contrôle de sûreté	security check
le contrôleur / la contrôleuse	inspector
une démarche	a step, action
la douane	customs
un douanier / une douanière	a customs agent
l'enregistrement (*m.*)	check-in counter
un guichet	ticket window
le haut-parleur	the loudspeaker
une hôtesse de l'air	a flight attendant (*female*)
la livraison des bagages	the luggage claim area
un passeport (valide)	a (valid) passport
des renseignements	information
une salle d'attente	a waiting room/area
un steward	a flight attendant (*male*)
une voie	a railroad track
un vol	a flight
un wagon	a train car
s'assurer	to make sure
débarquer (de)	to get off (from)
embarquer	to get on
enlever	to remove
enregistrer les bagages	to check in luggage
faire la queue	to wait in line
faire les valises	to pack (*luggage*)
s'informer	to find out information
rendre visite à qqn	to visit someone

Mots apparentés: **un aéroport, une ambassade, une cabine, une carte de crédit, un chèque de voyage, la classe économique, une déclaration, déclarer, un itinéraire, une pièce d'identité, première classe, les réservations (*f.*), réserver, vérifier, un voyageur / une voyageuse, yacht**

Le logement et les services
Lodging and services

l'annuaire (*m.*)	the phone book
un ascenseur	an elevator
une auberge de jeunesse	a youth hostel
un bagagiste	a porter
le bureau des objets trouvés	the lost-and-found office
une carte téléphonique prépayée	a prepaid phone card
un code personnel	a PIN (*in France*)
un coup de fil	a phone call
l'expédition (*f.*) des colis	package shipping
une femme de chambre	a maid
le/la gérant(e)	the manager
un mandat-cash	a postal money order
la note	the bill (*hotel*)
le numéro des urgences	the emergency phone number
une pharmacie de garde	an after-hours pharmacy
la poste restante	general delivery mail
la réception	the reception desk

Mots apparentés: **payer un supplément**

Les parties et l'entretien d'une voiture
Parts and maintenance of a car

le capot	the hood
une ceinture de sécurité	a seat belt
le clignotant	turn signal
le coffre	the trunk
les essuie-glaces (*m.*)	the windshield wipers
le frein	the brake
le klaxon	the horn
le levier de vitesse	the gearshift lever
le pare-brise	the windshield
un phare	a headlight
un pneu (crevé)	a (flat) tire
la portière	the car door
le réservoir	the gas tank
les roues (*f.*)	the wheels
une vitre	a car window
le volant	the steering wheel
changer l'huile	to change the oil

consommer de l'essence	to use gas
faire l'équilibrage des pneus	to balance the tires
faire le plein (d'essence)	to fill up (with gas)
vérifier la pression des pneus	to check the tire pressure

Mots apparentés: **la batterie, un liquide, le moteur, le radiateur, une station-service**

La conduite d'une voiture

Driving a car

l'autopartage (*m.*)	car sharing
un cas d'urgence	an emergency
une contravention	a traffic ticket
un permis de conduire	a driver's license
le verglas	black ice (on the road)
(s')arrêter	to stop
brûler le feu rouge	to run a red light
changer de vitesse	to change gears
le covoiturage	carpooling
dépasser les limitations de vitesse	to exceed the speed limit
éviter	to avoid
freiner	to brake
glisser	to slide
marcher	to work, run (*device, machine*)
passer à l'orange	to turn yellow
se précipiter	to run, speed
ralentir	to slow down
rouler (vite, lentement)	to drive (fast, slowly)
suivre (de trop près)	to follow (too closely)
surcharger	to overload

Mots apparentés: **accélérer, changer de direction, un mécanicien, un radiateur**

Se débrouiller en voyage

Getting by during a trip

un appareil photo (numérique)	a (digital) camera
l'argent (*m.*) liquide	cash
un étranger / une étrangère	a stranger, foreigner

Mots apparentés: **une carte de crédit, une carte de débit, une carte SIM, une excursion, un(e) guide**

demander le chemin	to ask for directions
fouiller les bagages	to search luggage
garder l'esprit ouvert	to keep an open mind
payer en liquide	to pay in cash
remercier	to thank
remplir la déclaration de douane	to fill out the customs form
se renseigner	to get information
tomber en panne	to break down
tomber malade	to get sick

Les matières

Materials

l'acier (*m.*)	steel
l'argent (*m.*)	silver
le bois	wood
le cuir	leather
le cuivre	copper
la laine	wool
l'or (*m.*)	gold
la soie	silk
la terre cuite	clay, terra cotta (pottery)
le tissu	cloth
le verre	glass

Mots apparentés: **le coton, le cristal, un diamant, une perle, le plastique, le polyester, la porcelaine, la poterie, un rubis, une turquoise**

Les objets et les vêtements

Objects and clothing

un ballon	a large ball
un bibelot	a trinket
la bijouterie	jewelry
des boucles (*f.*) **d'oreille**	earrings
un caleçon	boxer shorts
une ceinture	a belt
des chaussettes (*f.*)	socks
des ciseaux (*m.*)	scissors
un collier	a necklace
une combinaison	a slip
une culotte	women's underpants
un foulard	a scarf
des gants (*m.*)	gloves
un marché aux puces	a flea market
le matériel électronique	electronic equipment
une pierre (polie)	a (polished) stone
un plateau	a tray, platter
une pointure	a shoe size
un portefeuille	a wallet
un slip	briefs, underpants
des sous-vêtements (*m.*)	underwear
un soutien-gorge	a bra
une taille	a clothing size

Mots apparentés: un bracelet, un chandelier, un parachute, un parfum, un parquet, un pot

Mots et expressions utiles

en solde	on sale
dès l'arrivée	upon arrival
fait(e) à la main	handmade
inoubliable	unforgettable
insolite	unusual, strange
Je suis désolé(e).	I'm sorry.
rien de défendu	nothing illegal
tous les trois mois	every three months
tout d'un coup	all at once
tout de suite	right away
toutes les deux semaines	every other week

Grammaire et exercices

10.1 Expressing obligation: Il faut que + subjunctive

✳ Review **Grammaire 3.4** on **il faut** + infinitive.

Definition: A conjunction connects words, phrases, or sentences: **et, mais,** etc.

➤ All other tenses presented so far (**présent, passé composé, imparfait, futur**) are in the *indicative* mood.

➤ For **nous** and **vous,** subjunctive endings are the same as imperfect endings (**-ions, -iez**).

➤ For subjects other than **nous/vous,** subjunctive endings are the same as indicative present-tense endings of regular **-er** verbs (**-e, -es, -e, ent**).

A. **Il faut** is followed by an infinitive when obligation is stated in a general sense without mentioning a specific person.

> **Il faut faire** de l'exercice pour maigrir.   *One (People) must exercise to lose weight.*

B. If a specific person *is* mentioned, then **il faut** is followed by the conjunction **que** and a conjugated verb. This verb is conjugated in the subjunctive mood.

> **Il faut que tu choisisses** la date de ton départ.   *You must choose your departure date.*

C. To form the present subjunctive of most verbs, add the endings shown in the following chart to the subjunctive stem, which is usually the same as the stem for the **ils/elles** present indicative form.

parler	**finir**	**vendre**
Indicative ils **parl**ent	*Indicative* ils **finiss**ent	*Indicative* ils **vend**ent
Subjunctive que je parl**e** que tu parl**es** qu'il/elle/on parl**e** que nous parl**ions** que vous parl**iez** qu'ils/elles parl**ent**	*Subjunctive* que je finiss**e** que tu finiss**es** qu'il/elle/on finiss**e** que nous finiss**ions** que vous finiss**iez** qu'ils/elles finiss**ent**	*Subjunctive* que je vend**e** que tu vend**es** qu'il/elle/on vend**e** que nous vend**ions** que vous vend**iez** qu'ils/elles vend**ent**

> Il faut que je **parle** à l'agent de voyages.   *I have to talk to the travel agent.*
> Joël, il faut que tu m'**obéisses.**   *Joël, you must obey me.*
> Il faut qu'on **vende** la voiture.   *We need to sell the car.*

Pronunciation Hint

Notice that in the subjunctive, all of a verb's L-forms (forms other than **nous** and **vous**) are pronounced the same. This is true for all verbs.

D. Some verbs that are irregular in the present tense of the indicative mood are conjugated like regular verbs in the subjunctive. Irregular verbs of this type include **conduire, connaître, dire, dormir, écrire, lire, mettre, partir, sentir, servir, sortir,** and **suivre.**

✳ You will learn about irregular subjunctives in **Grammaire 10.2** and **12.1.**

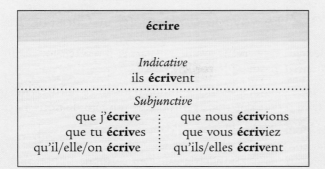

écrire
Indicative
ils **écriv**ent
Subjunctive

que j'**écriv**e	que nous **écriv**ions
que tu **écriv**es	que vous **écriv**iez
qu'il/elle/on **écriv**e	qu'ils/elles **écriv**ent

Il faut qu'on **parte** avant le 1ᵉʳ juin.	*You/We have to leave before the first of June.*

E. The subjunctive is also used after other expressions denoting obligation or necessity, such as **il est nécessaire que.**

Vous êtes fatigué. **Il est nécessaire que** vous vous **reposiez** un peu.	*You're tired. You must rest a little.*

> ⭐ *You will learn about other expressions that require the subjunctive in* ***Grammaire 12.1, 13.3,*** *and* ***14.4.***

Here are some other expressions that require the use of the subjunctive.

il est essentiel que	**il est indispensable que**
il est important que	**il vaut mieux que** (*it's better, best*)

Emmanuel est malade. **Il vaut mieux qu'**il **reste** chez lui.	*Emmanuel is ill. It's best that he stay home.*

F. Note that **il ne faut pas que** always means *must not.* To say that someone *doesn't have to* do something, use **il n'est pas nécessaire que** + the subjunctive.

Il ne faut pas que vous sortiez seul(e) la nuit.	*You musn't go out alone at night.*
Il n'est pas nécessaire que tu dormes dix heures par jour.	*You don't have to sleep ten hours a day.*

> ➤ **il ne faut pas que...** = *must not . . .*

> ➤ **il n'est pas nécessaire que...** = *don't/doesn't have to . . .*

G. The present subjunctive is also used following expressions of necessity in a past tense.

Il a fallu que nous **dormions** dans la voiture.	*We had to sleep in the car.*
Il était nécessaire que j'**apprenne** un peu d'allemand.	*It was necessary for me to learn a little German.*

Exercice 1 Le voyage de Sarah Thomas

Sarah pense à tout ce qu'elle doit faire pour préparer son voyage au Maroc. Faites des phrases en utilisant le subjonctif, d'après le modèle.

MODÈLE: chercher plus de renseignements sur le Maroc →
Il faut que je cherche plus de renseignements sur le Maroc.

1. passer à la banque
2. écrire des instructions pour la voisine
3. visiter un site Web marocain
4. choisir une nouvelle valise
5. lire le guide touristique sur le Maroc
6. finir ma dissertation de français
7. rendre des livres à la bibliothèque
8. organiser mes affaires

Exercice 2 Le voyage de Bernard et Christine Lasalle

À l'aéroport, Bernard est nerveux avant le départ et il répète tout ce que dit Christine. Utilisez le subjonctif et suivez le modèle.

MODÈLE: Nous devrions vérifier le numéro de notre porte d'embarquement. →
Oui, il faut que nous vérifiions le numéro de notre porte.

1. Nous devrions vérifier l'heure du départ.
2. Nous devrions acheter des magazines.
3. Nous ne devrions pas oublier la valise en consigne.*
4. Nous devrions téléphoner aux enfants ce soir.
5. Nous devrions écrire une carte postale à Julien demain.
6. Nous ne devrions pas laisser nos chèques de voyage dans la valise.
7. Nous devrions relire les brochures.
8. Nous devrions nous reposer dans l'avion.

Exercice 3 Pour faire un bon voyage

Pour vous, qu'est-ce qui est important quand vous voyagez? Exprimez votre opinion en utilisant une des expressions: **il (n')est (pas) indispensable / il est essentiel / il est important / il vaut mieux / il ne faut pas que** + le subjonctif.

MODÈLE: partir au moins pour une semaine →
Il vaut mieux que je parte au moins pour une semaine.
(Il n'est pas indispensable que je parte au moins pour une semaine.)

1. connaître des gens du pays
2. lire mon courriel tous les jours
3. bien dormir chaque nuit
4. voyager dans une voiture confortable
5. acheter des beaux souvenirs
6. rapporter beaucoup de belles photos
7. sortir tous les soirs
8. organiser des projets à l'avance
9. obéir aux règles de la route

10.2 More about the subjunctive: Irregular-stem verbs

A. The verb **faire** uses the regular subjunctive endings, but it has an irregular subjunctive stem.

faire	
Subjunctive stem: **fass-**	
que je **fass**e	que nous **fass**ions
que tu **fass**es	que vous **fass**iez
qu'il/elle/on **fass**e	qu'ils/elles **fass**ent

---

*baggage check

B. A few verbs use two stems in the subjunctive: one for the **nous** and **vous** forms and another for all the other forms. When this is the case, the **nous** and **vous** forms are the same as in the indicative imperfect.

aller	
Subjunctive stems: **aill-, all-**	
que j' **aill**e	que nous **all**ions
que tu **aill**es	que vous **all**iez
qu'il/elle/on **aill**e	qu'ils/elles **aill**ent

Pronunciation Hint

The L-forms **(aille-)** are pronounced like the second syllable of **(je) trav*aille*.**

boire	
Subjunctive stems: **boiv-, buv-**	
que je **boiv**e	que nous **buv**ions
que tu **boiv**es	que vous **buv**iez
qu'il/elle/on **boiv**e	qu'ils/elles **boiv**ent

prendre	
Subjunctive stems: **prenn-, pren-**	
que je **prenn**e	que nous **pren**ions
que tu **prenn**es	que vous **pren**iez
qu'il/elle/on **prenn**e	qu'ils/elles **prenn**ent

C. The subjunctive forms of **avoir** and **être** have irregularities in both the stem and the endings.

avoir	
que j'**aie**	que nous **ayons**
que tu **aies**	que vous **ayez**
qu'il/elle/on **ait**	qu'ils/elles **aient**

être	
que je **sois**	que nous **soyons**
que tu **sois**	que vous **soyez**
qu'il/elle/on **soit**	qu'ils/elles **soient**

Pronunciation Hint

avoir: The L-forms and the **ay-** stem are all pronounced like **(j')ai.**
être: The L-forms and the beginning of the **soy-** stem are all pronounced /swa/.

Exercice 4 Parents et enfants

Imaginez des parents typiques et écrivez les conseils qu'ils voudraient donner à leur enfant qui va partir en Europe en voyage organisé.

MODÈLES: manger des repas équilibrés →
Il faut que tu manges des repas équilibrés.

être impoli(e) →
Il ne faut pas que tu sois impoli(e).

1. boire de l'alcool
2. aller dans les quartiers dangereux le soir
3. sortir seul(e)
4. t'endormir à une heure raisonnable
5. faire du bruit à l'hôtel
6. être ponctuel(le)
7. avoir ton passeport sur toi à tout moment
8. nous téléphoner tous les jours
9. prendre tes vitamines

Exercice 5 Conseils au voyageur

Posez des questions et répondez-y. Utilisez le subjonctif.

MODÈLE: dormir ou non, pendant un long voyage en avion? →
Est-ce qu'il vaut mieux que je dorme ou non pendant un long voyage en avion?
Il vaut mieux que vous dormiez. Comme ça, vous n'arriverez pas trop fatigué(e). (Il vaut mieux que vous ne dormiez pas...)

Est-ce qu'il vaut mieux...

1. prendre les billets à l'aéroport ou les télécharger sur Internet?
2. mettre mon passeport dans ma petite valise ou dans ma poche?
3. être à l'aéroport trois heures avant le départ ou non?
4. boire beaucoup ou non, pendant le voyage en avion?
5. utiliser des chèques de voyage ou une carte de crédit?
6. avoir du liquide (de l'argent) pour laisser des pourboires?
7. faire mes valises deux ou trois jours avant ou à la dernière minute?
8. aller prendre des brochures à l'agence de voyages ou visiter des pages Web?

10.3 Verbs for traveling: Conduire and suivre

A. Conduire and **suivre** have similar present-tense forms, especially in the singular. Notice the singular endings: **-s, -s, -t.**

conduire (*to drive*)	
je conduis	nous conduisons
tu conduis	vous conduisez
il/elle/on conduit	ils/elles conduisent
PASSÉ COMPOSÉ: j'ai **conduit**	
IMPARFAIT: je **conduisais**	

suivre *(to follow)*	
je suis	nous suivons
tu suis	vous suivez
il/elle/on suit	ils/elles suivent

PASSÉ COMPOSÉ: j'ai **suivi**
IMPARFAIT: je **suivais**

Raoul **conduit** bien; il ne **suit** jamais les autres voitures de trop près.	*Raoul drives well; he never follows other cars too closely.*
En général, les Français **conduisent** des petites voitures économiques.	*In general, the French drive small economy cars.*

Pronunciation Hint

As usual, final consonants are silent. The **s** of the plural forms of **conduire** is pronounced *z*.

B. Other uses: **suivre un cours; se conduire** *(to behave)*.

En France, on **suit** des cours pour apprendre à conduire.	*In France, people take classes to learn to drive.*
Essaie de bien **te conduire** à l'école, Nathalie.	*Try to behave well at school, Nathalie.*

Like **conduire: produire** *(to produce)*, **reproduire** *(to reproduce)*, **traduire** *(to translate)*.

Like **suivre: poursuivre** *(to pursue, chase)*.

Exercice 6 Façons de conduire

Dites comment conduisent les personnes suivantes.

> MODÈLE: votre frère →
> Mon frère ne conduit pas prudemment. Il respecte rarement le code de la route.

Vocabulaire utile

en général / toujours / ne... pas toujours
(assez) bien / (assez) mal
(trop) lentement / (trop) vite
prudemment / comme un fou (une folle)

1. un jeune homme (une jeune fille) de 18 ans
2. les chauffeurs de taxi
3. votre meilleur ami (meilleure amie)
4. vos copains
5. les personnes âgées
6. les gens de votre ville
7. un agent de police
8. vous

10.4 Double object pronouns

★ Review **Grammaire 4.5** *(direct object pronouns) and* **6.5** *(indirect object pronouns).*

➤ Order of pronouns:

I.O	D.O
me	**le**
te	**la**
se	**les**
nous	
vous	

➤

D.O	I.O
le	**lui**
la	**leur**
les	

★ Review **Grammaire 2.3 D (y)**, **7.3 (en)**, **8.3** *(review of direct and indirect objects), and* **9.1** *(other uses of* **y***).*

A. When two object pronouns occur together, they always follow a fixed order. When the indirect object is **me, te, se, nous,** or **vous,** it always comes first, before the direct object.

Quand je demande mon courrier, l'employé **me le** donne.	*When I ask for my mail, the postal employee gives it to me.*
Vos photos, monsieur? Je peux **vous les** rendre demain.	*Your pictures, sir? I can give them to you tomorrow.*
J'ai l'adresse d'Adrienne. C'est sa maman qui **me l'**a donnée.	*I have Adrienne's address. Her mother gave it to me.*

B. If the indirect object is **lui** or **leur,** it comes last, after **le/la/les.**

Si un étranger demande votre nom, **le lui** donnez-vous?	*If a stranger asks for your name, do you give it to him?*
—Tu as envoyé ta lettre à tes parents, Raoul?	*Did you send your letter to your parents, Raoul?*
—Oui, je **la leur** ai envoyée.	*Yes, I sent it to them.*

C. **Y** and **en** always come last, after any other object pronouns. Except in the phrase **il y en a,** they do not occur together in the same sentence.

Des magazines? Bien sûr, **il y en a** beaucoup.	*Magazines? Of course, there are lots of them.*
De l'argent? Mes parents **m'en** ont envoyé cette semaine.	*Money? My parents sent me some this week.*
Mes bagages sont à la consigne. Je **les y** ai laissés hier.	*My bags are in the luggage check. I left them there yesterday.*

D. Here is a summary of the order of object pronouns in a declarative sentence or a question. *Note:* At most, only two object pronouns can occur together, one direct and one indirect.

OBJECT PRONOUNS				
me (m') te (t') se (s') nous vous	before	le (l') la (l') les	before	lui leur	before	y en	+ verb

Exercice 7 Que faites-vous, d'habitude?

Posez des questions et répondez-y. Utilisez **le (la, les) + lui,** ou **le (la, les) + leur.**

MODÈLE: donner ton adresse à une personne que tu ne connais pas →
Est-ce que tu la lui donnes?
Oui, je la lui donne. (Non, je ne la lui donne pas.)

1. donner ton manteau à un étranger
2. montrer ton passeport à des agents de police
3. laisser tes derniers sous* à un serveur désagréable
4. prêter ta brosse à dents à ta camarade de chambre

Posez des questions et répondez-y, en utilisant **lui en** ou **leur en.**

5. donner des fleurs à une bonne serveuse
6. demander des conseils à un agent de police
7. offrir du vin au barman
8. laisser de l'argent aux employés du bureau de poste

Exercice 8 Votre prof de français et vous

Répondez aux questions. Attention: Il faut choisir le pronom *en* ou *les* pour l'objet direct.

MODÈLE: Est-ce que votre prof de français vous donne beaucoup de devoirs?
Oui, elle/il nous en donne beaucoup. (Non, elle/il ne nous en donne pas beaucoup.)

Votre prof de français,...

1. elle/il vous donne beaucoup d'examens?
2. elle/il vous apporte des journaux?
3. elle/il vous rend les copies† promptement?
4. elle/il vous lit les textes du livre?
5. elle/il vous envoie beaucoup de courriels?

10.5 Expressing extremes: The superlative

A. The superlative of an adjective (*large* → *largest; interesting* → *most interesting*) is formed by adding **le plus/moins, la plus/moins,** or **les plus/moins** to the adjective.

J'aime cette robe. C'est **la plus jolie** et **la moins chère**!

Albert est **le plus grand** étudiant de la classe.

Cette boutique a **les plus beaux** bijoux.

I like that dress. It's the prettiest and the least expensive!

Albert is the tallest student in the class.

This shop has the prettiest jewelry.

★ Review **Grammaire 4.2** on comparisons.

*pennies
†papers (devoirs et examens corrigés)

➤ Adjective: **le/la/les** agrees with noun.
- If adjective precedes noun:
  le plus grand musée
  la moins belle église
  les plus vieux bâtiments
- If adjective follows noun:
  le musée *le moins intéressant*
  l'église *la plus ancienne*
  les trains *les plus rapides*

➤ Adverb: always **le**
  le moins souvent
  le plus lentement

➤ Quantity: always use **le plus/moins de;**
  le plus de chance
  le moins de talent

B. When used in the superlative, adjectives keep their normal position either before or after the noun. Note that when the superlative expression follows the noun, *there will be two definite articles.*

Ce n'est pas **le** chemin **le plus simple.**	*This is not the simplest route.*
Il préfère **la** voiture **la moins économique.**	*He prefers the least economical car.*

C. The irregular comparative forms of the adjectives **bon** and **mauvais** are also used as superlatives.

L'été est **la meilleure** saison pour visiter la Côte d'Ivoire, mais **la pire** pour les tarifs d'avions.	*Summer is the best time to visit the Ivory Coast, but the worst for airfares.*

D. The superlative of an adverb is formed by adding **le plus / le moins** to the adverb:

C'est la cravate que je mets **le moins souvent**.	*This is the tie I wear the least often.*
C'est ma mère qui conduit **le plus lentement** de toute la famille.	*My mother drives the slowest of my whole family.*

E. The superlatives of the adverbs **bien** and **mal** are expressed with **le mieux** and **le plus mal**.

C'est mon père qui conduit **le mieux** de toute la famille.	*My father drives the best of my whole family.*

F. To indicate the extent of a comparison, use **de** + noun.

Ce pays a l'hiver le plus froid **d'**Europe.	*This country has the coldest winters in Europe.*
Ce sont les plus belles plages **du** monde.	*These are the most beautiful beaches in the world.*

G. To compare quantities of things, use **le plus de** and **le moins de. Le** is always used, regardless of noun gender.

J'aime aller au magasin qui a **le plus de** vêtements en laine.	*I like to go to the store that has the most wool garments.*
Quel collier a **le moins de** turquoises?	*Which necklace has the fewest turquoises?*

Exercice 9 Avantages et inconvénients

Complétez ces commentaires avec les superlatifs **le/la/les plus** ou **moins.**

MODÈLE: La vaisselle en porcelaine est _____ luxueuse, mais aussi _____ pratique. →
La vaisselle en porcelaine est *la plus* luxueuse, mais aussi *la moins* pratique.

1. Le coton est le tissu _____ confortable quand il fait chaud.
2. Le polyester est le tissu _____ pratique, mais _____ confortable en été.
3. La laine est le tissu naturel _____ chaud.
4. Les vêtements en soie sont _____ luxueux, mais _____ pratiques.
5. Les portefeuilles en cuir sont _____ beaux et aussi _____ durables.
6. L'or est le métal _____ précieux.

Exercice 10 Connaissez-vous les matières?

MODÈLE: Lequel dure le plus longtemps: le ciment, le papier ou le bois? →
Le ciment dure le plus longtemps.

1. Lequel coûte le moins cher: le cuir, le polyester ou le coton?
2. Lequel se lave le mieux: la laine, le cuir ou le nylon?
3. Lesquels coûtent le plus cher: les perles, les diamants ou les turquoises?
4. Lequel se casse le plus facilement: la porcelaine, l'argent ou le bois?
5. Lequel s'utilise le moins dans les vêtements pour enfants: le coton, le cuir ou la laine?

Exercice 11 Pays francophones

Comparez le nombre d'habitants francophones (qui parlent français) dans ces pays en faisant des phrases au superlatif.

MODÈLE: Madagascar 865.000, le Gabon 1,12 millions, le Burkina Faso 695.000 →
Le Gabon a le plus d'habitants francophones. Le Burkina Faso en a le moins.

1. Pays africains: le Mali 885.000, le Sénégal 1,17 millions, le Cameroun 2,95 millions
2. Pays européens: la Belgique 6,84 millions, le Luxembourg 352.800, la Suisse 3,83 millions
3. Régions nord-américaines: la Louisiane 194.314, la Nouvelle-Angleterre 264.631, le Québec 5,9 millions

10.6 Making distinctions: **Lequel** and **celui**

A. The interrogative **lequel?** (*which one?*) is used to ask about a choice among several objects or people. The form used must agree in gender and number with the noun to which it refers.

	SINGULAR	PLURAL
Masculine	**lequel**	**lesquels**
Feminine	**laquelle**	**lesquelles**

Voici plusieurs modèles de manteaux en laine. **Lesquels** voudriez-vous essayer?

Here are several styles of wool coats. Which ones would you like to try on?

—Voici tous nos ordinateurs.
—**Lequel** est le modèle le plus récent?

Here are all our computers. Which one is the latest model?

➤ Demonstrative pronouns point out a previously mentioned person or object.

le vol que nous avons pris → *celui* que nous avons pris

la ceinture en cuir rouge → *celle* en cuir rouge

B. Demonstrative pronouns are used to point out a previously mentioned object or person. They also agree in gender and number with the noun to which they refer.

	SINGULAR	PLURAL
Masculine	**celui**	**ceux**
Feminine	**celle**	**celles**

C. French demonstrative pronouns have several equivalents in English, depending on how they are used.

—Bernard, regarde ces pulls. Lequel préfères-tu?
—**Ceux en laine** sont très beaux.

Bernard, look at these sweaters. Which one do you prefer?
The wool ones are very beautiful.

Je sais que ma montre retarde, mais **celle de Christine** est toujours en avance.

I know that my watch is slow, but Christine's is always fast.

Tu vois ces garçons? **Celui qui porte l'anorak** est le cousin de Barbara.

Do you see those boys? The one wearing the windbreaker is Barbara's cousin.

D. The suffixes **-ci** (*here*) and **-là** (*there*) can be used with demonstrative pronouns to point out the location of things being talked about.

Quelle montre prenez-vous? **Celle-ci** ou **celle-là**?

Which watch are you getting? This one or that one?

—Je ne sais pas quel rasoir choisir.
—**Celui-ci** est bien meilleur.

I don't know which razor to choose.
This one is a lot better.

Exercice 12 Quel cadeau?

Posez des questions et répondez en utilisant les formes de **lequel** et **celui.**

MODÈLE: une robe →
Laquelle de ces robes préfères-tu?
Celle en soie parce que j'aime la couleur.

1. une montre
2. une bague
3. un portefeuille
4. un foulard
5. un vase

a. celui en cuir marron
b. celui en terre cuite
c. celle avec une turquoise
d. celle en or
e. celui en soie

Exercice 13 Préférences

Complétez les questions, puis répondez-y.

> MODÈLE: les livres: Tu préfères *ceux* qui sont sérieux ou *ceux* qui sont amusants?
> Moi, je préfère *ceux* qui sont amusants.

1. les portables (*m.*): Tu préfères _____ qui ont beaucoup de fonctions ou _____ qui sont moins chers?
2. les cartes (*f.*) d'anniversaire: Tu aimes _____ qui ont un message sentimental ou _____ qui sont comiques?
3. les cravates (*f.*): Tu achètes _____ aux couleurs vives ou _____ qui sont plus discrètes?
4. les portefeuilles (*m.*): Tu aimes mieux _____ en cuir ou _____ en plastique?
5. les meubles (*m.*): Tu préfères _____ qui sont confortables ou _____ qui ont beaucoup de style?

Cet homme «branché» profite du bon air dans un jardin public.

Les moyens de communication

Objectifs

Chapitre 11 helps you talk about the Internet, cinema, and broadcast media. You will learn about trends in electronics and the pleasures and pitfalls of the information highway. You will also learn how to say what you would do in certain situations, using the conditional mood.

Mon électronique

✳ Attention! Étudier Grammaire 11.1

Caroline a des contacts fréquents avec sa famille et ses copains au Cameroun. Sans Facebook, ils ne pourraient pas s'envoyer autant de photos et de souvenirs.

Adrienne aime travailler chez elle. Autrement, elle passerait deux heures sur l'autoroute pour aller au bureau.

Julien Leroux adore son portable. Il lui donne accès à Internet, au courriel et au service GPS. De plus, il contient son agenda et son carnet d'adresses.

Sans Internet, Barbara serait obligée d'aller à la fac pour s'inscrire aux cours.

Parfois, Claudine Colin regarde des films en streaming. Autrement, elle aurait à attendre l'arrivée du courrier.

Bernard N'janga est très branché. Toutes ses applications, ses programmes et ses données sont dans le Cloud. Il peut accéder à ses données n'importe où.

Activité 1 Discussion: Le monde sans l'électronique

1. Si l'ordinateur n'existait pas...
   - **a.** l'inscription à la faculté serait plus facile.
   - **b.** nous écririons nos documents à la main.
   - **c.** ?
2. S'il n'y avait pas de portables...
   - **a.** on ne pourrait pas envoyer des textos.
   - **b.** nous verrions moins d'accidents de voiture.
   - **c.** ?
3. Si on n'avait pas inventé le lecteur DVD...
   - **a.** nous irions plus souvent au cinéma.
   - **b.** les gens utiliseraient davantage leur télé.
   - **c.** ?
4. Sans les lecteurs MP3 et les iPod...
   - **a.** on ne pourrait pas télécharger de la musique.
   - **b.** je passerais plus de temps à mes études.
   - **c.** ?
5. Si l'appareil photo numérique n'existait pas...
   - **a.** on ne pourrait pas imprimer ses photos à la maison.
   - **b.** les fraudeurs modifieraient moins de photos.
   - **c.** ?

Allons plus loin! En discussion générale, déterminez l'appareil le plus apprécié dans votre cours. Demandez à votre professeur s'il (si elle) est d'accord avec vous.

Activité 2 Définitions: Se servir de l'ordinateur

1. un appareil qui lit un disque compact à lecteur laser
2. la surface où se forment les images visuelles
3. les messages écrits qu'on envoie par ordinateur
4. les touches qui nous permettent d'écrire à l'ordinateur
5. le signe mobile qui indique la position sur l'écran
6. un instrument qui permet de «cliquer» sur l'écran
7. le logiciel qui nous permet de naviguer sur des sites Web
8. la page où l'internaute «entre» dans un site Web; la «première» page d'un site Web
9. la machine qui imprime des documents ou des images
10. quelqu'un qui utilise un navigateur pour aller sur des sites Web

- **a.** un(e) internaute
- **b.** le navigateur
- **c.** l'écran
- **d.** le lecteur CD
- **e.** le clavier
- **f.** la souris
- **g.** le courriel
- **h.** la page d'accueil
- **i.** l'imprimante
- **j.** le curseur

Ça fait réfléchir

En 2010, un peu plus de 64 % des ménages français déclarent avoir accès à Internet à leur domicile, contre 56 % en 2008.

Les sans-diplômes sont 29,1 % à avoir accès à Internet alors qu'à partir du niveau du Baccalauréat et au-delà, le taux d'équipement dépasse les 87 %.

ultra rapide, ultra fin, ultra lumineux

Samsung Galaxy S II

179€ (4)

soit 229€(4) - 50€ remboursés(5)

»écran tactile 4,3" multipoint Super
AMOLED Plus, appareil photo numérique
8 Mpx, 16 Go de mémoire interne
»Android 2.3, processeur Dual-Core 1.2 Ghz,
3G+, wifi b/g/n, A-GPS

Activité 3 Entretien: L'ordinateur et nous

1. Tu aimes l'ordinateur? Tu t'en sers souvent? Pour quoi faire?
2. Y a-t-il des moments où tu détestes l'ordinateur? Pourquoi?
3. Est-ce que tes parents utilisent l'ordinateur autant que toi? Pour les mêmes raisons?
4. Combien de fois vas-tu sur le Web chaque jour? Tu y prépares des devoirs pour tes cours? Tu participes à des blogs? Sur quels sujets?
5. Tu as une page Facebook? Qu'est-ce que tu y mets? Tu y as découvert des amis?
6. Tu sais installer des logiciels? C'est toi qui t'occupes du maintenance de ton ordinateur?
7. Tu passes plus de temps sur ordinateur ou avec ton portable? Pourquoi?

LA LANGUE EN MOUVEMENT

Le langage SMS

La communication rapide par SMS ou textos est un phénomène aussi populaire chez les jeunes Français que parmi les jeunes Américains. Le langage SMS français présente beaucoup de similitudes avec celui des textos américains, mais il existe aussi des différences dues aux particularités de la langue française. Voici les trois stratégies les plus employées par ce langage:

- L'abréviation et l'acronyme: **tlm** tout le monde, **mdr** mort de rire (= LOL), **bj** bonjour, **cv** ça va, **tj** toujours.
- Écriture phonétique: **bocou** beaucoup, **été** était/étaient, **mwa** moi, **kel** quel(le)(s), **jvé** je vais, **kan** quand, **keske** qu'est-ce que, **jamé** jamais
- Lecture de lettres et de chiffres: **G** j'ai, **L** elle, **C** c'est, **Ct** c'était, **6t** cité, **bi1** bien, **2ri1** de rien, **Gf1** j'ai faim, **jtm** je t'aime, **mr6** merci, **Kdo** cadeau, **GHT** j'ai acheté, **A12C4** à un de ces quatre (= à un de ces jours)
- Combinaison de stratégies: **kLq1** quelqu'un, **XLnt** excellent, **otL** hôtel, **Djené** déjeuner

Bien sûr, puisqu'il n'y a pas de règles établies pour ce langage, il est sujet à beaucoup de variations!

MISE EN PRATIQUE Pouvez-vous déchiffrer cette conversation entre Agnès et Jean-Yves? Slt Agnès cv? m jvb / Mwa ossi. Keskis pass? / Tu veu alé o 6né ce soir? / Dzolé mé j doi resté a la mézon avc ma ptite seur / Té OQP samdi soir? / Non j pouré y alé samdi / Dak. On 1vit Sylvie ossi? / Bonne ID jvé la texté ttsuit / Gnial ApLmwa b1to / Biz

Salut Agnès, ça va? Moi je vais bien. / Moi aussi. Qu'est-ce qui se passe? / Tu veux aller au cinéma ce soir? / Désolée, mais je dois rester à la maison avec ma petite sœur. / Tu es occupée samedi soir? / Non, je pourrais y aller samedi. / D'accord. On invite Sylvie aussi? / Bonne idée. Je vais la texter tout de suite. / Génial. Appelle-moi bientôt. / Bises.

Activité 4 Échanges: Cadeaux de mes rêves

Choisissez des cadeaux pour votre famille, pour vos amis et (pourquoi pas?) pour vous-même. Pour chaque choix, dites les fonctions que vous désirez et pourquoi.

Les noms des personnes
(C'est à vous d'en faire la liste.)

Les cadeaux proposés

un appareil photo numérique
un téléviseur LCD multimédia à
    haute résolution
un ordinateur portable avec clavier tactile
    et pavé numérique
un ensemble multimédia

un système GPS
un baladeur MP3 ou un iPod
un PC de poche
un lecteur MP3

Les fonctions désirées

prendre des photos numériques
recevoir et transmettre des photos
écouter et partager de la musique
télécharger des vidéos
accéder à la télé
accéder au courriel
accéder à Internet
organiser son agenda
jouer aux jeux vidéo

parler directement avec quelqu'un
    sur Internet
un écran LCD couleur
un album photo à écran tactile
des écouteurs ergonomiques
la fonction mains libres
la compatibilité avec Bluetooth
l'apparence légère et élégante
une tablette à écran tactile

Cliquez là!

Vous aimez les technologies électroniques? Cherchez un site qui reflète vos intérêts, en utilisánt les mots clés: *smartphone, portable GPS, baladeur MP3, des apps pour smartphone,* etc. Ensuite, expliquez ce que vous avez trouvé, en donnant le nom et l'adresse du site à la classe.

Activité 5 Entretien: Les technologies électroniques

1. Tu as un (téléphone) portable? Quel modèle? Tu t'en sers beaucoup? Pour faire quoi?
2. Quelles fonctions a ton portable? Tu peux envoyer des textos? Tu l'utilises pour écouter de la musique? pour jouer? Tu peux recevoir et transmettre des photos? Tu peux accéder à ton courriel? Et autre?
3. Tu aimes les jeux? Combien en as-tu? Ils sont dans ton portable ou ailleurs? Quels sont tes jeux préférés? Pourquoi? Tu en achètes souvent? Tu y joues parfois pendant les cours?
4. Combien de textos est-ce que tu envoies chaque jour? À qui? Tu textes en cours? et en conduisant?
5. Tu regardes des films sur ton portable? Quelles sont tes applications préférées?

À propos...
La France high-tech

• Une carte à puce du Crédit Agricole, l'une des principales banques françaises

On pense souvent que la France est surtout un pays de tradition, mais en réalité les Français se passionnent pour les nouvelles technologies et l'innovation. Depuis le milieu du XXᵉ siècle, certaines des inventions les plus remarquables ont été créées dans l'Hexagone. Certaines sont célèbres, comme le TGV, le train à grande vitesse qui détient le record du monde de vitesse sur rail (574 km/h), et qui circule en moyenne à 270 km/h.[1] D'autres inventions extraordinaires ont eu un succès limité, comme par exemple le Concorde. Cet avion de transport supersonique, qui reliait Paris à New York en 3h30, lancé en 1977, a été définitivement abandonné en 2003 car il polluait trop et coûtait trop cher. Le Minitel était un appareil révolutionnaire à sa commercialisation en 1982; il permettait d'avoir accès à de nombreux services d'information, comme les horaires de train ou de cinéma et la météo, et de correspondre instantanément par écrit. L'apparition d'Internet, quinze ans plus tard, l'a rendu définitivement obsolète. Une autre technologie, imaginée en France en 1974, est utilisée quotidiennement par des centaines de millions de personnes: la «carte à puce», équipée d'un microprocesseur, qui sert principalement à payer et à s'identifier. Le «pays aux 400 fromages» est aussi le domaine de centaines d'inventeurs visionnaires!

[1]574 km/h = 357 mph; 270 km/h = 168 mph

On se distrait, on s'informe

✳ Attention! Étudier Grammaire 11.2 et 11.3

Voilà ce que je te racontais! On peut acheter des contes de fées sur DVD.

Les intrigues me fascinent. C'est ce que j'aime le mieux dans les feuilletons.

Parfois, les accros de Facebook retrouvent des trucs intéressants sur leur page!

Ah! La voilà! Sur ce site, tu peux voir la tablette dont je t'ai parlé.

Activité 6 Échanges: Que ferais-tu?

Demandez combien de temps votre partenaire voudrait consacrer aux activités suivantes si on lui donnait un jour de libre supplémentaire chaque semaine.

MODÈLE: É1: Tu regarderais plus la télé?
          É2: Oui, je la regarderais au moins une heure de plus. (Je ne pense pas. Je n'aime pas tellement la télé.)

1. regarder la télé
2. lire des livres
3. lire un journal ou un magazine
4. écouter de la musique ou un livre audio
5. surfer sur le Web
6. télécharger des films
7. aller au cinéma
8. jouer aux jeux vidéo
9. participer à des blogs

a. au moins (une heure)
b. moins de (deux heures)
c. pendant (la matinée)
d. un après-midi
e. toute la journée
f. quelques (minutes)
g. ne... jamais
h. ?

À vous la parole! Maintenant, posez les mêmes questions à votre professeur pour voir si vous avez les mêmes goûts.

MODÈLE: Est-ce que vous regarderiez plus la télé, monsieur (madame)?

Cliquez là!

Trouvez un journal ou un magazine en français à mettre sur la liste de vos sites préférés. Donnez à la classe le nom et l'adresse du site, ainsi que quelques renseignements sur le type d'articles qu'on peut y trouver. Quel genre de personne s'intéresserait à ce site?

Cliquez là!

Vous aimez le cinéma? Présentez une vedette française ou francophone à la classe, accompagnée d'une photo (si possible). Pour vous préparer, utilisez le site Web de l'acteur ou de l'actrice de votre choix.

Activité 7 Discussion: Si je voulais voir un film ce soir

Dites **oui** ou **non**. Si vous n'aimez aucune des possibilités, donnez la réponse qui vous convient.

1. Si je voulais regarder un film ce soir, ...
   a. j'en téléchargerais un sur Internet.
   b. j'irais le voir sur le grand écran.
   c. je louerais un DVD.
2. J'aimerais voir...
   a. un film d'animation.
   b. un film d'épouvante.
   c. une comédie sentimentale.
3. Je m'intéresserais surtout...
   a. à la cinématographie.
   b. aux effets spéciaux.
   c. au talent des acteurs.

• Un grand cinéma à Paris

4. Mon choix de film serait probablement influencé par...
   a. le nom du réalisateur.
   b. les noms des vedettes.
   c. l'avis des critiques.

Allons plus loin! Quel est votre film préféré? Pourquoi aimez-vous ce film? À qui le recommanderiez-vous? Pour quelles raisons?

À propos...
L'amour en texto

Rapides, simples et discrets, les SMS (ou «textos») permettent de communiquer lorsqu'on est pressé ou lorsqu'on ne peut pas parler au téléphone. Ils sont particulièrement appréciés par les jeunes, dont c'est le moyen de communication favori, selon plusieurs études. Dans un récent sondage,[1] 43 % des jeunes ont déclaré préférer les SMS en ce qui concerne la communication avec leur amoureux. En effet, une enquête[2] a permis de constater que de dire «Je t'aime» (ou d'autres mots doux) est beaucoup plus facile par écrit qu'à haute voix.

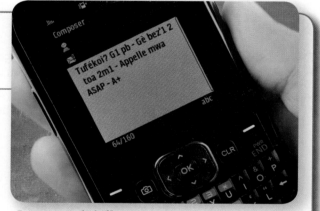
• Pouvez-vous déchiffrer ce texto?

Maintenant que la technologie est présente dans tous les aspects de notre vie, la lettre d'amour traditionnelle ne semble plus vraiment appropriée. La majorité des jeunes interrogés affirme donc envoyer régulièrement des textos amoureux à leur petit(e) ami(e). Cependant, bien que les SMS soient considérés comme l'idéal pour entretenir une relation amoureuse, ce n'est pas le cas pour une rupture. Seule une toute petite minorité (5 %) de jeunes pense qu'on peut mettre un terme à une relation par SMS. Le reste trouve que ce n'est pas acceptable. De plus, on observe un lien[3] intéressant entre les textos et la jalousie: environ 33 % des gens interrogés révèlent avoir déjà regardé le contenu des SMS de leur petit(e) ami(e)!

[1] *survey*
[2] recherche
[3] un... une relation

Activité 8   Sondage: Le petit écran

Y a-t-il des choses qu'on ne devrait pas passer à la télé? Qu'est-ce qui est acceptable? Dites si vous êtes d'accord ou pas en expliquant votre réponse.

1. On devrait éviter les questions trop personnelles dans les interviews.
2. On ne devrait pas rediffuser les épisodes de séries anciennes.
3. On devrait nous montrer les exécutions. Ça fait réfléchir.
4. La violence à la télé est responsable des crimes violents.
5. On devrait éliminer tous les feuilletons. Ils sont si bêtes!
6. Les émissions de télé-réalité nous apprennent beaucoup sur la vie.
7. On ne devrait pas repasser constamment les mêmes informations à chaque fois qu'il y a une catastrophe.
8. On devrait éliminer les pubs politiques. Elles sont pleines de mensonges.

Vocabulaire utile

Je suis d'accord avec toi.
Moi, je trouve que...

C'est ce qui m'inquiète (me fâche).
C'est ce que j'aime (je n'aime pas).

MODÈLE: É1: À mon avis, les pubs à la télé sont des mensonges à but commercial. On devrait les éliminer.

　　　　　É2: Je suis d'accord avec toi. Et pourtant, elles sont très amusantes de temps en temps...

Cliquez là!

Allez sur le site Web d'une chaîne de télévision française. Quelles émissions peut-on regarder sur vidéo? Y a-t-il des émissions 24 heures sur 24? Quels autres renseignements est-ce qu'on trouve sur le site de cette chaîne?

Ça fait réfléchir

La télévision est le premier loisir des Français. Ils passent de l'ordre de 3 heures 39 minutes par jour devant le petit écran.

Les Français sont les premiers lecteurs de magazines dans le monde, avec 1.354 exemplaires vendus pour 1.000 habitants.

Plus de 7 foyers sur 10 en France sont équipés d'au moins un ordinateur et Internet.

Activité 9   Entretien: Les médias

1. Tu aimes la télé? Tu la regardes souvent? Quelles émissions préfères-tu? Lesquelles n'aimes-tu pas? Pourquoi?
2. Est-ce que tu écoutes la radio? Souvent? Où? Qu'est-ce que tu aimes écouter?
3. Tu lis un journal d'habitude? Lequel? Sur papier ou en ligne? Tu aimes les bandes dessinées? les reportages des actualités? les sports?...
4. Tu fais beaucoup d'achats et de ventes en ligne? Sur quels sites? Tu utilises les petites annonces dans le journal? Pourquoi?
5. Tu aimes lire? Qu'est-ce que tu préfères lire? Tu as un lecteur électronique? Est-ce que ça te plaît?
6. Tu aimes la musique? Quels types? Tu en télécharges? Où? Tu partages tes chansons avec tes copains?

Les pièges de l'inforoute

★ Attention! Étudier Grammaire 11.4 et 11.5

Tiens! Des pirates informatiques ont volé les données personnelles de sept millions de clients.

Mesdames, messieurs, surveillez vos enfants! Apprenez-leur à limiter la diffusion de leur adresse électronique.

Ça me tente. Si j'allais sur leur site Web, peut-être que je rencontrerais l'homme de mes rêves.

Sois plus optimiste! Ne crois pas tout ce que tu lis dans le journal.

J'en ai marre de ces chaînes privées et de leurs pubs!

Vous gagneriez plus d'argent si vous étiez diplômé de notre école.

Ça fait réfléchir

À l'heure d'Internet, la presse écrite résiste. L'étude annuelle de l'audience des titres de presse révèle que presque un Français sur deux lit un quotidien chaque jour. Ils sont 17 millions à lire un quotidien régional.

Activité 10   Sondage: La sécurité en ligne

Lisez les règles suivantes et, pour chacune, dites si vous êtes d'accord ou non.
Ensuite, expliquez vos réponses à un(e) autre étudiant(e).

1. Soyez présent(e) pendant que vos enfants surfent sur Internet.
2. Ne donnez jamais vos coordonnées personnelles sur le Web.
3. Utilisez une adresse courriel gratuite pour écrire aux inconnus.
4. Faites régulièrement une sauvegarde de vos fichiers.
5. N'attachez jamais votre photo à un courriel.
6. Soyez certain(e) que votre antivirus est vigilant contre les virus les plus récents.
7. Si vous pensez former une relation sérieuse sur le Web, invitez votre correspondant(e) chez vous aussitôt que possible.
8. Évitez de télécharger des programmes d'origine douteuse.
9. Contactez le serveur si vous n'aimez pas le contenu de certains sites.
10. Utilisez un pseudonyme pour tout ce que vous écrivez en ligne.
11. Les enfants sont curieux; encouragez-les à explorer le Web avec leurs copains.
12. Assurez-vous de l'objectivité d'un site Internet avant d'y faire des recherches.

Activité 11   Discussion: Êtes-vous trop crédule?

Dites **oui** ou **non** et comparez vos réponses avec celles de vos camarades de classe.

1. Si un créancier m'informait qu'il avait reçu une demande de carte de crédit avec mon nom et adresse, mais que je n'avais jamais fait cette demande...
   a. j'accepterais la carte tout de suite.
   b. je demanderais l'avis de mes amis avant de l'accepter.
   c. je me demanderais si j'étais victime d'un vol d'identité et je contacterais la police.
2. Si quelqu'un proposait de me vendre un iPad™* pour 75 €...
   a. je réfléchirais avant de me décider.
   b. je serais inquiet/inquiète mais je le lui achèterais.
   c. je lui demanderais pourquoi il le vend à ce prix ridicule.
3. Si je recevais un courriel qui me demandait une réponse et qui cachait l'adresse de l'expéditeur...
   a. je répondrais à la lettre.
   b. je l'enverrais au système de filtrage anti-SPAM de mon serveur.
   c. je me plaindrais à l'administrateur du serveur.
4. Si on me demandait d'investir de l'argent dans un projet où je pourrais doubler mon investissement en un mois...
   a. je le ferais si je connaissais bien la personne.
   b. je n'investirais pas, même si je connaissais la personne.
   c. je demanderais tous les détails, même si je connaissais la personne.
5. Si quelqu'un qui venait de trouver l'amour de sa vie m'encourageait à visiter le site Web d'Amour Parfait...
   a. je le ferais tout de suite.
   b. ça me tenterait, mais je ne le visiterais probablement pas.
   c. j'aurais peur et je refuserais.

---

*iPad is a trademark of Apple, Inc.

Activité 12 Dans le monde francophone: Les malfaiteurs du Web

Lisez les commandements. Ensuite, identifiez ceux que les internautes suivant(e)s n'ont pas respectés, en expliquant pourquoi.

1. les pirates d'Internet qui volent de l'argent ou de la musique
2. les personnes qui copient les logiciels achetés par leurs amis
3. les saboteurs d'opérations militaires et policières
4. les gens dont l'identité n'est pas ce qu'ils disent sur Internet
5. les pornographes et les contrebandiers
6. les gens qui envoient des courriels transmettant des virus
7. les pirates informatiques qui s'attaquent aux serveurs
8. les entreprises qui implantent des cookies pour garder une trace des visites sur leur site

Cliquez là!

Approfondissez votre connaissance de la Netiquette. Choisissez un sujet qui vous intéresse—le courriel, par exemple—et dites pourquoi ce sujet mérite tant d'attention.

LE NET: TRAITÉ DE SAVOIR-VIVRE ET NETIQUETTE

Adaptation française d'un document d'Arlene Rinaldi par Christine Vercken

LES DIX COMMANDEMENTS du Computer Ethics Institute

1) Tu n'utiliseras point l'ordinateur pour causer un préjudice à autrui.
2) Tu ne t'immisceras point dans le travail informatique d'autrui.
3) Tu ne fouineras point dans les fichiers d'autrui.
4) Tu n'utiliseras point un ordinateur pour voler.
5) Tu n'utiliseras point un ordinateur pour porter un faux témoignage.
6) Tu n'utiliseras ou ne copieras pas un logiciel que tu n'as point payé.
7) Tu n'utiliseras point les ressources d'autrui sans autorisation.
8) Tu ne voleras pas la propriété intellectuelle d'autrui.
9) Tu réfléchiras aux conséquences de ton programme pour l'humanité.
10) Tu n'utiliseras l'ordinateur qu'avec considération et respect pour autrui.

Département Informatique de l'École Nationale Supérieure des Télécommunications

Activité 13   Échanges: Le monde sans publicité

Dites si vous êtes d'accord ou non en donnant vos raisons.

S'il n'y avait pas de pubs...

1. les consommateurs auraient moins de choix.
2. la télé serait moins amusante.
3. il serait plus facile d'aller sur un site Web.
4. nous pourrions regarder nos émissions préférées sans interruption.
5. les gens seraient moins matérialistes.
6. nous ne reconnaîtrions pas les noms des produits.
7. la radio et la télé ne pourraient pas fonctionner.
8. l'économie nationale en souffrirait.
9. nous aurions moins d'informations sur les produits que nous achetons.
10. il y aurait moins d'enfants hyperactifs.

Activité 14   Dans le monde francophone: Un conte de fées, version commerciale

Regardez de très près cette pub des années 2000, et répondez aux questions suivantes. Expliquez vos réponses.

1. Trouvez-vous cette femme séduisante? Pourquoi?
2. Qui voudrait-elle séduire, à votre avis?
3. Le mot *mijoter* a un sens double. Quel(s) sens a-t-il ici?
4. Pourquoi est-ce que la femme fait penser à une sorcière?
5. À qui est-ce que cette pub est destinée, probablement?
6. Diriez-vous que la pub est plutôt féministe ou traditionaliste?
7. Est-ce qu'elle vous rappelle un conte de fées? Laquelle?
8. Quelle est la raison d'être de cette pub? Qui voudrait-elle séduire?

POUR RÉSUMER

À vous de parler

L'âge de l'électronique: hier, aujourd'hui et demain

A. Les innovations des nouvelles technologies ont laissé des changements profonds. Voici quelques descriptions de la vie vers 1980. Pour chacune, dites si on fait encore la même chose. Sinon, expliquez ce qui a remplacé le produit ou l'habitude mentionnés.

1. On cherchait un numéro de téléphone ou une adresse dans l'annuaire téléphonique.
2. La plupart des téléphones étaient à fil, sur une base stationnaire et branchés sur une prise.
3. On écrivait souvent des lettres et on envoyait des cartes de vœux.
4. Les téléphones portables étaient très rares et de très grande taille.
5. D'habitude, les gens se servaient des ordinateurs pour traiter des textes.
6. Il y avait bien moins de chaînes télé. Le câble était presque inexistant.
7. On se téléphonait souvent pour rester en contact avec sa famille et ses amis.
8. Il existait partout des téléphones payants. Même la carte prépayée était rare.
9. ?

Pensez à vos appareils électroniques. Faites une liste des tâches qu'on peut faire aujourd'hui mais qui n'étaient pas possibles en 1980.

B. Maintenant, parlez pour vos grands-parents. Expliquez ce qui leur manque aujourd'hui et qu'ils aimaient utiliser pendant les années 1980, en donnant leurs raisons.

MODÈLE: Ma grand-mère regrette l'annuaire téléphonique. On pouvait retrouver tous les gens qui avaient le téléphone. Si leur numéro n'était pas dans l'annuaire, on pouvait le demander à l'opératrice. Si on était de passage dans une ville, il était possible de retrouver un ami avec qui on avait perdu le contact en consultant l'annuaire. Aujourd'hui, il est difficile de contacter les gens parce qu'ils sont abonnés à beaucoup de services différents. Il n'y a pas d'annuaires pour les portables et on n'est jamais certain de retrouver quelqu'un sur Internet.

À vous de lire
Mon amie Juliette

Mon rêve a toujours été de faire du cinéma, mais comment le réaliser lorsqu'on habite un petit village au fin fond de la France rurale, à des milliers de kilomètres de Hollywood, un village qui semble dater d'un autre siècle?

Et pourtant le miracle s'est produit il y a quelques années: Hollywood est venu à moi! En effet, notre village a été choisi comme décor pour le film *Chocolat*. C'est l'histoire d'une femme (jouée par Juliette Binoche) un peu mystérieuse, qui mène une vie nomade, allant de ville en ville avec sa petite fille. Elle bouleverse[1] l'existence tranquille des habitants en leur faisant découvrir les plaisirs du chocolat. Pour

---
[1]trouble

faire plus authentique, le metteur en scène[2] a décidé d'utiliser comme figurants[3] les vrais habitants—j'allais faire du cinéma!

J'avais imaginé toutes sortes d'aventures... En réalité, le tournage[4] d'un film n'est pas si amusant que ça. Il y a beaucoup de technique et une simple prise[5] de quelques minutes peut demander des heures, ou même des jours de travail. Il faut beaucoup de précision, sans quoi on doit refaire la prise, deux fois, dix fois, vingt fois! Finalement, j'ai trouvé ça assez ennuyeux, surtout que j'espérais côtoyer[6] Juliette Binoche tous les jours, et que je l'ai à peine aperçue[7] une ou deux fois.

● Juliette Binoche dans le film *Chocolat*

Au bout de deux semaines, je commençais à trouver le temps long et, pour m'occuper, je me suis mise à observer les techniciens qui préparaient les décors et les figurines en chocolat que l'on voit dans le film. J'ai remarqué qu'ils jetaient les figurines qui n'étaient pas réussies et je leur ai demandé si je pouvais les avoir. Ils ont accepté et rapidement j'ai pris l'habitude de venir me servir copieusement en chocolat.

Un jour, j'ai ainsi pris et mangé les figurines qu'on avait mises de côté, mais—catastrophe!—c'étaient celles qui étaient destinées au film. Le metteur en scène était furieux, car il a fallu interrompre le tournage pour fabriquer de nouveaux chocolats. J'étais morte de honte[8]! C'est alors que j'ai eu ma plus grande surprise: Juliette Binoche s'est approchée de moi et avec un sourire m'a remerciée devant tout le monde: «Vous savez, nous sommes tous très fatigués; alors, un jour de vacances est le bienvenu!»

Ma carrière cinématographique s'est arrêtée là; au fond, je crois que je n'étais pas faite pour le grand écran[9]... mais je n'oublierai jamais les délicieux chocolats et la gentillesse de «mon amie Juliette».

---

[2]metteur... réalisateur   [3]acteurs qui jouent un tout petit rôle   [4]*shooting*   [5]< prendre (une séquence de film)   [6]être près de   [7]< apercevoir = voir brièvement   [8]*shame*   [9]grand... cinéma

Avez-vous compris?   Répondez aux questions sur le texte.

1. Que veut dire la phrase «Hollywood est venu à moi» dans cette lecture?
2. Est-ce que le tournage d'un film est amusant, d'après la narratrice? Pourquoi?
3. Est-ce que la narratrice a souvent vu Juliette Binoche pendant le tournage?
4. Pour quelle raison est-ce que la narratrice a commencé à observer les techniciens qui préparaient les décors?
5. Pourquoi est-ce que Juliette Binoche a parlé avec la narratrice? Qu'est-ce que Juliette lui a dit?
6. Est-ce que la narratrice a poursuivi une carrière cinématographique?

À vous la parole!   C'est à votre amie Claire que cette histoire est arrivée. Maintenant, vous voulez parler des aventures de Claire avec un(e) camarade de classe. À deux, reconstruisez l'anecdote sous la forme d'une conversation dans laquelle chaque partenaire va être responsable de faire progresser l'histoire jusqu'à ce qu'elle soit entièrement reconstituée.

MODÈLE: É1: Tu te souviens de Claire Fontaine, ma copine qui rêve de faire du cinéma? Eh bien, elle a eu l'occasion de jouer dans un film.
　　　　　　　É2: Ah bon? Quel film?
　　　　　　　É1: *Chocolat!* Tu connais l'histoire?
　　　　　　　É2: Mais oui. C'est l'histoire d'une femme qui fait découvrir les plaisirs du chocolat...

À vous d'écrire

Imaginez votre vie sans électronique. Considérez non seulement la téléphonie, mais toutes les machines et gadgets qui fonctionnent dans la cuisine, dans la voiture... Combien d'appareils n'existeraient pas? Que feriez-vous sans eux? Qu'est-ce qui ne changerait pas? Est-ce que tout serait plus simple et tranquille, même plus intéressant, ou est-ce que vous auriez beaucoup plus de difficultés? Pourquoi?

Vocabulaire utile   un mixeur, un robot (de cuisine), un sèche-cheveux, une télecommande, une télévision à écran plat, une Wii

Vocabulaire

L'ordinateur et le matériel électronique

Computer and electronic equipment

un agenda	a datebook
un appareil	a piece of equipment, appliance
un baladeur MP3	a portable MP3 player
un carnet d'adresses	an address book
un clavier	a keyboard
un écran	a screen
un ensemble multimédia	a multimedia center
des fichiers (m.)	(computer) files
une imprimante	a printer
un lecteur DVD/CD/MP3	a DVD/CD/MP3 player
un pavé numérique	a numeric keypad
un PC de poche	a PDA with Internet access
des photos (f.) numériques	digital photos
un portable	a cell phone; a laptop
une souris	a mouse
touches (f.)	the keys (on a keyboard)
imprimer	to print
installer un logiciel	install a (software) program

Mots apparentés: **l'accès (m.), un code, la compatibilité, le curseur, un disque compact, électronique, une fonction, fonctionner, (se) former, une image visuelle, indiquer, un laser, un LCD, un signe, l'usage (m.)**

Internet et le Web

The Internet and the web

un(e) accro de Facebook	a Facebook addict
une adresse électronique	an e-mail address
le courriel	e-mail
des données (f.)	information, data
l'expéditeur / l'expéditrice	the sender
un(e) internaute	an Internet user
un lien (mort)	a (broken) link
la page d'accueil	home page
un serveur	a service provider
accéder (à)	to access
être abonné(e) à	to be subscribed to
partager	to share

Mots apparentés: **activer, un album photo, cliquer, consulter, contacter, le cyber-espace, le navigateur, naviguer, le service GPS, en streaming, transmettre**

Le cinéma, les médias et la presse imprimée

Movies, the media, and the press

les actualités (f.)	the news
une bande dessinée	a comic strip
une chaîne (de télé)	a TV channel
une comédie sentimentale	a romantic comedy
un conte de fées	a fairy tale
le contenu	contents
des écouteurs (m.)	earphones
les effets (m.) spéciaux	special effects
une émission	a TV or radio program
une émission de télé-réalité	a TV reality show
un feuilleton	a TV series; soap opera
un film d'épouvante	a horror film
les informations (infos) (f.)	the news
l'intrigue (f.)	the plot
le metteur / la metteuse en scène	the (theater, film) director
la mise en scène	the production
les opinions (f.)	editorials
les petites annonces (f.)	classified ads
une publicité (une pub)	an ad, a commercial
le réalisateur / la réalisatrice	the (film, TV) director
un reportage	a report
un téléviseur	a television set
une vedette	a screen star
une vente en ligne	an online sale
rediffuser	to rerun

Mots apparentés: **la cinématographie, un(e) critique, un épisode, fasciner, un film d'animation, inspirer, un magazine, un rôle, une série, le talent, la violence**

L'inforoute: Les pièges et les précautions

The information highway: Pitfalls and safety precautions

une barrière de sécurité	a firewall
un contrebandier / une contrebandière	a smuggler

les coordonnées (*f.*)	contact information
la diffusion	distribution, circulation
un(e) inconnu(e)	a stranger
un(e) pirate informatique	a hacker
le vol d'identité	identity theft
faire la sauvegarde (d'un fichier)	to save (a file)
implanter un cookie	to plant a cookie
se plaindre (de)	to complain (about)
surveiller	to watch over
tenter	to tempt

Mots apparentés: **un antivirus, s'attaquer à, doubler un investissement, les fraudeurs** (*m.*)**, investir, modifier, un(e) pornographe, un pseudonyme, un saboteur / une saboteuse, un système de filtrage anti-SPAM, transmettre un virus**

La description

autant que	just as much as
autrement	otherwise
bête	stupid
branché(e) (*fam.*)	cool, trendy; connected (*technology*)
constamment	constantly
crédule	gullible
davantage	more
diplômé(e)	graduate
léger/légère	light (*weight*)
plutôt	rather
séduisant(e)	appealing

Mots apparentés: **clairement, commercial(e), ergonomique, féministe, hyperactif/hyperactive, matérialiste, violent(e)**

Substantifs

le consommateur / la consommatrice	the consumer
un créancier / une créancière	a creditor
un livre audio	a recorded book
un mensonge	a lie
un sorcier / une sorcière	a sorcerer, witch
un truc (*fam.*)	thing; *pl.* stuff

Mots apparentés: **l'apparence** (*f.*)**, une catastrophe, un(e) collègue, une interruption**

Verbes

apprendre à quelqu'un (à)	to teach someone (to)
consacrer du temps (à)	to devote time (to)
contenir	to contain
coordonner nos affaires	to coordinate our business
écrire à la main	to write by hand
raconter	to tell

Mots et expressions utiles

Ça fait réfléchir.	It makes you think.
Ce qui compte pour moi…	What matters to me…
C'est ce qui m'inquiète.	That's what worries me.
contre	against
depuis notre fauteuil	from our armchair
d'origine douteuse	of doubtful origin
en plus de (ça)	in addition to (that)
grâce à…	thanks to…
Je suis d'accord avec toi.	I agree with you.
J'en ai marre (de…)	I am fed up (with…)
mains libres	handsfree
n'importe où	anywhere

Grammaire et exercices

11.1 Saying what you would do: The conditional

A. You have already used some conditional verb forms, such as **je voudrais, j'aimerais,** and **je devrais.** The conditional is most often used to express the result of some hypothetical situation, that is, what would happen "if something were true." In English, this is expressed by *would* + verb.

B. The conditional is formed in French by using the future stem + the imperfect endings, as shown in the following chart. Remember that the future stem of regular verbs is the same as the infinitive, except for **-re** verbs, which drop the final **-e.**

✳ Review **Grammaire 2.5. D** and **8.4** for special uses of the conditional of **vouloir, aimer,** and **devoir.**

✳ Review **Grammaire 9.5. B** and **C** for the forms of the future stem.

✳ See **Appendix C** for spelling changes in **acheter, appeler,** etc.

➤ The conditional tells what you *would* do in a hypothetical situation.

➤ conditional = future stem + imperfect endings

CONDITIONAL			
	parler	**finir**	**vendre**
je	parler**ais**	finir**ais**	vendr**ais**
tu	parler**ais**	finir**ais**	vendr**ais**
il/elle/on	parler**ait**	finir**ait**	vendr**ait**
nous	parler**ions**	finir**ions**	vendr**ions**
vous	parler**iez**	finir**iez**	vendr**iez**
ils/elles	parler**aient**	finir**aient**	vendr**aient**

Nous **parlerions** plus souvent le français si nous avions des amis francophones.

We would speak French more often if we had some French-speaking friends.

À ta place, je **finirais** mon travail avant de sortir.

If I were you, I'd finish my work before going out.

Cet ordinateur se **vendrait** mieux sous un autre nom.

This computer would sell better under another name.

C. Because the conditional stem is the same as the future stem, any verb that is irregular in the future is also irregular in the conditional.

aller	j'**ir**ais		pouvoir	je **pourr**ais
avoir	j'**aur**ais		recevoir	je **recevr**ais
devoir	je **devr**ais		savoir	je **saur**ais
envoyer	j'**enverr**ais		venir	je **viendr**ais
être	je **ser**ais		voir	je **verr**ais
faire	je **fer**ais		vouloir	je **voudr**ais

Si vous alliez en France cet été, vous **pourriez** rendre visite à nos amis à Strasbourg. Moi, je **viendrais** vous rejoindre en août et on **irait** ensemble à Londres.

If you went to France this summer, you could visit our friends in Strasbourg. I would come join you in August, and we'd go together to London.

➤ The conditional is used to make polite requests.

D. The conditional is also used to make requests without appearing too direct.

Est-ce que vous **pourriez** nous recommander un bon restaurant?

Could you (Would you be able to) recommend a good restaurant?

Auriez-vous l'heure?

Would you have the time? (Could you tell me what time it is?)

Exercice 1 Un monde sans télé

Imaginez la vie sans télévision. Complétez les phrases avec le conditionnel et dites si vous êtes d'accord ou non.

MODÈLE: Moins de couples _____ (divorcer). →
Moins de couples divorceraient. Oui, c'est vrai, parce qu'il n'y aurait pas de football américain à la télé. (Non, ce n'est pas vrai...)

1. Il y _____ (avoir) moins de crimes violents.
2. Je _____ (lire) beaucoup plus.
3. Les Américains _____ (être) en meilleure santé.
4. Nous ne _____ (savoir) pas ce qui se passe dans le monde.
5. On _____ (connaître) moins bien les autres pays du monde.
6. Les candidats _____ (faire) leur campagne de façon plus intelligente.
7. Nous _____ (dormir) plus.
8. Les gens _____ (aller) plus souvent au cinéma.
9. On _____ (acheter) plus de journaux.
10. Les entreprises _____ (dépenser) moins d'argent sur la publicité.

Exercice 2 Par politesse

Sarah Thomas se trouve dans une maison de la presse à Paris, où elle veut demander beaucoup de choses. Reformulez ses phrases en employant le conditionnel pour les rendre plus polies.

MODÈLE: *Avez*-vous de la monnaie? → *Auriez*-vous de la monnaie?

1. *Pouvez*-vous m'indiquer la station de métro la plus proche?
2. Est-ce que vous *avez* l'heure?
3. Je *veux* aussi *Le Nouvel Observateur*.
4. Est-ce que vous *pouvez* me commander ce livre?
5. Quand est-ce que je *dois* revenir le chercher?
6. Est-ce que je *peux* prendre un catalogue?
7. *Savez*-vous où se trouve le Bistro de la Sorbonne?

Exercice 3 Si le monde était idéal,...

Transformez les phrases en employant le conditionnel pour décrire un monde idéal.

MODÈLE: Dans le monde réel, on a besoin de se méfier des* inconnus. →
Dans un monde idéal, on n'aurait pas besoin de se méfier des inconnus.

---

*se... to be suspicious of

Dans le monde réel...

1. on ne peut pas toujours croire ce qu'on vous dit.
2. nous sommes souvent influencés par des messages subtils ou subliminaux.
3. on profite quelquefois de la crédulité des gens.
4. les gens dépensent beaucoup d'argent pour des produits inutiles.
5. le travail occupe une très grande partie de notre vie.
6. il n'y a pas assez d'emplois pour tous ceux qui veulent travailler.
7. mentir est quelquefois utile.

11.2 The relative pronoun **dont**

A. You are already familiar with the relative pronouns **qui, que,** and **où.** Like **qui** and **que,** the relative pronoun **dont** is used for both people and things. **Dont** is used to replace the preposition **de** + a noun.

WITH **DE**	WITH **DONT** (RELATIVE CLAUSE)
J'ai besoin **de** ce magazine.	Je n'ai pas acheté le magazine **dont** j'ai besoin.
I need this magazine.	*I didn't buy the magazine (that) I need.*
Ils parlaient **de** cet homme à la télé.	C'est l'homme **dont** ils parlaient à la télé.
They were talking about this man on TV.	*That's the man (whom) they were talking about on TV.*

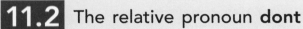 *Review **Grammaire 6.4** for the uses of the relative pronouns **qui, que,** and **où.***

➤ The relative pronoun **dont** replaces **de** + noun: **C'est le livre *dont* j'ai parlé. C'est la personne *dont* j'ai besoin.**

➤ **Dont** can refer to people or things.

B. When used in a possessive construction, **dont** corresponds to English *whose.*

WITH **DE**	WITH **DONT** (RELATIVE CLAUSE)
Je connais le frère **de** cette journaliste.	C'est la journaliste **dont** je connais le frère.
I know that reporter's brother.	*That's the reporter whose brother I know.*
Les émissions **de** cette chaîne sont en anglais.	C'est la seule chaîne **dont** les émissions sont en anglais.
This channel's shows are in English.	*It's the only channel whose shows are in English.*

C. **Dont** is used frequently with verbs or verbal expressions that require **de,** for example: **parler, avoir besoin, avoir envie, avoir peur, se servir, se souvenir.**

L'émission **dont** je me souviens, c'est «La Rue Sésame».	*The program I remember is "Sesame Street."*
L'ordinateur **dont** il se sert est très vieux.	*The computer he uses is very old.*

Exercice 4 À la FNAC

Sarah et Agnès visitent la FNAC, un magasin spécialisé dans les médias. Reformulez leurs phrases (en italique) en employant **dont**.

MODÈLE: *J'ai entendu parler de cet auteur cette semaine.*
C'est l'auteur... →
C'est l'auteur dont j'ai entendu parler cette semaine.

1. *Je parlais de ce magazine l'autre jour.* C'est le magazine...
2. *On discutait de ce livre à la télé.* C'est le livre...
3. *Je connais d'autres films de ce metteur en scène.* C'est un metteur en scène...
4. *J'ai vu tous les films de ce réalisateur.* C'est un réalisateur...
5. *Je ne me souviens jamais de ce titre.* C'est un titre...

11.3 More on relative pronouns: Ce qui, ce que, ce dont

⭐ *Review* **Grammaire 6.4** *and* **11.2.**

A. Ce qui, ce que, and **ce dont** are called indefinite relative pronouns. They are used in the same way as **qui, que,** and **dont,** but they are used when the thing referred to is not specified. They usually correspond to English *what.*

SPECIFIC REFERENCE	UNSPECIFIED REFERENCE
noun + **qui**	**ce + qui**
Les films qui m'intéressent...	Ce qui m'intéresse...
noun + **que**	**ce + que**
Les livres que j'aime...	Ce que j'aime...
noun + **dont**	**ce + dont**
L'ordinateur dont je me sers...	Ce dont je me sers...

Sais-tu **ce qui** s'est passé dans le dernier épisode?	*Do you know what happened in the last episode?*
Je ne vois pas **ce que** tu aimes dans cette émission.	*I don't see what you like about that show.*
Ces reportages sont trop techniques—je ne comprends jamais **ce dont** ils parlent.	*These reports are too technical— I never understand what they're talking about.*

B. Ce qui, ce que, and **ce dont** are often combined with **tout,** meaning *everything.*

—Ça t'ennuie qu'il regarde la télé?	*Does it bother you that he watches TV?*
—Non, mais c'est **tout ce qu'**il veut faire!	*No, but that's all he wants to do!*

C. Indefinite relative pronouns are also frequently used in conversation to introduce a new idea.

Ce qui compte, c'est que le travail lui plaise.	*What counts is that he likes the work.*
Ce que j'aime, c'est voir un vieux film dans une salle de cinéma.	*What I like is to see an old film in a movie theater.*

Exercice 5 Définitions

Complétez chaque définition avec **ce qui** ou **ce que (ce qu')**. Ensuite, choisissez la bonne définition pour chaque type d'émission ou de film.

1. ____ fait parfois pleurer les téléspectateurs
2. ____ donne des frissons* aux adolescents
3. ____ les enfants préfèrent
4. ____ explique quel temps il va faire demain
5. ____ on regarde pour s'informer
6. ____ on cherche si on veut rire
7. ____ fait peur
8. ____ on regarde avant de faire un long voyage en voiture

a. C'est une comédie.
b. C'est un documentaire.
c. Ce sont les feuilletons.
d. Ce sont les dessins animés.
e. C'est le bulletin météorologique.†
f. C'est un film d'épouvante.

Exercice 6 «Sa meilleure amie lui a piqué‡ son mari»

Adrienne parle de l'intrigue de son feuilleton favori avec sa collègue Fatima. Complétez leur conversation en employant **ce qui, ce que (ce qu')** ou **ce dont**.

ADRIENNE: La pauvre Jacqueline! Elle ne sait pas ____[1] elle doit faire. Elle vient d'apprendre que son mari Maurice est parti en vacances avec sa meilleure amie Évelyne.

FATIMA: Et sait-elle ____[2] se passe au bureau avec Annick, la secrétaire?

ADRIENNE: Non, ça, elle ne le sait pas encore. ____[3] l'énerve vraiment, c'est qu'ils ont pris sa voiture quand ils sont partis. Alors Jacqueline va chez sa mère pour lui demander ____[4] elle pense de tout cela. Mais tout ____[5] intéresse sa mère, c'est l'argent. Puisque Maurice est très riche, elle trouve qu'elle devrait rester avec lui.

FATIMA: Et c'est ____[6] elle fait?

ADRIENNE: Pour l'instant, oui. Mais tu sais ____[7] va se passer? Elle va apprendre qu'elle attend un bébé. Et ça, ce n'est pas du tout ____[8] elle avait envie.

FATIMA: Quel drame! Je ne vois vraiment pas pourquoi tu regardes ces bêtises!

11.4 Giving orders: Commands with pronouns

A. Commands (the imperative) are formed by dropping the subject from the verb. They exist for **vous, tu,** and **nous; nous** commands are used for making suggestions.

> Most commands = present-tense forms without the subject

Commandez votre exemplaire aujourd'hui!
Ne **mets** pas la radio maintenant, Joël.
Allons au nouveau cinéma ce soir.

Order your copy today!
Don't turn on the radio now, Joël.
Let's go to the new movie theater tonight.

*shivers, thrills
†bulletin... *weather report*
‡a... *stole*

➤ All -er verbs: the **tu** form drops the final **-s.** Exception: **Vas-y!**

B. For regular **-er** verbs and **aller,** the imperative **tu** form drops the **-s** from the present-tense form.

Victor, n'**allume** pas la télé, s'il te plaît. *Victor, please don't turn on the TV.*
Va allumer l'imprimante, s'il te plaît. *Go turn on the printer, please.*

➤ **Être** and **avoir** imperatives = present subjunctive forms

➤ **Rappel: aie** and **ay-** are pronounced just like **(j')ai.**

C. **Être, avoir,** and **savoir** have irregular command forms.

	être	avoir	savoir
tu	sois	aie	sache
vous	soyez	ayez	sachez
nous	soyons	ayons	sachons

Ne **sois** pas si crédule, Claudine. *Don't be so gullible, Claudine.*
Ayez l'intelligence de bien réfléchir avant d'acheter. *Have enough intelligence to think carefully before buying.*
Sachez que je ne me sers pas de cartes de crédit. *I'll have you know that I don't use credit cards.*

★ *Review* **Grammaire 4.5** *and* **6.5.**

➤ Affirmative commands: verb + object pronoun

D. Object pronouns and reflexive pronouns are placed after the verb in affirmative commands. They are attached to the verb form with a hyphen.

Quelle belle page d'accueil! Regardez-**la**! *What a beautiful home page! Look at it!*
Abonnez-**vous** dès aujourd'hui à ce forum! *Subscribe to this forum today!*

➤ Affirmative commands: **me, te → moi, toi**

Me and **te** become **moi** and **toi** in affirmative commands.

Dépêche-**toi** de finir, Victor! *Hurry up and finish, Victor!*
Écoutez-**moi**, s'il vous plaît. *Listen to me, please.*

➤ Negative commands: **ne** + object pronoun + verb + **pas**

E. In negative commands, object pronouns and reflexive pronouns are placed *before* the verb.

Ne **me** parle pas pendant que je lis le journal. *Don't talk to me while I'm reading the newspaper.*
Ne **te** mets pas en colère contre l'ordinateur! *Don't get angry with the computer!*

★ *Review* **Grammaire 7.3** *and* **9.1.**

F. **Y** and **en** follow the same placement rules as other pronouns.

Vous êtes prêt? Allons-**y**! *Are you ready? Let's go!*
Du papier? Oui, prenons-**en**. *Some paper? Yes, let's get some.*
Encore un virus? N'**en** parlez pas! *Another virus? Don't talk about it!*

Pronunciation Hint

Note obligatory liaison: **Allons-ᶻy, prenons-ᶻen.**

Exercice 7 Les sept commandements du HTML

Voici quelques-uns des «dix commandements» pour construire une page Web. Mettez-les à l'impératif en suivant le modèle.

MODÈLE: Tu n'oublieras pas de tester ta page avec différents navigateurs. →
N'oublie pas de tester ta page avec différents navigateurs.

➤ The imperative **tu** form for all verbs except **-er** verbs and **avoir** ends in **-s.**

1. Tu auras quelque chose à dire sur ta page Web. (Tu informeras et intéresseras le visiteur; tu ne le décevras point!)
2. Tu ne feras pas une liste de listes.
3. Tu te rappelleras que tes visiteurs n'ont pas tous une connexion puissante. (Et tu ne fourniras pas trop d'informations sur la même page.)
4. Tu vérifieras tes liens pour éliminer les liens morts.
5. Tu permettras les commentaires par courriel sur ta page.
6. Tu amélioreras constamment tes connaissances en HTML.
7. Tu seras créatif/créative malgré toutes ces directives.

Exercice 8 Les six commandements de la famille branchée

Voici «Les six commandements du parfait parent pour les petits utilisateurs (d'ordinateurs)». Transformez les conseils à l'impératif en suivant le modèle.

MODÈLE: Je m'assurerai que tous les membres de la famille traitent l'ordinateur comme un objet délicat et cher. →
Assurez-vous que tous les membres de la famille traitent...

1. Je leur montrerai donc comment bien l'utiliser.
2. En cas d'invasion de très jeunes, je bloquerai les fentes de CD/DVD, je rangerai le clavier et je mettrai la souris en cage.
3. Je n'apporterai mon travail à la maison qu'en cas de nécessité absolue.
4. Je m'assiérai souvent avec mes enfants quand ils utiliseront l'ordinateur.
5. Si les enfants sont branchés en ligne, je saurai où ils vont et combien cela va coûter.
6. Je leur donnerai une chaise confortable. J'essaierai aussi de placer l'ordinateur dans un endroit facile d'accès.

Exercice 9 Conseils pour le consommateur en ligne

Voici des conseils sur le commerce électronique. Dites si vous êtes d'accord ou non avec chaque conseil et répétez-le (ou changez-le) avec un pronom.

MODÈLE: Méfiez-vous des pages qui demandent le numéro de votre carte de crédit dès votre arrivée. →
C'est une bonne idée. Méfiez-vous-en. (Ce n'est pas nécessaire. Ne vous en méfiez pas.)

1. Posez des questions avant d'acheter.
2. Vérifiez la sécurité. (Regardez le petit icône [le cadenas] de votre navigateur, qui doit être en position fermée.)
3. Appréciez (évaluez) la qualité du service. (Les achats en ligne doivent être plus faciles et plus agréables que les achats dans les magasins.)
4. Pour les achats à l'étranger qui peuvent attendre, vérifiez le cours des changes.*
5. Groupez vos commandes. (Vous réduirez très sensiblement les frais de port.)
6. Parlez de vos expériences, en particulier des mauvaises, autour de vous et sur le Web.

---

*cours... *exchange rate*

11.5 Talking about hypothetical situations: More on the imperfect

We often talk about what we would do *if* something else were true. The statement "if something were true" describes an unreal or hypothetical situation; this is expressed in French by **si** (*if*) + a verb in the imperfect. **Si** + *imperfect* is often used when a result statement is in the conditional.

Si mes parents **achetaient** un ordinateur, je **pourrais** leur envoyer des courriels.	*If my parents bought a computer, I could send them e-mail.*
Monsieur Vincent, que **feriez**-vous **si** vous **aviez** un million de dollars?	*Mr. Vincent, what would you do if you had a million dollars?*

Exercice 10 Habitudes de consommateur

Un ami parle de ses habitudes quand il fait des achats. Comparez vos habitudes en expliquant ce que vous feriez et en employant des phrases au conditionnel.

MODÈLE: Quand je reçois de l'argent, je le dépense tout de suite. →
Moi aussi, si je recevais de l'argent, je le dépenserais tout de suite.
(Moi non, si je recevais de l'argent, je ne le dépenserais pas tout de suite.)

1. Quand je veux vraiment acheter quelque chose, je suis très impatient(e).
2. Quand je suis déprimé(e), j'ai envie de faire des achats.
3. Quand j'ai envie de faire des achats, je laisse mes cartes de crédit à la maison.
4. Quand je fais beaucoup d'achats, je suis encore plus déprimé(e).
5. Quand j'achète quelque chose de cher, je vais dans tous les magasins pour trouver le meilleur prix.
6. Quand je n'aime pas quelque chose, je le rends au magasin.

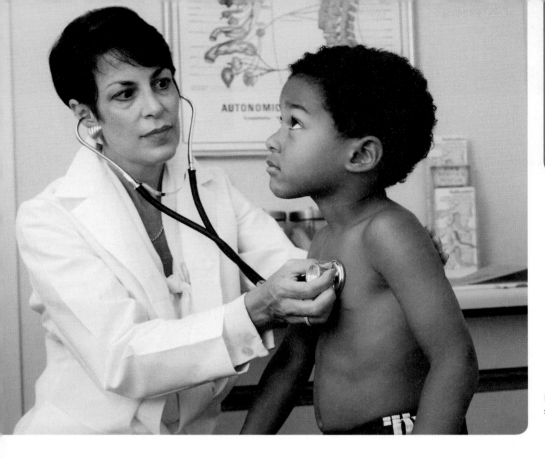

Lyon, France: Un médecin ausculte son jeune patient.

La santé et les urgences

Objectifs

In *Chapitre 12,* you will talk about fitness and staying healthy. You will learn how to describe illnesses and accidents, and more ways to talk about past experiences.

ACTIVITÉS

La santé et le bien-être
Les maladies et les traitements
Les accidents et les urgences

LECTURES

La langue en mouvement
Le latin: Lien entre le français et l'anglais
À propos...   Vivre bien, vivre bio
Les Francophones sur le vif   Anne-Claire Allard
À propos...   Le vaudou
À vous de lire   Le Malade imaginaire

GRAMMAIRE

12.1 Saying what you want others to do: More on the subjunctive
12.2 Changes of state: **Passé composé** vs. imperfect
12.3 The present participle
12.4 Expressing events in the recent past: **Venir de** + infinitive
12.5 Narrating in the past tense: **Passé composé** vs. imperfect

La santé et le bien-être

✳ Attention! Étudier Grammaire 12.1

Je voudrais que vous mangiez plus de fruits et de légumes.

Mon entraîneur exige que je fasse de l'exercice tous les jours.

Les médecins recommandent que nous ne consommions pas trop d'alcool.

Je suggère que vous vous détendiez tous les jours.

Il vaut mieux que vous ne maigrissiez pas trop.

Les dentistes préfèrent que leurs clients aient un peu de courage!

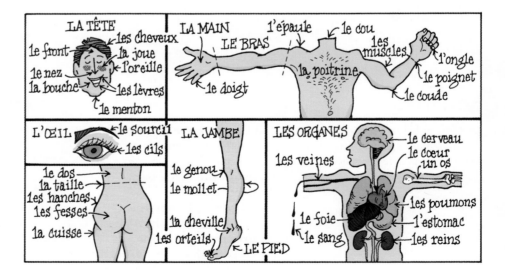

LA TÊTE — les cheveux, le front, la joue, le nez, l'oreille, la bouche, les lèvres, le menton

LA MAIN / LE BRAS — l'épaule, le cou, les muscles, la poitrine, le doigt, l'ongle, le poignet, le coude

L'ŒIL — le sourcil, les cils

le dos, la taille, les hanches, les fesses, la cuisse

LA JAMBE — le genou, le mollet, la cheville, les orteils, LE PIED

LES ORGANES — le cerveau, le cœur, un os, les veines, les poumons, l'estomac, le foie, le sang, les reins

Activité 1 Interros: Les parties du corps

A. Regardez les dessins et dites quelles parties du corps on utilise pour faire les activités suivantes.

1. jouer au tennis
2. jouer aux échecs
3. dormir
4. conduire une voiture
5. faire de l'escalade
6. danser
7. respirer
8. digérer un repas
9. passer un examen
10. ?

B. Dites comment s'appellent ces parties du corps.

1. la masse nerveuse contenue dans le crâne
2. les organes de la respiration
3. les poils fins qui protègent l'œil
4. le liquide rouge qui circule dans les veines et les artères
5. l'articulation principale de la jambe
6. l'organe central du système de circulation
7. ?

LA LANGUE EN MOUVEMENT

Le latin: Lien entre le français et l'anglais

Le latin constitue un lien utile entre l'anglais et le français parce que les deux langues ont beaucoup utilisé le latin comme source de mots savants[1] et techniques. Puisque le latin était, dans l'Europe du Moyen Âge, la langue des sciences et de toutes les connaissances, il était normal que les érudits se tournent vers cette langue quand il leur manquait des mots dans leur propre langue. Ce recours à la langue latine a continué en anglais et en français jusqu'à l'époque présente. Prenons, par exemple, les adjectifs *pulmonary* et *pulmonaire,* dont l'origine commune est évidente. Comme le nom *poumon,* ces deux adjectifs viennent du latin *pulmo = lung* (mot d'origine germanique). Grâce à ces liens de parenté, vous pourrez souvent comprendre un nouveau mot français en pensant à un mot anglais d'origine latine qui a une forme semblable.

MISE EN PRATIQUE Quels sont les mots apparentés dans ces deux listes?
Mots français: (1) doigt (2) pied (3) dos (4) cerveau (5) vertige (6) os
Mots anglais: (a) cerebral (b) dorsal (c) pedicure (d) osteoporosis (e) digit (f) vertigo.

_____

[1]érudits

Activité 2 Discussion: La santé

Quelles recommandations vous semblent les plus logiques? Pourquoi?

1. Qu'est-ce que le médecin nous dit si nous voulons perdre du poids?
   a. Je veux que vous évitiez les matières grasses.
   b. Je suggère que vous fassiez deux heures de gym chaque jour.
   c. Je propose que vous preniez des pilules.

2. Que dit un médecin à ceux qui voudraient améliorer leur mémoire?
   a. Il faut que vous suiviez un régime équilibré.
   b. Je voudrais que vous fassiez des casse-têtes.
   c. Il vaut mieux que vous ne fassiez pas beaucoup d'exercice.
3. Que recommande l'entraîneur à son équipe de tennis?
   a. J'aimerais que vous dormiez huit heures par nuit.
   b. Je voudrais que vous mangiez une nourriture riche en sucres.
   c. J'exige que vous buviez un verre de vin rouge tous les jours.
4. Que propose la conseillère à l'étudiant stressé?
   a. Il vaut mieux que vous vous couchiez à la même heure tous les soirs.
   b. Je suggère que vous n'étudiiez pas trop.
   c. J'aimerais que vous appreniez des techniques pour vous détendre.

Activité 3 Discussion: C'est bon pour la santé?

Est-ce que ces activités nous aident à rester en forme ou pas? Pourquoi?

1. faire la sieste l'après-midi
2. choisir des boissons sans sucre
3. se doucher à l'eau froide le matin
4. manger de la viande
5. se faire bronzer au soleil
6. prendre un somnifère le soir
7. se promener tous les jours
8. éviter la malbouffe
9. boire du vin au dîner
10. dormir huit heures par nuit
11. soulever des poids
12. consommer des boissons énergisantes

Activité 4 Enquête: Êtes-vous facile à vivre?

Répondez aux questions suivantes, puis calculez vos points pour savoir comment les autres vous perçoivent.

• Je m'énerve quand je perds mes affaires.	**oui**	**non**	**parfois**
• Je me mets en colère quand on me contredit.	**oui**	**non**	**parfois**
• Je me fâche si le téléphone sonne pendant que je suis sous la douche.	**oui**	**non**	**parfois**
• Je m'impatiente aux feux rouges.	**oui**	**non**	**parfois**
• Ça m'irrite d'être obligé(e) d'attendre quelqu'un.	**oui**	**non**	**parfois**
• Je m'inquiète avant un examen.	**oui**	**non**	**parfois**

Valeurs: oui = 2 points, **parfois** = 1 point, **non** = 0 points

De 8 à 12 points: Il faut que vous vous détendiez. La tension est mauvaise pour la santé.

De 6 à 10 points: Vous avez un tempérament assez équilibré.

De 0 à 4 points: Vous êtes une personne très calme et équilibrée.

Activité 5 Dans le monde francophone: Marchez, nagez, roulez...

MARCHEZ, NAGEZ, ROULEZ...

La sédentarité, le travail de bureau sont les pires ennemis de votre forme. Même si vous ne pouvez pratiquer un sport régulièrement, vous pouvez au moins marcher. Prenez l'habitude de descendre à la station précédente, ne vous garez pas juste devant chez vous, montez vos étages à pied (c'est bon pour les chevilles), accroupissez-vous pour ramasser quelque chose (c'est bon pour les cuisses), respirez plusieurs fois par jour très profondément pour oxygéner tout votre corps.
Et le week-end essayez d'aller à la piscine avec les enfants ou faites un peu de bicyclette: vous vous sentirez tellement mieux après.

LE GUIDE PRATIQUE DE VOTRE LIGNE

MAIGRIR EN FORME

Substr 500

Corrigez les phrases incorrectes.

L'auteur de ce guide pratique recommande que...

1. nous garions notre voiture tout près de chez nous.
2. nous nous accroupissions quand nous ramassons des objets.
3. nous prenions l'escalier au lieu de l'ascenseur.
4. nous courions si nous ne pouvons pas pratiquer un sport régulièrement.
5. nous respirions profondément plusieurs fois par jour.
6. nous menions une vie sédentaire.

Allons plus loin! Faites-vous assez d'exercice tous les jours? Est-ce que vous suivez les conseils offerts par ce guide? Quelles autres formes d'exercice faites-vous chaque semaine?

Ça fait réfléchir

- Plus de 80 % des Français disent pratiquer au moins une activité pour rester en forme.
- Il semble y avoir un rapport entre la consommation de tabac et la tendance politique. On fume plus lorsqu'on est de gauche que de droite, et beaucoup plus si l'on se situe à l'extrême gauche ou à l'extrême droite.
- Le tabac reste la première cause de mortalité évitable en France. Soixante-six mille (66.000) morts par an sont liées au tabac en France (5 millions dans le monde).

Activité 6   Entretien: Pour rester en forme

1. Combien d'heures est-ce que tu dors la nuit, d'habitude? Tu fais parfois la sieste?
2. Qu'est-ce que tu fais pour combattre le stress? Quand est-ce que tu te sens le plus stressé(e)? Pendant les examens?
3. Pour toi, est-ce que manger est plus un plaisir ou une nécessité? Tu manges sainement, d'habitude? Où manges-tu? Pourquoi?
4. Tu fumes de temps en temps? Est-ce que tu fumais quand tu étais plus jeune? À ton avis, est-ce qu'on devrait interdire de fumer dans tous les endroits publics? Dans lesquels?
5. Qu'est-ce que tu aimes faire pour te remonter le moral quand tu te sens triste ou déprimé(e)? Tu te fâches facilement? Que fais-tu pour rester calme?

● La randonnée, c'est bon pour la forme.

Les maladies et les traitements

✳ Attention! Étudier Grammaire 12.2 et 12.3

Il se mouche.

un rhume

la toux

Il a mal
à la gorge.

la fièvre

la grippe

Il a mal
au ventre.

des médicaments

du sirop

de la pommade

des comprimés

des gélules

des gouttes

Aïe! Non, merci! Les fleurs me rendent malade!

le nez bouché

une allergie

À propos...
Vivre bien, vivre bio

Après avoir pris le goût du sport, les Français du début du XXIe siècle ont celui des produits naturels. Pas les produits allégés[1] qui faisaient fureur[2] dans les années 80 (à l'époque de l'aérobic et du jogging), mais les produits authentiques. La nourriture bio (légumes, volailles, fromages—même le vin!) envahit[3] les supermarchés et les restaurants, particulièrement depuis que les problèmes de la «vache folle» et du maïs trans-génique[4] ont renforcé le sentiment que la qualité des produits de base était essentielle. Les succès politiques du parti écolo-giste (les Verts) et les manifestations contre la globalisation à Seattle en 1999 ont accentué cette tendance. L'ennemi désigné est devenu le fast-food et la «malbouffe». Au contraire, les produits naturels, bio et «du terroir» (régionaux) ont la cote.[5]

[1] avec moins de matières grasses
[2] faisaient... avaient beaucoup de succès
[3] < invasion
[4] génétiquement modifié
[5] ont... sont populaires

Cliquez là!

Comment se soigner si on a la grippe ou un rhume? Quelles précautions doit-on prendre pour éviter ces maladies? Consultez des médecins en ligne pour obtenir des réponses à vos questions médicales.

Activité 7 Associations: Les maladies et les symptômes

Identifiez les symptômes de ces maladies.

MODÈLE: la rougeole →
On a des rougeurs et une température élevée. Parfois, on a mal à la gorge et on tousse.

Vocabulaire utile

le nez bouché	des rougeurs	des vertiges	éternuer
de la fièvre	des vomissements	un gonflement	avoir mal
des douleurs	une toux	des frissons	(partout)

1. un rhume
2. une grippe intestinale
3. une entorse
4. une tendinite
5. l'appendicite
6. une piqûre de guêpe

Activité 8 Discussion: Les remèdes

Identifiez le meilleur remède dans chaque situation. Si vous n'êtes pas d'accord avec les suggestions, proposez-en d'autres à leur place.

1. On peut arrêter une toux persistante...
   a. en prenant des somnifères.
   b. en prenant du sirop.
2. On peut se déboucher le nez...
   a. en prenant des comprimés.
   b. en y mettant des gouttes.
3. On guérit la grippe intestinale...
   a. en prenant des antibiotiques.
   b. en se reposant et en attendant que ça passe.
4. Les insomniaques peuvent mieux dormir...
   a. en buvant du lait chaud avant de se coucher.
   b. en regardant la télé avant d'aller au lit.
5. On peut guérir un mal de tête...
   a. en se mettant du vinaigre sur les tempes.
   b. en prenant de l'aspirine.
6. On peut soulager des muscles endoloris...
   a. en les frottant avec de l'alcool.
   b. en les massant avec une pommade chauffante.
7. On peut soigner une tendinite au poignet...
   a. en faisant des exercices pour étirer le tendon.
   b. en buvant des tisanes.
8. On guérit une foulure à la cheville...
   a. en prenant de la vitamine D.
   b. en y mettant de la glace.

LES FRANCOPHONES SUR LE VIF

Anne-Claire Allard, pharmacienne à Marseille

J'ai eu mon diplôme il y a quinze ans et je suis propriétaire de cette pharmacie depuis deux ans, associée avec un autre pharmacien. En France, les pharmacies sont indépendantes, et donc on en est propriétaire.

Le travail d'un pharmacien est essentiellement de délivrer des médicaments et de vérifier la prescription ordonnée par le médecin. On surveille les médicaments, les interactions, les posologies,[1] et on explique aux clients comment ils doivent le prendre, à quel moment de la journée. On a aussi un rôle de conseil: Les patients peuvent venir nous voir directement sans aller voir le médecin, et on leur donne des conseils plutôt simples. Si ça dépasse[2] nos compétences, on les envoie chez le médecin.

C'est un quartier très populaire, ici, à Marseille, et la pharmacie reste un commerce de proximité; donc les clients viennent assez régulièrement—une ou deux fois par mois, pour leur ordonnance, mais aussi pour des petites choses de tous les jours. Donc ils sont souvent là, et on a des liens assez privilégiés avec nos clients. Ils sont très reconnaissants quand on leur donne des conseils. C'est très rassurant pour eux.

[1]doses suggérées   [2]surpasse

Activité 9   Sondage: Savez-vous vous soigner?

Dites **oui** ou **non.** Ensuite, discutez de vos réponses avec d'autres étudiant(e)s pour savoir si vous avez raison.

1. Si un médicament est bon pour vous, il est bon pour votre ami(e).
2. Pour avoir un bon diagnostic, il faut consulter un second médecin.
3. On se soigne en pratiquant une activité physique.
4. Il faut arrêter de prendre un antibiotique dès qu'on se sent mieux.
5. Il ne faut pas ennuyer le médecin en lui racontant tous vos symptômes.
6. On doit prendre un médicament sur un estomac vide.
7. On peut faire tomber la fièvre en prenant de l'aspirine.
8. La gymnastique d'entretien aide à rester en forme.
9. Les vaccins sont dangereux. Il vaut mieux prendre des pilules.
10. On peut éviter les rhumes en se lavant fréquemment les mains.

Activité 10   Échanges: Quand je ne vais pas bien

Avec un(e) partenaire, discutez de ce que vous préférez faire quand vous avez les maladies ou les problèmes suivants.

MODÈLE: É1: Quand j'ai un rhume, je prends de la vitamine C.
        É2: Quelle superstition! Moi, je nourris les rhumes. Je mange beaucoup quand j'ai un rhume.
        É1: Tu parles de superstition! Ça, c'est...

1. Quand je tousse beaucoup, je...
2. Si j'ai mal à la tête...
3. Contre une éruption de boutons...
4. Si j'ai mal au cœur...
5. Quand j'ai mal à la gorge...
6. Quand je suis trop fatigué(e)...
7. Les nuits où j'ai de l'insomnie...
8. Quand je suis trop stressé(e)...
9. Pour la grippe, je préfère...
10. Quand j'ai les sinus bouchés...

Activité 11   Entretien: Une maladie d'enfance

Utilisez les questions suivantes comme guides pour décrire une maladie que vous avez eue quand vous étiez enfant.

1. **La maladie:** Quelle maladie as-tu eue? Quand? Qu'est-ce qui t'a rendu(e) malade?
2. **Les symptômes:** Quels symptômes avais-tu? Comment te sentais-tu?
3. **Les soins médicaux:** Es-tu allé(e) chez le médecin? Est-ce qu'il/elle t'a fait une ordonnance? Tu as pris le médicament? Comment était-il?
4. **Les soins chez toi:** Qui t'a soigné(e) pendant cette maladie? Es-tu resté(e) au lit?
5. **La durée de la maladie:** Tu as été malade pendant combien de temps? Qu'est-ce que tu as fait pendant cette période?

Ça fait réfléchir

- Il y a environ 5.000 centenaires en France. Plus de la moitié de ces personnes d'âge vénérable sont en bonne santé.
- L'espérance de vie moyenne des Français augmente d'environ 100 jours chaque année.
- Les démographes prédisent que la moitié des filles qui naissent en France aujourd'hui deviendront centenaires.

Activité 12   Situations: Chez le docteur

Vous ne vous sentez pas bien et vous allez consulter le médecin. Avec votre partenaire, jouez les rôles du médecin et du malade. Le médecin aura besoin de faire un diagnostic et de prescrire un traitement.

MÉDECIN: Comment allez-vous aujourd'hui?
VOUS: Je ne me sens pas très bien, docteur. J'ai...
MÉDECIN: Et depuis quand est-ce que vous... ?
VOUS: Depuis...
MÉDECIN: Eh bien, je pense que vous avez... Il faut que vous... et vous avez besoin de...
VOUS: Et quand est-ce que je pourrai... ?
MÉDECIN: ...

À propos...
Le vaudou

• Des pratiquants du vaudou aux Antilles

Souvent caricaturé au cinéma ou dans la littérature, le vaudou est une véritable religion, mais aussi une forme de médecine. Elle a ses origines en Afrique de l'ouest, chez le peuple Yoruba, au royaume de Dahomey.[1] Importée en Amérique au XVIIe siècle par les esclaves noirs, elle y a subi l'influence du catholicisme. De nos jours, on estime que 60 millions de personnes pratiquent une des variantes du vaudou dans la région des Caraïbes et des Antilles. Le vaudou considère que nous sommes entourés d'esprits, comme ceux de la mer (*Agwe*), des forêts (*Erinle*), des eaux (*Yemanja*) ou des tempêtes (le célèbre *Shango*). On adore aussi des hommes et des femmes exceptionnels transformés en esprit après leur mort, les *loa*. L'image populaire du vaudou—rituels bizarres, poupées maléfiques,[2] zombies (cadavres ressuscités par un sorcier[3])—résulte de déformations et d'exagérations, principalement dans les films d'horreur. Aujourd'hui, l'Organisation mondiale de la santé (OMS) reconnaît le vaudou comme une forme de «médecine traditionnelle», qui utilise des plantes, des parties d'animaux et de minéraux mais aussi des techniques manuelles et des thérapies spirituelles pour traiter les maladies physiques et mentales.

[1] royaume < roi; actuellement le Togo, le Bénin et le Nigéria
[2] diaboliques
[3] magicien

Les accidents et les urgences

✳ Attention! Étudier Grammaire 12.4 et 12.5

Qu'est-ce qui s'est passé?

Activité 13   Discussion: Au service des urgences

Lesquelles de ces victimes ont probablement reçu les soins indiqués? Pourquoi?

1. Qui a été opéré d'urgence?
   a. un homme qui vient d'avoir une crise cardiaque
   b. une femme qui vient de se fouler la cheville
2. Qui a dû se faire faire une piqûre?
   a. un campeur qui vient de se couper à la main
   b. une fille qui vient d'être mordue par un chien
3. Qui est sorti de l'hôpital avec des béquilles?
   a. un petit garçon qui vient de tomber d'un arbre
   b. un homme qui vient de souffrir d'une réaction allergique
4. À qui a-t-on mis un pansement?
   a. à un coureur souffrant d'une tendinite
   b. à quelqu'un qui vient de se brûler la main
5. Qui a dû passer la nuit à l'hôpital?
   a. quelqu'un qui vient de se casser le poignet
   b. un pompier qui a inhalé trop de fumée

Activité 14   Récits: Voilà ce qui s'est passé.

Voici des accidents qui sont arrivés à quelques personnages de ce livre. Expliquez tout ce qui se passait avant et au moment de leur accident, puis dites ce qui s'est probablement passé à la fin.

MODÈLE: Claudine s'est cassé le bras. Elle descendait l'escalier avec une collègue. C'était une journée normale. Elles parlaient et elles ne faisaient pas très attention. Tout à coup, Claudine a fait un faux pas et... Finalement, elle a dû téléphoner à Victor pour qu'il vienne la chercher.

1. Jean-Yves a avalé une arête. Il...
2. Joël a eu un accident de vélo. Il...
3. Charles s'est cassé la jambe. Il...
4. Agnès s'est évanouie pendant une manifestation. Elle...
5. Emmanuel s'est foulé la cheville. Il...

4.

5.

Emmanuel

À vous la parole!

Demandez à votre partenaire de vous décrire un accident qu'il (qu'elle) a eu et de vous expliquer la cause de cet accident. Ensuite, changez de partenaire et décrivez-lui ce même incident.

Activité 15 Échanges: Accidents

Connaissez-vous quelqu'un (peut-être vous-même) qui a eu un accident? Qu'est-ce qui s'est passé? Décrivez les circonstances en utilisant les suggestions suivantes.

Vocabulaire utile glisser, tomber, se heurter contre, se couper, se casser le bras, laisser tomber, renverser

1. à la maison
2. à l'université
3. pendant des vacances
4. à l'école primaire
5. dans la rue
6. dans une salle de gym

Activité 16 Récit: Une mauvaise expérience

Dites quels événements ont eu lieu et ce qui se passait à chaque fois.

MODÈLE: (Numéro un.) Francis est sorti de la maison. Il faisait beau...

Vocabulaire utile une civière, être étendu(e) par terre, une échelle, être sans connaissance, des béquilles, peindre

POUR RÉSUMER

À vous de parler

Comment soigner les petits ennuis

A. Voici des remèdes proposés par des particuliers sur un site Web au sujet des ennuis de santé pas graves. Pour chaque affection, lisez le remède proposé. Ensuite, ajoutez le remède dont on se sert dans votre famille.

AFFECTION	REMÈDE	REMÈDE PRÉFÉRÉ DE MA FAMILLE
mal à la gorge	l'application d'un produit analgésique et antiseptique	
le nez bouché	respirer la vapeur d'un baume au camphre dans de l'eau bouillante	
une toux	une infusion d'eau chaude avec du miel et du citron	
mal au dos	un médicament antidouleur comme le paracétamol et du repos	
un mal de dent	l'application de chaleur et d'un clou de girofle directement sur la dent	
la grippe	la prise d'un médicament antidouleur et un grog avec du citron, du rhum (un peu!) et du miel dans de l'eau bouillante	
les sinus bloqués	l'application de chaleur humide sur la partie affectée	

B. Maintenant, parlez de vos remèdes préférés avec un(e) camarade de classe.

MODÈLE: É1: Que fait ta famille contre un rhume?
É2: Chez moi, on prend du jus de citron chaud et on dort.
É1: Nous, on mange beaucoup de soupe au poulet.
É2: Tiens! J'aime bien cette idée. J'adore la soupe au poulet.

À vous de lire

Le Malade imaginaire par Molière

L*e Malade imaginaire (1673) est la dernière comédie de Molière, le plus grand auteur dramatique français. Molière jouait le rôle d'Argan, mais il était vraiment malade et il est mort à la fin d'une représentation de cette pièce.*

Dans la pièce, Argan croit qu'il est très malade et consulte de nombreux médecins. Son frère Béralde n'est pas du tout d'accord avec lui. (Acte III, scène 3)

BÉRALDE: Est-il possible que vous serez toujours embéguiné[1] de vos apothicaires[2] et de vos médecins, et que vous vouliez être malade en dépit des[3] gens et en dépit de la nature?

ARGAN: Comment l'entendez-vous mon frère?

---

[1]passionné [2]pharmaciens [3]en... malgré les

● Argan et Béralde discutent de la médecine.

BÉRALDE: J'entends, mon frère, que je ne vois point d'homme qui soit moins malade que vous, et que je ne demanderais point une meilleure constitution que la vôtre. [...] C'est qu'avec tous les soins que vous avez pris, vous n'avez pu parvenir[4] encore à gâter[5] la bonté de votre tempérament, et que vous n'êtes point crevé[6] de toutes les médecines qu'on vous a fait prendre.

ARGAN: Mais savez-vous, mon frère, que c'est cela qui me conserve, et que Monsieur Purgon dit que je succomberais s'il était seulement trois jours sans prendre soin de moi?

BÉRALDE: Si vous n'y prenez garde,[7] il prendra tant de soin de vous qu'il vous enverra en l'autre monde.

ARGAN: Mais raisonnons un peu, mon frère. Vous ne croyez donc point à la médecine? [...] Vous ne tenez pas véritable une chose établie par tout le monde, et que tous les siècles ont révérée?

BÉRALDE: Bien loin de la tenir véritable, je la trouve, entre nous, l'une des plus grandes folies qui soit parmi les hommes, et à regarder les choses en philosophe, je ne vois point une plus plaisante momerie,[8] je ne vois rien de plus ridicule qu'un homme qui se veut mêler[9] d'en guérir un autre. [...]

ARGAN: Les médecins ne savent donc rien, à votre compte?

BÉRALDE: Si fait, mon frère. Ils savent [...] parler en beau latin, savent nommer en grec toutes les maladies, les définir et les diviser; mais pour ce qui est de les guérir, c'est ce qu'ils ne savent pas du tout.

---

[4]arriver à   [5]affecter, altérer   [6]mort   [7]Si... Si vous ne faites pas attention   [8]mascarade, spectacle ridicule
[9]qui... qui veut essayer

Avez-vous compris?

A. Pour ou contre les médecins?

Dans chaque cas, dites s'il s'agit de l'opinion de Béralde ou d'Argan.

1. Les pharmaciens et les médecins sont des charlatans.
2. Il y a des gens en bonne santé qui veulent être malades.
3. Si une personne est très malade, il faut qu'elle consulte un médecin.
4. Si on va tout le temps chez le médecin, on se rend malade.
5. Les médecins sont parfois dangereux et il leur arrive de tuer les malades.
6. La médecine est une science respectable qui existe depuis des siècles.
7. Les médecins ne comprennent rien au fonctionnement du corps humain.
8. Les médecins cherchent à mystifier les patients avec des mots grecs et latins.

B. Avez-vous compris ces expressions de la langue du XVIIe siècle?

1. *Comment l'entendez-vous... ?*
    a. Qui vous a dit cela?
    b. Que voulez-vous dire?
    c. De quoi vous méfiez-vous?

2. *Il vous envoiera en l'autre monde.*
    a. Il va vous tuer.
    b. Il va vous envoyer en voyage.
    c. Il va vous ruiner.
    d. Il va vous rendre fou.

3. *à votre compte*
    a. en conclusion
    b. en général
    c. à votre avis
    d. dans votre intérêt

À vous la parole!

Avec un(e) partenaire, jouez le rôle d'un médecin et d'un patient (d'une patiente) qui ne se sent pas bien et qui ne mène pas une vie très saine: il/elle est sédentaire, fume, mange gras... Le médecin essaie de lui expliquer comment changer ses habitudes, mais le patient (la patiente) n'est pas très coopératif/coopérative: il/elle trouve l'exercice fatigant et ennuyeux, adore regarder la télé...

MODÈLE: MÉDECIN: Monsieur (Madame), il faut absolument que vous mangiez moins gras...

             PATIENT(E): Mais docteur, je déteste la salade! J'aime mieux un bon biftek avec des frites...

À vous d'écrire

La lettre que vous venez de recevoir de votre correspondant français contient le paragraphe suivant. Répondez à ses questions sur les Américains et la santé.

...Je viens de lire un autre article consacré aux Américains et à leur santé. Franchement, je n'arrive pas à les comprendre. Pourquoi est-ce qu'ils continuent à utiliser autant leur voiture alors qu'ils cherchent par tous les moyens à faire de l'exercice dans des clubs de gym? Pourquoi est-ce que les gens qui mangent du poisson afin de réduire leur taux de cholestérol vont aussi dans des fast-foods? Tu peux m'expliquer tout ça?

Vocabulaire

Le corps humain

The human body

les articulations (*f.*)	joints
la bouche	mouth
le bras	arm
le cerveau	brain
la cheville	ankle
les cils (*m.*)	eyelashes
le cœur	heart
le cou	neck
le coude	elbow
le crâne	skull
la cuisse	thigh
le doigt	finger
le dos	back
l'épaule (*f.*)	shoulder
les fesses (*f.*)	buttocks
le foie	liver
le front	forehead
le genou	knee
les hanches (*f.*)	hips
la jambe	leg
la joue	cheek
les lèvres (*f.*)	lips
la main	hand
le menton	chin
le mollet	calf
l'œil (*m.; pl.* les yeux)	eye (eyes)
l'ongle (*m.*)	fingernail, toenail
l'oreille (*f.*)	ear
l'orteil (*m.*)	toe
un os	a bone
le pied	foot
le poignet	wrist
un poil	a body hair
la poitrine	chest
les poumons (*m.*)	lungs
les reins (*m.*)	kidneys
le sang	blood
le sourcil	eyebrow
la taille	waist

Mots apparentés: l'artère (*f.*), les sinus (*m.*), le système de circulation, les tempes (*f.*), un tendon, les veines (*f.*)

Les maladies et les accidents

Illnesses and accidents

une blessure	a wound
une cicatrice	a scar
une crise cardiaque	a heart attack
une entorse	a sprain
une foulure	a light sprain
la grippe (intestinale)	(stomach) flu
le mal au cœur	nausea, heartburn
un mal de tête (des maux...)	a headache (headaches)
mordu(e)	bitten
une piqûre	an injection, a shot; a sting
la rougeole	rubella (German measles)
une urgence	an emergency
attraper un rhume	to catch a cold
avaler une arête	to swallow a fish bone
avoir mal à la tête	to have a headache
se blesser	to get injured
se brûler	to get burned
se casser (le bras)	to break (an arm)
se couper	to cut oneself
être renversé(e)	to be knocked over
se fouler la cheville	to sprain an ankle
glisser	to slip, slide
se heurter contre	to hit, bump against
inhaler de la fumée	to inhale smoke
laisser tomber	to drop (*something*)
rendre malade	to make (*someone*) ill
renverser	to knock over
respirer	to breathe
se sentir	to feel
tomber	to fall
blessé(e)	injured; wounded

Mots apparentés: une allergie, une ambulance, l'appendicite (*f.*), la tendinite

Les symptômes et les émotions

Symptoms and emotions

des boutons (*m.*)	pimples, zits
une douleur	a pain
des frissons (*m.*)	chills
un gonflement	swelling
des muscles (*m.*) endoloris	aching muscles

le nez bouché	a stuffy nose
des rougeurs (*f.*)	a rash
une toux	a cough
des vertiges (*m.*)	dizziness

Mots apparentés: **une éruption, de la fièvre, un(e) insomniaque, l'insomnie** (*f.*)**, persistant(e), sédentaire, des vomissements** (*m.*)

avoir mal à la gorge	to have a sore throat
avoir mal au ventre	to have a stomachache
éternuer	to sneeze
être déprimé(e)	to be depressed
être sans connaissance	to be unconscious
s'évanouir	to faint
se mettre en colère	to get angry
souffrir (de)	to suffer (from)
tousser	to cough

Les remèdes, les traitements et les services médicaux

Medications, treatments, and medical services

des béquilles (*f.*)	crutches
une civière	a stretcher
un comprimé	a tablet (*pill*)
un estomac vide	an empty stomach
une gélule	a capsule
des gouttes (*f.*)	drops
la gymnastique d'entretien	fitness exercise
un médicament	a medicine
une ordonnance	a prescription
un pansement	a bandage
une pilule	a pill
une piqûre	a shot
un plâtre	a cast
la pommade (chauffante)	(heat) cream
des soins (*m.*) médicaux	medical care
un somnifère	a sleeping pill
une tisane	an herbal tea

Mots apparentés: **les antibiotiques** (*m.*)**, l'aspirine** (*f.*)**, une clinique, un remède efficace, le sirop, un vaccin, le vinaigre**

se déboucher le nez	to unclog one's nose
défendre	to forbid
digérer (bien)	to digest (well)
emmener à l'hôpital	to take (*someone*) to the hospital
étirer	to stretch

exiger	to require
faire tomber (une fièvre)	to lower (a fever)
faire un diagnostic	to make a diagnosis
frotter	to rub
guérir	to heal; to recover (from)
interdire	to forbid
manger sainement	to eat "healthy"
masser	to massage
se moucher	to blow one's nose
perdre du poids	to lose weight
prendre le pouls à quelqu'un	to take someone's pulse
prescrire un traitement	to prescribe a treatment
remonter le moral à quelqu'un	to cheer someone up
rester en forme	to stay in shape
(se) soigner	to care for (oneself)
soulager	to ease, make feel better
soulever des poids	to lift weights
suivre un régime équilibré	to eat a balanced diet

Mots apparentés: **administrer, nourrir, opérer**

Substantifs

une boisson énergisante	an energy drink
un coureur / une coureuse	a runner
la durée (de)	the duration (of)
une échelle	a ladder
des ennuis (*m.*)	troubles
une guêpe	a wasp
un témoin	a witness

Mots apparentés: **un campeur, une circonstance, la respiration**

Verbes

se bronzer	to tan, sunbathe
se faire bronzer	to get tanned
ennuyer	to bother
fumer	to smoke

Mots apparentés: **circuler, contredire**

Mots et expressions utiles

Aïe!	Ouch! Ow!
Au secours!	Help!
étendu(e) par terre	stretched out on the ground
partout	everywhere

Grammaire et exercices

 12.1 Saying what you want others to do:
More on the subjunctive

A. The verb **vouloir** is used with an infinitive to tell what someone wants to do.

> Je **veux maigrir.**   *I want to lose weight.*

★ Review **Grammaire 2.5** for forms of **vouloir.**

B. To say what someone wants *someone else* to do, you must use **que** + a subject (referring to the other person) + a verb in the subjunctive mood.

> Mon petit ami **veut que j'arrête** de fumer.   *My boyfriend wants me to quit smoking.*
>
> Ma femme **voudrait que je mange** moins de viande.   *My wife would like me to eat less meat.*

★ Review **Grammaire 10.1** and **10.2** for the formation of the present subjunctive.

C. Other verbs taking this same construction include the following:

demander que (*to ask*)	**proposer que**
désirer que	**recommander que**
exiger que (*to require*)	**souhaiter que** (*to want, wish*)
préférer que	**suggérer que**

j'aimerais (tu aimerais, etc.) que

je voudrais (tu voudrais, etc.) que

> Le médecin **recommande que je dorme** plus.   *The doctor recommends that I get more sleep.*
>
> Je **souhaite que tu te sentes** mieux bientôt.   *I hope you'll feel better soon.*

Exception: **espérer** (*to hope*) always takes a verb in the indicative: **J'espère que tu viendras demain.**

D. Here are the subjunctive forms of the verbs **pouvoir, savoir,** and **venir. Pouvoir** and **savoir** have only one subjunctive stem; **venir (devenir, revenir)** has two.

➤ Subjunctive stem of **pouvoir: puiss-**

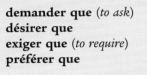

pouvoir (puiss-)	
que je **puiss**e	que nous **puiss**ions
que tu **puiss**es	que vous **puiss**iez
qu'il/elle/on **puiss**e	qu'ils/elles **puiss**ent

➤ Subjunctive stem of
savoir: sach-

savoir (sach-)	
que je **sach**e	que nous **sach**ions
que tu **sach**es	que vous **sach**iez
qu'il/elle/on **sach**e	qu'ils/elles **sach**ent

➤ Subjunctive stems of
venir: ven- and **vienn-**

venir (vienn-, ven-)	
que je **vienn**e	que nous **ven**ions
que tu **vienn**es	que vous **ven**iez
qu'il/elle/on **vienn**e	qu'ils/elles **vienn**ent

Exercice 1 Les désirs des autres

Identifiez la personne qui s'intéresse le plus à votre vie: par exemple, votre mère, votre père, votre petit ami (petite amie). Posez des questions sur les choses que cette personne désire pour vous dans la vie et répondez-y.

MODÈLE: Est-ce que *ton père* voudrait que tu fasses plus d'exercice? →
Oui, *mon père* voudrait que je fasse plus d'exercice. (Non, *mon père* ne voudrait pas que... Ça lui est égal.)

Est-ce que _____ voudrait que...

1. tu fasses plus de sport?
2. tu dormes moins?
3. tu perdes du poids?
4. tu sois plus sérieux/sérieuse dans tes études?
5. tu dépenses moins d'argent?
6. tu deviennes médecin?
7. tu puisses le/la voir plus souvent?

Exercice 2 Qu'en pensez-vous?

Qu'est-ce que votre université devrait faire pour améliorer la qualité de la vie sur le campus? Employez le subjonctif avec une des expressions suivantes: **je désire, je demanderais, j'aimerais, je préférerais, je voudrais.**

MODÈLE: L'université devrait *fournir* gratuitement des vaccins contre la grippe chaque automne. →
Oui, *je voudrais que* l'université *fournisse* gratuitement des vaccins contre la grippe chaque automne. (Non, je ne voudrais pas que...)

1. On devrait enlever toutes les aliments malsains des distributeurs.
2. On devrait servir des plats végétariens dans tous les resto-U.
3. On devrait installer une salle de gym dans chaque résidence.
4. L'université devrait dépenser moins d'argent pour le football américain et plus pour les cours de yoga et de taï-chi.
5. Les cours ne devraient pas commencer avant 9 h du matin.
6. Les examens de fin d'année devraient être mieux espacés.

12.2 Changes of state: **Passé composé** vs. imperfect

A. As you know, the imperfect is used to describe an ongoing past state, whereas the **passé composé** expresses a well-defined punctual event in the past. Although verbs expressing states of being are more often used in the imperfect, they can be used in the **passé composé** to express a sudden change of state. Often a different verb is used in English to express this meaning.

★ Review **Grammaire 4.7** for **avoir** expressions describing states, and **Grammaire 6.8** and **8.5** for a summary of the uses of **passé composé** and imperfect.

➤ J'**avais** chaud, et tout à coup, j'**ai eu** froid. (*I was warm, and suddenly I got cold.*)

IMPARFAIT (Ongoing state)	PASSÉ COMPOSÉ (Change of state)
j'avais *I had*	**j'ai eu** *I got, received*
je connaissais *I knew*	**j'ai connu** *I met*
je pouvais *I could*	**j'ai pu** *I was able, succeeded*
je savais *I knew*	**j'ai su** *I learned, found out*
je voulais *I wanted*	**je n'ai pas voulu** *I refused*

Je ne **savais** pas que Raoul était malade. Je l'**ai su** seulement hier.
J'**ai eu** peur quand j'ai entendu ce bruit.

I didn't know Raoul was sick. I found out only yesterday.
I became frightened when I heard that noise.

B. There is a similar difference in meaning when **devoir** is used in the imperfect or **passé composé: Je devais** often means *I was supposed to,* whereas **j'ai dû** means either *I had to* or *I must have.*

Je **devais** aller au concert hier, mais **j'ai dû** rester à la maison à cause de mon rhume.
Mme Martin n'est pas là. Elle **a dû** tomber malade.

I was supposed to go to the concert yesterday, but I had to stay home because of my cold.
Madame Martin isn't here. She must have gotten sick.

➤ **je devais** = *I was supposed to*

➤ **j'ai dû** = *I had to, must have*

Exercice 3 Une journée horrible!

Jacqueline raconte sa journée d'hier. Conjuguez le premier verbe à l'imparfait et le deuxième au passé composé.

MODÈLE: Le matin, *j'avais* (avoir) très mal à la tête, donc *j'ai pris* (prendre) des comprimés.

1. À midi, je _____ (ne pas avoir) faim, donc je _____ (ne rien manger).
2. L'après-midi, j'_____ (avoir) tellement sommeil que je _____ (s'endormir) en cours de français.
3. Je _____ (se sentir) si mal que j'_____ (devoir) rentrer tout de suite après mes cours.
4. Je _____ (devoir) aller à une soirée, mais évidemment, je _____ (ne pas pouvoir) y aller.
5. Je _____ (ne pas avoir) de voix, donc je _____ (ne pas téléphoner) à mes amies.
6. Je _____ (vouloir) voir un film, mais j'_____ (devoir) me coucher au milieu du film.

12.3 The present participle

A. Every French verb has a present participle form ending in **-ant.** This form is most commonly used with the preposition **en** to express a simultaneous action or the means of doing something.

> ➤ **En parlant** = *while/by speaking*

Je me détends **en lisant** un bon roman.	*I relax by reading a good novel.*
Marise s'est cassé la jambe **en faisant** du ski.	*Marise broke her leg while skiing.*

B. Although the English equivalent is the *-ing* form of the verb, note that *-ing* forms have many other uses in English that are *not* expressed with the present participle in French.

Elle **souriait** quand je l'ai trouvée.	*She was smiling when I found her.*
Il parle **sans réfléchir** à ce qu'il dit.	*He talks without thinking about what he's saying.*

C. To form the present participle, use the stem of the present-tense **nous** form with the ending **-ant.**

> ➤ Present participle stem = stem of present-tense **nous** form
>
> ➤ Present participle ending = **-ant**

parler	**parl**ons	→ parl**ant**	partir	**part**ons	→ part**ant**
finir	**finiss**ons	→ finiss**ant**	faire	**fais**ons	→ fais**ant**
attendre	**attend**ons	→ attend**ant**			

D. Three verbs have irregular present participles.

avoir → **ayant**   être → **étant**   savoir → **sachant**

Exercice 4 Pour guérir

Associez l'action et le moyen de l'accomplir, puis faites une phrase avec **en** + un participe présent. Finalement, indiquez si vous êtes d'accord.

MODÈLE: confirmer un diagnostic / *aller* voir un deuxième médecin →
On peut confirmer un diagnostic *en allant* voir un deuxième médecin.
Oui, c'est vrai. (Non, ce n'est pas vrai. Les médecins ne sont pas toujours d'accord.)

On peut...

1. soulager les yeux irrités
2. transmettre des microbes
3. éviter les rhumes
4. guérir une grippe
5. arrêter le hoquet*

a. tousser et éternuer
b. prendre beaucoup de vitamine C
c. y mettre des gouttes
d. se mettre un sac sur la tête
e. manger de la soupe au poulet

---

*hiccups

12.4 Expressing events in the recent past: Venir de + infinitive

To express *to have just (done something)*, use the present tense of **venir** + **de** + infinitive.

Joël **vient de tomber** dans l'escalier.	*Joël just fell (has just fallen) down the stairs.*
Nous **venons de faire** de la gym.	*We just (have just) worked out.*
Je **viens de voir** un reportage sur l'homéopathie.	*I've just seen a TV report on homeopathy.*

Note that the meaning of **venir de** + infinitive is completely different from that of **venir** (*to come*), and that the action you are talking about is expressed by the infinitive.

> ★ Review *Grammaire 1.4* for present-tense forms of *venir.*
>
> ➤ **Venir** (present) + **de** + infinitive = *to have just done something*

Exercice 5 Sur les lieux d'un incendie

Julien Leroux fait un reportage en direct d'un immeuble en flammes. Complétez ses phrases avec **venir de** + l'infinitif indiqué.

MODÈLE: Nous _____ arriver sur place. → Nous *venons d'*arriver sur place.

1. Deux voitures de pompiers _____ arriver.
2. L'explosion que vous _____ voir provenait du sous-sol.
3. Nous _____ apprendre que l'immeuble était vide.
4. Le propriétaire de l'immeuble _____ arriver à l'instant.
5. Les pompiers _____ éteindre le feu.

12.5 Narrating in the past tense: Passé composé vs. imperfect

A. You have already seen some of the ways in which the two past tenses, the **passé composé** and the imperfect, are used to present different perspectives on a past action or state. Both of these past tenses are used to tell a story in the past.

- The imperfect is used to *set the scene: to give background information, to describe a situation (in the past), and to indicate that a past action was in progress.*

C'était le dernier jour de nos vacances à Megève. Il **faisait** froid et les pistes **étaient** très glissantes.	*It was the last day of our vacation at Megève. It was cold, and the slopes were very slippery.*
Nous **descendions** la grande piste pour la dernière fois...	*We were going down the big slope for the last time . . .*

- The **passé composé** is used to relate a *single event* in the *main story line.*

...quand je **suis tombée** et je me **suis cassé** le bras. J'**ai dû** aller à l'hôpital.	*. . . when I fell down and broke my arm. I had to go to the hospital.*

> ★ Review *Grammaire 8.5* on uses of *passé composé* and imperfect.
>
> ➤ The imperfect sets the scene and gives background information.
>
> ➤ The **passé composé** relates events of the main story line.

B. Read the following narrative by Sarah Thomas and notice how the **passé composé** and the imperfect are combined. Identify each past tense, and then tell why that tense is used.

Je n'oublierai jamais mon voyage à Châlon-sur-Saône. J'avais[1] deux changements de train à faire. À Lyon, je me suis trompée[2] de train et je suis partie[3] dans une direction opposée à celle de Châlon! Il était[4] déjà neuf heures et demie du soir et l'auberge où je devais[5] passer la nuit fermait[6] à neuf heures et demie! J'ai dû[7] téléphoner rapidement à l'auberge pour leur demander de m'attendre avant de fermer les portes. La dame qui a répondu[8] au téléphone était[9] vraiment aimable. Elle m'a dit[10] que je n'avais[11] pas à m'inquiéter. Quand je suis arrivée[12] à l'auberge, il était[13] une heure du matin! Mais la dame m'attendait[14] et elle m'a même offert[15] une tasse de thé à la camomille. Finalement, mon voyage s'est assez bien terminé.[16]

Exercice 6 Soir d'hiver au Canada

Raoul raconte une aventure qui lui est arrivée pendant des vacances d'hiver. Lisez les phrases, puis transformez son histoire du présent au passé.

MODÈLE: Il fait froid, alors nous mettons des vêtements chauds. →
          Il faisait froid, alors nous avons mis des vêtements chauds.

1. C'est l'hiver, il ne fait pas froid et il y a un beau clair de lune.
2. Sylvie et moi, nous décidons d'aller faire une randonnée à ski.
3. Nous mettons nos skis et nous partons.
4. La neige est couverte d'une couche de glace et nos skis glissent très vite.
5. Après une demi-heure, nous arrivons en haut d'une colline très abrupte.
6. En descendant la colline, je tombe et un de mes skis se casse.
7. Heureusement, je n'ai rien de cassé.
8. Ensuite, nous devons marcher longtemps pour rentrer, mais nous sommes contents de notre soirée.

Exercice 7 Quels ennuis!

Marise Colin raconte les difficultés qu'elle a eues pour aller à la fac. Mettez les verbes entre parenthèses au passé composé ou à l'imparfait.

C'(être)[1] un jeudi après-midi et j'(avoir)[2] cours à la fac. Je/J' (prendre)[3] la voiture parce que j'(être)[4] pressée.

Malheureusement, je (ne pas trouver)[5] de place pour garer la voiture. Alors, je/j' (prendre)[6] une petite rue à côté de la fac. La rue (être)[7] très petite et il y (avoir)[8] tant de voitures des deux côtés qu'il (être)[9] presque impossible de passer. Pas de chance! Une autre voiture venait dans l'autre direction et (s'avancer)[10] vers moi. J'(mal estimer)[11] les distances et ma voiture (toucher)[12] le côté de cette voiture. Je/J' (chercher)[13] une place de stationnement quand j'(entendre)[14] quelqu'un m'appeler. C'(être)[15] la conductrice de l'autre voiture. Elle (penser)[16] que je/j' (aller)[17] partir sans m'arrêter. Quelle journée horrible!

Ce garçon et son grand-père
s'entendent à merveille!

La famille et les valeurs en société

Activités et lectures

L'amour, l'amitié et la famille

✳ Attention! Étudier Grammaire 13.1 et 13.2

L'amitié

Elles s'embrassent.

Ils se sont rencontrés.

Ils se serrent la main.

La famille

LE MARIAGE TRADITIONNEL

la maire   le prêtre   l'alliance   ←le marié
la mariée

les demoiselles d'honneur   le garçon d'honneur

LE BAPTÊME

la mère – le père   les arrière-grands-parents

la marraine

le parrain

le filleul   la filleule

LA FAMILLE RECOMPOSÉE

le beau-père
la belle-mère

le beau-fils
la belle-fille

la demi-sœur   le demi-frère

LA FAMILLE MONOPARENTALE

le père célibataire

390

Activité 1 Définitions: Les relations familiales et entre amis

1. Elle présente l'enfant au baptême et s'engage à s'occuper de lui.
2. C'est la période qui précède le mariage.
3. C'est le rapport qui existe entre amis.
4. Ce sont les premiers mois du mariage.
5. Cet homme est le témoin du marié.
6. Cet objet symbolise une union durable.
7. C'est le mari de la mère, mais ce n'est pas le père.
8. Ce sont les parents des grands-parents.
9. C'est l'unité formée par le mariage du père d'une famille monoparentale avec la mère d'une autre.
10. C'est une alternative au mariage traditionnel.
11. C'est le voyage que fait un couple tout de suite après leur mariage.
12. C'est le père non-marié. À vrai dire, il peut être célibataire, divorcé ou veuf.

a. le pácte civil de solidarité (PACS)
b. le voyage de noces
c. l'amitié
d. une famille recomposée
e. les fiançailles
f. la marraine
g. le garçon d'honneur
h. la lune de miel
i. les arrière-grands-parents
j. le père célibataire
k. l'alliance
l. le beau-père

Activité 2 Enquête: L'amitié

Voici des questions extraites d'un sondage effectué par *L'Express*. Répondez-y avant d'écouter ce qu'ont dit les participants français. Ensuite, discutez de vos réponses avec des camarades de classe.

1. Quelle est l'importance de l'amitié pour votre équilibre personnel?
   a. indispensable
   b. importante
   c. peu importante
   d. inutile
2. Pour vous, l'amitié, c'est d'abord...
   a. s'entraider.
   b. se faire des confidences.
   c. sortir ensemble.
   d. s'amuser ensemble.
3. Pour conserver une amitié, que seriez-vous prêt(e) à faire?
   a. changer ma façon de penser
   b. déménager
   c. sacrifier une relation amoureuse
   d. quitter mon travail
4. Pour qu'il existe une vraie amitié entre deux personnes, il est nécessaire...
   a. d'avoir des valeurs communes.
   b. d'avoir le même niveau de vie.
   c. d'avoir le même âge.
   d. d'être du même sexe.
5. Par amitié pour votre ami(e), seriez-vous prêt(e) à...
   a. l'héberger?
   b. lui remonter le moral à 3 h du matin?
   c. l'aider financièrement?
   d. lui prêter votre voiture?
6. Parmi les choses suivantes, quelles sont celles qui peuvent affecter vos amitiés?
   a. l'éloignement géographique
   b. des différences d'opinion sur la façon de vivre
   c. le manque de temps
   d. des différences de situation familiale

Activité 3 Entretien: Meilleurs amis

Comment sont vos rapports avec votre meilleur ami (meilleure amie)?

1. Est-ce que vous vous entendez toujours? Vous disputez-vous quelquefois?
2. Vous prêtez-vous de l'argent ou des vêtements?
3. Quels intérêts partagez-vous?
4. Est-ce que vous vous confiez vos secrets sans hésiter?
5. Mentez-vous l'un(e) pour l'autre de temps en temps? Quand?
6. Est-ce que vous vous voyez fréquemment?
7. Vous comprenez-vous parfaitement? Toujours?
8. Vous critiquez-vous parfois? Pourquoi ou pourquoi pas?

Activité 4 Dans le monde francophone: L'amour et le mariage

Est-ce que vous êtes d'accord ou non avec ces écrivains célèbres? Pourquoi?

Vocabulaire utile cynique, sexiste, réaliste, surprenant, bête, équivoque, amusant, sarcastique, ironique

1. «En amour, celui qui guérit le premier est toujours le mieux guéri.» (le duc de la Rochefoucauld, XVIIe siècle)
2. «Le mariage permet de résoudre à deux des problèmes qu'on ne se posait pas tout seul.» (Tristan Bernard, XIXe siècle)
3. «Le bonheur exige une qualité rare d'ignorance, d'incompréhension réciproque, pour que l'image merveilleuse que chacun avait inventée de l'autre demeure intacte, comme aux premiers instants.» (Romain Gary, XXe siècle)
4. «Il y a des hommes qui n'ont que ce qu'ils méritent; les autres sont célibataires.» (Sacha Guitry, XXe siècle)
5. «Aimer, ce n'est pas se regarder l'un l'autre, c'est regarder ensemble dans la même direction.» (Antoine de Saint-Exupéry, XXe siècle)

Cliquez là!

Saviez-vous que la Belgique est une monarchie? Renseignez-vous sur la monarchie belge. Rencontrez les membres de la famille royale et découvrez les détails de leur vie quotidienne. Comment s'appelle chaque personne? Quel est son rôle dans la famille?

Ça fait réfléchir

En France...

- L'âge moyen au premier mariage est 29,8 ans chez les femmes et 31,7 ans chez les hommes.
- Le nombre de divorces est passé de 20 pour 100 mariages en 1980 à 45 en 2001. Néanmoins, entre 2005 et 2009, le nombre de divorces a vu une légère diminution chaque année.
- Le nombre de familles monoparentales est passé de 3% en 1975 à plus de 8% en 2008.
- La taille des ménages n'a pas arrêté de diminuer depuis un demi-siècle. Le nombre moyen d'occupants par résidence a baissé de 3,1 en 1968 à 2,3 en 2008.

Activité 5 Récit: L'histoire de Bernard et Christine

Racontez l'histoire d'amour de Bernard et Christine Lasalle. Tout a commencé pendant une soirée chez Julien Leroux.

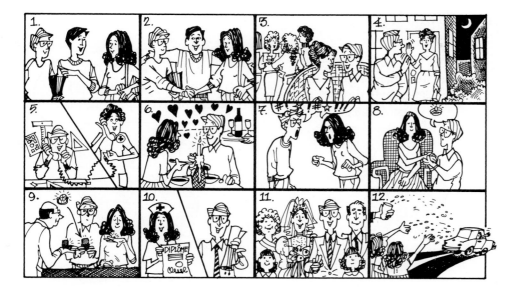

LES FRANCOPHONES SUR LE VIF

Jérôme Dubois, maire de Volx, Alpes-de-Haute-Provence

On est élu maire pour une période de six ans. Le maire est le chef de la commune et son rôle fondamental, c'est d'écouter les gens, de jouer l'arbitre, de veiller à[1] ce que tout se passe bien. Donc, on est souvent au cœur des conflits, on est toujours en train d'essayer de créer du lien[2] social par des fêtes, des spectacles. Parce qu'on est dans une société qui est fragile, une société qui est dure. L'autre partie du travail, beaucoup plus technique, est sans doute plus passionnante, parce que le maire en France a beaucoup de pouvoir, notamment en matière d'urbanisme.[3] C'est lui qui définit, avec l'aide du conseil municipal, les nouvelles constructions, les équipements collectifs culturels et sportifs dont on a besoin, et qui les finance.

C'est parfois très dur socialement parce qu'il faut faire attention à garder une distance. Parce qu'on est au cœur de conflits familiaux, de conflits de voisinage.[4] Et donc, c'est très compliqué, parce qu'il faut à la fois s'investir, essayer de pacifier et d'arbitrer sur la commune, et aussi se protéger. Ça c'est un peu difficile, je l'avoue.

[1]veiller... faire attention à
[2]du... des relations
[3]planification d'une ville
[4]de... entre voisins

La vie de famille

✳ Attention! Étudier Grammaire 13.3

Activité 6 Entretien: Valeurs et décisions

1. Tu es ami(e) avec tes parents? Est-ce qu'il y a une différence entre cette amitié et celles que tu as avec des copains de ton âge?
2. Quelles qualités est-ce que tu recherches dans la personne avec qui tu espères passer ta vie? Si tu es déjà marié(e), ou si tu es déjà dans une relation stable, quelles qualités est-ce que tu apprécies le plus chez ton mari, ta femme, ton compagnon ou ta compagne?
3. La moitié des mariages aux États-Unis se terminent en divorce. À ton avis, quels facteurs contribuent à la dissolution de tant de mariages?
4. Tu comptes avoir ou adopter des enfants un jour? Est-ce que tu les élèveras comme tes parents t'ont élevé(e)? Qu'est-ce que tu feras différemment?

Activité 7 Discussion: Le pédiatre vous répond

Voici des questions et des problèmes posés au pédiatre par des parents et des futurs parents. Avec un(e) camarade de classe, cherchez la réponse à chaque question, problème ou désir. Ensuite, inventez d'autres problèmes et d'autres solutions (inspirés par vos souvenirs d'enfance et votre expérience).

1. Lequel est préférable, un accouchement naturel ou sous anesthésie?
2. Est-ce mieux d'utiliser des couches jetables ou des couches lavables?
3. Peut-on sortir sans l'enfant de temps en temps, ou doit-on l'emmener partout?
4. Vaut-il mieux interdire la télé ou permettre que les enfants la regardent?
5. Nous voulons que nos enfants mangent de tout et avec plaisir.
6. Nous voudrions que notre fille lise bien et avec plaisir.
7. Mes enfants se battent sans cesse.

Le pédiatre répond...

a. Il faut que vous lui lisiez des livres très souvent et que vous l'emmeniez à la bibliothèque.
b. Il faut que votre choix de couches s'accorde avec votre mode de vie. Mais on dit aujourd'hui que, pour l'environnement, les jetables sont meilleures.
c. C'est normal qu'ils aiment la télé, mais évitez les émissions avec de la violence.
d. Je recommande que vous leur fassiez goûter une variété de nourritures à la maison et au restaurant.
e. Il est important que vous choisissiez la méthode d'accouchement qui vous convient.
f. Il vaut mieux opter plutôt pour des punitions qui favorisent l'entraide—faire le ménage, par exemple—et la coopération.
g. Il est important que vous pensiez à votre couple, et que vous sortiez à deux de temps en temps.

Etre Maman aujourd'hui.
Un choix merveilleux. Un nouveau monde fait de sourires et de tendresse. Où votre amour est lié à la joie de votre enfant. Un monde PEG PEREGO. Landaus PEG PEREGO, un style incomparable, un confort maternel. Landaus PEG PEREGO, l'alliance de la mode et de la technologie. Quelle sécurité pour vous Maman!

Activité 8 Échanges: Point de vue parental

Des étudiants de première année à la fac ont décrit ces situations à leurs parents. Mettez-vous à la place des parents et répondez pour eux.

MODÈLE: Mon camarade de chambre me demande de lui prêter de l'argent, mais il ne me le rend pas. →
Nous ne voulons pas que tu lui prêtes de l'argent. Nous ne sommes pas riches!

1. Mon camarade de chambre invite ses amis dans notre chambre. Ça m'empêche d'étudier.
2. Nous passons des journées entières à discuter. C'est plus éducatif que d'aller en cours. Et puis, on peut toujours bûcher avant les examens.
3. J'ai rencontré des anarchistes, des athées! Ça me fait réfléchir!
4. Je ne sais pas quoi faire. Ma camarade de chambre vient de découvrir qu'elle est enceinte et elle a peur de le dire à ses parents.
5. Mes camarades de chambre ont installé des pots de marijuana dans notre appart. Ça m'inquiète un peu.
6. Ma copine garde son portable allumé, même au restaurant et au cinéma. Ça commence à me rendre fou/folle.
7. Mes copains sont épatés! Je peux identifier le goût de n'importe quelle bière au bar du quartier.
8. Ma camarade de chambre fume dans notre chambre et ça me rend malade.

Exprime-toi!

Nous sommes ravis (déçus, étonnés, choqués, concernés, catastrophés, tristes, désolés…)
Nous avons peur que tu…

Activité 9 Sondage: Hier et aujourd'hui

Dites (1) si on voyait ces situations il y a 60 ans et (2) si elles sont ordinaires aujourd'hui. Ensuite, en groupe, comparez vos réponses en donnant vos raisons. Quelle est votre opinion dans chaque cas?

(1) (2)

_____ _____ 1. Un couple qui s'entend mal divorce.
_____ _____ 2. Deux époux habitent dans des régions différentes pour poursuivre leur carrière.
_____ _____ 3. Un mari décide de rester à la maison pour s'occuper des enfants.
_____ _____ 4. L'épouse fait toutes les tâches ménagères.
_____ _____ 5. Un(e) célibataire adopte un enfant.
_____ _____ 6. Un homme de 26 ans épouse une femme de 49 ans.
_____ _____ 7. Deux personnes fondent un foyer ensemble sans se marier.
_____ _____ 8. Le mari travaille et la femme reste à la maison.
_____ _____ 9. Deux fiancés signent un contrat de mariage avant de se marier.
_____ _____ 10. Deux personnes du même sexe se marient.

Vocabulaire utile bête, surprenant, étonnant, normal, choquant, dégoûtant, immoral, raisonnable...

MODÈLE: É1: Il y a 60 ans, on trouvait impensable qu'une femme mariée garde son nom de jeune fille, mais c'est commun aujourd'hui. Moi, je trouve ça normal.
É2: D'accord, c'est commun. Mais à mon avis, c'est bête...

Activité 10 Récit: Les Vincent se promènent

Les Vincent ont souvent des idées d'une autre époque. Avec votre partenaire, jouez les rôles de Florence et d'Édouard pendant ces sorties. Qu'est-ce qu'ils se disent?

1.

—C'est incroyable que les jeunes
   d'aujourd'hui…
—Oui, Édouard! Je regrette qu'ils…

2.

—Je suis ravie que…
—Moi aussi, Florence. Je voudrais que tous
   les jeunes…

3.

—C'est bizarre qu'on…
—Je suis d'accord, Édouard. Je m'étonne
   qu'on…

4.

—Il est déplorable que…
—Ah, Florence, je suis heureux que…

Cliquez là!

Saviez-vous que le Maroc est une monarchie francophone? Cherchez des renseignements sur la famille royale marocaine. Comment s'appellent les membres de cette famille et que font-ils de leur vie? Prenez des notes pour pouvoir en parler avec des camarades de classe. À votre avis, est-ce que cette famille ressemble à la famille royale belge?

5.

—Tu sais, Édouard, je crains que
   l'influence américaine…
—Moi, j'ai peur que les enfants
   d'aujourd'hui…

6.

—Il est absurde que les jeunes mères
   modernes…
—Tu as raison, Florence. Je trouve ça
   impensable que…

À propos...
Au pays où MacDo est roi

Dans un pays aux traditions culinaires[1] réputées, la restauration rapide a-t-elle une place? Il y a quelques années encore, le *fast food* à l'américaine était sévèrement critiqué par les adversaires de la «malbouffe»; en 1999, des activistes avaient même détruit un «MacDo» pour protester symboliquement contre le capitalisme et la mondialisation. La situation a bien changé depuis: Paradoxalement, la France est devenue le pays, après les États-Unis, où la chaîne de restaurants McDonald's réalise le plus de profits et de ventes (3,3 milliards d'euros dans plus de mille restaurants en 2009). Même si les Français ne sont pas particulièrement friands d'hamburgers,[2] ils apprécient beaucoup les restaurants MacDo. À la propreté et la rapidité du service s'ajoutent la possibilité de venir avec de jeunes enfants (qui peuvent jouer et bouger librement!), et l'accès WiFi gratuit. Pour des raisons différentes, les ados,[3] les personnes âgées, les parents et leurs enfants trouvent chez MacDo (et son concurrent[4] français, Quick) une ambiance décontractée[5] qui les séduit.[6]

[1] de cuisine
[2] friands... qui aiment bien les hamburgers
[3] adolescents
[4] compétiteur
[5] sans stress
[6] qui... qui leur plaît

● Aujourd'hui **McDonald's** est présent dans plus de 700 villes avec plus de 1000 restaurants.

Valeurs et décisions

★ Attention! Étudier Grammaire 13.4 et 13.5

Ma petite-fille a vingt-sept ans et elle est encore célibataire. Moi, à son âge, j'avais abandonné mes études et j'étais mère de famille!

—C'est la tienne?
—Mais non, ce n'est pas la mienne! C'est la sienne!

—J'apprécie beaucoup les
œuvres d'art du XIXᵉ siècle.
—Et celles des artistes
contemporains?
—Ah, les leurs, pas du tout!

Je suis très déçu. Quand j'ai
voté pour cette candidate,
elle n'avait pas annoncé son
soutien pour l'énergie
nucléaire.

Activité 11 Enquête: Que pense votre génération?

Est-ce que les jeunes d'aujourd'hui sont d'accord ou pas avec ceux qui ont le plus
d'influence sur leur vie? Répondez à leur place. Ensuite, faites une enquête pour
déterminer si la majorité de la classe pense comme vous.

1. Les valeurs de vos parents:
   a. En général, elles nous semblent raisonnables.
   b. Souvent, elles sont différentes des nôtres.

2. Les décisions du gouvernement:
   a. Elles nous paraissent très bonnes, normalement.
   b. Souvent, elles ne représentent pas nos idées.

3. Les priorités de votre université:
   a. En général, elles nous semblent acceptables.
   b. Les nôtres sont souvent différentes.

4. Les priorités de vos professeurs:
   a. Elles sont plus ou moins comme les nôtres.
   b. Les leurs sont souvent différentes des nôtres.

5. Les choix de ceux qui réalisent les émissions de télé:
   a. D'ordinaire, nous aimons leurs choix.
   b. Leurs idées ne correspondent pas aux nôtres.

6. Les buts et les valeurs des dirigeants d'entreprises multinationales:
   a. Comme nous, ils désirent surtout la paix et la prospérité.
   b. Leurs valeurs sont différentes des nôtres. Ils ne pensent
   qu'aux profits.

LA LANGUE EN MOUVEMENT

Le langage des jeunes et le verlan

Le langage des jeunes est une variété de français parlée par les jeunes entre eux quand ils ne veulent pas que les autres, comme leurs parents, les comprennent. Cette variété est caractérisée surtout par son vocabulaire spécial, qui renferme des mots d'argot,[1] des mots d'anglais et d'arabe, et des mots de verlan. Les mots de verlan sont formés par l'inversion des sons ou des syllabes d'un mot de français standard, avec parfois d'autres changements. Par exemple, *femme*, *rap* et *noir* deviennent *meuf*, *peura* et *renoi*, respectivement. Le mot *verlan* est formé par l'inversion des syllabes de l'expression (à) *l'envers*.[2] Bien que ce type de jeu langagier existe depuis longtemps, le verlan contemporain s'est surtout développé parmi les jeunes des banlieues parisiennes dans les années 1960 et 70, qui coïncident avec les grandes vagues d'immigration du Maghreb. Depuis les années 1990, grâce à la popularité croissante du hip-hop et du rap, un certain nombre de mots verlanisés se sont répandus dans le grand public, une tendance renforcée par les médias et le langage des SMS. Maintenant, tous les Français connaissent des mots comme *beur* (arabe[3]), *céfran* (français), *tromé* (métro), *ouf* (fou) et beaucoup d'autres.

MISE EN PRATIQUE Pouvez-vous déchiffrer cette conversation entre deux amis?

—*Tu veux aller à la rega avec oim? Je dois chercher mon reuf et sa meuf qui rentrent pour la teuf de samedi.*
—*Désolé, je peux ap quitter la zonmai.*
—*Bon alors, j'y vais seultout.*

[1] slang [2] à... backwards [3] beur dénote un enfant né en France d'un immigré d'Afrique du Nord.

Activité 12 Enquête: Quelles sont vos valeurs?

Cette liste de mots vient d'une enquête réalisée en France par *Francoscopie*. Classez vos choix de 1 à 10 selon leur ordre d'importance pour vous. Ensuite, parlez avec d'autres étudiants pour composer vos priorités.

_____ la santé	_____ les enfants	_____ la maison
_____ le travail	_____ l'amitié	_____ les vacances
_____ l'amour	_____ le bonheur	_____ la vie
_____ la famille	_____ les loisirs	_____ la paix
_____ l'argent	_____ la liberté	

À vous la parole! Demandez à votre professeur comment les Français ont répondu et quelles différences se sont révélées entre les réponses des hommes et celles des femmes. Est-ce qu'on retrouve les mêmes différences (entre hommes et femmes) dans les réponses de la classe?

Activité 13 Dans le monde francophone: Le mariage entre deux personnes du même sexe

D'après un sondage réalisé par la Sofres et publié par *Le Figaro* le 28 janvier 2011, les Français évoluent en ce qui concerne la question du mariage entre deux personnes du même sexe. Lisez l'opinion des données et répondez aux questions.

Le mariage entre deux personnes du même sexe		L'adoption d'enfants par les couples homosexuels	
FAVORABLES	OPPOSÉS	FAVORABLES	OPPOSÉS
2007 45 %	2007 46 %	2001 30 %	2001 68 %
2011 58 %	2011 35 %	2011 49 %	2011 47 %
SOUTIENS LES PLUS FORTS	CONTRES LES PLUS FAROUCHES		(23 % noyau dur de fermes opposants à l'adoption)
63 % des femmes 74 % des moins de 35 ans 72 % des sympathisants de gauche	62 % des plus de 65 ans 56 % des sympathisants du Front National		

Sur la question du mariage entre deux personnes du même sexe...

1. combien de Français se disaient favorables en 2011? et en 2007?
2. combien se disaient opposés en 2011? et en 2007?
3. est-ce que les Français sont plus, ou moins, divisés sur cette question en 2011 qu'en 2007?
4. quels groupes se montraient pour, et en quelle proportion?
5. qui étaient les opposants, et en quelle proportion?

Sur la question d'adoption des enfants...

6. est-ce que les Français sont pour la légalisation de l'adoption des enfants par des partenaires du même sexe? Expliquez votre réponse.
7. est-ce que l'opinion publique devient plus favorable à ce type d'adoption?

À propos...
L'exclusion et la solidarité

Les conditions économiques ont aggravé en France le phéno-mène de l'exclusion, qui concerne des gens aussi divers que les maghrébins, les chômeurs de longue durée, les SDF[1] et les vic-times du sida.[2] Pourtant, une majorité de Français pense que l'exclusion est le problème de tous, car elle crée une société fracturée et hostile, et de nombreuses associations se sont formées pour lutter contre ce mal: S.O.S. Racisme, Droit au Logement (qui aide les SDF), AIDES (qui soutient les malades du sida), etc. L'égoïsme n'est plus considéré comme acceptable et la solidarité apparaît aujourd'hui comme une des valeurs les plus importantes. Cette solidarité s'étend aussi aux autres pays: la France envoie énormément d'aide humanitaire à l'étranger pour les victimes de catastrophes naturelles ou de conflits armés.

[1] Sans Domicile Fixe: personnes qui n'ont pas de logement
[2] Syndrome Immuno-Déficitaire Acquis

Activité 14   Discussion: Bonnes et mauvaises raisons

Julien Leroux a réalisé une émission sur la famille d'aujourd'hui. Lisez les raisons que ces personnes ont données pour justifier leurs décisions et décidez avec un(e) partenaire si elles vous semblent logiques ou non.

Interviewés:

1. une femme qui s'est mariée à l'âge de 19 ans
   a. Je n'avais pas assez d'expérience puisque mes parents ne m'avaient pas permis de sortir avec des garçons avant l'âge de 16 ans.
   b. Toutes mes amies s'étaient déjà mariées.
   c. Je m'étais brouillée avec un petit ami et je voulais lui prouver qu'il n'avait plus d'importance pour moi.
2. un homme qui avait cohabité cinq ans avec sa femme et qui a divorcé peu de temps après leur mariage
   a. Je n'aurais jamais dû me marier; je ne voulais pas d'enfants mais ma femme, oui.
   b. J'ai rencontré quelqu'un d'autre et hop! le coup de foudre!
   c. On était heureux, puis juste après le voyage de noces, elle a fait une dépression.
3. un garçon qui a arrêté ses études à l'âge de 16 ans
   a. Personne dans ma famille n'était jamais allé à l'université.
   b. Mon père avait arrêté ses études à l'âge de 16 ans.
   c. Je n'avais jamais aimé étudier et je trouvais que c'était une perte de temps et d'argent de continuer mes études.
4. une mère qui a décidé de travailler et de mettre ses enfants dans une crèche
   a. J'avais reçu un diplôme en chimie et je me voyais en femme indépendante. Je m'ennuyais à la maison.
   b. Ma sœur l'avait déjà fait et sa famille était contente de sa décision.
   c. Mon mari ne gagnait pas beaucoup; d'ailleurs, je voulais un peu d'argent pour pouvoir m'acheter ce que je voulais.

Ça fait réfléchir

> Suivant une augmentation à la fin des années 1990, le nombre de mariages n'a pas arrêté de baisser pendant la décennie suivante. Pourtant, cette diminution est largement compensée par l'augmentation du nombre de PACS conclus par des couples hétérosexuels. En fait, le PACS est plus souvent utilisé par des couples de sexe différent (166.056 en 2009) que par des couples de même sexe (8.443 en 2009).

POUR RÉSUMER

À vous de parler

Discussion: Une meilleure vie grâce au développement durable

A. Voici des objectifs extraits du Plan Vert de Bordeaux et une liste des actions réalisées à Bordeaux ou ailleurs. Associez chacune des actions au thème logique. Ensuite, décidez si la ville où se trouve votre université fait plus ou moins la même chose et donnez des exemples.

Thème 1	Lutter contre les causes et les effets du changement climatique
Thème 2	Protéger la biodiversité et préserver les ressources en eau
Thème 3	Agir pour un environnement respectueux de la santé
Thème 4	Développer une économie et une consommation solidaires et durables
Thème 5	Intégrer les publics les plus fragiles et améliorer leurs conditions de vie

_____ composter pour créer des fertilisants dans les parcs
_____ encourager la colocation entre seniors et jeunes pour que les seniors puissent rester dans leur demeure
_____ offrir des cours de langue gratuits aux émigrés et leurs familles
_____ protéger les abris et les habitats des créatures vivant dans les espaces verts
_____ développer des transports publics alternatifs à prix modeste
_____ réduire l'emploi de pesticides par la ville et par les particuliers chez eux
_____ encourager l'achat de nourriture produite localement
_____ encourager la consommation de nourriture fraîche
_____ offrir la possibilité de recyclage gratuit
_____ réduire l'exposition au bruit
_____ encourager l'emploi des personnes handicapées et de leurs époux
_____ aider les gens qui proposent d'améliorer leur quartier (d'améliorer la circulation excessive, par exemple)

B. Expliquez comment chacune des réalisations affecte la qualité de la vie des habitants de la ville. Est-ce qu'il y en a qui demanderont plus d'efforts de la part des habitants? Lesquelles?

À vous de lire
Le Monde de Baptiste par André-Philippe Côté

Baptiste est SDF dans une grande ville d'Amérique du Nord qui ressemble beaucoup à Montréal. Il n'a ni logement (il habite dans une grande poubelle), ni métier, ni argent, mais il est très philosophe. Avec son chien Bali, il porte un regard ironique et critique sur la société de consommation qui l'entoure. Quand il «fait la manche» pour obtenir un peu d'argent, les réactions des passants sont assez surprenantes...

Avez-vous compris?

1. Baptiste habite dans une poubelle plutôt que dans un appartement...
    a. parce que c'est plus cool.
    b. parce que c'est plus écolo.
    c. parce qu'il n'a pas d'argent.
    d. par conviction philosophique.

2. Baptiste demande un dollar aux passants...
    a. parce que le dollar vaut plus que l'euro.
    b. parce que l'histoire se passe au Canada.
    c. parce qu'il n'a pas besoin de plus d'argent.
    d. parce qu'il veut partir en voyage en Amérique.

3. Dans la première histoire, l'homme à la mallette donne des pièces à l'autre...
    a. parce qu'il a pitié de lui.
    b. parce que c'est son ami.
    c. parce qu'il est bien habillé.
    d. parce qu'il se sent solidaire de lui.

4. Dans la deuxième histoire, quand le chien se met à parler, la dame est
    a. attendrie.
    b. surprise.
    c. choquée.
    d. effrayée.

À vous d'écrire

Une jeune femme a écrit cette lettre à Mamie au *Courrier du cœur*. Lisez la lettre et répondez à la place de Mamie.

Chère Mamie,
J'ai 20 ans et, depuis un an, je sors avec un homme que j'adore. Nous commençons à faire sérieusement des projets d'avenir. Malheureusement, mes parents ne veulent pas le recevoir chez nous. (Nous avons peur que nos familles se fâchent.) Mon ami est très vexé et il souffre de leur attitude. Du coup, il a décidé de ne plus se marier car il redoute que ma famille ne fasse un scandale le jour du mariage. Déjà que mes parents ne s'entendent pas très bien avec les siens! Nous ne savons plus quoi faire tous les deux. J'ai peur que toutes ces histoires finissent par briser notre relation. S'il vous plaît, Mamie, donnez-moi des conseils.

                                     Dominique (Rouen)

Ma chère Dominique,
Le seul conseil que je puisse te donner, c'est de...
Sinon,...
Bonne chance, Dominique!

                                       Mamie

Vocabulaire

Le mariage

Weddings

l'alliance (*f.*)	wedding ring
la demoiselle d'honneur	bridesmaid
les fiançailles (*f.*)	engagement
le garçon d'honneur	best man
la lune de miel	honeymoon (period)
le/la maire	mayor
le marié / la mariée	groom/bride
le nom de jeune fille	maiden name
le pacte civil de solidarité (PACS)	domestic partnership agreement, civil union
le prêtre	priest
le témoin	witness
le voyage de noces	wedding trip

La famille

Family members

les arrière-grands-parents (*m.*)	great-grandparents
un(e) célibataire	a bachelor, a single woman
un compagnon / une compagne	a partner or spouse
la famille monoparentale	single-parent family
la famille recomposée	blended family
le filleul / la filleule	godchild
la marraine	godmother
le parrain	godfather

Les enfants

Children

l'accouchement (*m.*)	childbirth
des couches (*f.*) jetables	disposable diapers
une crèche	a nursery school
enceinte	pregnant
un(e) pédiatre	a pediatrician
élever	to bring up, raise

Mots apparentés: **adopter, le baptême**

Rapports personnels

Personal relationships

l'amitié (*f.*)	friendship
le bonheur	happiness
la dissolution d'un mariage	the end of a marriage
se brouiller (avec)	to quarrel, break up (with)
se confier (à)	to confide (in)
craindre	to fear
s'embrasser	to kiss
s'engager (à)	to commit to
s'entendre (bien/mal)	to get along (well/badly)
se faire des confidences	to share confidences, secrets
fonder un foyer	to start a family
mentir	to lie
se serrer la main	to shake hands
se voir	to see one another

Mots apparentés: **se comprendre, une dispute, se disputer, le divorce, divorcer, se parler, se regarder, regretter, sacrifier, se téléphoner**

Opinions, réactions et valeurs

Opinions, reactions, and values

C'est / Il est / Elle est...	It is / He is / She is...
bête	stupid, silly, dumb
choquant(e)	shocking
dégoûtant(e)	disgusting
étonnant(e)	astonishing
impensable	unthinkable
incroyable	incredible, unbelievable
merveilleux/ merveilleuse	marvelous
surprenant(e)	surprising

Mots apparentés: **absurde, acceptable, bizarre, déplorable, immoral(e), indispensable**

Je suis...	I am...
choqué(e)	shocked
déçu(e)	disappointed
désolé(e)	sorry
épaté(e)	impressed
étonné(e)	astonished
ravi(e)	delighted
surpris(e)	surprised
vexé(e)	hurt, offended

Mots apparentés: **conservateur/conservatrice, indépendant(e), progressiste**

Substantifs

un(e) athée	an atheist
un but	a goal
l'éloignement (*m.*)	distance, separation
une entreprise	a business
un manque de temps	lack of time
une œuvre d'art	a work of art
la paix	peace
une perte de temps	a waste of time
le sida	AIDS
le soutien	support

Mots apparentés: **un(e) anarchiste, la continuation, un contrat, un(e) criminel(le), un équilibre, un groupe minoritaire, l'incomprehénsion** (*f.*)**, un pistolet, un point de vue, la pornographie, une priorité, la prospérité, l'union** (*f.*)**, l'unité** (*f.*)

Verbes

compter (faire quelque chose)	to plan on (doing something)
créer	to create
déménager	to move (out)
diminuer	to diminish, go down
élargir	to enlarge, broaden
empêcher (de)	to prevent (from)
s'énerver	to get upset, annoyed
s'enfuir	to flee, run away
s'étonner (de)	to be astonished (about)
gagner sa vie	to earn a living
héberger	to house (someone)
insister (pour que)	to insist (that)
paraître	to appear, seem
peser	to weigh, determine
poursuivre une carrière	to pursue a career
réaliser	to produce; to carry out
rechercher	to seek, look for
sembler	to seem
se terminer	to end

Mots apparentés: **abandonner, garantir, prouver, questionner, représenter**

Mots et expressions utiles

Au contraire!	On the contrary!
d'ailleurs	moreover, furthermore
fréquemment	often, frequently
garder son portable allumé	to keep one's cell phone on
Je ne sais pas quoi faire.	I don't know what to do.
le mien / la mienne	mine
le/la nôtre	ours
le sien / la sienne	his, hers
le tien / la tienne	yours (*fam.*)
n'importe quel jour	any day
puisque	since, because

Grammaire et exercices

13.1 Reciprocal actions: More on reflexive pronouns

Definition: A reciprocal action is expressed in English with *each other: They call each other often.*

 Review **Grammaire 2.2** and **6.6.**

➤ Reciprocal action: plural subject + reflexive pronoun
Vous vous reverrez.
Ils se sont quittés.
Elles se sont vues.

A. You have often used reflexive pronouns in verbal constructions such as **je me lève, nous nous promenons,** and **elle se rappelle.** Another common use of the plural reflexive pronouns **(nous, vous, se)** is to express reciprocal actions.

—Depuis quand connais-tu ton mari?	*How long have you known your husband?*
—Nous **nous connaissons** depuis 20 ans.	*We have known each other for 20 years.*
C'est triste, mais mon frère et son patron **se détestent** cordialement.	*It's sad, but my brother and his boss really hate each other.*

B. Like other reflexive verbs, reciprocal expressions take **être** as the auxiliary verb in the **passé composé.** Remember also that the past participle usually agrees with the reflexive pronoun in gender and number.

Christine et Bernard **se sont connus** lors d'une fête chez Julien Leroux.	*Christine and Bernard met at a party at Julien Leroux's.*

C. The following verbs are commonly used with reciprocal meaning.

s'admirer	se connaître	se rencontrer
s'aider	se détester	se revoir
s'aimer	se quitter	se séparer
se comprendre	se regarder	se voir

➤ **Pierre et Marie se sont mariés.** *Pierre and Marie got married.*

Pierre s'est marié. *Pierre got married.*

Marie s'est mariée avec Pierre. *Marie (got) married (to) Pierre.*

D. You have already seen the expression **s'entendre (bien/mal) avec quelqu'un. S'entendre** can also be used as a reciprocal verb.

Je m'entends bien **avec** mon frère.	*I get along well with my brother.*
Mon frère et moi, **nous nous entendons** bien.	*My brother and I get along well.*

Other verbs that can be used in both of these ways include **se brouiller** (*to break up*), **se disputer, se fiancer, se marier.**

Exercice 1 Tout est bien qui finit bien

Choisissez un des verbes indiqués et conjuguez-le, s'il le faut, au temps correct.

Mes amis Fatima et Khaled ont une histoire assez drôle. La première fois qu'ils _____,[1] ça n'a pas été du tout le coup de foudre. Au contraire, ils _____[2]! Naturellement, ils n'ont pas eu très envie de _____[3] après.

se détester
se rencontrer
se revoir

Mais, quinze jours plus tard, ils _____[4] une deuxième
fois à la bibliothèque. Ils avaient tous les deux des
problèmes difficiles à faire en maths, alors ils _____[5] avec
leur travail. À la fin de cette soirée, ils ont pris rendez-vous
pour le lendemain et depuis, ils ne veulent plus _____.[6]
Aujourd'hui, ils sont mariés et ils _____[7] à merveille.
Les premières impressions sont parfois fausses!

s'aider
s'entendre
se quitter
se rencontrer

Exercice 2 L'amitié

Dites ce qui se passe quand on est ami(e)s en vous servant de verbes pronominaux
réciproques.

MODÈLE: Toi et moi, nous _____ (envoyer) des textos tout le temps. →
Toi et moi, nous *nous envoyons* des textos tout le temps.

1. Toi et moi, nous _____ (dire) tous nos secrets.
2. Toi et ton/ta camarade de chambre, vous _____ (écouter) quand vous avez
des problèmes.
3. Julien et Bernard _____ (parler) avec beaucoup de plaisir.
4. Sarah et Agnès _____ (téléphoner) une ou deux fois par jour.
5. Toi et moi, nous _____ (inviter) souvent à dîner.
6. Raoul et Daniel _____ (écrire) beaucoup de textos.

13.2 Describing actions: Adverbs

A. You are already familiar with the most common French adverbs: **beaucoup,
bien, encore, ici, mal, peu, souvent, toujours,** and related expressions.

B. Many French adverbs are formed with an adjective + **-ment,** which corresponds
to the English *-ly* ending.

- If the adjective ends in a consonant, **-ment** is added to its feminine form:
certain(e) → certainement.

> **Definition:** Adverbs modify verbs, adjectives, or other adverbs. They usually tell *how, when, where,* or *how much.*

> ★ *Review **Deuxième étape, Grammaire B.6** on adjectives.*

> ➤ Adjective/adverb: *true/truly slow/slowly easy/easily*

---

actif, active → activement	heureux, heureuse → heureusement
certain, certaine → certainement	lent, lente → lentement
entier, entière → entièrement	long, longue → longuement
franc, franche → franchement	

Malheureusement, il est déjà
marié.
Réfléchissez **longuement** avant
de vous marier.

*Unfortunately, he's already
married.*
*Think for a long time before you
get married.*

► To form an adverb from an adjective, add -**ment** to the appropriate form of the adjective:

sérieux → *sérieusement*
calme → *calmement*
Irregular:
constant → *constamment*

• If the adjective ends in a vowel, -**ment** is added directly to the masculine form.

> absolu → absolument   ⋮   facile → facilement

Vous croyez **vraiment** qu'ils vont divorcer?	*Do you really think they're going to get divorced?*

• If the adjective ends in -**ent** or -**ant,** remove that ending and add -**emment** or -**amment,** respectively.

> constant → constamment   ⋮   évident → évidemment
> courant → couramment   ⋮   fréquent → fréquemment

Sarah parle **couramment** le français.	*Sarah speaks French fluently.*
Évidemment, il faut bien choisir son partenaire.	*Obviously, you must choose your mate carefully.*

Pronunciation Hint

Both -**emment** and -**amment** are pronounced *ah* + **měnt.**

Exercice 3 Un mariage typique

Employez des adverbes en -**ment** pour compléter les phrases.

> MODÈLE: Le garçon d'honneur ponctuel arrive... →
>   Le garçon d'honneur ponctuel arrive *ponctuellement.*

1. Les invités patients attendent...
2. Le prêtre sérieux parle...
3. Le marié nerveux répond...
4. La mariée attentive écoute...
5. La mère élégante de la mariée est habillée...
6. Le père très calme se conduit...
7. Les invités discrets parlent...

13.3 Expressing feelings: More on the subjunctive

★ *Review Grammaire 10.1, 10.2, and 12.1.*

► Use subjunctive after expressions of:

• necessity: **il faut que...**
• desire: **je voudrais que...**
• emotion or attitude: **je suis désolé(e) que... , c'est normal que...**

A. You have already seen that subjunctive forms are used after expressions of necessity and desire, when these pertain to the actions of another person. Subjunctive forms are also used when expressing a feeling or an attitude about some event or state of affairs.

Je suis heureux que mes parents **puissent** voyager.	*I'm glad my parents can travel.*
C'est dommage que tu **sois** si occupé(e).	*It's a shame you're so busy.*

B. There are many expressions of feeling or attitude that are used with subjunctive forms. Here are some examples.

avoir honte/peur que	*to be ashamed/afraid (that)*
c'est dommage que	*it's too bad (that)*
être content/heureux que	*to be happy (that)*
être désolé/furieux/triste que	*to be sorry/furious/sad (that)*
être déçu que	*to be disappointed (that)*
être étonné/surpris que	*to be surprised (that)*
être ravi que	*to be delighted (that)*
regretter que	*to regret (that)*

c'est (il est) bon/juste (*"right"*)**/naturel/rare/normal/préférable que**

Exercice 4 Le conflit des générations

Exprimez votre réaction aux faits suivants en employant une des expressions indiquées (à l'affirmatif ou au négatif) avec le subjonctif.

Vocabulaire utile

C'est étonnant (honteux, inévitable, naturel, rare, regrettable) que...

MODÈLE: Un Américain ne se sent pas obligé d'inviter ses parents âgés à habiter chez lui. →
C'est naturel qu'un Américain ne se sente pas obligé d'inviter ses parents âgés à habiter chez lui.

1. Les jeunes et les vieux ne s'entendent pas bien.
2. Les jeunes ne font pas attention aux conseils de leurs parents.
3. Les jeunes ne peuvent pas profiter de l'expérience de leurs aînés.*
4. Nous sommes obligés de répéter les erreurs de nos parents.
5. Un jeune Américain a envie d'habiter longtemps chez ses parents.
6. Les personnes âgées ne croient plus pouvoir contribuer à la société.
7. Un certain nombre de personnes âgées sont abandonnées par leurs enfants.

Exercice 5 Que c'est triste!

Clarisse Colin rencontre une amie qu'elle n'a pas vue depuis longtemps. Employez une expression d'émotion et le subjonctif pour exprimer ses réactions à chaque nouvelle que son amie lui raconte.

MODÈLE: Mon petit ami ne *veut* plus me voir. →
Je suis désolée que ton petit ami ne *veuille* plus te voir.

1. Mes parents sont séparés.
2. Mon grand-père est à l'hôpital.
3. Je n'ai pas encore mon baccalauréat.
4. Je dois repasser mes examens le mois prochain.
5. Tous mes amis partent à l'étranger cet été.
6. Moi, je ne peux pas y aller.
7. Je me sens vraiment triste.

---

*elders

13.4 A past in the past: The **plus-que-parfait**

Definition: A compound tense consists of a helping verb (auxiliary) + a past participle.

★ *Review* **Grammaire 6.1.**

➤ **Plus-que-parfait** = imperfect of **avoir** or **être** + past participle

➤ The auxiliary required (**avoir** or **être**) is the same for all compound tenses of a given verb:
**j'*ai* fait, j'*avais* fait;
je *suis* allé, j'*étais* allé.**

A. French, like English, has several compound tenses, of which the most common is the **passé composé.** Other compound tenses are formed in the same way, but with the helping verb in a tense other than the present.

B. The **plus-que-parfait** (*pluperfect* or *past perfect*) is a compound tense with the helping verb in the imperfect. It is used to tell what *had* happened before something else in the past.

finir	aller
j' **avais** fini	j' **étais** allé(e)
tu **avais** fini	tu **étais** allé(e)
il/elle/on **avait** fini	il/elle/on **était** allé(e)
nous **avions** fini	nous **étions** allé(e)s
vous **aviez** fini	vous **étiez** allé(e)(s)
ils/elles **avaient** fini	ils/elles **étaient** allé(e)s

Reflexive verbs: je m'**étais** endormi(e)
nous nous **étions** levé(e)s

Ce jour-là, ma sœur m'a dit qu'elle **avait décidé** de se marier.
On a dit que tous les invités **étaient** déjà **arrivés**.

That day, my sister told me that she had decided to get married.
They said that all the guests had already arrived.

C. In conversation, the **plus-que-parfait** is often used to explain why one did a particular action or to indicate the time sequence of events in the past.

Ils ont divorcé parce qu'elle **était devenue** trop célèbre.
Quand je lui ai parlé, il **avait** déjà **décidé** de partir.

They divorced because she had become too famous.
When I talked with him, he had already decided to leave.

Exercice 6 Un mariage désastreux

Choisissez la conclusion logique pour chaque phrase. Ensuite, soulignez le verbe au plus-que-parfait.

1. Le marié s'est mis en colère parce que (qu')...
2. La mariée portait une robe rouge parce que (qu')...
3. Le père de la mariée s'est endormi parce que (qu')...
4. Le prêtre a fait beaucoup d'erreurs parce que (qu')...
5. On n'a pas servi de gâteau parce que (qu')...

a. il avait bu trop de champagne.
b. le garçon d'honneur avait perdu l'alliance.
c. le chien du prêtre l'avait mangé.
d. il avait oublié ses lunettes.
e. elle avait oublié sa robe blanche.

Exercice 7 Une mauvaise journée

Jean-Yves a passé une journée bien frustrante. Dites pourquoi en utilisant le plus-que-parfait.

MODÈLE: Jean-Yves a voulu se faire un café au lait pour le petit déjeuner, mais il (oublier) d'acheter du lait. →
Jean-Yves a voulu se faire un café au lait pour le petit déjeuner, mais il *avait oublié* d'acheter du lait.

1. Il est arrivé sur le quai du métro à 8 h 32, mais son train (partir) à 8 h 30.
2. Quand il a voulu rendre sa dissertation en cours d'anglais, il a découvert qu'il l' (oublier) chez lui.
3. Il est allé chercher des petits pains à la boulangerie, mais le boulanger en (vendre) les derniers.
4. Un ami l'a invité au cinéma, mais Jean-Yves (voir) le film la semaine précédente.
5. Quand il a téléphoné à Agnès à 10 h 30 du soir, elle (se coucher déjà) et elle s'est fâchée.

13.5 More on expressing possession: Possessive pronouns

A. In French, a possessive pronoun agrees in gender and number with the noun it replaces. Thus, each pronoun has three or four possible forms.

Definition: Possessive pronouns replace a noun and a possessive adjective. *Is that **your car**? Yes, it's **mine**.*

★ Review **Grammaire 1.1** on possessive adjectives.

	SINGULIER		PLURIEL	
	masculin	**féminin**	**masculin**	**féminin**
mine	le mien	la mienne	les miens	les miennes
yours	le tien	la tienne	les tiens	les tiennes
his	le sien	la sienne	les siens	les siennes
hers	le sien	la sienne	les siens	les siennes
its	le sien	la sienne	les siens	les siennes
ours	le nôtre	la nôtre	les nôtres	
yours	le vôtre	la vôtre	les vôtres	
theirs	le leur	la leur	les leurs	

—Tu as les mêmes **idées** que ton père? / *Do you have the same views as your father?*
—Non, **les miennes** sont différentes. / *No, mine are different.*
—Vous avez les mêmes **goûts**? / *Do you have the same tastes?*
—Non, **les siens** sont plus conservateurs. / *No, his are more conservative.*

B. Note that the choice of pronoun gender depends on *the noun it replaces*. It does *not* reflect the gender of the possessor **(la voiture de Raoul → la sienne; les lunettes de Raoul → les siennes).**

C. Remember that **le sien** and its other forms **(la sienne, les siens, les siennes)** can all express *his, hers,* or *its*. The context usually makes the meaning clear.

—Est-ce que **ces livres** sont à ta colocataire?   *Are these books your roommate's?*

—Oui, ce sont **les siens.**   *Yes, they're hers.*

Exercice 8 Comparaisons

As-tu beaucoup de choses en commun avec ton meilleur ami (ta meilleure amie)?

MODÈLE: Ton travail est intéressant ou ennuyeux? →
           Le mien est intéressant.
           Et celui de ton meilleur ami (ta meilleure amie)? →
           Le sien est ennuyeux.

1. En général, ta voiture est propre ou sale?
   Et celle de ton meilleur ami (ta meilleure amie)?
2. En général, ta chambre est en ordre ou en désordre?
   Et celle de ton meilleur ami (ta meilleure amie)?
3. Tes vêtements sont chic ou pratiques?
   Et ceux de ton ami(e)?
4. Ton/Ta camarade de chambre est facile ou difficile à vivre?
   Et celui/celle de ton ami(e)?
5. En général, tes notes sont très bonnes ou moyennes?
   Et celles de ton ami(e)?

Manifestation à Paris pour le droit
au logement

CHAPITRE

14

Les enjeux du présent et de l'avenir

Objectifs

In *Chapitre 14*, you will talk about current issues, decisions from the past, and what the future may be like. You will also learn more about expressing opinions and regrets.

ACTIVITÉS

L'intégration sociale
L'héritage du passé
Les enjeux du XXIᵉ siècle

LECTURES

À propos... Le «Printemps arabe» a commencé en Tunisie
La langue en mouvement Le français en Louisiane
À propos... Femmes en vue
À vous de lire Le voyageur du temps

GRAMMAIRE

14.1 *Should have:* The past conditional of **devoir**
14.2 Saying what you would have done: The past conditional
14.3 Conjunctions: More on the subjunctive
14.4 Expressing doubt and uncertainty: More on the subjunctive

Activités et lectures

L'intégration sociale

✳ Attention! Étudier Grammaire 14.1

Le monde idéal...

Dans le meilleur des mondes possibles, on vivrait en harmonie.

...et la réalité

On aurait dû accorder l'indépendance à la Côte d'Ivoire avant 1960!

Les vestiges du système colonial nous laissent des problèmes à résoudre.

Parfois, je crois que je n'aurais pas dû immigrer dans ce pays.

L'exclusion et le chômage restent des problèmes pour beaucoup de gens.

Les ethnies qui vivent au sein d'une culture majoritaire risquent de perdre leur identité.

Quel dommage! Les femmes auraient dû s'organiser en bloc.

Les femmes sont en train de lutter pour obtenir l'égalité.

Dites-moi! Qui a élu cet imbécile de chauvin?

L'extrême droite cherche à fermer la porte aux influences étrangères.

Activité 1 Entretien: Un monde plus divers

1. Est-ce que tu vois souvent des films étrangers? De quels pays?
2. As-tu immigré ou as-tu un ami (une amie) qui a immigré d'un autre pays? D'où viens-tu ou d'où vient cette personne? Pourquoi as-tu ou a ton ami(e) immigré?
3. Que diraient tes parents si tu voulais épouser quelqu'un d'un autre pays?
4. Si tu épousais un étranger (une étrangère), quelle langue parleriez-vous chez vous? Quelle langue voudrais-tu que tes enfants parlent?
5. Est-ce qu'il y a beaucoup d'immigrés où tu habites? D'où viennent-ils? Pourquoi ont-ils immigré dans ta région?
6. Y a-t-il des quartiers «ethniques» dans ta ville? Vous avez une foire internationale de temps en temps? Si oui, comment est-elle?

Activité 2 Discussion: Les effets de l'immigration

Choisissez la réponse qui exprime le mieux votre point de vue. Si vous n'êtes pas d'accord avec les réponses, donnez-en une autre.

1. Les lois d'immigration nous empêchent de vivre dans le pays de notre choix.
   a. C'est vrai. Les pays développés n'auraient jamais dû limiter le nombre d'immigrés qu'ils acceptent.
   b. Peut-être, mais il faut contrôler l'immigration pour éviter le chômage.
2. Il est ridicule d'insister pour que les enfants des immigrés parlent anglais à l'école aux États-Unis.
   a. C'est vrai, et les Américains auraient dû établir plus d'écoles bilingues il y a longtemps.
   b. Peut-être, mais en apprenant l'anglais, les enfants s'intègrent mieux à la vie culturelle et économique du pays.
3. On ne peut plus rester une culture monolingue. Le monde a changé.
   a. C'est vrai, et nous aurions dû apprendre une langue étrangère dès l'école primaire.
   b. C'est faux. Chaque pays devrait établir une seule langue officielle.
4. Il est triste de ne pas permettre aux immigrés d'amener toute leur famille.
   a. C'est vrai. On aurait dû permettre à la famille d'immigrer ensemble.
   b. C'est vrai, mais il faut limiter le nombre d'immigrés pour protéger l'économie du pays.

Activité 3 Échanges: Ancienne colonie française

Imaginez que vous vivez au Kadoga, un pays fictif. Autrefois, votre pays consistait de plusieurs tribus qui parlaient des langues différentes. Les Français sont arrivés et ils ont «créé» votre pays. Ils ont uni les tribus sous leur système d'administration. Aujourd'hui, officiellement, tout fonctionne en français: l'enseignement, le gouvernement, les services.

Maintenant, on vous pose des questions. Choisissez la réponse qui vous semble la plus logique ou proposez-en une autre.

1. Pourquoi parlez-vous français avec vos amis kadogais?
   a. Nous aimons le français et nous trouvons que c'est une belle langue.
   b. Nos tribus n'ont pas toutes la même langue maternelle, mais tout le monde parle français.

Cliquez là!

Visitez un site Internet consacré à un pays d'Afrique francophone (la Côte d'Ivoire ou le Sénégal, par exemple) et préparez une petite description de ce pays. Si possible, téléchargez des photos intéressantes.

2. Pourquoi vos parents vous ont-ils donné une éducation française?
   a. Dans le reste du monde, très peu de gens parlent la langue de notre tribu.
   b. Ils ont voulu que je ressemble autant que possible aux Français.
3. Pourquoi est-ce que votre pays fait partie de l'organisation des pays francophones?
   a. Ces pays ont des liens culturels et historiques.
   b. Ces pays s'entraident dans leurs affaires commerciales.
4. Pourquoi est-ce que les écrivains kadogais choisissent d'écrire en français?
   a. C'est la langue des affaires au Kadoga.
   b. Pour que plus de gens puissent lire ce qu'ils écrivent.
5. Vous trouvez facile d'être biculturel(le)?
   a. Oui, ça me semble normal.
   b. Non, je suis toujours déchiré(e) entre la culture de ma tribu et celle de Kadoga.

Activité 4 Associations: Le chauvin

Définition: (Le chauvin est une personne) *qui a ou qui manifeste un patriotisme excessif, souvent agressif; qui admire de façon exagérée, trop exclusive sa ville ou sa région.* (Petit Larousse illustré)

Identifiez les propos du chauvin.

- Je trouve que l'immigration a enrichi notre culture.
- Je trouve la cuisine étrangère bizarre!
- Je m'intéresse aux quartiers ethniques de ma ville.
- J'habite un quartier multiculturel et multiethnique.
- Ma langue est la plus belle du monde.

- Je pense que mon pays a toujours raison.
- J'adore voir des films d'autres pays.
- Je ne m'intéresse pas à l'actualité internationale.
- Je m'impatiente si un étranger prononce mal ma langue.
- J'apprends une autre langue.

À vous la parole! En groupe, créez des sketchs qui pourraient se réaliser si le chauvin décidait de voyager à l'étranger.

Activité 5 Situation: Vous avez émigré!

Imaginez que vous avez quitté votre pays et que vous vous êtes installé(e) dans un autre pays où vous avez un cousin. Vous ne parliez pas la langue du pays et vous aviez très peu d'argent quand vous avez quitté votre pays. Répondez aux questions posées par un journaliste.

1. Est-ce que vous vivez près d'autres personnes qui parlent votre langue?
2. Vous avez de la difficulté à trouver un travail? Comment vivez-vous?
3. Restez-vous en contact avec vos amis et votre famille dans votre pays?

4. Vous avez parfois le mal du pays? Pourquoi? Pourquoi pas?
5. Est-ce que vous êtes souvent invité(e) chez vos nouveaux compatriotes?
6. Comment vous débrouillez-vous, puisque vous êtes en train d'apprendre la langue de votre pays d'adoption?

À vous la parole! Avec un(e) camarade, créez deux sketchs dans lesquels un émigré (une émigrée) téléphone à sa famille qui est restée dans le pays d'origine. Dans le premier, l'émigré(e) s'est très bien intégré(e) dans son pays d'adoption. Dans le deuxième, il/elle a encore beaucoup de difficultés. Imaginez ce que l'émigré(e) va dire dans chacun de ces deux cas.

Ça fait réfléchir

Selon l'ONU (Organisation des nations unies), il y avait 190 millions de migrants dans le monde en 2005, contre 78 millions en 1965. Cela représente le flux des pays pauvres vers les pays riches.

• Une pancarte, tenue par des manifestants, invite le président tunisien Ben Ali à quitter le pouvoir.

À propos...
Le «Printemps arabe» a commencé en Tunisie

Le 17 décembre 2010, un Tunisien de 26 ans, Mohammed Bouazizi, s'est donné la mort en se brûlant devant un bâtiment de l'administration centrale dans la petite ville de Sidi Bouzid. Son suicide était motivé par le désespoir face au manque de travail et surtout à la corruption de la police qui persécutait le jeune homme, vendeur ambulant[1] de fruits et légumes. Dans toute la Tunisie, l'émotion a été immense et des milliers de gens ont manifesté[2] contre le gouvernement du président Zine el-Abidine Ben Ali, au pouvoir depuis 1987. En dépit de la répression, les manifestations se sont généralisées et une grève générale a paralysé le pays: Le peuple exigeait un changement de régime. En janvier 2011, Ben Ali a quitté le pays. Ce mouvement populaire a eu immédiatement des échos dans plusieurs autres pays de la région: Les Égyptiens ont provoqué le départ du président Hosni Mubarak en février 2011, et des révoltes ont éclaté[3] en Libye, en Syrie, au Yémen et à Bahreïn. Le «Printemps arabe» montre la détermination des peuples à se libérer des régimes autoritaires—surtout les jeunes qui ont utilisé Internet et les réseaux sociaux pour s'organiser. En Tunisie, on a même parlé de «révolution Facebook»!

[1] mobile
[2] protesté en marchant dans les rues
[3] commencé spontanément

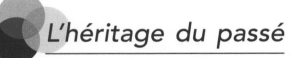

L'héritage du passé

✳ Attention! Étudier Grammaire 14.2

Les gens vivraient mieux si nous avions dépensé moins pour l'armement.

Tu n'aurais pas été victime de cette agression sans la vente libre d'armes à feu.

Tiens! Les femmes n'avaient pas le droit de disposer de leur salaire avant 1907.

Nous n'aurions pas pu venir ici si on n'avait pas nettoyé cette plage.

Je me demande parfois ce que le monde serait devenu si on n'avait jamais lancé la première bombe atomique.

Activité 6   Discussion: Hypothèses sur la société

Pour chaque choix, dites si vous êtes d'accord ou pas. Expliquez vos raisons.

1. Si on avait limité les échappements d'hydrocarbures dans l'atmosphère plus tôt...
   a. on aurait éliminé les pluies acides.
   b. le trou dans la couche d'ozone ne se serait pas élargi.
2. Si nous avions développé des voitures sans émissions toxiques...
   a. l'air des villes serait resté pur.
   b. la pollution n'aurait pas détérioré les gratte-ciel.
3. Si les industries avaient limité leurs déchets...
   a. les cours d'eau et les fleuves ne seraient pas si pollués.
   b. le chômage serait devenu un problème encore plus grave.
4. Si nous avions reconnu l'importance des eaux et des forêts...
   a. nous aurions pu sauver les espèces animales disparues.
   b. nous aurions construit plus de centrales nucléaires.
5. Si on avait adopté des lois limitant la vente d'armes à feu...
   a. moins de gens seraient morts à cause des crimes passionnels.
   b. il y aurait eu moins de guerres.

Cliquez là!

Allez sur le site de la ville de Bordeaux et regarder sous *Cadre de vie* pour découvrir la ville et ses projets pour affronter l'avenir. Attention! Pour chaque rubrique, il y a plusieurs projets, chacun avec ses photos.

Vocabulaire utile

Mais non! Ce n'est pas comme ça!   Oui, si tu veux, mais...
Ça, c'est un peu simpliste, non?   Oui, mais n'oublie pas que...

MODÈLE: É1: Si on n'avait pas inventé la laque pour les cheveux, on n'aurait pas
                causé le trou dans la couche d'ozone.
          É2: Tiens, c'est intéressant! Mais je pense que ce n'est pas la seule
                raison...

Activité 7   Échanges: Une autre Amérique

Imaginez comment la vie américaine aurait été différente si les choses suivantes s'étaient passées.

MODÈLE: Si Santa Ana avait gagné la bataille de l'Alamo, moi, je pense que le
          Texas ne serait pas devenu un état américain et que l'espagnol serait
          maintenant la langue officielle de la région.

1. Si Napoléon n'avait pas vendu la Louisiane en 1803...
2. Si Seward n'avait pas acheté l'Alaska aux Russes en 1867...

Ça fait réfléchir

- Le français est la langue officielle, ou une des langues officielles, dans vingt-trois pays africains.
- En 2010, on a estimé le nombre de francophones dans le monde à 220 millions.
- Pour à peu près 70 millions de ces francophones, le français n'est pas leur première langue.

3. Si les colonies américaines ne s'étaient pas révoltées...
4. Si le Nord n'avait pas gagné la guerre de Sécession...
5. Si les Russes avaient installé des armes nucléaires à Cuba...
6. Si les États-Unis n'avaient admis que des Anglais...
7. Si les Français n'avaient pas aidé les colons américains lors de leur révolte contre le roi d'Angleterre...
8. Si les Acadiens ne s'étaient pas établis en Louisiane...
9. Si les Européens n'avaient pas pris goût au tabac...

LA LANGUE EN MOUVEMENT

Le français en Louisiane

Depuis l'arrivée des Acadiens (Français chassés du Canada par les Anglais) en Louisiane au XVIIIe siècle, la langue française est au cœur de la culture cadienne. Pourtant, au XXe siècle, le français a été très menacé par l'anglais, au point où sa survie en Louisiane a été mise en question. Les années 60 ont vu la renaissance du français. Bannie des écoles et des églises pendant les années 20 et 30, la langue française a, depuis, été réintroduite dans les écoles. Il existe des stations de radio de langue française, et les musiques traditionnelles cadienne et zydeco, avec leurs chansons en français, aident à consolider la position du français en Louisiane. Depuis les années 1990, des écoles d'immersion offrent aux enfants un enseignement complètement en français pour la moitié des sujets enseignés. Jusqu'à présent, les enseignants dans ces programmes d'immersion viennent de France, de Belgique, du Québec et d'Afrique, en attendant la formation d'enseignants natifs du pays cadien.

MISE EN PRATIQUE Comme tous les dialectes régionaux, le français cadien a souvent ses propres noms pour les animaux de la région. Reconnaissez-vous ces espèces?

français cadien	français de France
une bête puante	une mouffette
un chaoui	un raton laveur
un moqueur	un (oiseau) moqueur
un rat de bois	un opossum
un suce-fleur	un colibri (oiseau-mouche)
une souris chaude	une chauve-souris
une tourte	une colombe
un/une z'oie	une oie

Cliquez là!

Visitez le site du CODOFIL, Conseil pour le développement du français en Louisiane. Quel est le but de cette organisation? Quels types de ressources et d'activités offre-t-elle? Si vous étiez en Louisiane, à quelles activités participeriez-vous? Décrivez-les en détails.

Activité 8   Dans le monde francophone: Le deuxième sexe

Lisez ce tableau basé sur un tableau tiré de *Francoscopie* et déterminez si les phrases qui le suivent sont vraies ou non. Si une phrase est fausse, corrigez-la.

Les grandes batailles

1850 : admission des filles à l'école primaire

1880 : admission des filles au lycée

1907 : les femmes mariées peuvent disposer de leur propre salaire

1928 : capacité juridique de la femme mariée

1937 : garçons et filles suivent le même programme scolaire

1944 : les femmes obtiennent le droit de vote (96 ans après les hommes)

1965 : la femme peut travailler sans demander la permission à son époux

1967 : la loi autorise la contraception

1970 : partage de l'autorité parentale

1972 : l'égalité de rémunération entre hommes et femmes est inscrite dans la loi

1974 : la loi autorise l'interruption volontaire de la grossesse (IVG)

1982 : remboursement de l'IVG par la Sécurité sociale

1983 : loi sur l'égalité professionnelle entre hommes et femmes

1985 : possibilité d'administrer conjointement les biens familiaux

2000 : la loi exige que les partis politiques présentent un nombre relativement égal de candidats femmes et hommes

---

1. Sans la loi de 1850, le mari aurait eu le droit de contrôler les finances de la famille.
2. Sans la loi de 1974, l'avortement serait illégal aujourd'hui.
3. Sans la loi de 2000, il y aurait probablement moins de femmes parmi les candidats dans les élections, à tous les niveaux.
4. Sans la loi de 1937, les garçons auraient probablement eu un programme d'études inférieur à celui des filles.
5. Sans les lois de 1850 et 1880, les filles n'auraient pas eu le droit d'aller à l'école publique.
6. Sans la loi de 1972, les femmes recevraient aujourd'hui un salaire supérieur à celui des hommes pour le même travail.
7. Sans la loi de 1944, les femmes ne pourraient pas voter.
8. ?

À propos...

Femmes en vue

● Christine Lagarde, directrice générale du Fonds monétaire international (FMI)

Si le symbole officiel de la France est une figure féminine (Marianne, allégorie de la République), la présence et l'importance des femmes dans la vie publique y reste très limitée. Avant 1944, une femme ne pouvait ni se présenter à une élection ni voter, et le pays reste assez mal classé dans le domaine de la «parité» (égalité de la représentation politique des deux sexes): 13e sur 27 en Europe, 58e dans le monde. Du temps de la monarchie, les femmes ne pouvaient pas régner[1] en France (contrairement à d'autres pays[2]), et, par la suite, aucune n'a encore été élue[3] présidente de la République. Pourtant, la situation progresse, lentement mais sûrement: Édith Cresson a été nommée premier ministre (1991–1992), et Ségolène Royal est arrivée au second tour[4] de l'élection présidentielle (2007). Martine Aubry, ancienne ministre, a été élue premier secrétaire du Parti Socialiste, la plus grande formation politique française (2008), et figure parmi les favorites de la présidentielle de 2012 avec une autre femme, Marine Le Pen, présidente du Front National. La candidate du parti Europe Écologie est aussi une femme, ancienne juge, Éva Joly. En juin 2011, la nomination de Christine Lagarde, ministre de l'économie, au poste de directrice du Fonds monétaire international (FMI) illustre bien la progression spectaculaire des femmes dans la vie publique française.

[1] diriger le pays en tant que reine
[2] Angleterre, Suède, Hongrie, Autriche, Russie, etc.
[3] sélectionnée par une élection (verbe *élire*)
[4] *round*

Les enjeux du XXIe siècle

✳ Attention! Étudier Grammaire 14.3 et 14.4

Le stress sera toujours un problème, à moins que nous apprenions à nous détendre.

Malgré nos discussions, on ne résoudra pas tous les problèmes sociaux.

On peut éviter la crise de la surpopulation, à condition que chacun fasse des efforts.

La génétique pourra nous aider, à condition que nous n'en abusions pas.

Activité 9 Discussion: Un siècle nouveau

Complétez les observations sur les problèmes sociaux aux USA et dans le monde avec la solution que vous préférez, ou proposez-en une autre. Est-ce qu'il serait possible de résoudre ces problèmes dans les vingt prochaines années?

1. Il y aura moins de crimes violents à condition que...
   a. nous abolissions la vente d'armes à feu.
   b. nous changions les idées de ceux qui commettent des crimes.
2. Nous ne pourrons pas arrêter la dégradation de l'environnement sans que...
   a. toutes les industries fassent des efforts sincères.
   b. tout le monde prenne conscience du gaspillage.
3. Nous ne pourrons pas compter sur des soins médicaux à l'avenir à moins que...
   a. nous établissions un système d'assurance nationale.
   b. nous dépensions moins pour la recherche et la technologie.
4. La drogue sera un danger pour la société jusqu'à ce que (qu')...
   a. nous trouvions et arrêtions tous les trafiquants.
   b. elle devienne une substance contrôlée comme l'alcool.
5. On pourra abolir le sida dans le monde pourvu que...
   a. les personnes infectées prennent leurs médicaments.
   b. tout le monde croie à la prévention et fasse des dons réguliers aux organisations contre le sida.
6. Le désastre nucléaire au Japon nous éveillera aux dangers nucléaires pourvu que...
   a. les pays du monde investissent davantage dans les énergies renouvelables.
   b. nous apprenions à mieux surveiller nos centrales nucléaires.
7. Il y aura de plus en plus de migrants dans le monde à moins que...
   a. nous trouvions le moyen de créer des emplois dans les pays pauvres.
   b. nous découragions les gens qui fassent continuellement la guerre.

   MODÈLE: ...à condition que nous abolissions la vente d'armes à feu.

   É1: Je suis d'accord, mais il faut ajouter que nous aurons moins de crimes à condition que nous changions la vie des pauvres et que nous...

   É2: Moi, je trouve l'idée d'abolir la vente d'armes à feu complètement risible! Tout le monde...

Ça fait réfléchir

«L'incroyable pique-nique» a eu lieu le 14 juillet 2000. Organisé par le gouvernement français pour célébrer l'an 2000, le pique-nique devait lancer une campagne de solidarité et de prévention contre le sida. Plus de 4 millions de personnes ont pique-niqué ensemble sur plus de 1.000 kilomètres, ce qui reliait le nord et le sud de la France.

Activité 10 Échanges: Prédictions pour l'avenir

Nous allons voir des changements au cours du XXIe siècle. Avec votre partenaire, réagissez aux prédictions en expliquant vos raisons.

MODÈLE: Les chercheurs découvriront un médicament pour rester jeune.
É1: C'est merveilleux! Mais je doute que ma future carrière de chirurgienne esthétique soit très lucrative!
É2: Ça plairait à ma sœur! Elle ne veut pas vieillir!

Exprime-toi!

Ça me plairait (m'étonnnerait, me surprendrait…).
Ce serait un désastre (un miracle…)!
Quelle catastrophe! (joie!, horreur!…)
Il est temps!
C'est merveilleux! (super!, révoltant!…)
Ça m'est égal!

1. Nous pourrons choisir le sexe, le QI et l'apparence physique des bébés.
2. Tous les ordinateurs et les logiciels seront compatibles.
3. Toutes les guerres auront lieu dans le cyber-espace.
4. Il y aura très peu de pauvreté et de chômage dans le monde.
5. Chaque maison sera équipée de panneaux solaires et d'un moulin à vent.
6. La plupart des Américains parleront français, espagnol, arabe et anglais.
7. Nous aurons des matières grasses artificielles inoffensives.
8. Grâce à Internet, on arrêtera les criminels juste après le crime.
9. La carte génétique personnelle remplacera la carte d'identité.
10. On deviendra plus conscient de l'environnement et de sa santé. Tout le monde se déplacera à pied, à vélo ou en train.

Activité 11 Échanges: Un nouveau pays

En petits groupes, créez un pays où vous voudriez vivre. Présentez votre pays à la classe.

- Comment s'appelle le pays? Où est-il situé?
- Comment est sa topographie? Y a-t-il des montagnes, des forêts… ?
- Quel type de gouvernement a-t-il?
- Quelles sont les bases de l'économie? Fonctionne-t-elle bien?
- Qui habite dans ce pays? Quelle est son histoire?
- Est-ce qu'il y a une fête nationale? Quel événement marque-t-elle?
- Comment fonctionne son système d'enseignement?
- Comment sont ses habitants? Comment est leur vie?

Activité 12 Échanges: Qu'est-ce qu'on peut faire?

En groupes, décidez ce que les personnes suivantes peuvent faire pour aider à convaincre les gens à affronter les problèmes écologiques d'aujourd'hui.

- le rédacteur en chef d'un journal
- le chef du gouvernement
- un sportif ou une sportive célèbre
- une vedette de cinéma
- le président d'une université
- le/la P.D.G. d'une entreprise internationale

MODÈLE: É1: Les profs de français peuvent discuter de ces problèmes en cours.
É2: Ils pourraient exiger que les étudiants lisent des articles et qu'ils écrivent sur ce sujet.
É3: Moi, à leur place, je passerais des films en français sur l'écologie dans mes cours.

POUR RÉSUMER

À vous de parler

Optimiste ou pessimiste?

A. Voici des problèmes qu'affronte le monde aujourd'hui. En groupes, rangez-les par ordre d'importance pour vous. Lesquels sont urgents, exagérés, sérieux, pas urgents... ?

_____ les dangers du nucléaire

_____ les déchets non-recyclables

_____ le chômage persistant

_____ la pollution des eaux

_____ la qualité de la nourriture

_____ les technologies et la perte d'emplois

_____ le changement climatique

_____ l'emploi des énergies de sources non-renouvelables

_____ les extrêmes entre les pays riches et les pays pauvres

_____ la perte d'espèces d'animaux et de plantes

_____ l'intégration des immigrés par les pays libres et prospères

B. Proposez des actions que nous pouvons entreprendre en tant qu'individus pour agir contre chacun de ces problèmes. Suggestions: _écrire des lettres, voter pour les candidats qui... , acheter des produits... , changer de type d'ampoule, proposer... , participer aux manifs... , découvrir pourquoi... , etc._

À vous de lire

Le voyageur du temps

Un inventeur génial de la fin du XIXe siècle a conçu une machine à voyager dans le temps. Il s'arrête en 2010 et sort de sa machine en plein Paris. Très surpris de ce qu'il voit, il aborde une passante.

—Excusez-moi, monsieur...

La passante le regarde d'un air étonné et réplique:

—Mademoiselle.

—Mademoiselle? Ah oui, c'est vrai... Je suis confus. Mais... pourquoi portez-vous un pantalon?

—Parce que je trouve ça confortable. Quelle drôle de question!

—Excusez-moi, je suis un peu désorienté... Dites-moi: nous sommes bien à Paris, n'est-ce pas?

—Oui, bien sûr.

—Et, euh... j'ai perdu ma montre, voyez-vous... pouvez-vous me dire la date?

La passante a l'air de plus en plus étonné.

—Le 1er avril.

—De quelle année?

—Ah, je comprends: c'est une blague, hein? Un poisson d'avril[1]?

—Non, non, je vous assure. Je suis très sérieux, mais un peu distrait, voyez-vous. Alors, l'année?

—2010. Vous êtes sûr que vous vous sentez bien?

---

[1]poisson... une blague qu'on fait traditionnellement le 1er avril

—2010!!! Mon dieu! Oui, merci, ça va. Je suis juste un peu déconcerté.

—Ah, je comprends; vous n'êtes pas d'ici...

—Oh, si, justement, c'est «ici» qui me semble avoir beaucoup changé. Regardez tous ces gens, tous ces étrangers! Toutes ces races! Est-ce qu'il y a de nouveau une Exposition Coloniale?

—Ce serait difficile: il n'y a plus de colonies, vous savez. Ces gens vivent et travaillent ici et d'ailleurs, la plupart sont sans doute français.

—C'est vrai? Mais, alors, est-ce que la France est toujours un pays souverain? Nous n'avons pas été envahis par les Allemands, au moins?

La passante réfléchit quelques instants avec un sourire amusé.

—Pas exactement. C'est de l'histoire ancienne, tout ça. Les Allemands sont nos meilleurs amis à présent; ensemble, nous avons construit l'Europe.

—Tiens! Quelle idée! Ahem... Vous savez, je suis ingénieur, je passe mes journées dans mon laboratoire et je ne suis pas l'actualité de très près. Expliquez-moi en quoi consiste cette Europe.

—Eh bien, les frontières ont été abolies et depuis huit ans, nous avons une monnaie unique, l'euro. Nous avons déjà une politique agricole commune, une force militaire multinationale...

—Vraiment? Et est-ce que cette Europe est unie politiquement aussi, avec un président?

—Non, pas encore, mais on en parle. Il y a des instances de gouvernement commun, comme la commission de Bruxelles ou le parlement de Strasbourg... Dites, vous n'avez jamais entendu parler de tout ça?

—Non, je suis très très distrait, vous savez. Mais tout ce que vous me dites m'intéresse beaucoup... J'espère seulement qu'avec tous ces changements, la France ne va pas devenir un petit pays sans importance.

—Ne vous inquiétez pas! Je crois que la France a encore un rôle à jouer, pas seulement au sein de l'Union européenne...

—Je vous remercie beaucoup, jeune homme... euh, enfin, je veux dire, chère mademoiselle. Merci et bonne journée!

«Quel vieil original!» pense la jeune femme en s'éloignant, «et quel accoutrement[2] bizarre! C'est à croire que ce monsieur vit encore au XIXe siècle!»

---

[2]costume

Avez-vous compris?   Le voyageur du temps est déconcerté par les différences entre la fin du XIXe siècle et l'an 2010. Trouvez dans le texte des éléments qui s'opposent à son expérience.

MODÈLE: À son époque, les femmes devaient porter des corsets, des robes et des jupons.
En 2010, les femmes portent ce qu'elles veulent.

À son époque,...

1. la France et l'Allemagne étaient souvent en conflit.
2. la France possédait un immense empire colonial.
3. chaque pays européen avait des institutions totalement distinctes de celles des autres.
4. Strasbourg faisait partie du territoire allemand.
5. la population française était extrêmement homogène.
6. les frontières entre pays jouaient un rôle important.
7. chaque pays avait sa propre monnaie.

À vous la parole! Enthousiasmé par ce qu'il vient de voir, le voyageur du temps monte encore dans sa machine pour retourner à son époque et tout raconter à ses amis. Malheureusement, il fait une erreur et se retrouve en 2098! Imaginez une scène où il rencontre un passant (une passante) de la fin du XXIe siècle.

MODÈLE: VOYAGEUR: Bonjour... monsieur? madame?

GOGI: Bonjour, je suis Gogi, robot à votre service. Vous désirez continuer en français?

VOYAGEUR: ...

À vous d'écrire

Interviewez quelqu'un qui a immigré d'un autre pays. Ensuite, écrivez un article au sujet de ses expériences.

Suggestions son pays d'origine, sa raison pour partir, son travail et les changements que cette décision a provoqués dans sa vie (la langue, la culture, la nourriture, etc.)

MODÈLE: *La tante de mon ami Tuan Nguyen est venue aux États-Unis pendant les années 80 après la guerre du Viêtnam. Elle avait été séparée de sa famille pendant la guerre et...*

Vocabulaire

Le monde et ses habitants

The world and those who live in it

bilingue	bilingual
chauvin(e)	chauvinistic, prejudiced
déchiré(e)	torn, conflicted
disparu(e)	gone, disappeared
monolingue	monolingual
peuplé(e)	inhabited
puni(e)	punished

Mots apparentés: **biculturel(le), ethnique, majoritaire, multiculturel(le), pur(e)**

les droits (*m.*) **de l'homme**	human rights
les enjeux (*m.*)	stakes
une ethnie	an ethnic group
une foire internationale	an international fair
un(e) immigré(e)	an immigrant
la langue maternelle	mother tongue
un lien	a connection, link
une tribu	a tribe

Mots apparentés: **l'égalité** (*f.*)**, l'harmonie** (*f.*)**, l'intégration** (*f.*)**, le quotient intellectuel (QI)**

avoir le mal du pays	to be homesick
accorder l'indépendance (à)	to grant independence (to)
s'entraider	to help one another
faire partie de	to belong to
s'installer	to move, settle
rester en contact	to stay in touch
soutenir	to support, aid

Mots apparentés: **abuser (de), consister, disposer (de), émigrer, enrichir, immigrer, s'intégrer, ressembler (à), se révolter**

Les problèmes sociaux et l'opinion publique

Social problems and public opinion

les assurances (*f.*)	insurance
l'avortement (*m.*)	abortion
une bataille	a battle
le chômage	unemployment
le gaspillage	waste
la guerre	war
une loi	a law
la pauvreté	poverty
les soins (*m.*) **médicaux**	medical care

équilibrer le budget   to balance the budget
être conscient(e) (de)   to be aware (of)
lancer une bombe   to drop a bomb
vieillir   to grow old

Mots apparentés: **l'agression** (*f.*), **l'armement** (*m.*), **une bombe atomique, une colonie, un crime passionnel, la dégradation, la drogue, un(e) trafiquant(e)**

L'environnement

The environment

les armes (*f.*) nucléaires	nuclear weapons
une centrale nucléaire	a nuclear power plant
un chercheur / une chercheuse	a researcher
un cours d'eau	a stream
une décharge	a (trash) dump
l'échappement (*m.*) d'hydrocarbures	hydrocarbon emissions
les espèces (*f.*) animales	animal species
l'exclusion (*f.*)	(state of) marginalization
un gratte-ciel	a skyscraper
la laque	hairspray
la pluie acide	acid rain
la solidarité	support, help for people in distress
la surpopulation	overpopulation
le tabac	tobacco
le trou dans la couche d'ozone	the hole in the ozone layer

la vente d'armes à feu	sale of firearms
les vestiges (*m.*) du passé	remains of the past

abolir	to abolish
affronter	to confront, deal with
s'élargir	to grow, become larger
lutter	to fight
remplacer	to replace
résoudre	to resolve

Mots apparentés: **appréhendé(e), détériorer, la génétique, lucratif/lucrative, révoltant(e), la révolte, simpliste**

Mots et expressions utiles

à condition que	provided that
à moins que	unless
au sein de	at the heart of, within
autant que possible	as much as possible
Ça m'est égal.	It doesn't matter to me.
les colons (*m.*)	colonials, colonists
l'extrême droite (*f.*)	the far right
inoffensif/inoffensive	harmless
jusqu'à ce que	until
le/la P.D.G.	CEO
pire (le...)	worse (the worst)
Quel dommage!	What a shame!
le rédacteur en chef	executive editor
risible	laughable

Grammaire et exercices

14.1 *Should have:* The past conditional of **devoir**

✳ Review **Grammaire 8.4.**

A. You have already used the present conditional of **devoir** + an infinitive to express a judgment about a present or future action.

Nous **devrions être** moins
dépendants de la voiture.

*We should be less dependent
on cars.*

✳ You will learn more about the past conditional in **Grammaire 14.2.**

B. To express a judgment about a past action, use the past conditional of **devoir** + an infinitive.

PAST CONDITIONAL OF **devoir**	
j'aurais dû	nous aurions dû
tu aurais dû	vous auriez dû
il/elle/on aurait dû	ils/elles auraient dû

➤ **je dois** = *I have to*
➤ **je devrais** = *I should*
➤ **j'aurais dû** = *I should have*

Tu n'as pas voté? Tu **aurais dû** le faire.

Nous **aurions dû** penser à ces problèmes plus tôt.

You didn't vote? You should have.

We should have thought of these problems sooner.

Exercice 1 Erreurs du passé

La classe de Mme Martin parle de certains problèmes sociaux. Employez le conditionnel passé de **devoir.**

MODÈLE: On *aurait dû* accorder le droit de vote aux femmes beaucoup plus tôt.

1. Les scientifiques _____ nous avertir plus tôt des problèmes écologiques.
2. Nous _____ être informés plus tôt sur les dangers du tabac.
3. Vous _____ voter aux dernières élections.
4. On _____ prévoir les effets des nouvelles technologies sur les emplois.
5. Raoul, tu _____ nous parler des expériences de tes ancêtres québécois.
6. Moi, j'_____ choisir d'être professeur d'anglais langue seconde.

14.2 Saying what you would have done: The past conditional

✳ Review **Grammaire 11.1** on the present conditional.

A. The past conditional is used to tell what someone would have done in the past. It consists of the conditional form of **avoir** or **être** + the past participle.

CONDITIONNEL PASSÉ		
finir	**arriver**	**se lever**
j'**aurais** fini	je **serais** arrivé(e)	je me **serais** levé(e)
tu **aurais** fini	tu **serais** arrivé(e)	tu te **serais** levé(e)
il/elle/on **aurait** fini	il/elle/on **serait** arrivé(e)	il/elle/on se **serait** levé(e)
nous **aurions** fini	nous **serions** arrivé(e)s	nous nous **serions** levé(e)s
vous **auriez** fini	vous **seriez** arrivé(e)(s)	vous vous **seriez** levé(e)(s)
ils/elles **auraient** fini	ils/elles **seraient** arrivé(e)s	ils/elles se **seraient** levé(e)s

Si j'avais vécu au XIXe siècle, j'**aurais été** plus heureuse. J'**aurais pu** vivre dans un monde plus simple.

If I had lived in the 19th century, I would have been happier. I could have lived (would have been able to live) in a simpler world.

➤ **j'aurais fait** = *I would have done*

➤ **je serais allé(e)** = *I would have gone*

B. You have seen how French expresses a hypothetical condition and its result by using **si** + the **imparfait** and the conditional.

Si j'avais le temps, **je travaillerais** pour ce candidat.

If I had the time, I would work for that candidate.

★ Review **Grammaire 11.5** on conditional sentences with **si** + imperfect and present conditional.

To express a *past* hypothetical condition and a *past* result, use **si** + the **plus-que-parfait** and the past conditional. Remember that the **plus-que-parfait** consists of the imperfect form of **avoir** or **être** + the past participle.

Si j'avais eu le temps, **j'aurais travaillé** pour ce candidat.

Si tu étais resté(e) à la maison, **tu n'aurais pas eu** cet accident.

If I had had the time, I would have worked for that candidate.

If you had stayed at home, you wouldn't have had this accident.

★ Review **Grammaire 13.4** on the **plus-que-parfait.**

Exercice 2 Moi, j'aurais fait autrement!

Marie Lasalle est écologiste, mais elle a du mal à changer les habitudes de Francis. Voici ce qu'elle lui dit quand il rentre du supermarché. Complétez les phrases en mettant le verbe au conditionnel passé.

1. Moi, je _____ (ne pas acheter) ces sacs poubelle non biodégradables.
2. Si tu avais pris le bus au lieu de la voiture, ça _____ (être) mieux pour l'environnement.
3. On _____ (ne pas jeter) tout ce plastique à la poubelle, si tu n'avais pas choisi des légumes emballés dans du plastique.
4. Est-ce que tu sais que tu _____ (pouvoir) trouver une lessive sans phosphates?
5. Si tu avais emporté nos filets* à provisions, tu _____ (ne pas rentrer) avec tous ces sacs en plastique.
6. Si tu avais réfléchi un peu plus, tu _____ (se rendre compte) qu'on vend beaucoup de produits bio au supermarché maintenant.

---

*sacs

14.3 Conjunctions: More on the subjunctive

Definition: A *conjunction* is a word or expression that links one idea to another within a sentence: **et, mais,** etc.

A. Certain French conjunctions require the verb that follows to be in the subjunctive mood.

Il faudra prendre des measures sévères, **pour que** tout le monde **comprenne** la gravité de la situation.

It will be necessary to take some drastic steps, so that everyone will understand the seriousness of the situation.

B. The conjunctions that require the use of the subjunctive generally include some element of uncertainty, in the sense that they introduce a potential event that may or may not actually take place. Here are the most commonly used conjunctions that require the subjunctive.

TIME	RESTRICTION
avant que *before*	**à moins que** *unless*
jusqu'à ce que *until*	**bien que, quoique** *although, even though*
PURPOSE	**pourvu que, à condition que** *provided that*
afin que, pour que *so that*	**sans que** *without*

J'espère lui parler **avant qu'**elle **prenne** une décision.
Bien que vous **ayez** de bonnes idées, je trouve que vous êtes trop optimiste.

I hope to speak to her before she makes a decision.
Although you have some good ideas, I think you are too optimistic.

Exercice 3 Que faut-il faire?

Complétez les phrases de façon logique en choisissant une des conjonctions indiquées.

à condition que, à moins que, bien que

1. La surpopulation de la terre va bientôt prendre des proportions catastrophiques, _____ tous les pays du monde se mettent d'accord sur les mesures à prendre.
2. Nous devrions aider les pays en voie de développement _____ ce développement se conforme à des priorités écologiques.
3. _____ les femmes aient le droit de vote depuis assez longtemps, il y a très peu de femmes dans notre législature.

jusqu'à ce que, pour que, quoique

4. Les jeunes défavorisés vont continuer à avoir des problèmes _____ nous dépensions plus pour les écoles que pour les prisons.
5. Notre gouvernement continue à aider ce pays, _____ ses leaders n'arrêtent pas d'emprisonner leurs adversaires politiques.
6. Il faudrait enseigner les principes de l'écologie à l'école, _____ les enfants les apprennent très jeunes.

14.4 Expressing doubt and uncertainty: More on the subjunctive

Another use of the subjunctive is to express doubt or uncertainty about some event or state of affairs. The following charts show possible beliefs one can have about the likelihood of some event. Notice that the indicative is used for something that is considered probable or certain, whereas the subjunctive is used for anything that is impossible, unlikely, or merely possible.

> ➤ Use subjunctive after expressions of
> - necessity
> - desire
> - emotion, attitude
> - doubt, uncertainty, impossibility

SUBJUNCTIVE	
Impossible	c'est impossible que ce n'est pas possible que
Unlikely, doubtful	c'est peu probable que c'est douteux que je doute que
Possible, uncertain	c'est possible que ce n'est pas certain que je ne suis pas certain(e)/sûr(e) que

INDICATIVE	
Likely, probable	c'est probable que je crois que, je pense que
Certain	c'est certain que c'est vrai que c'est sûr que c'est clair que je suis certain(e)/sûr(e) que

SUBJUNCTIVE

C'est impossible que tous les pays **se mettent** d'accord sur une solution.
Je doute que cela **soit** vrai.
C'est possible que le president **fasse** une conférence de presse ce soir.

It's impossible for all countries to agree on a solution.

I doubt that that is true.
It's possible the president will hold a press conference tonight.

INDICATIVE

C'est probable que la presse lui **posera** beaucoup de questions.
C'est certain que ces problèmes **vont** s'aggraver.

It's likely the press will ask him/her a lot of questions.
It's certain these problems are going to get worse.

> ➤ Subjunctive:
>
> C'est **impossible** qu'il vienne.
> C'est **peu probable** que tu aies raison.
> C'est **possible** que je sois en retard.

> ➤ Indicative:
>
> C'est **probable** que tu as raison.
> C'est **certain** que je serai en retard.

Exercice 4 Prédictions pour l'an 2018

Complétez les phrases en utilisant l'indicatif ou le subjonctif. Ensuite, dites laquelle exprime le mieux votre opinion. Comparez vos réponses avec celles de vos camarades de classe.

MODÈLE: Tous les téléphones seront équipés d'un écran de télévision.
   a. C'est peu probable que tous les téléphones *soient* équipés d'un écran de télévision.
   b. C'est probable que tous les téléphones *seront* équipés d'un écran de télévision.

1. Les étudiants de mon université suivront tous leurs cours en ligne.
   a. C'est possible que...
   b. C'est impossible que...
2. Tous les Américains parleront anglais, français et espagnol.
   a. C'est impossible que...
   b. C'est probable que...
3. Nous éliminerons la pauvreté.
   a. Je crois que...
   b. C'est peu probable que...
4. Tout le monde travaillera à la maison.
   a. Je pense que...
   b. Ce n'est pas possible que...
5. Toutes les familles du monde auront Internet.
   a. C'est peu probable que...
   b. C'est possible que...

Appendix A

Verbs ending in **-er** with spelling changes

A few regular **-er** verbs have minor spelling changes in the present-tense stem. Most of these changes correspond to changes in pronunciation that occur when the verb has an ending that is not pronounced.

- *Verbs like **préférer:*** The second **é** of the stem is pronounced as /e/ in the infinitive and the **nous** and **vous** forms. However, when the verb ending is silent, this second **é** is changed to **è** and is pronounced as /ɛ/.

with pronounced endings:	préférer, nous préférons, vous préférez
with silent endings:	je préf**è**re, tu préf**è**res, il/elle/on préf**è**re, ils/elles préf**è**rent

- *Verbs like **acheter:*** The unaccented **e** of the stem (a mute **e**) is not normally pronounced in the infinitive or the **nous** and **vous** forms. However, when the verb ending is silent, this **e** becomes an **è** and is pronounced as /ɛ/.

with pronounced endings:	ach⌀ter, nous ach⌀tons, vous ach⌀tez
with silent endings:	j'ach**è**te, tu ach**è**tes, il/elle/on ach**è**te, ils/elles ach**è**tent

- *Verbs like **appeler:*** The unaccented **e** of this stem is also a mute **e** and is silent in the infinitive and the **nous** and **vous** forms. However, when the verb ending is silent, the **l** is doubled, and the **e** is pronounced as /ɛ/.

with pronounced endings:	app⌀ler, nous app⌀lons, vous app⌀lez
with silent endings:	j'appe**ll**e, tu appe**ll**es, il/elle/on appe**ll**e, ils/elles appe**ll**ent

- *Verbs like **manger:*** An **e** is added after the **g** before **-ons** and endings starting with **-a** to preserve the soft pronunciation (/ʒ/) of the letter **g.**

  nous mang**e**ons

- *Verbs like **commencer:*** A cedilla (¸) is added to the **c** before **-ons** and endings starting with **-a** to preserve the soft pronunciation (/s/) of the letter **c.**

  nous commen**ç**ons

A chart showing the full conjugation of these verbs, with lists of other verbs that have similar conjugation patterns, follows in Appendix C, Part 3.

Verb + verb constructions

1. Some verbs directly precede an infinitive, with no intervening preposition **(J'aime danser).**

aimer	espérer	pouvoir	valoir (il vaut mieux)
aller	faire	préférer	venir*
désirer	falloir (il faut)	savoir	vouloir
détester	laisser	souhaiter	
devoir	penser		

2. Some verbs require the preposition **à** before the infinitive **(Il commence à parler).**

aider à	commencer à	hésiter à	se préparer à
s'amuser à	continuer à	s'intéresser à	réussir à
apprendre à	se décider à	inviter à	servir à
arriver à	encourager à	se mettre à	tenir à
chercher à	s'habituer à		

3. Some verbs require the preposition **de** before the infinitive **(Nous essayons de travailler).**

accepter de	demander de	interdire de	proposer de
s'arrêter de	dire de	offrir de	refuser de
avoir peur de	empêcher de	oublier de	regretter de
cesser de	essayer de	parler de	remercier de
choisir de	éviter de	permettre de	rêver de
conseiller de	s'excuser de	persuader de	risquer de
décider de	finir de	promettre de	venir de*

---

*When used as a verb of motion, **venir** has no preposition before an infinitive: **Je viens vous aider.** *I'm coming to help you.* However, the preposition **de** is used before the infinitive in the **passé récent** construction: **Je viens de l'aider.** *I've just helped him/her.*

Appendix C

Conjugations of regular and irregular verbs

1. Auxiliary verbs

VERB	INDICATIVE			CONDITIONAL	SUBJUNCTIVE	IMPERATIVE
	Present	*Imperfect*	*Future*	*Present*	*Present*	
avoir*	ai	avais	aurai	aurais	aie	
(*to have*)	as	avais	auras	aurais	aies	aie
ayant	a	avait	aura	aurait	ait	
eu	avons	avions	aurons	aurions	ayons	ayons
	avez	aviez	aurez	auriez	ayez	ayez
	ont	avaient	auront	auraient	aient	
	Passé composé		*Pluperfect*	*Past*		
	ai eu		avais eu	aurais eu		
	as eu		avais eu	aurais eu		
	a eu		avait eu	aurait eu		
	avons eu		avions eu	aurions eu		
	avez eu		aviez eu	auriez eu		
	ont eu		avaient eu	auraient eu		
être	*Present*	*Imperfect*	*Future*	*Present*	*Present*	
(*to be*)	suis	étais	serai	serais	sois	
étant	es	étais	seras	serais	sois	sois
été	est	était	sera	serait	soit	
	sommes	étions	serons	serions	soyons	soyons
	êtes	étiez	serez	seriez	soyez	soyez
	sont	étaient	seront	seraient	soient	
	Passé composé		*Pluperfect*	*Past*		
	ai été		avais été	aurais été		
	as été		avais été	aurais été		
	a été		avait été	aurait été		
	avons été		avions été	aurions été		
	avez été		aviez été	auriez été		
	ont été		avaient été	auraient été		

*The leftmost column of each chart contains the infinitive, the present participle, and the past participle of each verb. Conjugated verbs are shown without subject pronouns.

2. Regular verbs

VERB	INDICATIVE			CONDITIONAL	SUBJUNCTIVE	IMPERATIVE
-er Verbs	*Present*	*Imperfect*	*Future*	*Present*	*Present*	
parler	parle	parlais	parlerai	parlerais	parle	
(*to speak*)	parles	parlais	parleras	parlerais	parles	parle
parlant	parle	parlait	parlera	parlerait	parle	
parlé	parlons	parlions	parlerons	parlerions	parlions	parlons
	parlez	parliez	parlerez	parleriez	parliez	parlez
	parlent	parlaient	parleront	parleraient	parlent	
	*Passé composé**		*Pluperfect*	*Past*		
	ai parlé		avais parlé	aurais parlé		
	as parlé		avais parlé	aurais parlé		
	a parlé		avait parlé	aurait parlé		
	avons parlé		avions parlé	aurions parlé		
	avez parlé		aviez parlé	auriez parlé		
	ont parlé		avaient parlé	auraient parlé		
-ir Verbs	*Present*	*Imperfect*	*Future*	*Present*	*Present*	
finir	finis	finissais	finirai	finirais	finisse	
(*to finish*)	finis	finissais	finiras	finirais	finisses	finis
finissant	finit	finissait	finira	finirait	finisse	
fini	finissons	finissions	finirons	finirions	finissions	finissons
	finissez	finissiez	finirez	finiriez	finissiez	finissez
	finissent	finissaient	finiront	finiraient	finissent	
	*Passé composé**		*Pluperfect*	*Past*		
	ai fini		avais fini	aurais fini		
	as fini		avais fini	aurais fini		
	a fini		avait fini	aurait fini		
	avons fini		avions fini	aurions fini		
	avez fini		aviez fini	auriez fini		
	ont fini		avaient fini	auraient fini		
-re Verbs	*Present*	*Imperfect*	*Future*	*Present*	*Present*	
perdre	perds	perdais	perdrai	perdrais	perde	
(*to lose*)	perds	perdais	perdras	perdrais	perdes	perds
perdant	perd	perdait	perdra	perdrait	perde	
perdu	perdons	perdions	perdrons	perdrions	perdions	perdons
	perdez	perdiez	perdrez	perdriez	perdiez	perdez
	perdent	perdaient	perdront	perdraient	perdent	
	*Passé composé**		*Pluperfect*	*Past*		
	ai perdu		avais perdu	aurais perdu		
	as perdu		avais perdu	aurais perdu		
	a perdu		avait perdu	aurait perdu		
	avons perdu		avions perdu	aurions perdu		
	avez perdu		aviez perdu	auriez perdu		
	ont perdu		avaient perdu	auraient perdu		

*Certain intransitive verbs are conjugated with **être** instead of **avoir** in compound tenses. Regular verbs conjugated with **être** include **arriver, descendre, monter, passer, rentrer, rester, retourner,** and **tomber.**

3. -er Verbs with spelling changes

Certain verbs ending in **-er** require spelling changes in the verb stem in certain forms and tenses. Models for each kind of change are listed here. Forms with spelling changes in the stem are in boldface type.

VERB	PRESENT	IMPERFECT	PASSÉ COMPOSÉ	FUTURE	CONDITIONAL	PRESENT SUBJUNCTIVE	IMPERATIVE
commencer*	commence	**commençais**	ai commencé	commencerai	commencerais	commence	
(to begin)	commences	**commençais**	as commencé	commenceras	commencerais	commences	commence
commençant	commence	**commençait**	a commencé	commencera	commencerait	commence	
commencé	**commençons**	commencions	avons commencé	commencerons	commencerions	commencions	**commençons**
	commencez	commenciez	avez commencé	commencerez	commenceriez	commenciez	commencez
	commencent	**commençaient**	ont commencé	commenceront	commenceraient	commencent	
manger**	mange	**mangeais**	ai mangé	mangerai	mangerais	mange	
(to eat)	manges	**mangeais**	as mangé	mangeras	mangerais	manges	mange
mangeant	mange	**mangeait**	a mangé	mangera	mangerait	mange	
mangé	**mangeons**	mangions	avons mangé	mangerons	mangerions	mangions	**mangeons**
	mangez	mangiez	avez mangé	mangerez	mangeriez	mangiez	mangez
	mangent	**mangeaient**	ont mangé	mangeront	mangeraient	mangent	
appeler†	**appelle**	appelais	ai appelé	**appellerai**	**appellerais**	**appelle**	
(to call)	**appelles**	appelais	as appelé	**appelleras**	**appellerais**	**appelles**	**appelle**
appelant	**appelle**	appelait	a appelé	**appellera**	**appellerait**	**appelle**	
appelé	appelons	appelions	avons appelé	**appellerons**	**appellerions**	appelions	appelons
	appelez	appeliez	avez appelé	**appellerez**	**appelleriez**	appeliez	appelez
	appellent	appelaient	ont appelé	**appelleront**	**appelleraient**	**appellent**	
essayer††	**essaie**	essayais	ai essayé	**essaierai**	**essaierais**	**essaie**	
(to try)	**essaies**	essayais	as essayé	**essaieras**	**essaierais**	**essaies**	**essaie**
essayant	**essaie**	essayait	a essayé	**essaiera**	**essaierait**	**essaie**	
essayé	essayons	essayions	avons essayé	**essaierons**	**essaierions**	essayions	essayons
	essayez	essayiez	avez essayé	**essaierez**	**essaieriez**	essayiez	essayez
	essaient	essayaient	ont essayé	**essaieront**	**essaieraient**	**essaient**	
acheter‡	**achète**	achetais	ai acheté	**achèterai**	**achèterais**	**achète**	
(to buy)	**achètes**	achetais	as acheté	**achèteras**	**achèterais**	**achètes**	**achète**
achetant	**achète**	achetait	a acheté	**achètera**	**achèterait**	**achète**	
acheté	achetons	achetions	avons acheté	**achèterons**	**achèterions**	achetions	achetons
	achetez	achetiez	avez acheté	**achèterez**	**achèteriez**	achetiez	achetez
	achètent	achetaient	ont acheté	**achèteront**	**achèteraient**	**achètent**	
préférer§	**préfère**	préférais	ai préféré	préférerai	préférerais	**préfère**	
(to prefer)	**préfères**	préférais	as préféré	préféreras	préférerais	**préfères**	**préfère**
préférant	**préfère**	préférait	a préféré	préférera	préférerait	**préfère**	
préféré	préférons	préférions	avons préféré	préférerons	préférerions	préférions	préférons
	préférez	préfériez	avez préféré	préférerez	préféreriez	préfériez	préférez
	préfèrent	préféraient	ont préféré	préféreront	préféreraient	**préfèrent**	

*Verbs like **commencer:** dénoncer, divorcer, menacer, placer, prononcer, remplacer, tracer
Verbs like **manger: bouger, changer, dégager, engager, exiger, juger, loger, mélanger, nager, obliger, partager, voyager
†Verbs like **appeler:** épeler, jeter, projeter, (se) rappeler
††Verbs like **essayer:** employer, (s')ennuyer, nettoyer, payer
‡Verbs like **acheter:** achever, amener, emmener, (se) lever, promener
§Verbs like **préférer:** célébrer, considérer, espérer, (s')inquiéter, pénétrer, posséder, répéter, révéler, suggérer

4. Reflexive verbs

VERB	INDICATIVE			CONDITIONAL	SUBJUNCTIVE	IMPERATIVE
	Present	*Imperfect*	*Future*	*Present*	*Present*	
se laver	me lave	me lavais	me laverai	me laverais	me lave	
(*to wash*	te laves	te lavais	te laveras	te laverais	te laves	lave-toi
oneself)	se lave	se lavait	se lavera	se laverait	se lave	
se lavant	nous lavons	nous lavions	nous laverons	nous laverions	nous lavions	lavons-nous
lavé	vous lavez	vous laviez	vous laverez	vous laveriez	vous laviez	lavez-vous
	se lavent	se lavaient	se laveront	se laveraient	se lavent	

	Passé composé	*Pluperfect*	*Past*
	me suis lavé(e)	m'étais lavé(e)	me serais lavé(e)
	t'es lavé(e)	t'étais lavé(e)	te serais lavé(e)
	s'est lavé(e)	s'était lavé(e)	se serait lavé(e)
	nous sommes lavé(e)s	nous étions lavé(e)s	nous serions lavé(e)s
	vous êtes lavé(e)(s)	vous étiez lavé(e)(s)	vous seriez lavé(e)(s)
	se sont lavé(e)s	s'étaient lavé(e)s	se seraient lavé(e)s

5. Irregular verbs

VERB	PRESENT	PASSÉ COMPOSÉ	IMPERFECT	FUTURE	CONDITIONAL	PRESENT SUBJUNCTIVE	IMPERATIVE
aller	vais	suis allé(e)	allais	irai	irais	aille	
(*to go*)	vas	es allé(e)	allais	iras	irais	ailles	va
allant	va	est allé(e)	allait	ira	irait	aille	
allé	allons	sommes allé(e)s	allions	irons	irions	allions	allons
	allez	êtes allé(e)(s)	alliez	irez	iriez	alliez	allez
	vont	sont allé(e)s	allaient	iront	iraient	aillent	
boire	bois	ai bu	buvais	boirai	boirais	boive	
(*to drink*)	bois	as bu	buvais	boiras	boirais	boives	bois
buvant	boit	a bu	buvait	boira	boirait	boive	
bu	buvons	avons bu	buvions	boirons	boirions	buvions	buvons
	buvez	avez bu	buviez	boirez	boiriez	buviez	buvez
	boivent	ont bu	buvaient	boiront	boiraient	boivent	
conduire*	conduis	ai conduit	conduisais	conduirai	conduirais	conduise	
(*to lead;*	conduis	as conduit	conduisais	conduiras	conduirais	conduises	conduis
to drive)	conduit	a conduit	conduisait	conduira	conduirait	conduise	
conduisant	conduisons	avons conduit	conduisions	conduirons	conduirions	conduisions	conduisons
conduit	conduisez	avez conduit	conduisiez	conduirez	conduiriez	conduisiez	conduisez
	conduisent	ont conduit	conduisaient	conduiront	conduiraient	conduisent	
connaître	connais	ai connu	connaissais	connaîtrai	connaîtrais	connaisse	
(*to be*	connais	as connu	connaissais	connaîtras	connaîtrais	connaisses	connais
acquainted	connaît	a connu	connaissait	connaîtra	connaîtrait	connaisse	
with)	connaissons	avons connu	connaissions	connaîtrons	connaîtrions	connaissions	connaissons
connaissant	connaissez	avez connu	connaissiez	connaîtrez	connaîtriez	connaissiez	connaissez
connu	connaissent	ont connu	connaissaient	connaîtront	connaîtraient	connaissent	

*Verbs like **conduire: détruire, réduire, traduire**

VERB	PRESENT	PASSÉ COMPOSÉ	IMPERFECT	FUTURE	CONDITIONAL	PRESENT SUBJUNCTIVE	IMPERATIVE
courir	cours	ai couru	courais	courrai	courrais	coure	
(*to run*)	cours	as couru	courais	courras	courrais	coures	cours
courant	court	a couru	courait	courra	courrait	coure	
couru	courons	avons couru	courions	courrons	courrions	courions	courons
	courez	avez couru	couriez	courrez	courriez	couriez	courez
	courent	ont couru	couraient	courront	courraient	courent	
craindre*	crains	ai craint	craignais	craindrai	craindrais	craigne	
(*to fear*)	crains	as craint	craignais	craindras	craindrais	craignes	crains
craignant	craint	a craint	craignait	craindra	craindrait	craigne	
craint	craignons	avons craint	craignions	craindrons	craindrions	craignions	craignons
	craignez	avez craint	craigniez	craindrez	craindriez	craigniez	craignez
	craignent	ont craint	craignaient	craindront	craindraient	craignent	
croire	crois	ai cru	croyais	croirai	croirais	croie	
(*to believe*)	crois	as cru	croyais	croiras	croirais	croies	crois
croyant	croit	a cru	croyait	croira	croirait	croie	
cru	croyons	avons cru	croyions	croirons	croirions	croyions	croyons
	croyez	avez cru	croyiez	croirez	croiriez	croyiez	croyez
	croient	ont cru	croyaient	croiront	croiraient	croient	
devoir	dois	ai dû	devais	devrai	devrais	doive	
(*to have to;*	dois	as dû	devais	devras	devrais	doives	dois
to owe)	doit	a dû	devait	devra	devrait	doive	
devant	devons	avons dû	devions	devrons	devrions	devions	devons
dû	devez	avez dû	deviez	devrez	devriez	deviez	devez
	doivent	ont dû	devaient	devront	devraient	doivent	
dire**	dis	ai dit	disais	dirai	dirais	dise	
(*to say;*	dis	as dit	disais	diras	dirais	dises	dis
to tell)	dit	a dit	disait	dira	dirait	dise	
disant	disons	avons dit	disions	dirons	dirions	disions	disons
dit	dites	avez dit	disiez	direz	diriez	disiez	dites
	disent	ont dit	disaient	diront	diraient	disent	
dormir†	dors	ai dormi	dormais	dormirai	dormirais	dorme	
(*to sleep*)	dors	as dormi	dormais	dormiras	dormirais	dormes	dors
dormant	dort	a dormi	dormait	dormira	dormirait	dorme	
dormi	dormons	avons dormi	dormions	dormirons	dormirions	dormions	dormons
	dormez	avez dormi	dormiez	dormirez	dormiriez	dormiez	dormez
	dorment	ont dormi	dormaient	dormiront	dormiraient	dorment	
écrire††	écris	ai écrit	écrivais	écrirai	écrirais	écrive	
(*to write*)	écris	as écrit	écrivais	écriras	écrirais	écrives	écris
écrivant	écrit	a écrit	écrivait	écrira	écrirait	écrive	
écrit	écrivons	avons écrit	écrivions	écrirons	écririons	écrivions	écrivons
	écrivez	avez écrit	écriviez	écrirez	écririez	écriviez	écrivez
	écrivent	ont écrit	écrivaient	écriront	écriraient	écrivent	
envoyer	envoie	ai envoyé	envoyais	enverrai	enverrais	envoie	
(*to send*)	envoies	as envoyé	envoyais	enverras	enverrais	envoies	envoie
envoyant	envoie	a envoyé	envoyait	enverra	enverrait	envoie	
envoyé	envoyons	avons envoyé	envoyions	enverrons	enverrions	envoyions	envoyons
	envoyez	avez envoyé	envoyiez	enverrez	enverriez	envoyiez	envoyez
	envoient	ont envoyé	envoyaient	enverront	enverraient	envoient	

*Verbs like **craindre**: atteindre, éteindre, plaindre
Verbs like **dire: contredire (but: **vous contredisez**), interdire (but: **vous interdisez**), prédire (but: **vous prédisez**)
†Verbs like **dormir**: mentir, partir, repartir, sentir, servir, sortir. (**Partir, repartir**, and **sortir** are conjugated with **être** in the **passé composé**.)
††Verbs like **écrire**: décrire

VERB	PRESENT	PASSÉ COMPOSÉ	IMPERFECT	FUTURE	CONDITIONAL	PRESENT SUBJUNCTIVE	IMPERATIVE
faire	fais	ai fait	faisais	ferai	ferais	fasse	
(*to do;*	fais	as fait	faisais	feras	ferais	fasses	fais
to make)	fait	a fait	faisait	fera	ferait	fasse	
faisant	faisons	avons fait	faisions	ferons	ferions	fassions	faisons
fait	faites	avez fait	faisiez	ferez	feriez	fassiez	faites
	font	ont fait	faisaient	feront	feraient	fassent	
falloir	il faut	il a fallu	il fallait	il faudra	il faudrait	il faille	
(*to be*							
necessary)							
fallu							
lire	lis	ai lu	lisais	lirai	lirais	lise	
(*to read*)	lis	as lu	lisais	liras	lirais	lises	lis
lisant	lit	a lu	lisait	lira	lirait	lise	
lu	lisons	avons lu	lisions	lirons	lirions	lisions	lisons
	lisez	avez lu	lisiez	lirez	liriez	lisiez	lisez
	lisent	ont lu	lisaient	liront	liraient	lisent	
mettre*	mets	ai mis	mettais	mettrai	mettrais	mette	
(*to put*)	mets	as mis	mettais	mettras	mettrais	mettes	mets
mettant	met	a mis	mettait	mettra	mettrait	mette	
mis	mettons	avons mis	mettions	mettrons	mettrions	mettions	mettons
	mettez	avez mis	mettiez	mettrez	mettriez	mettiez	mettez
	mettent	ont mis	mettaient	mettront	mettraient	mettent	
mourir	meurs	suis mort(e)	mourais	mourrai	mourrais	meure	
(*to die*)	meurs	es mort(e)	mourais	mourras	mourrais	meures	meurs
mourant	meurt	est mort(e)	mourait	mourra	mourrait	meure	
mort	mourons	sommes mort(e)s	mourions	mourrons	mourrions	mourions	mourons
	mourez	êtes mort(e)(s)	mouriez	mourrez	mourriez	mouriez	mourez
	meurent	sont mort(e)s	mouraient	mourront	mourraient	meurent	
ouvrir**	ouvre	ai ouvert	ouvrais	ouvrirai	ouvrirais	ouvre	
(*to open*)	ouvres	as ouvert	ouvrais	ouvriras	ouvrirais	ouvres	ouvre
ouvrant	ouvre	a ouvert	ouvrait	ouvrira	ouvrirait	ouvre	
ouvert	ouvrons	avons ouvert	ouvrions	ouvrirons	ouvririons	ouvrions	ouvrons
	ouvrez	avez ouvert	ouvriez	ouvrirez	ouvririez	ouvriez	ouvrez
	ouvrent	ont ouvert	ouvraient	ouvriront	ouvriraient	ouvrent	
plaire	plais	ai plu	plaisais	plairai	plairais	plaise	
(*to please*)	plais	as plu	plaisais	plairas	plairais	plaises	plais
plaisant	plaît	a plu	plaisait	plaira	plairait	plaise	
plu	plaisons	avons plu	plaisions	plairons	plairions	plaisions	plaisons
	plaisez	avez plu	plaisiez	plairez	plairiez	plaisiez	plaisez
	plaisent	ont plu	plaisaient	plairont	plairaient	plaisent	
pleuvoir	il pleut	il a plu	il pleuvait	il pleuvra	il pleuvrait	il pleuve	
(*to rain*)							
pleuvant							
plu							
pouvoir	peux (puis)	ai pu	pouvais	pourrai	pourrais	puisse	
(*to be able*)	peux	as pu	pouvais	pourras	pourrais	puisses	
pouvant	peut	a pu	pouvait	pourra	pourrait	puisse	
pu	pouvons	avons pu	pouvions	pourrons	pourrions	puissions	
	pouvez	avez pu	pouviez	pourrez	pourriez	puissiez	
	peuvent	ont pu	pouvaient	pourront	pourraient	puissent	

*Verbs like **mettre**: permettre, promettre, remettre
Verbs like **ouvrir: couvrir, découvrir, offrir, souffrir

VERB	PRESENT	PASSÉ COMPOSÉ	IMPERFECT	FUTURE	CONDITIONAL	PRESENT SUBJUNCTIVE	IMPERATIVE
prendre*	prends	ai pris	prenais	prendrai	prendrais	prenne	
(*to take*)	prends	as pris	prenais	prendras	prendrais	prennes	prends
prenant	prend	a pris	prenait	prendra	prendrait	prenne	
pris	prenons	avons pris	prenions	prendrons	prendrions	prenions	prenons
	prenez	avez pris	preniez	prendrez	prendriez	preniez	prenez
	prennent	ont pris	prenaient	prendront	prendraient	prennent	
recevoir**	reçois	ai reçu	recevais	recevrai	recevrais	reçoive	
(*to receive*)	reçois	as reçu	recevais	recevras	recevrais	reçoives	reçois
recevant	reçoit	a reçu	recevait	recevra	recevrait	reçoive	
reçu	recevons	avons reçu	recevions	recevrons	recevrions	recevions	recevons
	recevez	avez reçu	receviez	recevrez	recevriez	receviez	recevez
	reçoivent	ont reçu	recevaient	recevront	recevraient	reçoivent	
rire†	ris	ai ri	riais	rirai	rirais	rie	
(*to laugh*)	ris	as ri	riais	riras	rirais	ries	ris
riant	rit	a ri	riait	rira	rirait	rie	
ri	rions	avons ri	riions	rirons	ririons	riions	rions
	riez	avez ri	riiez	rirez	ririez	riiez	riez
	rient	ont ri	riaient	riront	riraient	rient	
savoir	sais	ai su	savais	saurai	saurais	sache	
(*to know*)	sais	as su	savais	sauras	saurais	saches	sache
sachant	sait	a su	savait	saura	saurait	sache	
su	savons	avons su	savions	saurons	saurions	sachions	sachons
	savez	avez su	saviez	saurez	sauriez	sachiez	sachez
	savent	ont su	savaient	sauront	sauraient	sachent	
suivre	suis	ai suivi	suivais	suivrai	suivrais	suive	
(*to follow*)	suis	as suivi	suivais	suivras	suivrais	suives	suis
suivant	suit	a suivi	suivait	suivra	suivrait	suive	
suivi	suivons	avons suivi	suivions	suivrons	suivrions	suivions	suivons
	suivez	avez suivi	suiviez	suivrez	suivriez	suiviez	suivez
	suivent	ont suivi	suivaient	suivront	suivraient	suivent	
tenir††	tiens	ai tenu	tenais	tiendrai	tiendrais	tienne	
(*to hold;*	tiens	as tenu	tenais	tiendras	tiendrais	tiennes	tiens
to keep)	tient	a tenu	tenait	tiendra	tiendrait	tienne	
tenant	tenons	avons tenu	tenions	tiendrons	tiendrions	tenions	tenons
tenu	tenez	avez tenu	teniez	tiendrez	tiendriez	teniez	tenez
	tiennent	ont tenu	tenaient	tiendront	tiendraient	tiennent	
venir‡	viens	suis venu(e)	venais	viendrai	viendrais	vienne	
(*to come*)	viens	es venu(e)	venais	viendras	viendrais	viennes	viens
venant	vient	est venu(e)	venait	viendra	viendrait	vienne	
venu	venons	sommes venu(e)s	venions	viendrons	viendrions	venions	venons
	venez	êtes venu(e)(s)	veniez	viendrez	viendriez	veniez	venez
	viennent	sont venu(e)s	venaient	viendront	viendraient	viennent	

*Verbs like **prendre: apprendre, comprendre, surprendre**
Verbs like **recevoir: apercevoir, s'apercevoir de, décevoir
†Verbs like **rire: sourire**
††Verbs like **tenir: maintenir, obtenir**
‡Verbs like **venir: devenir, revenir, se souvenir de**

VERB	PRESENT	PASSÉ COMPOSÉ	IMPERFECT	FUTURE	CONDITIONAL	PRESENT SUBJUNCTIVE	IMPERATIVE
vivre*	vis	ai vécu	vivais	vivrai	vivrais	vive	
(*to live*)	vis	as vécu	vivais	vivras	vivrais	vives	vis
vivant	vit	a vécu	vivait	vivra	vivrait	vive	
vécu	vivons	avons vécu	vivions	vivrons	vivrions	vivions	vivons
	vivez	avez vécu	viviez	vivrez	vivriez	viviez	vivez
	vivent	ont vécu	vivaient	vivront	vivraient	vivent	
voir**	vois	ai vu	voyais	verrai	verrais	voie	
(*to see*)	vois	as vu	voyais	verras	verrais	voies	vois
voyant	voit	a vu	voyait	verra	verrait	voie	
vu	voyons	avons vu	voyions	verrons	verrions	voyions	voyons
	voyez	avez vu	voyiez	verrez	verriez	voyiez	voyez
	voient	ont vu	voyaient	verront	verraient	voient	
vouloir	veux	ai voulu	voulais	voudrai	voudrais	veuille	
(*to wish, want*)	veux	as voulu	voulais	voudras	voudrais	veuilles	veuille
	veut	a voulu	voulait	voudra	voudrait	veuille	
voulant	voulons	avons voulu	voulions	voudrons	voudrions	voulions	veuillons
voulu	voulez	avez voulu	vouliez	voudrez	voudriez	vouliez	veuillez
	veulent	ont voulu	voulaient	voudront	voudraient	veuillent	

*Like **vivre: survivre**
Like **voir: prévoir, revoir

Appendix D

Answers to grammar exercises

PREMIÈRE ÉTAPE

Ex. 1. 1. oui 2. non 3. non 4. oui 5. oui 6. non 7. oui 8. non **Ex. 2.** 1. c 2. a 3. b 4. d **Ex. 3.** 1. petit, petite 2. grande, grand 3. vieille 4. beau 5. noir 6. brune **Ex. 4.** 1. un, Le 2. un, L' 3. un, un, un, le 4. une, une, une 5. une, la 6. une, la **Ex. 5.** 1. Je, je 2. Il 3. Elle, Ils 4. nous 5. Elles 6. Tu **Ex. 6.** 1. suis 2. est 3. sommes 4. sont 5. es 6. êtes **Ex. 7.** 1. ne sont pas 2. n'es pas 3. n'êtes pas 4. ne suis pas 5. ne sommes pas 6. n'est pas **Ex. 8.** 1. L' 2. Les 3. Les 4. La 5. Le **Ex. 9.** 1. une, une 2. une, un, un, un 3. des, des 4. un, des, un, des 5. une, un, une, un **Ex. 10.** 1. a 2. a 3. b 4. a 5. b

DEUXIÈME ÉTAPE

Ex. 1. 1. des 2. un 3. des 4. un 5. des 6. de 7. de **Ex. 2.** 1. Oui, il y a une bicyclette. (Non, il n'y a pas de bicyclette.) 2. Oui, il y a une grande fenêtre. (Non, il n'y a pas de grande fenêtre.) 3. Oui, il y a une horloge. (Non, il n'y a pas d'horloge.) 4. Oui, il y a une plante. (Non, il n'y a pas de plante.) 5. Oui, il y a un bureau. (Non, il n'y a pas de bureau.) 6. Oui, il y a une lampe. (Non, il n'y a pas de lampe.) 7. Oui, il y a un ordinateur. (Non, il n'y a pas d'ordinateur.) 8. Oui, il y a un projecteur. (Non, il n'y a pas de projecteur.) **Ex. 3.** 1. Qui est-ce 2. Qu'est-ce que c'est 3. Qui est-ce 4. Qui est-ce 5. Qu'est-ce que c'est **Ex. 4.** 1. c 2. e 3. a 4. b 5. d **Ex. 5.** 1. Il est quatre heures vingt. 2. Il est quatre heures moins vingt. 3. Il est huit heures treize. 4. Il est cinq heures et demie. 5. Il est midi. 6. Il est neuf heures moins dix. 7. Il est onze heures moins le quart. 8. Il est sept heures sept. 9. Il est six heures et quart. 10. Il est une heure dix. **Ex. 6.** 1. Il est quinze heures. Il est trois heures de l'après-midi. 2. Il est sept heures quinze. Il est sept heures et quart du matin. 3. Il est treize heures trente. Il est une heure et demie de l'après-midi. 4. Il est vingt heures. Il est huit heures du soir. 5. Il est vingt-deux heures trente. Il est dix heures et demie du soir. 6. Il est dix heures quarante-cinq. Il est onze heures moins le quart du matin. 7. Il est dix-huit heures vingt. Il est six heures vingt du soir. 8. Il est dix-neuf heures. Il est sept heures du soir. 9. Il est seize heures quarante-cinq. Il est cinq heures moins le quart de l'après-midi. 10. Il est onze heures cinquante. Il est midi moins dix. **Ex. 7.** 1. avons 2. avons 3. ai 4. a 5. ont 6. avez 7. avez 8. as 9. as **Ex. 8.** 1. des, de 2. un, de 3. un, de 4. un, de 5. un, de 6. un, d' **Ex. 9.** 1. Oui, j'ai un dictionnaire français. (Non, je n'ai pas de dictionnaire français.) 2. Oui, j'ai un appartement. (Non, je n'ai pas d'appartement.) 3. Oui, j'ai des amis français. (Non, je n'ai pas d'amis français.) 4. Oui, j'ai une télévision dans ma chambre. (Non, je n'ai pas de télévision dans ma chambre.) 5. Oui, j'ai une bicyclette. (Non, je n'ai pas de bicyclette.) 6. Oui, j'ai un cours de biologie. (Non, je n'ai pas de cours de biologie.) 7. Oui, j'ai des cours ennuyeux.

(Non, je n'ai pas de cours ennuyeux.) 8. Oui, j'ai une guitare. (Non, je n'ai pas de guitare.) **Ex. 10.** 1. une 2. un 3. une 4. un 5. une 6. un 7. une 8. une 9. une 10. un **Ex. 11.** 1. Daniel est sympathique et intelligent. 2. Barbara est sportive et généreuse. 3. Louis est beau et raisonnable. 4. Albert est grand et mince. 5. Denise est blonde et belle. 6. Jacqueline est petite et intelligente. **Ex. 12.** 1. Juliette Binoche est (n'est pas) belle. Un tigre est (n'est pas) beau. Une vieille Ford est (n'est pas) belle. Une peinture de Matisse est (n'est pas) belle. 2. Le chocolat est (n'est pas) bon. La programmation à la radio publique est (n'est pas) bonne. La télévision est (n'est pas) bonne. Le fast-food est (n'est pas) bon. 3. Une motocyclette est (n'est pas) dangereuse. Une bombe est dangereuse. Le tennis est (n'est pas) dangereux. La politique est (n'est pas) dangereuse. 4. Un livre de science-fiction est (n'est pas) amusant. La politique est (n'est pas) amusante. Un examen de physique est (n'est pas) amusant. Une comédie est amusante. 5. L'astronomie est vieille. Le Louvre est vieux. Le président américain est (n'est pas) vieux. L'université où je suis est (n'est pas) vieille. **Ex. 13.** *Answers may vary.* 1. sérieux, nerveux, intelligents, amusants 2. patient, intéressant, raisonnable, amusant 3. long, compliqué, amusant, intéressant 4. beaux, amusants, sportifs, individualistes 5. belle, compliquée, facile, mystérieuse

CHAPITRE 1

Ex. 1. 1. ta, tes, Mon, mes 2. tes, Ma, mon 3. ta, son, ses 4. Ton, son **Ex. 2.** *Answers may vary.* 1. Il y a trente garçons dans notre classe. 2. Nos camarades de classe sont timides (extravertis). 3. Notre professeur s'appelle... 4. Notre cours est à... heures. 5. Nos devoirs sont difficiles (faciles). **Ex. 3.** 1. Ses 2. Sa 3. Son, son 4. Leur 5. ses, Son **Ex. 4.** 1. aime 2. aiment 3. aimons 4. aime 5. aimez 6. aimes **Ex. 5.** *Answers may vary.* 1. Mes amis aiment surfer sur Internet, mais ils aiment aussi regarder la télé. (Mes amis n'aiment pas surfer sur Internet, mais ils aiment regarder la télé.) 2. Ma mère aime jouer du piano, mais elle aime aussi lire des livres. (Ma mère n'aime pas jouer du piano, mais elle aime lire des livres.) 3. Mon père aime écouter du rock, mais il aime aussi écouter de la musique classique. (Mon père n'aime pas écouter du rock, mais il aime écouter de la musique classique.) 4. Mon petit ami / Ma petite amie aime faire une promenade, mais il/elle aime aussi lire le journal. (Mon petit ami / Ma petite amie n'aime pas faire une promenade, mais il/elle aime lire le journal.) 5. Mon professeur de français aime aller au cinéma, mais il/elle aime aussi regarder la télé. (Mon professeur de français n'aime pas aller au cinéma, mais il/elle aime regarder la télé.) 6. J'aime jouer au tennis le week-end, mais j'aime aussi danser. (Je n'aime pas jouer au

tennis le week-end, mais j'aime danser.) **Ex. 6.** 1. Quel âge a Francis Lasalle? Il a soixante-dix ans. 2. Quel âge a Claudine Colin? Elle a quarante-cinq ans. 3. Quel âge a Victor Colin? Il a quarante-sept ans. 4. Quel âge ont Marise et Clarisse? Elles ont dix-neuf ans. 5. Quel âge a Charles? Il a dix-sept ans. 6. Quel âge a Emmanuel? Il a quatorze ans. **Ex. 7.** 1. zéro deux, soixante-cinq, dix, quatre-vingts, trente 2. zéro trois, quatre-vingt-sept, cinquante-trois, quarante, seize 3. zéro un, vingt, cinquante-cinq, soixante-dix, quatre-vingt-un 4. zéro un, quatre-vingt-dix-huit, soixante-quinze, vingt et un, soixante 5. zéro deux, soixante-dix-sept, trente-huit, quatre-vingt-deux, quatre-vingt-dix-sept 6. zéro quatre, quatre-vingt-onze, dix-huit, trente-neuf, soixante-dix-huit 7. zéro quatre, quarante-cinq, soixante-deux, quatre-vingt-six, quarante-trois 8. zéro trois, quatre-vingt-trois, soixante-seize, soixante-quatre, quatre-vingt-dix 9. zéro deux, cinquante-trois, soixante-sept, zéro sept, onze **Ex. 8.** 1. quarante-quatre mille 2. soixante-sept mille 3. soixante-neuf mille neuf 4. treize mille deux 5. cinquante-neuf mille 6. soixante-quatre mille deux cents 7. soixante-quinze mille quinze 8. trente-trois mille **Ex. 9.** 1. Quelle est la date de naissance d'Elvis Presley? C'est le 8 janvier 1935 (le huit janvier mille neuf cent trente-cinq). 2. Quelle est la date de naissance de Serena Williams? C'est le 26 septembre 1981 (le vingt-six septembre mille neuf cent quatre-vingt-un). 3. Quelle est la date de naissance de Frédéric Chopin? C'est le 1er mars 1810 (le premier mars mille huit cent dix). 4. Quelle est la date de naissance de Paul McCartney? C'est le 18 juin 1942 (le dix-huit juin mille neuf cent quarante-deux). 5. Quelle est la date de naissance de Sigmund Freud? C'est le 6 mai 1856 (le six mai mille huit cent cinquante-six). 6. Quelle est la date de naissance de Mickey Mouse? C'est le 18 novembre 1928 (le dix-huit novembre mille neuf cent vingt-huit). 7. Quelle est la date de naissance de Magic Johnson? C'est le 14 août 1959 (le quatorze août mille neuf cent cinquante-neuf). 8. Quelle est la date de naissance d'Yves Saint-Laurent? C'est le 1er août 1936 (le premier août mille neuf cent trente-six). 9. Quelle est la date de naissance de MC Solaar? C'est le 5 mars 1969 (le cinq mars mille neuf cent soixante-neuf). 10. Quelle est la date de naissance d'Édith Piaf? C'est le 19 décembre 1915 (le dix-neuf décembre mille neuf cent quinze). **Ex. 10.** 1. vient 2. viennent 3. vient, vient 4. viennent 5. venez, venons 6. viens, viens **Ex. 11.** 1. nage 2. parle 3. parles 4. dînons 5. travaille 6. habitent 7. chantons 8. voyage 9. jouent 10. invitent **Ex. 12.** 1. a. travailles; Oui, je travaille... (Non, je ne travaille pas...) b. parles; Oui, je parle... (Non, je ne parle pas...) 2. a. regardons; Oui, nous regardons... (Non, nous ne regardons pas...) b. dînons; Oui, nous dînons... (Non, nous ne dînons pas...) 3. a. écoutent; Oui, ils écoutent... (Non, ils n'écoutent pas...) b. jouent; Oui, ils jouent... (Non, ils ne jouent pas...) 4. a. étudiez; Oui, nous étudions... (Non, nous n'étudions pas...) b. préparez; Oui, nous préparons... (Non, nous ne préparons pas...) 5. a. habite; Oui, j'habite... (Non, je n'habite pas...) b. déjeune; Oui, je déjeune... (Non, je ne déjeune pas...) 6. a. donnent; Oui, ils donnent... (Non, ils ne donnent pas...) b. parle; Oui, il parle... (Non, il ne parle pas...) **Ex. 13.** 1. de Paul 2. des petites filles 3. de la femme blonde 4. de Mme Haddad 5. du cousin de mon père 6. de Claire **Ex. 14.** 1. La grand-mère, c'est la femme du grand-père. 2. La tante, c'est la femme de l'oncle. 3. Le cousin, c'est le fils de l'oncle et de la tante. 4. La belle-sœur, c'est la femme du frère. 5. Le grand-père, c'est le père de la mère ou du père. 6. L'oncle, c'est le père du cousin (des cousins) (de la cousine) (des cousines).

CHAPITRE 2

Ex. 1. 1. font, font 2. fais, fais 3. fait 4. fait 5. faites, faites 6. faites **Ex. 2.** 1. Est-ce que tu te lèves tôt? Oui, je me lève tôt. (Non, je ne me lève pas tôt. / Non, je me lève tard.) 2. Est-ce que tu te maquilles tous les jours? Oui, je me maquille tous les jours. (Non, je ne me maquille pas tous les jours.) 3. Est-ce que tu te laves les cheveux tous les jours? Oui, je me lave les cheveux tous les jours. (Non, je ne me lave pas les cheveux tous les jours. / Non, je me lave les cheveux trois fois par semaine.) 4. Est-ce que tu te brosses les dents trois fois par jour? Oui, je me brosse les dents trois fois par jour. (Non, je ne me brosse pas les dents trois fois par jour. / Non, je me brosse les dents deux fois par jour.) 5. Tu aimes te coucher tard? Oui, j'aime me coucher tard. (Non, je n'aime pas me coucher tard. / Non, j'aime me coucher tôt.) 6. Tu préfères te doucher le soir? Oui, je préfère me doucher le soir. (Non, je ne préfère pas me doucher le soir. / Non, je préfère me doucher le matin.) 7. Tu aimes te détendre après les cours? Oui, j'aime me détendre après les cours. (Non, je n'aime pas me détendre après les cours.) 8. Tu préfères te lever tard le week-end? Oui, je préfère me lever tard le week-end. (Non, je ne préfère pas me lever tard le week-end. / Non, je préfère me lever tôt le week-end.) **Ex. 3.** 1. Oui, en général, les étudiants s'amusent bien le vendredi soir. Mes copains et moi, nous nous amusons bien le vendredi soir (nous ne nous amusons pas le vendredi soir / nous nous amusons le samedi soir). 2. Oui, en général, les étudiants s'habillent toujours en jean. Mes copains et moi, nous nous habillons toujours en jean (nous ne nous habillons pas toujours en jean). 3. Oui, en général, les étudiants ne se reposent pas assez. Mes copains et moi, nous nous reposons pas assez (nous nous reposons assez). 4. Oui, en général, les étudiants se couchent après minuit. Mes copains et moi, nous nous couchons après minuit (nous ne nous couchons pas après minuit). 5. Oui, en général, les étudiants se lèvent tard le week-end. Mes copains et moi, nous nous levons tard le week-end (nous ne nous levons pas tard le week-end). **Ex. 4.** 1. vais 2. allons 3. allez 4. vont 5. vas 6. va **Ex. 5.** *Answers in all cases:* Oui, j'y vais souvent/quelquefois. (Non, je n'y

vais pas.) 1. Tu vas à la piscine? 2. Tu vas au théâtre? 3. Tu vas au bar? 4. Tu vas à l'hôpital? 5. Tu vas au gymnase? 6. Tu vas à la banque? 7. Tu vas au café? 8. Tu vas à l'église? **Ex. 6.** *Answers may vary.* 1. Ce soir, je vais faire mes devoirs. / je vais sortir avec des amis. (Ce soir, je vais regarder la télé. Je suis fatigué[e].) 2. Demain matin, je vais me lever à 7 h. / je vais dormir jusqu'à 9 h. (Demain matin, je vais rester au lit. C'est le week-end.) 3. Demain soir, je vais regarder mon émission préférée à la télé. / je vais me coucher de bonne heure. (Demain soir, je vais sortir avec des amis.) 4. Ce week-end, mes amis vont faire du ski. / mes amis vont regarder un DVD ensemble. (Ce week-end, ils vont se promener à la campagne. Il va faire beau.) 5. Samedi soir, il/elle va rester à la maison et jouer aux cartes. / il/elle va aller à un concert. (Samedi soir, il/elle va dîner au restaurant. Il/Elle ne va pas faire la cuisine!) **Ex. 7.** 1. Oui, on regarde beaucoup la télévision. 2. Non, on ne mange pas toujours des hamburgers. 3. Non, on ne va pas au restaurant tous les jours. 4. Non, on ne dîne pas à huit heures du soir. 5. Oui, on aime les films français. 6. Non, on ne fait pas de promenades en famille le dimanche après-midi. 7. Oui, on aime parler de (la) politique. (Non, on n'aime pas parler de [la] politique.) 8. Oui, on étudie beaucoup la géographie. (Non, on n'étudie pas beaucoup la géographie). **Ex. 8.** 1. Oui, je veux aller en Europe l'été prochain. (Non, je ne veux pas aller en Europe l'été prochain.) Oui, je peux aller en Europe l'été prochain. (Non, je ne peux pas aller en Europe l'été prochain.) 2. Oui, mes parents veulent passer l'hiver en Floride. (Non, mes parents ne veulent pas passer l'hiver en Floride.) Oui, mes parents peuvent passer l'hiver en Floride. (Non, mes parents ne peuvent pas passer l'hiver en Floride.) 3. Oui, le professeur veut se lever tard en semaine. (Non, le professeur ne veut pas se lever tard en semaine.) Oui, le professeur peut se lever tard en semaine. (Non, le professeur ne peut pas se lever tard en semaine.) 4. Oui, nous voulons comprendre un film en français. Oui, nous pouvons comprendre un film en français. 5. Oui, mon ami(e) veut m'aider avec mes devoirs de français. (Non, mon ami[e] ne veut pas m'aider avec mes devoirs de français.) Oui, il/elle peut m'aider avec mes devoirs de français. (Non, il/elle ne peut pas m'aider avec mes devoirs de français.) **Ex. 9.** 1. Oui, je voudrais dîner dans un bon restaurant français. (Non, je ne voudrais pas dîner dans un bon restaurant français.) 2. Oui, je voudrais manger des escargots. (Non, je ne voudrais pas manger des escargots / d'escargots.) 3. Oui, je voudrais habiter à Paris. (Non, je ne voudrais pas habiter à Paris.) 4. Oui, je voudrais faire de la plongée sous-marine. (Non, je ne voudrais pas faire de [la] plongée sous-marine.) 5. Oui, je voudrais visiter une autre planète. (Non, je ne voudrais pas visiter une autre planète.) 6. Oui, je voudrais être président(e) des États-Unis. (Non, je ne voudrais pas être président[e] des États-Unis.) **Ex. 10.** 1. savez; Oui, je sais faire de l'escalade. (Non, je ne sais pas faire de l'escalade.) 2. sait; Oui, il sait faire la cuisine. (Non, il ne sait pas faire la cuisine.) 3. sait; Oui, elle sait réparer une voiture. (Non, elle ne sait pas réparer une voiture.) 4. savez; Oui, nous

savons jouer au billard. (Non, nous ne savons pas jouer au billard.) 5. savent; Oui, ils savent utiliser un ordinateur. (Non, ils ne savent pas utiliser un ordinateur.) 6. Savez; Oui, je sais / nous savons allumer un feu. (Non, je ne sais pas / nous ne savons pas allumer un feu.)

CHAPITRE 3

Ex. 1. 1. Le bureau de Mme Martin est *devant* le tableau noir. 2. Les livres de Mme Martin sont *sur* son bureau. 3. ... Elle est *devant* la classe. 4. ... Elle est *près du* tableau. 5. ... Les papiers de Daniel sont *à côté des* papiers d'Albert. 6. ... Il regarde un match de football dans le parc *en face de* la salle de classe. 7. Barbara est trop *loin du* tableau; ... 8. La salle 300A se trouve *entre* les salles 300 et 301. **Ex. 2.** 1. c 2. e 3. a 4. h 5. b 6. g 7. f 8. d **Ex. 3.** 1. Comment 2. Que 3. Où 4. Que 5. Qui 6. Comment 7. Comment 8. Comment 9. Quand 10. Pourquoi **Ex. 4.** 1. Où est-ce qu'ils logent? (Où logent-ils?) 2. Comment est-ce qu'ils se déplacent? (Comment se déplacent-ils?) 3. Pourquoi est-ce qu'ils sont contents? (Pourquoi sont-ils contents?) 4. Quand est-ce qu'ils quittent Paris? (Quand quittent-ils Paris?) 5. Qu'est-ce qu'ils veulent visiter? (Que veulent-ils visiter?) 6. Qu'est-ce qu'ils achètent pour leurs amis? (Qu'achètent-ils pour leurs amis?) 7. Quel musée est-ce qu'ils visitent? (Quel musée visitent-ils?) 8. Quels restaurants est-ce qu'ils préfèrent? (Quels restaurants préfèrent-ils?) 9. Quel est le numéro de l'hôtel? **Ex. 5.** 1. prends 2. prennent 3. apprends 4. comprends 5. prendre 6. comprennent 7. apprenons (comprenons) 8. Prenez **Ex. 6.** 1. Julien et son amie prennent du vin. Moi, je prends du vin de temps en temps. (Moi, je ne prends jamais de vin.) 2. Denise voudrait apprendre à faire du ski. Moi, je (ne) voudrais (pas) apprendre à faire du ski. 3. Joël prend trop de risques. Moi, je prends quelquefois trop de risques. (Moi, je ne prends jamais trop de risques.) 4. Barbara ne comprend pas la leçon. Moi, je comprends toujours la leçon. (Moi, je ne comprends pas toujours la leçon.) 5. Jean-Yves et ses camarades prennent un café. Moi, je prends souvent un café. (Moi, je ne prends pas souvent un/de café.) 6. Nathalie prend un bain. Moi, je prends quelquefois un bain. (Moi, je ne prends jamais de bain.) **Ex. 7.** *Answers may vary.* 1. Alors, tu dois aller au travail à pied / appeler un taxi / prendre le bus / te déplacer à bicyclette. 2. Vous devez appeler un taxi. 3. Bon, vous devez étudier le plan du métro de la ville. 4. On doit arriver plus tôt. 5. Il doit aller au travail à pied / se déplacer à bicyclette. **Ex. 8.** 1. Ce, ces 2. Ces, ces 3. Cette 4. Ces, Cette, ce 5. Ces, cette 6. Cette 7. Ce, cet **Ex. 9.** 1. un, des, des 2. des 3. de l', du, du, de la 4. de 5. du, de l' 6. de l' **Ex. 10.** *Answers may vary.* 1. Je prends du lait / du café / du thé / de l'eau minérale. 2. Je prends une tasse de thé / de chocolat chaud / de café / d'eau chaude. 3. Je ne prends jamais de whisky / de champagne / de coca / de café. 4. J'aime commander de la bière / du jus de fruits / du coca / du vin. 5. J'aime prendre un verre de thé glacé / de coca / d'eau froide / de jus de fruits. 6. Je prends de l'eau / du jus de fruits / du thé / du coca. **Ex. 11.** *Answers may vary.* 1. Oui, je cours régulièrement. (Non, je ne cours pas régulièrement). a. Je cours tous les matins, en été comme en hiver, dans un parc qui se trouve près de chez moi. b. Je ne cours pas parce que j'ai des problèmes de santé. Je fais d'autres sports. 2. Oui, ma mère court deux ou trois fois par semaine dans un gymnase. Mon père et mon frère ne courent pas. Ils préfèrent regarder des émissions de sport à la télé! 3. J'ai quelques amis qui courent, mais nous ne courons pas souvent ensemble parce que nous n'avons pas le(s) même(s) emploi(s) du temps. 4. On court pour rester en forme et pour oublier ses problèmes. On court aussi pour maigrir. **Ex. 12.** 1. Tu pars en vacances en été? Oui, je pars en vacances en été. (Non, je ne pars pas en vacances en été.) 2. Tu sors du cinéma si un film est mauvais? Oui, je sors du cinéma si un film est mauvais. (Non, je ne sors pas du cinéma si un film est mauvais.) 3. Tu cours dans des marathons? Oui, je cours dans des marathons. (Non, je ne cours pas dans des marathons.) 4. Tu sers du vin chez toi? Oui, je sers du vin chez moi. (Non, je ne sers pas de vin chez moi.) 5. Tu mens quand tu ne veux pas révéler un secret? Oui, je mens quand je ne veux pas révéler un secret. (Non, je ne mens pas quand je ne veux pas révéler un secret.) 6. Tu sens les fruits au supermarché? Oui, je sens les fruits au supermarché. (Non, je ne sens pas les fruits au supermarché.) 7. Tu sors souvent le samedi soir? Oui, je sors souvent le samedi soir. (Non, je ne sors pas souvent le samedi soir.) 8. Tu dors pendant la journée quelquefois? Oui, je dors pendant la journée quelquefois. (Non, je ne dors jamais pendant la journée.) *Second part; answers may vary.* 1. Vous partez en vacances en été? Oui, nous partons en vacances en été. (Non, nous ne partons pas en vacances en été.) 2. Vous sortez du cinéma si un film est mauvais? Oui, nous sortons du cinéma si un film est mauvais. (Non, nous ne sortons pas du cinéma si un film est mauvais.) 3. Vous courez dans des marathons? Oui, nous courons dans des marathons. (Non, nous ne courons pas dans des marathons.) 4. Vous servez du vin chez vous? Oui, nous servons parfois du vin chez nous. (Non, nous ne servons pas de vin chez nous.) 5. Vous mentez quand vous ne voulez pas révéler un secret? Oui, nous mentons quelquefois... (Non, nous ne mentons jamais...) 6. Vous sentez les fruits au supermarché? Oui, nous sentons les fruits... (Non, nous ne sentons pas les fruits...) 7. Vous sortez souvent le samedi soir? Oui, nous sortons souvent le samedi soir. (Non, nous ne sortons pas souvent le samedi soir.) 8. Vous dormez pendant la journée quelquefois? Oui, nous dormons pendant la journée quelquefois. (Non, nous ne dormons jamais pendant la journée.) **Ex. 13.** *Answers may vary.* 1. Non, ils ne sortent pas seuls la nuit. (Si, ils sortent quelquefois seuls la nuit.) Moi, je ne sors jamais seul(e). 2. Au printemps, beaucoup d'étudiants américains partent en vacances en Floride, mais la majorité des étudiants ne partent pas en vacances. Moi, je pars en vacances en Californie. 3. Non, la plupart des Américains ne partent pas en Europe en été. Moi, je pars à la campagne. 4. Non, ils ne sortent pas tous les soirs. Moi, je sors seulement le week-end. 5. Non, ils s'endorment vers neuf ou dix heures. Moi, je m'endors vers onze heures. 6. Si, ils servent souvent du vin au dîner. Moi, je sers quelquefois du vin au dîner. 7. Oui, beaucoup d'Américains

courent pour être en forme, mais la majorité des gens ne font pas assez d'exercice. Moi, je préfère nager.

CHAPITRE 4

Ex. 1. 1. une vieille maison 2. une belle cheminée 3. un petit réfrigérateur 4. une bonne cuisinière 5. un grand sauna 6. un nouveau numéro de téléphone **Ex. 2.** 1. Tu as une petite chambre, n'est-ce pas? Mais non, j'ai une grande chambre. 2. Tu as un nouvel appartement, n'est-ce pas? Mais non, j'ai un vieil appartement. 3. Tu as un vieux jean, n'est-ce pas? Mais non, j'ai un nouveau jean. 4. Tu as des nouvelles chaussures, n'est-ce pas? Mais non, j'ai des vieilles chaussures. 5. Tu as une grande étagère, n'est-ce pas? Mais non, j'ai une petite étagère. 6. Tu as un bon dictionnaire de français, n'est-ce pas? Mais non, j'ai un mauvais dictionnaire de français. 7. Tu as un jeune professeur de français, n'est-ce pas? Mais non, j'ai un vieux professeur de français. 8. Tu as de nouveaux amis, n'est-ce pas? Mais non, j'ai des vieux amis. **Ex. 3.** *Answers may vary.* 1. Un lave-vaisselle est aussi utile qu'un réfrigérateur, mais un réfrigérateur est plus important qu'un lave-vaisselle. 2. Un appartement est moins cher qu'une maison, mais une maison est plus agréable qu'un appartement. 3. Un aspirateur est plus important qu'un four à micro-ondes, mais un four à micro-ondes est plus pratique qu'un aspirateur. 4. Un immeuble moderne est plus confortable qu'un vieil immeuble, mais un vieil immeuble est plus beau qu'un immeuble moderne. 5. Un téléphone portable est plus utile qu'un téléphone fixe, mais un téléphone fixe est moins cher qu'un téléphone portable. 6. Un répondeur téléphonique est plus utile qu'un lecteur DVD, mais un lecteur DVD est plus amusant qu'un répondeur téléphonique. **Ex. 4.** 1. plus de 2. plus de 3. moins d' 4. autant de 5. moins de 6. plus de 7. plus de 8. autant de **Ex. 5.** 1. bon (mauvais) 2. bonne (mauvaise) 3. bonne (mauvaise) 4. bien (mal) 5. mauvaise 6. mal 7. bien (mal) **Ex. 6.** *Answers may vary.* 1. Oui, les étudiants d'aujourd'hui sont moins bons que les étudiants d'il y a vingt ans. (Non, les étudiants d'aujourd'hui sont meilleurs / aussi bons que les étudiants d'il y a vingt ans.) 2. Oui, les diplômés d'aujourd'hui sont moins bien préparés pour le monde du travail que leurs parents. (Non, les diplômés d'aujourd'hui sont mieux / aussi bien préparés pour le monde du travail que leurs parents.) 3. Oui, mes notes en maths sont meilleures que mes notes en français. (Non, mes notes en maths sont moins bonnes /aussi bonnes que mes notes en français.) 4. Oui, en général, les petites universités sont moins bonnes que les grandes. (Non, en général, les petites universités sont meilleures / aussi bonnes que les grandes.) 5. Oui, je travaille mieux à la bibliothèque que chez moi. (Non, je travaille moins bien / aussi bien à la bibliothèque que chez moi.) 6. Oui, les jeunes professeurs sont meilleurs que les professeurs plus âgés. (Non, les jeunes professeurs sont moins bons que les professeurs plus âgés.) **Ex. 7.** *The second part of the answer may vary.* 1. réfléchit; Moi, je (ne) réfléchis (pas) avant de parler. 2. finit; Moi, je (ne) finis (pas) toujours mes devoirs. 3. obéit;

Moi, j'obéis / je n'obéis pas toujours à ma conscience. 4. choisissent; Dans notre classe aussi, nous choisissons nos partenaires pour travailler en groupes. 5. réussissent; Dans notre classe aussi, en général, nous réussissons à nos examens. 6. finissent; Dans notre classe aussi, nous allons au café quand nous finissons nos cours. **Ex. 8.** 1. Chez toi, est-ce que tu mets la table pour dîner? Oui, je mets la table pour dîner. (Non, je ne mets pas la table pour dîner.) 2. Chez toi, est-ce que tu prends le petit déjeuner dans la cuisine? Oui, je prends le petit déjeuner dans la cuisine. (Non, je ne prends pas le petit déjeuner dans la cuisine.) 3. Chez toi, est-ce que tu tonds le gazon en été? Oui, je tonds le gazon en été. (Non, je ne tonds pas le gazon en été.) 4. Chez toi, est-ce que tu permets au chien de dormir sur ton lit? Oui, je permets au chien de dormir sur mon lit. (Non, je ne permets pas au chien de dormir sur mon lit.) 5. Chez toi, est-ce que tu apprends à faire la cuisine? Oui, j'apprends à faire la cuisine. (Non, je n'apprends pas à faire la cuisine.) 6. Chez toi, est-ce que tu ranges ta chambre tous les jours? Oui, je range ma chambre tous les jours. (Non, je ne range pas ma chambre tous les jours.) 7. Chez toi, est-ce que tu réponds toujours au téléphone? Oui, je réponds toujours au téléphone. (Non, je ne réponds pas toujours au téléphone.) 8. Chez toi, est-ce que tu perds souvent tes clés? Oui, je perds souvent mes clés. (Non, je ne perds pas souvent mes clés.) *Second part.* 1. Chez vous, est-ce que vous mettez la table pour dîner? 2. Chez vous, est-ce que vous prenez le petit déjeuner dans la cuisine? 3. Chez vous, est-ce que vous tondez le gazon en été? 4. Chez vous, est-ce que vous permettez au chien de dormir sur votre lit? 5. Chez vous, est-ce que vous apprenez à faire la cuisine? 6. Chez vous, est-ce que vous rangez votre chambre tous les jours? 7. Chez vous, est-ce que vous répondez toujours au téléphone? 8. Chez vous, est-ce que vous perdez souvent vos clés? **Ex. 9.** 1. vendent; a. vend (ne vend pas) ses livres... b. vendons (ne vendons pas) nos livres... 2. attendent; a. attend (n'attend pas)... b. attendons (n'attendons pas)... 3. remettent; a. remet (ne remet pas)... b. remettons (ne remettons pas)... 4. perdent; a. perd (ne perd pas)... b. perdons (ne perdons pas)... 5. permettent; a. permet (ne permet pas)... b. permet (ne permet pas)... 6. rendent; a. rend (ne rend pas)... b. rend (ne rend pas)... **Ex. 10.** 1. La voilà! 2. Les voilà! 3. La voilà! 4. Le voilà! 5. Les voilà! 6. La voilà! **Ex. 11.** *Answers may vary.* 1. Oui, je les arrose quelquefois / souvent / une fois par semaine. (Non, moi, je ne les arrose jamais, mais ma sœur les arrose.) 2. Oui, je la fais quelquefois / souvent / une fois par semaine. (Non, moi, je ne la fais jamais, mais mon père la fait.) 3. Oui, je le fais quelquefois / souvent / une fois par semaine. (Non, moi, je ne le fais jamais, mais ma mère le fait.) 4. Oui, je les repasse quelquefois / souvent / une fois par semaine. (Non, moi, je ne les repasse jamais, mais ma sœur les repasse.) 5. Oui, je le fais quelquefois / souvent / une fois par semaine. (Non, moi, je ne le fais jamais, mais mes frères et sœurs le font.) 6. Oui, je la nettoie quelquefois / souvent / une fois par semaine. (Non, moi, je ne la nettoie jamais, mais ma mère la nettoie.) 7. Oui, je les fais quelquefois / souvent / une fois par semaine. (Non, moi, je ne les fais jamais, mais mon père les fait.) 8. Oui, je le passe quelquefois / souvent / une fois par semaine. (Non, moi, je ne le passe jamais, mais mon frère le passe.) **Ex. 12.** 1. Oui, je vais la ranger ce matin. (Non, je ne vais pas la ranger.) 2. Oui, je vais la faire aujourd'hui. (Non, je ne vais pas la faire.) 3. Oui, je vais les repasser. (Non, je ne vais pas les repasser.) 4. Oui, je vais les faire ce soir. (Non, je ne vais pas les faire ce soir.) 5. Oui, je l'aime bien. (Non, je ne l'aime pas bien.) 6. Oui, je les prends tous les jours. (Non, je ne les prends pas tous les jours.) 7. Oui, je viens vous voir le week-end prochain. (Non, je ne viens pas vous voir le week-end prochain.) 8. Je vais l'inviter à la maison la semaine prochaine. (Je ne vais pas l'inviter à la maison.) **Ex. 13.** 1. me; Oui, je te trouve belle! 2. m'; Oui, je t'écoute quand tu parles. 3. me; Oui, je te trouve intelligente. 4. m'; Oui, je veux t'aider à faire tes devoirs. 5. me; Oui, je te préfère à toutes les autres petites filles du monde. 6. me; Non, je ne te trouve pas difficile. 7. m'; Oui, je vais toujours t'aimer! **Ex. 14.** 1. connaissez, connaissons 2. connais, connais 3. connaît, connaît 4. connaissez, connais 5. connaissent, connaissons **Ex. 15.** 1. sait; Moi aussi, je sais faire du canoë. (Moi, je ne sais pas faire du canoë.) 2. sait; Moi aussi, je sais la date de l'anniversaire de ma mère. (Moi, je ne sais pas la date de l'anniversaire de ma mère.) 3. sait; Moi aussi, je sais faire de l'escalade. (Moi, je ne sais pas faire de l'escalade.) 4. connaît; Moi aussi, je connais bien La Nouvelle-Orléans. (Moi, je ne connais pas bien La Nouvelle-Orléans.) 5. connaît; Moi aussi, je connais l'histoire de ma famille. (Moi, je ne connais pas l'histoire de ma famille.) 6. connaît; Moi aussi, je connais bien les poèmes de Jacques Prévert. (Moi, je ne connais pas bien les poèmes de Jacques Prévert.) **Ex. 16.** 1. besoin 2. envie 3. l'air 4. honte 5. peur 6. tort **Ex. 17.** 1. il a faim 2. il a soif 3. il a sommeil 4. il a chaud 5. il a froid 6. il a envie 7. il a besoin 8. il a peur

CHAPITRE 5

Ex. 1. 1. Est-ce que tu as acheté un journal hier? Oui, j'ai acheté un journal hier. (Non, je n'ai pas acheté de journal hier.) 2. Est-ce que tu as écouté la radio hier? Oui, j'ai écouté la radio hier. (Non, je n'ai pas écouté la radio hier.) 3. Est-ce que tu as envoyé beaucoup de textos hier? Oui, j'ai envoyé beaucoup de textos hier. (Non, je n'ai pas envoyé beaucoup de textos hier.) 4. Est-ce que tu as mangé un hamburger hier? Oui, j'ai mangé un hamburger hier. (Non, je n'ai pas mangé de hamburger hier.) 5. Est-ce que tu as préparé ton dîner hier? Oui, j'ai préparé mon dîner hier. (Non, je n'ai pas préparé mon dîner hier.) 6. Est-ce que tu as promené ton chien hier? Oui, j'ai promené mon chien hier. (Non, je n'ai pas promené mon chien hier.) 7. Est-ce que tu as séché un cours hier? Oui, j'ai séché un cours hier. (Non, je n'ai pas séché un/de cours hier.) 8. Est-ce que tu as regardé la télé hier? Oui, j'ai regardé la télé hier. (Non, je n'ai pas regardé la télé hier.) 9. Est-ce que tu as travaillé à ton job hier? Oui, j'ai travaillé à mon job hier. (Non, je n'ai pas travaillé à mon job hier.) 10. Est-ce que tu as nettoyé ta chambre hier? Oui, j'ai nettoyé ma chambre hier. (Non, je n'ai pas nettoyé ma

chambre hier.) **Ex. 2.** *Answers may vary.* 1. Moi, je n'ai pas oublié de prendre mes vitamines. (Moi aussi, j'ai oublié de prendre mes vitamines.) 2. Moi, je n'ai pas fini un/de devoir pour mon cours d'anglais. (Moi aussi, j'ai fini un devoir pour mon cours d'anglais.) 3. Moi, je n'ai pas choisi de nouveau CD. (Moi aussi, j'ai choisi un nouveau CD.) 4. Moi, je n'ai pas répondu à tous mes courriels. (Moi aussi, j'ai répondu à tous mes courriels.) 5. Moi, je n'ai pas perdu mes clés. (Moi aussi, j'ai perdu mes clés.) 6. Moi, je n'ai pas dormi pendant un cours ennuyeux. (Moi aussi, j'ai dormi pendant un cours ennuyeux.) 7. Moi, je n'ai pas attendu le bus pendant une demi-heure. (Moi aussi, j'ai attendu le bus pendant une demi-heure.) 8. Moi, je n'ai pas très bien réussi à un examen. (Moi aussi, j'ai très bien réussi à un examen.) 9. Moi, je n'ai pas utilisé un tchat vidéo. (Moi aussi, j'ai utilisé un tchat vidéo.) **Ex. 3.** *Answers will vary.* 1. Oui, nous avons écouté une chanson française. (Non, nous n'avons pas écouté de chanson française.) 2. Oui, nous avons étudié des nouveaux points de grammaire. (Non, nous n'avons pas étudié de nouveaux points de grammaire.) 3. Oui, nous avons parlé seulement en français. (Non, nous n'avons pas parlé seulement en français.) 4. Oui, nous avons envoyé des textos. (Non, nous n'avons pas envoyé de textos.) 5. Oui, nous avons travaillé au laboratoire informatique. (Non, nous n'avons pas travaillé au laboratoire informatique.) 6. Oui, nous avons fini le chapitre 4. (Non, nous n'avons pas fini le chapitre 4.) 7. Oui, nous avons répondu au courriel d'un correspondant français. (Non, nous n'avons pas répondu au courriel d'un correspondant français.) 8. Oui, nous avons passé un examen. (Non, nous n'avons pas passé d'examen.) **Ex. 4.** 1. Daniel et Louis ont acheté des boissons. 2. Nous avons mangé des crêpes. 3. Barbara et Jacqueline ont apporté des CD français. 4. Tout le monde a parlé français. 5. Même Mme Martin a dansé. 6. Nous avons regardé des photos de cette année. 7. Denise a donné un album de photos à Pierre. 8. Quelques étudiants ont pleuré. **Ex. 5.** 1. Oui, j'ai dû me lever de bonne heure. (Non, je n'ai pas dû me lever de bonne heure.) 2. Oui, j'ai fait mon lit. (Non, je n'ai pas fait mon lit.) 3. Oui, j'ai pris le petit déjeuner. (Non, je n'ai pas pris le petit déjeuner.) 4. Oui, j'ai lu le journal. (Non, je n'ai pas lu le journal.) 5. Oui, j'ai bu un coca. (Non, je n'ai pas bu de coca.) 6. Oui, j'ai reçu un texto. (Non, je n'ai pas reçu de texto.) 7. Oui, j'ai conduit ma voiture. (Non, je n'ai pas conduit ma voiture.) 8. Oui, j'ai eu un accident. (Non, je n'ai pas eu d'accident.) 9. Oui, j'ai été en retard pour un cours. (Non, je n'ai pas été en retard pour un cours.) 10. Oui, j'ai mis un manteau pour sortir. (Non, je n'ai pas mis de manteau pour sortir.) *Second part:* 1. Est-ce que vous avez dû vous lever de bonne heure? 2. Est-ce que vous avez fait votre lit? 3. Est-ce que vous avez pris le petit déjeuner? 4. Est-ce que vous avez lu le journal? 5. Est-ce que vous avez bu un coca? 6. Est-ce que vous avez reçu un texto? 7. Est-ce que vous avez conduit votre voiture? 8. Est-ce que vous avez eu un accident? 9. Est-ce que vous avez été en retard pour un cours? 10. Est-ce que vous avez mis un manteau pour sortir? **Ex. 6.** *Answers may*

vary. 1. Les clients dans un bar ont pris un cocktail. 2. Les spectateurs qui sortent du cinéma ont vu un film. 3. L'explorateur célèbre a découvert une ville perdue. 4. Les bons étudiants ont lu leurs leçons. 5. Le fils affectueux a offert un cadeau à sa mère. 6. Les acteurs au théâtre ont appris leur rôle. 7. L'auteur connu a écrit un nouveau livre. 8. La femme élégante a mis une nouvelle robe. **Ex. 7.** 1. À 9 h, j'ai reçu... 2. À 10 h, j'ai rencontré... 3. Sarah nous a offert... 4. Nous avons eu... 5. Enfin, nous avons pris... 6. Je leur ai dit... j'ai dû... 7. J'ai ouvert... j'ai vu... j'ai été... 8. J'ai mis... j'ai fait... **Ex. 8.** *Answers may vary.* 1. Je suis sorti(e)... (Je ne suis jamais sorti[e]...) (Je ne me souviens pas de la dernière fois que je suis sorti[e]...) 2. Je suis allé(e)... (Je ne suis jamais allé[e]...) (Je ne me souviens pas de la dernière fois que je suis allé[e]...) 3. Je suis monté(e)... (Je ne suis jamais monté[e]...) (Je ne me souviens pas de la dernière fois que je suis monté[e]...) 4. Je suis tombé(e)... (Je ne suis jamais tombé[e]...) (Je ne me souviens pas de la dernière fois que je suis tombé[e]...) 5. Je suis parti(e)... (Je ne suis jamais parti[e]...) (Je ne me souviens pas de la dernière fois que je suis parti[e]...) 6. Je suis arrivé(e)... (Je ne suis jamais arrivé[e]...) (Je ne me souviens pas de la dernière fois que je suis arrivé[e]...) 7. Je suis passé(e)... (Je ne suis jamais passé[e]...) (Je ne me souviens pas de la dernière fois que je suis passé[e]...) 8. Je suis entré(e)... (Je ne suis jamais entré[e]...) (Je ne me souviens pas de la dernière fois que je suis entré[e]...) 9. Je suis resté(e)... (Je ne suis jamais resté[e]...) (Je ne me souviens pas de la dernière fois que je suis resté[e]...) 10. Je suis rentré(e)... (Je ne suis jamais rentré[e]...) (Je ne me souviens pas de la dernière fois que je suis rentré[e]...) **Ex. 9.** 1. Nous sommes partis à 5 h vendredi soir. 2. Nous sommes arrivés à Megève vers 10 h. 3. Samedi matin, les enfants sont allés sur les pistes de bonne heure. 4. Victor et moi, nous sommes restés au lit un peu plus longtemps. 5. Marise et Clarisse sont montées et descendues plusieurs fois. 6. Elles ne sont pas tombées, heureusement. 7. Samedi soir, nous sommes revenus au chalet pour dîner. 8. Dimanche matin, les enfants sont retournés sur les pistes à 9 h. 9. Nous sommes rentrés à Clermont-Ferrand dimanche soir, fatigués mais très contents de notre week-end. **Ex. 10.** 1. suis né 2. suis née 3. ai habité 4. ai habité 5. ai quitté 6. suis allé 7. n'ai jamais quitté 8. es arrivée 9. suis arrivée 10. suis arrivé 11. es rentrée 12. suis restée 13. ai pu **Ex. 11.** 1. Moi aussi, je suis allé(e) chez le coiffeur. (Je ne suis pas allé[e] chez le coiffeur.) 2. Moi aussi, je me suis reposé(e). (Je ne me suis pas reposé[e].) 3. Moi aussi, je me suis douché(e). (Je ne me suis pas douché[e].) 4. Moi aussi, je me suis brossé les dents. (Je ne me suis pas brossé les dents.) 5. Moi aussi, je me suis maquillée, mais je ne me suis pas rasée avec mon rasoir électrique. (Moi aussi, je me suis rasé avec mon rasoir électrique, mais je ne me suis pas maquillé.) 6. Moi aussi, je me suis habillé(e) en vitesse. (Je ne me suis pas habillé[e] en vitesse.) 7. Moi aussi, je me suis bien amusé(e) et je suis rentré(e) après minuit. (Je ne me suis pas bien amusé[e] et je ne suis pas rentré[e] après minuit.) 8. Moi aussi, je me suis couché(e) et je me suis tout de suite endormi(e). (Je ne me suis pas couché[e] et je ne me suis pas tout de suite endormi[e].) **Ex. 12.** 1. Caroline s'est baignée. 2. Caroline s'est séchée. 3. Caroline s'est brossé les dents. 4. Albert est arrivé chez elle. 5. Ils sont sortis ensemble. 6. Ils sont arrivés à la fête. 7. Ils sont partis à 2 h du matin. 8. Caroline s'est déshabillée. 9. Caroline s'est couchée. 10. Caroline s'est endormie. **Ex. 13.** Dans la ville où tout va mal,... 1. les enfants n'obéissent jamais à leurs parents. 2. rien n'est simple et calme. 3. personne n'est dynamique. 4. on ne fait jamais la fête. 5. on n'a pas encore éliminé la pollution de l'air. 6. les habitants n'aiment personne. 7. on n'a rien d'intéressant à faire. 8. la ville n'est plus prospère. **Ex. 14.** 1. Non, je n'ai qu'une chambre. 2. Non, je n'ai qu'un vélo. 3. Non, ils n'ont qu'un appartement. 4. Non, il n'y a que des autobus. 5. Non, ils n'ont que quinze jours de vacances. 6. Non, je n'ai étudié que le français. 7. Non, je n'ai visité que la côte est.

CHAPITRE 6

Ex. 1. 1. Julien 2. Sarah 3. Jean-Yves 4. Julien 5. Jean-Yves 6. Julien 7. Sarah 8. Jean-Yves 9. Sarah **Ex. 2.** 1. j'allais... 2. j'adorais... 3. j'aimais... 4. je m'amusais... 5. je rentrais... 6. je mettais... 7. j'attendais... 8. nous allions... 9. nous faisions... 10. nous nous promenions... 11. nous faisions... 12. nous finissions... **Ex. 3.** 1. Tous les matins, M. et Mme Rouet se levaient à cinq heures. 2. Mme Rouet prenait le bus pour aller au travail. 3. Quelquefois, elle devait attendre l'autobus une demi-heure. 4. M. Rouet allait au travail en voiture, dans sa vieille Deux Chevaux. 5. Il y avait toujours beaucoup de circulation. 6. M. Rouet arrivait au bureau furieux. 7. Il était obligé de déjeuner en ville et ça coûtait cher. 8. Leurs enfants allaient à l'école en bus. 9. Ils finissaient les cours à 16 h 30. 10. Ils rentraient à la maison et restaient seuls jusqu'à 19 h. **Ex. 4.** 1. lisons (ne lisons pas) 2. écrivons (n'écrivons pas de rédactions) 3. lit (ne nous lit pas de poèmes) 4. lis (ne lis pas de journal) 5. dis (ne dis pas) 6. disent (ne disent pas de) 7. J'écris (Je n'écris pas/jamais de phrases) 8. écrit (n'écrit pas) **Ex. 5.** 1. était (a été) 2. étais 3. avais 4. avais 5. avais 6. devais 7. voulais 8. était 9. savais 10. avais 11. voulais 12. était **Ex. 6.** 1. (e) Une licorne, qu'... 2. (f) Un peuple, qui... 3. (g) L'adolescence, que... 4. (h) Un bateau, qui... 5. (a) Un pitre, qui... 6. (c) La vaisselle, que... 7. (b) Un carnet, qu'... 8. (d) Un jardin, qui... **Ex. 7.** 1. qui 2. que 3. où 4. où 5. qui 6. où 7. qui 8. où 9. qu' 10. que **Ex. 8.** 1. J'avais deux cousines qui nous racontaient des histoires fascinantes. 2. Près de chez nous, il y avait un parc où nous jouions souvent. 3. Je faisais aussi des promenades à bicyclette que j'aimais beaucoup. 4. Il y avait une maîtresse qui nous apprenait les noms de toutes les plantes. 5. Je jouais avec une petite fille qui avait un gros chien. 6. J'adorais la colonie de vacances où j'allais en été. 7. À l'école, j'avais une copine que j'aimais beaucoup. 8. Il y avait une piscine près de chez nous où je nageais souvent. **Ex. 9.** 1. Oui, je lui écrivais. (Non, je ne lui écrivais pas.) 2. Oui, je leur écrivais des textos au lycée. (Non, je ne leur écrivais pas de textos au lycée.) 3. Oui, je leur posais beaucoup de questions. (Non, je ne leur posais pas beaucoup de questions.) 4. Oui, je lui offrais

des cadeaux. (Non, je ne lui offrais pas de cadeaux.) 5. Oui, je leur empruntais souvent des CD. (Non, je ne leur empruntais pas souvent de CD.) 6. Oui, je leur demandais de l'argent. (Non, je ne leur demandais pas d'argent.) 7. Oui, je leur rendais souvent visite. (Non, je ne leur rendais pas souvent visite.) 8. Oui, je devais leur demander la permission. (Non, je n'avais pas besoin de leur demander la permission.) 9. Oui, je pouvais lui téléphoner tous les soirs. (Non, je ne pouvais pas lui téléphoner tous les soirs.) **Ex. 10.** 1. leur 2. nous 3. nous 4. vous 5. nous **Ex. 11.** 1. Oui, maman, je lui ai écrit. 2. Oui, maman, je leur ai rendu les CD. 3. Oui, maman, je lui ai donné de l'eau. 4. Oui, maman, je vous ai laissé un morceau de gâteau. 5. Oui, maman, je lui ai rendu visite. 6. Oui, maman, je vous ai obéi. 7. Non, maman, je ne t'ai pas promis de rester à la maison. 8. Non, maman, je ne vous ai pas dit que j'avais des devoirs à faire. 9. Non, maman, tu ne m'as pas prêté ton stylo. 10. Non, maman, elle ne m'a pas demandé de service. **Ex. 12.** 1. Et toi, tu t'entendais très bien avec tes professeurs et tes camarades de classe? Oui, je m'entendais... (Non, je ne m'entendais pas...) 2. Et toi, tu t'inquiétais de tes résultats aux examens? Oui, je m'inquiétais... (Non, je ne m'inquiétais pas...) 3. Et toi, tu ne te fâchais jamais avec tes copains? Si, je me fâchais... (Non, je ne me fâchais jamais...) 4. Et toi, tu te disputais de temps en temps avec tes parents? Oui, je me disputais... (Non, je ne me disputais pas...) 5. Et toi, ton père s'énervait assez souvent? Oui, mon père s'énervait... (Non, mon père ne s'énervait pas...) 6. Et toi, tu t'occupais de la voiture de tes parents? Oui, je m'occupais... (Non, je ne m'occupais pas...) 7. Et toi, tu t'intéressais beaucoup aux sports d'hiver? Oui, je m'intéressais... (Non, je ne m'intéressais pas...) 8. Et toi, tu t'ennuyais parfois en été? Oui, je m'ennuyais... (Non, je ne m'ennuyais pas...) *Second part:* 1. Est-ce que vous vous entendiez très bien avec vos professeurs et vos camarades de classe, madame (monsieur)? 2. Est-ce que vous vous inquiétiez de vos résultats aux examens? 3. Est-ce que vous ne vous fâchiez jamais avec vos copains? 4. Est-ce que vous vous disputiez de temps en temps avec vos parents? 5. Est-ce que votre père s'énervait assez souvent? 6. Est-ce que vous vous occupiez de la voiture de vos parents? 7. Est-ce que vous vous intéressiez beaucoup aux sports d'hiver? 8. Est-ce que vous vous ennuyiez parfois en été? **Ex. 13.** 1. Elle croit à l'égalité des sexes. 2. Ils ne croient pas à la punition corporelle. 3. Nous croyons à la démocratie. 4. Tu crois à l'amitié. 5. Je crois aux traditions. 6. Vous croyez au mariage. **Ex. 14.** 1. voit 2. voyons 3. croyez 4. vois 5. croient 6. croit **Ex. 15.** *Answers may vary.* 1. Hier, je (ne) me suis (pas) levé(e) avant huit heures. Quand j'étais petit(e), je me levais souvent avant huit heures. 2. Hier, j'ai (je n'ai pas) porté un jean et un tee-shirt. Quand j'étais petit(e), je portais de temps en temps un jean et un tee-shirt. 3. Hier, je (ne) suis (pas) allé(e) à l'université. Quand j'étais petit(e), je n'allais jamais à l'université. 4. Hier, j'ai (je n'ai pas) parlé au téléphone avec des amis. Quand j'étais petit(e), je parlais de temps en temps au téléphone avec des amis. 5. Hier, j'ai conduit

une (je n'ai pas conduit de) voiture. Quand j'étais petit(e), je ne conduisais jamais de voiture. 6. Hier, j'ai (je n'ai pas) joué à des jeux vidéo. Quand j'étais petit(e), je jouais tous les jours à des jeux vidéo. 7. Hier, je me suis (je ne me suis pas) couché(e) à minuit et demi. Quand j'étais petit(e), je ne me couchais jamais à minuit et demi. 8. Hier, j'ai (je n'ai pas) lu les bandes dessinées dans le journal. Quand j'étais petit(e), je lisais les bandes dessinées dans le journal une fois par semaine.

CHAPITRE 7

Ex. 1. *Answers will vary.* 1. Oui, j'aime les petits pois, mais j'aime mieux (les asperges.) (Non, je n'aime pas les petits pois. J'aime mieux...) 2. Oui, j'aime les cerises, mais j'aime mieux (les pommes). (Non, je n'aime pas les cerises. J'aime mieux...) 3. Oui, j'aime le jambon, mais j'aime mieux (le poulet). (Non, je n'aime pas le jambon. J'aime mieux ...) 4. Oui, j'aime la bière, mais j'aime mieux (le vin). (Non, je n'aime pas la bière. J'aime mieux...) 5. Oui, j'aime les huîtres, mais j'aime mieux (le homard). (Non, je n'aime pas les huîtres. J'aime mieux...) 6. Oui, j'aime le lait, mais j'aime mieux (l'eau minérale). (Non, je n'aime pas le lait. J'aime mieux...) 7. Oui, j'aime la tarte aux pommes, mais j'aime mieux (le gâteau au chocolat). (Non, je n'aime pas la tarte aux pommes. J'aime mieux...) 8. Oui, j'aime le porc, mais j'aime mieux (le poulet). (Non, je n'aime pas le porc. J'aime mieux...) **Ex. 2.** 1. Oui, achète de la sauce tomate (pour la bolognaise). 2. Non, n'achète pas de riz. 3. Non, n'achète pas de bifteck. 4. Oui, achète du bœuf haché (pour la bolognaise). 5. Oui, achète de la laitue (pour la salade). 6. Non, n'achète pas de pommes de terre. 7. Oui, achète de l'huile et du vinaigre (pour la salade). 8. Oui, achète des oignons (pour la bolognaise et la salade). 9. Non, n'achète pas de glace. 10. Oui, achète du lait (pour la crème caramel). 11. Oui, achète des œufs (pour la crème caramel). 12. Oui, achète du sucre (pour la crème caramel). **Ex. 3.** *Answers will vary.* 1. deux tasses de 2. trois verres d' 3. une demi-douzaine d' 4. une demi-livre de 5. un peu de 6. une portion de 7. trois portions de **Ex. 4.** *Answers will vary.* 1. Est-ce que tu achètes quelquefois des bonbons au chocolat? Oui, j'achète quelquefois des... (Non, je n'achète jamais de...) 2. Est-ce que tu aimes les escargots? Oui, j'aime les escargots. (Non, je n'aime pas les escargots.) 3. Est-ce que tu manges souvent de la dinde? Oui, je mange souvent de la dinde. (Non, je ne mange pas de dinde.) 4. Est-ce que tu consommes beaucoup de fromage? Oui, je consomme beaucoup de fromage. (Non, je ne consomme pas beaucoup de fromage.) 5. Est-ce que tu détestes le poisson? Oui, je déteste le poisson. (Non, je ne déteste pas le poisson.) 6. Est-ce que tu adores la glace? Oui, j'adore la glace. (Non, je n'adore pas la glace.) **Ex. 5.** *Answers will vary.* 1. Je bois du café. 2. Ils boivent de l'eau minérale. 3. Nous buvons du thé. 4. Les Anglais boivent plus de thé. 5. J'ai bu du jus d'orange. 6. Tu buvais du lait. 7. Mes parents buvaient du café. 8. On a bu du champagne et de l'eau minérale. **Ex. 6.** *Answers will vary.* 1. Oui, j'en voudrais. (Non, je n'en voudrais pas.) 2. Oui, j'en bois. (Non, je n'en bois pas.) 3. Oui, j'aime en prendre à tous les repas. (Non, je n'aime pas en prendre à tous les repas.) 4. Oui, j'en prends à tous les repas. (Non, je n'en prends pas à tous les repas.) 5. Oui, j'en mange de temps en temps. (Non, je n'en mange pas.) 6. Oui, j'en mange beaucoup. (Non, je n'en mange pas beaucoup.) **Ex. 7.** 1. Il y en a 1.000 (mille). 2. Oui, on en a besoin. 3. Oui, les enfants en ont souvent envie. 4. Oui, il y en a beaucoup dans le café. 5. Oui, il y en a dans le thé. (Non, il n'y en a pas. Il y a de la théine.) 6. Il y en a six. 7. Non, il n'y en a pas. 8. Il y en a 2,2. 9. Il y en a 105. 10. Non, il n'y en a pas. **Ex. 8.** 1. tous 2. Toutes 3. tout 4. Toutes 5. Toute 6. tout *Opinions and reasons for them will vary.* **Ex. 9.** 1. Qu'est-ce qu': g 2. quoi: d 3. Qu'est-ce qui: a 4. Qu'est-ce qu': i 5. quoi: f 6. Qui: b 7. Qu'est-ce qu': c 8. quoi: h 9. Qui: j 10. Qu'est-ce qui: e **Ex. 10.** 1. Avec qui est-ce que Louis doit venir? (Avec qui Louis doit-il venir?) 2. Qu'est-ce que tu as fait? (Qu'as-tu fait?) 3. À qui est-ce que tu as demandé d'apporter des chips? (À qui as-tu demandé d'apporter des chips?) 4. De quoi est-ce que vous avez besoin? (De quoi avez-vous besoin?) 5. Qui a apporté des CD de musique acadienne? 6. De quoi est-ce que tu voudrais parler? (De quoi voudrais-tu parler?) 7. Qu'est-ce qui sent si bon? 8. Qui est-ce que Raoul a invité? (Qui Raoul a-t-il invité?) **Ex. 11.** 1. Quel est ton légume favori? 2. Quel est le plat du jour? 3. Qu'est-ce que c'est qu'une boulangerie? 4. Quelle est la boisson que tu préfères? 5. Quel est le meilleur type de café? 6. Qu'est-ce que c'est qu'une mandarine? 7. Quel est le nom de ce plat? 8. Qu'est-ce que c'est qu'une salade niçoise? (Quels sont les ingrédients d'une salade niçoise?) **Ex. 12.** 1. Christine est en train de réserver une table. 2. Christine est en train de se baigner. 3. Christine est en train de s'habiller. 4. Christine et Bernard sont en train de retrouver leurs amis. 5. Christine, Bernard et leurs amis sont en train d'entrer dans le restaurant. 6. Ils sont en train de commander leur dîner. 7. Bernard est en train de goûter le vin. 8. Christine et Bernard sont en train de bavarder avec leurs amis. 9. Bernard est en train de demander l'addition. 10. Bernard est en train de régler l'addition. 11. Christine et Bernard sont en train de rentrer chez eux après avoir laissé le pourboire. **Ex. 13.** *Answers may vary and sentences may begin with the "Avant de" clause.* 1. Je choisis un menu avant d'inviter des amis. 2. Je lis la recette avant de faire les provisions. 3. Je fais une liste avant d'aller au supermarché. 4. Je fais la cuisine avant de m'habiller pour la soirée. 5. Je prépare le repas avant de mettre la table. 6. Je sers le dessert avant de débarrasser la table. **Ex. 14.** *Answers may vary.* 1. Un étudiant sérieux regarde la télé après avoir fini ses devoirs. 2. Un étudiant sérieux étudie après être allé en cours. 3. Un étudiant sérieux écrit une thèse après avoir lu des articles. 4. Un étudiant sérieux fait les activités après avoir regardé son manuel de laboratoire. 5. Un étudiant sérieux écrit une rédaction après avoir réfléchi au sujet. 6. Un étudiant sérieux répond après avoir écouté les questions du prof. 7. Un étudiant sérieux va prendre un café après être allé à la bibliothèque. 8. Un étudiant sérieux se couche après être rentré du cinéma.

CHAPITRE 8
Ex. 1. 1. De Reims, je vais à Strasbourg, en Alsace. 2. De Strasbourg, je vais à Dijon, en Bourgogne. 3. De Dijon, je vais à Grenoble, en Savoie. 4. De Grenoble, je vais à Arles, en Provence. 5. D'Arles, je vais à Clermont-Ferrand, en Auvergne. 6. De Clermont-Ferrand, je vais à La Rochelle, au Poitou. 7. De La Rochelle, je vais à Tours, en Touraine. **Ex. 2.** 1. Est-ce que tu vas en Europe? Oui, je vais au Portugal et en Espagne. 2. Est-ce que tu vas en Asie? Oui, je vais en Chine et en Inde. 3. Est-ce que tu vas en Afrique? Oui, je vais en Côte d'Ivoire et au Sénégal. 4. Est-ce que tu vas en Afrique du Nord? Oui, je vais en Tunisie et au Maroc. 5. Est-ce que tu vas en Louisiane? Oui, je vais à Bâton Rouge et à La Nouvelle-Orléans. 6. Est-ce que tu vas au Canada? Oui, je vais à Montréal et à Toronto. 7. Est-ce que tu vas en Amérique du Sud? Oui, je vais au Brésil et en Argentine. 8. Est-ce que tu vas en Amérique du Nord? Oui, je vais aux États-Unis: en Californie et au (dans le) Texas. **Ex. 3.** 1. D'où viennent les Volkswagen? Les Volkswagen viennent d'Allemagne. 2. D'où viennent les appareils Sony? Les appareils Sony viennent du Japon. 3. D'où vient le jambalaya? Le jambalaya vient de Louisiane. 4. D'où viennent les vins de Bourgogne? Les vins de Bourgogne viennent de France. 5. D'où viennent les enchiladas et les tacos? Les enchiladas et les tacos viennent du Mexique. 6. D'où vient le cappuccino? Le cappuccino vient d'Italie. 7. D'où viennent les Cadillac? Les Cadillac viennent des États-Unis. 8. D'où vient le sucre d'érable? Le sucre d'érable vient du Canada et des États-Unis (du Vermont). **Ex. 4.** 1. vivent 2. vit 3. vivent 4. vit 5. survivre (vivre) 6. ont vécu 7. ont survécu 8. vivait 9. vivons **Ex. 5.** 1. à / Oui, je vais lui écrire. 2. — / Non, je ne les écoute pas. 3. à / Oui, je leur téléphone toutes les semaines. 4. — / Oui, je les regarde. 5. à / Je voudrais lui dire que tout le monde doit protéger l'environnement. 6. aux associations / Oui, je leur donne de l'argent. **Ex. 6.** 1. Je la lui donne. (Je ne la lui donne pas.) 2. Je les leur envoie. (Je ne les leur envoie pas.) 3. Je la lui promets. (Je ne la lui promets pas.) 4. Je le leur accorde. (Je ne le leur accorde pas.) 5. Je le lui donne. (Je ne le lui donne pas.) **Ex. 7.** *Answers will vary.* 1. a. devrions / Oui, je suis d'accord, parce que les émissions toxiques sont mauvaises pour la santé. (Non, je ne suis pas d'accord, parce que les entreprises ne peuvent pas le faire sans réduire leur production.) b. devrais / Oui, je suis d'accord, parce que j'habite près de mon lieu de travail. (Non, je ne suis pas d'accord, parce que je préfère prendre la voiture.) 2. a. devrais / Oui, je suis d'accord, parce que c'est facile à faire. (Non, je ne suis pas d'accord, parce que je ne voudrais pas changer mes habitudes!) b. devraient / Oui, je suis d'accord, parce que ce n'est pas nécessaire, sauf quand il fait très chaud! (Non, je ne suis pas d'accord, parce que mon jardin a besoin d'être arrosé tous les jours.) 3. a. devraient / Oui, je suis d'accord, parce que je préfère manger des produits naturels. (Non, je ne suis pas d'accord, parce qu'il faut tuer les insectes.) b. devrions / Oui, je suis d'accord, parce que ces détergents sont bons. (Non, je ne suis pas d'accord, parce qu'ils ne sont pas aussi bons que les

autres.) 4. a. devrait / Oui, je suis d'accord, parce que c'est bon pour la planète. (Non, je ne suis pas d'accord, parce que je n'aime pas le faire.) b. devrait / Oui, je suis d'accord, parce qu'il y a trop de plastique. (Non, je ne suis pas d'accord. Il faut le recycler, c'est tout.) **Ex. 8.** 1. étaient, portaient 2. vivaient 3. empêchaient, émettaient 4. grimpaient 5. pique-niquaient 6. trouvait 7. étaient 8. comprenaient **Ex. 9.** 1. faisait, s'est arrêté 2. envoyait, s'est éteint 3. écoutait, n'a... entendu 4. parlait, a été 5. écoutait, s'est arrêté

CHAPITRE 9
Ex. 1. *Answers will vary.* 1. Oui, j'y habite. (Non, je n'y habite pas.) 2. Oui, j'y suis déjà allé(e) cette semaine. (Non, je n'y suis pas encore allé[e] cette semaine.) 3. Oui, j'y participe beaucoup. (Non, je n'y participe pas beaucoup.) 4. Oui, j'y réponds souvent. (Non, je n'y réponds pas souvent.) 5. Oui, j'y assiste parfois. (Non, je n'y assiste jamais.) 6. Oui, j'y joue souvent. (Non, je n'y joue pas souvent.) 7. Oui, j'y pense souvent. (Non, je n'y pense pas souvent.) **Ex. 2.** *Answers will vary.* 1. Oui, je suis plus intelligent(e) que lui. (Non, je suis moins/aussi...) 2. Oui, je suis moins sportif/sportive qu'eux. (Non, je suis plus/aussi...) 3. Oui, je suis aussi dynamique que lui / qu'elle. (Non, je suis moins/plus...) 4. Oui, ils sont aussi intelligents que moi. (Non, ils sont plus/moins...) 5. Oui, mes professeurs sont aussi sympathiques qu'eux. (Non, ils sont plus/moins...) 6. Oui, je suis aussi équilibré(e) que lui / qu'elle. (Non, je suis moins/plus...) 7. Oui, ils sont plus courageux que moi. (Non, ils sont moins/aussi...) 8. Oui, il/elle est aussi facile à vivre que moi. (Non, il/elle est plus/moins...) **Ex. 3.** 1. Oui, je m'entends bien avec eux. (Non, je ne m'entends pas bien avec eux.) 2. Oui, je me fâche souvent avec lui/elle. (Non, je ne me fâche pas souvent avec lui/elle.) 3. Oui, je parle toujours français avec lui/elle. (Non, je ne parle pas toujours français avec lui/elle.) 4. Oui, je dialogue avec eux sur Facebook. (Non, je ne dialogue pas avec eux sur Facebook.) 5. Oui, je me souviens de lui / d'elle. (Non, je ne me souviens pas de lui / d'elle.) 6. Oui, j'ai déjà dîné avec lui/elle. (Non, je n'ai pas encore dîné avec lui/elle.) 7. Si, je me suis disputé(e) avec eux. (Non, je ne me suis jamais disputé[e] avec eux.) **Ex. 4.** 1. Lui et elle, ils vont au cinéma ce soir. 2. Elle et lui, ils lisent le journal tous les jours. 3. Eux et nous, nous aimons *Astérix.* 4. Elle et lui, ils sont vedettes. 5. Toi et moi, nous paniquons avant les examens. 6. Lui et elle, ils ont du talent. 7. Elle et lui, ils sont dynamiques. **Ex. 5.** 1. Il était couturier. 2. Elle était physicienne. 3. Il était empereur. 4. Elle était écrivaine. 5. Il est chanteur. 6. Il était homme d'État. **Ex. 6.** *Answers will vary.* 1. C'est un professeur dans un lycée. C'est la femme de Victor. (C'est la sœur de Bernard.) 2. C'est une infirmière. C'est la femme de Bernard. 3. C'est un ingénieur. C'est le fils de Francis Lasalle. (C'est le frère de Claudine.) 4. C'est une étudiante en hôtellerie. C'est la sœur de Marise. 5. C'est un petit garçon. C'est le frère de Clarisse et Marise. 6. C'est un étudiant à l'Université Paris VII. C'est l'ami d'Agnès Rouet. **Ex. 7.** 1. Julien habite à la Défense depuis quatre ans. 2. Sa mère est à Paris depuis cinq ans. 3. Julien travaille pour

TF1 depuis sept ans. 4. Il connaît Bernard depuis huit ans. 5. Julien fait de la voile depuis douze ans. **Ex. 8.** *Answers will vary.* 1. Je fais des études dans cette université depuis (deux ans). 2. J'habite (à la cité universitaire). J'y habite depuis (un an). 3. Mes parents habitent (à la campagne). Ils y habitent depuis (vingt-cinq ans). 4. J'étudie le français depuis (six mois). 5. J'ai mon permis de conduire depuis (l'année dernière). J'ai ma propre voiture depuis (l'année dernière). **Ex. 9.** 1. Est-ce que tu te coucheras tôt ce soir? Oui, je me coucherai tôt ce soir. (Non, je ne me coucherai pas...) Et toi? 2. Est-ce que tu dormiras jusqu'à 10 h demain? Oui, je dormirai... (Non, je ne dormirai pas...) 3. Est-ce que tu finiras tous tes devoirs avant le week-end? Oui, je finirai... (Non, je ne finirai pas...) 4. Est-ce que tu réussiras à tous tes examens ce semestre? Oui, je réussirai à... (Non, je ne réussirai pas à...) 5. Est-ce que tu sortiras ce week-end? Oui, je sortirai... (Non, je ne sortirai pas...) 6. Est-ce que tu gagneras beaucoup d'argent cet été? Oui, je gagnerai... (Non, je ne gagnerai pas...) 7. Est-ce que tu achèteras une voiture cette année? Oui, j'achèterai... (Non, je n'achèterai pas...) 8. Est-ce que tu prendras des vacances la semaine prochaine? Oui, je prendrai... (Non, je ne prendrai pas...) **Ex. 10.** 1. serons 2. ferons 3. recevrons 4. verrons 5. saurons, pourrons 7. devrons **Ex. 11.** 1. aura 2. sera 3. gagnera 4. iront 5. devra 6. pourront 7. fera 8. épatera 9. découvrira 10. ira 11. reviendra 12. ouvrira 13. irons 14. deviendra 15. écrira 16. aura 17. s'appellera **Ex. 12.** 1. Tu seras heureux quand tu réussiras à l'examen demain. 2. Tu seras très surpris quand tu recevras un A en cours de français. 3. Tu seras surpris quand tes amis t'inviteront à sortir ce week-end. 4. Tu seras étonné quand tu auras assez d'argent pour payer tes études. 5. Tu seras surpris quand tu finiras ton devoir d'histoire ce soir.

CHAPITRE 10

Ex. 1. 1. Il faut que je passe à la banque. 2. Il faut que j'écrive des instructions pour la voisine. 3. Il faut que je visite un site Web marocain. 4. Il faut que je choisisse une nouvelle valise. 5. Il faut que je lise le guide touristique sur le Maroc. 6. Il faut que je finisse ma dissertation de français. 7. Il faut que je rende des livres à la bibliothèque. 8. Il faut que j'organise mes affaires. **Ex. 2.** 1. Il faut que nous vérifiions l'heure du départ. 2. Il faut que nous achetions des magazines. 3. Il ne faut pas que nous oubliions la valise en consigne. 4. Il faut que nous téléphonions aux enfants ce soir. 5. Il faut que nous écrivions une carte postale à Julien demain. 6. Il ne faut pas que nous laissions nos chèques de voyage dans la valise. 7. Il faut que nous relisions les brochures. 8. Il faut que nous nous reposions dans l'avion. **Ex. 3.** *Answers will vary but should end as shown.* 1. ... que je connaisse des gens du pays. 2. ... que je lise mon courriel tous les jours. 3. ... que je dorme bien chaque nuit. 4. ... que je voyage dans une voiture confortable. 5. ... que j'achète des beaux souvenirs. 6. ... que je rapporte beaucoup de belles photos. 7. ... que je sorte tous les soirs. 8. ... que j'organise des projets à l'avance. 9. ... que j'obéisse aux règles de la route. **Ex. 4.** 1. Il ne faut pas que tu boives de l'alcool. 2. Il ne faut pas que tu ailles

dans les quartiers dangereux le soir. 3. Il ne faut pas que tu sortes seul(e). 4. Il faut que tu t'endormes à une heure raisonnable. 5. Il ne faut pas que tu fasses du bruit à l'hôtel. 6. Il faut que tu sois ponctuel(le). 7. Il faut que tu aies ton passeport sur toi à tout moment. 8. Il faut que tu nous téléphones tous les jours. 9. Il faut que tu prennes tes vitamines. **Ex. 5.** *Answers may vary.* 1. Est-ce qu'il vaut mieux que je prenne les billets à l'aéroport ou que je les télécharge sur Internet? Il vaut mieux que vous les téléchargiez sur Internet pour éviter de longues queues à l'aéroport. (Il vaut mieux que vous preniez les billets à l'aéroport.) 2. Est-ce qu'il vaut mieux que je mette mon passeport dans ma petite valise ou dans ma poche? Il vaut mieux que vous le mettiez dans votre poche, parce qu'il faut que vous le montriez à la douane. (Il vaut mieux que vous le mettiez dans votre petite valise pour ne pas le perdre.) 3. Est-ce qu'il vaut mieux que je sois à l'aéroport trois heures avant le départ ou non? Il vaut mieux que vous y soyez trois heures avant le départ. Ainsi, vous aurez le temps de passer par le contrôle de sûreté. (Il vaut mieux que vous y soyez une ou deux heures avant votre départ. Comme ça, vous n'aurez pas besoin d'attendre longtemps.) 4. Est-ce qu'il vaut mieux que je boive beaucoup ou non, pendant le voyage en avion? Il vaut mieux que vous buviez beaucoup pour ne pas être déshydraté(e). (Il vaut mieux que vous ne buviez pas beaucoup de liquides.) 5. Est-ce qu'il vaut mieux que j'utilise des chèques de voyage ou une carte de crédit? Il vaut mieux que vous utilisiez des chèques de voyage. Ainsi, si vous les perdez, vous pourrez les remplacer facilement. (Il vaut mieux que vous utilisiez une carte de crédit. C'est plus pratique.) 6. Est-ce qu'il vaut mieux que j'aie du liquide (de l'argent) pour laisser des pourboires? Oui, il vaut mieux que vous en ayez pour laisser des pourboires. (Il vaut mieux que vous n'ayez pas trop de liquide. Mettez le pourboire sur votre carte de crédit.) 7. Est-ce qu'il vaut mieux que je fasse mes valises deux ou trois jours avant ou à la dernière minute? Il vaut mieux que vous les fassiez deux ou trois jours avant pour ne rien oublier. (Il vaut mieux que vous ne les fassiez pas trop tôt si vous voulez que vos vêtements soient en bon état.) 8. Est-ce qu'il vaut mieux que j'aille prendre des brochures à l'agence de voyages ou que je visite des pages Web? Il vaut mieux que vous alliez à l'agence de voyages. (Il vaut mieux que vous visitiez des pages Web.) **Ex. 6.** *Answers will vary.* 1. Un jeune homme (Une jeune fille) de dix-huit ans conduit trop vite. Il/Elle ne respecte pas toujours le code de la route. 2. Les chauffeurs de taxi conduisent prudemment. En général, ils respectent le code de la route. 3. Mon meilleur ami (Ma meilleure amie) conduit bien. Il/Elle respecte toujours le code de la route. 4. Mes copains conduisent comme des fous. Ils respectent rarement le code de la route. 5. Les personnes âgées conduisent lentement. Elles respectent toujours le code de la route. 6. Les gens de ma ville conduisent assez bien. En général, ils respectent le code de la route. 7. Un agent de police conduit bien. Il respecte toujours le code de la route. Je conduis prudemment. Je respecte toujours le code de la route. **Ex. 7.** 1. Est-ce que tu le lui

donnes? Oui, je le lui donne. (Non, je ne le lui donne pas.) 2. Est-ce que tu le leur montres? Oui, je le leur montre. (Non, je ne le leur montre pas.) 3. Est-ce que tu les lui laisses? Oui, je les lui laisse. (Non, je ne les lui laisse pas.) 4. Est-ce que tu la lui prêtes? Oui, je la lui prête. (Non, je ne la lui prête pas.) 5. Est-ce que tu lui en donnes? Oui, je lui en donne. (Non, je ne lui en donne pas.) 6. Est-ce que tu lui en demandes? Oui, je lui en demande. (Non, je ne lui en demande pas.) 7. Tu lui en offres? Oui, je lui en offre. (Non, je ne lui en offre pas.) 8. Tu leur en laisses? Oui, je leur en laisse. (Non, je ne leur en laisse pas.) **Ex. 8.** *Answers will vary.* 1. Oui, elle/il nous en donne beaucoup. (Non, elle/il ne nous en donne pas beaucoup.) 2. Oui, elle/il nous en apporte. (Non, elle/il ne nous en apporte pas.) 3. Oui, elle/il nous les rend promptement. (Non, elle/il ne nous les rend pas promptement.) 4. Oui, elle/il nous les lit. (Non, elle/il ne nous les lit pas.) 5. Oui, elle/il nous en envoie beaucoup. (Non, elle/il ne nous en envoie pas beaucoup.) **Ex. 9.** 1. le plus 2. le plus, le moins 3. le plus 4. les plus, les moins 5. les plus, les plus 6. le plus **Ex. 10.** 1. Le polyester coûte le moins cher. 2. Le nylon se lave le mieux. 3. Les diamants coûtent le plus cher. 4. La porcelaine se casse le plus facilement. 5. Le cuir s'utilise le moins dans les vêtements pour enfants. **Ex. 11.** 1. Le Cameroun a le plus d'habitants francophones. Le Mali en a le moins. 2. La Belgique a le plus d'habitants francophones. Le Luxembourg en a le moins. 3. Le Québec a le plus d'habitants francophones. La Louisiane en a le moins. **Ex. 12.** *Answers may vary.* 1. Laquelle de ces montres préfères-tu? d. Celle en or parce que... 2. Laquelle de ces bagues préfères-tu? c. Celle avec une turquoise parce que... 3. Lequel de ces portefeuilles préfères-tu? a. Celui en cuir marron parce que... 4. Lequel de ces foulards préfères-tu? e. Celui en soie parce que... 5. Lequel de ces vases préfères-tu? b. Celle en terre cuite parce que... **Ex. 13.** *Responses to questions may vary.* 1. ceux, ceux / Moi, je préfère ceux qui ont beaucoup de fonctions. 2. celles, celles / Moi, je préfère celles qui sont comiques. 3. celles, celles / Moi, je préfère celles qui sont plus discrètes. 4. ceux, ceux / Moi, je préfère ceux en cuir. 5. ceux, ceux / Moi, je préfère ceux qui sont confortables.

CHAPITRE 11

Ex. 1. *Answers will vary.* 1. aurait / Oui, c'est vrai, parce qu'on n'aurait pas d'exemples de crimes violents. (Non, ce n'est pas vrai...) 2. lirais / Oui, c'est vrai, parce que je ne serais pas aussi distrait(e) par la télévision. (Non,...) 3. seraient / Oui, c'est vrai, parce qu'ils passeraient plus de temps à faire de l'exercice. (Non,...) 4. saurions / Non, ce n'est pas vrai, parce que nous aurions encore des journaux et des ordinateurs! (Oui,...) 5. connaîtrait / Non, ce n'est pas vrai, parce qu'on pourrait lire des journaux et des livres. (Oui,...) 6. feraient / Oui, c'est vrai, parce qu'il n'y aurait pas de publicité. (Non,...) 7. dormirions / Oui, c'est vrai, parce que nous ne regarderions pas d'émissions à minuit. (Non,...) 8. iraient / Non, ce n'est pas vrai, parce qu'ils loueraient des DVD. (Oui,...) 9. achèterait / Non, ce n'est pas vrai, parce qu'on pourrait lire des journaux sur Internet. (Oui,...) 10. dépenseraient / Oui, c'est vrai, parce qu'elles n'auraient pas les mêmes possibilités offertes par la télévision. (Non,...) **Ex. 2.** 1. Pourriez 2. auriez 3. voudrais 4. pourriez 5. devrais 6. pourrais 7. Sauriez **Ex. 3.** 1. ... , on pourrait toujours croire ce qu'on vous dit. 2. ... , nous ne serions pas influencés par des messages subtils ou subliminaux. 3. ... , on ne profiterait jamais de la crédulité des gens. 4. ... , les gens ne dépenseraient pas beaucoup d'argent pour des produits inutiles. 5. ... , le travail n'occuperait pas une très grande partie de notre vie. 6. ... , il y aurait assez d'emplois pour tous ceux qui veulent travailler. 7. ... , mentir ne serait jamais utile. **Ex. 4.** 1. C'est le magazine dont je parlais l'autre jour. 2. C'est le livre dont on discutait à la télé. 3. C'est un metteur en scène dont je connais d'autres films. 4. C'est un réalisateur dont j'ai vu tous les films. 5. C'est un titre dont je ne me souviens jamais. **Ex. 5.** 1. Ce qui: c 2. Ce qui: f 3. Ce que: d 4. Ce qui: e 5. Ce qu': b 6. Ce qu': a 7. Ce qui: f 8. Ce qu': e **Ex. 6.** 1. ce qu' 2. ce qui 3. ce que 4. ce qu' 5. ce qui 6. ce qu' 7. ce qui 8. ce dont **Ex. 7.** 1. Aie quelque chose à dire sur ta page Web. (Informe et intéresse le visiteur; ne le déçois point!) 2. Ne fais pas une/de liste de listes. 3. Rappelle-toi que tes visiteurs n'ont pas tous une connexion puissante. (Et ne fournis pas trop d'informations sur la même page.) 4. Vérifie tes liens pour éliminer les liens morts. 5. Permets les commentaires par courriel sur ta page. 6. Améliore constamment tes connaissances en HTML. 7. Sois créatif/créative malgré ces directives. **Ex. 8.** 1. Montrez-leur donc comment l'utiliser. 2. En cas d'invasion de très jeunes, bloquez les fentes de CD/DVD, rangez le clavier et mettez la souris en cage. 3. N'apportez votre travail à la maison qu'en cas de nécessité absolue. 4. Asseyez-vous souvent avec vos enfants quand ils utilisent l'ordinateur. 5. Si les enfants sont branchés en ligne, sachez où ils vont et combien cela va coûter. 6. Donnez-leur une chaise confortable. Essayez aussi de placer l'ordinateur dans un endroit facile d'accès. **Ex. 9.** 1. C'est une bonne idée. Posez-en. (Ce n'est pas nécessaire. N'en posez pas.) 2. C'est une bonne idée. Vérifiez-la. (Regardez-le.) (Ce n'est pas nécessaire. Ne la vérifiez pas. [Ne le regardez pas.]) 3. C'est une bonne idée. Appréciez-la. (Évaluez-la.) (Ce n'est pas nécessaire. Ne l'appréciez pas. [Ne l'évaluez pas.]) 4. C'est une bonne idée. Vérifiez-le. (Ce n'est pas nécessaire. Ne le vérifiez pas.) 5. C'est une bonne idée. Groupez-les. (Ce n'est pas nécessaire. Ne les groupez pas.) 6. C'est une bonne idée. Parlez-en. (Ce n'est pas nécessaire. N'en parlez pas.) **Ex. 10.** 1. Si je voulais vraiment acheter quelque chose, je serais (je ne serais pas) très impatient(e). 2. Si j'étais déprimé(e), j'aurais (je n'aurais pas) envie de faire des achats. 3. Si j'avais envie de faire des achats, je laisserais (je ne laisserais pas) mes cartes de crédit à la maison. 4. Si je faisais beaucoup d'achats, je serais encore plus (je ne

serais plus) déprimé(e). 5. Si j'achetais quelque chose de cher, j'irais (je n'irais pas) dans tous les magasins pour trouver le meilleur prix. 6. Si je n'aimais pas quelque chose, je le rendrais (je ne le rendrais pas) au magasin.

CHAPITRE 12
Ex. 1. 1. Oui, il/elle voudrait que je fasse plus de sport. (Non, il/elle ne voudrait pas que je fasse...) 2. Oui, il/elle voudrait que je dorme moins. (Non, il/elle ne voudrait pas que je dorme...) 3. Oui, il/elle voudrait que je perde du poids. (Non,...) 4. Oui, il/elle voudrait que je sois plus sérieux/sérieuse dans mes études. (Non,...) 5. Oui, il/elle voudrait que je dépense moins d'argent. (Non,...) 6. Oui, il/elle voudrait que je devienne médecin. (Non,...) 7. Oui, il/elle voudrait que je puisse le/la voir plus souvent. (Non,...) **Ex. 2.** *Answers will vary.* 1. Oui, je demanderais qu'on enlève... (Non, je ne demanderais pas qu'on enlève...) 2. Je désire qu'on serve... (Non, je ne désire pas qu'on serve...) 3. J'aimerais qu'on installe... (Non, je n'aimerais pas qu'on installe...) 4. Je préférerais que l'université dépense... (Non, je ne préférerais pas que l'université dépense...) 5. Oui, je voudrais que les cours ne commencent pas... (Non, je ne voudrais pas que les cours ne commencent pas...) 6. Oui, je demanderais que les examens de fin d'année soient... (Non, je ne demanderais pas que les examens de fin d'année soient...) **Ex. 3.** 1. n'avais pas, n'ai rien mangé 2. avais, me suis endormie 3. me sentais, ai dû 4. devais, n'ai pas pu 5. n'avais pas, n'ai pas téléphoné 6. voulais, ai dû **Ex. 4.** 1. c / On peut soulager les yeux irrités en y mettant des gouttes. Oui, c'est vrai. (Non,...) 2. a / On peut transmettre des microbes en toussant et en éternuant. Oui, c'est vrai. (Non,...) 3. b / On peut éviter les rhumes en prenant beaucoup de vitamine C. Oui, c'est vrai. (Non,...) 4. e / On peut guérir une grippe en mangeant de la soupe au poulet. Oui, c'est vrai. (Non,...) 5. d / On peut arrêter le hoquet en se mettant un sac sur la tête. Non, ce n'est pas vrai. (Oui,...) **Ex. 5.** 1. viennent d' 2. venez de 3. venons d' 4. vient d' 5. viennent d' **Ex. 6.** 1. C'était l'hiver, il ne faisait pas froid et il y avait un beau clair de lune. 2. Sylvie et moi, nous avons décidé d'aller faire une randonnée à ski. 3. Nous avons mis nos skis et nous sommes partis. 4. La neige était couverte d'une couche de glace et nos skis glissaient très vite. 5. Après une demi-heure, nous sommes arrivés en haut d'une colline très abrupte. 6. En descendant la colline, je suis tombé et un de mes skis s'est cassé. 7. Heureusement, je n'avais rien de cassé. 8. Ensuite, nous avons dû marcher longtemps pour rentrer, mais nous étions contents de notre soirée. **Ex. 7.** 1. était 2. avais 3. ai pris 4. étais 5. n'ai pas trouvé 6. ai pris 7. était 8. avait 9. était 10. s'avançait 11. ai mal estimé 12. a touché 13. cherchais 14. ai entendu 15. était 16. pensait 17. allais

CHAPITRE 13
Ex. 1. 1. se sont rencontrés 2. se sont détestés 3. se revoir 4. se sont rencontrés 5. se sont aidés 6. se quitter 7. s'entendent **Ex. 2.** 1. nous disons 2. vous écoutez 3. se parlent 4. se téléphonent 5. nous invitons 6. s'écrivent **Ex. 3.** 1. patiemment 2. sérieusement 3. nerveusement 4. attentivement 5. élégamment 6. (très) calmement 7. discrètement **Ex. 4.** *Expressions of opinion will vary.* 1. C'est étonnant que les jeunes et les vieux ne s'entendent pas bien. 2. C'est naturel que les jeunes ne fassent pas attention aux conseils de leurs parents. 3. C'est inévitable que les jeunes ne puissent pas profiter de l'expérience de leurs aînés. 4. C'est regrettable que nous soyons obligés de répéter les erreurs de nos parents. 5. C'est rare qu'un jeune Américain ait envie d'habiter longtemps chez ses parents. 6. C'est regrettable que les personnes âgées ne croient plus pouvoir contribuer à la société. 7. C'est honteux qu'un certain nombre de personnes âgées soient abandonnées par leurs enfants. **Ex. 5.** *Expressions of emotion will vary.* 1. Je suis triste que tes parents soient séparés. 2. Je suis désolée que ton grand-père soit à l'hôpital. 3. C'est dommage que tu n'aies pas encore ton baccalauréat. 4. Il est regrettable que tu doives repasser tes examens le mois prochain. 5. Je suis heureuse que tous tes amis partent à l'étranger cet été. 6. Je regrette que toi, tu ne puisses pas y aller. 7. Je suis désolée que tu te sentes vraiment triste. **Ex. 6.** 1. b / avait perdu 2. e / avait oublié 3. a / avait bu 4. d / avait oublié 5. c / avait mangé **Ex. 7.** 1. était parti 2. avait oubliée 3. avait vendu 4. avait vu 5. s'était déjà couchée **Ex. 8.** *Answers will vary.* 1. La mienne est propre (sale). La sienne est propre (sale). 2. La mienne est en ordre (en désordre). La sienne est en ordre (en désordre). 3. Les miens sont chic (pratiques). Les siens sont chic (pratiques). 4. Le mien / La mienne est facile (difficile) à vivre. Le sien / La sienne est facile (difficile) à vivre. 5. Les miennes sont très bonnes (moyennes). Les siennes sont très bonnes (moyennes).

CHAPITRE 14
Ex. 1. 1. auraient dû 2. aurions dû 3. auriez dû 4. aurait dû 5. aurais dû 6. aurais dû **Ex. 2.** 1. n'aurais pas acheté 2. aurait été 3. n'aurait pas jeté 4. aurais pu 5. ne serais pas rentré 6. te serais rendu compte **Ex. 3.** 1. à moins que 2. à condition que 3. Bien que 4. jusqu'à ce que 5. quoique 6. pour que **Ex. 4.** *Answers may vary.* 1. a. C'est possible que les étudiants de mon université suivent... b. C'est impossible que les étudiants de mon université suivent... 2. a. C'est impossible que tous les Américains parlent... b. C'est probable que tous les Américains parleront... 3. a. Je crois que nous éliminerons... b. C'est peu probable que nous éliminions... 4. a. Je pense que tout le monde travaillera... b. Ce n'est pas possible que tout le monde travaille... 5. a. C'est peu probable que toutes les familles du monde aient... b. C'est possible que toutes les familles du monde aient...

Lexique

Vocabulaire français-anglais

This vocabulary contains French words and expressions used in this book, with their contextual meanings. The gender of nouns is indicated by the abbreviations *m.* and *f.* Both masculine and feminine forms of adjectives are shown.

All words and expressions from chapter vocabulary lists are included, with the exception of exact cognates. Conjugated verb forms, present participles, and regular past participles are not included. In general, regular adverbs do not appear if the adjectives upon which they are based are included (*e.g.*, **lent[e], lentement**); regular past participles used as adjectives do not appear if the verbs upon which they are based are included (*e.g.*, **varier, varié[e]**). Words beginning with aspirate *h* are preceded by an asterisk (*).

Abbreviations

A.	archaic	*gram.*	grammar term	*p.p.*	past participle
ab.	abbreviation	*interj.*	interjection	*prep.*	preposition
adj.	adjective	*intr.*	intransitive (verb)	*pron.*	pronoun
adv.	adverb	*inv.*	invariable	*Q.*	Quebec usage
art.	article	*irreg.*	irregular (verb)	*s.*	singular
conj.	conjunction	*lit.*	literary	*s.o.*	someone
f.	feminine	*m.*	masculine	*s.th.*	something
fam.	familiar, colloquial	*num.*	number	*subj.*	subjunctive
fig.	figurative	*pl.*	plural	*trans.*	transitive (verb)

à *prep.* to; at; in; with

abandonner to drop (*a course of study, a class*); to give up; to abandon, desert

abattre (*like* **battre**) *irreg.* to cut down (*trees*)

abîmer to damage; to spoil

abolir (*like* **finir**) to abolish, do away with

abondance *f.* abundance

abonné(e) (à) *adj.*, subscribed (to); *m., f.* subscriber

abonnement *m.* subscription; service contract

s'abonner (à) to subscribe (to)

aboutir (*like* **finir**) **(à)** to end up (in)

abréger (**j'abrège, nous abrégeons**) to abbreviate, shorten

abri *m.* shelter; **mettre à l'abri de** to shelter from, shield from

abricot *m.* apricot

abriter to shelter; **s'abriter** to take shelter

abrupt(e) *adj.* abrupt; steep

absence *f.* absence; lack

absolu(e) *adj.* absolute

s'abstenir (*like* **tenir**) **(de)** *irreg.* to abstain (from)

abstrait(e) *adj.* abstract

absurde *adj.* absurd

abus *m.* abuse; misuse; **abus de la drogue** drug abuse

abuser de to misuse, abuse; **abuser des règlements** to break the rules

académie *f.* academy

Acadie *f.* Acadia (Nova Scotia)

acadien(ne) *adj.* Acadian; **Acadien(ne)** *m., f.* Acadian (*person*)

acajou *m.* mahogany

accéder (j'accède) (à) to access

accélérer (j'accélère, nous accélérons) to accelerate

accentué(e) *adj.* accentuated, stressed

accentuer to increase; to emphasize

accepter (de) to accept; to agree (to)

accès *m.* access; **accès limité** limited access

accessoires *m. pl.* accessories

accompagner to accompany

accomplir (*like* **finir**) to accomplish, fulfill, carry out

accord *m.* agreement; **d'accord** all right, okay; **être d'accord** to agree, be in agreement; **se mettre d'accord** to reconcile, come to an agreement

accordéon *m.* accordion

accorder to grant, bestow, confer; **s'accorder avec** to agree with

accouchement *m.* childbirth

accroché(e) *m., f.,* (*fam.* **accro**) fanatic; **accro de Facebook** Facebook addict

accroissement *m.* **(de)** increase (in)

s'accroupir (*like* **finir**) to squat; to stoop over

accueil *m.* greeting, welcome; **page** (*f.*) **d'accueil** home page

accueillir (*like* **cueillir**) *irreg.* to welcome, greet

accumuler to accumulate

accusé(e) *m., f.* accused, defendant; **défendre les accusés** to defend the accused

achat *m.* purchase; **faire des achats** to go shopping

acheter (j'achète) to buy; **acheter des provisions** to buy groceries

acide *adj.* acid; tart, sour; *m.* acid; **pluie** (*f.*) **acide** acid rain

acidulé(e) *adj.* slightly acid, tart

acier *m.* steel

acquérir (*p.p.* **acquis**) *irreg.* to acquire, obtain

acte *m.* act

acteur/actrice *m., f.* actor/actress

actif/active *adj.* active; working

action *f.* action, gesture

activité *f.* activity

actualité *f.* piece of news; news; current event; **suivre les actualités** to keep up with the news

actuel(le) *adj.* present, current; **à l'heure actuelle** at the present time

actuellement *adv.* currently, now, at the present time

adapter to adapt; **s'adapter** to adapt (oneself)

addition *f.* bill, tab (*restaurant*)

adieu *interj.* farewell; **soirée** (*f.*) **d'adieu** farewell party, going-away party

adjectif *m.* adjective

adjoint(e) *m., f.* assistant; **adjoint(e) au maire** deputy mayor

admettre (*like* **mettre**) *irreg.* to admit, accept

administratif/administrative *adj.* administrative

administrer to administer

admiratif/admirative *adj.* admiring

admirer to admire; **s'admirer** to admire oneself, one another

adolescent(e) *m., f.* (*fam.* **ado**) adolescent

adopter to adopt

adorer to adore, worship; to admire; to be fond of

adresse *f.* address; **adresse électronique** e-mail address

adresser to address, speak to; **s'adresser à** to speak to; to appeal to; to inquire

adulte *m., f.* adult

adverbe *m.* adverb

adversaire *m., f.* opponent, adversary

adverse *adj.* opposing; **joueur** (*m.*) **adverse** player on the opposing team

aérobic *f.* aerobics; **faire de l'aérobic** to do aerobics

aéroport *m.* airport

affaire *f.* affair; (business) matter; *pl.* belongings; business; **chiffre** (*m.*) **d'affaires** total sales; **homme** (*m.*) **d'affaires / femme** (*f.*) **d'affaires** businessman/businesswoman

affecter to affect

affectueux/affectueuse *adj.* affectionate

affichage *m.* display, billposting; **tableau** (*m.*) **d'affichage** display board

affiche *f.* poster

afficher to display, post

affirmatif/affirmative *adj.* affirmative

affirmation *f.* statement

affirmer to affirm, assert

affluence *f.* crowd(s)

affronter to confront, deal with, face

afin de *prep.* to, in order to; **afin que** *conj.* so, so that

africain(e) *adj.* African; **Africain(e)** *m., f.* African (*person*)

Afrique *f.* Africa

âge *m.* age; **le Moyen Âge** Middle Ages; **personne** (*f.*) **du troisième âge** senior citizen; **quel âge avez-vous / as-tu?** how old are you?

âgé(e) *adj.* aged; old; elderly

agence *f.* agency; **agence bénévole** volunteer agency, organization; **agence de voyages** travel agency; **agence matrimoniale** marriage/dating service

agenda *m.* appointment book; agenda

agent *m.* agent; **agent conservateur** (food) preservative; **agent de police** police officer; **agent de voyages** travel agent; **agent immobilier** real estate agent

aggraver to aggravate, worsen; **s'aggraver** to grow worse

agir (*like* **finir**) to act, take action; **s'agir: il s'agit de** it is a question/matter of; it is about

agité(e) *adj.* agitated; hectic; **heures** (*f.*) **agitées** troubled times

agneau *m.* lamb; **gigot** (*m.*) **d'agneau** leg of lamb

agréable *adj.* pleasant, nice, agreeable

agréer to accept; **je vous prie d'agréer l'expression de mes sentiments distingués** yours truly

agressif/agressive *adj.* aggressive

agricole *adj.* agricultural, farming

agriculteur/agricultrice *m., f.* cultivator, farmer

ah bon? / ah oui? *interj.* really? is that right? (*expression of skepticism*)

aide *f.* help, assistance

aider (à) to help (to); to provide aid; **aider à la maison** to help around the house; **s'aider** to help one another

aigle *m.* eagle; **aigle royal** golden eagle

aigre *adj.* sour

aigu(ë) *adj.* acute; **accent** (*m.*) **aigu** acute accent

ail *m.* garlic

ailleurs *adv.* elsewhere; **d'ailleurs** *adv.* moreover; furthermore

aimable *adj.* likeable, friendly

aimer to like; to love; **aimer bien** to like; **aimer mieux** to prefer; **j'aime ça** I like that/them

aîné(e) *adj.* older, oldest (*child*)

ainsi *conj.* thus, so, such as; **ainsi que** *conj.* as well as, in the same way as

air *m.* air; look; tune; **avoir l'air (de)** to seem, appear; **en plein air** outdoors, in the open air; **hôtesse** (*f.*) **de l'air** flight attendant, stewardess

aise *f.* ease, comfort; **être mal à l'aise** to be uncomfortable; **se sentir à l'aise** to feel at ease

aisé(e) *adj.* comfortable; well-off; easy, effortless

ajouter to add

alcool *m.* alcohol; alcoholic beverage

alcoolisé(e) *adj.* alcoholic, containing alcohol

Algérie *f.* Algeria

algérien(ne) *adj.* Algerian; **Algérien(ne)** *m., f.* Algerian (*person*)

algue *f.* seaweed

aliéner (j'aliène, nous aliénons) to alienate

aliment *m.* food, nourishment; food item

alimentaire *adj.* alimentary, pertaining to food; **chaîne** (*f.*) **alimentaire** food chain

alimentation *f.* food, feeding, nourishment; **magasin** (*m.*) **d'alimentation** food store

allaiter to nurse, breastfeed

allécher (j'allèche, nous alléchons) to tempt; to attract

allégé(e) *adj.* light, low-fat

Allemagne *f.* Germany

allemand(e) *adj.* German; *m.* German (*language*); **Allemand(e)** *m., f.* German (*person*)

aller *irreg.* to go; **aller + inf.** to be going to + *inf.*; **aller-retour** *m.* round-trip (*ticket*); **allons-y!** let's go!; **comment allez-vous?** how are you?; **s'en aller** to leave

allergie *f.* allergy

allergique *adj.* allergic

alliance *f.* union; wedding ring

s'allier (à) to be/become united, allied (with)

allô *interj.* hello (*phone greeting*)

allocation *f.* allotment; pension; **allocations** (*pl.*) **familiales** family subsidy

allongé(e) *adj.* stretched out, lying (down)

allumer to light (*a cigarette, a fire*); **allumer la télé** to turn on the TV

alors *adv.* then, in that case, therefore; **alors que** *conj.* while, whereas

Alpes *f. pl.* the Alps

alpin(e) *adj.* alpine; **ski** (*m.*) **alpin** downhill skiing

alpiniste *m., f.* mountaineer, climber

Alsace *f.* Alsace (*eastern French province*)

alsacien(ne) *adj.* Alsatian, from Alsace; *m.* Alsatian (*language*); **Alsacien(ne)** *m., f.* Alsatian (*person*)

altérer (j'altère, nous altérons) to alter, change

alternance *f.* alternation; **des cours en alternance** cooperative-education courses

alterner to alternate

amande *f.* almond

amateur *m.* (**d'art**) (art) lover

amazonien(ne) *adj.* Amazonian, from/of the Amazon

ambassade *f.* embassy

ambiance *f.* atmosphere; surroundings

ambitieux/ambitieuse *adj.* ambitious

ambulant(e) *adj.* able to walk; traveling

âme *f.* soul; spirit

améliorer to improve, better; **s'améliorer** to improve (oneself), get better

aménagé(e) *adj.* laid out; set up

aménagement *m.* planning, development; **aménagement du territoire** national and regional development

amende *f.* fine, penalty

amener (j'amène) to bring; to take (*a person*)

amer/amère *adj.* bitter

américain(e) *adj.* American; **Américain(e)** *m., f.* American (*person*)

Amérindien(ne) *m., f.* American Indian

Amérique *f.* America; **Amérique centrale** Central America; **Amérique du Nord (du Sud)** North (South) America

ami(e) *m., f.* friend; **petit(e) ami(e)** boyfriend/girlfriend

amitié *f.* friendship; **amitiés** your friend, best wishes (*in correspondence*)

amour *m.* love

amoureux/amoureuse *adj.* in love; **tomber amoureux/amoureuse (de)** to fall in love (with)

amphithéâtre *m.* (*fam.* **amphi**) amphitheater; **cours** (*m.*) **d'amphi(théâtre)** *a course held in a large lecture hall*

ampoule *f.* (light) bulb; blister

amusant(e) *adj.* amusing, fun

amuser to entertain, amuse; **s'amuser (à)** to have fun, have a good time

an *m.* year; **avoir (20) ans** to be (20) years old; **jour** (*m.*) **de l'An** New Year's Day; **nouvel an** New Year('s); **par an** per year, each year; **tous les ans** every year

analgésique *adj.* pain-killing, analgesic

analyse *f.* analysis

ananas *m.* pineapple

anarchiste *adj., m., f.* anarchist

ancêtre *m., f.* ancestor

ancien(ne) *adj.* old, antique; former; ancient

andouille *f. sausage made from pork tripe*

anesthésie *f.* anesthesia

anglais(e) *adj.* English; *m.* English (*language*); **Anglais(e)** *m., f.* English (*person*)

Angleterre *f.* England; **Nouvelle-Angleterre** New England

anglicisme *m.* Anglicism

anglophone *adj.* English-speaking, Anglophone

animal (*m.*) **domestique** pet

animateur/animatrice *m., f.* host/hostess (*radio, TV*)

animation *f.* animation; **film** (*m.*) **d'animation** animated film

animé(e) *adj.* animated; lively; motivated; **dessins** (*m. pl.*) **animés** (*film*) cartoons

animer to animate; to run, present (*a festival, show*)

année *f.* year; **l'année dernière** last year; **l'année prochaine** next year; **l'année scolaire** academic, school year; **les années cinquante (soixante)** the fifties (sixties)

anniversaire *m.* anniversary; birthday

annonce *f.* announcement, ad; **petites annonces** classified ads, classifieds

annoncer (nous annonçons) to announce, declare

annuaire *m.* phone book; directory

annuel(le) *adj.* annual, yearly

anonyme *adj.* anonymous

anorak *m.* windbreaker; ski jacket

antarctique *adj.* antarctic

antérieur(e) *adj.* previous, anterior; **futur** (*m.*) **antérieur** *gram.* future perfect (tense)

antibiotique *m.* antibiotic

anticiper to expect, anticipate

antidouleur *adj.* pain-alleviating; **médicament** (*m.*) **antidouleur** pain medication

Antilles *f. pl.* the West Indies

antique *adj.* ancient; antique

antiquité *f.* antiquity; **magasin** (*m.*) **d'antiquités** antique store

août August

apercevoir (*like* **recevoir**) *irreg.* to catch a glimpse of

apéritif *m.* (*fam.* **apéro**) before-dinner drink, aperitif

apolitique *adj.* apolitical

apothicaire *m.* apothecary, pharmacist

Appalaches *m. pl.* Appalachian Mountains, the Appalachians

apparaître (*like* **connaître**) *irreg.* to appear

appareil *m.* apparatus; device; appliance; **appareil photo (numérique)** *m.* (digital) camera

apparemment *adv.* apparently

apparence *f.* appearance

apparenté(e) *adj.* related; **mot** (*m.*) **apparenté** related word, cognate

apparition *f.* appearance

appartement *m.* (*fam.* **appart**) apartment

appartenance *f.* belonging, membership

appartenir (*like* **tenir**) **à** *irreg.* to belong to

appelé(e) *adj.* called; named

appeler (j'appelle, nous appelons) to call; to name; **s'appeler (je m'appelle, nous nous appelons)** to be named, called; **comment s'appelle-t-il/elle?** what's his/her name? **comment vous appelez-vous?** what's your name? **je m'appelle...** my name is . . .

appendicite *f.* appendicitis

applaudir (*like* **finir**) to applaud

appliqué(e) *adj.* applied

s'appliquer à to apply to

apporter to bring; to furnish

apprécier to appreciate; to value

appréhender to seize, arrest

apprendre (*like* **prendre**) *irreg.* to learn; to find out; to teach; **apprendre à** to learn (how) to

apprentissage *m.* apprenticeship; learning, training

apprivoisé(e) *adj.* tame(d)

s'approcher de to approach, draw near

approfondir (*like* **finir**) to deepen; to increase

approprié(e) *adj.* appropriate, proper, suitable

approximativement *adv.* approximately

appuyer (j'appuie) to lean; to press; **appuyer sur les freins** to step on the brakes

après *prep.* after; **après avoir (être)...** after having (being) . . . ; **après tout** after all; **d'après** *prep.* according to

après-midi (*m. or f.*) afternoon

aquatique *adj.* aquatic

arabe *adj.* Arabic, Arab; *m.* Arabic (*language*); **Arabe** *m., f.* Arab (*person*)

Arabie (*f.*) **Saoudite** Saudi Arabia

arachide *f.* peanut

Arawaks *m. pl.* Arawaks (*indigenous people of the Caribbean*)

arbitre *m.* referee, umpire; arbitrator

arbitrer to referee; to arbitrate

arbre *m.* tree

arc *m.* arch

archéologie *f.* archeology

archipel *m.* archipelago

architecte *m., f.* architect

arête *f.* fish bone; **avaler une arête** to swallow a fish bone

argent *m.* money; silver; **argent de poche** allowance, pocket money; **argent liquide** cash; **déposer de l'argent** to deposit money

Argentine *f.* Argentina

argot *m.* slang

argumenter to argue

Ariège *f.* Ariège department (*in the Pyrenees, southwestern France*)

arme *f.* weapon; **armes** (*pl.*) **à feu** firearms; **armes nucléaires** nuclear weapons

armée *f.* army

armement *m.* armament, arms

arménien(ne) *adj.* Armenian

armer to arm; to equip

arôme *m.* aroma

arranger (nous arrangeons) to arrange; to accommodate

arrêt *m.* stop; **arrêt d'autobus** bus stop; **sans arrêt** incessantly, nonstop

arrêter to stop; to arrest; **s'arrêter de** to stop (oneself)

arrière-grands-parents *m. pl.* great-grandparents

arrivée *f.* arrival

arriver to arrive; to happen; **arriver à** (+ *inf.*) to manage to, succeed in

arrondissement *m.* ward, section, district

arroser to water (*plants*)

art *m.* art; **art dramatique** theater; **arts du spectacle** performing arts; **beaux-arts** *m. pl.* fine arts; **œuvre** (*f.*) **d'art** work of art

artère *f.* artery

arthrose *f.* osteoarthritis

artichaut *m.* artichoke

articulation *f.* joint (*limb*)

artifice *m.* artifice, scheme, strategy; **feu** (*m. s.*) **d'artifice** fireworks display

artificiel(le) *adj.* artificial; synthetic

artisanat *m. s.* artisans (*as a group*)

artiste *m., f.* artist

artistique *adj.* artistic

ascenseur *m.* elevator

Ascension *f.* Ascension Day (*public and/or religious holiday in May or June*)

asiatique *adj.* Asian

Asie *f.* Asia

asperges *f. pl* asparagus

aspirateur *m.* vacuum cleaner; **passer l'aspirateur** to vacuum

aspirine *f.* aspirin

assaisonner to season

assemblée *f.* assembly; **Assemblée nationale** French national assembly

asseoir (*p.p.* **assis**) *irreg.* to seat; **asseyez-vous** sit down; **s'asseoir** to sit down

assez (de) *adv.* enough; rather; quite; **j'en ai assez pris** I've had enough; **merci, j'ai assez mangé/bu** I've had enough, thanks

assiette *f.* plate

assistant(e) *m., f.* assistant; helper; teaching assistant

assister à to attend, go to; to be present at (*concert, etc.*)

associer to associate

assorti(e) *adj.* assorted

assumer to assume; to take on; to fulfill

assurance *f.* insurance; **assurance maladie** health insurance

assuré(e) *adj.* insured; assured

assurer to insure; to assure; **s'assurer** to make sure, check

astronaute *m., f.* astronaut

astronome *m., f.* astronomer

astronomie *f.* astronomy

atelier *m.* workshop, studio

athée *m., f.* atheist

Athènes Athens

athlétisme *m.* track and field; athletics

Atlantide *f.* Atlantis (*legendary Greek island*)

atlantique *adj.* Atlantic; **Atlantique** *m.* Atlantic Ocean

atmosphère *f.* atmosphere

atome *m.* atom

atomique *adj.* atomic

attacher to tie; to attach; to buckle

attaquer to attack; **s'attaquer à** to attack; to tackle (*a problem*)

atteindre (*like* **craindre**) *irreg.* to attain; to reach, arrive at

atteint(e) *adj.* affected (by); stricken; **atteinte** *f.* attack

attendre to wait; to wait for; to expect

attente *f.* wait; expectation; **salle** (*f.*) **d'attente** waiting room

attentif/attentive *adj.* attentive

attention *f.* attention; **attention (à)** *interj.* watch out (for); **attirer l'attention** to attract attention; **faire attention à** to pay attention to

atterrir (*like* **finir**) to land; to touch down (*storm*)

attirer to attract; to draw; **attirer l'attention** to attract attention

attrait *m.* attraction; charm

attraper to catch; **attraper un rhume** to catch a cold

attribuer to attribute

auberge *f.* inn; **auberge de jeunesse** youth hostel

aubergine *f.* eggplant

aucun(e) (**ne... aucun[e]**) *adj., pron.* none; no one, not one, not any; **aucune idée!** I've no idea!

audacieux/audacieuse *adj.* daring, audacious

au-delà *adv.* beyond

augmentation *f.* increase, raise

augmenter to increase, raise; to rise

aujourd'hui *adv.* today; nowadays; at present; **aujourd'hui encore** still

auparavant *adv.* previously

auprès de *prep.* with, for

aussi *adv.* too, also; so; as; **aussi... que** as . . . as; **moi aussi** me too

aussitôt *adv.* immediately, at once; **aussitôt que** *conj.* as soon as

austral(e) *adj.* southern, austral

Australie *f.* Australia

australien(ne) *adj.* Australian; **Australien(ne)** *m., f.* Australian (*person*)

autant *adv.* as much, so much, as many, so many; **autant de** as many . . . as; **autant que** *conj.* as much as, as many as; **d'autant plus** all the more

auteur(e) *m., f.* author

authentique *adj.* authentic, genuine

auto *f.* car, auto; **auto-école** *f.* driving school; **faire de l'auto-stop** to hitchhike; **salon** (*m.*) **de l'auto** auto show

autobus (*fam.* **bus**) *m.* bus; **arrêt** (*m.*) **d'autobus** bus stop; **ligne** (*f.*) **d'autobus** bus line

autocar *m.* (interurban) bus

autographe *m.* autograph

automne *m.* autumn, fall; **en automne** in autumn

autonome *adj.* autonomous

autonomie *f.* autonomy

autopartage *m.* car-sharing

autorisation *f.* permission; authorization

autoriser to allow; to authorize

autoritaire *adj.* authoritarian

autorité *f.* authority; **faire autorité** to be authoritative, be accepted as an authority

autoroute *f.* freeway

autour (de) *prep.* around

autre *adj., pron.* other; another; **autre chose** *f.* something else; **d'autres** other(s); **l'un(e) l'autre** one another; **ni l'un(e) ni l'autre** neither one; **quelqu'un d'autre** somebody, someone else

autrefois *adv.* in the past; **d'autrefois** of the past; past

autrement *adv.* otherwise

Autriche *f.* Austria

autrichien(ne) *adj.* Austrian; **Autrichien(ne)** *m., f.* Austrian (*person*)

autrui *pron.* others

avaler to swallow

avance *f.* advance; **à l'avance** beforehand; **d'avance** in advance; **en avance** early

avancement *m.* promotion; advancement

avancer (**nous avançons**) *intrans.* to approach; *trans.* to advance, move up

avant *adv.* before (*in time*); *prep.* before, in advance of; *m.* front; **avant de** *prep.* before; **avant que** *conj.* before; **av. J.-C. (avant Jésus-Christ)** B.C.E.

avantage *m.* advantage, benefit; **avantages** (*pl.*) **sociaux** benefits (*employment*)

avantager (**nous avantageons**) to favor, give an advantage to

avec *prep.* with

avenir *m.* future; **à l'avenir** in the future, henceforth

aventure *f.* adventure; **film** (*m.*) **d'aventure(s)** adventure movie

avertir (*like* **finir**) to warn

avilir (*like* **finir**) to degrade, debase, demean

avion *m.* airplane; **en avion** by plane

avis *m.* opinion; **à son (mon, votre) avis** in his/her (my, your) opinion

avocat *m.* avocado

avocat(e) *m., f.* lawyer; **cabinet** (*m.*) **d'avocats** lawyers' practice

avoir (*p.p.* **eu**) *irreg.* to have; to be; *m. s.* holdings, assets; **avoir à** to have to, be obliged to; **avoir (20) ans** to be (20) years old; **avoir besoin de** to need; **avoir chaud (froid)** to be warm (cold); **avoir raison (tort)** to be right (wrong)

avoisinant(e) *adj.* neighboring

avortement *m.* abortion

avouer to confess, admit

avril April; **poisson** (*m.*) **d'avril** April Fool's joke

azur *m.* azure, blue; **Côte** (*f.*) **d'Azur** the French Riviera

babillard(e) *m., f.* chatterbox; *m.* chatroom

baccalauréat (*fam.* **bac**) *m. French secondary school degree*

bachelier/bachelière *m., f. holder of the French secondary school degree* (**baccalauréat**)

bagages *m. pl.* luggage; **bagages en soute** checked luggage; **enregistrer les bagages** to check in luggage; **l'excédent** (*m.*) **de bagages** excess baggage

bagagiste *m.* porter

bague *f.* ring (*jewelry*)

baguette *f.* baguette (*long thin loaf of French bread*); wand, baton

baie *f.* bay (*geography*)

baigner to bathe; **se baigner** to take a bath; to swim

baignoire *f.* bathtub; **baignoire balnéo** Jacuzzi tub

bâiller to yawn

bain *m.* bath; **prendre un bain** to take a bath; **salle** (*f.*) **de bain(s)** bathroom

baisser to lower

bal *m.* dance, ball

se balader to stroll

baladeur *m.* portable player; **baladeur MP3** portable MP3 player

balafon *m. type of xylophone from West Africa*

balai *m.* broom, brush; **balai d'essuie-glace** windshield wiper blade

balancer (nous balançons) to swing; to fling; **balancer à la poubelle** *fam.* to toss in the garbage; to abandon

balcon *m.* balcony

ballerines *f. pl.* flat shoes, slippers

ballon *m.* ball (*inflated*); balloon

banane *f.* banana

banc *m.* bench; **au banc des accusés** on trial, on the stand

bande *f.* group; gang; **bande dessinée** comic strip; *pl.* comics; **en bande** in a group

banlieue *f.* suburbs; **en banlieue** in the suburbs

banni(e) (de) *adj.* banished, banned (from)

banque *f.* bank

banquier/banquière *m., f.* banker

baptême *m.* baptism

baptiser to baptize, christen

baquet *m.* tub, bucket

barbant(e) *adj., fam.* boring; **c'est barbant** *fam.* it's really boring

barbe *f.* beard

barde *m.* bard (*poet*)

barman *m.* bartender

barrière *f.* wall; fence; **barrière de sécurité** firewall; **récif-barrière** *m.* barrier reef

bas(se) *adj.* low; *m.* stocking(s); **bas** (*m. pl.*) **de nylon** nylon stocking(s); **en bas** at the bottom, below; **là-bas** *adv.* over there; **Pays-Bas** *m. pl.* Holland, the Netherlands; **table** (*f.*) **basse** coffee table

base *f.* basis; base; **à base de produits naturels** made of natural products; **base de données** database

basilic *m.* basil (*herb*)

basilique *f.* basilica (*church*)

basket *m., fam.* basketball; **jouer au basket** to play basketball; **baskets** *f. pl.* sneakers, athletic shoes

basque *adj.* Basque; *m.* Basque (*language*); **Basque** *m., f.* Basque (*person*); **pays** (*m.*) **Basque** the Basque country

bastide *f.* country house (*in Provence*)

bataille *f.* battle

bateau *m.* boat; **en bateau** by boat, in a boat; **faire du bateau** to go boating

bâtiment *m.* building

bâtir (*like* **finir**) to build

batterie *f.* battery (*car*)

battre (*p.p.* **battu**) *irreg.* to beat; **se battre (avec)** to fight (with)

baume *m.* ointment, balm

bavarder to chat; to talk

beau (bel, belle [beaux, belles]) *adj.* beautiful; handsome; **il fait beau** it's nice (weather) out

beaucoup *adv.* much, many

beau-fils *m.* son-in-law; stepson

beau-frère *m.* brother-in-law

beau-père *m.* father-in-law; stepfather

beauté *f.* beauty

beaux-arts *m. pl.* fine arts

bébé *m.* baby

bec *m.* beak; spout

belge *adj.* Belgian; **Belge** *m., f.* Belgian (*person*)

Belgique *f.* Belgium

belle-fille *f.* daughter-in-law; stepdaughter

belle-mère *f.* mother-in-law; stepmother

belle-sœur *f.* sister-in-law

bénéficier de (certains avantages) to have, enjoy (certain advantages)

bénéfique *adj.* beneficial

bénévole *adj.* volunteer; **agence** (*f.*) **bénévole** volunteer agency, organization

Bénin *m.* Benin

béquille *f.* crutch

berbère *adj.* Berber

besoin *m.* need; **avoir besoin de** to need

bête *adj.* silly; stupid, dumb; *n. f.* beast, animal; **bête puante** *Q.* skunk

bêtise *f.* foolishness; foolish thing; **quelle bêtise** *interj.* how silly

betterave *f.* beet

Beur/Beurette *m., f., fam. young French person of North African descent*

beurre *m.* butter; **beurre de cacahuètes** peanut butter

beurré(e) *adj.* buttered

biais *m.* way, means; **par le biais de** by means of

bibelot *m.* trinket

biberon *m.* baby bottle

bibliothèque *f.* library

biculturel(le) *adj.* bicultural

bicyclette *f.* bicycle; **faire de la bicyclette** to ride a bike; **promenade** (*f.*) **à bicyclette** bicycle ride

bien *adv.* well, quite; comfortable; *m. pl.* goods, belongings; **bien que** *conj.* (+ *subj.*) although; **bien sûr** *interj.* of course; **eh bien!** *interj.* well!; **merci bien** thanks a lot; **ou bien** or else

bien-être *m.* well-being; welfare

bientôt *adv.* soon; **à bientôt!** *interj.* see you soon!

bienvenu(e) *adj.* welcome; **être le/la bienvenu(e)** to be (most) welcome; **bienvenue** *f.* welcome

bière *f.* beer

bifteck *m.* steak

bijou *m.* jewel

bijouterie *f.* jewelry

bijoutier/bijoutière *m., f.* jeweler

bilingue *adj.* bilingual

bilinguisme *m.* bilingualism

billard *m. s.* billiards, pool; **jouer au billard** to play pool

billet *m.* ticket; **billet aller-retour** roundtrip ticket

biodégradable *adj.* biodegradable

biodiversité *f.* biodiversity

biologie *f.* biology

biologique (*fam., inv.* **bio**) organic, natural (*foods, etc.*); biological

biscotte *f.* rusk (*cracker*)

biscuit (sec) *m.* cookie

bisous *interj., fam.* love; 'bye

bissap *m. Senegalese term for hibiscus flower or tea*

bistrot *m.* bistro, café, bar

blague *f.* joke; **sans blague!** *interj.* no kidding!

blanc(he) *adj.* white; **blanc** (*m.*) **de poulet** chicken breast; **blanc** (*m.*) **d'œuf** egg white; **case** (*f.*) **blanche** blank square, box (*on form*)

blé *m.* wheat

blanquette (*f.*) **de veau** veal stew

blessé(e) *adj.* wounded, injured; *m., f.* wounded person

blesser to injure; **se blesser** to get injured

blessure *f.* wound

bleu(e) *adj.* blue

bloc *m.* block; **en bloc** as a whole

blocage *m.* block, blockage

bloguer to blog

blogueur/blogueuse *m., f.* blogger

blond(e) *adj.* blond

bloquer to block

blotti(e) *adj.* nestled, huddled up

blouson *m.* windbreaker; jacket

blue-jean *m. s.* jeans

bœuf *m.* beef; ox; **bœuf haché** ground beef; **côte** (*f.*) **de bœuf** rib roast; **rôti** (*m.*) **de bœuf** roast beef

boire (*p.p.* **bu**) *irreg.* to drink; **merci, j'ai assez mangé/bu** I've had enough, thanks

bois *m.* wood; forest; **en bois** wooden, made of wood

boisé(e) *adj.* wooded, woody

boisson *f.* drink, beverage; **boisson énergisante** energy drink; **boisson gazeuse** soft drink

boîte *f.* box; can; **boîte de nuit** nightclub

bol *m.* bowl

bolognais(e) *adj.* from Bologna (Italy); **spaghettis** (*m. pl.*) **à la bolognaise** spaghetti with meat sauce

bombe *f.* bomb

bon(ne) *adj.* good; right, correct; **ah bon?** is that so? really?; **bon** well, okay; **bon anniversaire** happy birthday; **bon chic bon genre (BCBG)** preppy; **bon marché** *adj. inv.* cheap, inexpensive; **bonne chance** good luck; **bonne journée** (have a) good day; **bonne nouvelle** good news; **bon(ne) vivant(e)** *m., f.* person who enjoys life; **c'est bon pour (le café), merci** no more (coffee), thanks; **de bonne heure** early; **de bonne humeur** in a good mood; **en bonne forme** fit, healthy; **en bonne santé** in good health

bonbon *m.* (piece of) candy

bonheur *m.* happiness

bonhomme (*m.*) **de neige** snowman

bonjour *interj.* hello; good morning

bonne *f.* maid, chambermaid

bonnet (*m.*) **phrygien** Phrygian cap (*worn by French revolutionaries of 1789*)

bonsoir *interj.* good evening, good-bye
bonté *f.* kindness, goodness
bord *m.* edge; **à bord** on board (*a ship*); **au bord de la mer** at the beach (seashore); **sur les bords de** on the banks of
bordé(e) (de) *adj.* lined (with), bordered (by)
bordelais(e) *adj.* of/from Bordeaux
bordure *f.* border, edge; **en bordure de** on the edge of
bosser *fam.* to work (hard)
botte *f.* boot
bouche *f.* mouth
bouché(e) *adj.* plugged up; **nez** (*m.*) **bouché** stuffy nose
boucher to block; to fill; **se boucher les oreilles** to plug one's ears
boucherie *f.* butcher shop
boucle *f.* curl; loop; buckle; **boucle d'oreille** earring
boue *f.* mud
bouffer *fam.* to eat
bougainvillée *f.* bougainvillea
bouger (nous bougeons) to move
bougie *f.* candle
bouillabaisse *f.* bouillabaisse (*fish soup from Provence*)
bouillir (*p.p.* **bouilli**) *irreg.* to boil; **faire bouillir** to boil, bring to a boil
bouilloire *f.* kettle; **bouilloire-électrique** electric kettle
bouillon *m.* broth
boulanger/boulangère *m., f.* baker
boulangerie *f.* bakery
boule *f.* bowl; ball; **boule de glace** scoop of ice cream; ball of ice; **boule de sorbet** scoop of sorbet
bouleverser to disrupt, change drastically
boulot *m., fam.* job; work; **au boulot!** (let's) get to work!
bouquin *m., fam.* book
bouquiner *fam.* to read
bourgeois(e) bohème (*fam.* **bobo**) *n., m., f. person with an affluent lifestyle but a nontraditional attitude*
Bourgogne *f.* Burgundy (*French province*)
bourse *f.* scholarship; **Bourse** stock exchange
bousculade *f.* jostling, crush; rush
bousculer to push, bump against; **se bousculer** to jostle each other
bout *m.* end; **au bout (de)** at the end (of)
bouteille *f.* bottle
boutique *f.* store
bouton *m.* button; *pl.* acne
bovins *m. pl.* cattle
boxe *f.* boxing
branche *f.* branch
branché(e) *adj., fam.* hip, cool, trendy, in fashion; connected (*technology*)
bras *m.* arm
brasserie *f.* pub, bar
bref/brève *adj.* short, brief; **(en) bref** in short
Brésil *m.* Brazil

brésilien(ne) *adj.* Brazilian; **Brésilien(ne)** *m., f.* Brazilian (*person*)
Bretagne *f.* Brittany (*region of France*)
breton(ne) *adj.* from Brittany (*French province*); *m.* Breton (*language*); **Breton(ne)** *m., f.* Breton (*person*)
brevet *m.* diploma; certificate
bricolage *m.* do-it-yourself home projects
bricoler to putter around the house
brièvement *adv.* briefly
brillant(e) *adj.* brilliant; shining
briller to shine, gleam
brin *m.* sprig; **brin de muguet** sprig of lily of the valley
brindille *f.* twig
brique *f.* brick
briser to break; to shatter; to wreck, ruin
britannique *adj.* British
broderie *f.* embroidery
bronzer to tan, sunbathe; **se faire bronzer** to get tanned
brosse *f.* brush; chalkboard eraser; **brosse à cheveux** hairbrush; **brosse à dents** toothbrush
brosser to brush; **se brosser les cheveux** to brush one's hair; **se brosser les dents** to brush one's teeth
brouillard *m.* fog; **il y a du brouillard** it's foggy
se brouiller (avec) to quarrel, break up (with)
brousse *f.* bush, wilderness
bruit *m.* noise
brûler to burn (up); **brûler le feu rouge** to run a red light; **se brûler** to get burned
brun(e) *adj.* brown; dark-haired
brunir (*like* **finir**) to tan
Bruxelles Brussels
bruyant(e) *adj.* noisy
bûcher *fam.* to cram, study hard
buffet *m.* buffet (*furniture, self-serve meal*)
buissonnière: faire l'école buissonnière to play hooky
bulletin (*m.*) **météorologique** weather forecast
bureau *m.* office; (teacher's) desk; **bureau de change** (*foreign*) currency exchange; **bureau de poste** post office
but *m.* goal
buteur *m.* goal-scorer

ça this, that; it; **à quoi ça sert?** what's that/ it used for?; **ça fait penser** it makes one think; **ça m'est égal** it's all the same to me; **ça te va?** is that O.K. with you?; **ça va?** *fam.* how's it going?; **ça va** fine; it's going well; **comme ci, comme ça** so-so; **j'aime ça** I like that/them
cabane *f.* hut; cabin
cabine *f.* cabin; booth; **cabine à cartes** *phone booth accepting calling cards*; **cabine téléphonique** phone booth
cabinet *m.* practice; office; **cabinet d'avocats** lawyers' practice

câble *m.* cable (*TV*)
câblé(e) *adj.* wired (up)
cacahuète *f.* peanut; **beurre** (*m.*) **de cacahuètes** peanut butter
cache-cache *m.* hide-and-seek; **jouer à cache-cache** to play hide-and-seek
cacher to hide (*s.th.*); **se cacher les yeux** to cover one's eyes
cadavre *m.* corpse, cadaver
cadeau *m.* present, gift; **offrir un cadeau** to give a present
cadien(ne)/cadjin(e) *adj.* Cajun; Acadian; **Cadien(ne)/Cadjin(e)** *m., f.* Cajun, Acadian (*person*)
cadre *m.* frame; setting; (business) executive, manager; **cadre de vie** lifestyle
café *m.* coffee; café; **café au lait** coffee with milk; **café en poudre** instant coffee; **café-tabac** *m.* café-tobacconist (*government-licensed*); **c'est bon pour (le café), merci** no more (coffee), thanks; **cuillère** (*f.*) **à café** teaspoon
caféine *f.* caffeine
cafétéria *f.* cafeteria; dining hall; self-service restaurant
cafetière *f.* coffeepot; **cafetière espresso** espresso maker
cahier *m.* notebook, workbook
cahoter to jolt, shake, bump
caille *f.* quail
caillou *m.* **(poli)** (polished) stone, pebble
Caire (Le) *m.* Cairo
caisse *f.* cash register
caissier/caissière *m., f.* cashier
calcul *m.* calculation; calculus; **faire les calculs** to do arithmetic, calculations
calculatrice *f.* calculator
calculer to calculate, figure
calebasse *f.* calabash, gourd
caleçon *m. s.* boxer shorts
calendrier *m.* calendar
Californie *f.* California
câlin *m.* cuddle, hug
calme *adj., m.* calm
se calmer to quiet down
camarade *m., f.* friend, companion; **camarade de chambre** roommate; **camarade de classe** classmate, schoolmate
Cambodge *m.* Cambodia
cambriolage *m.* burglary
caméra *f.* **(numérique)** (digital) movie camera
Cameroun *m.* Cameroon
camomille *f.* chamomile
campagne *f.* countryside, country; campaign; **à la campagne** in the country; **en pleine campagne** out in the country
campement *m.* camp; encampment
camper to camp
campeur/campeuse *m., f.* camper
camping *m.* camping; campground; **faire du camping** to go camping; **terrain** (*m.*) **de camping** campground

canadien(ne) *adj.* Canadian; **Canadien(ne)** *m., f.* Canadian (*person*)
canal *m.* channel; canal
canapé *m.* sofa, couch
canard *m.* duck; **canard à l'orange** duck with orange sauce
candidat(e) *m., f.* candidate; applicant
candidater to apply (*for a job*)
candidature *f.* candidacy; **dossier** (*m.*). **de candidature** application; **poser sa candidature** to apply; to run (*for office*)
canne *f.* cane; **canne à sucre** sugarcane
canoë *m.* canoe; **faire du canoë** to canoe, go canoeing
cantatrice *f.* singer; *La Cantatrice chauve The Bald Soprano* (*play by Ionesco*)
cantine *f.* cafeteria (*school*)
caoutchouc *m.* rubber
cap *m.* cape (*geography*); point, headland
capacité *f.* ability; capacity
capitaine *m.* captain
capital(e) *adj.* capital, chief; **capitale** *f.* capital (*city*)
capitalisme *m.* capitalism
capot *m.* hood (*of car*)
capricieux/capricieuse *adj.* capricious; erratic
captif/captive *m., f.* captive, prisoner; *adj.* captive
captivité *f.* captivity; bondage
capturer to capture
car *conj.* for, because
car *m.* (interurban) bus
caractère *m.* character; nature
caractériser to characterize
Caraïbes *f. pl.* Caribbean (*islands*)
caramel *m.* caramel; **crème** (*f.*) **caramel** caramel custard
caramélisé(e) *adj.* caramelized
caravane *f.* (camping) trailer
carbonique *adj.* carbonic; **gaz** (*m.*) **carbonique** carbon dioxide
cardiaque *adj.* cardiac; **crise** (*f.*) **cardiaque** heart attack
Carême *m.* Lent
Caribs *m. pl.* indigenous people of the Caribbean
caricaturer to caricature
carnaval *m.* carnival
carnet *m.* booklet; **carnet d'adresses** address book
carotte *f.* carrot
carré(e) *adj.* square; *m.* square; scarf; **kilomètre** (*m.*) **carré** square kilometer
carreau *m.* (floor) tile
carrefour *m.* intersection, crossroad
carrelage *m.* (tile) floor
carrière *f.* career
carriole *f., Q.* sleigh
carte *f.* card; map; menu; playing card; **carte à puce** smart card; **carte bancaire** bank card, credit card; **carte de crédit** credit card; **carte de débit** debit card; **carte d'embarquement** boarding pass; **carte de vœux** greeting card; **carte**

d'identité identification card; **carte orange** *type of bus/métro pass in France;* **carte postale** postcard; **carte prépayée** prepaid card; **carte routière** road map; **carte SIM** SIM card (*smart card inside a cell phone*); **jouer aux cartes** to play cards; **tireuse** (*f.*) **de cartes** fortune-teller
cas *m.* case; **cas d'urgence** emergency; **en cas de** in case of, in the event of; **en tout cas** in any case
casbah *f.* casbah (*old part of an Arab city*)
case *f.* square, box (*in a board game, puzzle, form*)
casque *m.* helmet; **casque Blue Tooth** Blue Tooth headset
casquette *f.* cap
cassé(e) *adj.* broken
casse-croûte *m. inv.* snack
casse-pieds *m., f., inv., fam.* bore; pain in the neck
casse-tête *m. inv.* puzzle, brainteaser
casser *trans.* to break; **se casser le bras (la jambe)** to break an arm (a leg)
castor *m.* beaver
catalan *m.* Catalan (*language*)
catastrophe (*fam.* **cata**) *f.* catastrophe; **quelle cata!** *fam.* what a disaster!
catastrophique *adj.* catastrophic, disastrous
catégorie *f.* category, class
catégoriser to categorize
cathédrale *f.* cathedral
catholicisme *m.* Catholicism
catholique *adj.* Catholic
cauchemar *m.* nightmare
cause *f.* cause; **à cause de** *prep.* because of
causer to cause
causerie *f.* discussion
cavalier/cavalière *adj.* cavalier; *m., f.* horseback rider
cave *f.* cellar; wine cellar; **cave à vins** winery
CD *m. inv.* CD
ce (cet, cette, ces) *adj.* this, that; these, those; *pron.* it, this; **c'est** he/she/it is
ceci *pron.* this
céder (je cède, nous cédons) to give up; to give away
cédérom *m.* CD-ROM; **lecteur** (*m.*) **cédérom** CD-ROM player
cédille *f.* cedilla
ceinture *f.* belt; **ceinture de sécurité** seat belt, safety belt
cela *pron.* that
célèbre *adj.* famous
célébrer (je célèbre, nous célébrons) to celebrate
célébrité *f.* celebrity
céleri *m.* celery
célibataire *adj., m., f.* single, unmarried
celte *adj.* Celtic
celtique *adj.* Celtic
celui (celle, ceux, celles) *pron.* the one, the ones; this one, that one; these, those
cendre *f.* ash

cendrier *m.* ashtray
cent one hundred
centaines *f. pl.* hundreds
centenaire *m., f.* hundred-year-old person
central(e) *adj.* central, main; **centrale** (*f.*) **nucléaire** nuclear power plant
centre *m.* center; **centre commercial** shopping center, mall; **centre-ville** *m.* downtown
cependant *conj.* yet, still, however, nevertheless
cercle *m.* circle
céréales *f. pl.* cereal(s); grains
cérémonie *f.* ceremony
cerise *f.* cherry
cerisier *m.* cherry tree
certain(e) *adj.* certain; **d'un certain âge** middle-aged
certes *adv.* admittedly, of course
certifié(e) *adj.* certified, guaranteed
cerveau *m.* brain
cesse *f.* cease; **sans cesse** *adv.* constantly
cesser (de) to stop, cease, end
chacun(e) *pron.* each, each one, every one
chaîne *f.* TV or radio channel; chain; **chaîne alimentaire** food chain; **chaîne de montagnes** mountain range; **chaîne stéréo** stereo system
chaise *f.* chair
chaleur *f.* heat; warmth
chambre *f.* bedroom; room; **camarade** (*m., f.*) **de chambre** roommate; **chambre à coucher** bedroom
champignon *m.* mushroom
champion/championne *m., f.* champion
championnat *m.* championship
chance *f.* luck; possibility; opportunity; **avoir de la chance** to be lucky; **bonne chance** good luck; **pas de chance!** *interj.* no way! out of luck!
Chandeleur *f.* Candlemas (*Catholic festival on February 2*)
changement *m.* change; **changement climatique** climate change
changer (nous changeons) (de) to change; to exchange; **changer de direction** to change direction; **changer de l'argent** to exchange currency; **changer de vitesse** to change gears
chanson *f.* song
chant *m.* song; birdsong
chanter to sing
chanteur/chanteuse *m., f.* singer
chapeau *m.* hat
chapitre *m.* chapter
chaque *adj.* each, every
char *m., fam., Q.* car
charcuterie *f.* cold cuts; deli; pork butcher's shop, delicatessen
chargé(e) (de) *adj.* in charge of, responsible for
charger (nous chargeons) to load
chariot *m.* pushcart (*at airport, supermarket*)
charmant(e) *adj.* charming
charme *m.* charm

chasse *f.* **(au bison)** (bison) hunting
chassé(e) *adj.* driven out, expelled
chasseur *m.* bellhop
chat(te) *m., f.* cat
châtain *adj. inv.* chestnut-colored (*hair*)
château *m.* castle
chaud(e) *adj.* warm; hot; **avoir chaud** to feel warm, hot; **il fait chaud** it (the weather) is warm, hot
chauffage *m.* heat; heating system
chauffant(e) *adj.* warming, heating
chauffer to heat; **faire chauffer** to warm up, heat up; **se chauffer** to get warm
chauffeur/chauffeuse *m., f.* chauffeur; driver; **chauffeur de taxi** taxi(cab) driver
chaussée *f.* pavement; **chaussée glissante** slippery pavement
chaussettes *f. pl.* socks
chaussures *f. pl.* shoes; **chaussures à talons plats** flat-heeled shoes
chauve *adj.* bald; *La Cantatrice chauve* The Bald Soprano (*play by Ionesco*); **chauve-souris** (*f.*) bat
chauvin(e) *adj.* chauvinistic; prejudiced; *m., f.* chauvinist
chef *m., f.* leader; head; *fam.* boss; **chef de cuisine** (head) chef; **chef de gouvernement** head of government; **chef d'État** head of state; **chef d'orchestre** conductor; **chef-lieu** *m.* county seat (*town*)
chemin *m.* way; road; path; **chemin de fer** railroad; **demander le/son chemin** to ask for directions; **montrer le chemin** to show the way/route
cheminée *f.* chimney; fireplace
chemise *f.* shirt
chemisier *m.* blouse
chèque *m.* (bank) check; **chèque de voyage** traveler's check
cher/chère *adj.* dear; expensive; **coûter (se vendre) cher** to be expensive
chercher to hunt for; to go get; to look for; to pick up; **chercher à** to try to
chercheur/chercheuse *m., f.* researcher
chéri(e) *m., f., fam.* darling
cheval *m.* horse; **monter à cheval** to ride a horse, go horseback riding
chevelure *f.* (head of) hair
cheveu *m.* (strand of) hair; **cheveux** *pl.* hair; **laque** (*f.*) **(à cheveux)** hair spray
cheville *f.* ankle; **se fouler la cheville** to sprain one's ankle
chez *prep.* at, to, in (*the house, family, business, or country of*)
chic *adj. inv.* stylish
chien(ne) *m., f.* dog
chiffre *m.* digit, number; **chiffre** (*s.*) **d'affaires** total sales
chimie *f.* chemistry
chimique *adj.* chemical
chimiste *m., f.* chemist
Chine *f.* China
chinois(e) *adj.* Chinese; *m.* Chinese (*language*); **Chinois(e)** *m., f.* Chinese (*person*)

chirurgien(ne) *m., f.* surgeon
chlorophylle *f.* chlorophyll
chocolat *m.* chocolate
choisir (*like* **finir**) **(de)** to choose (to)
choix *m.* choice
cholestérol *m.* cholesterol
chômage *m.* unemployment
chômeur/chômeuse *m., f.* unemployed person
choquant(e) *adj.* shocking
choquer to shock
chorale *f.* choral society; choir
chose *f.* thing; **autre chose** something else; **pas grand-chose** not much; **quelque chose** something; **quelque chose de cher (d'intéressant)** something expensive (interesting)
choucroute *f.* sauerkraut
chouette *adj. inv., fam.* cool, great
chrétien(ne) *adj.* Christian; *m., f.* Christian (*person*)
chroniqueur/chroniqueuse *m., f.* commentator; columnist; chronicler
chronologique *adj.* chronological
chute *f.* **(d'eau)** (water)fall
-ci: celui-ci/celle-ci *pron.* this one; **ceux-ci/celles-ci** these
ciao! *interj.* ciao!, 'bye! (*Italian*)
cicatrice *f.* scar
ci-dessous *adv.* below
ci-dessus *adv.* above
cidre *m.* (apple) cider
ciel *m.* sky, heaven; **gratte-ciel** *m. inv.* skyscraper
cigogne *f.* stork
cil *m.* eyelash
ciment *m.* cement
cimetière *f.* cemetery
cinéaste *m., f.* film director, filmmaker
cinéma (*fam.* **ciné**) *m.* cinema, movies; **salle** (*f.*) **de cinéma** movie theater
cinémathèque *f.* film library/archive; national cinema agency
cinématographie *f.* cinematography; filmmaking
cinématographique *adj.* film, cinema
cinquantaine *f.* about fifty
cinquante fifty
cinquième *adj.* fifth; **j'habite au cinquième** I live on the sixth floor (*fifth floor above ground level*)
circonflexe *adj.* circumflex; **accent** (*m.*) **circonflexe** circumflex accent
circonstance *f.* circumstance; occurrence
circuit *m.* tour
circulation *f.* traffic
circuler to circulate; to travel
ciseaux *m. pl.* scissors
citadelle *f.* citadel
citadin(e) *m., f.* city dweller
citation *f.* quotation
cité *f.* (area in a) city; (housing) project; **cité universitaire** (*fam.* **cité-U**) university residential complex
citer to quote, cite
citerne *f.* cistern, tank

citoyen(ne) *m., f.* citizen
citron *m.* lemon; **citron pressé** lemonade
civière *f.* stretcher
civil(e) *adj.* civil; civilian; **génie** (*m.*) **civil** civil engineering; **guerre** (*f.*) **civile** civil war; **pacte** (*m.*) **civil de solidarité (PACS)** domestic partnership agreement, civil union; **vie** (*f.*) **civile** civilian life
civilisation *f.* civilization
clair(e) *adj.* light, bright; light-colored; clear; evident
clarinette *f.* clarinet
clarté *f.* clarity
classe *f.* class; classroom; **salle** (*f.*) **de classe** classroom
classer to classify
classique *adj.* classical; classic; *m.* classic; **musique** (*f.*) **classique** classical music
clavier *m.* keyboard
clé (clef) *f.* key; **moment-clé** *m.* key, crucial moment; **mot clé** *m.* key word
clément(e) *adj.* mild (*weather*)
client(e) *m., f.* customer, client
clientèle *f.* clientele, customers
climat *m.* climate
climatique *adj.* climatic; **changement** (*m.*) **climatique** climate change
climatisation *f.* air-conditioning
climatisé(e) *adj.* air-conditioned
clinique *f.* clinic; private hospital
clip *m.* video(clip), video segment
cliquer (sur) to click (on)
clou *m.* (metal) nail; **clou de girofle** clove (*spice*)
coca *m., fam.* cola (*soft drink*)
coccinelle *f.* ladybug; beetle
cocher to check off (*appropriate entry, e.g., on a form*)
coco *m.* coconut; **noix** (*f.*) **de coco** coconut
cocotier *m.* coconut tree
code *m.* code; **code de la route** highway regulations; **code personnel** PIN; **code postal** postal code, zip code
cœur *m.* heart; **au cœur de** at the center (heart) of; **avoir mal au cœur** to feel sick, nauseous; **courrier** (*m.*) **du cœur** "lonely hearts" advice column
coffre *m.* trunk (*of car*)
coiffé(e) *adj.* **(d'un bonnet)** wearing (a cap)
coiffer to style, do s.o.'s hair
coiffeur/coiffeuse *m., f.* hairdresser
coin *m.* corner; **coin de la rue** street corner
coincé(e) *adj.* stuck
coïncidence *f.* coincidence; **quelle coïncidence!** *interj.* what a coincidence!
coïncider to coincide
colère *f.* anger; **se mettre en colère (contre)** to get angry (at)
colibri *m.* hummingbird
colis *m.* parcel, package; **expédition** (*f.*) **de colis** sending packages

collaborer to collaborate, work together

collectionner to collect

collectif/collective *adj.* public, group, collective

collectivité *f.* group; community; organization

collège *m. French school for junior high school age students*

collégien/collégienne *m., f.* student (*in a French junior high school*)

collègue *m., f.* colleague

collier *m.* necklace

colline *f.* hill

colocataire (*fam.* **coloc**) *m., f.* fellow tenant, housemate

colocation *f.* apartment/house sharing

colombe *f.* dove

colon *m.* settler, colonist, colonial

colonial(e) *adj.* colonial

colonie *f.* colony; **colonie de vacances** (*fam.* **colo**) summer camp

colonisateur/colonisatrice *m., f.* colonizer

colonisation *f.* colonization

coloniser to colonize

colonne *f.* column

coloré(e) *adj.* colorful; colored

combattre (*like* **battre**) *irreg.* to fight

combien (de) *adv.* how much; how many; **combien de temps?** how long?

combinaison *f.* combination; woman's slip

combiné *m.* telephone receiver

combiner to combine

combustibles *m. pl.* fossil fuels

comédie *f.* comedy; theater; **comédie sentimentale** romantic comedy

comique *adj.* funny, comical, comic

commande *f.* order; **passer la commande** to place an order

commandement *m.* command; commandment

commander to order (*a meal, product, etc.*); to give orders

comme *adv.* as, like, how; **comme ci, comme ça** so-so; **comme d'habitude** as usual

commémorer to commemorate

commencement *m.* beginning

commencer (nous commençons) (à) to begin (to); **pour commencer** first of all

comment *adv.* how; **comment allez-vous?** how are you?; **comment ça va?** how are you? how's it going?; **comment est-il/elle?** what's he/she like?; **comment s'appelle... ?** what's . . . 's name?; **comment t'appelles-tu / vous appelez-vous?** what's your name?

commentaire *m.* commentary, remark

commenter to comment on

commerçant(e) *m., f.* merchant, storekeeper

commerce *m.* trade, business; **commerce des fourrures** fur trading

commettre (*like* **mettre**) *irreg.* to commit

commissaire *m.* commissioner; superintendent (*police*); **commissaire-priseur** *m.* auctioneer

commissariat (de police) *m.* police station

commode *f.* dresser; *adj.* convenient, comfortable

commun(e) *adj.* ordinary, common, usual; popular; shared, common; **avoir en commun** to have in common; **transports** (*m. pl.*) **en commun** public transportation

communautaire *adj.* community (*shared by a community*)

communauté *f.* community

commune *f.* village, town

communiquer to communicate; to adjoin

compact(e) *adj.* compact; **disque** (*m.*) **compact** CD, compact disc

compagnie *f.* company

compagnon/compagne *m., f.* companion; spouse

comparaison *f.* comparison; **en comparaison (avec)** in comparison (with); **par comparaison (à)** compared to

comparer to compare

compatriote *m., f.* compatriot

compétences *f. pl.* expertise; **dépasser ses compétences** to exceed one's expertise

compétent(e) *adj.* competent, able

compétition *f.* competition

complet/complète *adj.* complete; full; **pain** (*m.*) **complet** whole-grain bread

compléter (je complète, nous complétons) to complete, finish

compliqué(e) *adj.* complicated

comportement *m.* behavior

comporter to include

composé(e) *adj.* compound; **composé(e) de** composed of; **passé** (*m.*) **composé** *gram.* present perfect

composer to compose (*music, a letter, etc.*); **se composer de** to be made up of, be composed of

compositeur/compositrice *m., f.* composer (*music*)

composter to compost; to date stamp, punch (*a ticket*)

compote *f.* stewed fruit, compote

compréhensif/compréhensive *adj.* understanding

comprendre (*like* **prendre**) *irreg.* to understand; to comprise, include

comprimé *m.* tablet, pill

compris(e) *adj.* included; **service** (*m.*) **compris** tip included

comptabilité *f.* accounting

comptable *m., f.* accountant

compte *m.* account; **à votre compte** in your opinion, according to you; **se rendre compte de/que** to realize (that)

compter (sur) to plan (on); to intend; to count; to count (*on s.o., s.th.*); to have; **ce qui compte pour moi** what counts for me

comptoir *m.* counter, bar (*in café*)

se concentrer (sur) to concentrate (on)

concentrique *adj.* concentric

concerner to concern

concevoir (*like* **recevoir**) *irreg.* to devise; to conceive

concitoyen(ne) *m., f.* fellow citizen

conclure (*p.p.* **conclu**) *irreg.* to conclude

concombre *m.* cucumber

concours *m.* competition; contest

concurrent(e) *m., f.* rival, competitor

condition *f.* condition; **à condition que** *conj.* (+ *subj.*) provided that

conditionnel *m., gram.* conditional (*mood*)

conducteur/conductrice *m., f.* driver

conduire (*p.p.* **conduit**) *irreg.* to drive; to take (*s.o. in a car*); to conduct; **permis** (*m.*) **de conduire** driver's license; **se conduire** to behave

conduite *f.* behavior; conduct

conférence *f.* lecture; conference

confiance *f.* confidence

confier to confide; **se confier à** to confide in

confirmer to confirm

confiture *f.* jam, preserves

conflit *m.* conflict

se conformer à to conform to

conformiste *adj.* conformist

confort *m.* comfort; amenities

confortable *adj.* comfortable

confus(e) *adj.* embarrassed

congé *m.* vacation, leave (*from work*), time off

congelé(e) *adj.* (deep) frozen

conjointement *adv.* jointly

conjonction *f., gram.* conjunction

conjugal(e) *adj.* conjugal, married; **conseiller/conseillère** (*m., f.*) **conjugal(e)** marriage counselor

conjuguer *gram.* to conjugate

connaissance *f.* knowledge; acquaintance; consciousness; **connaissances** *pl.* knowledge; acquaintances; **faire connaissance** to get acquainted; **faire la connaissance de** to meet (*for the first time*); **sans connaissance** unconscious

connaître (*p.p.* **connu**) *irreg.* to know; to be acquainted with; **se connaître** to get to know one another; to meet

connecté(e) *adj.* connected

connu(e) *adj.* known; famous

conquérant(e) *m., f.* conqueror

consacré(e) à *adj.* devoted to, used for

consacrer to devote, use

conscience *f.* consciousness; **prendre conscience de** to become aware of

conscient(e) *adj.* conscious

conseil *m.* (piece of) advice; council; **donner (suivre) des conseils** to give (follow) advice

conseiller (de) to advise (to); to counsel

conseiller/conseillère *m., f.* advisor; counselor; **conseiller/conseillère conjugal(e)** marriage counselor

conséquence *f.* consequence

conséquent: par conséquent *adv.* therefore, as a result

conservateur/conservatrice *adj.* conservative; **agent** (*m.*) **conservateur** (food) preservative; **conservateur/conservatrice** (*m., f.*) **de musée** museum curator

conserver to keep; to conserve; to preserve

considérablement *adv.* considerably; significantly

considérer (**je considère, nous considérons**) to consider

consigne *f.* baggage check

consister (**à, en**) to consist (in, of)

console (*f.*) **de jeux** game console

consolider to consolidate; to strengthen

consommateur/consommatrice *m., f.* consumer

consommation *f.* consumption; consumerism

consommer to consume; to spend; **consommer de l'essence** to use gas(oline)

consonne *f.* consonant

constamment *adv.* constantly

constant(e) *adj.* constant, unceasing

constater to state; to notice

constituer to constitute

constructeur/constructrice *m., f.* builder

construire (*like* **conduire**) *irreg.* to construct, build

consulat *m.* consulate

consulter to consult

contact *m.* contact; **lentilles** (*f. pl.*) **de contact** contact lenses

contacter to contact

conte *m.* tale, story; **conte de fées** fairy tale

contemporain(e) *adj.* contemporary

contenir (*like* **tenir**) *irreg.* to contain, hold

content(e) *adj.* content; happy

contenu *m. s.* contents

continu(e) *adj.* continuous, uninterrupted

continuellement *adv.* continually

continuer (**à, de**) to continue (to)

contraire *adj.* opposite; *m.* opposite; **au contraire** on the contrary

contrat *m.* contract

contravention *f.* speeding ticket, traffic ticket

contre *prep.* against; contrasted with

contrebandier/contrebandière *m., f.* smuggler

contredire (*like* **dire**, *but* **vous contredisez**) *irreg.* to contradict

contribuer to contribute

contrôle *m.* control; checkpoint; **contrôle de police** police checkpoint; **contrôle des passeports** passport check; **contrôle de sûreté** security check

contrôler to control

contrôleur/contrôleuse *m., f.* conductor; inspector

controverse *f.* controversy

controversé(e) *adj.* controversial

convaincre (*p.p.* **convaincu**) *irreg.* to convince

convenable *adj.* proper; appropriate

convenir (*like* **venir**) *irreg.* to be suitable, to fit

converger (**nous convergeons**) to converge

convive *f.* guest (*at a meal*), fellow diner

coopératif/coopérative *adj.* cooperative

coopération *f.* cooperation

coordonnées *f. pl.* coordinates, contact information

copain/copine *m., f., fam.* close friend, pal; boyfriend/girlfriend

copeau *m.* shaving, chip; **copeaux de bois** wood shavings

copie *f.* copy, replica

copier to copy

copieux/copieuse *adj.* copious, abundant

coq *m.* rooster; **coq au vin** *chicken prepared with (red) wine*

coquille *f.* seashell; **coquilles Saint-Jacques** *scallops (served in shells)*

Coran *m.* Koran

corbeau *m.* crow; raven

corde *f.* string; rope

cordialement *adv.* cordially

cordonnier/cordonnière *m., f.* shoemaker, cobbler

corporel(le) *adj.* corporal, body, bodily

corps *m.* body; **parties** (*f.*) **du corps** parts of the body

correcteur/correctrice *m., f.* examiner, grader; proofreader

correspondant(e) *m., f.* correspondent; pen pal

correspondre to correspond

corriger (**nous corrigeons**) to correct

Corse *f.* Corsica

costaud(e) *adj.* sturdy, strong

costume *m.* man's suit; costume

côte *f.* coast; rib; side; **Côte d'Azur** French Riviera; **côte de bœuf** rib roast; **Côte d'Ivoire** Ivory Coast; **côtes de porc** pork chops

côté *m.* side; **à côté (de)** *prep.* beside, by, near, next to; at one's side; **de l'autre côté (de)** from, on the other side (of); **mettre de côté** to set aside

côtelette *f.* cutlet, (*lamb, pork*) chop

côtier/côtière *adj.* coastal

coton *m.* cotton; **en coton** (made of) cotton

côtoyer (**je côtoie**) to rub shoulders with; to be close to

cou *m.* neck

couchage *m.* bed; bedding; **sac** (*m.*) **de couchage** sleeping bag

couche *f.* layer; stratum; baby diaper; **couche d'ozone** ozone layer; **couches** *pl.* (**jetables, lavables**) (disposable, washable) diapers

coucher to put to bed; **chambre** (*f.*) **à coucher** bedroom; **coucher** (*m.*) **du soleil** sunset; **se coucher** to go to bed; to lie down; to set (*sun*)

coude *m.* elbow

coudre (*p.p.* **cousu**) *irreg.* to sew

couler to flow, run

couleur *f.* color; **de quelle couleur est... ?** what color is . . . ?

coup *m.* blow; coup; (gun)shot; influence; **coup de fil** *fam.* phone call; **coup de foudre** lightning bolt; *fig.* love at first sight; **coup de téléphone** telephone call; **du coup** thereupon; suddenly; **tout à coup** *adv.* suddenly; **tout d'un coup** *adv.* all at once

coupe *f.* (**du monde; Davis; Stanley**) (World; Davis; Stanley) cup; **coupe de (fruits)** (fruit) cup

couper to cut; to divide; **se couper à la main** to cut one's hand; **se faire couper les cheveux** to have one's hair cut

coupon *m.* coupon; ticket stub

cour *f.* court; courtyard

courageux/courageuse *adj.* courageous

couramment *adv.* fluently; commonly

courant(e) *adj.* frequent; general, everyday; **se tenir au courant** to keep informed, up to date

coureur/coureuse *m., f.* runner

courgette *f.* zucchini (*squash*)

courir (*p.p.* **couru**) *irreg.* to run

courriel *m.* e-mail (message)

courrier *m.* mail; **courrier du cœur** "lonely hearts" advice column

cours *m.* course, class; rate; price; **cours d'amphi(théâtre)** *a course held in a large lecture hall*; **cours d'eau** waterway, river, stream; **sécher un cours** (*fam.*) to cut class, play hooky; **suivre un cours** to take a course

course *f.* race; errand; **faire des/les courses** to go grocery shopping; to do errands

court(e) *adj.* short (*not used for height of a person*)

cousin(e) *m., f.* cousin

coussin *m.* cushion

coût *m.* cost; **coût de la vie** cost of living

couteau *m.* knife

coûter to cost; **coûter cher** to be expensive

coûteux/coûteuse *adj.* costly, expensive

coutume *f.* custom

couture *f.* fashion; ***haute couture** high fashion

couturier/couturière *m., f.* tailor/seamstress; **grand couturier / grande couturière** fashion designer

couvert(e) *adj.* covered; cloudy; *m.* table setting; **couvert(e) de** covered with; **le ciel est couvert** it's cloudy; **mettre le couvert** to set the table

couvre-lit *m.* bedspread

couvrir (*like* **ouvrir**) *irreg.* to cover

covoiturage *m.* carpooling; **faire du covoiturage** to carpool
crabe *m.* crab
craie *f.* chalk
craindre (*p.p.* **craint**) *irreg.* to fear
craquer *fam.* to give (*under stress*), to break down
cravate *f.* necktie
crayon *m.* pencil
créancier/créancière *m., f.* creditor
créateur/créatrice *adj.* creative; *m., f.* creator
créatif/créative *adj.* creative
création *f.* creation
crèche *f.* day care center
crédit *m.* credit
crédule *adj.* gullible
crédulité *f.* gullibility
créer to create; **créer une page Web** to make a web page
crème *f.* cream; **crème caramel** caramel custard; **crème Chantilly** whipped cream
créole *adj.* Creole; *m.* Creole (*language*)
crêpe *f.* crêpe, French pancake
crépuscule *m.* twilight, dusk
creuser to dig; to hollow out
creux/creuse *adj.* hollow; **creux** *m.* hollow
crevé(e) *adj.* punctured; *fam.* exhausted; **pneu** (*m.*) **crevé** flat tire
crevette *f.* shrimp
crier to cry out; to shout
criminel(le) *m., f.* criminal
Cris *m. pl.* Cree (*indigenous people of Quebec*)
crise *f.* crisis; recession; depression; **crise cardiaque** heart attack; **crise économique** recession; depression
cristal *m.* crystal
critère *m.* criterion
critique *m., f.* critic, reviewer; *f.* critique, review; *adj.* critical
critiquer to criticize
croate *adj.* Croatian
croire (*p.p.* **cru**) *irreg.* to believe
croisé(e) *adj.* crossed; **mots** (*m. pl.*) **croisés** crossword puzzle
croisière *f.* cruise; **partir en croisière** to go on a cruise
croissance *f.* growth
croissant(e) *adj.* growing, increasing
croix *f.* cross
croque-monsieur *m.* grilled ham-and-cheese sandwich
croustillant(e) *adj.* crusty, crunchy
croûte *f.* crust; **en croûte** in pastry; breaded
cru(e) *adj.* raw
crudités *f. pl.* raw vegetables served as appetizer
cruel(le) *adj.* cruel
cryptique *adj.* cryptic
cubisme *m.* cubism
cueillir *irreg.* to pick, gather
cuillère (cuiller) *f.* spoon; **cuillère à café** teaspoon

cuir *m.* leather; **en cuir** (made of) leather
cuire (*p.p.* **cuit**) *irreg.* to cook; to bake; **cuire à feu vif** to cook on high heat; **cuire à la vapeur** to steam; **faire cuire** to cook
cuisine *f.* cooking; cuisine; kitchen; **chef** (*m.*) **de cuisine** (head) cook, chef; **faire la cuisine** to cook; **livre** (*m.*) **de cuisine** cookbook
cuisiner to cook
cuisinier/cuisinière *m., f.* cook; **cuisinière** *f.* (**à gaz, électrique**) (gas, electric) stove, range
cuisse *f.* thigh; leg
cuisson *f.* cooking (*process*)
cuit(e) *adj.* cooked; **terre** (*f.*) **cuite** clay, terra cotta (*pottery*)
cuivre *m.* copper; **en cuivre** (made of) copper
culinaire *adj.* culinary
culotte *f. s.* women's panties
culte *m.* cult
cultiver to cultivate, grow
culture *f.* culture; cultivation, growing
culturel(le) *adj.* cultural; **manifestation** (*f.*) **culturelle** cultural event
Cupidon *m.* Cupid
curieux/curieuse *adj.* curious
curiosité *f.* curiosity
curseur *m.* cursor (*computer*)
cuvette *f.* basin, bowl
cyclable *adj.* cycling, bicycle; **piste** (*f.*) **cyclable** bicycle path
cyclisme *m.* cycling, bicycle riding

d'abord *adv.* first, first of all
Dahomey: royaume (*m.*) **du Dahomey** Dahomey Kingdom (*17th–19th-century West Africa*)
d'ailleurs *adv.* besides, moreover
dakhar *m.* dakhar (*Wolof term for tamarind*)
dame *f.* lady, woman
Danemark *m.* Denmark
dangereux/dangereuse *adj.* dangerous
dans *prep.* in; within
danse *f.* dance; dancing
danser to dance
danseur/danseuse *m., f.* dancer
dater de to date from
dauphin *m.* dolphin
davantage *adv.* more, a greater amount
de *prep.* from, of, about
débarrasser to clear; **débarrasser la table** to clear the table
débat *m.* debate
débattre (*like* **battre**) *irreg.* to debate
débit *m.* debit; **carte** (*f.*) **de débit** debit card
déboisement *m.* deforestation; clearing
déboiser (les forêts) to deforest, clear away trees
se déboucher (le nez) to unclog (one's nose)
débrouiller to disentangle; **se débrouiller** to manage, get along, cope

début *m.* beginning; **au début (de)** in, at the beginning (of)
décadence *f.* decadence, decline
décédé(e) *adj.* dead
déceler (**je décèle, nous décelons**) to disclose, divulge; to discover
décembre December
décevoir (*like* **recevoir**) *irreg.* to disappoint
décharge *f.* (trash) dump
décharger (**nous déchargeons**) to unload
déchets *m. pl.* (*industrial*) waste(s); debris; garbage, trash
déchiffrer to decipher, figure out
décidément *adv.* decidedly; definitely
décider (de) to decide (to)
décisif/décisive *adj.* decisive
décision *f.* decision; **prendre une décision** to make a decision
déclaration *f.* declaration, statement; **déclaration de douane** customs declaration
déclarer to declare
déconcerté(e) *adj.* upset, disconcerted
décontracté(e) *adj.* relaxed
décor *m.* (film) set
décorer (de) to decorate (with)
découpé(e) *adj.* cut up
décourager (**nous décourageons**) to discourage
découvert(e) *adj.* discovered; **découverte** *f.* discovery
découvrir (*like* **ouvrir**) *irreg.* to discover, learn
décret *m.* decree
décrire (*like* **écrire**) *irreg.* to describe
décrocher to pick up (*telephone receiver*); *fam.* to get, land (*a job*)
déçu(e) *adj.* disappointed
dedans *adv.* inside; **là-dedans** in here/there
défait(e) *adj.* defeated
défaite *f.* defeat
défavorisé(e) *adj.* at a disadvantage; disadvantaged, underprivileged
défendre to defend; to forbid
défendu(e) *adj.* prohibited; **rien de défendu** nothing illegal
défenseur *m.* defender; counsel for defense
défi *m.* challenge
défilé *m.* procession, parade
défilement *m.* continuous showing, rolling (*of film, videotape, etc.*)
défini(e) *adj.* definite; defined
définir (*like* **finir**) to define
définitif/définitive *adj.* definitive, permanent
définitivement *adv.* for good, permanently
déformation *f.* misrepresentation, distortion
dégoûtant(e) *adj.* disgusting
dégradation *f.* degradation
déguisement *m.* costume, disguise

se déguiser to disguise oneself, wear a costume

dehors *adv.* out-of-doors; outside; **en dehors de** outside of; besides

déjà *adv.* already

déjeuner to have lunch; *m.* lunch; **petit déjeuner** breakfast

délaisser to release; to abandon

délicat(e) *adj.* delicate

délice *m.* delight

délicieux/délicieuse *adj.* delicious

délirer to be delirious; **on délire ou quoi?** are you crazy or what?

délivrer to give (*medication*); to rescue, liberate

deltaplane *m.* hang gliding

demain *adv.* tomorrow; **à demain** *interj.* see you tomorrow

demande *f.* request; application

demander to ask (for); to require; **demander le chemin** to ask for directions; **demander pardon à** to apologize to

démarche *f.* (*necessary*) step, action

démarrer to start (*a car*); to start off; to boot up (*computer*)

démêlant(e) *adj.* detangling; **shampooing** (*m.*) **démêlant** conditioning shampoo

déménager (nous déménageons) to move out (*of a house*)

demeure *f.* residence

demeurer (intact[e]) to remain (intact)

demi(e) *adj.* half; **il est minuit et demi** it's twelve-thirty A.M.

demi-douzaine *f.* half-dozen

demi-frère *m.* half-brother; stepbrother

demi-heure *f.* half an hour

demi-sœur *f.* half-sister; stepsister

démocratie *f.* democracy

démocratique *adj.* democratic

démographe *m., f.* demographer

demoiselle *f.* young lady; single (unmarried) woman; **demoiselle d'honneur** bridesmaid

démolir (*like* **finir**) to demolish, destroy

démonstratif/démonstrative *adj.* demonstrative

démontrer to demonstrate

dent *f.* tooth; **brosse** (*f.*) **à dents** toothbrush; **se brosser les dents** to brush one's teeth

dentifrice *m.* toothpaste

dentiste *m., f.* dentist

déodorant *m.* deodorant

départ *m.* departure

département *m.* French administrative district; **départements et territoires** (*pl.*) **d'Outre-mer (D.O.M.-T.O.M.)** French overseas departments and territories

dépasser to go beyond; to pass, surpass; **dépasser la limite de vitesse** to exceed the speed limit

se dépêcher (de) to hurry (to)

dépeindre (*like* **craindre**) *irreg.* to depict

dépendance *f.* dependency

dépendant(e) *adj.* dependent

dépendre to depend; **ça dépend** that/it depends

dépens *m. pl.* expense(s); **aux dépens de** at the expense of

dépense *f.* expenditure, expenses

dépenser to spend

dépit *m.* disappointment, chagrin; **en dépit de** *prep.* in spite of

déplacement *m.* moving around, relocation

déplacer (nous déplaçons) to displace; to shift; to remove; **se déplacer** to move from place to place; to go someplace

déplorable *adj.* deplorable, lamentable

déporté(e) *adj.* deported

déposer to deposit; **déposer de l'argent** to deposit money

déprimé(e) *adj.* depressed; **être déprimé(e)** to be depressed

depuis *prep.* since; for; **depuis combien de temps** for how long; **depuis que** *conj.* since, now that

député(e) *m., f.* representative

déranger (nous dérangeons) to disturb; to bother

dérivé(e) (de) *adj.* derived (from)

dernier/dernière *adj.* last, most recent

se dérouler to take place

derrière *prep.* behind

dès *prep.* from (then on)

désaccord *m.* disagreement

désagréable *adj.* disagreeable, unpleasant

désastre *m.* disaster

désastreux/désastreuse *adj.* disastrous

désavouer to disavow, disclaim, deny

descendre *intr.* to go down; *trans.* to take, bring down; **descendre de** to get out of

descente *f.* descent, going down

descriptif/descriptive *adj.* descriptive

déséquilibré(e) *adj.* unbalanced

désert(e) *adj.* deserted; **désert** *m.* desert; wilderness

désertique *adj.* desert, pertaining to the desert

désespoir *m.* hopelessness, despair

se déshabiller to undress

désigner to designate; to indicate

désir *m.* desire

désirer to want, desire

désolé(e) *adj.* sorry; **être désolé(e)** to be sorry

désordre *m.* disorder; **en désordre** disorderly, untidy

désorganisé(e) *adj.* disorganized

désorienté(e) *adj.* bewildered

désormais *adv.* henceforth, from now on

dessin *m.* drawing; **dessin animé** (*film*) cartoon; **dessin graphique** graphic arts

dessinateur/dessinatrice *m., f.* illustrator

dessiné(e) *adj.* drawn, sketched; **bande** (*f.*) **dessinée** comic strip; *pl.* comics

dessiner to draw; to design

dessous *adv.* under, underneath; **au-dessous de** *prep.* below, underneath; **ci-dessous** *adv.* below

dessus *adv.* above; over; on; **au-dessus de** *prep.* above; **ci-dessus** *adv.* above, previously; **par-dessus** *prep.* over, above

destin *m.* fate, destiny

destiné(e) à *adj.* designed for, aimed at; intended to, for

destructeur/destructrice *adj.* destructive

détail *m.* detail

se détendre to relax

détenir (*like* **tenir**) *irreg.* to hold, possess

détention *f.* detention, holding

détériorer to deteriorate

déterminer to determine

détester to detest; to hate

détourner to change, modify

détritus *m. pl.* rubbish, refuse

détroit *m.* strait (*geography*)

détruire (*like* **conduire**) *irreg.* to destroy

deux two; **tous/toutes** (*m., f.*) **les deux** both (of them)

deuxième *adj.* second

deux-points *m.* colon (*punctuation*)

devant *prep.* before, in front of

développement *m.* development

développer to spread out; to develop; **se développer** to expand; to develop

devenir (*like* **venir**) *irreg.* to become

deviner to guess

devinette *f.* riddle, conundrum

dévisager (nous dévisageons) to stare at

devise *f.* slogan, motto

devoir (*p.p.* **dû**) *irreg.* to be obliged to, have to; to owe; *m.* duty; *m. pl.* homework; **faire ses devoirs** to do one's homework; **rendre un devoir** to turn in a homework assignment

d'habitude *adv.* usually

diable *interj.* goodness!

diagnostic *m.* diagnosis; **faire un diagnostic** to make a diagnosis

dialecte *m.* dialect

diamant *m.* diamond

dictée *f.* dictation

dictionnaire (*fam.* **dico**) *m.* dictionary

didacticiel *m.* teachware (*type of software*)

diététique *adj.* dietary; healthy

dieu *m.* god; **croire en Dieu** to believe in God

difficile *adj.* difficult

difficulté *f.* difficulty

diffuser to broadcast

diffusion *f.* broadcast; distribution

digérer (je digère, nous digérons) to digest

digestif *m.* after-dinner drink (*brandy, etc.*)

digne (de) *adj.* worthy (of)

dignité *f.* dignity

dilué(e) *adj.* diluted

dimanche *m.* Sunday

diminuer to lessen, diminish, go down

dinde *f.* turkey; **dinde rôtie** roast turkey
dîner to dine, have dinner; *m.* dinner
dingue *adj., fam.* crazy; **être dingue de** to be crazy about
diplomatie *f.* diplomacy
diplôme *m.* diploma
diplômé(e) *m., f.* graduate; *adj.* holding a diploma
dire (*p.p.* **dit**) *irreg.* to tell; to say; to speak; **c'est-à-dire** that is to say, namely; **vouloir dire** to mean
direct(e) *adj.* direct; through; **en direct** live (*broadcasting*)
directeur/directrice *m., f.* director; school principal
direction *f.* direction; management; leadership; **changer de direction** to change direction
diriger (nous dirigeons) to direct; to govern, control
disc-golf *m.* disc golf, Frisbee golf
discipliner to discipline
discographie *f.* discography
discours *m.* discourse; speech
discret/discrète *adj.* discreet
discrimination (*f.*) **positive** affirmative action
discuter (de) to discuss; to argue (about)
disparaître (*like* **connaître**) *irreg.* to disappear
disparition *f.* extinction, disappearance; **disparition des espèces** extinction of species
disparu(e) *adj.* gone, extinct
se disperser to disperse
disponibilité *f.* availability
disponible *adj.* available
disposer de to have (available); to dispose, make use of
dispute *f.* quarrel
se disputer (avec) to quarrel (with)
disque *m.* record, recording; **disque compact** (music) CD, compact disc
disquette *f.* diskette
disséminé(e) *adj.* spread, disseminated
dissertation *f.* essay, term paper
dissimulation *f.* concealment, covering
dissolution (*f.*) **d'un mariage** breakup of a marriage
distingué(e) *adj.* distinguished
distinguer to distinguish; **se distinguer** to distinguish oneself
distraction *f.* recreation; entertainment; distraction
se distraire (*p.p.* **distrait**) *irreg.* to have fun, amuse oneself
distrait(e) *adj.* absentminded; inattentive
distribuer to distribute
distributeur/distributrice *m., f.* distributor; **distributeur** *m.* vending machine
divers(e) *adj.* changing; varied; diverse
diversifié(e) *adj.* varied
diversité *f.* diversity
diviser to divide
divorcer (nous divorçons) to divorce

dix ten
dizaine *f.* about ten, ten or so
docteur *m.* doctor
doctorat *m.* doctoral degree, Ph.D.
documentaire *m.* documentary
dodo *fam.* beddy-bye; **fais dodo** *fam.* go to sleep
doigt *m.* finger
domaine *m.* domain; specialty
domestique *adj.* domestic; **animal** (*m.*) **domestique** pet
domicile *m.* domicile, place of residence; **sans domicile fixe (SDF)** homeless
dominer to overlook, tower above
dommage *m.* pity, shame; **c'est dommage** it's too bad; **quel dommage** what a shame
don *m.* donation, gift
donateur/donatrice *m., f.* donor
donc *conj.* then; therefore, so
données *f. pl.* information, facts; data
donner to give; **donner des conseils** to give advice; **se donner rendez-vous** to make a date, an appointment
dont *pron.* whose, of whom, from whom; of which, about which; including; **ce dont** that (of) which
dormir (*like* **partir**) *irreg.* to sleep; **dormir tard** to sleep late
dos *m.* back; **sac** (*m.*) **à dos** backpack
dose *f.* dosage
dossier *m.* file (*computer*); **dossier de candidature** (job) application
douane *f. s.* customs; **déclaration** (*f.*) **de douane** customs declaration, duty
douanier/douanière *m., f.* customs officer
doubler to pass (*another vehicle*); to double
doucement *adv.* gently, softly; sweetly; slowly
douche *f.* shower (*bath*)
se doucher to take a shower
doué(e) *adj.* talented, gifted; bright; **être doué(e) pour** to be talented in
douleur *f.* pain
douloureux/douloureuse *adj.* painful; aching
doute *m.* doubt; **sans doute** probably, no doubt
douter (de) to doubt
douteux/douteuse *adj.* doubtful, uncertain, dubious
doux/douce *adj.* sweet; mild; **eau** (*f.*) **douce** fresh water
douzaine *f.* dozen; about twelve
douze twelve
douzième *adj.* twelfth
dramatique *adj.* dramatic; **art** (*m.*) **dramatique** theater
drame *m.* drama
dresser une liste to make, draw up a list
drogue *f.* drug
se droguer to take drugs
droit *m.* law; right; **avoir droit à** (+ *noun*) to have a right to; **avoir le droit de**

(+ *inf.*) to be allowed to, to have the right to
droit *adv.* straight on; **tout droit** straight ahead
droite *f.* right; right-hand side; the right (*politics*); **à droite** on/to the right
drôle (de) *adj.* droll, funny, amusing; **faire une drôle de tête** to make a funny face
duc *m.* duke
dur(e) *adj.* hard; **travailler dur** to work hard
durable *adj.* lasting
durée *f.* duration
durer to last, continue; to endure
DVD *m. inv.* DVD
dynamique *adj.* dynamic
dynamiser to energize

eau *f.* water; **cours** (*m.*) **d'eau** waterway, river, stream; **eau chaude** hot water; **eau douce** fresh water; **eau minérale** mineral water; **eaux** *pl.* waters, bodies of water
ébloui(e) *adj.* dazzled
écarquiller les yeux to stare wide-eyed
écart *m.* distance, gap; **se mettre à l'écart** to move, to stand out of the way
échange *m.* exchange
échanger (nous échangeons) to exchange
échantillon *m.* sample, sampling
échappement *m.* leak; car exhaust; **échappement d'hydrocarbures** hydrocarbon emissions
échapper to escape
écharpe *f.* scarf
échecs *m. pl.* chess; **jouer aux échecs** to play chess
échelle *f.* ladder
échiquier *m.* chessboard; *fig.* **échiquier politique** political scene, field, affairs
échouer (à) to fail, flunk
éclair *m.* flash of lightning
éclairage *m.* lighting, illumination
éclairer to light
éclaireur/éclaireuse *m., f.* (Boy/Girl) Scout/Guide
éclater to explode, burst; **s'éclater** *fam.* to have a ball, blast
écoemballage *m.* ecopackaging
école *f.* school; **école maternelle** preschool, kindergarten; **école primaire (secondaire)** primary (secondary) school; **faire l'école buissonnière** to skip school, play hooky
écologie *f.* ecology
écologique (*fam.* **écolo**) *adj.* ecological
écologiste (*fam.* **écolo**) *m., f.* ecologist (*in politics*)
économe *adj.* thrifty, economical
économie *f.* economy; *pl.* savings; **faire des économies** to save (*money*)
économique *adj.* economic, financial; economical; **crise** (*f.*) **économique** recession, depression

économiser to save
écoproduit *m.* ecoproduct
écosystème *m.* ecosystem
écotourisme *m.* ecotourism
écotouriste *m., f.* ecotourist
écouter to listen (to)
écouteurs *m. pl.* headphones
écran *m.* screen; **grand écran** cinema; **petit écran** television; computer monitor
écraser to crush
écrevisse *f.* crayfish
écrire (*p.p.* **écrit**) *irreg.* to write
écrit(e) *adj.* written
écriture *f.* handwriting; writing
écrivain(e) *m., f.* writer, author
édifier to build, construct, erect
édredon *m.* comforter, duvet
éducatif/éducative *adj.* educational
éducation *f.* upbringing; breeding; education
éduquer to bring up; to educate
effectivement *adv.* actually, in fact
effet *m.* effect; **effet de serre** greenhouse effect; **effets spéciaux** special effects; **en effet** as a matter of fact, indeed
efficace *adj.* useful, efficacious; efficient
effort *m.* effort, attempt; **faire un (des) effort(s) pour** to try, make an effort to
effrayé(e) *adj.* frightened
égal(e) *adj.* equal; **ça lui est égal** he/she doesn't care, it's all the same to him/her
également *adv.* equally; likewise, also
égalité *f.* equality
église *f.* church
égoïsme *m.* egotism, selfishness
égoïste *adj.* selfish; *m., f.* selfish person
Égypte *f.* Egypt
égyptien(ne) *adj.* Egyptian
eh! *interj.* hey!; **eh bien!** well! now then!
élaboré(e) *adj.* elaborate; complex
élargir (*like* **finir**) to enlarge, broaden
électeur/électrice *m., f.* voter
électricité *f.* electricity
électrique *adj.* electric; **torche** (*f.*) **électrique** flashlight
électroménager *m.* household appliance(s)
électronique *adj.* electronic; *f. s.* electronics; **adresse** (*f.*) **électronique** e-mail address
électronucléaire *adj.* nuclear power
élégant(e) *adj.* elegant, stylish
élément *m.* element
élevage *m.* raising, breeding
élève *m., f.* pupil, student
élevé(e) *adj.* high; (*children*) raised; brought up
élever (**j'élève**) to bring up, raise; to lift up; **s'élever** to rise, go up
éliminer to eliminate
élire (*like* **lire**) *irreg.* to elect
elle *pron., f.* she; her; **elle-même** herself
elles *pron., f.* they; them
élocution *f.* elocution; **cours** (*m.*) **d'élocution** speech class
éloge *m.* praise

éloignement *m.* distance; estrangement
s'éloigner to go away, distance oneself
élu(e) *adj.* elected; chosen
emballage *m.* packaging; **emballage ménager** everyday packaging materials
emballé(e) *adj.* wrapped
embarcation *f.* small boat, watercraft
embarqué(e) *adj., fam.* carted off
embarquement *m.* boarding; loading; **carte** (*f.*) **d'embarquement** boarding pass
embarras *m.* obstacle; embarrassment; **embarras du choix** too much to choose from
embarrassé(e) *adj.* embarrassed, ill at ease
embaucher to hire
embêtant(e) *adj.* annoying
embouteillage *m.* traffic jam
embrasser to kiss; to embrace; **s'embrasser** to kiss one another
s'émerveiller to wonder, be amazed
émettre (*like* **mettre**) *irreg.* to emit, give off
émigré(e) *m., f.* expatriate, émigré
émigrer to emigrate
émission *f.* program; broadcast; emission; **émission de télé-réalité** reality television show; **émission toxique** toxic waste; **réduction** (*f.*) **d'émissions** reduction in emissions
emmener (**j'emmène**) to take along; to take (*s.o. somewhere*); **emmener quelqu'un à l'hôpital** to take s.o. to the hospital
émotion *f.* emotion
empêcher (**de**) to prevent; to preclude
empereur *m.* emperor
emploi *m.* use; job; employment; **emploi du temps** schedule; **marché** (*m.*) **de l'emploi** job market
employé(e) *m., f.* employee
employer (**j'emploie**) to use; to employ
employeur/employeuse *m., f.* employer
empoisonner to poison
emporter to take with one, carry (away)
emprisonner to imprison
emprunt *m.* borrowing; loan
emprunter to borrow
en *prep.* in; to; within; into; at; like; in the form of; by; *pron.* of it, of them; some of it; any
ENA (l'École [*f.*] **Nationale d'Administration)** *school of public administration in France*
encadré(e) *adj.* supervised
enceinte pregnant
enchanté(e) *adj.* delighted; enchanted; pleased
encore *adv.* still; again; yet; even; more; **ne... pas encore** not yet
encourager (nous encourageons) (à) to encourage (to)
endolori(e) *adj.* sore, painful
s'endormir (*like* **partir**) *irreg.* to fall asleep

endroit *m.* place, spot
énergie *f.* energy
énergique *adj.* energetic
énergisant(e) *adj.* energizing; **boisson** (*f.*) **énergisante** energy drink
énerver to irritate; **s'énerver** to get upset, annoyed, irritated
enfance *f.* childhood
enfant *m., f.* child
enfantin(e) *adj.* childish; children's; **chanson** (*f.*) **enfantine** children's song
enfermer to lock up
enfin *adv.* finally, at last
enflammé(e) *adj.* blazing, ablaze
s'enfuir (*p.p.* **enfui**) *irreg.* to flee, run away
engager (nous engageons) to hire; **s'engager (à)** to commit (to)
engin (*m.*) **spatial** spacecraft
engouement *m.* passion; infatuation
énigme *f.* enigma, mystery
enjeu *m.* stake, ante
enlever (**j'enlève**) to take away; to remove, take off; **enlever de force** to remove forcibly, by force
ennemi(e) *m., f.* enemy
ennui *m.* trouble, worry; boredom; **avoir des ennuis** to have problems
ennuyer (**j'ennuie**) to bother; to bore; **s'ennuyer** to be bored, get bored
ennuyeux/ennuyeuse *adj.* boring; annoying
énorme *adj.* huge, enormous
énormément (de) *adv.* a great deal; a great many; enormously
enquête *f.* inquiry; investigation; opinion poll
enquêter to investigate
enregistrement *m.* recording; registration; airport check-in
enregistrer to record; to check (*luggage*)
enregistreur *m., adj.* recording (device); **baladeur** (*m.*) **enregistreur** portable player with recorder
enrichir (*like* **finir**) to enrich; **s'enrichir** to get rich
enseignant(e) *m., f.* teacher, educator
enseignement *m.* teaching; education
enseigner to teach
ensemble *adv.* together; *m.* ensemble; whole; **ensemble multimédia** multimedia center; **tous ensemble** all together
ensuite *adv.* next; then
entendre to hear; **entendre parler de** to hear about; **s'entendre (bien, mal) avec** to get along (well, badly) with
enterrer to bury
enthousiasme *m.* enthusiasm
enthousiasmé(e) *adj.* thrilled
enthousiaste *adj.* enthusiastic
entier/entière *adj.* entire, whole, complete
entorse *f.* sprain
entourage *m.* circle of friends, set

entouré(e) de *adj.* surrounded by
entourer (de) to surround (with)
entraide *f.* helping each other, mutual aid
s'entraider to help one another
entraînement *m.* (*athletic*) training, coaching
s'entraîner to work out; to train
entraîneur/entraîneuse *m., f.* trainer, coach
entre *prep.* between, among
entrée *f.* entrance, entry; admission; first course (*in a meal*)
entremets *m. inv.* sweet, dessert
entreprise *f.* enterprise, business
entrer (dans) to go into, enter
entretenir (*like* **tenir**) *irreg.* to maintain, keep up
entretien *m.* conversation; interview; maintenance
entrevue *f.* (*job*) interview
envahir (*like* **finir**) to invade
enveloppe *f.* envelope
envelopper to wrap
envers *prep.* toward, to; **à l'envers** backward, reversed
envie *f.* desire; **avoir envie de** to want; to feel like
environ *adv.* about, approximately; **environs** *m. pl.* neighborhood, surroundings; outskirts
environnement *m.* environment; milieu
environnemental(e) *adj.* environmental
envisageable *adj.* imaginable, conceivable
envoyer (j'envoie) to send; **envoyer un texto** to text, send a text message
éparpillé(e) *adj.* scattered
épater to impress, astonish
épaule *f.* shoulder
éperlan *m.* smelt (*fish*)
épicé(e) *adj.* spicy
épicerie *f.* grocery store; grocery items
épices *f. pl.* spices
épidémie *f.* epidemic
épinards *m. pl.* spinach
Épiphanie *f.* Epiphany, Twelfth Night
éplucher to peel
épopée *f.* epic
époque *f.* epoch, period, era; time
épouser to wed, get married to
épouvante *f.* terror; **film** (*m.*) **d'épouvante** horror film
époux/épouse *m., f.* spouse; husband/wife; *m. pl.* married couple
épreuve *f.* proof; trial; test; part of an exam
équateur *m.* equator
équatorial(e) *adj.* equatorial
équilibrage *m.* balancing; **faire l'équilibrage des pneus** to balance the tires
équilibre *m.* equilibrium, balance
équilibré(e) *adj.* balanced, even; well-balanced
équilibrer to balance

équipe *f.* team; working group; **équipe rédactionnelle** editorial team
équipé(e) *adj.* equipped
équipement *m.* equipment; gear; **équipement ménager** household furnishings
équitation *f.* horseback riding
équivalent(e) *adj.* equivalent; **équivalent** *m.* equivalent
équivoque *adj.* ambiguous; dubious, questionable
érable *m.* maple; **sirop** (*m.*) **d'érable** maple syrup; **sucre** (*m.*) **d'érable** maple sugar
éraflé(e) *adj.* scratched
érigé(e) *adj.* erected, built
erreur *f.* error, mistake
érudit(e) *adj.* erudite, scholarly
éruption *f.* eruption, blast
escalade *f.* climbing; **faire de l'escalade** to go rock climbing, mountain climbing
escalier *m.* stairs, staircase; **rampe** (*f.*) **de l'escalier** stair banister
escalope *f.* **(de veau)** (veal) cutlet
escargot *m.* snail; escargot
esclavage *m.* slavery
esclave *m., f.* slave
esclaverie *f.* slave trade; building housing slaves
escrime *f.* fencing; **faire de l'escrime** to do fencing, to fence
espace *m.* space
espacé(e) *adj.* spaced out, made less frequent
espadon *m.* swordfish
Espagne *f.* Spain
espagnol(e) *adj.* Spanish; *m.* Spanish (*language*); **Espagnol(e)** *m., f.* Spaniard
espèce *f.* type, kind; **disparition** (*f.*) **des espèces** extinction of species; **espèces d'animaux** animal species; **une espèce de** a kind of
espérance (*f.*) **de vie** life expectancy
espérer (j'espère, nous espérons) to hope
espoir *m.* hope
esprit *m.* spirit; **garder l'esprit ouvert** to keep an open mind
essayer (j'essaie) (de) to try (to)
essence *f.* gasoline, gas; essence; **consommer de l'essence** to use gas(oline); **faire le plein d'essence** to fill up with gas
essentiel(le) *adj.* essential
essuie-glace *m.* (*pl.* **essuie-glaces**) windshield wiper
essuyer (j'essuie) to wipe
est *m.* east
esthétique *adj.* esthetic
estimer to value; to estimate
estival(e) *adj.* summer(time)
estomac *m.* stomach
estudiantin(e) *adj.* student
et *conj.* and
établir (*like* **finir**) to establish, set up
établissement *m.* settlement; establishment

étage *m.* floor (*of building*); **premier étage** second floor (*U.S.*)
étagère *f.* shelf, shelving
étang *m.* pond
étape *f.* stage; stopping place
état *m.* state; condition; **l'État** state, nation; **chef** (*m.*) **d'État** head of state; **en bon (mauvais) état** in good (bad) condition; **état civil** civil status; marital status; **garder en bon état** to maintain; **homme/femme** (*m.,f.*) **d'État** statesman/stateswoman
États-Unis *m. pl.* United States (of America)
été *m.* summer; **en été** in summer
éteindre (*like* **craindre**) *irreg.* to put out; to turn off; **éteindre la lumière** to turn out the light; **éteindre un incendie** to put out a fire; **s'éteindre** to go out (*light*); to die
éteint(e) *adj.* extinguished; dead; extinct
s'étendre to stretch out; to extend; to spread; to expand
étendu(e) *adj.* extensive, wide, large; **étendu(e) par terre** lying down flat, stretched out; **étendue** *f.* expanse, area
éternel(le) *adj.* eternal
éternuer to sneeze
éthique *adj.* ethical
ethnie *f.* ethnic group
ethnique *adj.* ethnic
étiquette *f.* label; tag
s'étirer to stretch out
étoile *f.* star
étonnant(e) *adj.* astonishing, surprising
s'étonner de to be surprised, astonished at
étourdir (*like* **finir**) to stun, make dizzy
étrange *adj.* strange
étranger/étrangère *adj.* foreign; *m., f.* stranger; foreigner; **à l'étranger** abroad, overseas
être (*p.p.* **été**) *irreg.* to be; *m.* being; **être à la mode** to be in style; **être en train de** to be in the process of
étroit(e) *adj.* narrow
étude *f.* study; research; *pl.* studies; **faire des études** to study
étudiant(e) *m., f.* student
étudier to study
euh *interj.* uh, um
européen(ne) *adj.* European; **Européen(ne)** *m., f.* European (*person*); **Union** (*f.*) **européenne (UE)** European Union (EU)
euthanasie *f.* euthanasia
eux *pron., m. pl.* them; **eux-mêmes** *pron.* themselves
s'évader to escape
s'évanouir (*like* **finir**) to faint
s'évaporer to evaporate
éveiller to waken, arouse
événement *m.* event
éventuellement *adv.* possibly
évidemment *adv.* evidently, obviously
évident(e) *adj.* obvious, clear

évier *m.* (kitchen) sink
évitable *adj.* avoidable
éviter to avoid
évoluer to evolve
évolution *f.* evolution, development
évoquer to evoke, call to mind
exactement *adv.* exactly
exagération *f.* exaggeration
exagérer (j'exagère, nous exagérons) to exaggerate
examen *m.* test, exam; **(re)passer un examen** to (re)take an exam; **préparer un examen** to study for a test; **rater un examen** to fail a test; **réussir à un examen** to pass a test
examiner to examine
excédent *m.* excess, surplus; **excédent de bagages** excess baggage
excentricité *f.* eccentricity
excentrique *adj.* eccentric
exceptionnel(le) *adj.* exceptional
excès *m.* excess
excessif/excessive *adj.* excessive
exclu(e) *m., f.* social outcast
exclusivement *adv.* exclusively
excursion *f.* excursion, outing; **faire une excursion** to go on an outing
s'excuser (de) to excuse oneself (for); to apologize; **excusez-moi** excuse me, pardon me
exécutif/exécutive *adj.* executive
exécution *f.* carrying out; execution
exemplaire *m.* copy (*of book, magazine*)
exemple *m.* example; **par exemple** for example
exercer (nous exerçons) to exercise; to practice; **exercer un métier** to work at a particular job
exercice *m.* exercise; **faire de l'exercice** to do exercise(s), to work out
exigeant(e) *adj.* demanding
exiger (nous exigeons) to require; to demand
exister to exist; **il existe** there is, there are
exotique *adj.* exotic; foreign
expéditeur/expéditrice *m., f.* sender
expédition *f.* shipping; expedition; **expédition de colis** sending packages
expérience *f.* experience
explication *f.* explanation
expliquer to explain
exploitation *f.* working, operating; exploitation; **système** (*m.*) **d'exploitation** operating system (*computer*)
exploiter to make use of, make the most of
explorateur/exploratrice *m., f.* explorer
explorer to explore
exploser to explode
exporter to export
exposé(e) *adj.* exposed; set forth
exposer to exhibit; **exposer une œuvre** to exhibit a piece of work
exposition *f.* exhibition; show

exprimer to express; **s'exprimer** to express oneself
expulser to expel
exquis(e) *adj.* exquisite
extérieur(e) *adj., m.* exterior; outside; **à l'extérieur** (on the) outside, out-of-doors
extrait(e) (de) *adj.* excerpted, extracted (from); **extrait** *m.* excerpt; extract
extraordinaire *adj.* extraordinary
extraterrestre *m., f.* alien, extraterrestrial
extraverti(e) *adj.* extroverted
extrême *adj.* extreme; intense; **l'extrême droite** *f.* far right (*politics*)
extrêmement *adv.* extremely, exceedingly
extrémiste *adj., m., f.* extremist

fabricant/fabricante *m., f.* manufacturer
fabrication *f.* manufacturing
fabriquer to manufacture, make
fabuleux/fabuleuse *adj.* fabulous; incredible
face *f.* face; façade; **en face (de)** *prep.* opposite, facing, across (from); **face à** in the face of; **faire face à** to confront
fâché(e) *adj.* angry, annoyed
fâcher to anger; to annoy; **se fâcher** to get angry
facile *adj.* easy; **facile à vivre** easy to get along with
façon *f.* way, manner, fashion; **de façon (bizarre)** in a (funny) way; **de toute façon** anyhow, in any case
facteur *m.* factor; **facteur/factrice** *m., f.* mail carrier
facture *f.* bill (*to pay*)
faculté *f.* ability; university department or school (*fam.* **fac**); **en fac** at the university
faible *adj.* weak
faiblement *adv.* lightly; slightly
faim *f.* hunger; **avoir faim** to be hungry
faire (*p.p.* **fait**) *irreg.* to do; to make; to form; to be; **faire beau (il fait beau)** to be nice out, good weather (it's nice out); **faire des/les courses** to do errands; to go grocery shopping; **faire les vitrines** to go window-shopping
fait(e) *adj.* made; *m.* fact; **en fait** in fact; **fait(e) à la main** handmade
falaise *f.* cliff
falloir (*p.p.* **fallu**) *irreg.* to be necessary; to be lacking; **il me faut** I need
fameux/fameuse *adj.* famous
familial(e) *adj.* family
familier/familière *adj.* familiar
famille *f.* family; **en famille** with one's family; **famille monoparentale** single-parent family; **famille nombreuse** large family; **famille recomposée** blended family
farine *f.* flour
farouche *adj.* fierce; wild
fascinant(e) *adj.* fascinating
fasciner to fascinate

fast-food *m.* fast-food restaurant; fast food
fatigant(e) *adj.* tiring
fatigué(e) *adj.* tired
fatiguer to tire; **se fatiguer** to get tired
fauché(e) *adj., fam.* broke, out of money
faune *f.* fauna
faut: il faut one must, it is necessary to
faute *f.* fault, mistake
fauteuil *m.* armchair
faux/fausse *adj.* false; **faux témoignage** *m.* perjury
faveur *f.* favor; **en faveur de** supporting, backing
favori(te) *adj.* favorite
favoriser to encourage, favor
fée *f.* fairy; **conte** (*m.*) **de fées** fairy tale
féliciter to congratulate; **se féliciter** to congratulate oneself
féminin(e) *adj.* feminine
féministe *adj., m., f.* feminist
femme *f.* woman; wife; **femme d'affaires** businesswoman
fenêtre *f.* window
fente *f.* slot
fer *m.* iron; **chemin** (*m.*) **de fer** railroad; **fer à repasser** (*clothes*) iron
férié(e) *adj.* holiday; **jour** (*m.*) **férié** public holiday
ferme *adj.* firm; *f.* farm
fermé(e) *adj.* closed
fermer to close
fermeture *f.* closing; closure; **fermeture annuelle** annual closing
fermier/fermière *adj.* farm, from a farm; *m., f.* farmer
féroce *adj.* ferocious
fertilisant *m.* fertilizer
fesse *f.* buttock
fessée *f.* spanking
festif/festive *adj.* festive
fête *f.* celebration, holiday; party; **faire la fête** to party; **fête des Mères (des Pères)** Mother's (Father's) Day; **fête des Rois** Feast of the Magi, Epiphany; **fête du Travail** Labor Day; **fête nationale** French national holiday, Bastille Day (July 14)
fêter to celebrate; to observe a holiday
feu *m.* fire; traffic light; **à feu doux** on low heat; **armes** (*f. pl.*) **à feu** firearms; **brûler le feu rouge** to run a red light; **cuire à feu vif** to cook on high heat; **feu d'artifice** *s.* fireworks display
feuille *f.* leaf; sheet; **feuille de papier** sheet of paper; **feuille d'érable** maple leaf
feuilleton *m.* soap opera; TV series
fève *f.* bean; party (cake) favor
février February
fiançailles *f. pl.* engagement
fiancé(e) *m., f.* fiancé(e), betrothed
se fiancer (nous nous fiançons) to become engaged
fibre *f.* fiber, filament
fichier *m.* (computer) file; **fichier joint** e-mail attachment

fictif/fictive *adj.* fictional
fidèle *adj.* faithful; **fidèles** *m. pl.* faithful (*people*); congregation
fier/fière *adj.* proud; **être fier/fière de** to be proud of
fierté *f.* pride
fièvre *f.* fever; **faire tomber une fièvre** to lower a fever
figue *f.* fig
figuier *m.* fig tree
figure *f.* face; figure
figurant(e) *m., f.* extra (*in a film*)
figurer to appear
fil *m.* thread; cord; **passer un coup de fil (interurbain)** *fam.* to make a (long-distance) phone call
filet *m.* net; string bag; fillet (*beef, fish, etc.*)
filière *f.* channel, path; track, major (*in school*)
fille *f.* girl; daughter; **école** (*f.*) **de filles** girls' school; **jeune fille** girl, young woman; **petite fille** little girl; **petite-fille** granddaughter
filleul(e) *m., f.* godson/goddaughter
film *m.* film; movie; **film d'animation** animated film; **film d'épouvante** horror film; **passer un film** to show a movie; **tournage du film** filmmaking, film shooting
fils *m.* son; **petit-fils** grandson
fin(e) *adj.* fine; thin; *f.* end; purpose; **à la fin de** at the end of; **au fin fond de** in the depths of; **en fin d'après-midi** in the late afternoon; **fin de siècle** end of the century
final(e) *adj.* final
finalement *adv.* finally
financé(e) *adj.* financed, backed
financier/financière *adj.* financial; *m., f.* financier
finir (de) to finish; **finir par** to end up by (*doing s.th.*)
finlandais(e) *adj.* Finnish; **Finlandais(e)** *m., f.* Finnish (*person*)
Finlande *f.* Finland
firme *f.* firm, company
fiscal(e) *adj.* fiscal, financial
fixe *adj.* fixed, permanent; **sans domicile fixe (SDF)** homeless; **téléphone** (*m.*) **fixe** landline
fixer to set, lay down, determine
flageolet *m.* kidney bean
flamand *m.* Flemish (*language*); **Flamand(e)** *m., f.* Flemish (*person*)
flamant *m.* flamingo
flambé(e) *adj.* flambé, flaming
flamme *f.* flame; **en flammes** *adj.* ablaze
Flandre *f.* Flanders (*Dutch-speaking Belgium*)
flâner to stroll
flatterie *f.* flattery
flatteur/flatteuse *adj.* flattering; **flatteur** *m..* flatterer; sycophant
fleur *f.* flower
fleuriste *m., f.* florist
fleuve *m.* river (*flowing into the sea*)

flic *m., fam.* cop, fuzz
flore *f.* flora
Floride *f.* Florida
flotter to float; **île** (*f.*) **flottante** *dessert made of meringues floating on custard*
fluvial(e) *adj.* river; fluvial
foie *m.* liver; **pâté** (*m.*) **de foie gras** goose liver pâté
foire *f.* fair
fois *f.* time, occasion; **à la fois** at the same time, simultaneously; **chaque fois** each time; **des fois** *adv.* sometimes; **la dernière (première) fois** the last (first) time; **une fois par semaine** once a week; **une (seule) fois** (only) once
folie *f.* madness, folly
folklorique *adj.* traditional; folk (*music, dance*)
foncé(e) *adj.* dark (*color*)
fonction *f.* function; use, office; **voiture** (*f.*) **de fonction** company car
fonctionnaire *m., f.* government employee, civil servant
fonctionnement *m.* working order, functioning
fonctionner to function, work
fond *m.* bottom; back, background; **au fond** basically; **au fin fond de** in the depths of
fondamental(e) *adj.* fundamental, basic
fondation *f.* foundation
fonder to found; **fonder un foyer** to start a home and family
fondu(e) *adj.* melted
fontaine *f.* fountain; spring
football (*fam.* **foot**) *m.* soccer
footballeur/footballeuse *m., f.* soccer player
forage (*m.*) **pétrolier** exploratory oil drilling
force *f.* force; **enlever de force** to remove forcibly, by force
forcément *adv.* inevitably
forcer (nous forçons) to force
forêt *f.* forest; **déboiser (les forêts)** to deforest, clear away trees; **forêt tropicale humide** tropical rainforest
formation *f.* formation; education, training
forme *f.* form; shape; figure; **en (bonne, pleine) forme** physically fit; **en forme de** in the form (shape) of; **être (rester) en forme** to be (stay) in shape
formel(le) *adj.* formal; strict
former to form, shape; to train; **se former** to form, get organized
formidable *adj.* great
formulaire *m.* form (*to fill out*); **remplir un formulaire** to fill out a form
formule *f.* formula; form
formuler to formulate
fort *adv.* loudly, loud; hard
fort(e) *adj.* strong; heavy; plump; high (*heat*)

fortifié(e) *adj.* fortified
fossé *m.* gap, gulf
fou (fol, folle) *adj.* crazy, mad; **fou (folle)** *m., f.* crazy person
foudre *f.* lightning; **coup** (*m.*) **de foudre** thunderbolt; *fig.* love at first sight
fouiller to search; to look through (*luggage*)
fouiner to snoop, nose around
fouineur *m., fam.* (computer) hacker
foulard *m.* (head) scarf
foule *f.* crowd; **foule de gens** crowd of people
se fouler la cheville to sprain one's ankle
foulure *f.* light sprain
four *m.* oven; **four à micro-ondes** microwave oven
fourchette *f.* fork
fourmi *f.* ant
fournir (*like* **finir**) to provide, supply
fournisseur/fournisseuse *m., f.* provider, supplier
fourrure *f.* fur; **commerce** (*m.*) **des fourrures** fur trading
foyer *m.* home
fracturé(e) *adj.* fractured
fraîcheur *f.* coolness; freshness
frais/fraîche *adj.* fresh; cool; **il fait frais** it's chilly
frais *m. pl.* expenses; **frais d'inscription (de scolarité)** school, university tuition
fraise *f.* strawberry
framboise *f.* raspberry
franc(he) *adj.* frank; truthful; honest
français(e) *adj.* French; *m.* French (*language*); **Français(e)** *m., f.* French (*person*)
Francfort Frankfurt
franchement *adv.* frankly
franco-allemand(e) *adj.* French-German
Franco-Américain(e) (*fam.* **Franco**) *m., f.* French-American
francophone *adj.* French-speaking, of the French language; **Francophone** *m., f.* French-speaking person
Francophonie *f.* French-speaking world
frapper to strike; to knock
frein *m.* brake
freiner to brake
fréquemment *adv.* frequently
fréquence *f.* frequency
fréquent(e) *adj.* frequent
fréquenter to frequent, visit frequently
frère *m.* brother; **beau-frère** brother-in-law; **demi-frère** half-brother; stepbrother
friand(e) de *adj.* fond of
frigo *m., fam.* fridge, refrigerator; **frigo-congélateur** *m.* refrigerator-freezer combination
friquet: moineau (*m.*) **friquet** tree sparrow
frisé(e) *adj.* curly
frisson *m.* shiver, chill

frit(e) *adj.* fried; **frites** *f. pl.* French fries; **steak-frites** *m. s.* steak with French fries

froid(e) *adj.* cold; *m.* cold; **avoir froid** to be cold; **il fait froid** it's cold (*weather*)

frôler to touch lightly, brush

fromage *m.* cheese

front *m.* forehead; front

frontière *f.* frontier; border

frotter to rub

fruit *m.* fruit; **fruits** (*pl.*) **de mer** seafood; **jus** (*m.*) **de fruits** fruit juice

frustrant(e) *adj.* frustrating

frustré(e) *adj.* frustrated

fumé(e) *adj.* smoked

fumée *f.* smoke

fumer to smoke

fureur *f.* fury; **faire fureur** to be all the rage

furieux/furieuse *adj.* furious

fusionner to merge, blend

futur(e) *adj.* future; **(temps) futur** *m.*, *gram.* future (*tense*); future (*time*)

gaffe *f., fam.* blunder

gagner to win; to earn; **gagner sa vie** to earn a living

galère *f., fam.* mess, difficult situation

galerie *f.* gallery

galette *f. puff pastry cake;* **galette des Rois** *special cake for Epiphany*

Galles: pays (*m.*) **de Galles** Wales

gants *m. pl.* gloves

garanti(e) *adj.* guaranteed; **garantie** *f.* guarantee; safeguard

garantir (*like* **finir**) to guarantee

garçon *m.* boy; **garçon d'honneur** best man

garde *f.* guard duty; call; *m., f.* guard; **pharmacie** (*f.*) **de garde** all-night (emergency) pharmacy

garder to keep, retain; to take care of; to guard

gare *f.* station (*train, bus*); **gare routière** bus station, depot

garer to park; **garer la voiture** to park the car

garni(e) *adj.* garnished

gars *m., fam.* guy, fellow

gaspillage *m.* waste

gaspiller to waste

gastronomie *f.* gastronomy

gâteau *m.* cake; **morceau** (*m.*) **de gâteau** slice of cake; **petit gâteau** cookie

gâter to ruin, spoil; to spoil (*a child*); to have a harmful effect on

gauche *adj.* left; *f.* left; **à gauche** on the left, to the left; **de gauche** leftist; **l'extrême gauche** *f.* extreme left (*politically*)

gaulois(e) *adj.* Gallic

gaz *m.* gas; **gaz carbonique** carbon dioxide

gazeux/gazeuse *adj.* sparkling, carbonated; **boisson** (*f.*) **gazeuse** soft drink

gazon *m.* lawn; **tondre le gazon** to mow the lawn

géant(e) *adj.* gigantic, giant

gelé(e) *adj.* frozen

gelée *f.* aspic, jelly

gélule *f.* capsule

gênant(e) *adj.* disturbing, embarrassing

gêné(e) *adj.* embarrassed; annoyed, bothered

généralement *adv.* generally

généralisation *f.* generalization

se généraliser to become generalized, common

généreux/généreuse *adj.* generous

génétique *adj.* genetic; **modification** (*f.*) **génétique** genetic modification

génétiquement *adv.* genetically; **organisme** (*m.*) **génétiquement modifié (OGM)** genetically modified organism (GMO)

Genève Geneva

génial(e) *adj.* brilliant, inspired; *fam.* nice, cool, great

génie *m.* spirit; genius; genie; engineering; **génie civil** civil engineering; **génie mécanique** mechanical engineering

genou *m.* (*pl.* **genoux**) knee

genre *m.* gender; kind, type

gens *m. pl.* people; **foule** (*f.*) **de gens** crowd of people; **jeunes gens** young men; young people

gentil(le) *adj.* nice, kind

gentilhomme *m.* (*historical, fig.*) gentleman

gentillesse *f.* kindness, niceness

géographie *f.* geography

géographique *adj.* geographic

géologie *f.* geology

Géorgie *f.* Georgia

gérant(e) *m., f.* manager, director

germanique *adj.* Germanic

germer to sprout, germinate

geste *m.* gesture

gestion *f.* management; **gestion des ressources** resource management

Ghana *m.* Ghana; **empire** (*m.*) **du Ghana** Ghana empire (*5th–11th-century Senegal*)

gigantesque *adj.* gigantic

gigot *m.* (**d'agneau**) leg of lamb

gigue *f.* jig

gingembre *m.* ginger

girofle *m.* clove (*spice*); **clous** (*m. pl.*) **de girofle** cloves

gîte *f.* cottage; **gîte rurale** bed-and-breakfast cottage

givre *m.* frost

givré(e) *adj.* frosted; frozen; **orange** (*f.*) **givrée** *orange sorbet served in the orange peel*

glace *f.* ice cream; ice; mirror; **boule** (*f.*) **de glace** scoop of ice cream; **essuie-glace** *m.* windshield wiper; **faire du patin à glace** to ice-skate

glissant(e) *adj.* slippery; **chaussée** (*f.*) **glissante** slippery pavement

glissement (*m.*) **de terrain** landslide

glisser to slide; to slip; to skid

global(e) *adj.* global

golfe *m.* gulf; **petit golfe** bay

gomme *f.* eraser

gondole *f.* gondola

gonflement *m.* swelling

gonfler to inflate; to swell; **gonfler les pneus** to inflate the tires

gorge *f.* throat; gorge; **mal** (*m.*) **à la gorge** sore throat; **soutien-gorge** *m.* bra, brassiere

gorille *m.* gorilla

gourde *f.* gourd

gousse (*f.*) **d'ail** clove of garlic

goût *m.* taste; flavor; preference

goûter to taste; *m.* (*afternoon*) snack

goutte *f.* drop; **gouttes pour le nez** nose drops

gouvernement *m.* government; **chef** (*m.*) **de gouvernement** head of state

gouvernemental(e) *adj.* government, governmental

gouverneur *m.* governor

grâce *f.* grace; pardon; **grâce à** *prep.* thanks to

graine *f.* seed

graisse *f.* grease, fat

grammaire *f.* grammar

gramme *m.* gram

grand(e) *adj.* great; large, big; tall; **grand-chose (pas grand-chose)** *pron. m.* much (not much); **grand magasin** *m.* department store; **grandes occasions** *f. pl.* special occasions; **grande surface** *f.* large supermarket; superstore; shopping mall; **grandes vacances** *f. pl.* summer vacation; **Train** (*m.*) **à grande vitesse (TGV)** *French high-speed bullet train*

grandement *adv.* easily, amply; nobly

grand-mère *f.* grandmother

grand-père *m.* grandfather

grands-parents *m. pl.* grandparents

graphique *adj.* graphic; **dessin** (*m.*) **graphique** graphic arts

gras(se) *adj.* fat; oily; rich; **gras** *m.* fat; **le Mardi gras** Mardi Gras; **matière(s)** (*f.*) **grasse(s)** fat content (*of food*); **pâté** (*m.*) **de foie gras** goose liver pâté

gratte-ciel *m. inv.* skyscraper

gratter to scratch

gratuiciel *m.* freeware (*software*)

gratuit(e) *adj.* free (*of charge*)

grave *adj.* grave, serious

graver un CD to burn a CD

graveur/graveuse *m., f.* engraver

gravité *f.* seriousness

grec(que) *adj.* Greek; *m.* Greek (*language*); **Grec(que)** *m., f.* Greek (*person*)

Grèce *f.* Greece

grêle *f.* hail

grenouille *f.* frog

grève *f.* (labor) strike

grignoter to eat, have a snack

grille *f.* grid

grille-pain *m. inv.* toaster

griller to broil, toast, grill

grimper to climb

griot(te) *m., f.* griot (*traditional singer-storyteller from West Africa*)

grippe *f.* flu; **attraper la grippe** to catch the flu; **grippe intestinale** stomach flu

gris(e) *adj.* gray

grognon(ne) *m., f.* grumbler, grumpy person

gros(se) *adj.* big; fat; great; serious

grossesse *f.* pregnancy; **interruption** (*f.*) **volontaire de grossesse (IVG)** abortion

grossier/grossière *adj.* vulgar, gross; **terme** (*m.*) **grossier** vulgar term

grossir (*like* **finir**) to gain weight

groupe *m.* group; **groupe de discussion** discussion group (*computers*)

se grouper to gather

gruyère *m.* Gruyere (*Swiss cheese*)

guêpe *f.* wasp; **piqûre** (*f.*) **de guêpe** wasp sting

guérir (*like* **finir**) to cure; to heal; to recover; **guérir un(e) malade** to cure a sick person

guerre *f.* war; **Seconde/Deuxième Guerre mondiale** Second World War; **guerre de Sécession** American Civil War

gueule *f., fam.* face, mug

guichet *m.* ticket window

guide *m., f.* guide; *m.* guidebook; instructions

guillemets *m. pl. French quotation marks* (« »)

Guinée *f.* Guinea

guitare *f.* guitar

Guyane *f.* Guyana

gymnase *m.* gymnasium

gymnastique *f.* (*fam.* **gym**) gymnastics; exercise; **faire de la gymnastique** to do gymnastics (exercises)

habiller to dress; **s'habiller** to get dressed

habitant(e) *m., f.* inhabitant; resident

habitation *f.* lodging, housing; **Habitation à loyer modéré (HLM)** *French public (subsidized) housing*

habiter to live, dwell

habitude *f.* habit; **comme d'habitude** as usual; **d'habitude** *adv.* usually, habitually; **prendre l'habitude de** (+ *inf.*) to get used to (*doing s.th.*)

habitué(e) *adj.* **(à)** accustomed (to)

***haché(e)** *adj.* ground; chopped (*meat*); **bœuf** (*m.*) **haché** ground beef

Haïti *m.* Haiti

haïtien(ne) *adj.* Haitian

halogène *adj.* halogen; **lampe** (*f.*) **halogène** halogen lamp

***halte** *f.* stop, break; stopping place

***hammam** *m.* Arab-style sauna or bath

***hanche** *f.* hip; haunch

***Hanoukka** *f.* Hanukkah

***haranguer** to hold forth, harangue

***haricot** *m.* bean; ***haricots verts** green beans

harmonie *f.* harmony

harmonieux/harmonieuse *adj.* harmonious

***haut(e)** *adj.* high; **à *haute voix** out loud; **en *haut (de)** at the top (of); ***haute couture** *f.* high fashion; ***haut-parleur** *m.* (loud)speaker

hebdomadaire *adj.* weekly

hébergement *m.* lodging

héberger (**nous hébergeons**) to lodge, house

***hein?** *interj.* eh? what?

hémisphère *m.* hemisphere

herbe *f.* grass

***héros** *m.* hero

hésitant(e) *adj.* hesitant

hésiter to hesitate

hétéroclite *adj.* heterogeneous

heure *f.* hour; time; **à la même heure** at the same time; **à l'heure** on time; per hour; **à l'heure actuelle** at the present time; **à quelle heure** (at) what time; **de bonne heure** early; **demi-heure** *f.* half hour; **il est... heure(s)** it's . . . o'clock; **quelle heure est-il?** what time is it?; **tout à l'heure** just a moment ago; soon

heureusement *adv.* fortunately

heureux/heureuse *adj.* happy; fortunate

se *heurter contre to hit, bump against

hexagone *m.* hexagon; **l'Hexagone** (metropolitan) France

hier *adv.* yesterday; **hier après-midi** yesterday afternoon; **hier matin** yesterday morning; **hier soir** yesterday evening

hippopotame *m.* hippopotamus

histoire *f.* history; story

historique *adj.* historical, historic

hiver *m.* winter; **en hiver** in the winter

HLM: Habitation (*f.*) **à loyer modéré** *French public (subsidized) housing*

***hocher la tête** to nod

***hockey** *m.* hockey; ***hockey sur glace** ice hockey

***hollandais(e)** *adj.* Dutch; **sauce** (*f.*) ***hollandaise** Hollandaise sauce (*butter, eggs, lemon juice*); ***Hollandais(e)** *m., f.* Dutch (*person*)

***Hollande** *f.* Holland, Low Countries (Netherlands)

***homard** *m.* lobster

homéopathie *f.* homeopathy

homme *m.* man; **homme d'affaires** businessman; **homme d'État** statesman

homogène *adj.* homogeneous

homosexualité *f.* homosexuality

***Hongrie** *f.* Hungary

honnête *adj.* honest

honnêteté *f.* honesty

honneur *m.* honor; **demoiselle** (*f.*) **d'honneur** bridesmaid; **garçon** (*m.*) **d'honneur** best man; groomsman

***honte** *f.* shame; **avoir *honte de** to be ashamed of

***honteux/honteuse** *adj.* shameful; ashamed

hôpital *m.* hospital

***hoquet** *m.* hiccup

horaire *m.* schedule, timetable

horloge *f.* clock

horreur *f.* horror; **avoir horreur de** to hate, detest

horriblement *adv.* horribly

horrifié(e) *adj.* horrified

***hors de** *prep.* out of, outside of; ***hors saison** off-season

***hors-d'œuvre** *m. inv.* appetizer

hospitalité *f.* hospitality

hôtel *m.* hotel; public building, hall; **hôtel de ville** city hall; **maître** (*m.*) **d'hôtel** maître d'; headwaiter

hôtellerie *f.* hotel trade

hôtesse *f.* hostess; **hôtesse de l'air** flight attendant, stewardess

huile *f.* oil; **changer l'huile** to change the oil

***huit** eight

huîtres *f. pl.* oysters

humain(e) *adj.* human; **être** (*m.*) **humain** human being

humanitaire *adj.* humanitarian

humanité *f.* humanity

humeur *f.* temperament, disposition; mood; **être de mauvaise (bonne) humeur** to be in a bad (good) mood

humide *adj.* humid; damp; **forêt** (*f.*) **tropicale humide** tropical rainforest

humilié(e) *adj.* humiliated

humoriste *m., f.* humorist

humoristique *adj.* humoristic

humour *m.* humor; **sens** (*m.*) **de l'humour** sense of humor

***hurler** to scream; to shout; to howl

hydrocarbure *m.* hydrocarbon; **échappement** (*m.*) **d'hydrocarbures** hydrocarbon emissions

hydro-électrique *adj.* hydroelectric

hygiène *f.* hygiene; health

hypermarché *m.* superstore

hypothèse *f.* hypothesis

ici *adv.* here

icône *f.* icon

idéal(e) *adj.* ideal; **idéal** *m.* ideal

idéaliste *adj.* idealistic; *m., f.* idealist

idée *f.* idea; **aucune idée** I've no idea

identifier to identify

identité *f.* identity; **carte** (*f.*) **d'identité** identification card

idéologique *adj.* ideological

idiot(e) *adj.* idiotic, foolish

idole *f.* idol

idyllique *adj.* idyllic

ignorer to not know; to be ignorant of; to ignore

il *pron., m.* he; it; there; **il y a** there is, there are; **il y a** (+ *period of time*) ago; **il y a... que** (+ *period of time*) it's been . . . since

île *f.* island; **Île-de-France** Île-de-France region (*surrounding Paris*); **île flottante** *dessert made of meringues floating on custard*

illégal(e) *adj.* illegal
illustré(e) *adj.* illustrated; **illustré** *m.* comic book, picture book
illustrer to illustrate
ils *pron., m. pl.* they
image *f.* picture; image
imaginaire *adj.* imaginary, made-up
imaginer to imagine
imbécile *m., f.* idiot, imbecile
immatériel(le) *adj.* intangible
immatriculation *f.* registration; **plaque** (*f.*) **d'immatriculation** license plate
immédiat(e) *adj.* immediate
immense *adj.* huge, immense
immeuble *m.* (apartment or office) building, high-rise
immigré(e) *m., f.* immigrant
immigrer to immigrate
s'immiscer (nous nous immisçons) (dans) to interfere (in, with)
immobilier *m.* real estate (business); **agent** (*m.*) **immobilier** real estate agent
imparfait *m., gram.* imperfect (*verb tense*)
s'impatienter to grow impatient, lose patience
impensable *adj.* unthinkable
impératif *m., gram.* imperative, command
impersonnel(le) *adj.* impersonal
implanter to implant, introduce; **implanter un cookie** to plant a cookie (*computers*)
impliquer to imply
impoli(e) *adj.* impolite, rude
important(e) *adj.* important; large, sizeable
importé(e) *adj.* imported
importer to be important; to matter; **n'importe où** anywhere; **n'importe quel(le)** no matter which; **n'importe quoi** anything (at all)
imposer to impose; to lay down (*restrictions*)
impossibilité *f.* impossibility
imposteur *m.* impostor
impôts *m. pl.* direct taxes
impressionnant(e) *adj.* impressive
impressionner to impress
imprimante *f.* (electronic) printer
imprimer to print
imprudemment *adv.* imprudently, unwisely
incendie *m.* fire, house fire
inciter to incite
inclusif/inclusive *adj.* inclusive
incompétent(e) *adj.* incompetent
inconnu(e) *adj.* unknown; *m., f.* stranger
inconscient(e) *adj.* unconscious; thoughtless; unaware
inconvénient *m.* disadvantage
incroyable *adj.* unbelievable, incredible
Inde *f.* India; **Indes** *f. pl.* West Indies
indécent(e) *adj.* indecent, obscene
indéfini(e) *adj.* indefinite; **article** (*m.*) **indéfini** *gram.* indefinite article

indépendance *f.* independence
indépendant(e) *adj.* independent
indéterminé(e) *adj.* unspecified; indeterminate
indicatif *m., gram.* indicative (*mood*)
indien(ne) *adj.* Indian; **Indien(ne)** *m., f.* Indian (*person*)
indifférent(e) *adj.* indifferent
indigène *adj.* indigenous, native
indiqué(e) *adj.* indicated
indiquer to indicate; to point out; to signal (*in a car*)
indirect(e) *adj.* indirect
indiscret/indiscrète *adj.* indiscreet; prying
individu *m.* individual, person
individualiste *adj.* individualistic, nonconformist
individuel(le) *adj.* private, personal
industrie *f.* industry
industriel(le) *adj.* industrial
inévitable *adj.* unavoidable
inexistant(e) *adj.* nonexistent
inférieur(e) *adj.* inferior; lower
infinitif *m., gram.* (verb) infinitive
infirmier/infirmière *m., f.* nurse
influencer (nous influençons) to influence
influent(e) *adj.* influential
informaticien(ne) *m., f.* computer scientist; **ingénieur(e) informaticien(ne)** computer engineer
information *f.* information, data; *pl.* (*fam.* **infos**) news (*broadcast*)
informatique *f.* computer science; *adj.* computer; **virus** (*m.*) **informatique** computer virus
informatisé(e) *adj.* computerized
informer to inform; **s'informer** to find out information
inforoute *f.* information highway
ingénierie *f.* engineering
ingénieur(e) *m., f.* engineer; **ingénieur(e) informaticien(ne)** computer engineer; **ingénieur(e) mécanicien(ne)** mechanical engineer
ingrédient *m.* ingredient
inhaler to inhale, breathe in
inhumain(e) *adj.* inhuman
initial(e) *adj.* initial, first; **initiale** *f.* initial (*letter*)
initiative *f.* initiative; **syndicat** (*m.*) **d'initiative** (local) chamber of commerce, tourist office
s'initier (à) to become initiated (into)
injuste *adj.* unjust, unfair
innombrable *adj.* countless
inoffensif/inoffensive *adj.* harmless
inondation *f.* flood
inonder to flood
inoubliable *adj.* unforgettable
inquiet/inquiète *adj.* worried, anxious
inquiétant(e) *adj.* disturbing, worrying
inquiéter (j'inquiète, nous inquiétons) to worry (*s.o.*); **s'inquiéter (de) (je m'inquiète, nous nous inquiétons)**

to become uneasy; to be worried (about)
inquiétude *f.* anxiety, uneasiness
inscription *f.* matriculation; registration; **frais** (*m. pl.*) **d'inscription** school, university tuition
inscrire (*like* **écrire**) *irreg.* to write down; to register; **s'inscrire (à)** to join; to enroll; to register
inscrit(e) *adj.* registered
insecte *m.* insect
insensé(e) *adj.* insane
inséparable *adj.* inseparable
insistance *f.* insistence
insister to insist; **insister sur** to stress
insolite *adj.* unusual, strange
insomniaque *m., f.* insomniac
insomnie *f.* insomnia
inspecter to inspect
inspirer to inspire; **s'inspirer de** to be inspired by
installer to install; to set up; **s'installer (à)** to settle down, settle in
instantanément *adv.* instantaneously
instituteur/institutrice *m., f.* elementary school teacher
insuffisant(e) *adj.* insufficient
insulter to insult
insupportable *adj.* unbearable
intact(e) *adj.* intact; **demeurer intact(e)** to remain intact
intégration *f.* integration
intégrer (j'intègre, nous intégrons) to integrate, enter; **s'intégrer (je m'intègre, nous nous intégrons) (à)** to integrate oneself, get assimilated (into)
intellectuel(le) *adj., m., f.* (*fam.* **intello**) intellectual
intensif/intensive *adj.* intensive
interagir (*like* **finir**) to interact
interdiction *f.* (**de**) ban (on), banning (of)
interdire (*like* **dire**, *but* **vous interdisez**) (**de**) *irreg.* to forbid (to); to prohibit
interdit(e) *adj.* forbidden, prohibited; **stationnement** (*m.*) **interdit** no parking
intéressant(e) *adj.* interesting
intéresser to interest; **s'intéresser à** to be interested in
intérêt *m.* interest; concern
intérieur(e) *m.* interior; **à l'intérieur** inside
intermédiaire *m.* intermediary; **par l'intermédiaire de** through
internaute *m., f.* Internet user
interpréter (j'interprète, nous interprétons) to perform; to interpret
interrogatoire *m.* interrogation, examination
interroger (nous interrogeons) to interrogate; to ask questions of
interrompre (*like* **rompre**) *irreg.* to interrupt
interurbain(e) *adj.* interurban

intervenir (*like* **venir**) *irreg.* to intervene
interviewer to interview
intestinal(e) *adj.* intestinal; stomach
intitulé(e) *adj.* entitled, called
intrigue *f.* plot
introduire (*like* **conduire**) *irreg.* to introduce
introverti(e) *adj.* introverted
intrus *m.* intruder; **cherchez l'intrus** pick the one that doesn't fit (*game*)
Inuits *m. pl.* Inuit (*indigenous people of Canada*)
inutile *adj.* useless
inventer to invent
inventeur/inventrice *m., f.* inventor, discoverer
inversé(e) *adj.* opposite, inverted
investir (*like* **finir**) to invest
investissement *m.* investment
invité(e) *adj.* invited; *m., f.* guest
inviter to invite
ironique *adj.* ironic
irrésistiblement *adv.* irresistibly
irriter to irritate
islamique *adj.* Islamic
isolé(e) *adj.* isolated
Israël *m.* Israel
Italie *f.* Italy
italien(ne) *adj.* Italian; **Italien(ne)** *m., f.* Italian (*person*)
itinéraire *m.* itinerary
ivoire *m.* ivory; **Côte** (*f.*) **d'Ivoire** Ivory Coast

jadis *adv.* long ago, in the past
jalousie *f.* jealousy
jaloux/jalouse *adj.* jealous
jamais (**ne... jamais**) *adv.* never; ever
jambalaya *m. traditional Cajun rice stew*
jambe *f.* leg; **jambe cassée** broken leg
jambon *m.* ham
janvier January
Japon *m.* Japan
japonais(e) *adj.* Japanese; *m.* Japanese (*language*); **Japonais(e)** *m., f.* Japanese (*person*)
jardin *m.* garden; **jardin public** public park
jardinage *m.* gardening; **jardinage naturel** organic gardening
jardiner to garden
jaune *adj.* yellow
jaunir (*like* **finir**) to turn yellow
je *pron., m., f.* I
jean *m. s.* (blue) jeans
jetable *adj.* disposable
jeter (**je jette, nous jetons**) to throw; to throw away, toss; **jeter des déchets** to toss out trash; **jeter par terre** to throw down (on the ground); **se jeter (dans)** to flow (into)
jeu *m.* game; **jeu CD-ROM** computer game; **jeu vidéo** video game; **Jeux olympiques (JO)** Olympic games; **salle** (*f.*) **de jeux** game room; **vieux jeu** *adj.* old-fashioned

jeudi *m.* Thursday
jeune *adj.* young; *m. pl.* young people, youth; **jeune fille** *f.* girl, young woman; **jeunes gens** *m. pl.* young men; young people
jeunesse *f.* youth
joie *f.* joy
joli(e) *adj.* pretty
Jolof: empire (*m.*) **Jolof** Jolof empire (*15th-century Senegal*)
joue *f.* cheek
jouer to play; **jouer à** to play (*a sport or game*); **jouer de** to play (*an instrument*)
jouet *m.* toy
joueur/joueuse *m., f.* player
jour *m.* day; **à jour** up to date; **de nos jours** these days, currently; **il y a deux jours** two days ago; **jour de l'An** New Year's Day; **jour de Pâques** Easter; **jour férié** public holiday; **par jour** per day, each day; **plat** (*m.*) **du jour** today's special (*restaurant*); **tous les jours** every day
journal *m.* newspaper; journal, diary
journalisme *m.* journalism
journaliste *m., f.* reporter, newscaster, journalist
journée *f.* day, duration of a day; **toute la journée** all day
judiciaire *adj.* judicial
juge *m., f.* judge
juger (**nous jugeons**) to judge; to consider
juif/juive *adj.* Jewish; *m., f.* Jew, Jewish (*person*)
juillet July
juin June
jumeau/jumelle *m., f.* twin
jupe *f.* skirt
jupon *m.* (woman's) slip, petticoat
jurer to swear; to vow
juridique *adj.* legal
jus *m.* juice; **jus de fruits** fruit juice; **jus (de pomme, d'orange)** (apple, orange) juice
jusqu'à *prep.* until, up to; **jusqu'à ce que** *conj.* (+ *subj.*) until; **jusqu'à présent** up to now, until now
juste *adj.* just, fair; right, exact; *adv.* just, precisely; **tout juste** barely, hardly; only just
justement *adv.* exactly
justifier to justify; to give proof

Kabyle *m., f.* Kabyle (*indigenous person from mountainous region of Algeria*)
kanak *m.* Kanak (*indigenous language of New Caledonia*)
kilogramme (*ab.* **kg**) *m.* kilogram
kilomètre *m.* (*ab.* **km**) kilometer; **kilomètres** (*pl.*) **à l'heure** kilometers per hour
kiosque *m.* newsstand
kippa *f.* kippa, yarmulke (*skullcap worn by religious Jewish males*)
klaxon *m.* (*car*) horn

klaxonner to blow the (*car*) horn
kora *f.* kora (*West African stringed instrument*)
Koweït *m.* Kuwait

la *art., f.* the; *pron., f.* it, her
là *adv.* there; **là-bas** *adv.* over there; **là-dedans** in here/there; **oh, là là!** *interj.* good heavens! my goodness!
laboratoire *m.* (*fam.* **labo**) laboratory
lac *m.* lake
lacune *f.* gap
laid(e) *adj.* ugly
laine *f.* wool; **en laine** (made of) wool
laïque *adj.* nonreligious, secular
laisser to let, allow; to leave, leave behind; **laisser tomber** to drop (*s.th.*)
lait *m.* milk; **café** (*m.*) **au lait** coffee with hot milk
laitier/laitière *adj.* pertaining to milk; **produits** (*m. pl.*) **laitiers** dairy products
laitue *f.* lettuce
lamelle *f.* strip, slice; **couper en lamelles** to cut in(to) thin strips
lamentable *adj.* appalling, lamentable
lampe *f.* lamp; light fixture; **lampe à huile** oil lamp; **lampe à pétrole** kerosene lamp; **lampe halogène** halogen lamp; **lampe-tempête** hurricane lamp
lancer (**nous lançons**) to launch; to throw; to drop; **se lancer (dans)** to jump (into)
langage *m.* language; jargon; specialized vocabulary
langagier/langagière *adj.* linguistic, of language
langue *f.* language; tongue; **langue étrangère** foreign language; **langue maternelle** mother tongue; **tirer la langue** to stick out one's tongue
lapin *m.* rabbit
large *adj.* wide
lasagnes *f. pl.* lasagna
latin(e) *adj.* Latin
Laurentides *f. pl.* Laurentian mountains (*Quebec*)
lavable *adj.* washable
lavabo *m.* (*bathroom*) sink
laver to wash; **machine** (*f.*) **à laver** washing machine
laveur/laveuse *adj.* cleaner, washer; **raton laveur** *m.* raccoon
lave-vaisselle *m.* (automatic) dishwasher
lavomatic *m.* laundromat
le *art., m.* the; *pron., m.* it, him
leçon *f.* lesson; **leçon particulière** private lesson
lecteur/lectrice *m., f.* reader; **lecteur** *m.* disk drive; **lecteur CD/DVD** CD/DVD player; **lecteur CD-ROM** CD-ROM drive; **lecteur MP3** MP3 player
lecture *f.* reading
légal(e) *adj.* legal
légende *f.* legend
léger/légère *adj.* light; fluffy; delicate

légionnaire *m.* legionary; legionnaire
législation *f.* legislation
législature *f.* legislature
légume *m.* vegetable; **soupe** (*f.*) **aux légumes** vegetable soup
lendemain *m.* next day, day after, following day
lent(e) *adj.* slow
lequel/laquelle (lesquels/lesquelles) *pron.* which, which one; who, whom
les *art., pl.* the; *pron., pl.* them
lessive *f.* laundry; **faire la lessive** to do the laundry
lettre *f.* letter; **boîte** (*f.*) **aux lettres** mailbox; **lettre de motivation** cover letter
leur *adj.* their; *pron.* to them; **le/la/les leur(s)** *pron.* theirs
lever (je lève) to raise, lift; **lever** (*m.*) **du soleil** sunrise; **levez la main** raise your hand; **se lever** to get up, stand up; to get out of bed
levier *m.* lever; **levier de vitesse** gear shift
lèvres *f. pl.* lips; **rouge** (*m.*) **à lèvres** lipstick
lexicographique *adj.* lexicographical
liaison *f.* joining, linking (*two words*)
libération *f.* freedom; liberation
libérer (je libère, nous libérons) to free, liberate
liberté *f.* freedom
librairie *f.* bookstore
libre *adj.* free; available; open; vacant; **temps** (*m.*) **libre** leisure time; **union** (*f.*) **libre** living together, common-law marriage; **vente** (*f.*) **libre** open sale
Libye *f.* Libya
licence *f.* French university degree awarded upon completion of third-year university exams, equivalent to BA/BS; license; permission
licencié(e) *m., f.* degree holder; license holder; (person) fired, laid off
licorne *f.* unicorn
lié(e) *adj.* linked, tied
lien *m.* link, tie, bond; **former des liens** to form contacts, connections
lieu *m.* place; **au lieu de** *prep.* instead of, in the place of; **avoir lieu** to take place; **chef-lieu** *m.* county seat (*town*)
ligne *f.* line; bus line; figure; **en ligne** online
ligue *f.* league
limitation *f.* limit; restriction; **limitation de vitesse** speed limit
limite *f.* limit; boundary; **dépasser la limite de vitesse** to exceed the speed limit
limiter to limit
limonade *f.* soft drink (*citrus-flavored*)
limpide *adj.* limpid; clear
linguistique *adj.* language; linguistic
liquide *m.* liquid; **argent** (*m.*) **liquide** cash; **payer (je paie) en liquide** to pay in cash
lire (*p.p.* **lu**) *irreg.* to read

liste *f.* list
lit *m.* bed; **faire son lit** to make one's bed
litre *m.* liter
littéral(e) *adj.* literal
littérature *f.* literature
livraison (*f.*) **des bagages** baggage claim area
livre *m.* book; *f.* pound (*half-kilo*); **demi-livre** *f.* half pound; **livre** (*m.*) **de cuisine** cookbook
livrée *f.* (professional) uniform or clothing
loa (*or* **lwa**) *m. voodoo spirit*
local(e) *adj.* local
localisation *f.* localization
locataire *m., f.* renter, tenant
locuteur/locutrice *m., f.* speaker
logement *m.* housing, lodgings
loger (nous logeons) to house; to dwell; to lodge
logiciel *m.* program (*computer*); software
logique *adj.* logical
loi *f.* law
loin (de) *adv., prep.* far (from), at a distance (from)
lointain(e) *adj.* distant, faraway, remote
loisirs *m. pl.* leisure-time activities
Londres London
long(ue) *adj.* long; slow; **de longue durée** long-term; **tout au long de** throughout
longtemps *adv.* (for) a long time; **il y a longtemps** a long time ago
longuement *adv.* for a long time
lors *adv.* then; **lors de** *prep.* during, at the time of
lorsque *conj.* when
loterie *f.* lottery
loti(e) *adj.* shared, allotted; **être bien loti(e)** to be well-off
louange *f.* praise
louanger (nous louangeons) to praise
louer to rent; to reserve; **à louer** for rent; **louer une voiture** to rent a car
Louisiane *f.* Louisiana
loyauté *f.* loyalty
loyer *m.* rent (*payment*)
Lozère *f.* Lozère department (*in the Languedoc-Roussillon region of southern France*)
lucratif/lucrative *adj.* lucrative
ludiciel *m.* gameware (*software*)
lui *pron.* he; it; to him; to her; to it; **lui-même** himself
luisant(e) *adj.* shining
lumière *f.* light
lumineux/lumineuse *adj.* luminous; **signal** (*m.*) **lumineux** flashing road sign
lundi *m.* Monday
lune *f.* moon; **lune de miel** honeymoon
lunettes *f. pl.* eyeglasses
luth *m.* lute
lutte *f.* struggle, battle
lutter to struggle, fight
luxe *m.* luxury
luxueux/luxueuse *adj.* luxurious

luzerne *f.* alfalfa
lycée *m. French secondary school* (*senior high school*)
lycéen(ne) *m., f.* secondary-, high-school student

ma *adj., f. s.* my
mâcher to chew
machine *f.* machine; **machine à laver** washing machine
madame (Mme) *f.* (*pl.* **mesdames**) Madam, Mrs.
mademoiselle (Mlle) *f.* (*pl.* **mesdemoiselles**) Miss
magasin *m.* store; **grand magasin** department store; **magasin d'alimentation** food store; **magasin d'antiquités** antique store
mage *m.* magus, sorcerer; **les Rois** (*m. pl.*) **mages** the Three Wise Men, the Magi
Maghreb *m.* Maghreb (*French-speaking North Africa*)
maghrébin(e) *adj.* from French-speaking North Africa; *m., f.* person from the Maghreb
magicien/magicienne *m., f.* magician
magie *f.* magic
magique *adj.* magic
magistral(e) *adj.* masterly; **cours** (*m.*) **magistral** lecture course
magnétoscope *m.* videocassette recorder (VCR)
magnifique *adj.* magnificent
mai May
maigre *adj.* thin; fat-free; **manger maigre** to eat meatless meals
maigrir (like finir) to grow thin, lose weight
maillot *m.* sports jersey; bathing suit
main *f.* hand; **fait(e) à la main** handmade; **se serrer la main** to shake hands
main-d'œuvre *f.* labor (force), manpower
maintenant *adv.* now
maintenir (like tenir) *irreg.* to maintain; to keep up
maintien *m.* maintenance, preservation; **maintien d'une voiture** car maintenance
maire *m., f.* mayor
mairie *f.* town hall
mais *conj.* but; **mais oui** *interj.* of course
maïs *m.* corn
maison *f.* house; company, firm; **à la maison** at home; **maison de la presse** newsstand
maître/maîtresse *m., f.* master/mistress; elementary school teacher; **maître d'hôtel** maître d'; headwaiter
maîtrise *f.* mastery
majestueux/majestueuse *adj.* majestic; stately
majoritaire *adj.* of/in the majority
majorité *f.* majority
majuscule *adj.* capital; *f.* capital letter

mal *adv.* badly; *m.* (*pl.* **maux**) evil; pain; **aller mal** to not be well; **avoir du mal à** to have a hard time; **avoir le mal du pays** to be homesick; **avoir mal à la gorge** to have a sore throat; **mal de l'air** airsickness; **mal de mer** seasickness; **mal de tête** headache; **se faire (du) mal** to hurt oneself

malade *adj.* ill; *m., f.* sick person; **rendre malade** to make (*s.o.*) sick; **tomber malade** to get sick

maladie *f.* illness, disease; **assurance** (*f.*) **maladie** health insurance; **guérir (traiter) une maladie** to cure (treat) an illness

maladroit(e) *adj.* clumsy

malbouffe *f., fam.* junk food

maléfique *adj.* evil

malfaiteur *m.* lawbreaker; burglar, thief

malfonctionner to malfunction

malgré *prep.* in spite of

malheureusement *adv.* unfortunately

malheureux/malheureuse *adj.* unhappy

Mali *m.* Mali; **empire** (*m.*) **du Mali** Mali empire (*13th–15th-century Senegal*)

Malinké *m. pl.* Malinke (*ethnic group of West Africa*)

malsain(e) *adj.* unhealthy

maman *f., fam.* mom, mommy

mammifère *m.* mammal

mamy (mamie) *f., fam.* grandma

manche *f.* sleeve; **la Manche** the English Channel; **faire la manche** to beg

mandarine *f.* tangerine, mandarin orange

mandat *m.* mandate; **mandat postal** postal money order

Mandingues *m. pl.* Mandingos (*ethnic group of West Africa*)

mandoline *f.* mandolin

manger (nous mangeons) to eat; **merci, j'ai assez mangé/bu** I've had enough, thanks; **salle** (*f.*) **à manger** dining room

mangue *f.* mango

manière *f.* manner, way

manifestant/manifestante *m., f.* demonstrator, protester

manifestation (*fam.* **manif**) *f.* (political) demonstration; manifestation; **manifestation culturelle (sportive)** cultural (sporting) event

manifester to show, display

manipulateur/manipulatrice *m., f.* manipulator

manque *m.* lack, shortage

manquer to miss; **manquer à (quelqu'un)** to be missed by (*s.o.*); **manquer de** to lack

manteau *m.* coat, overcoat

manuel(le) *adj.* manual; *m.* manual; textbook

manuscrit(e) *adj.* handwritten

maquillage *m.* makeup

se maquiller to put on makeup

marais *m.* swamp, marsh

marbre *m.* marble

marchand(e) *m., f.* merchant, shopkeeper; **marchand** (*m.*) **de vins** wine seller; liquor store; **marine** (*f.*) **marchande** merchant marine

marchander to bargain, haggle

marchandise *f.* merchandise

marche *f.* walk; walking, hiking; (stair) step; **mettre en marche** to start, put into action (*device*)

marché *m.* market; **bon marché** *adj. inv.* inexpensive; **marché aux puces** flea market; **marché de l'emploi** job market

marcher to walk; to work, run (*device*)

mardi *m.* Tuesday; **le Mardi gras** Mardi Gras, Shrove Tuesday, Fat Tuesday

marécageux/marécageuse *adj.* swampy, marshy

marée (*f.*) **noire** oil spill

marginalisation *f.* marginalization

marginaux *m. pl., fig.* dropouts; fringe

marguerite *f.* daisy

mari *m.* husband

mariage *m.* marriage; wedding

marié(e) *m., f.* groom/bride; *adj.* married; **nouveaux mariés** *m. pl.* newlyweds

se marier (avec) to get married (to)

marin *m.* sailor; mariner

marine *adj.; f.* marine (*shipping*); **marine marchande** merchant marine; **plongée** (*f.*) **sous-marine** scuba diving, deep-sea diving

marinière: moules (*f. pl.*) **marinières** *mussels cooked in white wine*

maritime *adj.* coastal, maritime

Maroc *m.* Morocco

marocain(e) *adj.* Moroccan; **Marocain(e)** *m., f.* Moroccan (*person*)

marque *f.* brand

marquer to mark; to indicate, denote

marraine *f.* godmother

marre: en avoir marre *fam.* to be fed up (with)

marron *adj. inv.* brown; maroon; *m.* chestnut

mars March

marxisme *m.* Marxism

masculin(e) *adj.* masculine

masque *m.* mask

masse *f.* mass (*volume, form*)

masser to massage

massif/massive *adj.* massive

Master *m. French university degree awarded for two years of study beyond the **licence***

match *m.* game; **match de football (de rugby)** soccer (rugby) game

matérialiste *adj.* materialistic

matériel *m.* apparatus, equipment; **matériel électronique** electronic equipment

maternel(le) *adj.* maternal; **l'école** (*f.*) **maternelle** preschool; **langue maternelle** mother tongue

mathématicien(ne) *m., f.* mathematician

mathématiques *f. pl.* (*fam.* **maths**) mathematics

matière *f.* academic subject; material; matter; **matière(s) grasse(s)** fat content (*of food*)

matin *m.* morning; **hier matin** yesterday morning

matinée *f.* morning (*duration*); **faire la grasse matinée** to sleep late

matrimonial(e) *adj.* marriage; **agence** (*f.*) **matrimoniale** marriage/dating service

mauvais(e) *adj.* bad; wrong; **en mauvais état** in bad condition; **il fait mauvais** it's bad weather out; **la mauvaise réponse** the wrong answer

maximum *m.* maximum; **au maximum** as much as possible; at the most, at the maximum

me (m') *pron.* me; to me

mécanicien(ne) *m., f.* mechanic; technician; **ingénieur(e) mécanicien(ne)** mechanical engineer

mécanique *adj.* mechanical, power; **génie** (*m.*) **mécanique** mechanical engineering

méchant(e) *adj.* bad, evil; naughty; *m. pl.* bad guys

médaille *f.* medal

médecin *m.* doctor; **femme** (*f.*) **médecin** female doctor

médecine *f.* medicine (*study, profession*)

médias *m. pl.* media

médiathèque *f.* (multi)media library

médiatique *adj.* media-related

médical(e) *adj.* medical

médicament *m.* medication; drug

médina *f. the old part of an Arab city*

méditer to meditate

Méditerranée *f.* Mediterranean (Sea)

méditerranéen(ne) *adj.* Mediterranean

se méfier de to be wary of

meilleur(e) *adj.* better; best

mélange *m.* blend; mixture

mélanger (nous mélangeons) to mix, blend

mêlé(e) *adj.* (**à, de**) mixed (with)

se mêler de to meddle, interfere in/with; to get mixed up in

membre *m.* member

même *adj.* same; *adv.* even; **à même** from; right into; **de même** the same, likewise; **en même temps** at the same time, simultaneously; **même si** even if; **quand même** anyway; even though; **soi-même** oneself, himself, herself, itself

mémoire *f.* memory; *m. pl.* memoirs

menacé(e) *adj.* threatened; **animaux** (*m. pl.*) **menacés** endangered animals

menacer (nous menaçons) (de) to threaten (to)

ménage *m.* housekeeping; household; **faire le ménage** to do the housework

ménager/ménagère *adj.* pertaining to the home; housekeeping; **équipement** (*m.*) **ménager** household furnishings; **tâches** (*f. pl.*) **ménagères** household tasks

se ménager (nous nous ménageons) to arrange, plan for oneself
mener (je mène) to take; to lead; **mener une vie équilibrée (sédentaire)** to lead a balanced (sedentary) life
mensonge *m.* lie, falsehood
menthe *f.* mint
mention *f.* grade, evaluation, distinction (*school, university*)
mentionné(e) *adj.* mentioned
mentir (*like* **partir**) *irreg.* to lie, tell lies
menton *m.* chin
menuiserie *f.* carpentry
menuisier *m.* carpenter
mer *f.* sea; **au bord de la mer** at the seashore; **département** (*m.*) **d'Outre-mer** French overseas department; **fruits** (*m. pl.*) **de mer** seafood
merci *interj.* thanks; **merci bien** thanks a lot; **merci, j'ai assez mangé/bu** I've had enough, thanks
mercredi *m.* Wednesday
mère *f.* mother; **belle-mère** mother-in-law; stepmother; **fête** (*f.*) **des Mères** Mother's Day; **grand-mère** grandmother
méridienne *f.* meridian line
mériter to deserve; to be worth
merveille *f.* marvel; delight; **à merveille** perfectly, marvelously
merveilleux/merveilleuse *adj.* marvelous
mes *adj. m., f., pl.* my
mésaventure *f.* misadventure
messagerie *f.* message / voice mail service; delivery service
messe *f.* (Catholic) Mass
mesure *f.* measure; **prendre des mesures** to take measures
mesurer to moderate, weigh (*one's words*)
métal *m.* metal
métallique *adj.* metallic
météorologie (*fam.* **météo**) *f.* weather forecasting
météorologique *adj.* meteorological, weather; **bulletin** (*m.*) **météorologique** weather forecast
méthode *f.* method
métier *m.* trade, profession, job, occupation; **exercer un métier** to work at a particular job
mètre *m.* meter
métro *m.* subway (*train, system*); **plan** (*m.*) **du métro** subway map; **prendre le métro** to take the subway
métropole *f.* metropolis; mainland France
métropolitain(e) *adj.* metropolitan; referring to the mainland; **métropolitain (métro)** *m.* subway (*train, system*)
mets *m. inv.* dish; delicacy
metteur/metteuse en scène *m., f.* producer; director (*film, theater*)
mettre (*p.p.* **mis**) *irreg.* to put, place; put on; to turn on; to take (*time*); **mettre à l'abri de** to shelter from,

shield from; **mettre de côté** to set aside; **mettre des vêtements** to put on clothes; **mettre (le) feu à** to set fire to; **mettre le couvert (la table)** to set the table; **se mettre à** to begin to; **se mettre à la place de** to put oneself in the place of; **se mettre à table** to sit down at the table; **se mettre au volant** to get behind the steering wheel; **se mettre d'accord** to reach an agreement; **se mettre en colère** to get angry
meuble *m.* piece of furniture
meublé(e) *adj.* furnished
meunier/meunière *adj.* flour-milling; **sole** (*f.*) **meunière** *lightly breaded sole with lemon butter*
meurtre *m.* murder
Mexique *m.* Mexico
mi- *prefix* half, mid-; **cheveux** (*m. pl.*) **mi-longs** medium-length hair
micro-onde *f.* microwave; **four** (*m.*) **à micro-ondes** microwave oven
midi *m.* noon; **Midi** (*m.*) south-central France; **à midi** at noon; **après-midi** (*m. or f.*) afternoon
miel *m.* honey; **lune** (*f.*) **de miel** honeymoon
mien(ne) (le/la) *pron., m., f.* mine
mieux *adv.* better; **aimer mieux** to prefer; **il vaut mieux** it's better; **le mieux** the best
mijoter to simmer; *fam.* to cook
milieu *m.* environment; background; milieu; middle; **au milieu de** in the middle of
militaire *m.* serviceman, soldier; *adj.* military
militer (contre) to be a militant; to protest (against)
mille one thousand
milliard *m.* one billion
milliardaire *m., f.* billionaire
millier *m.* (around) a thousand
mince *adj.* thin; slender
minéral(e) *adj.* mineral; **eau** (*f.*) **minérale** mineral water; **minéral** *m.* mineral
minime *adj.* minimal
ministère *m.* ministry; department
ministériel(le) *adj.* ministerial
ministre *m., f.* minister; **Premier ministre** Prime Minister
Minitel *m.* *French personal communications terminal*
minoritaire *adj.* minority
minorité *f.* minority
minuit *m.* midnight; **à minuit** at midnight
minuscule *adj.* tiny, small; lower-case
miraculeusement *adv.* miraculously
miraculeux/miraculeuse *adj.* miraculous; wonderful
miroir *m.* mirror
mise *f.* putting; **mise en scène** direction, production (*theater, film*)
mixeur *m.* (*food*) mixer

mixte *adj.* mixed (*school, marriage*)
mnémotechnique *adj.* mnemonic
mobile *adj.* mobile; *m.* cellular phone
mobylette *f.* moped, scooter
mode *f.* fashion, style; **à la mode** in style; *m.* mode; method; **mode (m.) de vie** lifestyle
modèle *m.* model; pattern
modération *f.* moderation
modéré(e) *adj.* moderate; **Habitation** (*f.*) **à loyer modéré (HLM)** *French public housing*
moderne *adj.* modern
moderniser to modernize
modification *f.* modification; **modification génétique** genetic modification
modifié(e) *adj.* modified, altered; **organisme** (*m.*) **génétiquement modifié (OGM)** genetically modified organism (GMO)
modifier to modify, alter
moi *pron.* I, me; **à moi** mine; **moi aussi (moi non plus)** me too (me neither); **moi non** not me
moindre *adj.* less, smaller, slighter
moineau *m.* sparrow; **moineau friquet** tree sparrow
moins *adv.* less; **à moins que** *conj.* (+ *subj.*) unless; **au moins** at least; **de moins en moins** less and less; **le moins** the least; **moins de/que** fewer/less than; **plus ou moins** more or less
mois *m.* month
moitié *f.* half
mollet *m.* calf (*of leg*)
moment *m.* moment; **à tout moment** always; **au moment de** at the time when; **en ce moment** now, currently; **le moment où** the time when (*s.th. occurred*); **pour le moment** for the moment; **un petit moment** just a moment
mômerie *f.* masquerade; farce; childish behavior
monarchie *f.* monarchy
monarque *m.* monarch
monde *m.* world; people; society; **carte** (*f.*) **du monde** map of the world; **coupe** (*f.*) **du monde** World cup (*soccer*); **faire le tour du monde** to go around the world; **tout le monde** everyone
mondial(e) *adj.* world; worldwide; **Seconde (Deuxième) Guerre** (*f.*) **mondiale** Second World War
mondialisation *f.* globalization
moniteur/monitrice *m., f.* camp counselor; instructor; group leader
monnaie *f.* change; coins; currency; **petite monnaie** small change
monolingue *adj.* monolingual
monoparental(e) *adj.* single-parent
monoski *m.* snowboard(ing); **faire du monoski** to snowboard
monsieur (M.) *m.* (*pl.* **messieurs**) Mister; gentleman; sir
montagne *f.* mountain(s); **à la montagne** in the mountains

montagneux/montagneuse *adj.* mountainous

montant(e) *adj.* rising

monter *intr.* to go up; to climb up (onto, into); *trans.* to set up, organize; to carry up; **monter à cheval** to ride a horse, go horseback riding; **monter dans un autobus** to get on a bus; **monter un spectacle (une émission)** to put on, perform a play; to produce a show

montre *f.* watch; wristwatch

Montréalais(e) *m., f.* person from Montreal

montrer to show; **montrer le chemin** to show the way (*route*)

se moquer de to make fun of; to mock

moquette *f.* wall-to-wall carpeting

moqueur/moqueuse *adj.* mocking; **oiseau** (*m.*) **moqueur** mockingbird

moral(e) *adj.* moral; psychological; **moral** *m.* state of mind, morale, spirits; **remonter le moral** to cheer up (*s.o.*)

morale *f.* moral (*of a story*)

morceau *m.* piece

morcelé(e) *adj.* divided up

mordre to bite

mordu(e) *adj.* bitten

morille *f.* morel (*mushroom*)

mort(e) *adj.* dead, deceased; *m., f.* dead person; **mort** *f.* death

mortalité *f.* mortality; **mortalité évitable** preventable deaths

Moscou Moscow

mosquée *f.* mosque

mot *m.* word; note; **mot apparenté** related word, cognate; **mot clé** keyword; **mot de passe** password; **mots croisés** crossword puzzle; **petit mot** note, brief letter

moteur *m.* motor; engine; *fig.* driving force, mainspring

motivation *f.* motivation; **lettre** (*f.*) **de motivation** cover letter

motocyclette (*fam.* **moto**) *f.* motorcycle, motorbike

motorisé(e) *adj.* motorized

mouche *f.* fly; **oiseau** (*m.*) **mouche** hummingbird

se moucher to blow one's nose

mouffette *f.* skunk

mouillage *m.* anchoring (*boat*)

moules *f. pl.* mussels; **moules marinières** *mussels cooked in white wine*

moulin *m.* mill

mourir (*p.p.* **mort**) *irreg.* to die

mousse *f.* foam; suds; **mousse au chocolat** chocolate mousse

moustache *f.* mustache

moustique *m.* mosquito

moutarde *f.* mustard

mouvement *m.* movement

moyen(ne) *adj.* average; **moyen** *m.* means; way; **de taille moyenne** of average height; **en moyenne** on average; **le Moyen Âge** *m.* Middle Ages

muguet *m.* lily of the valley; **brin** (*m.*) **de muguet** sprig of lily of the valley

multiculturel(le) *adj.* multicultural

multinational(e) *adj.* multinational

multiplier to multiply; **se multiplier** to grow in number, increase, multiply

municipal(e) *adj.* municipal

municipalité *f.* municipality; town

mur *m.* wall

muscler to develop the muscles of; to strengthen

musculation *f.* bodybuilding, weight training

musée *m.* museum

muséifier to turn into a museum piece

musicien(ne) *m., f.* musician

musique *f.* music; **musique classique** classical music

musulman(e) *adj.* Muslim; *m., f.* Muslim (*person*)

mutiler to mutilate

myrtille *f.* blueberry

mystère *m.* mystery

mystérieux/mystérieuse *adj.* mysterious

mythe *m.* myth

mythique *adj.* mythical

nager (nous nageons) to swim

nageur/nageuse *m., f.* swimmer

naïf/naïve *adj.* naïve

naissance *f.* birth

naître (*p.p.* **né**) *irreg.* to be born

nappe *f.* tablecloth

nappé(e) *adj.* **(de)** covered (with)

narrateur/narratrice *m., f.* narrator

nasal(e) *adj.* nasal

natal(e) *adj.* native, by birth

natation *f.* swimming

natif/native *adj.* native

national(e) *adj.* national; **fête** (*f.*) **nationale** French national holiday, Bastille Day (July 14)

nationalisme *m.* nationalism

nationalité *f.* nationality

naturel(le) *adj.* natural

nautique *adj.* nautical; **faire du ski nautique** to go waterskiing

navet *m.* turnip; *fam.* failed movie or play

navigateur/navigatrice *m., f.* navigator; *m.* search engine

naviguer to navigate

navire *m.* ship; large boat

né(e) *adj.* born

nécessaire *adj.* necessary; **le nécessaire** what's necessary

nécessité *f.* necessity

néerlandophone *adj.* Dutch-speaking

néfaste *adj.* harmful

négatif/négative *adj.* negative

neige *f.* snow; **bonhomme** (*m.*) **de neige** snowman

neiger (il neigeait) to snow; **il neige** it's snowing

nerveux/nerveuse *adj.* nervous

nettoyer (je nettoie) to clean

neuf nine

neuf/neuve *adj.* new, brand-new; **quoi de neuf?** what's new?

neutralité *f.* neutrality

neutre *adj.* neutral

neuvième *adj.* ninth

neveu *m.* nephew

nez *m.* nose

ni neither; nor; **ne... ni... ni** neither . . . nor

niçois(e) *adj.* from Nice; **salade** (*f.*) **niçoise** Niçoise salad (*salad with tomatoes, other raw vegetables, tuna, anchovies, boiled potatoes, and hard-boiled eggs*)

nid *m.* nest

nièce *f.* niece

niveau *m.* level; level of achievement; **niveau de tension** stress level

noces *f. pl.* wedding; **voyage** (*m.*) **de noces** honeymoon trip

nocturne *adj.* nocturnal, night

Noël *m.* Christmas; **père** (*m.*) **Noël** Santa Claus

noir(e) *adj.* black; **marée** (*f.*) **noire** oil spill; **tableau** (*m.*) **noir** blackboard, chalkboard

noix *f.* nut

nom *m.* noun; name; **nom de jeune fille** maiden name

nomade *adj.* nomadic; *m., f.* nomad

nombre *m.* number; quantity

nombreux/nombreuse *adj.* numerous; **famille** (*f.*) **nombreuse** large family

nommer to name; to appoint

non *interj.* no; not; **moi non plus** me neither, nor I

nord *m.* north; **Amérique** (*f.*) **du Nord** North America; **nord-africain(e)** *adj.* North African; **nord-américain(e)** *adj.* North American, **nord-est** *m.* Northeast; **nord-ouest** *m.* Northwest

normal(e) *adj.* normal

Normandie *f.* Normandy

Norvège *f.* Norway

nos *adj., m., f., pl.* our; **de nos jours** these days, currently

notamment *adv.* notably; especially

note *f.* grade (*in school*); bill

noter to notice; **à noter** worth remembering

notoriété *f.* notoriety; fame

notre *adj. m., f., s.* our

nôtre (le/la) *pron.* ours; our own; **les nôtres** *pl.* ours; our people

nourrir (*like* **finir**) to feed, nourish; **se nourrir (de)** to eat; to live (on)

nourrissant(e) *adj.* nutritious

nourrisson *m.* infant

nourriture *f.* food

nous *pron., m., f.* we; us

nouveau (nouvel, nouvelle) *adj.* new; different; **à nouveau** once more; **de nouveau** again; **nouveaux mariés** *m. pl.* newlyweds; **nouveaux venus** *m. pl.* newcomers; **nouvel an** New Year('s); **nouvelle cuisine** *f. French low-fat cooking*

Nouveau-Brunswick *m.* New Brunswick
nouvelle *f.* piece of news; short story; **nouvelles** *pl.* news, current events; **bonne(s) nouvelle(s)** good news
Nouvelle-Calédonie *f.* New Caledonia
Nouvelle-Orléans (La) *f.* New Orleans
novembre November
noyau *m.* core; small (political) group; **noyau dur** hard core
nuage *m.* cloud
nuageux/nuageuse *adj.* cloudy
nucléaire *adj.* nuclear; **centrale** (*f.*) **nucléaire** nuclear power plant
nuit *f.* night; **table** (*f.*) **de nuit** night table
nuitée *f.* overnight stay
nul(le) *adj.* hopeless, useless; **c'est nul** *fam.* it's awful
numération *f.* number system
numérique *adj.* digital; numerical; **appareil** (*m.*) **photo numérique** digital camera
numéro *m.* number; **numéro de téléphone** telephone number; **numéro d'urgence / des urgences** emergency phone number
nutritionnel(le) *adj.* nutritional
nylon *m.* nylon; **bas** (*m. pl.*) **de nylon** stockings, nylons

obéir (à) (*like* **finir**) to obey
obéissant(e) *adj.* obedient
objectif *m.* objective
objectivement *adv.* objectively
objet *m.* objective; object; **bureau** (*m.*) **des objets trouvés** lost-and-found office; **pronom** (*m.*) **d'objet direct/ indirect** *gram.* direct/indirect object pronoun
obligatoire *adj.* obligatory; mandatory
obligé(e) *adj.* obliged, required; **être obligé(e) de** to be obliged to
observateur/observatrice *m., f.* observer
observer to observe
obtenir (*like* **tenir**) *irreg.* to obtain, get
occasion *f.* opportunity; occasion; bargain; **à l'occasion de** on the occasion of; **les grandes occasions** special occasions
occidental(e) *adj.* western, occidental
occitan *m. group of dialects spoken in the south of France*
occupé(e) *adj.* occupied; held; busy
occuper to occupy; **s'occuper** to keep oneself busy; **s'occuper de** to look after, be interested in, take care of
océan *m.* ocean, sea
océanographie *f.* oceanography
octobre October
odeur *f.* odor, smell
odorat *m.* (sense of) smell
œil *m.* (*pl.* **yeux**) eye; look; **coup** (*m.*) **d'œil** glance; **mon œil!** *interj.* I don't believe it!
œnologue *m., f.* oenologist, wine specialist

œuf *m.* egg; **blanc** (*m.*) **d'œuf** egg white; **œuf de Pâques** Easter egg; *pl.* **œufs miroir** *eggs fried in butter*
œuvre *f.* work; artistic work; **exposer une œuvre** to exhibit a piece of work; ***hors-d'œuvre** *m. inv.* hors-d'œuvre, appetizer; **œuvre d'art** work of art
offert(e) *adj.* offered
officialiser to make official
officiel(le) *adj.* official
officier *m.* officer
offre *f.* offer
offrir (*like* **ouvrir**) *irreg.* to offer; **offrir des cadeaux** to give presents
oie *f.* goose
oignon *m.* onion
oiseau *m.* bird; **oiseau moqueur** mockingbird; **oiseau mouche** hummingbird; **oiseau rapace** bird of prey
oléoduc *m.* pipeline
olive *f.* olive; **huile** (*f.*) **d'olive** olive oil
olivier *m.* olive tree
olympique *adj.* Olympic; **Jeux** (*m. pl.*) **olympiques (JO)** Olympic games
ombre *f.* shadow
omelette *f.* omelet
oncle *m.* uncle
onde *f.* wave; **four** (*m.*) **à micro-ondes** microwave oven
ongle *m.* fingernail; toenail
onirique *adj.* dreamlike
ONU (Organisation [*f.*] **des nations unies)** U.N. (United Nations)
onze eleven
opéra *m.* opera
opérateur/opératrice *m., f.* operator
opérer (**j'opère, nous opérons**) to operate
opinion *f.* opinion; *pl.* editorials; **quelle est votre opinion sur... ?** what's your opinion of . . . ?
opposant/opposante *m., f.* opponent
opposé(e) *adj.* opposing, opposite; *m.* opposite
s'opposer à to be opposed to; to clash with, conflict with
opter to opt, choose
optimiste *adj.* optimistic; *m., f.* optimist
or *m.* gold
orage *m.* storm
orageux/orageuse *adj.* stormy
oral(e) *adj.* oral; **oral** *m.* oral exam
orange *adj. inv.* orange (color); *f.* orange (*fruit*); **canard** (*m.*) **à l'orange** duck with orange sauce; **carte** (*f.*) **orange** *type of French bus/métro pass;* **jus** (*m.*) **d'orange** orange juice; **passer à l'orange** to turn yellow (*traffic light*)
orateur *m.* orator, speaker
oratoire *m.* small chapel; shrine
orchestre *m.* orchestra
orchidée *f.* orchid
ordinaire *adj.* ordinary
ordinateur *m.* computer
ordonnance *f.* prescription
ordonner to order, command

ordre *m.* order; command; **en ordre** orderly, neat; **le bon ordre** correct order
ordure *f.* filth; garbage; **ramassage** (*m.*) **des ordures** garbage collection; **vider/ sortir les ordures** to empty / take out the garbage
oreille *f.* ear; **boucles** (*f. pl.*) **d'oreille** earrings
orfèvrerie *f.* gold art
organe *m.* (*body*) organ; organ (*instrument*)
organisateur/organisatrice *m., f.* organizer
organisation *f.* organization
organisé(e) *adj.* organized; **voyage** (*m.*) **organisé** guided tour
organiser to organize; **s'organiser** to get organized
organisme *m.* organism; **organisme génétiquement modifié (OGM)** genetically modified organism (GMO)
oriental(e) *adj.* eastern; oriental
s'orienter to find one's bearings, get oriented; to turn toward
originaire de *adj.* originating from; **être originaire de** to be a native of
original(e) *adj.* eccentric; original
origine *f.* origin; **à l'origine** originally, to begin with; **d'origine française (italienne)** of French (Italian) extraction
orme *m.* elm
orné(e) (de) *adj.* decorated (with)
orphelin/orpheline *m., f.* orphan
orteil *m.* toe
orthographe *f.* spelling
os *m.* bone
oseille *f.* sorrel, sour grass
ostentatoire *adj.* ostentatious
otage *m.* hostage
OTAN *f.* NATO (North Atlantic Treaty Organization)
ou *conj.* or; either; **ou bien** or else
où *adv.* where; *pron.* where, in which; **d'où vient-il?** where does he come from?; **où est... ?** where is . . . ?
oublier (de) to forget (to)
ouest *m.* west; **nord-ouest** *m.* northwest; **sud-ouest** *m.* southwest
oui *interj.* yes; **ah oui?** is that so?, really?; **mais oui** of course
ouïe *f.* (sense of) hearing
ouragan *m.* hurricane
outil *m.* tool
outre *prep.* beyond, in addition to; **outre-mer** *adv.* overseas
ouvert(e) *adj.* open
ouverture *f.* opening; **heures** (*f. pl.*) **d'ouverture** business hours
ouvrier/ouvrière *m., f.* worker, factory worker
ouvrir (*p.p.* **ouvert**) *irreg.* to open
OVNI (Objet [*m.*] **volant non identifié)** UFO
oxygène *m.* oxygen
oxygéner (**j'oxygène, nous oxygénons**) to oxygenate; to get some fresh air into
ozone *m.* ozone; **couche** (*f.*) **d'ozone** ozone layer

Pacifique *m.* Pacific; **Pacifique Sud** South Pacific

PACS (pacte civil de solidarité) *m.* domestic partnership agreement, civil union

se pacser to enter into a PACS (**pacte civil de solidarité**), sign a PACS agreement

pacte *m.* pact; **pacte civil de solidarité (PACS)** domestic partnership agreement, civil union

page *f.* page; **page d'accueil** home page; **page perso** personal web site

paie *f. s.* wages, payment; **toucher sa paie** to get paid

paiement *m.* payment

pain *m.* bread; **pain au chocolat** chocolate-filled roll; **pain complet** whole-grain bread; **petit pain** dinner roll

paisible *adj.* peaceful

paix *f.* peace

palace *m.* luxury hotel

palais *m.* palace

pâlir (*like* **finir**) to turn pale

palmarès *m. inv.* list of achievements and honors

palme *f.* palm leaf; award, prize

panier *m.* basket

paniquer to panic

panne *f.* (*mechanical*) breakdown; **panne d'électricité** power failure; **tomber en panne** to have a (*mechanical*) breakdown

panneau *m.* road sign; billboard

pansement *m.* bandage

pantalon *m. s.* (pair of) pants

papeterie *f.* stationery store, stationer's

papi *m., fam.* grandpa

papier *m.* paper; **papier à lettres** letter paper, stationery; **papier d'emballage** wrapping paper

papillon *m.* butterfly

Pâque *f.* Passover

Pâques *f. pl.* Easter; **fête** (*f.*) **de Pâques** Easter

paquet *m.* package

par *prep.* by, through; **par ailleurs** in other respects, incidentally; **par an** per year, each year; **par jour** per day, each day; **par rapport à** with regard to, in relation to; **par semaine** per week; **par terre** on the ground; **par voie de** by means of

paracétamol *m.* acetaminophen (*pain medication such as Tylenol*)

parachute *m.* parachute; **faire un saut en parachute** to do a parachute jump

parachutisme *m.* parachuting

paradis *m.* paradise, heaven

paragraphe *m.* paragraph

paraître (*like* **connaître**) *irreg.* to appear, seem

parapente *m.* paragliding; **faire du parapente** to hang glide, paraglide

parasitaire *adj.* parasitic

parc *m.* park; **parc d'attractions** amusement park; **parc résidentiel** residential complex

parcouru(e) *adj.* covered, traveled (*distance*)

pardon *interj.* pardon me; *m.* forgiveness, pardon

pare-brise *m. inv.* windshield

pareil(le) *adj.* similar; **pareil** *adv.* the same; **faire pareil** to do the same thing

parenté *f.* blood relationship, family ties

parenthèse *f.* parenthesis

paresseux/paresseuse *adj.* lazy

parfait(e) *adj.* perfect

parfaitement *adv.* perfectly

parfois *adv.* sometimes; now and then; often

parfum *m.* perfume

parfumé(e) *adj.* fragrant

parfumerie *f.* perfume store

parisien(ne) *adj.* Parisian; **Parisien(ne)** *m., f.* Parisian (*person*)

parité *f.* parity

parking *m.* parking lot

parlement *m.* parliament

parler to speak; to talk; **entendre parler de** to hear about; **parler au téléphone** to talk on the phone; **parler de** to talk about; **se parler** to speak to one another; **tu parles!** you don't say!

parmi *prep.* among

parole *f.* word

parrain *m.* godfather

parsemer (**je parsème**) to sprinkle, strew

part *f.* piece, portion; share; role; **à part** besides; **de la part de** from, on behalf of; **part de pizza** slice of pizza

partager (**nous partageons**) to share

partagiciel *m.* shareware (*software*)

partenaire *m., f.* partner

parti *m.* (*political*) party

participe *m., gram.* participle; **participe passé/présent** past/present participle

participer à to participate in

particularisme *m.* local character; sense of identity

particulier/particulière *adj.* particular; **en particulier** *adv.* particularly; **leçon** (*f.*) **particulière** private lesson; **signe** (*m.*) **particulier** distinctive characteristic, sign, peculiarity

particulièrement *adv.* particularly

partie *f.* part; game, match; outing; **faire partie de** to be part of, belong to; **parties de la voiture** parts of a car

partiellement *adv.* partially

partir *irreg.* to depart, leave; **à partir de** *prep.* starting from; **partir à l'étranger** to go abroad; **partir en vacances** to leave on vacation

partout *adv.* everywhere

parvenir (*like* **venir**) **à** *irreg.* to succeed in

pas (ne... pas) not; **ne... pas du tout** not at all; **pas grand-chose** not much; **Pas possible!** No way! You're kidding!

passable *adj.* passable, tolerable

passage *m.* passage; passing; **être de passage** to be passing through

passager/passagère *m., f.* passenger

passant(e) *m., f.* passerby

passe *f.* pass (*sports*); *m.* passkey; **mot** (*m.*) **de passe** password

passé(e) *adj.* past, gone, last; spent; **passé** *m.* past

passeport *m.* passport; **contrôle** (*m.*) **des passeports** passport control

passer *intr.* to pass; to stop by; to pass by; *trans.* to pass; to cross; to spend (*time*); to take (*exam*); **qu'est-ce qui se passe?** what's going on?; **se passer** to happen, take place; **se passer de** to do without

passe-temps *m.* pastime, hobby

passionnant(e) *adj.* exciting, thrilling

passionné(e) *adj.* passionate; **être passionné(e) de (pour)** to be very excited by (interested in)

passionnel(le) *adj.* passionate; **crime** (*m.*) **passionnel** crime of passion

passionner to fascinate, grip; **se passionner (pour)** to be excited (about)

pastis *m.* pastis, anise-flavored liqueur

patate (*f.*) **douce** sweet potato

pâté *m.* liver paste, pâté; **pâté de foie gras** goose liver pâté

pâtes *f. pl.* pasta, noodles

patience *f.* patience; **avoir de la patience** to be patient, have patience

patient(e) *adj.* patient; *m., f.* (*hospital*) patient

patin *m.* (ice, roller) skate; **faire du patin à glace** to ice-skate

patinage *m.* skating; **patinage sur glace** ice-skating

patiner to skate

patineur/patineuse *m., f.* skater

patins (*m. pl.*) **en ligne** in-line skates

pâtisserie *f.* pastry; pastry shop

patrimoine *m.* heritage

patriote *m., f.* patriot

patriotisme *m.* patriotism

patron(ne) *m., f.* boss, employer

patrouiller to patrol

pauvre *adj.* poor, needy; wretched, unfortunate

pauvreté *f.* poverty

pavillon *m.* pavilion; small house

payant(e) *adj.* paying, requiring payment

payer (**je paie**) to pay, pay for; **payer** (**je paie**) **en liquide** to pay in cash

pays *m.* country; land; **avoir le mal du pays** to be homesick; **pays Basque** Basque country

paysage *m.* landscape, scenery

paysagiste *m., f.* landscaper, gardener

paysan(ne) *m., f.* peasant, farmer

Pays-Bas *m. pl.* Holland, the Netherlands

PC (*m.*) **de poche** PDA with Internet access

PDG *m., f.* (**Président-directeur général / Présidente-directrice générale**) CEO

peau *f.* skin; **peaux-rouges** *m. pl.* American Indians
pêche *f.* fishing; peach
pêcher to fish
pêcheur/pêcheuse *m., f.* fisherman/fisherwoman
pédagogique *adj.* pedagogical
pédaler to pedal, ride a bike
pédiatre *m., f.* pediatrician
peindre (*like* **craindre**) *irreg.* to paint
peine *f.* effort, trouble; **à peine** hardly, barely; **ça vaut la peine** it's worth the effort; it's worth it
peintre *m.* painter; **artiste-peintre** *m., f.* artist, painter
peinture *f.* paint; painting
pèlerinage *m.* pilgrimage
pelure *f.* peel, skin, rind (*of a fruit or vegetable*)
pendant *prep.* during; for; **pendant que** *conj.* while; **pendant un mois (une semaine)** for a month (a week)
pénible *adj.* painful; hard, difficult
péninsule *f.* peninsula
Pennsylvanie *f.* Pennsylvania
penser to think; to reflect; to expect, intend; **c'est ce que je pense** that's what I think; **faire penser à** to make one think of; **penser à** to think about; **penser de** to think about, have an opinion about
percevoir (*like* **recevoir**) *irreg.* to perceive
perché(e) *adj.* perched
perdre to lose; to waste; **perdre du poids** to lose weight; **perdre du temps** to waste time; **perdre intérêt dans** to lose interest in
perdu(e) *adj.* lost; wasted
père *m.* father; **beau-père** stepfather; father-in-law; **fête** (*f.*) **des Pères** Father's Day; **grand-père** grandfather; **père Noël** Santa Claus
performant(e) *adj.* high-performing, outstanding
péridurale *f.* epidural (*anesthesia*)
période *f.* period (*of time*)
périodiquement *adv.* periodically
périphérie *f.* outskirts
perle *f.* pearl; bead
permanent(e) *adj.* permanent
permettre (*like* **mettre**) (**de**) *irreg.* to permit; **permettre** (**de** + *inf.*) to allow to; (**à** + *person*) to allow s.o. (**de**) . . . (*to do s.th.*); **se permettre** to allow oneself, indulge oneself in
permis(e) *adj.* allowed, permitted; **permis** *m.* license; **permis de conduire** driver's license
Pérou *m.* Peru
perpétuel(le) *adj.* perpetual, everlasting
se perpétuer to be carried on
persil *m.* parsley
persistant(e) *adj.* persistent
persister to persist; to continue, remain
personnage *m.* (*fictional*) character; personage

personnaliser to personalize
personnalité *f.* personality; personal character
personne *f.* person; *pron. m.* **ne... personne** nobody, no one; **personne ne...** nobody, no one
personnel(le) *adj.* personal; **personnel** *m.* personnel (*staff*); **rapports** (*m. pl.*) **personnels** personal relationships; **soins** (*m. pl.*) **personnels** personal care
persuader to persuade, convince
perte *f.* loss; **perte de temps** waste of time
peser (**je pèse**) to weigh; *fig.* to determine
pessimiste *adj.* pessimistic; *m., f.* pessimist
pétanque *f.* lawn or outdoor bowling (*south of France*)
petit(e) *adj.* little; short; small; very young; **petite-fille** *f.* granddaughter; **petites annonces** *f. pl.* classified ads, classifieds; **petit-fils** *m.* grandson; **petits** *m. pl.* young ones, little ones; **petits-enfants** *m. pl.* grandchildren
pétrole *m.* crude oil, petroleum
pétrolier/pétrolière *adj.* oil, petroleum; **forage** (*m.*) **pétrolier** exploratory oil drilling
peu *adv.* little, not much; few, not many; not very; **à peu près** roughly, approximately; **il est peu probable que** it's doubtful that; **peu à peu** little by little; **très peu** very little; **un peu (de)** a little; **un peu de tout** a little bit of everything
Peuls *m. pl.* Peuls (*ethnic group of West Africa*)
peuple *m.* nation; people (*of a country*)
peuplé(e) *adj.* populated, inhabited
peur *f.* fear; **avoir peur** to be afraid; **faire peur à** to scare
peut-être *adv.* perhaps, maybe
phare *m.* (*car*) headlight; lighthouse
pharmacie *f.* pharmacy, drugstore; **pharmacie de garde** all-night (emergency) pharmacy
pharmacien(ne) *m., f.* pharmacist
phénix *m.* phoenix (*mythical bird*)
phénomène *m.* phenomenon
philosophe *m., f.* philosopher
philosophie (*fam.* **philo**) *f.* philosophy
photo *f.* picture, photograph; **photo numérique** digital photo
photographe *m., f.* photographer
photographie (*fam.* **photo**) *f.* photograph; photography
photomaton *m.* self-service photo booth
phrase *f.* sentence
phrygien(ne) *adj.* Phrygian (*bronze age culture of Anatolia*); **bonnet** (*m.*) **phrygien** Phrygian cap (*worn by 1789 French revolutionaries*)
physicien(ne) *m., f.* physicist
physique *adj.* physical; *m.* physical appearance; *f.* physics

piaf *m., fam.* sparrow
pic *m.* woodpecker
pièce *f.* (theatrical) play; piece; coin; room (*of a house*); **deux-pièces** *m.* two-room apartment (*in France*); **pièce de théâtre** (theatrical) play
pied *m.* foot; **à pied** on foot, walking
piège *m.* pitfall; trap
pierre *f.* stone
piéton(ne) *adj., m., f.* pedestrian; **rue** (*f.*) **piétonne** pedestrian-only street
pile *f.* pile; battery
piler to crush; to grind
pilote *m., f.* pilot
piloter to pilot
pilule *f.* pill
piment *m.* chili paste
pin *m.* pine (*tree*)
pince *f.* claw (*crab*)
pingouin *m.* penguin
pionnier/pionnière *m., f.* pioneer
pique-nique *m.* picnic; **faire un pique-nique** to have a picnic
pique-niquer to have a picnic
piquer to prick; *fam.* to steal
piqûre *f.* shot, injection; **piqûre de guêpe** wasp sting
pirate (*m.*) **informatique** (computer) hacker
pire *adj.* worse
pirogue *f.* dug-out canoe
piscine *f.* swimming pool
piste *f.* path, trail; course; slope; **piste cyclable** bicycle path
pisteur-secouriste *m.* emergency ski patrol worker
pistolet *m.* pistol
pitre *m.* idiot; clown; **faire le pitre** to act silly
pittoresque *adj.* picturesque
placard *m.* cupboard, cabinet; closet
place *f.* place; position; seat (*theater, train*); public square; **à ta place** in your place, if I were you; **sur place** on the spot/scene
plafond *m.* ceiling
plage *f.* beach
se plaindre (*like* **craindre**) (**de**) *irreg.* to complain (about)
plaine *f.* plain
plainte *f.* complaint
plaire (*p.p.* **plu**) **à** *irreg.* to please; to be pleasing, attractive (to); **s'il te (vous) plaît** *interj.* please
plaisant(e) *adj.* pleasant
plaisir *m.* pleasure; **quel plaisir** *interj.* what a pleasure
plan *m.* plan; diagram; **plan de la ville** city map
planche *f.* board; **faire de la planche à voile** to go sailboarding/windsurfing
plancher *m.* floor
planétaire *adj.* planetary
planète *f.* planet
plante *f.* plant
planter to plant; to set

plaque *f.* plate; tablet; **plaque d'immatriculation** license plate
plastique *m.* plastic
plat(e) *adj.* flat; *m.* dish; course; **plat du jour** today's special (*restaurant*); **plat principal** main course
plateau *m.* tray, platter
platine *m.* platinum; *f.* turntable
plâtre *m.* cast (*for broken limb*)
plein(e) *adj.* (**de**) full (of); **en plein air** (in the) open air, outdoor(s); **en pleine campagne** out in the country; **faire le plein (d'essence)** to fill up (with gasoline)
pleurer to cry, weep
pleuvioter *fam.* to rain lightly, sprinkle (*rain*); **il pleuviote** it's sprinkling
pleuvoir (*p.p.* **plu**) *irreg.* to rain; **il pleut** it's raining
plombage *m.* filling (*tooth*)
plongée *f.* diving; **faire de la plongée sous-marine** to scuba dive
plonger (**nous plongeons**) to plunge, dive
pluie *f.* rain; **pluie acide** acid rain
plupart: la plupart (de) most (of); the majority (of)
pluriel *m.* plural
plus (de) *adv.* more; (-er); plus; **de plus** in addition; **de plus en plus** more and more; **en plus (de)** in addition (to); **le/la/les plus** + *adj. or adv.* the most; **le plus près** the closest; **moi non plus** me neither; **ne... plus** no longer, not anymore; **non plus** neither, not . . . either; **plus... que...** more . . . than . . . ; **plus tôt** earlier
plusieurs *adj., pron., pl. inv.* several
plutôt *adv.* more; rather; sooner
pneu *m.* tire
poche *f.* pocket; **argent** (*m.*) **de poche** pocket money, allowance; **PC** (*m.*) **de poche** PDA with Internet access
poché(e) *adj.* poached (*in cooking*)
poêle *f.* frying pan, skillet
poème *m.* poem
poète *m.* poet
poétique *adj.* poetic
poids *m.* weight; **excédent** (*m.*) **de poids** excess weight (*luggage*); **mettre/perdre du poids** to gain/lose weight; **soulever des poids** to lift weights
poignet *m.* wrist
poil *m.* (body) hair; bristle
point *m.* point; period (*punctuation*); **ne... point** *neg. adv.* not; **point de vue** point of view
pointe *f.* peak; point; **heures** (*f. pl.*) **de pointe** rush hour(s)
pointu(e) *adj.* sharp, pointed
pointure *f.* shoe size
point-virgule *m.* semicolon
poire *f.* pear
pois *m.* pea; **petits pois** *pl.* green peas
poisson *m.* fish; **poisson d'avril** April Fool's joke, hoax
poisson-chat *m.* catfish

poissonnerie *f.* fish market
poitrine *f.* chest; breasts
poivre *m.* pepper; **bifteck** (*m.*) **au poivre** pepper steak
poivrer to (add) pepper
poivron *m.* green pepper
polémique *adj.* controversial; **polémique** *f.* controversy, argument
poli(e) *adj.* polite; polished
police *f.* police; **agent** (*m.*) **de police** police officer; **commissariat** (*m.*) **de police** police station; **contrôle** (*m.*) **de police** police checkpoint
policier/policière *adj.* pertaining to police; **policier** *m.* police officer; **roman** (*m.*) **policier** detective novel
poliment *adv.* politely
politesse *f.* politeness; good breeding
politique *adj.* political; *f. s.* politics; policy; **homme/femme politique** *m., f.* politician
polluant(e) *adj.* polluting
polluer to pollute
Pologne *f.* Poland
polonais(e) *adj.* Polish; **Polonais(e)** *m., f.* Polish (*person*)
Polynésie *f.* Polynesia
pommade *f.* ointment, salve
pomme *f.* apple; **jus** (*m.*) **de pomme** apple juice; **pomme de terre** potato; **pommes vapeur** *f. pl.* steamed potatoes
pompier *m.* firefighter
ponctuel(le) *adj.* punctual
pondre to lay (*eggs*)
pont *m.* bridge; extra day(s) off (*taken between two holidays or a weekend and a holiday*)
populaire *adj.* popular; common
popularité *f.* popularity
porc *m.* pork; **côtelette** (*f.*) **de porc** pork chop
porcelaine *f.* porcelain; china
pornographe *m., f.* pornographer
pornographie *f.* pornography
port *m.* bearing
portable *adj.* portable; *m.* cell phone
porte *f.* door
portefeuille *m.* wallet
porter to carry; to wear; **se porter volontaire** to volunteer
portier (*m.*) **électronique** "electronic doorman" (*with video surveillance*)
portière *f.* car door
portugais(e) *adj.* Portuguese; **Portugais(e)** *m., f.* Portuguese (*person*)
poser to put (down); to state; to pose; to ask; **poser sa candidature** to apply; to run (*for office*); **poser une question** to ask a question
positif/positive *adj.* positive
position *f.* position; stand
posologie *f.* dosage
posséder (**je possède, nous possédons**) to possess
possessif/possessive *adj.* possessive
possibilité *f.* possibility

possible possible; **Pas possible!** No way! You're kidding!
postal(e) *adj.* postal, post; **carte** (*f.*) **postale** postcard; **code** (*m.*) **postal** postal code, zip code; **mandat** (*m.*) **postal** postal money order
poste *m.* position; job; post; station; television, radio set; *f.* post office, postal service; **bureau** (*m.*) **de poste** post office; **poste** (*f.*) **restante** general delivery
pot *m.* pot; jar; **prendre un pot** *fam.* to have a drink
potage *m.* soup, stew
potentiel(le) *adj.* potential, possible
poterie *f.* pottery
poubelle *f.* garbage can; **balancer à la poubelle** *fam.* to chuck in the garbage; to abandon
poudre *f.* powder
poudré(e) *adj.* powdered
poulet *m.* chicken; **blanc** (*m.*) **de poulet** chicken breast
pouls *m. s.* pulse; **prendre le pouls** to take (*s.o.'s*) pulse
poumon *m.* lung
poupée *f.* doll
pour *prep.* for; on account of; in order; for the sake of; **pour que** *conj.* so that, in order that
pourboire *m.* tip, gratuity
pourquoi *adv., conj.* why
poursuivre (*like* **suivre**) *irreg.* to pursue
pourtant *adv.* however, yet, still, nevertheless
pourvu que *conj.* (+ *subj.*) provided that
pousser *intr.* to grow
poussière *f.* dust
pouvoir (*p.p.* **pu**) *irreg.* to be able; *m.* power, strength
pratique *adj.* practical; **pratique** *f.* practice; use
pratiquer to practice, exercise
précaution *f.* precaution
précédent(e) *adj.* preceding
précéder (**je précède, nous précédons**) to precede, come before
précieux/précieuse *adj.* precious
se précipiter (dans) to hurry, rush over; to run, speed; to hurl oneself (into)
précis(e) *adj.* precise
précisément *adv.* precisely, exactly
préciser to specify
précision *f.* precision, preciseness
prédire (*like* **dire**, *but* **vous prédisez**) *irreg.* to predict, foretell
prédit(e) *adj.* predicted, foretold
préféré(e) *adj.* preferred, favorite
préférer (**je préfère, nous préférons**) to prefer; to like better
préjugé *m.* prejudice, preconception
se prélasser to bask; to lounge
premier/première *adj.* first; principal; **la première fois** the first time; **le premier avril** April Fool's Day; **le premier étage** the second floor (*in France*); **le premier / la première** the first one

prendre (*p.p.* **pris**) *irreg.* to take; to catch, capture; to choose; to have (*s.th. to eat or drink*); **j'en ai assez/trop pris** I've had enough / too much; **prendre les clés** to get the keys

préoccupation *f.* worry, preoccupation

se préoccuper de to concern oneself with, worry about

préparatifs *m. pl.* preparations; **préparatifs de voyage** travel preparations

préparatoire *adj.* preparatory

préparer to prepare; **préparer un examen** to study for a test; **se préparer à** to prepare oneself, get ready for (to)

prépayé(e) *adj.* prepaid

près *adv.* by, near; **à peu près** roughly, approximately; **de près** closely; **le plus près** the closest; **près de** *prep.* near, close to; almost

présage *m.* omen, prediction

prescrire (*like* **écrire**) *irreg.* to prescribe; to order, command; **prescrire un traitement** to prescribe a treatment

présence *f.* presence

présent(e) *adj.* present; **présent** *m.* present; **à présent** presently, now; **jusqu'à présent** until now

présenter to present; to introduce; to put on (*a performance*); **je vous (te) présente...** I want you to meet . . . ; **se présenter (à)** to present, introduce oneself (to); to appear; to arrive at

présidence *f.* presidency

président(e) *m., f.* president; **Président-directeur général (PDG)** CEO

présidentiel(le) *adj.* presidential

presque *adv.* almost, nearly

presqu'île *f.* peninsula

presse *f.* press (media); **maison** (*f.*) **de la presse** newsstand

pressé(e) *adj.* in a hurry, rushed; squeezed; **être pressé(e)** to be in a hurry

se presser à to rush to

pressing *m.* dry cleaner (*store*)

pression *f.* pressure; **vérifier la pression des pneus** to check the tire pressure

prestigieux/prestigieuse *adj.* prestigious

prêt(e) *adj.* ready; **prêt** *m.* loan, lending

prêter to lend, loan; **se prêter** to lend to one another

prêtre *m.* priest

preuve *f.* proof; **ça fait preuve...** that shows . . . , proves . . .

prévoir (*like* **voir**) *irreg.* to foresee; to anticipate

prier to pray

primaire *adj.* primary; **école** (*f.*) **primaire** primary/elementary school

primitif/primitive *adj.* primitive

principal(e) *adj.* principal, most important; **plat** (*m.*) **principal** main course

principe *m.* principle

printemps *m.* spring, springtime

prioritaire *adj.* (having) priority

priorité *f.* right of way; priority

pris(e) *adj.* taken; occupied; busy; caught; **prise** *f.* taking (*of medication*); take (*in filmmaking*)

prisonnier/prisonnière *m., f.* prisoner

privation *f.* deprivation

privé(e) *adj.* private

privilégié(e) *adj.* privileged

prix *m.* price; prize

probablement *adv.* probably

problème *m.* problem; **problèmes sociaux** societal issues

procédé *m.* process

procéder (**je procède, nous procédons**) to proceed

processus *m.* process

prochain(e) *adj.* next; near; following; **semaine** (*f.*) **prochaine** next week

proche *adj.* near, close; **proches** *m. pl.* close relatives

proclamer to proclaim

producteur/productrice *m., f.* producer, grower

produire (*like* **conduire**) *irreg.* to produce

produit *m.* product; **produits laitiers** dairy products

professeur(e) (*fam.* **prof**) *m., f.* professor; teacher

professionnel(le) *adj.* professional; *m., f.* professional

profil *m.* profile

profiter de to take advantage of

profond(e) *adj.* deep

profondeur *f.* depth

programmation *f.* programming (*TV, radio*)

programme *m.* program; course program; design, plan

programmeur/programmeuse *m., f.* programmer; program planner; **analyste-programmeur/analyste-programmeuse** *m., f.* software engineer

progrès *m.* progress; **faire des progrès** to make progress

progresser to progress

progressiste *adj.* progressive

prohiber to prohibit, forbid

proie *f.* prey

projecteur *m.* projector (*film*)

projet *m.* project; plan; **faire des projets** to make plans; **projets d'avenir** plans for the future

prolonger (**nous prolongeons**) to prolong; to extend; **se prolonger** (**il se prolongeait**) to go on, extend

promenade *f.* promenade; walk; stroll; drive; excursion, pleasure trip; **faire une promenade (en voiture)** to go on an outing (car ride); **promenade à bicyclette** bicycle ride

se promener (**je me promène**) to take a walk, drive, ride

promettre (*like* **mettre**) (**de**) *irreg.* to promise (to)

promoteur/promotrice *m., f.* property developer

promotion *f.* promotion; offer; **de promotion** *adj.* on sale

promotionnel(le) *adj.* promotional

pronominal(e) *adj., gram.* pronominal; **verbe** (*m.*) **pronominal** *gram.* pronominal verb, reflexive verb

prononcer (**nous prononçons**) to pronounce

se propager (**il se propageait**) to spread; to propagate

proportionnel(le) *adj.* proportional

propos *m.* talk; *pl.* words; **à propos de** *prep.* with respect to, about

proposer to propose

propre *adj.* own; proper; clean

proprement *adv.* purely

propreté *f.* cleanliness

propriétaire *m., f.* property owner; landlord/landlady

propriété *f.* property

prospectus *m.* handbill, leaflet; brochure

prospère *adj.* prosperous

prospérité *f.* prosperity

protecteur/protectrice *adj.* protective

protéger (**je protège, nous protégeons**) to protect; **se protéger contre** to protect oneself against

protéine *f.* protein

protestation *f.* protest; objection

prouesse *f.* feat, deed

prouver to prove; **ça ne prouve rien** that doesn't matter, prove anything

provençal(e) *adj.* from Provence (*France*)

Provence *f.* Provence region (*southeastern France*)

provenir (*like* **venir**) **de** *irreg.* to proceed, result, arise from

proviseur *m.* head teacher; principal

provision *f.* supply; **provisions** *pl.* groceries; **faire/acheter les provisions** to buy groceries

provocateur/provocatrice *adj.* provocative

provoquer to provoke

proximité *f.* proximity, closeness; **à proximité** near, close by

prudemment *adv.* prudently, carefully

prudent(e) *adj.* prudent, cautious, careful

psychiatre *m., f.* psychiatrist

psychologie *f.* psychology

psychologique *adj.* psychological

puant(e) *adj.* stinking; **bête** (*f.*) **puante** skunk (*Q.*)

public/publique *adj.* public; *m.* public; audience

publicitaire *adj.* pertaining to advertising

publicité *f.* (*fam.* **pub**) publicity; advertising; ad, commercial

publier to publish

puce *f.* flea; **carte** (*f.*) **à puce** smart card; **marché** (*m.*) **aux puces** flea market

puer to stink

puis *adv.* then, afterward, next; besides; **et puis** and then; and besides

puisque *conj.* since, as, seeing that
puissance *f.* power
puissant(e) *adj.* powerful, strong
puits *m. s.* well; hole
pull-over (*fam.* **pull**) *m.* pullover
pulmonaire *adj.* pulmonary, lung
punir to punish
punition *f.* punishment
pupitre *m.* (*school*) desk; desk chair
pur(e) *adj.* pure
purée *f.* purée; **purée de pommes de terre** mashed potatoes
purifié(e) *adj.* purified
pyjama *m. s.* pajamas
pyramide *f.* pyramid
Pyrénées *f. pl.* Pyrenees

quai *m.* quai; platform (*subway stop, train station*)
qualité *f.* (good) quality; personal characteristic
quand *adv., conj.* when; **depuis quand?** since when? (for) how long?; **quand même** even though; anyway
quantité *f.* quantity
quarante forty
quart *m.* quarter; quarter of an hour; fourth (*part*)
quartier *m.* neighborhood
quatorze fourteen
quatre-quatre (4x4) *m.* all-terrain vehicle, 4-wheeler; SUV
que *conj.* that; than; *pron.* whom; that; which; what; **ne... que** *adv.* only; **qu'est-ce que c'est?** what is it?
Québec *m.* Quebec (*Canadian province, city*)
québécois(e) *adj.* from, of Quebec; **Québécois(e)** *m., f.* person from Quebec
quel(le)(s) *adj.* what, which; what a
quelque(s) *adj.* some, any; a few; **quelque chose** *pron.* something; **quelque chose d'important** something important
quelquefois *adv.* sometimes
quelqu'un *pron.* someone, somebody; **passer chez quelqu'un** to stop by s.o.'s house
queue *f.* tail; line (*of people*); **faire la queue** to stand in line
qui *pron.* who, whom, that which; **qui est-ce?** who is it?
quinze fifteen
quitter to leave; to abandon, leave behind; **se quitter** to separate
quoi (à quoi, de quoi) *pron.* which; what; **à quoi ça sert?** what's that/it used for?; **de quoi vivre** something to live on; **je ne sais pas quoi faire** I don't know what to do; **n'importe quoi** anything; no matter what; **sans quoi** otherwise; **quoi de neuf?** what's new?
quoique *conj.* (+ *subj.*) although, even though
quotidien(ne) *adj.* daily, everyday
quotient *m.* quotient; **quotient intellectuel (QI)** intelligence quotient (I.Q.)

raccourci(e) *adj.* shortened
race *f.* breed, type; race
racine *f.* root
racisme *m.* racism
raconter to tell; to relate
radiateur *m.* radiator
radical(e) *adj.* radical, extreme
radio *f.* radio; **écouter la radio** to listen to the radio
radiographie *f.* X-ray
radio-réveil *m.* clock radio
radis *m.* radish
raffermir (*like* **finir**) to strengthen
raffiné(e) *adj.* refined, sophisticated
raffinement *m.* refinement, sophistication
ragoût *m.* stew
raie *f.* stripe; part (*in hair*)
raisin *m.* grape(s)
raison *f.* reason; **avoir raison** to be right
raisonnable *adj.* reasonable; rational
raisonnement *m.* reasoning, argument
raisonner to reason
rajeunir (*like* **finir**) to make younger; to feel, look younger
ralenti(e) *adj.* slowed down; **au ralenti** at a slower pace
ralentir (*like* **finir**) to slow down
ralentissement *m.* slowdown; slowing down
Ramadan *m.* Ramadan (*Muslim holy period*)
ramage *m.* birdsong; foliage
ramassage *m.* collection; **ramassage des ordures** garbage collection
ramasser to gather up, pick up
ramener (je ramène) to bring back
randonnée *f.* hike; **faire une randonnée** to go on a hike; to take a trip, tour
ranger (nous rangeons) to put in order; to arrange, categorize
rapace *adj.* rapacious; **oiseau** (*m.*) **rapace** bird of prey
rapide *adj.* rapid, fast; **rapides** *m. pl.* rapids (*in river*)
rapidité *f.* speed
rappeler (je rappelle, nous rappelons) to remind; to recall; **se rappeler** to recall; to remember
rapport *m.* connection, relation; report; **rapports** *m. pl.* relations; **par rapport à** concerning, regarding, in relation to
rapporter to bring back, return; to report; **se rapporter à** to relate to; to be in relation to
raser to shave; **se raser** to shave
rasoir *m.* razor
se rassembler to gather together
rassurer to reassure
ratatouille *f.* Provençal vegetable stew (*tomatoes, onions, eggplant, squash, peppers*); ratatouille
rater to miss (*a class, a bus*); to fail (*a test*)
rationner to ration
raton (*m.*) **laveur** raccoon
ravager (nous ravageons) to ravage

ravi(e) *adj.* delighted
réaction *f.* reaction
réactiver to reactivate
réagir (*like* **finir**) to react
réalisateur/réalisatrice *m., f.* (*TV, film*) producer; director
réalisation *f.* production; fulfillment
réaliser to achieve, accomplish; to realize; to carry out, fulfill; to produce
réalisme *m.* realism
réaliste *m., f.* realist; *adj.* realistic
réalité *f.* reality; **en réalité** in reality
rebelle *adj.,* rebellious; *n., m., f.* rebel
rébellion *f.* rebellion
rebours *m.* wrong way, reverse; **à rebours** *adv.* in reverse, backwards
récemment *adv.* recently, lately
réception *f.* reception desk; welcome
réceptionniste *m., f.* receptionist
recette *f.* recipe
recevoir (*p.p.* **reçu**) *irreg.* to receive
recharger (nous rechargeons) to recharge
réchauffement *m.* warming; **réchauffement de la planète** global warming
réchauffer to warm (up)
recherche *f.* (piece of) research; search; **faire des recherches** to do research; **moteur** (*m.*) **de recherche** search engine
rechercher to seek; to search for
récif *m.* reef
récipient *m.* container
réciproque *adj., gram.* reciprocal; **verbes** (*m. pl.*) **pronominaux réciproques** reciprocal reflexive verbs
récit *m.* account, story
réclame *f.* advertisement, commercial
réclamer to claim
recommandation *f.* recommendation
recommander to recommend
recomposé(e) *adj.* reconstructed; **famille** (*f.*) **recomposée** blended family
reconnaissable *adj.* recognizable
reconnaissant(e) *adj.* grateful, thankful, appreciative
reconnaître (*like* **connaître**) *irreg.* to recognize
reconstitué(e) *adj.* reconstructed, reconstituted
recours *m.* recourse
recouvert(e) (de) *adj.* covered (with), recovered
recouvrir (*like* **ouvrir**) *irreg.* to cover up
récréation (*fam.* **récré**) *f.* recess (*at school*); recreation
recrutement *m.* recruiting
recruter to recruit
reçu(e) *adj.* received; **être reçu(e)** to pass an exam; **reçu** *m.* receipt
récupérer (je récupère, nous récupérons) to retrieve; to get back
recyclage *m.* recycling
recycler to recycle
rédacteur/rédactrice *m., f.* writer; editor
rédaction *f.* essay, composition

redevenir (*like* **venir**) *irreg.* to become again

rediffuser to rerun (*TV program, etc.*)

rédiger (**nous rédigeons**) to write, compose

redouter to fear, dread

réduction *f.* reduction; **réduction d'émissions** reduction in emissions

réduire (*like* **conduire**) *irreg.* to reduce

réel(le) *adj.* real, actual

refaire (*like* **faire**) *irreg.* to redo

référence *f.* reference; **faire référence à** to refer to

référer (**je réfère, nous référons**) to refer

réfléchir (*like* **finir**) to reflect; to think; **ça fait réfléchir** that makes one think

refléter (**je reflète, nous reflétons**) to reflect, mirror

réforme *f.* reform

reformuler to reformulate

réfrigérateur *m.* (*fam.* **frigo**) refrigerator

refuser (de) to refuse (to)

regard *m.* glance; gaze, look

regarder to look at; **se regarder** to look at oneself (each other)

régime *m.* diet; system (of government); **faire un régime** to be on a diet

région *f.* region; area

régional(e) *adj.* local, of the district

règle *f.* rule

règlement *m.* rule, regulation; **abuser des règlements** to break the rules

régler (**je règle, nous réglons**) to regulate, adjust; to settle; **régler l'addition** to pay one's bill

régner (**je règne, nous régnons**) to reign

regretter to regret; to be sorry for; to miss

regrouper to regroup; to contain

régulation *f.* regulation, control

régulier/régulière *adj.* regular

rein *m.* kidney

reine *f.* queen

réintroduire (*like* **conduire**) *irreg.* to reintroduce, introduce again

rejeter (**je rejette, nous rejetons**) to reject; to throw out

rejoindre (*like* **craindre**) *irreg.* to join; to rejoin

relais *m.* inn

relatif/relative *adj.* relative; **pronom** (*m.*) **relatif** *gram.* relative pronoun

relation *f.* relation; relationship

relaxe *adj.* relaxed; laid back

se relaxer to relax

relié(e) *adj.* tied, linked

relier to join, link together

religieux/religieuse *adj.* religious

relire (*like* **lire**) *irreg.* to reread

relogement *m.* relocation

remarié(e) *adj.* remarried

remarquable *adj.* remarkable

remarque *f.* remark

remarquer to notice; to remark

remboursement *m.* reimbursement

rembourser to reimburse

remède *m.* remedy; medication

remercier (de) to thank (for)

remettre (*like* **mettre**) *irreg.* to hand in; to put back; to postpone

remonter to go back (up); to get back in; **remonter le moral** to cheer up (*s.o.*)

remplacer (**nous remplaçons**) to replace

remplir (*like* **finir**) to fill (in, out, up); **remplir un formulaire** to fill out a form

remporter to carry (*s.th.*) home; to win

rémunération *f.* pay, salary

renaissance *f.* renaissance, rebirth

renard *m.* fox

rencontre *f.* meeting, encounter

rencontrer to meet, encounter; **se rencontrer** to meet each other

rendez-vous *m.* meeting, appointment; date; meeting place; **prendre rendez-vous** to make a date, an appointment

rendre to give (back); to submit; **rendre malade** to make (*s.o.*) ill; **rendre visite à** to visit (*people*); **se rendre (à, dans)** to go to; **se rendre compte de/que** to realize (that)

renfermer to incorporate; to enclose

renforcer (**nous renforçons**) to reinforce

renier to renounce; to disown

renouvelable *adj.* renewable

renseignement *m.* (piece of) information

se renseigner (sur) to ask for, get information (about); to find out (about)

rentrée *f.* start of new school/academic year

rentrer *intr.* to return (*home*)

renversement *m.* reversal, upset

renverser to overturn, upset (*s.th.*); to run over; **être renversé(e)** to be knocked over

répandu(e) *adj.* widespread

réparer to repair; **réparer un pneu crevé** to fix a flat tire

répartir (*like* **finir**) to share, divide

répartition *f.* sorting out, dividing up

repas *m.* meal, repast

repasser to iron (*clothes*); to retake an exam; **fer** (*m.*) **à repasser** (*clothes*) iron

repeindre (*like* **craindre**) *irreg.* to repaint

repérer (**je repère, nous repérons**) to discover

répéter (**je répète, nous répétons**) to repeat

réplique *f.* replica; reply, retort

répliquer to reply

répondeur (*m.*) **téléphonique** telephone answering device

répondre (à) to answer, respond

réponse *f.* answer, response

reportage *m.* reporting; commentary

repos *m.* rest

reposer to put down again; to rest; **se reposer** to rest

représentant(e) *m., f.* (sales) representative

représenter to represent; to present again

reproduire (*like* **conduire**) *irreg.* to reproduce

république *f.* republic

réputé(e) *adj.* well-known

réseau *m.* net; network

réservation *f.* reservation

réserve *f.* reserve; preserve; **sans réserve** without reservation, unhesitatingly

réserver to reserve, keep in store

réservoir *m.* reservoir; gas tank

résidence *f.* residence; apartment building

résidentiel(le) *adj.* residential; **parc** (*m.*) **résidentiel** residential complex

résister (à) to resist

résolu(e) *adj.* determined, resolute

résolution *f.* resolution; **prendre des résolutions** to resolve; to make resolutions

résoudre (*p.p.* **résolu**) *irreg.* to resolve

respecter to respect, have regard for

respectivement *adv.* respectively

respectueux/respectueuse *adj.* respectful

respiration *f.* respiration, breathing

respirer to breathe

responsabilité *f.* responsibility

responsable *adj.* responsible

ressembler à to resemble

ressources *f. pl.* resources; funds

ressuscité(e) *adj.* brought back to life, resuscitated

restant(e) *adj.* remaining; **poste** (*f.*) **restante** general delivery mail

restauration *f.* restoration; restaurant business; **restauration rapide** fast-food industry

restauré(e) *adj.* restored

reste *m.* rest, remainder

rester to stay, remain; to be remaining; **rester à la maison** to stay home; **rester en forme** to stay in shape

resto-U *m., fam.* university restaurant

résultat *m.* result

résumer to summarize

rétablir (*like* **finir**) to restore, reestablish

retard *m.* delay; **en retard** late

retarder to be slow (*watch*)

retour *m.* return; **billet** (*m.*) **aller-retour** round-trip ticket

retourner to return

retraite *f.* retirement; **prendre la retraite** to retire

retraité(e) *adj.* retired; *m., f.* retired person

retraverser to re-cross, cross back over

retrouver to find (again); to regain; **se retrouver** to find oneself, each other (again); to meet (by prearrangement)

réunion *f.* meeting; reunion

réussi(e) *adj.* successful, good

réussir (*like* **finir**) **(à)** to succeed (in); to pass (*an exam*)

réussite *f.* success
réutilisable *adj.* reusable
réutiliser to reuse
revanche *f.* return; revenge; **en revanche** on the other hand
rêve *m.* dream; **une maison de rêve** an ideal house
réveil *m.* alarm; **radio-réveil** *m.* clock radio; **réveil-matin** *m.* alarm clock
se réveiller to wake up
réveillon *m. Christmas Eve dinner*
révéler (je révèle, nous révélons) to reveal
revendre to (re)sell
revenir (*like* **venir)** *irreg.* to return, come back
rêver (de) to dream (of)
révérer (je révère, nous révérons) to revere
réviser to review
revoir (*like* **voir)** *irreg.* to see (again); **au revoir** good-bye, see you soon
révolter to revolt, rebel
révolutionnaire *m., f., adj.* revolutionary
revue *f.* review; journal; magazine
rez-de-chaussée *m.* ground floor
Rhin *m.* Rhine (*river*)
rhum *m.* rum
rhumatismes *m. pl.* rheumatism
rhume *m.* cold (*illness*); **attraper un rhume** to catch a cold
riche *adj.* rich
richesse *f.* lushness, richness; *pl.* wealth
rideau *m.* curtain
ridicule *adj.* ridiculous
ridiculiser to ridicule
rien (ne... rien) *pron.* nothing; **ça ne prouve rien** that doesn't matter, doesn't prove anything; **de rien** you're welcome; **rien de défendu** nothing illegal
rigoler *fam.* to laugh; to have fun
rigolo(te) *adj.* funny; **c'est rigolo** *fam.* that's funny
rigoureux/rigoureuse *adj.* harsh, severe
se rincer (nous nous rinçons) les dents to rinse one's teeth
rire (*p.p.* **ri)** *irreg.* to laugh
risque *m.* risk
risqué(e) *adj.* risky
risquer (de) to risk
rituel(le) *adj.* ritual, religious; *m.* ritual
rive *f.* (river)bank
rivière *f.* river
riz *m.* rice
robe *f.* dress
robinet *m.* water faucet
robuste *adj.* robust, sturdy
rocher *m.* rock, crag
roi *m.* king; **fête (*f.*) des Rois** Feast of the Magi, Epiphany; **galette (*f.*) des Rois** Twelfth Night cake; **les Rois mages** the Three Wise Men, Magi
rôle *m.* role
romain(e) *adj.* Roman; **Romain(e)** *m., f.* Roman (*person*)

roman *m.* novel; **roman policier** detective novel
roman(e) *adj.* Romance; **langue (*f.*) romane** romance language
romancier/romancière *m., f.* novelist
rond(e) *adj.* round; **rond (*m.*) de fumée** smoke ring
rondelle *f.* slice; **couper en rondelles** to slice into rounds
rosbif *m.* roast beef
rose *f.* rose; *adj.* pink
roseau *m.* reed
rosée *f.* dew
rôti(e) *adj.* roast(ed); *m.* roast; **rôti de bœuf/porc** beef/pork roast
roue *f.* wheel
rouge *adj.* red; **brûler un feu rouge** to run a red light; **rouge (*m.*) à lèvres** lipstick
rougeole *f. s.* measles
rougeur *f.* rash, redness
rougir (*like* **finir)** to blush, turn red
rouler to drive; to travel along; to roll (up)
Roumanie *f.* Romania
rouspéter (je rouspète, nous rouspétons) *fam.* to resist, protest, grumble
route *f.* road, highway; **code (*m.*) de la route** traffic code; **en route** on the way, en route
routier/routière *adj.* pertaining to the road; **signalisation (*f.*) routière** system of road signs
roux/rousse *adj.* red-haired; *m., f.* redhead
royal(e) *adj.* royal; **aigle (*m.*) royal** golden eagle
royaume *m.* kingdom
rubis *m.* ruby
rubrique *f.* headline; newspaper column
rue *f.* street; **coin (*m.*) de rue** street corner; **rue piétonne** pedestrian-only street
ruine *f.* ruin; decay; collapse; **en ruines** in ruins
ruisseau *m.* stream, brook
ruminer to ruminate, chew cud
rupture *f.* breakup; breakdown
rural(e) *adj.* rural
russe *adj.* Russian; *m.* Russian (*language*); **Russe** *m., f.* Russian (*person*)
Russie *f.* Russia
rythme *m.* rhythm
rythmé(e) *adj.* rhythmic

sable *m.* sand; **château (*m.*) de sable** sand castle
sablonneux/sablonneuse *adj.* sandy
sac *m.* sack; bag; handbag; **sac à dos** backpack; **sac de couchage** sleeping bag; **sac (de) poubelle** garbage bag
sacré(e) *adj.* sacred, holy
sacrifier to sacrifice
saignant(e) *adj.* rare (*meat*); bleeding
sain(e) *adj.* healthy; healthful

saint(e) *adj.* holy; **coquilles (*f. pl.*) Saint-Jacques** scallops (*served in shells*); **Saint-Domingue** Saint Domingue (*former name of Haiti*); **Saint-Laurent** *m.* St. Lawrence (*river*); **Saint-Sylvestre** *f.* New Year's Eve; **Saint-Valentin** *f.* Valentine's Day
sais: je ne sais pas I don't know
se saisir (*like* **finir) de** to seize, grab
saison *f.* season; **hors saison** off-season
salade *f.* salad; lettuce; **salade niçoise** Niçoise salad (*salad with tomatoes, other raw vegetables, tuna, anchovies, boiled potatoes, and hard-boiled eggs*)
salaire *m.* salary; paycheck; **Salaire minimum interprofessionnel de croissance (SMIC)** *minimum wage in France*
salarié(e) *m., f.* wage earner
sale *adj.* dirty
salé(e) *adj.* salted, salty
saler to salt
saleté *f.* dirtiness; dirt; excrement (*euphemism*)
salle *f.* room; auditorium; **salle à manger** dining room; **salle d'attente** waiting room; **salle de bain(s)** bathroom; **salle de cinéma** movie theater; **salle de classe (de cours)** classroom; **salle de jeux** game room; **salle d'entraînement** workout room; **salle de séjour** living room, family room
salon *m.* (formal) living room; **salon de l'auto** auto show; **salon des jeux** betting, gambling area of casino
saluer to greet
salut! *interj.* hi!; 'bye!
salutation *f.* greeting; closing (*letter*)
samedi *m.* Saturday
sanctuaire *m.* sanctuary
sandale *f.* sandal
sang *m.* blood
sans *prep.* without; **sans arrêt** incessantly, nonstop; **sans cesse** constantly; **sans que** *conj.* (+ *subj.*) without; **sans quoi** otherwise
santé *f.* health
sapin *m.* fir (*tree*)
sarrasin *m.* buckwheat
satisfaire (*like* **faire)** *irreg.* to satisfy
satisfait(e) *adj.* satisfied
sauce *f.* sauce; gravy; salad dressing; **sauce à la crème** cream sauce; **sauce au fromage** cheese sauce; **sauce hollandaise** Hollandaise sauce (*butter, eggs, lemon juice*)
saucisse *f.* sausage; sausage link
saucisson *m.* hard (dry) sausage, salami
sauf *prep.* except
saumon *m.* salmon; **terrine (*f.*) de saumon** salmon terrine (*casserole*)
saut *m.* jump; **faire un saut en parachute** to do a parachute jump
sauter to jump; **faire sauter des crêpes** to flip crêpes
sauvage *adj.* wild
sauvegarde *f.* protection; **faire la sauvegarde de** to save (*a computer file*)

sauvegarder to safeguard, protect

sauver to save

sauvetage *m.* saving, rescue; **sauvetage des habitats** saving habitats

savane *f.* savannah

savant(e) *adj.* learned, scholarly

saveur *f.* flavor

savoir (*p.p.* **su**) *irreg.* to know (how); to find out; **savoir-faire** *m.* ability, know-how; tact

savon *m.* soap

savoureux/savoureuse *adj.* tasty

scandale *m.* scandal

scandinave *adj.* Scandinavian

scénario *m.* scenario, script

scène *f.* stage; scenery; scene; **metteur/ metteuse** (*m., f.*) **en scène** stage director; **mise** (*f.*) **en scène** setting, staging (*of a play*)

science *f.* science; **sciences** (*pl.*) **humaines** social sciences; **sciences naturelles/sociales** natural/social sciences

scientifique *adj.* scientific; *m., f.* scientific researcher

scolaire *adj.* pertaining to schools, school, academic; **année** (*f.*) **scolaire** school year; **semaine** (*f.*) **scolaire** school week

scolarité *f.* education, schooling; **frais** (*m. pl.*) **de scolarité** school, university tuition

sculpteur *m.* sculptor (*male or female*)

SDF (sans domicile fixe) *m., f., pl.* homeless (*people*)

se (s') *pron.* oneself; himself; herself; itself; themselves; to oneself, etc.; each other

séance *f.* meeting, session; **séance d'orientation** orientation meeting

sec/sèche *adj.* dry

sécession *f.* secession; **guerre** (*f.*) **de Sécession** American Civil War

sécher (**je sèche, nous séchons**) to dry; to avoid; **sécher un cours** to cut class, play hooky; **se sécher** to dry oneself

second(e) *adj.* second; **seconde** *f.* second (*unit of time*); **Seconde Guerre** (*f.*) **mondiale** Second World War

secondaire *adj.* secondary; **école** (*f.*) **secondaire** high school

secours *m.* help; **au secours!** *interj.* help!

secret/secrète *adj.* secret, private

secrétaire *m., f.* secretary

secteur *m.* sector

sécurité *f.* security; safety; **ceinture** (*f.*) **de sécurité** safety belt; **Sécurité sociale (SECU)** *French social security system*

sédentaire *adj.* sedentary

séduire (*like* **conduire**) *irreg.* to seduce; to attract

séduisant(e) *adj.* attractive, seductive, appealing

seigle *m.* rye; **pain** (*m.*) **de seigle** rye bread

sein *m.* breast, bosom; **allaiter au sein** to breastfeed, nurse; **au sein de** at the heart of

seize sixteen

séjour *m.* stay, sojourn; **salle** (*f.*) **de séjour** living room, family room

séjourner to spend time, stay

sel *m.* salt

sélectionné(e) *adj.* chosen

selon *prep.* according to

semaine *f.* week; **la semaine dernière** last week; **la semaine prochaine** next week; **la semaine scolaire** school week

semblable (à) *adj.* like, similar (to)

sembler to seem; to appear; **ça me semble** it seems to me

semestre *m.* semester

séminaire *m.* seminary

Sénégal *m.* Senegal

sénégalais(e) *adj.* Senegalese; **Sénégalais(e)** *m., f.* Senegalese (*person*)

sens *m.* meaning; sense; way, direction; **dans les deux sens** in both directions

sensibilisation *f.* awareness-raising, consciousness-raising

sensibiliser to raise awareness in

sensiblement *adv.* appreciably, noticeably

sentiment *m.* feeling

sentimental(e) *adj.* sentimental; mawkish

sentir (*like* **partir**) *irreg.* to feel; to smell; to smell of; **se sentir à l'aise** to feel at ease; **se sentir bien/mal** to feel good/bad

séparer to separate; **se séparer** to separate (*couple*)

sept seven

septembre September

Sérères *m. pl.* Sereres (*ethnic group of Senegal*)

série *f.* series

sérieux/sérieuse *adj.* serious

serpent *m.* snake

serre *f.* greenhouse; **effet** (*m.*) **de serre** greenhouse effect

serrer to tighten; to grip; **se serrer la main** to shake hands

serveur/serveuse *m., f.* waiter/waitress

service *m.* service; service charge; favor; **service compris** tip included; **station-service** *f.* service station, filling station

serviette *f.* table napkin; towel; briefcase

servir (*like* **partir**) *irreg.* to serve; to wait on; to be useful; **à quoi ça sert?** what's that/it used for?; **servir à** to be of use in, be used for; **servir de** to serve as, take the place of; **se servir** to help oneself (*to food*); **se servir de** to use

ses *adj., pl.* his; her; its; one's

seul(e) *adj.* alone; single; only; **tout(e) seul(e)** all alone

seulement *adv.* only

sève *f.* sap; **sève d'érable** maple tree sap

sévère *adj.* severe, stern, harsh

sexe *m.* sex

sexiste *adj.* sexist

sexuel(le) *adj.* sexual

shampooing *m.* shampoo; **shampooing démêlant** conditioning shampoo

short *m. s.* shorts

si *adv.* so; so much; yes (*response to negative*); *conj.* if; whether; **même si** even if; **s'il vous (te) plaît** please

sida *m.* AIDS

sidéen(ne) *m., f.* person with AIDS

siècle *m.* century

sien(ne) (le/la) *m., f. pron.* his/hers

sieste *f.* nap; **faire la sieste** to take a nap

sigle *m.* acronym, abbreviation

signaler to point out, draw one's attention to

signalisation *f.* system of road signs; **feu** (*m.*) **de signalisation** traffic light

signataire *m., f.* signatory, signer

signe *m.* sign, gesture; mark; **signe particulier** distinctive characteristic, sign, peculiarity

signer to sign

signet *m.* bookmark

signification *f.* meaning

signifier to mean

SIM: carte (*f.*) **SIM** SIM card (*smart card inside a cell phone*)

similitude *f.* similarity

simplement *adv.* simply

simultanément *adv.* simultaneously

sincère *adj.* sincere

sinon *conj.* if not, otherwise, or else

sirop *m.* syrup; **sirop d'érable** maple syrup

sitôt *adv.* as soon as

situé(e) *adj.* situated, located

se situer to be situated, located

sketch *m.* skit

ski *m.* skiing; **skis** *pl.* skis; **faire du ski** to ski; **ski alpin** downhill skiing; **ski nautique** waterskiing; **station** (*f.*) **de ski** ski resort

skier to ski

slip *m.* men's/women's briefs, underwear

Slovaquie *f.* Slovakia

SMIC (Salaire [*m.*] **minimum interprofessionnel de croissance)** *minimum wage in France*

smoking *m.* tuxedo

SMS *m.* text message

social(e) *adj.* social; **avantages** (*m. pl.*) **sociaux** benefits (*job*)

société *f.* society; organization; firm

sociologie *f.* sociology

sœur *f.* sister; **belle-sœur** sister-in-law; **demi-sœur** half-sister; stepsister

soi (soi-même) *pron.* oneself

soie *f.* silk; **en soie** made of silk

soif *f.* thirst; **avoir soif** to be thirsty

soigner to take care of; **se soigner** to take care of oneself

soin *m.* care; **soins** (*pl.*) **médicaux** medical care

soir *m.* evening; **à ce soir** farewell, until this evening; **demain (hier) soir** tomorrow (yesterday) evening; **du soir** in the evening

soirée *f.* party; evening; **soirée d'adieu** farewell party

soixante sixty

soixante-dix seventy

soja *m.* soy(a)

sol *m.* soil; ground; floor; **sous-sol** *m.* basement, cellar

solaire *adj.* solar; **système** (*m.*) **solaire** solar system

soldat/soldate *m., f.* soldier

solde *m.* balance; remaining goods; **en solde** on sale

soleil *m.* sun; **coucher** (*m.*) **du soleil** sunset; **il fait du soleil** it's sunny; **lever** (*m.*) **du soleil** sunrise; **lunettes** (*f. pl.*) **de soleil** sunglasses

solidaire *adj.* connected, interdependent; **être solidaire** to show solidarity, stick together

solidarité *f.* solidarity; unity; **pacte** (*m.*) **civil de solidarité (PACS)** domestic partnership agreement, civil union (*France*)

solide *adj.* sturdy; *m.* solid

solidifié(e) *adj.* solidified

sombre *adj.* dark, somber

sommeil *m.* sleep; **avoir sommeil** to be sleepy

sommelier/sommelière *m., f.* wine steward

sommet *m.* summit, top

somnifère *m.* sleeping pill

son *adj., pron. m.* his/her, its; *m.* sound

sondage *m.* opinion poll

sonner to ring (*a bell*)

sorbet *m.* sorbet, sherbet; **boule** (*f.*) **de sorbet** scoop of sorbet

sorcier/sorcière *m., f.* sorcerer/witch

sorte *f.* sort, kind; manner

sortie *f.* going out; evening out; exit

sortir (*like* **partir**) *irreg., intr.* to go out, come out; *trans.* to bring, take out

souci *m.* worry; **sans souci** *adj.* carefree

soucieux/soucieuse *adj.* worried

soudain *adv.* suddenly

souffle *m.* breath of air

souffrir (*like* **ouvrir**) **(de)** *irreg.* to suffer (from)

souhaiter to desire, wish for

souk *m.* souk (*Arab market*)

soulager (nous soulageons) to ease, comfort, make feel better

soulever (je soulève) to lift; **soulever des poids** to lift weights

souligner to underline

soupçonneux/soupçonneuse *adj.* suspicious

soupe *f.* soup; **soupe aux légumes** vegetable soup

souper *m.* supper; *v.* to have supper

soupirer to sigh

source *f.* spring; spa; source

sourcil *m.* eyebrow

souriant(e) *adj.* smiling

sourire (*like* **rire**) *irreg.* to smile; *m.* smile

souris *f.* mouse; **chauve-souris** *f.* bat

sous *prep.* under, beneath

sous-marin(e) *adj.* underwater; **sous-marin** *m.* submarine; **faire de la plongée sous-marine** to go scuba-diving; **vie** (*f.*) **sous-marine** marine life

sous-sol *m.* basement, cellar

sous-titré(e) *adj.* subtitled

sous-vêtements *m. pl.* underwear

soute *f.* (baggage) hold; **bagages** (*m. pl.*) **en soute** checked luggage

soutenir (*like* **tenir**) *irreg.* to support, aid; to sustain

souterrain(e) *adj.* underground

soutien *m.* support; **soutien-gorge** *m.* bra, brassiere

souvenir *m.* memory, remembrance, recollection; souvenir; **je ne me souviens pas** I don't remember; **se souvenir de** (*like* **venir**) *irreg.* to remember

souvent *adv.* often; **aussi souvent que possible** as often as possible

souverain(e) *adj.* sovereign; *m., f.* sovereign, monarch

spaghettis (*m. pl.*) **à la bolognaise** spaghetti with meat sauce

spatial(e) *adj.* spatial, space; **engin** (*m.*) **spatial** spacecraft

spationaute *m., f.* astronaut (*from Europe*)

spécial(e) *adj.* special; **effets** (*m. pl.*) **spéciaux** special effects

spécialisé(e) *adj.* specialized

se spécialiser (en) to specialize (in)

spécialité *f.* specialty; major (*subject*)

spectacle *m.* show, performance; spectacle; **arts** (*m. pl.*) **du spectacle** performing arts; **monter un spectacle** to put on (perform) a program

spectaculaire *adj.* dramatic, spectacular

spectateur/spectatrice *m., f.* spectator; member of the audience

splendide *adj.* splendid, magnificent

spontané(e) *adj.* spontaneous

sport *m.* sport(s); **faire du sport** to do, participate in sports; **voiture** (*f.*) **de sport** sports car

sportif/sportive *adj.* athletic; sportsminded; *m., f.* athlete; sportsman/ sportswoman; **manifestation** (*f.*) **sportive** sporting event

stabilité *f.* stability

stade *m.* stadium

stage *m.* training course; practicum, internship

station *f.* (vacation) resort; station; **station de métro** subway station; **station de ski** ski resort; **station-service** *f.* (*pl.* **stations-service**) service station, filling station

stationnaire *adj.* stationary, fixed

stationnement (interdit) *m.* (no) parking

stationner to park

statistique *f. s.* statistic(s)

statut *m.* status

steak *m.* steak; **steak-frites** *s.* steak with French fries

stéréo *adj., m., f.* stereo(phonic); **chaîne** (*f.*) **stéréo** stereo system

stéréotypé(e) *adj.* stereotyped

steward *m.* flight attendant

stimulant(e) *adj.* stimulating

stimuler to stimulate

stratégie *f.* strategy

stressé(e) *adj.* stressed

strict(e) *adj.* strict; severe

studieux/studieuse *adj.* studious

style *m.* style; **style de vie** lifestyle

stylo *m.* pen, ballpoint

subir (*like* **finir**) to undergo; to be subject(ed) to

subjonctif *m., gram.* subjunctive (*mood*)

subliminal(e) *adj.* subliminal

substantif *m., gram.* noun

subtil(e) *adj.* subtle

subventionné(e) *adj.* subsidized, funded, supported financially

succès *m.* success

succomber to succumb; to die

sucre *m.* sugar; **canne** (*f.*) **à sucre** sugarcane; **sucre d'érable** maple sugar

sucré(e) *adj.* sugared, sweetened

sud *m.* south; **Amérique** (*f.*) **du Sud** South America; **sud-est** *m.* Southeast; **sud-ouest** *m.* Southwest

Suède *f.* Sweden

sueur *f.* sweat, perspiration

suffire (*like* **conduire**) *irreg.* to suffice; **ça suffit** that's enough

suffisamment (de) *adv.* sufficiently, enough (of)

suffisant(e) *adj.* sufficient

suffrage *m.* vote, suffrage

suggérer (je suggère, nous suggérons) to suggest

Suisse *f.* Switzerland; *m., f.* Swiss (*person*); **suisse** *adj.* Swiss

suite *f.* continuation; series; result; **à la suite de** following; **tout de suite** immediately

suivant(e) *adj.* following

suivre (*p.p.* **suivi**) *irreg.* to follow; **suivre les actualités** to keep up with the news; **suivre un cours** to take a class

sujet *m.* subject; topic; **au sujet de** concerning

superbe *adj.* superb, magnificent

superficie *f.* (surface) area

superficiel(le) *adj.* superficial

superflu(e) *adj.* superfluous

supérieur(e) *adj.* superior; upper

superlatif *m., gram.* superlative

supermarché *m.* supermarket

supplément *m.* extra charge, fee, supplement

supplémentaire *adj.* additional, extra

supporter to tolerate, bear, stand

sur *prep.* on, on top of; upon; concerning; about; **sur les bords de** on the banks of

sûr(e) *adj.* sure; unerring, trustworthy; safe; **bien sûr** *interj.* yes, of course

surchargé(e) *adj.* overloaded, overworked

surcharger (nous surchargeons) to overload

sûrement *adv.* certainly, surely

surf *m.* surfing; **faire du surf** to go surfing

surface *f.* surface; **grande surface** large supermarket; superstore; shopping mall

surfer (sur Internet) to surf (the Internet)

surgelé(e) *adj.* frozen (*food*)

surmonter to surmount; overcome

surnom *m.* nickname

surnommé(e) *adj.* nicknamed

surpeuplé(e) *adj.* overpopulated

surpopulation *f.* overpopulation

surprenant(e) *adj.* surprising

surprendre (*like* **prendre**) *irreg.* to surprise

surpris(e) *adj.* surprised

surréaliste *adj.* surrealist, surrealistic

surtout *adv.* above all, chiefly, especially

surveiller to watch over

survivre (*like* **vivre**) *irreg.* to survive

suspens *m. s.* suspense

syllabe *f.* syllable

symbole *m.* symbol

symbolique *adj.* symbolic

symboliser to symbolize

sympathique (*fam. inv.* **sympa**) *adj.* nice, likeable

sympathisant(e) *m., f.* supporter, sympathizer

symphonie *f.* symphony

symphonique *adj.* symphonic

symptôme *m.* symptom

syndicat (*m.*) **d'initiative** (*local*) chamber of commerce, tourist office

systématiquement *adv.* systematically

système *m.* system; **système d'exploitation** operating system (*computer*); **système solaire** solar system

ta *adj., f. s.* your

tabac *m.* tobacco; tobacco shop; **café-tabac** *m.* café-tobacconist (*government-licensed*)

tabarnouche *interj., fam.,* a mild expletive (*Q.*)

table *f.* table; **débarrasser la table** to clear the table; **mettre la table** to set the table; **se mettre à table** to sit down at the table; **table basse** coffee table; **table de nuit** bedside table

tableau *m.* picture; painting; chart; **tableau d'affichage** schedule display board; **tableau (noir)** (black)board, chalkboard

tache *f.* stain; spot

tâche *f.* task; **tâches** (*pl.*) **ménagères** household tasks

taille *f.* size; waist; **de taille moyenne** average height; **de très grande taille** very tall

tailleur *m.* woman's suit

tajine *f.* tajine (*North African stew*)

talon *m.* heel; **chaussures** (*f. pl.*) **à talons plats** flat shoes

tamarin *m.* tamarind (*African/South Asian fruit tree*)

tamponner to stamp

tandis que *conj.* while

tant *adv.* so much; so many; **en tant que** as, in (my) capacity as; **tant de** so many, so much; **tant mieux** so much the better; **tant pis** too bad; **tant que** as long as; **tant... que** as much . . . as

tante *f.* aunt

tapenade *f. purée of chopped olives, capers, and anchovies in olive oil*

taper to type; to tap

tapis *m.* rug

taquiner to tease

tard *adv.* late; **dormir tard** to sleep late; **plus tard** later

tarif *m.* tariff; fare, price

tarte *f.* tart; pie; **tarte aux pommes** apple tart

tartine *f.* slice of bread with butter

tas *m.* pile, heap

tasse *f.* cup

taux *m.* level; rate, statistic

taxi *m.* taxi; **chauffeur** (*m.*) **de taxi** cab driver

te (t') *pron.* you; to you

technicien(ne) *m., f.* technician

technique *adj.* technical

technologie *f.* technology

technologique *adj.* technological

teinture *f.* dye; color, tint

tel(le) *adj.* such; **tel(le) que** such as, like

télécharger (nous téléchargeons) to download

télécommande *f.* remote (control)

télégramme *m.* telegram

télégraphe *m.* telegraph

téléphone *m.* telephone; **numéro** (*m.*) **de téléphone** telephone number; **parler au téléphone** to talk on the phone; **téléphone fixe** landline; **téléphone mobile (portable)** cellular phone

téléphoner (à) to phone, telephone; **se téléphoner** to call one another

téléphonique *adj.* telephonic, by phone; **annuaire** (*m.*) **téléphonique** phone book; **cabine** (*f.*) **téléphonique** phone booth; **carte** (*f.*) **(téléphonique) prépayée** prepaid phone card; **répondeur** (*m.*) **téléphonique** telephone answering device

télé-réalité *f.* reality TV; **émission** (*f.*) **télé-réalité** reality (television) show

téléspectateur/téléspectatrice *m., f.* television viewer

téléviseur *m.* television set

télévision (*fam.* **télé**) *f.* television

tellement *adv.* so; so much

témoignage *m.* testimony, account; evidence; **faux témoignage** perjury

témoin *m.* witness

tempe *f.* temple (*head*)

tempérament *m.* temperament; constitution

température *f.* temperature

tempéré(e) *adj.* temperate (*climate*)

tempête *f.* tempest, storm; **lampe-tempête** *f.* hurricane lamp

temporaire *adj.* temporary

temps *m.* time; weather; *gram.* tense; **depuis combien de temps** since when, how long; **de temps en temps** from time to time; **emploi** (*m.*) **du temps** schedule; **en même temps** at the same time, simultaneously; **gagner (perdre) du temps** to save (waste) time; **passe-temps** *m.* pastime, diversion; **perte** (*f.*) **de temps** waste of time; **quel temps fait-il?** what's the weather like?; **temps libre** leisure time; **tout le temps** always, the whole time

tendance *f.* tendency; trend; **avoir tendance à** to have a tendency to

tendinite *f.* tendinitis

tendre *adj.* tender, sensitive; soft

tendresse *f.* tenderness, affection

tenir (*p.p.* **tenu**) *irreg.* to hold; to keep; **tenir à** to care about; to be attached to; **tiens-moi au courant** keep me informed/up-to-date; **se tenir** to hold oneself; to behave

tennis *m.* tennis; **court** (*m.*) **de tennis** tennis court

tension *f.* tension; blood pressure; **niveau** (*m.*) **de tension** stress level

tentation *f.* temptation

tente *f.* tent

tenter (de) to tempt; to try, attempt (to)

terme *m.* term

terminaison *f.* ending (*of a word*)

terminé(e) *adj.* finished, terminated

terminer to end; to finish; **se terminer en** to end in

terminus *m.* last stop, terminus (*subway, bus, train*)

terrain *m.* ground; land; **faire du vélo tout-terrain** to go mountain-biking; **glissement** (*m.*) **de terrain** landslide; **terrain de camping** campground

terrasse *f.* terrace, patio

terre *f.* land; earth; the planet Earth; **par terre** on the ground; **pomme** (*f.*) **de terre** potato; **terre cuite** clay, terra cotta (pottery)

Terre-Neuve *f.* Newfoundland

terrestre *adj.* land

terrine *f.* terrine (*casserole*)

territoire *m.* territory; **aménagement** (*m.*) **du territoire** national and regional development

terroir *m.* (*local or regional*) soil, land

tes *adj., m., f., pl.* your

tester to test

tête *f.* head; mind; *fam.* face; **avoir mal à la tête** to have a headache; **faire la tête** to sulk; to make faces; **faire une drôle de tête** to make a funny (wry) face; **mal** (*m.*) **de tête** headache

texte *m.* text; passage
texter to send a text message, to text
texto *m.* text message; **envoyer un texto** to text, send a text message
Thaïlande *f.* Thailand
thé *m.* tea
théâtre *m.* theater; **pièce** (*f.*) **de théâtre** (*theatrical*) play
théboudienne *m. Senegalese stew of fish, rice, and vegetables*
thème *m.* theme
théorie *f.* theory
thérapie *f.* therapy
thiof *m. type of fish from Senegal*
thon *m.* tuna
tien(ne) (le/la) *m., f., pron., fam.* yours; **les tiens** *m. pl.* your close friends, relatives
tiens! *interj.* well, well! (*expression of surprise*)
tiers *adj.* third; *m.* one-third
tigre *m.* tiger
timbre(-poste) *m.* (postage) stamp
timide *adj.* shy
tirer to pull
tiret *m.* hyphen; dash; blank (*line*)
tisane *f.* herbal tea
tisser to weave
tissu *m.* material, fabric, cloth
titre *m.* title; degree
toast *m.* piece of toast
toi *pron.* you; **toi-même** yourself
toile *f.* cloth; web; screen; canvas
toilette *f.* lavatory; grooming
toit *m.* roof
tomate *f.* tomato; **jus** (*m.*) **de tomate** tomato juice
tombée *f.* close; nightfall; **tombée de la nuit** nightfall
tomber to fall; **faire tomber une fièvre** to lower a fever; **laisser tomber** to drop; **tomber amoureux/amoureuse (de)** to fall in love (with); **tomber dans l'escalier** to fall down the stairs; **tomber en panne** to have a (*mechanical*) breakdown; **tomber malade** to become ill
ton *adj., m. s.* your
tondre to mow; **tondre le gazon** to mow the lawn
tonne *f.* ton
tonnerre *m.* thunder
tonton *m., fam.* uncle
topographie *f.* topography
toque *f.* (**de cuisinier**) chef's hat
torche (*f.*) **électrique** flashlight
tornade *f.* tornado
tort *m.* wrong; **avoir tort** to be wrong
tortue (*f.*) **de mer** (sea) turtle
tôt *adv.* early; **plus tôt** earlier
total(e) *adj.* total
touche *f.* key (*on a keyboard*)
toucher (à) to touch; to affect; **toucher sa paie** to get paid; *m.* (sense of) touch
toujours *adv.* always; still; **pas toujours** not always

tour *f.* tower; *m.* turn; tour; trick; **à ton tour** in turn, your turn; **faire un tour du monde** to go around the world; **Tour** (*m.*) **de France** *annual July bicycle race in and near France*
tourisme *m.* tourism
touriste *m., f.* tourist
touristique *adj.* tourist
tournage *m.* film shooting
tournée *f.* tour (*musicians, entertainers*)
tourner to turn; **tourner un film** to make, shoot a movie; **se tourner vers** to turn towards/to
tournoi *m.* tournament
tourte *f.* pie (*often meat*) (*Q.*)
Toussaint *f.* All Saints' Day (November 1)
tousser to cough
tout(e) *adj., pron.* (*pl.* **tous, toutes**) all; whole, the whole of; every; each; any; **tout** *adv.* wholly, entirely, quite, very, all; **en tout cas** in any case; **ne... pas du tout** not at all; **tous ensemble** all together; **tous les ans** every year; **tous/toutes les deux** both (of them); **tous les jours** every day; **tous les trois mois** every three months; **tout à coup** suddenly; **tout à fait** completely, entirely; **tout au long de** throughout; **tout de suite** immediately; **tout droit** straight ahead; **toute la journée** all day long; **toutes les deux semaines** every other week; **tout juste** barely, hardly; only just; **tout le monde** everyone; **tout le temps** all the time; **tout près** very near; **tout(e) seul(e)** all alone; **un peu de tout** a little bit of everything
toutefois *adv.* however
toux *f.* cough
toxique *adj.* toxic; **déchets** (*m. pl.*) **toxiques** toxic waste; **échappements** (*m. pl.*) **toxiques** toxic exhaust; **émission** (*f.*) **toxique** toxic emission
trace *f.* trace; **garder une trace** to keep a record, trail
traditionaliste *adj.* traditionalistic
traditionnel(le) *adj.* traditional
traduire (*like* **conduire**) *irreg.* to translate
trafiquant(e) *m., f.* trafficker
tragédie *f.* tragedy
tragique *adj.* tragic
trahir (*like* **finir**) to betray
train *m.* train; **en (par le) train** by train; **être en train de** to be in the process of; **Train à grande vitesse (TGV)** *French high-speed train*
traîneau *m.* (**à chiens**) (dog) sled
traite *f.* (slave) trade, traffic
traité *m.* treaty; treatise
traitement *m.* treatment; **prescrire un traitement** to prescribe a treatment
traiter to treat; **traiter une maladie** to treat an illness
traître/traîtresse *m., f.* traitor
tranche *f.* slice (*of meat, cake*); block, slab
tranquille *adj.* tranquil, quiet, calm

tranquillité *f.* quietness; tranquility
transatlantique *adj.* transatlantic
transférer (je transfère, nous transférons) to transfer
transformateur *m.* transformer
transformer to transform; to change
transmettre (*like* **mettre**) *irreg.* to transmit, pass on
transpiration *f.* perspiration, sweat
transport *m.* transportation; **moyen** (*m.*) **de transport** means of transportation; **transports en commun** public transportation
travail *m.* (*pl.* **travaux**) work; project; job; employment; **fête** (*f.*) **du Travail** Labor Day (*May 1*); **travail dirigé (TD)** practicum (*assignment*); **travaux ménagers** housework
travailler to work; **travailler dur** to work hard
travailleur/travailleuse *m., f.* worker
travers: à travers (*prep.*) **(le monde)** throughout (the world)
traversée *f.* crossing
traverser to cross
treize thirteen
tréma *m.* dieresis (*two dots above a vowel*)
trente thirty
très *adv.* very; most; very much; **très bien, merci** very well, thank you
trésor *m.* treasure
tri *m.* sorting; **faire le tri** to sort
tribu *f.* tribe
tribunal *m.* court
tricot *m.* knit; knitting
trier to sort; **trier les déchets** to sort waste products (*for recycling*)
trimestre *m.* trimester; (*academic*) quarter
trinquer to clink glasses, toast
triomphal(e) *adj.* triumphal
triomphe *m.* triumph
triste *adj.* sad
troisième *adj.* third; **personne** (*f.*) **du troisième âge** senior citizen
se tromper to be wrong; to be mistaken
trompette *f.* trumpet
trop (de) *adv.* too much (of), too many (of)
tropical(e) *adj.* tropical; **forêt** (*f.*) **tropicale humide** tropical rainforest
trottoir *m.* sidewalk
trou *m.* hole
troubler to disturb
troupe *f.* troop
trouver to find; to deem; to like; **se trouver** to be; to be located
truc *m., fam.* thing; gadget; trick
tu *pron., fam.* you
tuer to kill
tuile *f.* roof tile
tulipe *f.* tulip
Tukrur: empire (*m.*) **Tukrur** Tukrur empire (*11th-century Senegal*)
Tunisie *f.* Tunisia
tunisien(ne) *adj.* Tunisian; **Tunisien(ne)** *m., f.* Tunisian (*person*)

turbot (*m.*) **à l'oseille** turbot (*type of fish*) with sorrel
type *m.* type; *fam.* guy
typique *adj.* typical

un(e) *art., num., pron.* a/an, one; **l'un(e) l'autre** one another; **un peu** a little
uni(e) *adj.* united; close; **États-Unis** *m. pl.* United States
unifié(e) *adj.* unified
uniforme *m.* uniform (*clothing*)
union *f.* union; marriage; **Union euro-péenne (UE)** European Union (EU); **union libre** living together, common-law marriage
unique *adj.* only, sole, single
unir (*like* **finir**) to unite
unité *f.* unity
univers *m.* universe
universel(le) *adj.* universal
universitaire *adj.* of or belonging to the university; **cité** (*f.*) **universitaire** (*fam.* **cité-u**) student residence complex
urbain(e) *adj.* urban, city
urbanisation *f.* urbanization
urbanisme *m.* city planning
urgence *f.* emergency; **cas** (*m.*) **d'urgence** emergency; **d'urgence** *adv.* urgently; **numéro** (*m.*) **d'urgence** emergency number
usage *m.* use
usine *f.* factory
ustensile *m.* (kitchen) utensil
utile *adj.* useful
utilisateur/utilisatrice *m., f.* user
utilisation *f.* use
utiliser to use, utilize

vacances *f. pl.* vacation; **colonie** (*f.*) **de vacances** (*fam.* **colo**) summer camp; **grandes vacances** summer vacation; **partir (aller) en vacances** to leave on vacation
vacancier/vacancière *m., f.* vacationer
vaccin *m.* vaccine
vacciner to vaccinate
vache *f.* cow
vague *f.* wave (*ocean*)
vaincu(e) *adj.* defeated
vairon *m.* minnow
vaisselle *f. s.* dishes; **faire la vaisselle** to wash, do the dishes; **lave-vaisselle** *m.* (automatic) dishwasher
val *m.* valley
valable *adj.* valid, good
Valentin: Saint-Valentin *f.* Valentine's Day
valeur *f.* value; worth
valide *adj.* valid
valider to authenticate; to ratify
valise *f.* suitcase; **faire les valises** to pack (*luggage*)
vallée *f.* valley
valoir (*p.p.* **valu**) *irreg.* to be worth; **il vaut mieux** it is better
valoriser to value

valse *f.* waltz
vanille *f.* vanilla
vaniteux/vaniteuse *adj.* vain, conceited
vapeur *f.* steam; **cuire à la vapeur** to steam (*in cooking*); **pommes** (*f.*) **vapeur** steamed potatoes
variante *f.* variant, variation
varier to vary; to change
variété *f.* variety; **variétés** *pl.* variety show
vaste *adj.* vast, wide
vaudou *m.* voodoo
veau *m.* veal; calf; **blanquette** (*f.*) **de veau** veal stew; **escalope** (*f.*) **de veau** veal cutlet
vedette *f.* star, celebrity (*male or female*)
végétalien(ne) *m., f., adj.* vegan
végétarien(ne) *m., f., adj.* vegetarian
végétation *f.* vegetation
véhicule *m.* vehicle
véhiculer to transport
veille *f.* the day (evening) before; eve
veiller to watch over
veine *f.* vein
vélo *m.*, bike; **faire du vélo tout-terrain** to go mountain-biking
velours *m.* velvet, velours
vendeur/vendeuse *m., f.* salesperson
vendre to sell; **se vendre** to be sold
vendredi *m.* Friday
venir (*p.p.* **venu**) *irreg.* to come; **venir de** to have just (*done s.th.*)
Venise Venice
vent *m.* wind; **faire du vent (il fait du vent)** to be windy (it's windy)
vente *f.* sale; selling; **vente en ligne** online sale
ventilateur *m.* **(électrique)** (electric) fan
ventre *m.* belly, stomach
verbe *m.* verb
verdir (*like* **finir**) to turn green
verglas *m.* black ice
vérifier to verify; **vérifier le niveau d'huile** to check the oil (*motor*)
véritable *adj.* true; real
vérité *f.* truth
verlan *m. young people's slang in France*
verre *m.* glass; **prendre un verre** to have a drink; **verre à vin** wineglass; **verres** (*pl.*) **de contact** contact lenses
vers *prep.* toward(s), to; about
versant *m.* side, slope (*of hill, mountain*)
verser to pour (in); to dispense, spend
vert(e) *adj.* green; *m.* environmental-ist, "green"; ***haricots** (*m. pl.*) **verts** green beans
vertige *m.* vertigo, dizziness; **avoir le vertige** to be dizzy
veste *f.* jacket; sport coat
vestiges *m. pl.* remains, vestiges
vêtement *m.* garment; *pl.* clothes, clothing
vétérinaire *m., f.* (*fam.* **véto**) veterinarian
se vêtir (*like* **finir**) to dress oneself, get dressed
veuf/veuve *m.* widower; *f.* widow
vexer to hurt, offend

viande *f.* meat; **viande hachée** ground meat
vibreur *m.* vibrator
vice-président(e) *m., f.* vice-president
victime *f.* victim (*male or female*)
victoire *f.* victory, win
vide *adj.* empty
vidéo *adj. inv.* video; *f.* video(cassette); **jeu** (*m.*) **vidéo** video game
vider to empty; **vider les ordures** to empty the garbage
vie *f.* life; **espérance** (*f.*) **de vie** life expec-tancy; **gagner sa vie** to earn one's living; **mener une vie sédentaire** to lead a sedentary life; **vie sous-marine** marine life
vieillir (*like* **finir**) to grow old
vieillissement *m.* aging
vierge *f.* virgin
vieux (vieil, vieille) *adj.* old; **vieux garçon** *m.* bachelor; **vieux jeu** *adj.* old-fashioned
vif/vive *adj.* lively, bright; **cuire à feu vif** to cook on high heat; **sur le vif** from/in real life
vigne *f.* vine; vineyard; **pied** (*m.*) **de vigne** (grape)vine
vigueur *f.* vigor; strength
villa *f.* bungalow; single-family house; villa
villageois(e) *m., f.* villager
ville *f.* city; **centre-ville** *m.* downtown; **en ville** in town, downtown; **plan** (*m.*) **de la ville** city map
vin *m.* wine; **cave** (*f.*) **à vins** winery; **coq** (*m.*) **au vin** *chicken cooked in (red) wine;* **marchand** (*m.*) **de vins** wine mer-chant; **verre** (*m.*) **à vin** wineglass
vinaigre *m.* vinegar
vingt twenty
vingtaine *f.* about twenty, twenty or so
vingtième *adj.* twentieth
viol *m.* rape
violent(e) *adj.* violent
violer to violate, break; to rape
violet(te) *adj.* purple, violet; *m.* violet (*color*)
violon *m.* violin; **jouer du violon** to play the violin
Virginie *f.* Virginia; **Virginie-Occidentale** West Virginia
virgule *f.* comma
virtuel(le) *adj.* virtual
virus *m.* virus; **virus informatique** computer virus
visage *m.* face, visage; **se laver le visage** to wash one's face
vis-à-vis (de) *prep.* opposite, facing
visionnaire *adj.* visionary
visite *f.* visit; tour; **rendre visite à** to visit (*people*)
visiter to visit (*a place*)
visiteur/visiteuse *m., f.* visitor
visualiser to visualize
visuel(le) *adj.* visual
vitamine *f.* vitamin

vite *adv.* quickly, fast, rapidly

vitesse *f.* speed; **changer de vitesse** to change gears; **dépasser la limite de vitesse** to exceed the speed limit; **levier** (*m.*) **de vitesse** gear shift (*lever*)

vitre *f.* pane of glass; car window

vitrine *f.* display window, store window; **faire les vitrines** to window-shop, go window-shopping

vivant(e) *adj.* living; alive; **bon(ne) vivant(e)** *m., f.* bon vivant, person who enjoys life

vive... *interj.* long live . . . , hurray for . . . , three cheers for . . .

vivre (*p.p.* **vécu**) *irreg.* to live; **facile (difficile) à vivre** easy (difficult) to get along with

vocabulaire *m.* vocabulary

vœux *m. pl.* wishes, good wishes; **carte** (*f.*) **de vœux** greeting card

voie *f.* way, road; course; lane; railroad track; **par voie de** by means of

voilà *prep., adv.* there, there now, there is, there are, that is

voile *f.* sail; veil; **faire de la planche à voile** to go windsurfing/sailboarding; **faire de la voile** to sail

voir (*p.p.* **vu**) *irreg.* to see; **aller voir** to go visit; **se voir** to imagine oneself, see oneself (one another)

voisin(e) *m., f.* neighbor

voisinage *m.* neighbors; neighborhood

voiture *f.* car, auto; **louer une voiture** to rent a car; **voiture de fonction** company car; **voiture de sport** sports car

voix *f.* voice; vote; **à haute voix** out loud, aloud

vol *m.* flight; theft; **vol d'identité** identity theft

volaille *f.* poultry

volant *m.* steering wheel; **volant(e)** *adj.* flying; **objet** (*m.*) **volant non-identifié (OVNI)** unidentified flying object (UFO)

volatiliser to vanish

volcan *m.* volcano

volcanique *adj.* volcanic

voler *intr.* to fly; to steal

volet *m.* (*window*) shutter

volley-ball (*fam.* **volley**) *m.* volleyball

volontaire *adj.* voluntary; *m., f.* volunteer; **interruption** (*f.*) **volontaire de grossesse (IVG)** abortion; **se porter volontaire** to volunteer

volonté *f.* wish, will

vomissement *m.* vomiting

voter to vote

votre *adj., m., f., s.* your

vôtre (le/la) *m., f., pron.* yours

vouloir (*p.p.* **voulu**) *irreg.* to wish, want; **je veux bien** I'm willing; **se vouloir** to claim to be; **vouloir dire** to mean

vous *pron., m., f.* you; yourself; to you; **chez vous** where you live; **s'il vous plaît** please; **vous-même** yourself

voyage *m.* trip; journey; **agence** (*f.*) **de voyages** travel agency; **agent** (*m.*) **de voyages** travel agent; **chèque** (*m.*) **de voyage** traveler's check; **partir en voyage** to leave on a trip; **préparatifs** (*m. pl.*) **de voyage** travel preparations; **voyage de noces** honeymoon, wedding trip

voyager (nous voyageons) to travel

voyageur/voyageuse *m., f.* traveler

voyante *f.* fortune-teller

voyelle *f.* vowel

vrai(e) *adj.* true, real; **c'est vrai?** is that right/correct?

vraiment *adv.* truly, really

vue *f.* view; panorama; sight; **point** (*m.*) **de vue** point of view

wagon *m.* train car

wallon(ne) *adj.* Walloon (*from French-speaking Belgium*)

Wallonie *f.* Wallonia (*French-speaking Belgium*)

waters *m. pl., fam.* toilets

week-end *m.* weekend

wolof *m.* Wolof (*language*); **Wolof** *m. pl.* Wolof (*ethnic group of Senegal*)

y *pron.* there; (about) it; **il y a** *inv.* there is, there are; ago; **il n'y a pas de** there isn't, there aren't; **j'y pense** I'm thinking about it; **qu'est-ce qu'il y a dans... ?** what's in . . . ?; **y a-t-il... ?** is/are there . . . ?

yaourt *m.* yogurt

yeux (*m. pl. of* **œil**) eyes; **écarquiller les yeux** to stare wide-eyed; **se cacher les yeux** to cover one's eyes

Yorubas *m. pl.* Yorubas (*ethnic group of southwest Africa*)

zéro *m.* zero

zone *f.* zone; **stationner dans une zone interdite** to park in a no-parking zone

zut *interj., fam.* darn

Index

Abbreviations used in this index are identical to those used in the *Lexique*. Cultural Topics and Vocabulary are listed at the end as separate categories.

CULTURAL TOPICS

VOCABULARY

Credits

About the Authors

Tracy D. Terrell, late of the University of California, San Diego, received his Ph.D. in Spanish Linguistics from the University of Texas at Austin. His extensive research publications are in the area of Spanish dialectology, with a particular focus on the sociolinguistics of Caribbean Spanish. Professor Terrell's publications on second-language acquisition and on the Natural Approach are widely known in the United States.

Mary Bassett Rogers holds her undergraduate and graduate degrees in French from Vanderbilt University. She was a faculty member at Wichita State University for many years, where she taught French and served as coordinator for foreign language education and supervision of student teachers in that field. Rogers is a past president and board member of the Kansas Foreign Language Association and was twice certified as tester for the ACTFL Oral Proficiency Interview. She has given numerous presentations and workshops on second-language teaching and also taught French and second-language pedagogy at Friends University (Kansas), where she was Research Fellow in Second-Language Acquisition. Professor Rogers is co-author of *¡Bravo!,* a Natural Approach program for teaching Spanish in secondary and middle schools.

Betsy J. Kerr is Associate Professor of French at the University of Minnesota, Twin Cities. She received her Ph.D. in French linguistics from Indiana University and has published in the areas of French syntax and pragmatics, specializing in the analysis of spoken French discourse. She is currently interested in applications of corpus linguistics to second language education. At the University of Minnesota, Professor Kerr (formerly Barnes) teaches courses in French language and linguistics and has served as both Director of the Lower Division French Program and Director of Undergraduate Studies in French.

Born and raised in Marseille, **Guy Spielmann** (Ph.D., Vanderbilt University) is Associate Professor of French at Georgetown University. He was also Associate Director, then Director of the French School, Middlebury College. He has done research, lectured, and published extensively on second-language acquisition and performing arts in Early Modern Europe. He has also pioneered work in the scholarly and pedagogical use of information technology. Visit *La Page de Guy* at **www.georgetown.edu/spielmann.**

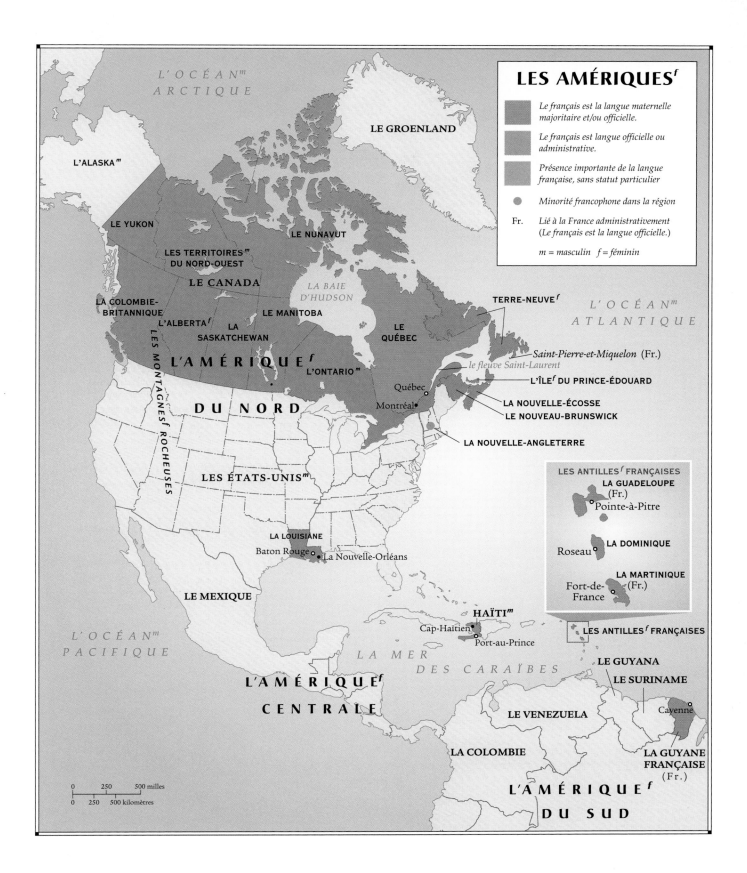

LES AMÉRIQUES[f]

Le français est la langue maternelle majoritaire et/ou officielle.

Le français est langue officielle ou administrative.

Présence importante de la langue française, sans statut particulier

● Minorité francophone dans la région

Fr. Lié à la France administrativement (Le français est la langue officielle.)

m = masculin f = féminin

L'OCÉAN[m] ARCTIQUE

LE GROENLAND

L'ALASKA[m]

LE YUKON

LES TERRITOIRES[m] DU NORD-OUEST

LE NUNAVUT

LE CANADA

LA BAIE D'HUDSON

TERRE-NEUVE[f]

L'OCÉAN[m] ATLANTIQUE

LA COLOMBIE-BRITANNIQUE

L'ALBERTA[f]

LA SASKATCHEWAN

LE MANITOBA

LE QUÉBEC

L'AMÉRIQUE[f]

L'ONTARIO[m]

DU NORD

LES MONTAGNES[f] ROCHEUSES

Saint-Pierre-et-Miquelon (Fr.)

le fleuve Saint-Laurent

L'ÎLE[f] DU PRINCE-ÉDOUARD

Québec

Montréal

LA NOUVELLE-ÉCOSSE

LE NOUVEAU-BRUNSWICK

LA NOUVELLE-ANGLETERRE

LES ÉTATS-UNIS[m]

LES ANTILLES[f] FRANÇAISES

LA GUADELOUPE (Fr.)

Pointe-à-Pitre

LA LOUISIANE

Baton Rouge

La Nouvelle-Orléans

Roseau

LA DOMINIQUE

LE MEXIQUE

LA MARTINIQUE (Fr.)

Fort-de-France

L'OCÉAN[m] PACIFIQUE

HAÏTI[m]

Cap-Haïtien

Port-au-Prince

LES ANTILLES[f] FRANÇAISES

L'AMÉRIQUE[f]

LA MER

DES CARAÏBES

LE GUYANA

LE SURINAME

CENTRALE

Cayenne

LE VENEZUELA

LA COLOMBIE

LA GUYANE FRANÇAISE (Fr.)

L'AMÉRIQUE[f]

DU SUD

0   250   500 milles

0   250   500 kilomètres

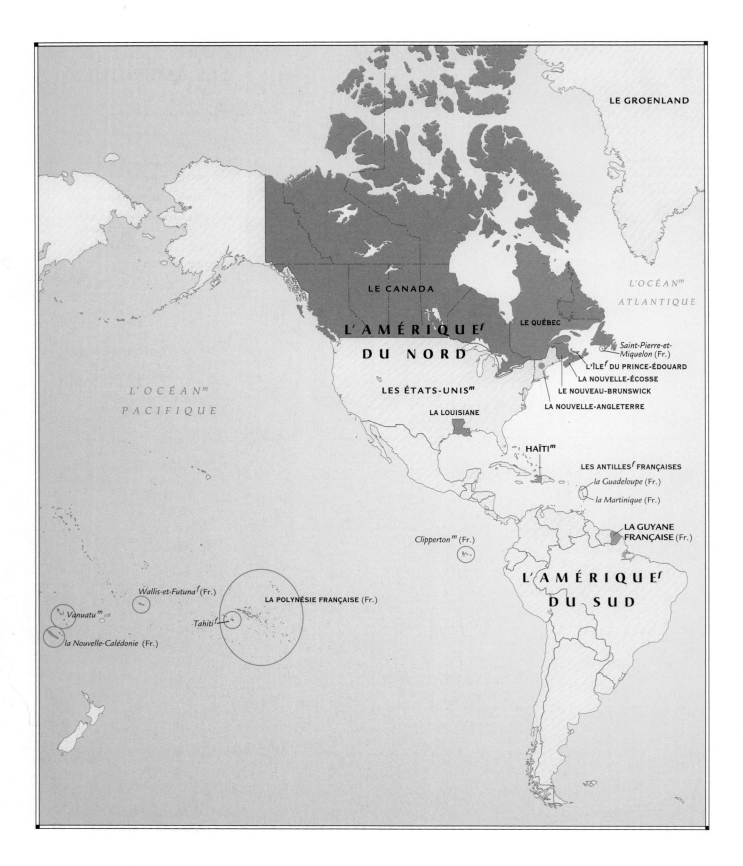

LE GROENLAND

L'OCÉAN^m ATLANTIQUE

LE CANADA

L'AMÉRIQUE^f DU NORD

LE QUÉBEC

Saint-Pierre-et-Miquelon (Fr.)

L'ÎLE^f DU PRINCE-ÉDOUARD

LA NOUVELLE-ÉCOSSE

LE NOUVEAU-BRUNSWICK

LA NOUVELLE-ANGLETERRE

LES ÉTATS-UNIS^m

L'OCÉAN^m PACIFIQUE

LA LOUISIANE

HAÏTI^m

LES ANTILLES^f FRANÇAISES

la Guadeloupe (Fr.)

la Martinique (Fr.)

Clipperton^m (Fr.)

LA GUYANE FRANÇAISE (Fr.)

L'AMÉRIQUE^f DU SUD

Wallis-et-Futuna^f (Fr.)

LA POLYNÉSIE FRANÇAISE (Fr.)

Vanuatu^m

Tahiti^f

la Nouvelle-Calédonie (Fr.)

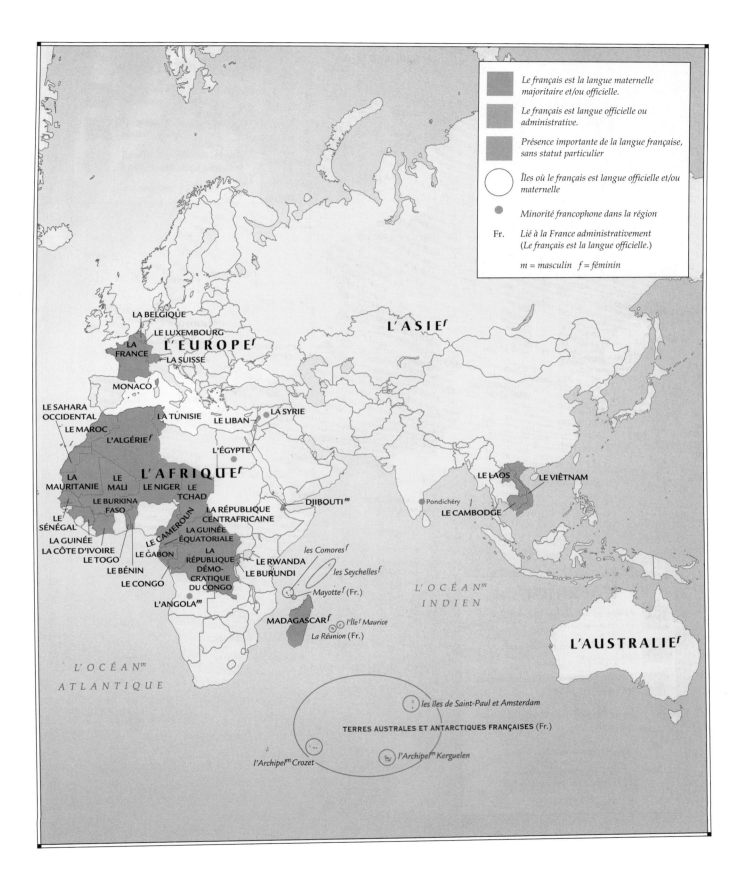

Le français dans le monde

Le français est la langue maternelle majoritaire et/ou officielle.

Le français est langue officielle ou administrative.

Présence importante de la langue française, sans statut particulier

Îles où le français est langue officielle et/ou maternelle

Minorité francophone dans la région

Fr. Lié à la France administrativement (Le français est la langue officielle.)

m = masculin *f* = féminin

LA BELGIQUE
LE LUXEMBOURG
LA FRANCE
L'EUROPE*f*
LA SUISSE
MONACO
LE SAHARA OCCIDENTAL
LE MAROC
L'ALGÉRIE*f*
LA TUNISIE
LE LIBAN
LA SYRIE
L'ÉGYPTE*f*
L'AFRIQUE*f*
LA MAURITANIE
LE MALI
LE NIGER
LE TCHAD
LE BURKINA FASO
LA RÉPUBLIQUE CENTRAFRICAINE
DJIBOUTI*m*
LE SÉNÉGAL
LA GUINÉE
LA CÔTE D'IVOIRE
LE TOGO
LE BÉNIN
LE CAMEROUN
LA GUINÉE ÉQUATORIALE
LE GABON
LA RÉPUBLIQUE DÉMO-CRATIQUE DU CONGO
LE CONGO
LE RWANDA
LE BURUNDI
L'ANGOLA*m*
L'ASIE*f*
LE LAOS
LE VIÊTNAM
Pondichéry
LE CAMBODGE
les Comores*f*
les Seychelles*f*
Mayotte*f* (Fr.)
L'OCÉAN*m* INDIEN
MADAGASCAR*f*
l'Île*f* Maurice
La Réunion (Fr.)
L'AUSTRALIE*f*
L'OCÉAN*m* ATLANTIQUE
les îles de Saint-Paul et Amsterdam
TERRES AUSTRALES ET ANTARCTIQUES FRANÇAISES (Fr.)
l'Archipel*m* Crozet
l'Archipel*m* Kerguelen

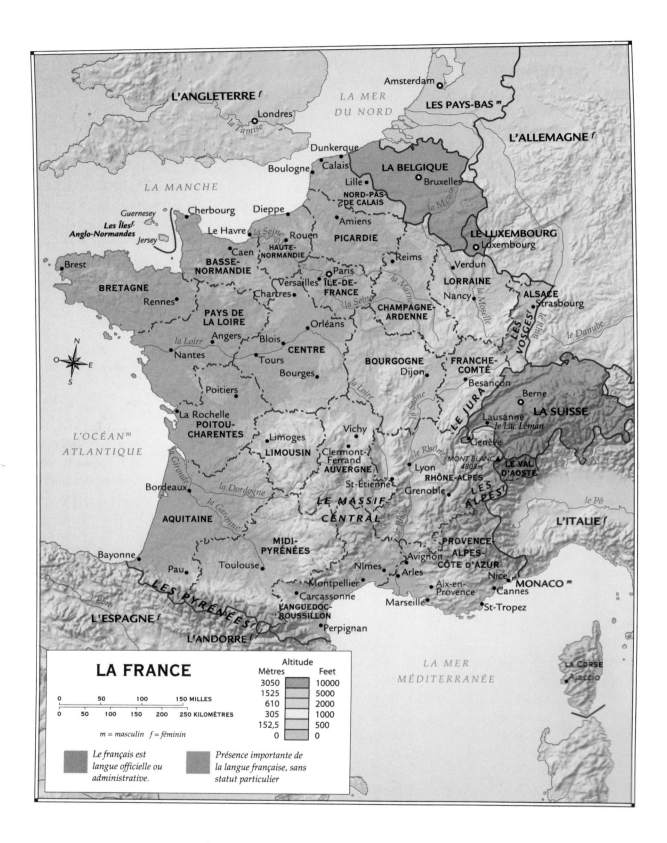

LA FRANCE

L'ANGLETERRE *f*

Londres

la Tamise

LA MER DU NORD

Amsterdam

LES PAYS-BAS *m*

L'ALLEMAGNE *f*

LA MANCHE

Dunkerque
Boulogne Calais
Lille

LA BELGIQUE
Bruxelles

la Meuse

NORD-PAS DE CALAIS

LE LUXEMBOURG
Luxembourg

Guernesey
Cherbourg Dieppe
Les Îles *f.*
Anglo-Normandes
Jersey
Le Havre *la Seine* Rouen
Amiens
PICARDIE
Reims
Verdun

Brest
Caen
HAUTE-NORMANDIE

BASSE-NORMANDIE

BRETAGNE
Rennes

Versailles Paris
Chartres ÎLE-DE-FRANCE
la Seine

LORRAINE
Nancy
ALSACE
Strasbourg

la Marne

le Rhin *le Danube*

CHAMPAGNE-ARDENNE

la Moselle

LES VOSGES *f.*

PAYS DE LA LOIRE
Angers
la Loire
Nantes
Blois
Orléans
CENTRE
Tours
Bourges

BOURGOGNE
Dijon

FRANCHE-COMTÉ
Besançon

la Loire *la Saône*

Berne
LA SUISSE
Lausanne
le Lac Léman
Genève

LE JURA

Poitiers

La Rochelle
POITOU-CHARENTES

Limoges

Vichy

LIMOUSIN
Clermont-Ferrand
AUVERGNE

Lyon
St-Étienne
RHÔNE-ALPES
Grenoble

MONT BLANC
4808m

LE VAL D'AOSTE

LES ALPES *f.*

le Pô

L'OCÉAN *m*
ATLANTIQUE

la Gironde
Bordeaux
la Dordogne
la Garonne

LE MASSIF CENTRAL

le Rhône

L'ITALIE *f*

AQUITAINE

MIDI-PYRÉNÉES

PROVENCE-ALPES-CÔTE D'AZUR

Bayonne
Pau
Toulouse

Nîmes
Avignon
Arles
Aix-en-Provence

Nice
MONACO *m*
Cannes
St-Tropez

l'Ebro LES PYRÉNÉES *f.*

Montpellier
Carcassonne
Marseille

L'ESPAGNE *f*

LANGUEDOC-ROUSSILLON
Perpignan

L'ANDORRE *f*

LA MER MÉDITERRANÉE

LA CORSE
Ajaccio

LA FRANCE

| 0 | 50 | 100 | 150 MILLES |

| 0 | 50 | 100 | 150 | 200 | 250 KILOMÈTRES |

m = masculin   f = féminin

Altitude

Mètres	Feet
3050	10000
1525	5000
610	2000
305	1000
152,5	500
0	0

Le français est langue officielle ou administrative.

Présence importante de la langue française, sans statut particulier